刑事案例诉辩审评
——贪污罪 私分国有资产罪

刑法分则实务丛书

主编／李文峰 王俊平

27

中国检察出版社

编委会

主　编 李文峰　王俊平

撰稿人 李文峰　王俊平　徐彦丽　孙道萃
　　　　　焦　阳

再 版 说 明

《刑法分则实务丛书》自 2005 年问世以来，受到理论界和司法实务部门的一致好评，其应用价值得到了读者的充分肯定。近十年来，我国刑事立法和司法工作都有了很大的发展。为适应新的社会形势变化，我国又先后出台了《刑法修正案（五）》、《刑法修正案（六）》、《刑法修正案（七）》、《刑法修正案（八）》，"两高"也针对刑法适用等问题出台了大量的司法解释，特别是"两高"《刑法罪名补充规定（三）》、《刑法罪名补充规定（四）》、《刑法罪名补充规定（五）》的颁布引发的罪名变化，使我们深切体会到有必要重新对这套丛书进行一次全面的修订。本次修订无论是分册布局、内容架构，还是案例的选取、作者的选择、附录内容设计等方面，较之以前，都有很大的变化；从某种程度上来讲，这是一套全新的刑事案例丛书。概括来说，本丛书具有以下几个特点：

首先，丛书分册布局方面，更加贴近司法实务。为了便于读者对司法实务中常见多发罪名有更为深刻、全面的掌握，在分册设计方面，对于司法实务中常见多发的罪名能够单独成册的就单独设立一个分册，在现实生活中联系十分紧密的各罪则适当合并，最终呈现给读者的是更加贴近实务、参考价值更大、总数达 30 分册的一套大型案例丛书。

其次，内容架构设计上，丛书既概括了刑法基本理论热点与司法认定中的难点、疑点，又完整地展现了案件从起诉到辩护到审判的全过程；既满足了实务部门解决实践疑难问题的现实需要，又兼顾了刑法教学与研究的理论要点问题。每个分册都分为三大部分。第一部分"某某罪基本理论与司法认定精要"，主要是对各个分册涉及罪名的基本理论及该罪名在司法适用中的重点、难点、疑点等主要问题加以全面的总结与概括，便于读者更全面、快捷地了解本分册罪名的特点、渊源及司法实务中的主要问题；第二部分"典型案例诉辩审评"，则是把每个真实的案件通过【基本情况】、【诉辩主张】、【人民法院认定事实和证据】、【判案理由】、【定案结论】五个部分的内容，完整地展现案件从起诉到辩护到审判的全过程，分别从诉、辩、审三个角度全方位地反映案件的真实性、复杂性，【法理解说】则是从局外人的视角针对案件中的疑点、难点加以精当的评析，以帮助读者更加深刻理解本分册罪名适用中特别需要注意的具体问题；第三部分"办案依据"则是在全面梳理和整合现行法律、法规、司法解释、规范性文件的基础上，围绕各个分册的罪名，以刑法典条文为经线，以其他与之相关的司法实践中常用的规范性法律文件为纬线，将刑法、单行刑法、其他立法、司法等规范性法律文件重新整合，勾勒出一幅崭新的办案图谱。供司法工作人员在法律适用、定罪量刑时借鉴比照，对刑法教学与研究具有一定的参考价值。

最后，案例选取、更新方面，既收集了近年来具有社会影响性的"大"案件，更有办案人员天天面对的常见多发的"小"案件。无论大小，所选取的案例都是司法实践中的真实案件，并经来自司法实践部门和法学科研机构的专家精选、加工。

尤为重要的是，作者的精湛素养和深厚的专业积淀。作者队伍中既有高等院校从事教学的刑法学教授、博导，也有具有多年办案经验的司法实务工作者；既有严肃、认真的"学究派"，也有具体从事司法解释工作的"两高"工作人员。正是他们的积极参与，才最终确保了本丛书的学术权威性与实践指导性。

需要特别说明的是：近一两年来我国刑法、刑事诉讼法修改变动大，一些罪名的变化频繁，而依据我国刑法溯及力的相关规定，本丛书中所引用的一些真实案例就发生在刑法修正案出台之前或罪名补充规定出台之前，因而法院判决中所引用的也应当是刑法修正案出台之前或罪名补充规定出台之前的刑法和刑事诉讼法。

我们希望本书的再版，能为读者正确理解和适用刑法有所裨益。对本书中存在的不足乃至错误之处，恳请读者不吝指正。

编　者

2013 年 12 月

出 版 说 明

　　刑法修订实施以来，全国人大常委会和最高人民法院、最高人民检察院相继发布了若干立法解释与司法解释，司法实践中不可避免地出现了一些新情况、新问题。为了满足广大司法工作人员的实际需要，提高司法机关的执法能力和工作水平，实现司法公正与效率的有机结合，我们经过一年多的精心策划和组织，推出了这套《刑法分则实务丛书》。

　　本丛书所采用的案例均是由各地检察机关征集而来，并经来自司法实践部门和法学教研机构的专家精选、加工，强调其真实性和典型性。根据司法实践中各类刑事案件发生率的多少，我们将刑法分则四百多个罪名划分为三十个分册，各册以多发、常见、修订刑法新增罪名为分册书名，涵盖同类其他罪名。各分册尽量包括典型案例、罪与非罪案例、此罪与彼罪案例等三种不同类型的案例，以使读者全面和深入地理解刑事案件的判断标准，把握疑难问题的分析方法。在各册的最后，还附录有与各罪名紧密相关的法律、法规、司法解释条文的类编，以便读者研习和引用，突出其立足实用、可操作性强的特点。

　　这套丛书通过其特有的体例安排，即基本情况、诉辩主张、法院认定事实和证据、判案理由、定案结论和法理解说六个部分的内容，完整地展示了从诉到判的全过程，从诉、辩、审、评四个角度全方位地解析了刑法分则的操作实务。供检察、司法人员在办案中适用法律、定罪量刑时借鉴比照，对刑法教学和科研也具有参考作用。

编　　者

2005 年 1 月

目 录

第一部分

贪污罪、私分国有资产罪基本理论与司法认定精要

贪污罪 ·· 3

一、贪污罪的立法沿革和概念 ··· 3
   （一）贪污罪的立法沿革 ··· 3
   （二）贪污罪的概念 ··· 5

二、贪污罪的客体和对象 ··· 5
   （一）贪污罪的客体 ··· 5
   （二）贪污罪的对象 ··· 6

三、贪污罪的客观方面 ··· 16
   （一）利用职务上的便利 ··· 16
   （二）非法占有公共财物 ··· 18
   （三）数额较大 ··· 20

四、贪污罪的主体 ··· 22
   （一）国家机关中从事公务的人员 ·· 23
   （二）国有公司、企业、事业单位、人民团体中从事公务的人员 ······ 25
   （三）国家机关、国有公司、企业、事业单位委派到非国有公司、
         企业、事业单位、社会团体从事公务的人员 ···················· 26
   （四）其他依照法律从事公务的人员 ······································ 32
   （五）受国家机关、国有公司、企业、事业单位、人民团体委托
         管理、经营国有财产的人员 ·· 33

五、贪污罪的主观方面 ··· 37

六、贪污罪罪与非罪的界限 ··· 38
   （一）贪污罪与合法收入的界限 ·· 38
   （二）贪污罪与错账、错款行为的界限 ··································· 38

（三）贪污罪与违反财务纪律行为的界限 ……………………… 38
　　（四）贪污罪与一般贪污行为的界限 …………………………… 39

七、贪污罪与其他犯罪的界限 ……………………………………… 39
　　（一）贪污罪与侵占罪的界限 …………………………………… 39
　　（二）贪污罪与盗窃罪的界限 …………………………………… 40
　　（三）贪污罪与诈骗罪的界限 …………………………………… 40
　　（四）贪污罪与职务侵占罪的界限 ……………………………… 41
　　（五）贪污罪与挪用公款罪的界限 ……………………………… 42
　　（六）贪污罪与受贿罪的界限 …………………………………… 43
　　（七）贪污罪与非法经营同类营业罪的界限 …………………… 43
　　（八）贪污罪与为亲友非法牟利罪的界限 ……………………… 44

八、贪污罪的定罪量刑情节 ………………………………………… 45
　　（一）如何累计贪污数额 ………………………………………… 45
　　（二）如何计算个人贪污数额 …………………………………… 46
　　（三）贪污罪的既遂与未遂 ……………………………………… 47
　　（四）贪污罪的共同犯罪形态 …………………………………… 49
　　（五）贪污罪的一罪与数罪 ……………………………………… 51
　　（六）自首 ………………………………………………………… 52
　　（七）坦白 ………………………………………………………… 54
　　（八）立功 ………………………………………………………… 55
　　（九）退赃、追赃 ………………………………………………… 57

九、贪污罪的法定刑 ………………………………………………… 57
　　（一）贪污 10 万元以上的处罚 ………………………………… 57
　　（二）贪污 5 万元以上不满 10 万元的处罚 …………………… 58
　　（三）贪污 5 千元以上不满 5 万元的处罚 ……………………… 58
　　（四）贪污不满 5 千元的处罚 …………………………………… 59

私分国有资产罪 ……………………………………………………… 60
　一、私分国有资产罪的立法沿革和概念 ………………………… 60
　　（一）私分国有资产罪的立法沿革 ……………………………… 60
　　（二）私分国有资产罪的概念 …………………………………… 60
　二、私分国有资产罪的客体和对象 ……………………………… 61
　　（一）私分国有资产罪的客体 …………………………………… 61

（二）私分国有资产罪的对象 …………………………………………… 61
三、私分国有资产罪的客观方面 …………………………………………… 61
四、私分国有资产罪的主体 ………………………………………………… 62
五、私分国有资产罪的主观方面 …………………………………………… 64
六、私分国有资产罪的认定 ………………………………………………… 64
　　（一）私分国有资产罪罪与非罪的界限 ………………………………… 64
　　（二）私分国有资产罪与贪污罪的界限 ………………………………… 65
　　（三）私分国有资产罪与徇私舞弊低价折股、出售国有资产罪的界限 … 66
　　（四）私分国有资产罪的定罪量刑情节 ………………………………… 67
七、私分国有资产罪的法定刑 ……………………………………………… 67

第二部分

典型案例诉辩审评

一、贪污罪 …………………………………………………………………… 71
　　案例1：卢某树贪污案
　　　　——贪污罪犯罪对象中的扶贫资金的认定 ………………………… 71
　　案例2：石某寰贪污案
　　　　——贪污罪的犯罪对象（讲义费）及侵吞行为的认定 …………… 76
　　案例3：杨某宗等贪污案
　　　　——贪污罪的犯罪对象可否为不动产 ……………………………… 84
　　案例4：袁某善贪污案
　　　　——贪污罪中的犯罪对象可否为债权债务 ………………………… 95
　　案例5：李某生等贪污案
　　　　——贪污罪窃取手段的认定 ………………………………………… 102
　　案例6：李某宾贪污、徇私枉法、巨额财产来源不明案
　　　　——国家司法机关中工作人员的认定及其本罪与相关罪名的界分 … 107
　　案例7：张某华、吴某平贪污案
　　　　——受委托管理国有财产人员的认定 ……………………………… 116
　　案例8：张某中贪污案
　　　　——贪污罪的主体可否为破产清算人 ……………………………… 124

案例9：徐某平贪污案
　　——贪污罪主体要件中"委派"的认定 ……………… 131

案例10：李某国贪污案
　　——贪污罪的主体可否为个体承包经营者 ………… 137

案例11：杨某见贪污案
　　——贪污罪主体中的国有公司从事公务人员的认定 … 145

案例12：周某军等贪污案
　　——贪污罪中的国家工作人员的认定 ……………… 151

案例13：潘某辉等贪污案
　　——贪污罪的主观要件的认定 ……………………… 159

案例14：吕某营、王某勤贪污案
　　——贪污罪间接故意的认定 ………………………… 172

案例15：刘某根等贪污案
　　——贪污罪的共同犯罪故意的认定 ………………… 179

案例16：王某起等贪污案
　　——贪污罪的非法占有目的的认定 ………………… 184

案例17：赵某辉等被控贪污宣告无罪案
　　——贪污罪的非法占有目的与客观行为的认定 …… 192

案例18：董某忱等贪污案
　　——贪污罪中的正当化事由与"委托"的理解 …… 200

案例19：黄某冰贪污案
　　——贪污罪的数额的认定 …………………………… 208

案例20：钟某全贪污案
　　——贪污行为与合法收入的界分 …………………… 217

案例21：冯某被控贪污宣告无罪案
　　——贪污罪中执行上级命令与疑罪从无原则 ……… 224

案例22：张某华贪污案
　　——贪污罪的罪与非罪的标准是犯罪构成 ………… 232

案例23：张某、孙某斗贪污案
　　——贪污罪的罪与非罪的关键是四要件符合性判断 … 242

案例24：于某玖等贪污案
　　——贪污罪与违纪行为的界分 ……………………… 249

案例25：金某贪污、盗窃案
　　——贪污罪与盗窃罪的界分 ………………………… 256

目　录

案例 26：李某贪污案
　　——贪污罪与诈骗罪的界分 ···················· 264

案例 27：林某春贪污、潘某侵占上诉案
　　——贪污罪与侵占罪的界分 ···················· 270

案例 28：霍某敏贪污案
　　——贪污罪与挪用公款罪的界分 ················ 277

案例 29：李某强职务侵占案
　　——贪污罪与职务侵占罪的界分 ················ 283

案例 30：吴某峰贪污案
　　——贪污罪与盗伐林木罪的界分及林木
　　　　可否为贪污罪的对象的认定 ················ 293

案例 31：沈某辉等贪污、挪用公款案
　　——贪污罪与受贿罪、私分罚没财物罪的界分 ···· 298

案例 32：和某平贪污、私分国有资产案
　　——贪污罪与私分国有资产罪的界分 ············ 309

案例 33：刘某贪污案
　　——贪污罪与滥用职权罪的界分 ················ 315

案例 34：曹某、李某崇贪污案
　　——贪污罪的未遂和既遂的认定 ················ 322

案例 35：杨某升等贪污案
　　——贪污罪未遂的认定 ························ 330

案例 36：褚某健等贪污案
　　——贪污罪既遂的认定 ························ 335

案例 37：王某胜等贪污案
　　——贪污罪中的免于刑事处罚与停止形态的认定 ·· 341

案例 38：陈某义、毋某兰、毋某西贪污案
　　——贪污罪共同犯罪的认定问题 ················ 350

案例 39：夏某盛、彭某共同侵吞公款案
　　——共同贪污犯罪中的数额认定问题 ············ 359

案例 40：杨某平贪污案
　　——贪污罪的罪数认定问题 ···················· 368

案例 41：任某贪污、非法吸收公众存款案
　　——贪污罪的罪数认定问题 ···················· 378

5

案例42：曾某华等利用征地补偿贪污案
　　——贪污罪中量刑情节的认定 ······················· 384
案例43：陈某波、黄某普、唐某斌贪污案
　　——共同贪污犯罪的量刑问题 ····················· 395

二、私分国有资产罪 ·· 403

案例44：范某昌私分国有资产案
　　——私分国有资产罪的溯及力问题 ················ 403
案例45：曹某平等私分国有资产案
　　——私分国有资产罪中"国有资产"的认定 ········ 409
案例46：陈某建等私分国有资产案
　　——私分国有资产罪客观方面的认定 ·············· 419
案例47：于某东在企业改制前私分国有资产案
　　——私分国有资产罪客观方面的认定 ·············· 429
案例48：周某强、叶某英等贪污、私分国有资产案
　　——私分国有资产罪的主体的认定 ················ 438
案例49：须某俊等私分国有资产，贪污，隐匿、故意
　　销毁会计凭证、会计账簿、财务会计报告案
　　——私分国有资产罪中客观行为与主观方面的认定问题 ······· 448
案例50：张某康等私分国有资产案
　　——私分国有资产罪主观心态的认定与量刑 ······· 466
案例51：普某荣提款、截留资金用于单位职工建房案
　　——私分国有资产罪的罪与非罪的认定 ············ 471
案例52：陈某生受贿、私分国有资产案
　　——私分国有资产罪中的罪与非罪的认定 ········· 477
案例53：鹤壁煤业（集团）有限责任公司多种经营分公司私分国有资产案
　　——私分国有资产罪和单位发放福利、奖金行为的界限 ······· 488
案例54：李某清、刘某梅、张某军私分国有资产案
　　——私分国有资产罪与贪污罪的共同犯罪之间的界限 ········· 499
案例55：李某晋等私分国有资产、国有企业人员失职案
　　——私分国有资产罪与贪污罪的区分 ·············· 510
案例56：钱某彪私分国有资产、挪用公款案
　　——私分国有资产罪中犯罪停止形态的认定 ······· 526

案例57：袁某文等私分国有资产、贪污案
　　——私分国有资产罪中的量刑问题 …………………………………… 534

第三部分

办案依据

刑法及相关司法解释类编 ………………………………………… 551

第一部分

贪污罪、私分国有资产罪基本理论与司法认定精要

贪 污 罪

一、贪污罪的立法沿革和概念

(一) 贪污罪的立法沿革

新中国成立之初,根据《中国人民政治协商会议共同纲领》第 18 条关于严惩贪污的规定,1952 年 4 月 21 日中央人民政府公布了《中华人民共和国惩治贪污条例》(以下简称《惩治贪污条例》),第 2 条规定:"一切国家机关、企业、学校及其附属机构的工作人员,凡侵吞、盗窃、骗取、套取国家财物,强索他人财物,收受贿赂以及其他假公济私违法取利之行为,均为贪污罪。"从该条规定可以看出,《惩治贪污条例》所称贪污罪的范围是非常宽泛的:从主体范围来讲,包括了一切国家机关、企业、学校及其附属机构的工作人员;从行为方式来讲,既包括侵吞、盗窃、骗取、套取国家财物的行为,也包括强索他人财物的行为,还包括收受贿赂的行为,以及其他假公济私违法取利的行为。《惩治贪污条例》第 3 条还规定了贪污罪的定罪量刑标准,最高法定刑为死刑;第 4 条规定了贪污罪的从重或加重处刑情节;第 5 条规定了贪污罪的从轻或减轻处刑,或缓刑,或免刑予以行政处分的情节。

1979 年刑法缩小了贪污罪的范围,将之纳入侵犯财产罪一章,第 155 条规定:"国家工作人员利用职务上的便利,贪污公共财物的,处五年以下有期徒刑或者拘役;数额巨大、情节严重的,处五年以上有期徒刑;情节特别严重的,处无期徒刑或者死刑。犯前款罪的,并处没收财产,或者判令退赔。受国家机关、企业、事业单位、人民团体委托从事公务的人员犯第一款罪的,依照前两款的规定处罚。"由于1979年刑法对贪污罪采取的是简单罪状的立法方式,实施中出现了许多疑难问题,1985年7月18日最高人民法院、最高人民检察院联合下发了《关于当前办理经济犯罪案件中具体应用法律的若干问题的解答(试行)》,明确了司法实践中认定贪污罪的几个问题。

1988年1月21日全国人大常委会通过了《关于惩治贪污罪贿赂罪的补充规定》,第1条明确规定:"国家工作人员、集体经济组织工作人员或者其他经手、管理公共财物的人员,利用职务上的便利,侵吞、盗窃、骗取或者以其他手段非法占有公共财物的,是贪污罪。"1989年11月6日最高人民法院、最高人民检察院联合印发了《关于执行〈关于惩治贪污罪贿赂罪的补充规定〉若干问题的解答》,对贪污罪的主体范围、共同贪污数额以及多次贪污的数额认定进一步作了解释。

1995年2月28日全国人大常委会通过了《关于惩治违反公司法的犯罪的决定》,将公司、企业人员侵占本单位财物的行为从贪污罪中分离出来独立成罪,第10条规定:"公司董事、监事或者职工利用职务或者工作上的便利,侵占本公司财物,数额较大的,处五年以下有期徒刑或者拘役;数额巨大的,处五年以上有期徒刑,可以并处没收财产。"第14条规定:"有限责任公司、股份有限公司以外的企业职工有本决定第九条、第十条、第十一条规定的犯罪行为的,适用本决定。"该决定增设了职务侵占罪,相应地缩小了贪污罪的主体范围。

1997年修订后的刑法吸收了《关于惩治贪污罪贿赂罪的补充规定》和《关于惩治违反公司法的犯罪的决定》的有关内容,将贪污罪纳入贪污贿赂罪一章,第382条规定:"国家工作人员利用职务上的便利,侵吞、窃取、骗取或者以其他手段非法占有公共财物的,是贪污罪。受国家机关、国有公司、企业、事业单位、人民团体委托管理、经营国有财产的人员,利用职务上的便利,侵吞、窃取、骗取或者以其他手段非法占有国有财物的,以贪污论。与前两款所列人员勾结,伙同贪污的,以共犯论处。"第383条规定了贪污罪的具体量刑标准。1999年9月16日最高人民检察院公布的《关于人民检察院直接受理立案侦查案件立案标准的规定(试行)》,对贪污罪的概念、理解、立案标准等进行了规定。

此外,刑法第183条第2款规定:国有保险公司工作人员和国有保险公司委派到非国有保险公司从事公务的人员,利用职务上的便利,故意编造未曾发生的保险事故进行虚假理赔,骗取保险金归自己所有的,依照刑法第三百八十二条、第三百八十三条的规定定罪处罚。

刑法第271条第2款规定:国有公司、企业或者其他国有单位中从事公务的人员和国有公司、企业或者其他国有单位委派到非国有公司、企业以及其他单位从事公务的人员,利用职务上的便利,将本单位财物非法占为己有,数额较大的,依照刑法第三百八十二条、第三百八十三条的规定定罪处罚。

刑法第 394 条规定:国家工作人员在国内公务活动或者对外交往中接受礼物,依照国家规定应当交公而不交公,数额较大的,依照本法第三百八十二条、第三百八十三条的规定定罪处罚。

(二) 贪污罪的概念

关于贪污罪的概念,刑法学界的表述不尽相同。根据刑法第 382 条和 1999 年最高人民检察院《关于人民检察院直接受理立案侦查案件立案标准的规定(试行)》,贪污罪,是指国家工作人员利用职务上的便利,侵吞、窃取、骗取或者以其他手段非法占有公共财物的行为。受国家机关、国有公司、企业、事业单位、人民团体委托管理、经营国有财产的人员,利用职务上的便利,侵吞、窃取、骗取或者以其他手段非法占有国有财物的,以贪污论。

二、贪污罪的客体和对象

(一) 贪污罪的客体

关于贪污罪侵犯的客体,在刑法修订之前,刑法学界的认识并不一致,虽然表述各有差异,但大致可归纳为三种观点:其一,由于 1979 年刑法将贪污罪规定在侵犯财产罪中,有的学者认为贪污罪侵犯的客体为单一客体,仅侵犯了公共财物的所有权;其二,有的学者认为贪污罪侵犯的客体是复杂客体,既侵犯了公共财物的所有权,也侵犯了国家工作人员职务行为的廉洁性,侵犯的主要客体为公共财物的所有权;其三,有的学者也认为贪污罪侵犯的客体是复杂客体,既侵犯了公共财物的所有权,也侵犯了国家工作人员职务行为的廉洁性,但侵犯的主要客体为国家工作人员职务行为的廉洁性。

1997 年修订后的刑法专章规定了贪污贿赂罪,将贪污罪纳入其中,之后刑法学界通常认为贪污罪侵犯的客体为复杂客体,但在具体表述上不尽一致。如有的学者认为贪污罪既侵犯了国家工作人员的廉洁性,又侵犯了公共财物的所有权。[①] 也有的学者认为贪污罪既侵犯公共财物的所有权,又侵犯国家机关的正常管理活动和声誉、威信。[②] 但多数学者认为贪污罪既侵犯了国家工作人

[①] 参见康树华、杨征主编:《新刑法教程》,中国民主法制出版社 1997 年版,第 566 页。

[②] 参见赵秉志主编:《贪污贿赂及相关犯罪认定处理》,中国方正出版社 1999 年版,第 35 页;马长生主编:《新编刑法学》,湖南人民出版社 1998 年版,第 761 页。

员职务行为的廉洁性,又侵犯了公共财物的所有权。①

笔者认为,上述关于贪污罪侵犯客体的表述是就通常的贪污罪即国家工作人员所犯的贪污罪来讲的,但根据刑法第382条的规定,受国家机关、国有公司、企业、事业单位、人民团体委托管理、经营国有财产的人员也可以构成贪污罪,但由于他们并不是国家工作人员,因此即使他们构成贪污罪,也并没有侵犯国家工作人员职务行为的廉洁性,而是侵犯了受国有单位委托管理、经营国有财产人员职务行为的廉洁性,侵犯的也不是所有公共财物的所有权,而是其中的国有财物的所有权。因此,关于贪污罪侵犯的客体,应当分两种情形来表述:对于国家工作人员所犯的贪污罪,既侵犯了国家工作人员职务行为的廉洁性,又侵犯了公共财物的所有权,前者为主要客体,后者为次要客体;对于受国家机关、国有公司、企业、事业单位、人民团体委托管理、经营国有财产人员所犯的贪污罪,既侵犯了受国有单位委托管理、经营国有财产人员职务行为的廉洁性,也侵犯了国有财物的所有权,前者为主要客体,后者为次要客体。②

(二)贪污罪的对象

根据刑法的有关规定,贪污罪的对象为公共财物,但非公共财物在个别情况下也能成为贪污罪的对象。

何谓公共财物,刑法第382条并没有具体规定,但第91条对公共财产作了规定,包括国有财产、劳动群众集体所有的财产、用于扶贫和其他公益事业的社会捐助或者专项基金的财产。在国家机关、国有公司、企业、集体企业和人民团体管理、使用或者运输中的私人财产,以公共财产论。按照《现代汉语词典》的解释,"财产"是指拥有的财富,包括物质财富(金钱、物资、房屋、土地等)和精神财富(知识产权、商标等);"财物"是指钱财和物资。因此,从两个词的本意来看,"财产"的范围应当大于"财物"的范围。笔者认为,贪污罪的对象应当限于物质财富,而不包括精神财富。刑法第382条第

---

① 参见高铭暄、马克昌主编:《刑法学》(第4版),北京大学出版社、高等教育出版社2010年版,第700页;何秉松主编:《刑法教科书》,中国法制出版社2000年版,第1122页;苏惠渔主编:《刑法学》,中国政法大学出版社1999年版,第854页。

② 有的学者认为,受国家机关、国有公司、企业、事业单位、人民团体委托管理、经营国有财产的人员,必然要履行从事公务所应当遵循的义务,这种义务应当是和国家工作人员的职责相一致的。因此,这些人员利用职权侵犯国有财产的行为,同样会侵害国家工作人员职务行为的廉洁性。(参见董邦俊:《贪污罪新论》,中国方正出版社2004年版,第60页)笔者认为,这样的结论是没有说服力的。《左传·僖公十四年》曰:"皮之不存,毛将安傅?"受国有单位委托管理、经营国有财产的人员,根本就不是国家工作人员,因此这些人员的职责与国家工作人员的职责不会相一致,这些人员侵犯国有财产的行为,也根本不会侵害国家工作人员职务行为的廉洁性。

2款先后使用了"国有财产"和"国有财物"两种不同的表述，笔者理解就是对贪污罪的对象的限制。结合刑法有关贪污罪的规定，笔者认为，贪污罪的对象有以下几类。

1. 国有财产。我国《物权法》第45条规定：法律规定属于国家所有的财产，属于国家所有即全民所有。接下来的几个条文还具体列举了矿藏、水流、海域、土地、自然资源等属于国家所有的财产。但关于国有财产的具体范围，刑法学界在谈到该问题时也有多种不同表述。1993年12月21日，国家国有资产管理局颁布的《国有资产产权界定和产权纠纷处理暂行办法》第2条指出：国有资产，系指国家依法取得和认定的，或者国家以各种形式对企业投资和投资收益、国家向行政事业单位拨款等形成的资产。如国有机关及其所属事业单位占有、使用的资产以及政党、人民团体中由国家拨款等形成的资产，均属于国有资产。司法实践中办理贪污案件时，如果对某项财产是否属于国有财产存在争议，则可以由国有资产监督管理部门根据《国有资产产权界定和产权纠纷处理暂行办法》来进行界定。

2. 劳动群众集体所有的财产。按照我国《物权法》第58条的规定，劳动群众集体所有的财产，是指劳动群众集体所有的不动产和动产，具体包括：（1）法律规定属于集体所有的土地和森林、山岭、草原、荒地、滩涂；（2）集体所有的建筑物、生产设施、农田水利设施；（3）集体所有的教育、科学、文化、卫生、体育等设施；（4）集体所有的其他不动产和动产。第63条规定：集体所有的财产受法律保护，禁止任何单位和个人侵占、哄抢、私分、破坏。

3. 用于扶贫和其他公益事业的社会捐助或者专项基金的财产。所谓扶贫，是指扶助贫困户或贫困地区发展生产，改变穷困面貌。所谓公益事业，按照我国《公益事业捐赠法》第3条的规定，是指非营利的下列事项：（1）救助灾害、救济贫困、扶助残疾人等困难的社会群体和个人的活动；（2）教育、科学、文化、卫生、体育事业；（3）环境保护、社会公共设施建设；（4）促进社会发展和进步的其他社会公共和福利事业。用于扶贫和其他公益事业的社会捐助或者专项基金的财产，就其来源而言，既有来源于国家的财产如国有公司、企业捐赠，也有来源于劳动群众集体所有的财产如农村集体的捐赠，还有来源于个人或私营企业的捐赠，以及来源于外国政府或国际组织的捐赠等。这些财产在成为用于扶贫和其他公益事业的社会捐助或者专项基金的财产之前，其所有权可能分别属于国家、集体、个人、私营企业、外国政府或国际组织等，但当其成为用于扶贫和其他公益事业的社会捐助或者专项基金的财产之后，其所有权性质就发生了改变，不再属于国家、集体、个人、私营企业、外国政府或国际组织等，而成为不同于国有财产和劳动群众集体所有财产的一种特殊的公共财产。

需要指出的是，由国家下拨的扶贫资金①和其他公益事业的专项基金、公益机构的事业费和国家拨付的专项研究基金，本身就是国有财产，不属于这里所指的用于扶贫和其他公益事业的社会捐助或者专项基金的财产。

4. 在国家机关、国有公司、企业、集体企业和人民团体管理、使用或者运输中的私人财产。这部分财产从性质上来讲并不是公共财产，而是被"以公共财产论"。刑法之所以这样规定，是因为这部分财产虽然是私人财产，但当处于国家机关、国有公司、企业、集体企业和人民团体管理、使用或者运输中的时候，如果这些私人财产被贪污，则国家机关、国有公司、企业、集体企业和人民团体就需要承担民事赔偿责任，最终损失的还是国家机关、国有公司、企业、集体企业和人民团体的财产，因此刑法将这类私人财产以公共财产论，予以特别保护。关于私人财产的范围，按照刑法第92条的规定，是指下列财产：（1）公民的合法收入、储蓄、房屋和其他生活资料；（2）依法归个人、家庭所有的生产资料；（3）个体户和私营企业的合法财产；（4）依法归个人所有的股份、股票、债券和其他财产。

需要指出的是，刑法在提到国有单位的时候，通常是将国家机关、国有公司、企业、事业单位、人民团体并列的，但刑法第91条第2款却没有规定事业单位。因此，在国有或集体所有的事业单位管理、使用或者运输中的私人财产，依法不能以公共财产论。笔者认为，没有理由将国有或集体所有的事业单位排除在本款规定之外。同时，作为公共财产重要组成部分的劳动群众集体所有的财产，也并不仅仅存在于集体企业中，村民委员会、居民委员会等基层组织管理、使用或者运输中的私人财产，如果被侵吞、窃取、骗取，则村民委员会、居民委员会等基层组织就要依法承担赔偿责任，这就意味着劳动群众集体所有的财产就要受到损失，因此，这类私人财产也应当以公共财产论。上述问题建议在修改刑法时予以完善。

5. 国内公务活动或者对外交往中接受的、依照国家规定应当交公而不交公的礼物。刑法第394条规定，国家工作人员在国内公务活动或者对外交往中接受礼物，依照国家规定应当交公而不交公，数额较大的，依照贪污罪的规定定罪处罚。1979年刑法没有类似规定，1988年全国人大常委会《关于惩治贪污罪贿赂罪的补充规定》第10条规定，"国家工作人员在对外交往中接受礼

---

① 按照《国家扶贫资金管理办法》第2条的规定，国家扶贫资金是指中央为解决农村贫困人口温饱问题、支持贫困地区社会经济发展而专项安排的资金，包括：支援经济不发达地区发展资金、"三西"农业建设专项补助资金、新增财政扶贫资金、以工代赈资金和扶贫专项贷款。

物，依照国家规定应当交公而不交公，数额较大的，以贪污罪论处"。1997年刑法在保留对外交往的同时，又增加了国内公务活动。笔者认为，从性质上讲，国家工作人员在国内公务活动或者对外交往中接受的、依照国家规定应当交公而不交公的礼物，应当属于公共财物。1988年12月1日国务院发布的《国家行政机关及其工作人员在国内公务活动中不得赠送和接受礼品的规定》第9条指出：对接收的礼品一个月交出并上交国库。所收礼品不按期交出的，按贪污论处。1993年5月6日中共中央办公厅、国务院办公厅《关于党政机关工作人员在公务活动中严禁接受和赠送礼金有价证券的通知》第3条指出：各级党政机关及其工作人员在涉外活动中，由于难以谢绝而接受的礼金和有价证券，必须在一个月内全部交出并上缴国库。凡不按期交出的，以贪污论处。1993年12月16日中共中央办公厅、国务院办公厅《关于认真贯彻执行〈国务院关于在对外公务活动中赠送和接受礼品的规定〉的通知》指出：所受礼物，价值按照我国市价折合人民币不满200元的，留归受礼人使用；200元以上的，按照以下办法处理：（1）贵重礼品，黄金、珠宝制品，高级工艺品，有重要历史价值的礼品，由受礼单位交礼品管理部门送有关机构或者博物馆保存、陈列。（2）专业用品、设备器材和具有科研价值的礼品，可以留给受礼单位。（3）高级耐用品，汽车、摩托车，交礼品管理部门；电视机、摄像机、录像机、组合音响、高档照相机等，交礼品管理部门处理，经礼品管理部门同意后也可以留给受礼单位。（4）食品、烟酒、水果类礼品，可以归受礼人本人或者其所在单位。（5）高中档实用物品，如钟表、收录机、衣料、服装等，按照国内市价折半价由受礼人所在单位处理，可以照顾受礼人，每人一年以两件为限。（6）其他贵重物品和未经礼品管理部门批准归受礼人或者其所在单位的物品，全部交由礼品管理部门处理。礼物变卖收入一律上缴国库。在对外公务活动中如果对方赠送礼金、有价证券，应当谢绝；确实难以谢绝的，所收礼金、有价证券一律上缴国库。

需要指出的是，按照《国家行政机关及其工作人员在国内公务活动中不得赠送和接受礼品的规定》第4条的规定，礼品是指礼物、礼金、礼券以及以象征性低价收款的物品。按照《国务院关于在对外公务活动中赠送和接受礼品的规定》第2条的规定，礼品是指礼物、礼金、有价证券。无论哪一种规定，礼物也仅是礼品的一种，而刑法第394条规定的犯罪对象仅是礼物。笔者认为，从法理角度分析，国家工作人员在国内公务活动或者对外交往中接受礼金或者有价证券，依照国家规定应当一律交公，如果行为人不交公，数额较大的，也应当依照贪污罪的规定定罪处罚。实践中，国家工作人员在国内公务活动或者对外交往中接受礼金、有价证券或者以象征性低价收款的物品的现象屡见不鲜。笔者认为，对于刑法第 394 条规定的"礼物"应当作扩大理解，即刑法规定的"礼物"等同于行政法规规定的"礼品"。笔者建议修改刑法时，将刑法第 394 条的犯罪对象扩大为"礼品"，既包括礼物、礼金和有价证券，也包括以象征性低价收款的物品。

6. 非国有保险公司的保险金。按照刑法第 183 条第 2 款的规定，国有保险公司委派到非国有保险公司从事公务的人员，利用职务上的便利，故意编造未曾发生的保险事故进行虚假理赔，骗取保险金归自己所有的，依照刑法关于贪污罪的规定定罪处罚。该条规定的贪污罪的对象就不是公共财物，而是非国有保险公司的保险金。

7. 非国有公司、企业以及其他单位的财物。按照刑法第 271 条第 2 款的规定，国有公司、企业或者其他国有单位委派到非国有公司、企业以及其他单位从事公务的人员，利用职务上的便利，将本单位财物非法占为己有的，依照刑法关于贪污罪的规定定罪处罚。在这种情形下，贪污罪的对象就是非国有公司、企业以及其他单位的财物。这类财物从性质上讲并不属于公共财物，而是属于非国有公司、企业或者其他单位的财物，既可能包含国有财产，也可能包含集体财产，还可能包含私人财产或者外资财产。

由于非国有保险公司的保险金和非国有公司、企业以及其他单位的财物也可以成为贪污罪的对象，因此，贪污罪的对象并不必然是公共财物，非公共财物在个别情况下也能成为贪污罪的对象。除了上述刑法规定的贪污罪的七种犯罪对象外，刑法学界有关贪污罪的对象还存在以下争议问题。

第一个问题：混合所有制经济体的财产能否视为公共财产。所谓混合所有制经济体，并不是一个确切的概念，它是指两种以上所有制形式的投资主体共同出资所形成的一个经济体。如中外合资经营企业、中外合作经营企业、公私联营企业、股份制企业等。关于混合所有制经济体的财产能否视为公共财产，刑法学界在谈到贪污罪的对象时对此多有论述且存有争议。第一种观点认为，在混合所有制经济体中，只要有公有资本存在，就应全额认定为公共财产。[①]第二种观点认为，对于股份制企业的财产，集体与国家合资、合作企业的财产，集体与个人合资、合作企业的财产等，这些企业的财产不论归属关系如何，都是以整体的形式在市场中运作的。从整体上看，应该作为集体所有财产处置比较合适，或者笼统地作为公共财产处置。[②]第三种观点认为，应以是否

[①] 参见朱孝清：《论贪污贿赂罪的几个问题》，载《人民检察》1998 年第 3 期；董邦俊：《贪污罪新论》，中国方正出版社 2004 年版，第 81 页。

[②] 参见刘生荣等：《贪污贿赂罪》，中国人民公安大学出版社 2003 年版，第 45 页。

控股来划定混合所有制经济体的财产性质,即国有、集体控股(控股51%以上为绝对控股,51%以下35%以上为相对控股)或投资比例占多数的企业的财产,应全额认定为公共财产,不控股或投资比例占少数的企业的财产,一律不认定为公共财产。① 第四种观点认为,除国有独资公司的财产属于单一的公共财产外,有限责任公司、股份有限公司、外国公司的财产属于法人财产,法人财产是一种不属于私人财产和公共财产的新型财产所有形式。② 笔者赞同第四种观点。就前两种观点而言,在混合所有制经济体中,除了公有资本外,可能还包含着私人资本或外资,按照这种观点的逻辑,应当也可以全额认定为私人财产或外国财产,特别是对于国有企业改制为股份制公司后上市的,个人都可以购买该公司股票成为股东,那么这些上市公司的财产也都可以视为私人财产了,但这样的结论显然是荒谬的。就第三种观点而言,也存在同样的错误,如对于中外合资经营企业或中外合作经营企业,如果外方的投资占到多数,按照这种观点的逻辑,这些企业的财产就应全额认定为外国财产,但这样做显然也是错误的。笔者认为,在混合所有制企业中,企业财产是作为一个整体而存在的,其财产来源可能是多种多样的,国有财产、劳动群众集体所有的财产都是投资的一部分,与公民个人的投资在性质上并没有区别,不能因为企业财产中包含部分(无论是大部分还是小部分)公共财产,就把整个企业财产也作为公共财产,这样做也违背了现代企业制度③的基本准则。

第二个问题:不动产能否成为贪污罪的对象。动产与不动产的划分,是以物是否能够移动并且是否因移动而损坏其价值作为划分标准的。动产是指能够移动而不损害其价值或用途的物,不动产是指不能移动或者若移动则损害其价值或用途的物。各国对动产与不动产的界定标准也是不同的。现在,国际上并不是单纯地把是否能移动以及移动是否造成价值的贬损作为界定动产与不动产的唯一标准,而是综合考虑物的价值大小、物权变动的法定要件等因素。例如,飞机、船只等,国际上通常将其界定为不动产。因为其价值较大、办理物权变动时要到行政机关进行登记等。按照我国《物权法》第24条的规定,船

---

① 参见严恒:《贪污罪、职务侵占罪之辨析》,载《中国刑事法杂志》2000年第1期。

② 参见陈兴良:《贪污罪受贿罪疑难问题探讨》,载《刑法新罪名若干问题的研究》,中国人民公安大学出版社1996年版。

③ 按照百度百科词条解释,现代企业制度,是指以市场经济为基础,以完善的企业法人制度为主体,以有限责任制度为核心,以公司企业为主要形式,以产权清晰、权责明确、政企分开、管理科学为条件的新型企业制度,其主要内容包括企业法人制度、企业自负盈亏制度、出资者有限责任制度、科学的领导体制与组织管理制度。

舶、航空器和机动车等被归为动产类别,但其物权的设立、变更、转让和消灭,未经登记,不得对抗善意第三人。我国《物权法》第9条规定:不动产物权的设立、变更、转让和消灭,经依法登记,发生效力;未经登记,不发生效力,但法律另有规定的除外。第14条规定:不动产物权的设立、变更、转让和消灭,依照法律规定应当登记的,自记载于不动产登记簿时发生效力。在刑法学界,对不动产能否成为贪污罪的对象,有肯定和否定两种观点。否定的观点认为,不动产不能移动,其所有权的转移必须经过法定的登记程序,因而行为人要想贪污不动产是不可能实施的。肯定的观点认为,不动产与动产一样,都可以成为贪污罪的对象。因为行为人对财物的非法占有并不是必须以财物在空间上的移动为条件。① 有学者进一步论证,财产犯罪中的抢劫罪、抢夺罪因以"当场"为要件,盗窃罪、聚众哄抢罪因一般需以对象物的物理移动方可完成,挪用类犯罪因立法上明确规定其对象为资金或者公款而不可能以不动产作为犯罪对象,除此之外,诈骗罪、(职务)侵占罪、敲诈勒索罪、故意毁坏财物罪等均可以不动产作为其侵害的对象。例如,行为人完全可以通过诈骗手段,实现对他人所有的不动产的事实上的占有,甚至是以产权变更登记的形式实现"法律上"的占有。作为职务性的财产犯罪,就实施及完成犯罪行为方面而言,贪污罪与诈骗罪、侵占罪等一般财产犯罪并无两样,而且,较之于后者,贪污行为人因其有着职务上的便利可资利用,故通常情况下更易于得逞。② 笔者赞同肯定的观点,刑法在规定贪污罪的对象为公共财物时,并没有将其限定为动产而将不动产排除在外。实践中,行为人贪污不动产确实没有贪污动产那么容易,有的需要砍伐,如林木,有的需要拆卸,如附着于建筑物上的财物,有的甚至还需要进行所有权转让登记,如房屋,但行为人依然可以利用职务上的便利,采取侵吞、窃取、骗取或者其他手段,从而将属于公共财产的不动产非法占为己有。

第三个问题:违禁品能否成为贪污罪的对象。所谓违禁品,是指国家规定限制或禁止生产、购买、运输、持有的枪支弹药、爆炸物品、剧毒化学品、窃听窃照专用器材、毒品、迷药、管制刀具等物品。因此,违禁品又分为相对违禁品和绝对违禁品。相对违禁品,是指国家规定限制生产、购买、运输、持有的物品,这些物品只能由特定单位、特定人员持有,如枪支、弹药、毒品等。绝对违禁品,是指国家规定禁止生产、购买、运输、持有的物品,这些物品绝

---

① 参见唐世月:《贪污罪研究》,人民法院出版社2002年版,第91~92页。
② 参见刘为波:《不动产可以成为贪污犯罪的对象》,载《人民法院报》2002年11月18日。

第一部分 贪污罪、私分国有资产罪基本理论与司法认定精要

对禁止任何人持有,如淫秽物品、反动宣传材料等。关于违禁品能否成为贪污罪的对象,有肯定和否定两种观点。肯定的观点认为,违禁品可以成为贪污罪的对象,因为违禁品具有一定的价值,并且1997年11月4日最高人民法院《关于审理盗窃案件具体应用法律若干问题的解释》第5条第8项指出,"盗窃违禁品,按盗窃罪处理的,不计数额,根据情节轻重量刑"。既然违禁品可以成为盗窃罪的对象,同样也可以成为贪污罪的对象。① 笔者主张否定的观点,认为违禁品不能成为贪污罪的对象。因为违禁品虽然具有一定的价值,但法律并没有将其规定为贪污罪的对象。最高人民法院《关于审理盗窃案件具体应用法律若干问题的解释》虽然指出盗窃违禁品的可以按盗窃罪处理,但从表述用语来理解应该是也有不按盗窃罪处理的情形,即使按盗窃罪处理的,在计算数额时也存在困难,司法解释也指出根据情节轻重量刑。如果违禁品可以成为贪污罪的对象,在处理时也存在如何计算数额和量刑的问题。笔者认为,国家工作人员利用职务上的便利非法占有违禁品的,固然侵犯了其职务行为的廉洁性,但主要的还是侵犯了国家对违禁品的管理制度,并且刑法也对侵犯违禁品管理制度的行为规定了相应的罪名,如非法持有、私藏枪支、弹药罪,非法持有毒品罪等,可以按照这些罪名来对这些行为定罪处罚,而不宜按照贪污罪定罪处罚。

第四个问题:电力等无形财产能否成为贪污罪的对象。对此,刑法学界有不同认识。笔者认为,电力等无形财产可以成为贪污罪的对象。我们知道,有形财产之所以能够成为贪污罪的对象,是因为一旦行为人非法占有了某项财产,原财产所有人便不再拥有该项财产,发生了财产所有权的非法转移。因此,如果某种无形财产一旦被行为人利用职务上的便利非法占有了,原财产所有人便不再拥有该项财产,就会遭受相同数额的财产损失,则该无形财产便可以成为贪污罪的对象。如国家电力工作人员利用职务上的便利,窃取电力的行为,便会使国家遭受电力损失,虽然电力是摸不到看不见的,但损失的电力是可以用金钱具体计算的一种财产,因此,该国家工作人员的行为构成贪污罪。最高人民法院《关于审理盗窃案件具体应用法律若干问题的解释》第1条第3项也指出,"盗窃的公私财物,包括电力、煤气、天然气等"。既然电力、煤气、天然气等无形财产可以成为盗窃罪的对象,那么如果国家工作人员利用职务上的便利窃取了属于公共财产的电力、煤气、天然气等无形财产,当然也可以构成贪污罪。再如国家工作人员利用职务上的便利盗打电话的行为,国家就

---

① 参见唐世月:《贪污罪研究》,人民法院出版社2002年版,第94页;赵秉志主编:《中国刑法案例与学理研究》(第6卷),法律出版社2004年版,第32页。

要为此支付电话费,这种情况下行为人就构成了对所在单位财产的侵害,相当于非法占有了单位的财产,如果数额较大,该国家工作人员的行为就构成了贪污罪。最高人民法院《关于审理盗窃案件具体应用法律若干问题的解释》第5条第1项还具体指出了盗打他人电话如何计算盗窃数额。既然盗打他人电话可以构成盗窃罪,与此同理,国家工作人员利用职务上的便利盗打单位电话也可以构成贪污罪。

第五个问题:知识产权能否成为贪污罪的对象。按照百度百科词条解释,知识产权是指:公民或法人等主体依据法律的规定,对其从事智力创作或创新活动所产生的知识产品所享有的专有权利,又称为"智力成果权"、"无形财产权",主要包括版权、专利和商标以及工业品外观设计等方面组成的工业产权和自然科学、社会科学以及文学、音乐、戏剧、绘画、雕塑、摄影和电影等方面的作品组成的版权(著作权)两部分。从广义上讲,知识产权也是一种无形财产,但它与电力、煤气、天然气等无形财产不同,它是智力成果,是一种特殊的无形财产,因此笔者在此单独论述。关于知识产权能否成为贪污罪的对象,刑法学界有不同的认识。肯定的观点认为,技术成果、商业秘密等无形财产固然有不同于有形财产的特点,司法解释也明确规定盗窃技术成果等商业秘密的,按照刑法第219条侵犯商业秘密罪的规定定罪处罚。但在市场经济条件下,技术成果毕竟也是财产,是可以成为交换对象的商品。国家工作人员利用职务之便非法占有职务技术成果如按一般的侵犯商业秘密行为处理,不能反映其行为渎职性的一面。因此,技术成果等无形财产可以成为贪污罪的对象。[1] 行为人可以通过对这种技术成果的非法占有转化为对有形财产的占有,实际上就使得智力成果所有人对原本属于自己的财产失去了控制。国家工作人员利用职务之便对上述无形财产的占有一方面侵犯了国家工作人员职务行为的廉洁性;另一方面也侵犯了财产所有人的财产权,所以,完全符合我国刑法规定的贪污罪的构成要件。[2] 并认为国家工作人员以及受国家机关、国有公司、企业、事业单位、人民团体委托管理、经营国有财产的人员,利用职务上的便利,侵吞、窃取、骗取或者以其他手段非法占有商业秘密的,应当按照贪污罪

---

[1] 参见孙国祥:《贪污贿赂犯罪疑难问题学理与判解》,中国检察出版社2003年版,第19页。

[2] 参见赵秉志主编:《中国刑法案例与学理研究》(第6卷),法律出版社2004年版,第27页。

论罪处罚。① 1994年6月17日最高人民检察院、国家科学技术委员会《关于办理科技活动中经济犯罪案件的意见》第3条也指出："国家工作人员、集体经济组织工作人员或者其他经手、管理公共财物的人员，非法占有职务技术成果或者职务技术成果的转让收益的，以贪污论处。"1997年刑法修订前司法实践中也有这样处理的案例。②

但笔者主张否定的观点，即知识产权不能成为贪污罪的对象。知识产权是一种特殊的无形财产，这种财产是可以复制的，也就是说可以被多个人同时占有，即使行为人利用职务上的便利非法占有了单位的知识产权，但知识产权所有人并不因此就同时丧失对该项知识产权的占有，其所遭受的损失只是因为拥有该项知识产权能够获得的其他利益。这与我们通常所理解的一旦行为人非法占有他人财物而他人就不再占有该项财物的性质是不同的，因此，知识产权作为一种特殊的无形财产，不能成为贪污罪的对象。关于前述最高人民检察院、国家科学技术委员会《关于办理科技活动中经济犯罪案件的意见》，因为该意见中的相关内容与1997年修订后的刑法有关贪污、贿赂犯罪等规定相抵触，2002年2月25日已被最高人民检察院废止。也有的学者认为，智力成果本身不能成为贪污罪的对象，但作为智力成果的载体可以成为贪污罪的对象。③ 笔者认为，这种观点实际上相当于否定的观点。

并且，关于利用职务上的便利条件窃取技术资料转让获利是否构成犯罪的问题，四川省高级人民法院曾经讨论并于1990年8月25日向最高人民法院请示。在讨论中有三种意见：第一种意见认为，未取得研制单位同意，擅自以个人设计的名义与其他单位签订技术转让协议，获取转让费，侵犯了研制单位的所有权，属民事侵权行为，应按《民法通则》、《技术合同法》的有关规定处理，追缴其非法所得。第二种意见认为，新产品技术资料属无形财产，具有价值属性，通过转让，已转化为有形财产，行为人利用职务上的便利条件，窃取技术图纸转让获利，实质上侵犯了公共财物的所有权，应定贪污罪。第三种意见认为，技术资料属无形财产，虽具有价值属性，且通过转让转化为有形财产，但毕竟不同于贪污罪所侵犯的对象，即有形公共财物，故不宜直接定贪污

---

① 参见孟庆华：《贪污罪定罪量刑案例评析》，中国民主法制出版社2003年版，第38页。

② 参见李文峰：《贪污贿赂犯罪认定实务与案例解析》，中国检察出版社2011年版，第19～20页。

③ 参见唐世月：《贪污罪研究》，人民法院出版社2002年版，第93页；董邦俊：《贪污罪新论》，中国方正出版社2004年版，第65页。

罪，应比照贪污罪的刑法条款类推定侵吞技术成果罪。1992年5月19日最高人民法院研究室在《关于利用职务上的便利条件窃取技术资料转让获利是否构成犯罪问题的电话答复》中指出：科技人员参与单位科研项目，在未取得研制单位同意的情况下，擅自以个人设计的名义与其他单位签订技术转让协议，获取转让费的，可以作为民事侵权行为处理。

三、贪污罪的客观方面

贪污罪的客观方面表现为行为人利用职务上的便利，侵吞、窃取、骗取或者以其他手段非法占有公共财物，数额较大的行为。利用职务上的便利、非法占有公共财物和数额较大三者缺一不可。

（一）利用职务上的便利

1952年《中华人民共和国惩治贪污条例》规定贪污罪时并没有"利用职务上的便利"的规定，1979年刑法第155条规定贪污罪时法条中出现了"利用职务上的便利"，1988年全国人大常委会《关于惩治贪污罪贿赂罪的补充规定》沿用了"利用职务上的便利"的规定，1995年全国人大常委会《关于惩治违反公司法的犯罪的决定》出现了"利用职务或者工作上的便利"的规定，1997年刑法第382条关于贪污罪的定义继续沿用了"利用职务上的便利"的规定。

那么，如何理解"利用职务上的便利"，刑法学界的认识并不一致。1985年7月18日最高人民法院、最高人民检察院《关于当前办理经济犯罪案件中具体应用法律的若干问题的解答（试行）》在谈到关于贪污罪的几个问题时指出："利用职务上的便利"，是指国家工作人员、集体经济组织工作人员或者前述其他受委托从事公务的人员，利用其职务上主管、管理、经手公共财物的便利条件。1999年9月16日最高人民检察院《关于人民检察院直接受理立案侦查案件立案标准的规定（试行）》第1条第1项指出，贪污罪中"利用职务上的便利"，是指利用职务上主管、管理、经手公共财物的权力及方便条件。前后两个司法解释关于"利用职务上的便利"的解释基本一致，下面笔者结合司法解释，对如何理解"利用职务上的便利"作进一步阐述。

1. 职务。通常来讲，职务是接受委任、聘任或者委托从事一定公务的特定身份，它是职权与职责的统一。具体来讲，职务应当具有以下几个特点：一是公务性。这种职务主要表现为与职权相联系的公共事务以及监督、管理公共财物的活动，即行为人从事的是公共事务，而不是私人事务。二是现实性。这种职务是行为人现实具有的，而不是指行为人过去拥有的职务或将来可能拥有的职务。三是合法性。这种职务是经过法定程序任命的,具有形式上的合法性,需要注意的是,即使行为人是通过行贿、诈骗等非法手段得到的职务,但只要经过了法定程序任命,就属于贪污罪所指的职务。① 四是特定性。这种职务是指能够侵吞、窃取、骗取或者以其他手段非法占有公共财物的职务,内容具有特定性,仅限于行为人主管、管理、经手公共财物或者经营、管理国有财产的权力及方便条件。

2. 主管。所谓主管,是指审查、批准、调拨、转移和使用等支配公共财物的职权。通常是指国家工作人员不具体管理、经手公共财物,但具有调拨、支配、转移、使用或者以其他方式支配公共财物的职权。既指一般意义上的部门负责人主管,又包括上级领导依职责分工的分管,也包括一把手抓全面工作的领导管理,还包括领导层中非主管领导由于工作协作分工而对公共财物职能部门的协管。比如国家机关、国有公司、企业、事业单位、人民团体的领导人员如省长、市长、县长、乡长或部长、厅长、处长、科长或董事长、总经理、厂长等在一定范围内拥有调配、处置本单位甚至下属单位公共财物的权力。

3. 管理。所谓管理,是指看管、保护等管理公共财物的职权。既包括国家工作人员依职务对公共财产的管理,也包括受国家机关、国有公司、企业、事业单位、人民团体委托对国有财物的管理和经营。一般而言,这种管理的时间应该比较长,管理人员在管理期间对公共财物具有一定的处置权。

4. 经手。所谓经手,是指领取、支出等经办公共财物的职权。经手人虽然不具有调拨、管理和处置公共财物的职权,但对公共财物具有临时的控制权。

利用职务上的便利,要求行为人利用自己职务所形成的便利条件,而不是利用与其职务无关的方便条件,如因工作关系熟悉作案环境,凭工作人员身份便于进出单位、接近作案目标或对象等。纯粹利用工作之便,不构成贪污罪。例如:出纳员利用其职务上保管现金的便利,盗窃由其保管的公款,是贪污罪;如果出纳员仅是利用对本单位情况熟悉的条件,盗窃由其他国家工作人员保管的公共财物,则应是盗窃罪。售货员利用其受国营商店委托经

---

① 2004年3月30日,最高人民法院研究室《关于对行为人通过伪造国家机关公文、证件担任国家工作人员职务并利用职务上的便利侵占本单位财物、收受贿赂、挪用本单位资金等行为如何适用法律问题的答复》指出:"行为人通过伪造国家机关公文、证件担任国家工作人员职务以后,又利用职务上的便利实施侵占本单位财物、收受贿赂、挪用本单位资金等行为,构成犯罪的,应当分别以伪造国家机关公文、证件罪和相应的贪污罪、受贿罪、挪用公款罪等追究刑事责任,实行数罪并罚。"

管货物和售货款的便利，盗窃由其经管的货物或售货款，是贪污罪；如果他仅是利用对商店情况熟悉的条件，盗窃由其他售货员经管的货物或售货款，则是盗窃罪。又如：国家工作人员因病到医院就诊，按规定可以回单位报销医疗费用，在向单位报销时，故意涂改单据，虚报费用，由于看病属于行为人的私人事务，谈不上利用自己职务上的便利，因此不构成贪污罪，而构成诈骗罪。国家工作人员出差回单位后，向财务部门报销差旅费时，故意涂改单据，虚报费用，由于出差属于行为人从事公务，行为人利用了自己职务上的便利，因此构成贪污罪。

（二）非法占有公共财物

实践中，行为人非法占有公共财物的方式多种多样，刑法第382条将其概括为侵吞、窃取、骗取或者其他手段。

1. 侵吞。所谓侵吞，是指行为人利用职务上的便利，将由自己管理、经营、使用的公共财物直接非法占有，如公共财物应交公而隐匿不交，应支付而不支付，应入账而不入账，直接加以扣留，从而占为己有。有的观点认为，贪污罪中的侵吞，是指将自己合法占有的公共财物，非法地转为己有的行为，其具有两个基本特征：其一，行为人占有公共财物是合法的，而不是以其他诸如盗窃、诈骗等非法手段所占有的。其二，行为人将其合法占有的财物转为据为己有，至于转为据为己有的方式则不限，或公开或秘密。[①] 笔者认为，实践中，行为人侵吞公共财物时，往往已经合法持有了这些财物，但也有例外，如行政执法人员通过违法罚款取得的财物，或者是私设"小金库"的财物等，行为人持有这些财物是不合法的，但照样可以成为侵吞的对象。因此，侵吞的本质不在于行为人持有公共财物是否合法，而在于行为人是代表单位持有公共财物，即行为人将代表单位持有的公共财物非法转为己有。[②]

2. 窃取。1988年全国人大常委会《关于惩治贪污罪贿赂罪的补充规定》第1条对贪污罪的这一行为方式表述为"盗窃"，1997年修改刑法时将之改为"窃取"，虽然表述略有不同，但二者的含义是一样的。所谓"窃取"，是指行为人利用职务上的便利，采用秘密的方法将由自己合法控制的公共财物非法占为己有，即通常所说的监守自盗，如保管员将自己管理的公共财物秘密据为己有。

---

① 参见赵秉志主编：《贪污贿赂及相关犯罪认定处理》，中国方正出版社1999年版，第56页。

② 参见孙国祥：《贪污贿赂犯罪疑难问题学理与判解》，中国检察出版社2003年版，第33页。

3. 骗取。所谓"骗取",是指行为人利用职务上的便利,采用虚构事实或者隐瞒真相的方法,非法占有公共财物,如涂改、更换票据,虚报价格、数量,重复报账,伪造工资、奖金表等单据虚报冒领等。关于骗取财物的范围,刑法学界的认识并不一致。有的观点认为,骗取是指行为人利用职务之便,采用虚构事实或者隐瞒真相的方法,将其他工作人员管理之下的公共财物骗取到手,非法据为己有。例如,伪造单据向单位骗取公款,用购买私人商品的发票在单位报销等。但是,值得注意的是,行为人为了掩盖自己侵吞或窃取公共财物的事实,往往也采用一些伪造单据、涂改账目等欺骗方法,但其贪污的手段仍然是侵吞或者窃取,其与以骗取手段贪污的区别在于,前者是先占后骗,后者是先骗后占。① 骗取作为贪污罪的一种手段,其行为对象必然是处于他人合法管理下而行为人又有权经手的公共财物。如果是行为人自己占有的财物,则谈不上自己骗自己。② 也有的观点认为,所谓骗取的对象只能是他人占有的财物,而非行为人自己占有的财物的观点并非全面,虽然行为人已经代表单位持有了财物,但要达到非法占有的目的,变代表单位持有为个人非法占有,往往要采取诈骗的手段才能得逞。例如,会计虽然持有单位的现金,但要实现贪污,往往是通过做假账欺骗领导和单位,此时,行为人的犯罪手段就是骗取。③ 笔者赞同后一种观点。实践中,一个完整的贪污行为,有时候涉及侵吞、窃取、骗取等多种手段,如行为人自己合法持有的公共财物,虽然可以直接予以侵吞,但为了不被人发觉通常会采取弄虚作假掩盖事实真相的手段;又如行为人监守自盗,为了掩盖事实真相也会伪造成外人盗窃的虚假现场;侵吞与窃取在实践中有时候更是难以区分。笔者认为,无论行为人在实施贪污行为时采取了侵吞、窃取、骗取或者其他手段中的哪一种手段,或者是先后采取了多种手段,对于贪污罪的认定并没有实质性的影响,也不涉及罪与非罪或者此罪与彼罪的问题,认定贪污罪客观方面的关键是:行为人是否利用了自己职务上的便利,是否将公共财物非法占为己有,是否达到了数额较大的程度。

4. 其他手段。所谓"其他手段",是指行为人采取除侵吞、窃取、骗取三种手段以外的方式,将公共财物非法占为己有,如利用计算机实施贪污,低价

---

① 参见王作富主编:《刑法分则实务研究》(下册),中国方正出版社2010年版,第1677页。

② 参见赵秉志主编:《贪污贿赂及相关犯罪认定处理》,中国方正出版社1999年版,第59~60页。

③ 参见孙国祥:《贪污贿赂犯罪疑难问题学理与判解》,中国检察出版社2003年版,第38页。

非法转让国有股份，携带挪用的公款潜逃等。

（三）数额较大

实践中，并不是所有的贪污行为都构成犯罪。如果行为人贪污数额较小，则不作为犯罪处理，可视情况给予行为人党纪政纪处分。1997年《刑法》第383条专门规定了贪污罪的定罪量刑标准，第4项规定：个人贪污数额不满5000元，情节较重的，处二年以下有期徒刑或者拘役；情节较轻的，由其所在单位或者上级主管机关酌情给予行政处分。据此大家认为贪污罪的定罪标准是5000元。1999年最高人民检察院《关于人民检察院直接受理立案侦查案件立案标准的规定（试行）》就贪污罪的立案标准进一步明确指出，涉嫌下列情形之一的，应予立案：（1）个人贪污数额在5000元以上的；（2）个人贪污数额不满5000元（应达4000元以上①），但具有贪污救灾、抢险、防汛、防疫、优抚、扶贫、移民、救济款物及募捐款物、赃款赃物、罚没款物、暂扣款物，以及贪污手段恶劣、毁灭证据、转移赃物等情节的。据此可以认为，贪污罪的定罪标准通常是5000元，但具有上述特殊情形的，则4000元以上不满5000元的也可以立案侦查，也有可能被作为犯罪处理。

司法实践中，贪污罪的犯罪对象既有公款，也有公物。对于贪污公款的行为，容易计算贪污数额。1993年12月15日最高人民法院《关于贪污、挪用公款所生利息应否计入贪污、挪用公款犯罪数额问题的批复》指出："贪污、挪用公款（包括银行库存款）后至案发前，被贪污、挪用的公款所生利息，不应作为贪污、挪用公款的犯罪数额计算。但该利息是贪污、挪用公款行为给被害单位造成实际经济损失的一部分，应作为被告人的非法所得，连同其贪污、挪用的公款一并依法追缴。"但对于贪污公物的行为，计算贪污的具体数额时情况则较为复杂。笔者认为，可以参照1997年11月4日最高人民法院《关于审理盗窃案件具体应用法律若干问题的解释》第5条的规定，按照下列方法来计算被贪污物品的数额：

1. 被贪污物品的价格，应当以被贪污物品价格的有效证明确定。对于不能确定的，应当区别情况，根据作案当时、当地的同类物品的价格，并按照下列核价方法，以人民币分别计算：

（1）流通领域的商品，按市场零售价的中等价格计算；属于国家定价的，

---

① 1999年最高人民检察院《关于人民检察院直接受理立案侦查案件立案标准的规定（试行）》附则部分第2项指出：本规定中有关犯罪数额"不满"，是指接近该数额且已达到该数额的百分之八十以上。

按国家定价计算;属于国家指导价的,按指导价的最高限价计算。

(2) 生产领域的产品,成品按本项之(1)规定的方法计算;半成品比照成品价格折算。

(3) 单位和公民的生产资料、生活资料等物品,原则上按购进价计算,但作案当时市场价高于原购进价的,按当时市场价的中等价格计算。

(4) 农副产品,按农贸市场同类产品的中等价格计算。大牲畜,按交易市场同类同等大牲畜的中等价格计算。

(5) 进出口货物、物品,按本项之(1)规定的方法计算。

(6) 金、银、珠宝等制作的工艺品,按国有商店零售价格计算;国有商店没有出售的,按国家主管部门核定的价格计算。黄金、白银按国家定价计算。

(7) 外币,按被贪污当日国家外汇管理局公布的外汇卖出价计算。

(8) 不属于馆藏三级以上的一般文物,包括古玩、古书画等,按国有文物商店的一般零售价计算,或者按国家文物主管部门核定的价格计算。

2. 有价支付凭证、有价证券、有价票证,按下列方法计算:

(1) 不记名、不挂失的有价支付凭证、有价证券、有价票证,不论能否即时兑现,均按票面数额和案发时应得的孳息、奖金或者奖品等可得收益一并计算。股票按被贪污当日证券交易所公布的该种股票成交的平均价格计算。

(2) 记名的有价支付凭证、有价证券、有价票证,如果票面价值已定并能即时兑现的,如活期存折、已到期的定期存折和已填上金额的支票,以及不需证明手续即可提取货物的提货单等,按票面数额和案发时应得的利息或者可提货物的价值计算。如果票面价值未定,但已经兑现的,按实际兑现的财物价值计算;尚未兑现的,可作为定罪量刑的情节。不能即时兑现的记名有价支付凭证、有价证券、有价票证或者能即时兑现的有价支付凭证、有价证券、有价票证已被销毁、丢弃,而失主可以通过挂失、补领、补办手续等方式避免实际损失的,票面数额不作为定罪量刑的标准,但可作为定罪量刑的情节。

3. 邮票、纪念币等收藏品、纪念品,按国家有关部门核定的价格计算。

4. 同种类的大宗被贪污物品,单位以多种价格购进,能够分清的,分别计算;难以分清的,应当按此类物品的中等价格计算。

5. 被贪污物品已被销赃、挥霍、丢弃、毁坏的,无法追缴或者几经转手,最初形态被破坏的,应当根据失主、证人的陈述、证言和提供的有效凭证以及被告人的供述,按本条第1项规定的核价方法,确定原被贪污物品的价值。

6. 单位以明显低于被贪污当时、当地市场零售价购进的物品,应当按本条第1项规定的核价方法计算。

7. 销赃数额高于按本解释计算的贪污数额的，贪污数额按销赃数额计算。

8. 被贪污物品价格不明或者价格难以确定的，应当按国家计划委员会、最高人民法院、最高人民检察院、公安部《扣押、追缴、没收物品估价管理办法》的规定，委托指定的估价机构估价。

9. 对已陈旧、残损或者使用过的被贪污物品，应当结合作案当时、当地同类物品的价格和被贪污时的残旧程度，按本条第8项的规定办理。

10. 残次品，按主管部门核定的价格计算；废品，按物资回收利用部门的收购价格计算；假、劣物品，有价值的，按本条第8项的规定办理，以实际价值计算。

四、贪污罪的主体

从新中国的立法来看，贪污罪的主体经历了一个发展变化的过程。

1952年《中华人民共和国惩治贪污条例》第2条规定贪污罪的主体是"一切国家机关、企业、学校及其附属机构的工作人员"。1957年最高人民法院《关于公私合营企业的私方人员利用职权违法取利的行为应如何适用法律问题的批复》指出：公私合营企业的私方人员利用职权违法取利，即应按照惩治贪污条例第二条规定，以国家工作人员贪污论罪。

1979年刑法第155条规定贪污罪的主体是"国家工作人员"和"受国家机关、企业、事业单位、人民团体委托从事公务的人员"，第83条进一步解释说"本法所说的国家工作人员，是指一切国家机关、企业、事业单位和其他依照法律从事公务的人员"。1982年全国人大常委会《关于严惩严重破坏经济的罪犯的决定》第1条规定，"国家工作人员，包括在国家各级权力机关、各级行政机关、各级司法机关、军队、国营企业、国家事业机构中工作的人员，以及其他各种依照法律从事公务的人员"。1985年最高人民法院、最高人民检察院《关于当前办理经济犯罪案件中具体应用法律的若干问题的解答（试行）》关于贪污罪的几个问题指出："贪污罪的主体是国家工作人员，也可以是集体经济组织工作人员或者其他受国家机关、企业、事业单位、人民团体委托从事公务的人员。"

1988年全国人大常委会《关于惩治贪污罪贿赂罪的补充规定》第1条规定贪污罪的主体是"国家工作人员、集体经济组织工作人员或者其他经手、管理公共财物的人员"。1995年全国人大常委会《关于惩治违反公司法的犯罪的决定》第10条增设了职务侵占罪，将"公司董事、监事或者职工"从贪污罪的主体中分离出来。为了区分贪污罪与职务侵占罪等职务犯罪，最高人民检察院、最高人民法院先后制定了司法解释,对国家工作人员的范围进行了界定。1995年11月最高人民检察院《关于办理公司、企业人员受贿、侵占和挪用公司、企业资金犯罪案件适用法律的几个问题的通知》第1条指出:所谓"国家工作人员",是指:(1)国家机关工作人员,即在国家各级权力机关、各级行政机关、各级司法机关和军队工作的人员;(2)在国家各类事业机构中工作的人员;(3)国有企业中的管理工作人员;(4)公司、企业中由政府主管部门任命或者委派的管理人员;(5)国有企业委派到参股、合营公司、企业中行使管理职能的人员;(6)其他依法从事公务的人员。1995年12月最高人民法院《关于办理违反公司法受贿、侵占、挪用等刑事案件适用法律若干问题的解释》第4条指出:国家工作人员,是指在国有公司、企业或者其他公司、企业中行使管理职权,并具有国家工作人员身份的人员,包括受国有公司、国有企业委派或者聘请,作为国有公司、国有企业代表,在中外合资、合作、股份制公司、企业中,行使管理职权,并具有国家工作人员身份的人员。

1997年刑法第382条规定贪污罪的主体是"国家工作人员"和"受国家机关、国有公司、企业、事业单位、人民团体委托管理、经营国有财产的人员"。第93条进一步解释说:"本法所称国家工作人员,是指国家机关中从事公务的人员。国有公司、企业、事业单位、人民团体中从事公务的人员和国家机关、国有公司、企业、事业单位委派到非国有公司、企业、事业单位、社会团体从事公务的人员,以及其他依照法律从事公务的人员,以国家工作人员论。"

刑法学界通说认为,贪污罪的主体是特殊主体。根据现行刑法第382条和第93条的规定,具体可以分为以下五类:

(一)国家机关中从事公务的人员

所谓国家机关,是指行使国家权力、管理国家事务的机关。包括国家权力机关、国家行政机关、审判机关、检察机关和军事机关等。关于"国家机关中从事公务的人员"的范围,刑法学界一直有不同意见。有的学者认为,依据我国《宪法》第三章国家机构的规定,国家机关包括:全国人民代表大会及其常委会,中华人民共和国国家主席,国务院,中央军事委员会,地方各级人民代表大会和地方各级人民政府,民族自治地方的自治机关,人民法院和人民检察院。因此,中国共产党的各级机关、各级政协组织、居民委员会、村民委员会均不属于国家机关,在这些机关中从事公务的人员，不能以"国家机关中从事公务的人员"论。① 有的学者认为，国家机关中从事公务的人员，即各级国家权力机关、行政机关、审判机关、检察机关、军事机关中从事公务的人员。中国共产党各级机关、中国人民政治协商会议的各级机关中从事公务的人员，应当视为国家机关工作人员。② 也有的学者认为，所谓国家机关工作人员，就是在中国共产党的各级领导机关、各级国家权力机关、行政机关、审判机关、检察机关、军事机关及中国人民政治协商会议的各级机关以及附属于党的各级领导机关中的共青团组织、妇联组织中从事公务的人员。③ 还有的学者认为，当前我国国家机关工作人员的构成情况比较复杂，可以划分为以下两类：第一类是严格意义上的国家机关工作人员，具体包括在各级国家权力机关、各级国家行政机关、各级司法机关和各级军事机关中从事公务的人员；第二类是准国家机关工作人员，具体包括：（1）根据国家政治制度，应以国家机关工作人员论的人员：①在乡级以上中国共产党的机关中从事公务的人员；②正在履行职务期间的各级政协委员以及在各级政协常设机构和办事机构中从事公务的人员；③在各民主党派、工商联各级机关中从事公务的人员；④在各级工会、共青团、妇联机关中从事公务的人员。（2）虽然所在机构设置在非国家机关内，但因其机构本身性质属于国家机关，而以国家机关工作人员论的人员：①在铁路、林业、农垦、油田等国有企业中的公安机关、人民检察院、人民法院、监察部门中从事公务的人员；②在新疆生产建设兵团管理机关中从事公务的人员。（3）虽然不具有国家机关工作人员身份，但因法律、法规授权或者国家机关委托行使国家管理职能，而以国家机关工作人员论的人员：①在直接隶属于国家机关、行使一定的政府管理职能的国有公司、企业、事业单位（如知识产权局、气象局、地震局、烟草公司、盐业局、科学院、电力总公司）中从事公务的人员；②受国家机关委派从事公务的人员（如稽查特派员）或者经授权或者委托行使政府行政管理职权（如行政处罚权）的组织的人员；③受国家机关正式聘用，在国家机关中从事公务的人员。④

---

① 参见何秉松主编：《刑法教科书》（下卷），中国法制出版社2000年版，第1120页。
② 参见高铭暄、马克昌主编：《刑法学》（下编），中国法制出版社1999年版，第628页；陈正云、文盛堂主编：《贪污贿赂犯罪认定与侦查实务》，中国检察出版社2002年版，第4页。
③ 参见单民、刘方主编：《刑事司法疑难问题解答（刑法适用部分）》，中国检察出版社2002年版，第59页。
④ 参见张穹主编：《贪污贿赂渎职"侵权"犯罪案件立案标准精释》，中国检察出版社2000年版，第33～34页。

第一部分　贪污罪、私分国有资产罪基本理论与司法认定精要

笔者认为，从本来意义上讲，国家机关应当限定为国家权力机关、行政机关、司法机关和军事机关，国家机关工作人员就是在这四类机关中从事公务的人员。但就我国的具体国情和政治体制而言，国家机关工作人员的范围不应当局限于这四类机关，还应当有所扩大。对于那种虽然不属于宪法上国家机构体系的国家机关，但是其拥有的权力使其能够对全国或者一个地区的国家公共事务的管理发挥重大影响甚至决定性作用的机关或单位，应当以国家机关论。[①] 2003年11月13日最高人民法院印发的《全国法院审理经济犯罪案件工作座谈会纪要》专门就如何认定国家机关工作人员进行了解释：刑法中所称的国家机关工作人员，是指在国家机关中从事公务的人员，包括在各级国家权力机关、行政机关、司法机关和军事机关中从事公务的人员。根据有关立法解释[②]的规定，在依照法律、法规规定行使国家行政管理职权的组织中从事公务的人员，或者在受国家机关委托代表国家机关行使职权的组织中从事公务的人员，或者虽未列入国家机关人员编制但在国家机关中从事公务的人员，视为国家机关工作人员。在乡（镇）以上中国共产党机关、中国人民政治协商会议机关中从事公务的人员，司法实践中也应当视为国家机关工作人员。笔者同意最高人民法院对国家机关工作人员范围的界定，但是各级工会、共青团、妇联不属于国家机关，而是人民团体，在这些单位中从事公务的人员不属于国家机关工作人员，但可归入国家工作人员的范畴。

（二）国有公司、企业、事业单位、人民团体中从事公务的人员

所谓国有公司，是指依照公司法成立，财产全部属于国家所有的公司，包括国有独资公司、两个以上的国有投资主体投资组成的有限责任公司、股份有限公司。关于国家控股或者参股的公司能否以国有公司论，刑法学界有不同意见，笔者认为不应当视为国有公司。因为国家控股或者参股的公司中除了国有财产外，可能还包含着集体财产、私人财产或者外资，如果因为国家控股或者参股就可以视为国有公司，按照这种观点的逻辑，如果公司中除了国有股份外还包含集体财产或者外资，那么应当也可以认定为集体公司或者外国公司。特别是对于国有企业改制为股份制公司后上市的，个人都可以购买该公司股票成为股东，那么这些上市公司也都可以视为私人公司了，但这样的结论显然是荒谬的。

所谓国有企业，是指企业财产全部属于国家所有，从事生产、经营或者服

---

① 参见高铭暄主编：《刑法专论》（下编），高等教育出版社2002年版，第769页。
② 指2002年12月28日全国人大常委会《关于〈中华人民共和国刑法〉第九章渎职罪主体适用问题的解释》。

务活动的非公司化经济组织。需要注意的是，2010年11月26日最高人民法院、最高人民检察院《关于办理国家出资企业中职务犯罪案件具体应用法律若干问题的意见》第5条第2款就国家出资企业改制前后主体身份发生变化的犯罪的处理指出："国家工作人员利用职务上的便利，在国家出资企业改制过程中隐匿公司、企业财产，在其不再具有国家工作人员身份后将所隐匿财产据为己有的，依照《刑法》第382条、第383条的规定，以贪污罪定罪处罚。"

所谓国有事业单位，是指受国家机关领导，所需经费由国家划拨的非生产经营性部门或单位，如国家投资兴办的教育、科研、文化、卫生、体育、新闻、广播、出版等单位。

所谓人民团体，是指按照其各自特点组成的从事特定的社会活动的人民群众组织，如各民主党派、各级工会、共青团、妇联、青联、残联、学联、台联、工商联、侨联、科协、文联、记协、对外友好团体等。有的学者认为人民团体包括工会、共青团、妇联、科协、归国华侨联合会、台湾同胞联谊会、青年联合会和工商业联合会，共八类。[①] 笔者认为，将人民团体限定为八类依据不明确，实践中不应作如此限制，否则就会放纵某些犯罪。

（三）国家机关、国有公司、企业、事业单位委派到非国有公司、企业、事业单位、社会团体从事公务的人员

2003年11月13日最高人民法院印发的《全国法院审理经济犯罪案件工作座谈会纪要》专门就国家机关、国有公司、企业、事业单位委派到非国有公司、企业、事业单位、社会团体从事公务的人员的认定问题作出了解释："所谓委派，即委任、派遣，其形式多种多样，如任命、指派、提名、批准等。不论被委派的人身份如何，只要是接受国家机关、国有公司、企业、事业单位委派，代表国家机关、国有公司、企业、事业单位在非国有公司、企业、事业单位、社会团体中从事组织、领导、监督、管理等工作，都可以认定为国家机关、国有公司、企业、事业单位委派到非国有公司、企业、事业单位、社会团体从事公务的人员。如国家机关、国有公司、企业、事业单位委派在国有控股或者参股的股份有限公司从事组织、领导、监督、管理等工作的人员，应当以国家工作人员论。国有公司、企业改制为股份有限公司后，原国有公司、企业的工作人员和股份有限公司新任命的人员中，除代表国有投资主体行使监督、管理职权的人外，不以国家工作人员论。"2001年5月23日最高人民法院公布的《关于在国有资本控股、参股的股份有限公司中从事管理工作的人

[①] 参见肖中华：《贪污贿赂罪疑难解析》，上海人民出版社2006年版，第14页。

员利用职务便利非法占有本公司财物如何定罪问题的批复》也指出:"在国有资本控股、参股的股份有限公司中从事管理工作的人员,除受国家机关、国有公司、企业、事业单位委派从事公务的以外,不属于国家工作人员。对其利用职务上的便利,将本单位财物非法占为己有,数额较大的,应当依照刑法第二百七十一条第一款的规定,以职务侵占罪定罪处罚。"

需要指出的是,2005年8月1日最高人民法院公布的《关于如何认定国有控股、参股股份有限公司中的国有公司、企业人员的解释》指出:"国有公司、企业委派到国有控股、参股公司从事公务的人员,以国有公司、企业人员论。"笔者认为,这个司法解释是为准确认定刑法分则第三章第三节中的国有公司、企业人员而作出的,对于贪污贿赂犯罪的主体来讲,仍然应当依照刑法第93条的规定,对于国有公司、企业委派到国有控股、参股公司从事公务的人员,应当属于"国有公司、企业委派到非国有公司从事公务的人员",而不应认定为属于"国有公司、企业中从事公务的人员"。

所谓"社会团体",按照1998年10月25国务院发布的《社会团体登记管理条例》第2条的规定,是指中国公民自愿组成,为实现会员共同意愿,按照其章程开展活动的非营利性社会组织。因此,社会团体的范围大于人民团体,人民团体仅是社会团体的一部分。从刑法规定的前后逻辑来看,人民团体应该属于国有单位的范畴。目前,我国有全国性社会团体近2000个。其中使用行政编制或事业编制,由国家财政拨款的社会团体约200个。在这近200个团体中,全总、共青团、全国妇联的政治地位特殊,社会影响广泛。还有16个社会团体的政治地位虽然不及上述三个社会团体,但也比较特殊。它们分别是:中国文联、中国科协、全国侨联、中国作协、中国法学会、对外友协、贸促会、中国残联、宋庆龄基金会、中国记协、全国台联、黄埔军校同学会、外交学会、中国红十字总会、中国职工思想政治工作研究会、欧美同学会。以上19个社会团体的主要任务、机构编制和领导职数由中央机构编制管理部门直接确定,它们虽然是非政府性的组织,但在很大程度上行使着部分政府职能。截至2008年年底,登记注册的社会组织总量接近40万个,其中社会团体22万个,民办非企业单位17.8万个,基金会1390个。①

关于非国有公司、企业、事业单位、社会团体的范围,刑法学界也有不同观点。一种观点认为,非国有公司、企业、事业单位、社会团体应具备一个基本特征,即这些单位的财产应含有国有资产的成分。只有非国有单位中含有国

---

① 参见百度百科对"社会团体"词条的解释。

有资产的成分,国有单位才需派人到这些单位代表自己履行职责。① 另一种观点认为,此类国家工作人员的认定,应当以行为人的行为是否从事公务为标准,而不问行为人所在单位是否具有国有资产的成分。一般而言,委派到具有国有资产成分的单位中从事公务是比较常见的,但在个别情况下,也不排除委派到没有国有资产的非国有单位。② 两种观点的分歧之处在于此类非国有公司、企业、事业单位、社会团体是否必须包含部分国有资产。笔者赞同后一种观点。实践中,为了加强对国有资产的经营、管理,国家机关、国有公司、企业、事业单位往往会委派工作人员到包含有国有资产成分的非国有公司、企业、事业单位、社会团体工作,如委派到中外合资经营企业、中外合作经营企业、股份制企业中工作,但是也不能绝对排除国家机关、国有公司、企业、事业单位委派到不包含国有资产的公司、企业、事业单位、社会团体工作。如在过去计划经济体制下,一些集体所有制企业都必须有主管单位,而且主管单位很多都是国家机关、国有公司、企业、事业单位,为了行使管理职能,主管单位往往直接委派一部分干部到集体所有制企业担任职务。随着政企分开、产权明晰和法人制度的逐步建立,这种情况已经越来越少,但作为个别现象仍然存在。由于受委派的干部是作为国家机关、国有公司、企业、事业单位的工作人员,在集体所有制企业中担任管理职务,具有从事公务的性质,因此也应以国家工作人员论。③ 又如,一些私有性质的公司、企业为加强内部员工思想政治建设,请求有关党委委派公司、企业党组织负责人,这些受有关党委委派到私有性质的公司、企业从事党务工作的人员,也属于受委派的范围,应当以国家工作人员论。

此外,还有的学者指出,私有性质的公司、企业进入破产程序后,有关国家机关委派国家工作人员到该私有公司、企业从事清算工作,也属于被委派到非国有单位的国家工作人员。④ 笔者认为,对此还要区分不同情况界定。如果国家机关委派工作人员到清算组而不是私有公司、企业从事清算工作,由于清算组并不等同于私有公司、企业本身,也不属于事业单位、社会团体,因此不

---

① 参见杨兴国:《贪污贿赂罪法律和司法解释应用问题解疑》,中国检察出版社2002年版,第41~42页。

② 参见孟庆华、高秀东:《贪污罪的定罪与量刑》,人民法院出版社2001年版,第172页。

③ 参见顾保华:《如何正确认定"受委派从事公务"》,载中国法院网,2003年2月10日。

④ 参见王作富、唐世月:《贪污罪若干问题研究》,载《刑事司法指南》2002年第4期。

应认定为属于"国家机关、国有公司、企业、事业单位委派到非国有公司、企业、事业单位、社会团体从事公务的人员",但可以认定为属于"其他依照法律从事公务的人员"。

关于被委派的人员在被委派前是否必须具有国家工作人员身份,才能以国家工作人员论,刑法学界也有不同认识。一种观点认为,被委派的行为人在被委派前必须具有国家工作人员的身份,而在被委派以后实施非法占有所在单位财物的,才能成为贪污罪的主体;否则,在被委派前不具有国家工作人员身份,而在被委派之后实施非法占有所在单位财物的,则应构成职务侵占罪。[1] 另一种观点认为,只要存在着委派关系,不论被委派者之前是否具有国家工作人员的身份,均应按国家工作人员对待。[2] 这些人既可能是国有单位现有人员中派出的,也可能是从外单位调入的,或者是从社会上聘用后委派到非国有单位从事上述公务活动的人员。[3] 笔者赞同后一种观点,因为国家工作人员的本质特征就是"从事公务",只要行为人接受国家机关、国有公司、企业、事业单位的委派,到非国有公司、企业、事业单位、社会团体从事公务,就符合了刑法规定的此类人员的条件,就应当以国家工作人员论。有学者进一步指出,这类人员之所以"以国家工作人员论",在于其代表国有单位在非国有单位中行使对国有资产的管理权,因此关注委派对象是否具有国家工作人员身份已无实际意义。归纳起来,在司法实践中经常遇到的委派对象在委派之前的身份有下列几种情况:一是委派对象原来就是在委派单位中从事公务的人员;二是委派对象原来虽然是委派单位的成员,但不是从事公务的人员;三是委派对象是委派单位的离、退休返聘的人员;四是委派对象原来不是委派单位成员,但委派单位为委派专门从社会上招聘的人员;五是委派对象既在委派单位从事公务活动,又被委派单位委派至非国有单位从事公务的人员。[4]

受委派人员被委派到非国有单位之后,如果又按照该非国有单位的干部任用程序经过了选举或任命,能否仍然以国家工作人员论。对此,刑法学界有不同认识。一种观点认为,按照《公司法》等法律和有关协会的章程等规章制

---

[1] 参见孟庆华、高秀东:《贪污罪的定罪与量刑》,人民法院出版社 2001 年版,第 173 页。

[2] 参见杨敦先等主编:《新刑法施行疑难问题研究与适用》,中国检察出版社 1999 年版,第 357 页。

[3] 参见李文燕主编:《贪污贿赂犯罪证据调查与运用》,中国人民公安大学出版社 2002 年版,第 85 页。

[4] 参见韩耀武、张伟忠:《刑法中因"委派"而生的"准国家工作人员"的理解与司法认定》,载《人民法院报》2002 年 9 月 9 日。

度，被国有单位委派到非国有单位从事公务的人员，如果又按照该非国有单位的干部任用程序经过了选举或任命，就是代表该非国有单位意志的人员，不能再以国家工作人员论。另一种观点认为，只要受委派人员的身份未经委派单位撤销，仍然是代表委派单位在非国有单位从事公务，无论其是否按照该非国有单位的干部任用程序经过了选举或任命，仍然应当以国家工作人员论。有学者对后一种观点进一步分析指出：委派本身就包括"提名"这种方式。根据《公司法》的规定，股份有限公司设经理，要由公司董事会聘任或解聘，如果国有公司、企业委派其工作人员到国有资本参股、控股的股份有限公司担任经理，事实上不可能直接采取任命的方式，而只能向该股份有限公司董事会提名，要求董事会聘任该工作人员担任经理。如果认为只要非国有公司、企业董事会聘任或者职工代表大会选举产生的管理人员就不能再以国家工作人员论，实际上就否定了刑法设立国家工作人员这一类主体的实质要求。应该说，认定委派人员关键是要考察其是否具有代表国家机关、国有公司、企业、事业单位从事公务的本质特征。如果行为人经过非国有公司、企业董事会聘任或者职工代表大会选举担任原有职务或新的职务，而实质上仍然代表国家机关、国有公司、企业、事业单位从事组织、领导、监督、管理等工作，仍然应当认定为国家工作人员。[1] 笔者同意后一种观点。2004年11月3日最高人民检察院法律政策研究室《关于国家机关、国有公司、企业委派到非国有公司、企业从事公务但尚未依照规定程序获取该单位职务的人员是否适用刑法第九十三条第二款问题的答复》指出：对于国家机关、国有公司、企业委派到非国有公司、企业从事公务但尚未依照规定程序获取该单位职务的人员，涉嫌职务犯罪的，可以依照刑法第九十三条第二款关于"国家机关、国有公司、企业、事业单位委派到非国有公司、企业、事业单位、社会团体从事公务的人员"，"以国家工作人员论"的规定追究刑事责任。2010年11月26日最高人民法院、最高人民检察院《关于办理国家出资企业中职务犯罪案件具体应用法律若干问题的意见》第6条第1款就国家出资企业中国家工作人员的认定指出："经国家机关、国有公司、企业、事业单位提名、推荐、任命、批准等，在国有控股、参股公司及其分支机构中从事公务的人员，应当认定为国家工作人员。具体的任命机构和程序，不影响国家工作人员的认定。"

非国有单位将所接受的委派对象再次委派到下属单位，被再次委派的人能否仍然以国家工作人员论。对此，刑法学界也有不同认识。第一种观点认为，非国有单位将所接受的委派人员安排到下属单位从事一定管理职责的，一律按

---

[1] 参见肖中华：《贪污贿赂罪疑难解析》，上海人民出版社2006年版，第16~17页。

第一部分 贪污罪、私分国有资产罪基本理论与司法认定精要

国有单位委派对象认定。第二种观点认为，非国有单位将所接受的委派对象安排到下属单位从事一定管理职责的，不能一概作为原国有单位委派对象认定，而应根据具体情况区别对待。如果其工作人员是受原国有单位或者国有相对控股的子公司推荐而从事公务的，不影响国有单位委派对象的认定；如果是受其他合资方的非国有公司、企业委派而在下一级公司、企业从事一定的管理职责的，则不能再视为国有单位委派。① 第三种观点认为，受委派从事公务活动的国家工作人员身份是以受国有单位委派为前提，行为人到非国有单位后，又受该非国有单位委派到下属的非国有单位工作，是两个不同的委派关系，不能混为一谈，无论下属公司的国有成分是否占控股地位，都不能将受委派的人员认定为国家工作人员。例如，某甲系受国有单位委派到国有资产控股的证券公司任董事，该证券公司又委派某甲出任房地产公司总经理（房地产公司由证券公司控股），某甲在房地产公司的身份不应属于国家工作人员。不过，行为人受国有单位委派到非国有单位后，又受该非国有单位委派到不具有独立法人资格的分支机构工作，仍然属于受国有单位委派从事公务的人员。例如，某甲系受国有单位委派到国有资产控股的证券公司任董事后，该证券公司又委派某甲出任公司某营业部的总经理，由于营业部是不具有法人资格的证券公司分支机构，某甲仍然是在证券公司从事公务，应认定为国家工作人员。② 笔者赞同第三种观点。实践中，认定行为人是否属于受委派从事公务的人员，无论其经过几次委派，关键是对每次委派都要把握好三点：一是委派单位应属于国家机关、国有公司、企业、事业单位；二是被委派单位应属于非国有公司、企业、事业单位、社会团体；三是委派单位与被委派单位应属于两个相对独立的单位，否则就属于单位内部调整，不属于委派。

根据刑法第183条第2款的规定，国有保险公司委派到非国有保险公司从事公务的人员，利用职务上的便利，故意编造未曾发生的保险事故进行虚假理赔，骗取保险金归自己所有的，依照贪污罪定罪处罚。根据刑法第271条第2款的规定，国有公司、企业或者其他国有单位委派到非国有公司、企业以及其他单位从事公务的人员，利用职务上的便利，将本单位财物非法占为己有，数额较大的，依照贪污罪定罪处罚。刑法规定的这两款贪污罪的主体，就属于贪污罪中"委派"类的犯罪主体。

---

① 参见韩耀武、张伟忠：《刑法中因"委派"而生的"准国家工作人员"的理解与司法认定》，载《人民法院报》2002年9月9日。

② 参见孙国祥：《贪污贿赂犯罪疑难问题学理与判解》，中国检察出版社2003年版，第77~78页。

（四）其他依照法律从事公务的人员

这类人员应当具有两个特征：一是在特定条件下行使国家管理职能；二是依照法律规定从事公务。具体包括：（1）依法履行职责的各级人民代表大会代表；（2）依法履行审判职责的人民陪审员；（3）协助乡镇人民政府、街道办事处从事行政管理工作的村民委员会、居民委员会等农村和城市基层组织人员；（4）其他由法律授权从事公务的人员。

根据 2000 年 4 月 29 日全国人大常委会关于《中华人民共和国刑法》第 93 条第 2 款的解释，村民委员会等村基层组织人员协助人民政府从事下列行政管理工作，属于刑法第 93 条第 2 款规定的"其他依照法律从事公务的人员"：（1）救灾、抢险、防汛、优抚、扶贫、移民、救济款物的管理；（2）社会捐助公益事业款物的管理；（3）国有土地的经营和管理；（4）土地征用补偿费用的管理；（5）代征、代缴税款；（6）有关计划生育、户籍、征兵工作；（7）协助人民政府从事的其他行政管理工作。村民委员会等村基层组织人员从事上述公务，利用职务上的便利，非法占有公共财物、挪用公款、索取他人财物或者非法收受他人财物，构成犯罪的，适用刑法第 382 条和第 383 条贪污罪、第 384 条挪用公款罪、第 385 条和第 386 条受贿罪的规定。

上述四类人员的一个共同典型特征是"从事公务"。所谓从事公务，按照 2003 年 11 月 13 日最高人民法院印发的《全国法院审理经济犯罪案件工作座谈会纪要》的解释，"是指代表国家机关、国有公司、企业、事业单位、人民团体等履行组织、领导、监督、管理等职责。公务主要表现为与职权相联系的公共事务以及监督、管理国有财产的职务活动。如国家机关工作人员依法履行职责，国有公司的董事、经理、监事、会计、出纳人员等管理、监督国有财产等活动，属于从事公务。那些不具备职权内容的劳务活动、技术服务工作，如售货员、售票员等所从事的工作，一般不认为是公务"。

按照百度百科词条的解释，公务，是指关于公家或集体的事务。狭义是指国家机关的事务性工作；广义是指党政机关、群众团体、企事业单位等的事务性工作。劳务，是指以活劳动形式为他人提供某种特殊使用价值的劳动。这种劳动不是以实物形式，而是以活劳动形式提供某种服务。因此，公务是与私务（私人事务）相对应的概念，并不是与劳务相对应的、非此即彼的概念。从本来意义上讲，公务也是一种劳务，所有国家工作人员都是在从事劳务，都是以活劳动形式为人民提供某种服务的劳动者。笔者认为，单从行为人从事的是公务还是劳务的角度来区分其行为是构成贪污罪还是其他犯罪是不正确的，必须还要结合行为人是否利用了职务上的便利，即行为人是否拥有并且利用了自己职务上主管、管理、经手公共财物的权力或方便条件。国有单位售货员、售票员等所从事的工作，通常包括对公款、公物的管理，这种管理公共财物的行为也应当是一种从事公务的行为，如果国有单位售货员、售票员等利用职务上的便利将公款、公物非法占为己有的，与通常的侵占罪、盗窃罪、诈骗罪是不同的，应当以贪污罪定罪处罚。1985年最高人民法院、最高人民检察院《关于当前办理经济犯罪案件中具体应用法律的若干问题的解答（试行）》在谈到关于贪污罪的几个问题时也指出：出纳员利用其职务上保管现金的便利，盗窃由其保管的公款，是贪污罪；如果出纳员仅是利用对本单位情况熟悉的条件，盗窃由其他国家工作人员保管的公共财物，则应是盗窃罪。售货员利用其受国营商店委托经管货物和售货款的便利，盗窃由其经管的货物或售货款，是贪污罪；如果他仅是利用对商店情况熟悉的条件，盗窃由其他售货员经管的货物或售货款，则是盗窃罪。

（五）受国家机关、国有公司、企业、事业单位、人民团体委托管理、经营国有财产的人员

1997年修订刑法时，草案中规定的贪污罪主体仅为国家工作人员。第八届全国人民代表大会第五次会议审议《中华人民共和国刑法（修订草案）》时，有的代表提出，贪污罪的主体中未能包括受国家机关、国有公司、企业、事业单位委托管理、经营国有财产的人员，不利于对国有财产的保护。因此，建议在贪污罪中增加一款规定："受国家机关、国有公司、企业、事业单位、人民团体委托管理、经营国有财产的人员，利用职务上的便利，侵吞、窃取、骗取或者以其他手段非法占有国有财物的，以贪污论。"[1] 这就是刑法第382条第2款的由来，1979年刑法第155条也有类似的规定。由立法规定可以看出，受国家机关、国有公司、企业、事业单位、人民团体委托管理、经营国有财产的人员，其本身并不是国家工作人员，但为了加强对国有财产的保护，刑法规定其可以成为贪污罪的犯罪主体。按照1999年最高人民检察院《关于人民检察院直接受理立案侦查案件立案标准的规定（试行）》第1条第1项的规定，"受委托管理、经营国有财产"，是指因承包、租赁、聘用等而管理、经营国有财产。2003年最高人民法院《全国法院审理经济犯罪案件工作座谈会纪要》也指出，"受委托管理、经营国有财产"，是指因承包、租赁、临时聘用等管理、经营国有财产。最高人民法院与最高人民检察院对"受委托管理、

---

[1] 参见1997年3月13日第八届全国人民代表大会第五次会议主席团第三次会议通过的《全国人大法律委员会关于〈中华人民共和国刑法（修订草案）〉、〈中华人民共和国国防法（草案）〉和〈中华人民共和国香港特别行政区选举第九届全国人民代表大会代表的办法（草案）〉审议结果的报告》。

经营国有财产"的解释基本相同。这部分人员在接受委托以承包、租赁、聘用等方式管理、经营国有财产之前，可以是工人、农民或者从事其他职业甚至待业的人员，接受委托之后，也仍然不是国家工作人员，但是，由于他们的身份具有特殊性，即与国有单位存在委托关系，而且管理、经营的是国有财产，因此，这部分人利用其受委托管理、经营国有财产的职务之便，侵吞、窃取、骗取或者以其他手段非法占有国有财产的，以贪污论，体现了对国有财物的特殊保护。

所谓"承包"，是指企业与承包者订立承包经营合同，将企业的"经营管理权"全部或部分在一定期限内交给承包者，由承包者对企业进行经营管理，并承担经营风险及获取企业收益的行为。实践中，常见的承包方式有三种：第一种是挂靠性质的假承包，发包方对承包企业一不投资，二不参加经营管理，三不承担经营风险，企业的生产资料、运营资金等全部由承包方筹集，承包方自主经营、自负盈亏，发包方只是按照合同收取一定的管理费。对于这种方式的承包，承包方侵占企业中的财产，实际上侵占的是属于自己的财产，并没有侵犯国有财产的所有权，因而不构成贪污罪。① 第二种是"大包干"性质的承包，即承包方的收入上不封顶、下不保底，每年必须按照合同向发包方缴纳固定金额的利费，其余的利润，在扣除各种税费、职工工资、奖金、公积金、公益金后，全部归承包方所有。对于这种方式的承包，由于国有财产的利益体现

---

① 1987年12月31日最高人民法院发布的《八省市法院审判贪污、受贿、走私案件情况座谈会纪要》专门指出：近年来，出现了以承包、租赁形式经营的企业以及个体挂靠集体的企业，其性质有时难以区分。在审理这些企业中出现的贪污案件时，首先要分清其性质是属于集体还是个体，或者是名为集体，实为个体。其次要看是侵吞公共财物还是占有实质上属于个人所有的财物。近年来，有些地方在企业登记中，审查不够严格，某些企业领取的《营业执照》不能真实反映企业的所有制性质，给司法机关审理某些刑事案件造成了困难。1987年12月18日国家工商行政管理局《关于处理个体、合伙经营及私营企业领有集体企业〈营业执照〉的通知》明确指出：这些企业领取的《营业执照》不能真实反映企业的所有制性质。工商行政管理机关对领有集体企业《营业执照》，实为个体经营、合伙经营、私营企业的，应根据《中华人民共和国民法通则》、《城乡个体工商户管理暂行条例》等有关规定，加以纠正。人民法院在审理这类案件时，要采取慎重态度，具体案件，具体分析。对于领有集体企业《营业执照》，实为个体的企业，只要承包、租赁人或者挂靠集体企业的经营者确属勤劳致富，合法经营，并且履行了合同规定的义务，按规定上缴了税款，发放了工资奖金，尽管他赚了很多钱，或者由于对政策有疑虑，采取了某种隐瞒或弄虚作假的手法占有了实际属于本人所有的财物，也不应以贪污罪论处。对于企业确属集体性质，其承包人、租赁人或者其他受委托从事公务的人员侵占公共财物构成犯罪的，就应以贪污罪依法追究其刑事责任。

在承包方上缴的承包利费上，如果承包方侵占企业财产的行为影响到了承包利费的上缴，就侵犯了国有财产，就可能构成贪污罪；如果承包方虽然侵占了企业的财产，但并没有影响到承包利费的上缴，国有财产并没有受到损失，行为人侵占的实际上是属于自己的财产，则不构成贪污罪。第三种是按比例分配利润的承包，对于这种方式的承包，如果承包方侵占的财产少于或等于其应得的利润，也就是说承包方侵占的财产在其应得利润的范围内，其行为没有造成发包方的损失，国有财产没有受到侵犯，则承包方不构成贪污罪；如果承包方侵占的财产多于其应得的利润，则多出的部分本应属于发包方，国有财产就受到了侵犯，承包方的行为构成贪污罪，贪污的数额为承包方侵占的财产数额减去其应得的利润数额。

此外，也有的学者将承包分为经营权型承包和劳务型承包。经营权型承包，是指发包方由经营管理为主变为监督管理为主，而承包方受发包方的委托直接对承包企业进行经营管理。劳务型承包，是指发包方与承包方围绕着劳动报酬规定各自的权利与义务，以劳动者实现所承包的最终生产经营成果作为分配依据的承包。对于行为人利用承包的便利非法占有国有财产的行为，是否构成贪污罪，不能概而言之，应当区别情况具体分析。如果该承包是经营权型承包，承包方在承包过程中，利用职务便利非法占有国有财产，构成贪污罪；如果承包是劳务型承包，由于承包活动不具有公务性，因而不构成贪污罪。[1] 笔者认为，劳务型承包中的承包方也可以构成贪污罪，因为承包方虽然不对国有财产进行经营，但也会对国有财产进行必要的管理，其利用职务上的便利非法占有国有财产的，应当以贪污罪定罪处罚。

所谓"租赁"，是一种以一定费用借贷实物的经济行为。在这种经济行为中，出租人将自己所拥有的某种物品交与承租人使用，承租人由此获得在一段时期内使用该物品的权利，但物品的所有权仍保留在出租人手中。承租人为其所获得的使用权需向出租人支付一定的费用，也就是租金。

所谓"聘用"，是指聘请任用，即聘请某人担任某种职务或者履行某种职责。按照1999年最高人民检察院《关于人民检察院直接受理立案侦查案件立案标准的规定（试行）》和2003年最高人民法院《全国法院审理经济犯罪案件工作座谈会纪要》的规定，"聘用"是委托的一种形式，最高人民法院进一步限定为"临时聘用"。

---

[1] 参见赵秉志主编：《中国刑法案例与学理研究》，法律出版社2004年版，第41~43页；孟庆华：《贪污罪定罪量刑案例评析》，中国民主法制出版社2003年版，第109~110页。

需要指出的是，有的学者并不赞成把因"聘用"而管理、经营国有财产的人员也算到受委托管理、经营国有财产的人员中，因为"聘用"和"委托"完全是两码事。被国有单位聘用管理、经营国有财产的人员，也就不存在再被委托的问题了。既然被国有单位聘用管理、经营国有财产，他就是在这些国有单位从事公务的人员了，也就是说，他就是国家工作人员了。① 也有的学者对"聘用"作了进一步区分：对于上述"两高"司法解释中规定的"聘用"，应该从这个意义上去理解，只有那些"聘用"之后仍不属于国有单位的情况，才能视为"委托"意义上的"聘用"；如果因为行为人受长期"聘用"而使单位与个人之间建立了隶属关系，个人成为单位内部的人员，那就已经是属于在国有单位中从事公务的人员，完全是"国家工作人员"的性质。换言之，只有行为人被"临时聘用"，与国有单位建立一种委托与被委托的关系，才属于"两高"司法解释中规定的"聘用"。② 笔者认为，"聘用"的含义是聘请任用，是指行为人接受某单位的聘请后在该单位担任某种职务或者履行某种职责，是代表该单位在从事某项工作。如果他在工作中侵犯了他人合法权益，属于履行职责的职务行为，是需要该单位来承担责任的，即使这种聘用是临时性的，哪怕只是几天甚至半天的聘用。因此，接受国有单位聘用来管理、经营国有财产的人员，已经是属于在国有单位中从事公务的人员，应当以国家工作人员论，但目前司法实践中还是应当按照司法解释来认定此类人员。

关于刑法第382条第2款中"委托"的性质。有的学者认为，此处的委托，不同于一般的民事委托，而是行政委托，这种委托应当具备合法性和行政隶属性。③ 笔者认为，这里的委托应属于民事委托。委托的形式是承包、租赁、聘用等方式，委托的内容是管理、经营国有财产。受委托方取得管理权和经营权往往是要支付一定代价，发生了纠纷也不是通过行政诉讼而是通过民事诉讼来解决，因此，委托的性质应当为民事委托而非行政委托。

需要注意的是，实践中，行为人受国家机关、国有公司、企业、事业单位、人民团体委托管理、经营国有财产的过程中，由于某种原因，又将管理、经营国有财产的权利再次委托给第三人行使，第三人在管理、经营国有财产

---

① 参见赵秉志、肖中华：《贪污罪中"从事公务"的含义（下）》，载《检察日报》2002年4月2日。
② 参见肖中华：《贪污贿赂罪疑难解析》，上海人民出版社2006年版，第31页。
③ 参见赵秉志主编：《中国刑法案例与学理研究》，法律出版社2004年版，第13页；熊选国、任卫华主编：《刑法罪名适用指南——贪污贿赂罪》，中国人民公安大学出版社2007年版，第5页；孟庆华、高秀东：《贪污罪的定罪与量刑》，人民法院出版社2001年版，第180页。

时，利用职务上的便利非法占有国有财产的，对第三人能否以贪污罪定罪处罚呢？笔者认为，对此要区别对待。如果行为人将管理、经营国有财产的权利再次委托给第三人行使前，得到了原委托人即国家机关、国有公司、企业、事业单位、人民团体授权或同意的，则可以视为第三人接受了国家机关、国有公司、企业、事业单位、人民团体的委托，第三人就属于受国有单位委托管理、经营国有财产的人员，可以构成贪污罪；如果行为人将管理、经营国有财产的权利再次委托给第三人行使前，没有得到原委托人即国家机关、国有公司、企业、事业单位、人民团体的授权或同意，而是私下再次委托的，则第三人就不符合贪污罪的主体要件，不能构成贪污罪。

五、贪污罪的主观方面

贪污罪的主观方面表现为直接故意，并且行为人具有非法占有公共财产的目的，过失不构成本罪。

实践中处理贪污案件时，经常遇到行为人在赃款的去向上为自己辩解，常见理由是该款项已经为单位公务所用，如招待上级领导、为单位请客送礼等，个人并没有非法据为己有。对此，有的学者认为，贪污赃款去向不影响犯罪的成立，不管是用于公务的开销或者是用于公益的目的。[①] 笔者认为，这涉及罪与非罪以及刑罚轻重的问题，应当做进一步调查。如果能够查明有的款项行为人确实是为公所用，则应在贪污的总数额中将这部分为公所用的数额扣除，如果剩余的数额达不到犯罪的标准，则不能作为犯罪处理。如果经过调查，行为人的辩解理由不能成立，则应依法按照贪污罪处理。如果行为人提出了辩解理由，并提供了有关的查证线索，但司法机关经调查仍然不能确定这些款项的具体去向，这种情况下，就要综合案件的其他证据认真研判，分析是否存在为公所用的可能性，如果有这种可能性，则应按照疑罪从无的原则，将这部分数额从贪污的总数额中扣除；如果没有为公所用的可能性，则这部分款项可以认定为贪污数额。

对于刑法第394条规定的礼物型贪污罪而言，国家工作人员在国内公务活动或者对外交往中接受礼物，依照国家规定应当交公而不交公，要求行为人主观上具有非法占有这些礼物的目的。如果行为人主观上不具有非法占有这些礼物的目的，只是因为某种原因没有在规定的时间内将礼物上交，则不能以贪污罪论处。

[①] 参见董邦俊：《贪污罪新论》，中国方正出版社2004年版，第313页。

需要注意的是，认定行为人构成贪污罪需要行为人主观上具有非法占有公共财物的目的，但非法占有并不仅限于行为人将公共财物非法占为自己所有。笔者认为，对于行为人利用职务上的便利，采取侵吞、窃取、骗取或者其他手段，将公共财物由特定关系人非法占有的行为，也应当以贪污罪追究行为人的刑事责任。如果行为人事前与特定关系人通谋，非法占有公共财物的，则行为人和特定关系人构成贪污罪的共犯；如果行为人事前没有与特定关系人通谋，只是将贪污的公共财物交由特定关系人非法占有的，则行为人单独构成贪污罪。关于"特定关系人"的范围，可以参照2007年7月8日最高人民法院、最高人民检察院《关于办理受贿刑事案件适用法律若干问题的意见》第11条的解释，是指与国家工作人员有近亲属、情妇（夫）以及其他共同利益关系的人。

六、贪污罪罪与非罪的界限

（一）贪污罪与合法收入的界限

随着改革开放的深入进行，我国建立了以按劳分配为主体、多种分配方式并存的分配制度。除了传统的工资即劳动力成本外，资本、技术、管理、生产资料等都参与到了分配之中。由于法律法规的不健全和人们认识的不一致，导致实践中有时候对于贪污和合法收入的界限难以区分。对此，要结合有关法律法规以及党和国家的方针政策，综合判断行为人主观上是否具有非法占有公共财物的目的，对于有争议的行为，不要轻易认定为贪污。

（二）贪污罪与错账、错款行为的界限

在实践中，一些国家工作人员由于业务不熟悉或者工作疏忽而造成错账、错款的现象时有发生。对于错账、错款行为，由于行为人主观上没有非法占有公共财物的目的，不具有贪污的主观故意，不能认定为贪污行为，更不能认定为贪污罪。如果是原因不明的错款，则应当在查明原因后再作相应的处理。

（三）贪污罪与违反财务纪律行为的界限

在实践中，有些单位以各种名义滥发奖金、福利补助费，集体私分数量较小的公款公物，这是属于违反财经纪律的行为，不宜按犯罪处理。还有的单位和部门由于盲目追逐部门利益，加之财务管理的混乱，私设"小金库"，公款私存的现象并不少见，从行为的客观表现形式上看，存在与贪污行为相类似之处，易混淆罪与非罪的界限。因此，应注意划清贪污罪与违反财务纪律行为的界限。贪污罪与一般违反财经纪律行为的区别主要在于行为人主观上是否具有非法占有公共财物的目的，客观上是否实施了非法占有公共财物的行为。这主要应从财务账目上是否平账,占有的物品是否核销,个人实际控制单位公款是否具有合理的理由,该占有状态是否处于公开状态,公款的走向是为单位所用还是归个人使用,行为人职权解除后是否将公款及时向单位移交等方面进行综合考察。

(四) 贪污罪与一般贪污行为的界限

根据1997年刑法第383条第1款第3、4项的规定和1999年最高人民检察院《关于人民检察院直接受理立案侦查案件立案标准的规定(试行)》,正确区分贪污罪与一般贪污行为的界限,应当把握两点:首先看贪污数额。个人贪污数额在5000元以上的,构成犯罪。个人贪污数额在5000元以上不满1万元,犯罪后有悔改表现、积极退赃的,可以减轻处罚或者免予刑事处罚,由其所在单位或者上级主管机关给予行政处分。其次看贪污情节。虽然个人贪污数额不满5000元(应达4000元以上①),但具有贪污救灾、抢险、防汛、防疫、优抚、扶贫、移民、救济款物及募捐款物、赃款赃物、罚没款物、暂扣款物,以及贪污手段恶劣、毁灭证据、转移赃物等情节的,构成犯罪;情节较轻的,不构成犯罪,由其所在单位或者上级主管机关酌情给予行政处分。

七、贪污罪与其他犯罪的界限

(一) 贪污罪与侵占罪的界限

根据刑法第270条的规定,侵占罪,是指以非法占有为目的,将代为保管的他人财物,或者合法持有的他人遗忘物或者埋藏物非法占为己有,数额较大,拒不退还的行为。贪污罪与侵占罪在主观方面都表现为故意,并且是直接故意,行为人都是以非法占有财物为目的,客观方面贪污罪也常常采用侵吞财物的手段,因此与侵占罪容易发生混淆。它们的主要区别是:(1) 犯罪客体和对象不同。贪污罪的客体是复杂客体,即国家工作人员职务行为的廉洁性和公共财物的所有权,对象限于公共财物;而侵占罪的客体是简单客体,即公私财物所有权,对象是公私财物。(2) 客观方面表现不尽相同。贪污罪中侵吞公共财物的行为是行为人利用职务上的便利进行的,与行为人的职务密不可分,并且除了侵吞的手段外,还有窃取、骗取以及其他手段;而侵占罪中行为人的侵占手段则不存在利用职务上的便利的问题。(3) 犯罪主体不同。贪污

---

① 1999年最高人民检察院《关于人民检察院直接受理立案侦查案件立案标准的规定(试行)》附则部分第2项指出:本规定中有关犯罪数额"不满",是指接近该数额且已达到该数额的百分之八十以上。

罪的主体是特殊主体,即国家工作人员和受国家机关、国有公司、企业、事业单位、人民团体委托管理、经营国有财产的人员;而侵占罪的主体是一般主体。

(二) 贪污罪与盗窃罪的界限

根据刑法第264条的规定,盗窃罪,是指以非法占有为目的,秘密窃取公私财物,数额较大,或者多次秘密窃取公私财物的行为。贪污罪与盗窃罪在主观方面都表现为故意,并且是直接故意,行为人都是以非法占有财物为目的,客观方面贪污罪也常常采用秘密窃取财物的手段,因此与盗窃罪容易发生混淆。它们的主要区别是:(1) 犯罪客体和对象不同。贪污罪的客体是复杂客体,即国家工作人员职务行为的廉洁性和公共财物的所有权,对象限于公共财物;而盗窃罪的客体是简单客体,即公私财物所有权,对象是公私财物。(2) 客观方面表现不尽相同。贪污罪中窃取公共财物的行为是行为人利用职务上的便利进行的,与行为人的职务密不可分,并且除了秘密窃取的手段外,贪污罪还有侵吞、骗取以及其他手段;而盗窃罪中行为人的盗窃手段则不存在利用职务上的便利的问题。(3) 犯罪主体不同。贪污罪的主体是特殊主体,即国家工作人员和受国家机关、国有公司、企业、事业单位、人民团体委托管理、经营国有财产的人员;而盗窃罪的主体是一般主体。

需要指出的是,根据现行刑法第253条的规定,如果邮政工作人员私自开拆或者隐匿、毁弃邮件、电报而窃取财物的,应当依照刑法第264条的规定以盗窃罪定罪从重处罚。这里并没有提到邮政工作人员在实施上述犯罪行为时是否利用了职务上的便利。笔者认为,如果邮政工作人员在实施上述犯罪行为时利用了职务上的便利,则其行为就符合了贪污罪的构成要件,有的学者就主张这种行为应当以贪污罪论处。[①] 1979年刑法第191条也曾规定,邮电工作人员私自开拆或者隐匿、毁弃邮件、电报而窃取财物的,应当依照1979年刑法第155条贪污罪从重处罚。但从现行刑法第253条的规定来看,可以理解为邮政工作人员在实施上述犯罪行为时无论是否利用了职务上的便利,均应当以盗窃罪定罪并从重处罚,而不再以贪污罪定罪处罚。

(三) 贪污罪与诈骗罪的界限

根据刑法第266条的规定,诈骗罪,是指以非法占有为目的,用虚构事实或者隐瞒真相的方法,骗取公私财物,数额较大的行为。贪污罪与诈骗罪在主观方面都表现为故意,并且是直接故意,行为人都是以非法占有财物为目的,客观方面贪污罪也常常采用虚构事实、隐瞒真相的手段骗取公共财物,因此与

---

① 参见刘生荣等:《贪污贿赂罪》,中国人民公安大学出版社2003年版,第48页。

诈骗罪容易发生混淆。它们的主要区别是：（1）犯罪客体和对象不同。贪污罪的客体是复杂客体，即国家工作人员职务行为的廉洁性和公共财物的所有权，对象限于公共财物；而诈骗罪的客体是简单客体，即公私财物所有权，对象是公私财物。（2）客观方面表现不尽相同。贪污罪中骗取公共财物的行为是行为人利用职务上的便利进行的，与行为人的职务密不可分，并且除了骗取的手段外，贪污罪还有侵吞、窃取以及其他手段；而诈骗罪中行为人的诈骗手段则不存在利用职务上的便利的问题。（3）犯罪主体不同。贪污罪的主体是特殊主体，即国家工作人员和受国家机关、国有公司、企业、事业单位、人民团体委托管理、经营国有财产的人员；而诈骗罪的主体是一般主体。

（四）贪污罪与职务侵占罪的界限

根据刑法第271条的规定，职务侵占罪，是指公司、企业或者其他单位的人员，利用职务上的便利，将本单位财物非法占为己有，数额较大的行为。贪污罪与职务侵占罪在主观方面和客观方面的表现基本相同，主要有以下区别：（1）犯罪主体不同，这是区别二者的关键。贪污罪的主体是国家工作人员和受国家机关、国有公司、企业、事业单位、人民团体委托管理、经营国有财产的人员；职务侵占罪的主体是非国家工作人员，即公司、企业或者其他单位中不能"以国家工作人员论"的人员。（2）犯罪对象不同，但互有交叉。贪污罪的犯罪对象主要是公共财物，此外还包括一些非公共财物，如刑法第183条第2款规定的非国有保险公司的保险金和第271条第2款规定的非国有公司、企业以及其他单位的财物；职务侵占罪的犯罪对象是公司、企业或者其他单位的财物，这些财物通常不是公共财物，但在有的情况下也可能是公共财物，如集体所有制单位的工作人员利用职务上的便利侵占集体财物的情形。（3）犯罪客体不同。二者均侵犯了职务行为的廉洁性和财物所有权，贪污罪侵犯的客体是国家工作人员或者受国家机关、国有公司、企业、事业单位、人民团体委托管理、经营国有财产的人员职务行为的廉洁性和公共财物的所有权；而职务侵占罪侵犯的客体是非国家工作人员职务行为的廉洁性和本单位财物的所有权。

关于二者的界限，有的学者指出：职务侵占罪中"利用职务上的便利"，实际上一方面包括非国有单位中的工作人员利用从事管理性工作的便利，另一方面也包括在国有单位中的利用从事劳务活动的便利。在国家机关、国有公司、企业等国有单位中非从事公务的人员之所以不能成立贪污罪，是因为他们不属于"从事公务"，因而也就没有贪污罪中的"利用职务上的便利"可言，然而,他们却可以构成职务侵占罪,存在职务侵占罪中的"利用职务上的便利"。①笔者不赞同这种观点。刑法第 382 条第 1 款"利用职务上的便利"与第 271 条第 1 款"利用职务上的便利"的表述一字不差,含义应当均是指利用职务上主管、管理、经手公共财物的权力及方便条件。如果认为刑法第 382 条第 1 款"利用职务上的便利"仅是指利用从事管理性工作的便利,而不包括利用从事劳务活动的便利,那么有什么理由认为刑法第 271 条第 1 款"利用职务上的便利"的含义就既包括利用从事管理性工作的便利,也包括利用从事劳务活动的便利?笔者认为,问题的关键,就在于这些学者人为地将"公务"与"劳务"对立起来,认为在国有单位中从事劳务活动的人员不是从事公务,不能成为贪污罪的主体,而这些人利用职务上的便利非法占有单位财物时,如果按照侵占罪、盗窃罪或诈骗罪处理,则行为人利用职务上的便利体现不出来,所以只好将这些人的行为归入职务侵占罪中。如果我们能够对公务有个正确的理解,这些人的行为完全可以直接按照贪污罪定罪处罚。关于笔者对"公务"的理解,详见"贪污罪的主体"部分第四类主体后的论述。

(五)贪污罪与挪用公款罪的界限

根据刑法第 384 条的规定,挪用公款罪,是指国家工作人员利用职务上的便利,挪用公款归个人使用,进行非法活动的,或者挪用公款数额较大、进行营利活动的,或者挪用公款数额较大、超过三个月未还的行为。贪污罪与挪用公款罪均为侵犯财产的职务犯罪,主体均为国家工作人员,主观方面均为故意,司法实践中因为证据的原因还经常容易发生混淆,特殊情况下挪用公款罪还能转化为贪污罪。具体认定时应当注意二者的区别:(1)犯罪目的不同,这是区分二者的关键。贪污罪的行为人是以非法占有公共财物(包括公款)为目的,不准备归还;挪用公款罪的行为人是以非法使用公款为目的,准备将来归还。(2)对财产权利的侵害程度不同。贪污罪侵犯的是公共财物(包括公款)的占有、使用、收益和处分权;挪用公款罪侵犯的是公款的占有、使用和收益权,没有侵犯公款的处分权。(3)行为方式不同。贪污罪的行为人是希望永远地非法占有公款,因此行为人大多采用毁损凭证、掩盖真相的手段,如涂改账目、虚报冒领等;挪用公款罪的行为人是想暂时地非法使用公款,所以往往留有挪用的痕迹,甚至出具借条等。(4)犯罪对象的范围不同。贪污罪的犯罪对象是公共财物,既包括公款,也包括公物;挪用公款罪的犯罪对象仅是贪污罪的犯罪对象的一部分,主要为公款,此外用于救灾、抢险、防汛、优抚、扶贫、移民、救济的特定物品也能成为挪用公款罪的犯罪对象,其

---

① 参见肖中华:《贪污贿赂罪疑难解析》,上海人民出版社 2006 年版,第 68~69 页。

他公物不能成为挪用公款罪的犯罪对象。

2003年最高人民法院《全国法院审理经济犯罪案件工作座谈会纪要》指出：在司法实践中，挪用公款是否转化为贪污，应当按照主客观相一致的原则，具体判断和认定行为人主观上是否具有非法占有公款的目的。具有以下情形之一的，可以认定行为人具有非法占有公款的目的：（1）根据最高人民法院《关于审理挪用公款案件具体应用法律若干问题的解释》第6条的规定，行为人"携带挪用的公款潜逃的"，对其携带挪用的公款部分，以贪污罪定罪处罚。（2）行为人挪用公款后采取虚假发票平账、销毁有关账目等手段，使所挪用的公款已难以在单位财务账目上反映出来，且没有归还行为的，应当以贪污罪定罪处罚。（3）行为人截取单位收入不入账，非法占有，使所占有的公款难以在单位财务账目上反映出来，且没有归还行为的，应当以贪污罪定罪处罚。（4）有证据证明行为人有能力归还所挪用的公款而拒不归还，并隐瞒挪用的公款去向的，应当以贪污罪定罪处罚。

（六）贪污罪与受贿罪的界限

根据刑法第385条的规定，受贿罪，是指国家工作人员利用职务上的便利，索取他人财物的，或者非法收受他人财物，为他人谋取利益的行为。关于贪污罪与受贿罪的界限，通常情况下容易区分，较难区分的是经济往来中的贪污罪与受贿罪的界限。由于刑法第385条第2款规定："国家工作人员在经济往来中，违反国家规定，收受各种名义的回扣、手续费，归个人所有的，以受贿论处"，有的学者据此认为，国家工作人员在经济往来中，违反国家规定，收受各种名义的回扣、手续费，归个人所有的行为，应当一律按照受贿罪定罪处罚。笔者认为，对此不能一概而论，这种情况下行为人有可能构成贪污罪。区分行为人构成受贿罪还是贪污罪的关键，是要看这些回扣、手续费是由经济往来中的哪一方支付的：如果这些回扣、手续费是由对方在价款之外直接支付给行为人的，则行为人收受的是对方的财物，应当以受贿罪定罪处罚，如行为人代表单位出售商品的情况下收受回扣、手续费的；如果这些回扣、手续费是由行为人所在单位支付给对方价款的一部分，则行为人收受的实际上是本单位的财物，应当以贪污罪定罪处罚，如行为人代表单位购买商品的情况下收受回扣、手续费的。需要注意的是，如果这些回扣、手续费虽然是由对方支付的，但却是对方支付给行为人所在单位价款的一部分，如果行为人收受的，则受到财产损失的实际上是行为人所在单位，行为人收受的实际上是应该属于本单位所有的财物，应当以贪污罪定罪处罚。

（七）贪污罪与非法经营同类营业罪的界限

根据刑法第165条的规定，非法经营同类营业罪，是指国有公司、企业的董事、经理利用职务便利，自己经营或者为他人经营与其所任职公司、企业同类的营业，获取非法利益，数额巨大的行为。"利用职务便利"，是指行为人利用自己在国有公司、企业任董事、经理掌管材料、物资、市场、计划、销售等便利条件。"自己经营"，包括行为人以私人名义另行注册公司，或者以亲友的名义出面注册公司、企业，或者在他人经办的公司、企业中入股进行经营。"经营与其所任职公司、企业同类的营业"，是指行为人从事与其所任职国有公司、企业相同或者相近似的业务。贪污罪与非法经营同类营业罪具有较多相似之处，行为人在客观方面都利用了职务便利，并且获取了一定数额的非法利益，在主观方面都表现为直接故意，非法经营同类营业罪的主体也是贪污罪主体的一部分。二者的主要区别是获取非法利益的方式和非法利益的性质不同：贪污罪中行为人是采用侵吞、窃取、骗取或者其他手段，直接非法占有已经属于公有的财物，侵犯的是公共财物的所有权；而非法经营同类营业罪中行为人是采用自己经营或者为他人经营与其所任职公司、企业同类的营业，获取的是该经营活动中产生的巨额盈利，也即该非法利益是通过经营产生，而非现存的已经属于公有的财物，并且该罪还侵犯了市场经济公平竞争的秩序。同时，二者的立案标准也不相同，贪污罪的立案标准是5000元，而非法经营同类营业罪的立案标准是10万元。①

（八）贪污罪与为亲友非法牟利罪的界限

根据刑法第166条的规定，为亲友非法牟利罪，是指国有公司、企业、事业单位的工作人员，利用职务便利，将本单位的盈利业务交由自己的亲友进行经营，或者以明显高于市场的价格向自己的亲友经营管理的单位采购商品或者以明显低于市场的价格向自己的亲友经营管理的单位销售商品，或者向自己的亲友经营管理的单位采购不合格商品，使国家利益遭受重大损失的行为。贪污罪与为亲友非法牟利罪具有相似之处，行为人在客观方面都利用了职务便利，并且使单位利益遭受了重大损失，为亲友非法牟利罪的主体也是贪污罪主体的一部分。二者的主要区别是使单位利益遭受重大损失的方式不同：贪污罪中行为人是采用侵吞、窃取、骗取或者其他手段非法占有公共财物，从而使单位利益遭受重大损失；而为亲友非法牟利罪中行为人是采用将本单位的盈利业务交由自己的亲友进行经营，或者以明显高于市场的价格向自己的亲友经营管理的

---

① 2010年5月7日最高人民检察院、公安部《关于公安机关管辖的刑事案件立案追诉标准的规定（二）》第12条规定：[非法经营同类营业案（刑法第165条）] 国有公司、企业的董事、经理利用职务便利，自己经营或者为他人经营与其所任职公司、企业同类的营业，获取非法利益，数额在十万元以上的，应予立案追诉。

单位采购商品或者以明显低于市场的价格向自己的亲友经营管理的单位销售商品，或者向自己的亲友经营管理的单位采购不合格商品，从而使国家利益遭受重大损失。同时，二者的立案标准也不相同，贪污罪的立案标准是5000元，而为亲友非法牟利罪的立案标准是：造成国家直接经济损失数额在10万元以上的；使其亲友非法获利数额在20万元以上的；造成有关单位破产、停业、停产6个月以上，或者被吊销许可证和营业执照、责令关闭、撤销、解散的；其他致使国家利益遭受重大损失的情形。①

八、贪污罪的定罪量刑情节

（一）如何累计贪污数额

根据刑法第383条第2款的规定，对多次贪污未经处理的，按照累计贪污数额处罚。对于如何理解"多次贪污未经处理"，1989年11月6日最高人民法院、最高人民检察院《关于执行〈关于惩治贪污罪贿赂罪的补充规定〉若干问题的解答》专门对此作出了解释：多次贪污未经处理，是指两次以上（含两次）的贪污行为，既没有受过刑事处罚（包括免予起诉、免予刑事处分），也没有受过行政处理。累计贪污数额时，应按刑法有关追诉时效的规定执行，在追诉时效期限内的贪污数额应累计计算，已过追诉时效期限的贪污数额不予计算。1997年修订后的刑法沿用了1988年全国人大常委会《关于惩治贪污罪贿赂罪的补充规定》的表述，但刑法学界对"多次贪污未经处理"的理解一直没有形成一致意见。第一种观点认为，"多次贪污未经处理"，是指贪污行为未被发现或虽已被发现，但未给予刑事处罚或任何行政纪律处分。如果已被发现且曾受到行政纪律处分的，在累计其贪污数额时，不应计算在内。② 第二种观点认为，对于属于一个连续犯之内的多次贪污，不管其中的个别贪污行为是否经过行政处理，都应当累计其数额进行处罚。但是，如果从主

---

① 2010年5月7日最高人民检察院、公安部《关于公安机关管辖的刑事案件立案追诉标准的规定（二）》第13条规定：[为亲友非法牟利案（刑法第166条）]国有公司、企业、事业单位的工作人员，利用职务便利，为亲友非法牟利，涉嫌下列情形之一的，应予立案追诉：（一）造成国家直接经济损失数额在十万元以上的；（二）使其亲友非法获利数额在二十万元以上的；（三）造成有关单位破产、停业、停产六个月以上，或者被吊销许可证和营业执照、责令关闭、撤销、解散的；（四）其他致使国家利益遭受重大损失的情形。

② 参见高铭暄、马克昌主编：《刑法学》（下编），中国法制出版社1999年版，第1129页。

客观上看,个别贪污不属于连续犯之内的行为,其本身不构成独立的贪污罪,且经过行政处理的,则不宜累计其数额进行处罚。① 第三种观点认为,对经过行政处分的贪污行为,能否累计应区别情况对待:(1)对原本能单独构成贪污罪的贪污行为,即使已经受过行政处分,也应作为"未经处理"的数额予以认定,因为这一行为本来就可以作行政纪律评价和刑法评价;(2)对原本就不能单独构成犯罪的贪污行为,已经受过行政纪律处分的,不能作为"未经处理"的数额累计进贪污数额中,因为该行为本来就只能作行政纪律的评价。②

笔者同意第三种观点。实践中,有的单位出于多种考虑,对于已经明显构成犯罪的贪污行为却仅作党政纪处分,也就是通常说的"以纪代刑"。如果按照第一种观点,贪污行为只要曾经受到过行政纪律处分,在累计贪污数额时就不应计算在内,则会放纵这部分犯罪分子,甚至有的贪污犯罪就会"化整为零",即将可以一次实施的贪污数额分解为若干次进行,从而仅以行政处分论处,以逃避刑罚惩治。因此第一种观点存在缺陷,不利于打击贪污犯罪。但第二种观点认为属于一个连续犯之内的多次贪污,不管其中的个别贪污行为是否经过行政处理,都应当累计其数额进行处罚,则对于那些本来达不到贪污犯罪标准且已作过行政处分的一般贪污行为,就会出现仍然要受到刑法评价的问题,属于不必要的重复评价。因此,第二种观点不利于保障行为人的合法权益。第三种观点考虑到了前两种观点的弊端,可操作性也较强。

(二)如何计算个人贪污数额

关于个人贪污数额,如果是单个人的贪污犯罪,则比较容易计算,即使是多笔贪污数额也可以累计计算。如果是多个人的共同贪污犯罪,则既有共同贪污的总数额,又有各共犯分赃后的个人所得数额,这种情况下量刑时应当如何计算个人贪污数额呢?针对这一问题,1952年《惩治贪污条例》第3条曾规定:"集体贪污,按各人所得数额及其情况,分别惩治。"1985年最高人民法院、最高人民检察院《关于当前办理经济犯罪案件中具体应用法律的若干问题的解答(试行)》在讲到关于贪污罪的几个问题时指出:"对二人以上共同贪污的,按照个人所得数额及其在犯罪中的地位和作用,分别处罚。共同犯罪的贪污案件,特别是内外勾结的贪污案件,对主犯应当依法从重处罚。贪污犯罪集团的危害尤为严重。贪污集团的首要分子,要按照集团贪污的总数额处

---

① 参见张明楷:《刑法格言的展开》,法律出版社1999年版,第320页。
② 参见孙国祥:《贪污贿赂犯罪疑难问题学理与判解》,中国检察出版社2003年版,第157~158页。

罚。"1988年全国人大常委会《关于惩治贪污罪贿赂罪的补充规定》第2条第2款指出："二人以上共同贪污的，按照个人所得数额及其在犯罪中的作用，分别处罚。对贪污集团的首要分子，按照集团贪污的总数额处罚；对其他共同贪污犯罪中的主犯，情节严重的，按照共同贪污的总数额处罚。"

实践中，按照个人所得数额对贪污共犯进行处罚，有时会遇到困难，也难以做到罪责刑相适应。如有的共犯个人没有所得数额或者所得数额很少，有的案件还未来得及分赃即案发等。针对这一问题，2003年最高人民法院《全国法院审理经济犯罪案件工作座谈会纪要》专门指出：刑法第383条第1款规定的"个人贪污数额"，在共同贪污犯罪案件中应理解为个人所参与或者组织、指挥共同贪污的数额，不能只按个人实际分得的赃款数额来认定。对共同贪污犯罪中的从犯，应当按照其所参与的共同贪污的数额确定量刑幅度，并依照刑法第27条第2款的规定，从轻、减轻处罚或者免除处罚。需要注意的是，实践中，对于共同贪污尚未分赃的案件，处罚时应根据犯罪分子在共同贪污犯罪中的地位、作用，并参照贪污总数额和共犯成员间的平均数额确定犯罪分子个人应承担的刑事责任。

2010年11月26日最高人民法院、最高人民检察院《关于办理国家出资企业中职务犯罪案件具体应用法律若干问题的意见》第1条第1款就国家出资企业工作人员在改制过程中隐匿公司、企业财产归个人持股的改制后公司、企业所有的行为的处理指出："国家工作人员或者受国家机关、国有公司、企业、事业单位、人民团体委托管理、经营国有财产的人员利用职务上的便利，在国家出资企业改制过程中故意通过低估资产、隐瞒债权、虚设债务、虚构产权交易等方式隐匿公司、企业财产，转为本人持有股份的改制后公司、企业所有，应当依法追究刑事责任的，依照刑法第三百八十二条、第三百八十三条的规定，以贪污罪定罪处罚。贪污数额一般应当以所隐匿财产全额计算；改制后公司、企业仍有国有股份的，按股份比例扣除归于国有的部分。"

（三）贪污罪的既遂与未遂

从刑法理论角度来讲，关于犯罪既遂与未遂的标准已经形成通说，即"犯罪构成要件齐备说"，该说强调了主客观相统一的原则，但是将该观点运用于具体的贪污犯罪，并没有形成一种定论。关于贪污罪的既遂与未遂，除极少数学者认为贪污罪只存在既遂而不存在未遂外，绝大多数学者认为贪污罪存在未遂。但关于贪污罪既遂与未遂的标准，在刑法学界仍存有争议，主要有三种观点：第一种是"失控说"，主张以公共财物的所有人、持有人或者保管人是否丧失了对公共财物的实际控制为标准。公共财物的所有人、持有人或者保管人丧失了对公共财物的实际控制的为既遂，没有丧失对公共财物的实际控制的为未遂。第二种是"控制说",主张以行为人是否对公共财物取得了实际上的控制为标准。行为人取得对公共财物的实际控制的为既遂,没有取得对公共财物的实际控制的为未遂。第三种是"占有说",主张以行为人是否实际占有了公共财物为标准。行为人已经占有了公共财物的为既遂,还没有实际占有公共财物的为未遂。笔者认为,"失控说"过分强调了犯罪客观方面即犯罪行为对客体的侵犯,而忽视了犯罪构成的主观方面的内容;而"占有说"过分强调了犯罪主观方面尤其是犯罪目的在犯罪构成中的作用,对于那些已经实际控制了公共财物,而没有实际取得财物的行为认为不能以贪污罪的既遂认定,否则势必放纵犯罪,不利于对贪污犯罪的打击。"控制说"则既考虑到了所有人对财产的失控,又考虑到了行为人对财产的控制,兼顾了犯罪客观和主观两方面的要件,是比较全面的观点。2003年11月13日《全国法院审理经济犯罪案件工作座谈会纪要》专门针对贪污罪既遂与未遂的认定指出:"贪污罪是一种以非法占有为目的的财产性职务犯罪,与盗窃、诈骗、抢夺等侵犯财产罪一样,应当以行为人是否实际控制财物作为区分贪污罪既遂与未遂的标准。对于行为人利用职务上的便利,实施了虚假平账等贪污行为,但公共财物尚未实际转移,或者尚未被行为人控制就被查获的,应当认定为贪污未遂。行为人控制公共财物后,是否将财物据为己有,不影响贪污既遂的认定。"

  实践中,不动产也可以成为贪污罪的对象。由于不动产的所有权需要有关国家机关登记确认,如果行为人贪污不动产的,如何来区分既遂与未遂的界限,刑法学界尚存争议。较为典型的意见有两种:一种意见认为,行为人实施了意图实现非法占有目的的行为,即可认定为贪污既遂;另一种意见认为,只有当不动产的所有权登记结束之后,才构成贪污既遂。前者属于占有意思行为观点,其立论依据在于,行为人所侵占之不动产通常属于行为人所经手、管理之物,无须进一步实施转移占有的行为;后者属于严格的登记主义观点,其立论依据在于,不动产的转移以登记为其成立要件,未经登记即意味着所有权并未受到侵害。有学者分析认为,以上两种意见既有合理之处,又有偏颇之处。占有意思行为观点注意到了贪污罪的对象本来就是行为人所经手、管理之物这一点,是其可取之处,但过分地强调这一特点,势必从实际上排除贪污罪的未遂形态,而且也难免以偏概全有悖于客观实际,毕竟,将为他人管理、保管之物转化为自己占有之物,通常情况下尚需实施更为具体的行为,尤其是不动产。登记主义观点注意到了不动产转移的特殊性,但是片面强调这种法律意义上的转移,未能注意到贪污的对象物系行为人所管理之物及基于此所可能形成的事实性的转移,同样存在不足。需要说明的是,通过登记所达成的法律意义上的转移,因其行为的违法性,在法律上同样是无效的。因此,将刑法上的非法占有的认定标准完全等同于民法上的合法所有的认定标准是不妥当的,非法占有目的的实现并不以得到法律上的确认为充足,是否在法律上取得了对物的所有权,并不能对事实上占有某物的认定构成障碍。具体到贪污不动产犯罪,只要行为人利用职务之便,采取欺骗等非法手段,使公有不动产脱离了公有产权人的实际控制,并被行为人现实地占有的,或者行为人已经就所有权的取得进行了变更登记的,即可认定为贪污罪的既遂,而且,在办理不动产转移登记之后,即使不动产尚未实现事实上的转移,也不影响贪污罪既遂的成立。①

需要指出的是,贪污罪既然是直接故意犯罪,除了犯罪未遂之外,同样存在犯罪中止和犯罪预备的犯罪形态,但实践中这两种犯罪形态很难发现,即使被发现,如果没有造成严重危害后果,通常也会免予刑事处罚。

(四)贪污罪的共同犯罪形态

1952年《中华人民共和国惩治贪污条例》第12条规定:"非国家工作人员勾结国家工作人员伙同贪污者,应参照本条例第三、四、五、十、十一各条的规定予以惩治。"1979年刑法没有具体规定贪污罪共犯的条款。1988年全国人大常委会《关于惩治贪污罪贿赂罪的补充规定》第1条第2款规定:"与国家工作人员、集体经济组织工作人员或者其他经手、管理公共财物的人员勾结,伙同贪污的,以共犯论处。"1997年刑法第382条第3款规定:"与国家工作人员或者受国家机关、国有公司、企业、事业单位、人民团体委托管理、经营国有财产的人员勾结,伙同贪污的,以共犯论处。"笔者认为,根据现行刑法的有关规定,贪污罪的共同犯罪大致可以分为以下几种情形:

1. 国家工作人员或者受国家机关、国有公司、企业、事业单位、人民团体委托管理、经营国有财产的人员与无身份的人员勾结,利用国家工作人员或者受委托管理、经营国有财产的人员职务上的便利,伙同贪污的,均依照贪污罪定罪处罚。

2. 国家工作人员或者受国家机关、国有公司、企业、事业单位、人民团体委托管理、经营国有财产的人员相互勾结,分别利用各自职务上的便利或者利用其中一人职务上的便利,伙同贪污的,均依照贪污罪定罪处罚。

3. 国家工作人员或者受国家机关、国有公司、企业、事业单位、人民团体委托管理、经营国有财产的人员与公司、企业或者其他单位的人员勾结,利用国家工作人员或者受委托管理、经营国有财产的人员职务上的便利,共同将本单位财物非法占为己有的,均依照贪污罪定罪处罚。

---

① 参见刘为波:《不动产可以成为贪污犯罪的对象》,载《人民法院报》2002年11月18日;肖中华:《贪污贿赂罪疑难解析》,上海人民出版社2006年版,第42~44页。

4. 国家工作人员或者受国家机关、国有公司、企业、事业单位、人民团体委托管理、经营国有财产的人员与公司、企业或者其他单位的人员勾结，分别利用各自职务上的便利，共同将本单位财物非法占为己有的，按照主犯的犯罪性质定罪处罚。①

对于前三种情形，由于行为人仅利用了国家工作人员或者受委托管理、经营国有财产的人员职务上的便利，对行为人均依照贪污罪定罪处罚没有异议。对于第四种情形，由于行为人既利用了国家工作人员或者受委托管理、经营国有财产的人员职务上的便利，也利用了公司、企业或者其他单位人员职务上的便利，如何定罪处罚刑法学界存在争议。第一种观点认为，按照主犯的犯罪性质定罪处罚，即如果主犯是国家工作人员或者受委托管理、经营国有财产的人员，即定贪污罪；如果主犯是公司、企业或者其他单位人员，即定职务侵占罪。2000年6月30日最高人民法院公布的《关于审理贪污、职务侵占案件如何认定共同犯罪几个问题的解释》第3条专门对此作出解释：公司、企业或者其他单位中，不具有国家工作人员身份的人与国家工作人员勾结，分别利用各自的职务便利，共同将本单位财物非法占为己有的，按照主犯的犯罪性质定罪。第二种观点认为，应当从一重罪处罚，在相同数额的情况下，贪污罪的处罚重于职务侵占罪，即按照贪污罪定罪处罚。如果不这样处理，就会出现极不合理的现象，即非特殊主体与国家工作人员勾结，构成贪污罪，具有特殊主体身份的人与国家工作人员勾结反而只定职务侵占罪，令人难以接受。② 第三种观点认为，应当分别定罪处罚，即国家工作人员或者受委托管理、经营国有财产的人员定贪污罪，公司、企业或者其他单位人员定职务侵占罪。③ 司法实践中也曾出现分别定罪处罚的案例。④

笔者认为，对于第四种情形，主张分别定罪处罚的观点不妥，这样处理起来不仅烦琐，而且对于共同犯罪能否将行为人认定为不同的罪名，刑法学界尚

---

① 对于这种情形，笔者主张应当依照贪污罪定罪处罚。但目前仍然应当按照2000年6月30日最高人民法院《关于审理贪污、职务侵占案件如何认定共同犯罪几个问题的解释》来处理这类案件。

② 参见王作富主编：《刑法分则实务研究》（下册），中国方正出版社2010年版，第1714页。

③ 参见陈正云、文盛堂主编：《贪污贿赂犯罪认定与侦查实务》，中国检察出版社2002年版，第51页；孙国祥：《贪污贿赂犯罪疑难问题学理与判解》，中国检察出版社2003年版，第117～118页。

④ 参见李文峰：《贪污贿赂犯罪认定实务与案例解析》，中国检察出版社2011年版，第150～152页。

存争议。同时,按照主犯的犯罪性质定罪处罚的观点也存在不妥之处,这样处理起来虽然认定的是一个罪名,但如果国家工作人员或者受委托管理、经营国有财产的人员与公司、企业或者其他单位的人员在共同犯罪中作用相当,难以区分主、从犯的,如何定罪处罚?针对这一问题,2003年11月13日《全国法院审理经济犯罪案件工作座谈会纪要》进一步解释指出:"对于在公司、企业或者其他单位中,非国家工作人员与国家工作人员勾结,分别利用各自的职务便利,共同将本单位财物非法占有的,应当尽量区分主从犯,按照主犯的犯罪性质定罪。司法实践中,如果根据案件的实际情况,各共同犯罪人在共同犯罪中的地位、作用相当,难以区分主从犯的,可以贪污罪定罪处罚。"笔者主张从一重罪处罚的观点,即国家工作人员或者受委托管理、经营国有财产的人员与公司、企业或者其他单位的人员勾结,分别利用各自职务上的便利,共同将本单位财物非法占为己有的,对国家工作人员或者受委托管理、经营国有财产的人员和公司、企业或者其他单位的人员均依照贪污罪定罪处罚。

需要指出的是,在国有公司、企业改制过程中,有些国家工作人员故意隐匿国有财产实施贪污,这种情况下往往需要承担资产评估、验资、验证、会计、审计、法律服务等职责的中介组织人员提供虚假证明文件,以便其贪污行为顺利实施。那么,对于这些弄虚作假的中介组织人员能否成为贪污罪共犯,按照贪污罪定罪处罚呢?笔者认为,对此应当区分不同情形处理。如果这些中介组织人员明知他人为了贪污而让其提供虚假证明文件,仍然故意弄虚作假予以提供的,按照刑法关于共同犯罪的规定,这些弄虚作假的中介组织人员显然已经成为贪污罪的共犯,应当按照贪污罪定罪处罚。如果这些中介组织人员并不明知他人为了贪污而让其提供虚假证明文件,但出于赚取中介费等动机仍然按照他人要求故意提供虚假证明文件的,不能对这些中介组织人员按照贪污罪的共犯处理,应当按照刑法第229条第1、2款规定的"提供虚假证明文件罪"定罪处罚。如果这些中介组织人员是因为严重不负责任,导致出具的证明文件重大失实,造成严重后果的,则应当按照刑法第229条第3款规定的"出具证明文件重大失实罪"定罪处罚。

(五)贪污罪的一罪与数罪

实践中,行为人往往多次实施非法占有公共财物的行为,在这个过程中,由于行为人主体身份、主观故意内容等方面的变化,就会出现一罪与数罪的情形。对此,要严格依照法律的有关规定,准确定罪量刑。

2010年11月26日最高人民法院、最高人民检察院《关于办理国家出资企业中职务犯罪案件具体应用法律若干问题的意见》第5条第1款就国家出资企业改制前后主体身份发生变化的犯罪的处理指出:"国家工作人员在国家出资企业改制前利用职务上的便利实施犯罪，在其不再具有国家工作人员身份后又实施同种行为，依法构成不同犯罪的，应当分别定罪，实行数罪并罚。"

（六）自首

1998年4月6日最高人民法院公布了《关于处理自首和立功具体应用法律若干问题的解释》，但司法实践中办理贪污贿赂等职务犯罪案件时，对于自首和立功的认定标准仍然存在较大争议。比如，在被纪检监察机关采取"两规"、"两指"措施期间交代罪行是否认定为自首，各地意见分歧很大，有的不加区分地将犯罪分子在纪检监察机关调查期间交代问题的一律认定为自首。由于部分职务犯罪案件是经纪检监察机关查办后移交司法机关的，这样就直接导致了相当数量的案件被不当轻判。这些问题在一定程度上影响到了对职务犯罪的打击力度，在社会上也产生了一些负面影响。2009年3月12日最高人民法院、最高人民检察院印发了《关于办理职务犯罪案件认定自首、立功等量刑情节若干问题的意见》，较为详细地规定了办理职务犯罪案件有关自首、立功等量刑情节的认定和处理问题。2010年12月22日最高人民法院又印发了《关于处理自首和立功若干具体问题的意见》，进一步规范了自首、立功的认定标准、查证程序和从宽处罚幅度。根据刑法第67条和上述司法解释的规定，在办理贪污案件时，认定犯罪分子成立自首，需同时具备自动投案和如实供述自己的罪行两个要件。

1. 自动投案。这是指犯罪事实或者犯罪分子未被办案机关掌握，或者虽被掌握，但犯罪分子尚未受到调查谈话、讯问，或者未被宣布采取调查措施或者强制措施时，主动、直接向办案机关投案。这里的"办案机关"，仅限定为纪检、监察、公安、检察等法定职能部门。犯罪分子向所在单位等办案机关以外的单位、组织或者有关负责人员投案的，应当视为自动投案。

犯罪分子因病、伤或者为了减轻犯罪后果，委托他人先代为投案，或者先以信电投案的；罪行未被司法机关发觉，仅因形迹可疑被有关组织或者司法机关盘问、教育后，主动交代自己的罪行的；犯罪后逃跑，在被通缉、追捕过程中，主动投案的；经查实确已准备去投案，或者正在投案途中，被办案机关抓获的，应当视为自动投案。

犯罪后主动报案，虽未表明自己是作案人，但没有逃离现场，在司法机关询问时交代自己罪行的；明知他人报案而在现场等待，抓捕时无拒捕行为，供认犯罪事实的；在司法机关未确定犯罪嫌疑人，尚在一般性排查询问时主动交代自己罪行的；因特定违法行为被采取劳动教养、行政拘留、司法拘留、强制隔离戒毒等行政、司法强制措施期间，主动向执行机关交代尚未被掌握的犯罪行为的；以及其他符合立法本意的情形，也应当视为自动投案。

并非出于犯罪分子主动，而是经亲友规劝、陪同投案的；办案机关通知犯罪分子的亲友，或者亲友主动报案后，将犯罪分子送去投案的，也应当视为自动投案。犯罪嫌疑人被亲友采用捆绑等手段送到司法机关，或者在亲友带领侦查人员前来抓捕时无拒捕行为，并如实供认犯罪事实的，虽然不能认定为自动投案，但可以参照法律对自首的有关规定酌情从轻处罚。

罪行未被有关部门、司法机关发觉，仅因形迹可疑被盘问、教育后，主动交代了犯罪事实的，应当视为自动投案；但有关部门、司法机关在其身上、随身携带的物品、驾乘的交通工具等处发现与犯罪有关的物品的，不能认定为自动投案。犯罪分子自动投案后又逃跑的，不能认定为自首。

2. 如实供述自己的罪行。这是指犯罪分子自动投案后，如实交代自己的主要犯罪事实。犯有数罪的犯罪分子仅如实供述所犯数罪中部分犯罪的，只对如实供述部分犯罪的行为，认定为自首。共同犯罪案件中的犯罪分子，除如实供述自己的罪行，还应当供述所知的同案犯，主犯则应当供述所知其他同案的共同犯罪事实，才能认定为自首。犯罪分子自动投案并如实供述自己的罪行后又翻供的，不能认定为自首，但在一审判决前又能如实供述的，应当认定为自首。

如实供述自己的罪行，除供述自己的主要犯罪事实外，还应包括姓名、年龄、职业、住址、前科等情况。犯罪嫌疑人供述的身份等情况与真实情况虽有差别，但不影响定罪量刑的，应认定为如实供述自己的罪行。犯罪嫌疑人自动投案后隐瞒自己的真实身份等情况，影响对其定罪量刑的，不能认定为如实供述自己的罪行。犯罪嫌疑人自动投案时虽然没有交代自己的主要犯罪事实，但在司法机关掌握其主要犯罪事实之前主动交代的，应认定为如实供述自己的罪行。

犯罪嫌疑人多次实施同种罪行的，应当综合考虑已交代的犯罪事实与未交代的犯罪事实的危害程度，决定是否认定为如实供述主要犯罪事实。虽然投案后没有交代全部犯罪事实，但如实交代的犯罪情节重于未交代的犯罪情节，或者如实交代的犯罪数额多于未交代的犯罪数额，一般应认定为如实供述自己的主要犯罪事实。无法区分已交代的与未交代的犯罪情节的严重程度，或者已交代的犯罪数额与未交代的犯罪数额相当，一般不认定为如实供述自己的主要犯罪事实。

没有自动投案，在办案机关调查谈话、讯问、采取调查措施或者强制措施期间，犯罪分子如实交代办案机关掌握的线索所针对的事实的，不能认定为自首。没有自动投案，但具有以下情形之一的，以自首论：（1）犯罪分子如实交代办案机关未掌握的罪行，与办案机关已掌握的罪行属不同种罪行的；

（2）办案机关所掌握线索针对的犯罪事实不成立，在此范围外犯罪分子交代同种罪行的。犯罪嫌疑人、被告人在被采取强制措施期间，向司法机关主动如实供述本人的其他罪行，该罪行能否认定为司法机关已掌握，应根据不同情形区别对待。如果该罪行已被通缉，一般应以该司法机关是否在通缉令发布范围内作出判断，不在通缉令发布范围内的，应认定为还未掌握，在通缉令发布范围内的，应视为已掌握；如果该罪行已录入全国公安信息网络在逃人员信息数据库，应视为已掌握。如果该罪行未被通缉，也未录入全国公安信息网络在逃人员信息数据库，应以该司法机关是否已实际掌握该罪行为标准。犯罪嫌疑人、被告人在被采取强制措施期间如实供述本人其他罪行，该罪行与司法机关已掌握的罪行属同种罪行还是不同种罪行，一般应以罪名区分。虽然如实供述的其他罪行的罪名与司法机关已掌握犯罪的罪名不同，但如实供述的其他犯罪与司法机关已掌握的犯罪属选择性罪名或者在法律、事实上密切关联，如因受贿被采取强制措施后，又交代因受贿为他人谋取利益行为，构成滥用职权罪的，应认定为同种罪行。

需要注意的是，2004年3月26日最高人民法院《关于被告人对行为性质的辩解是否影响自首成立问题的批复》指出：根据刑法第67条第1款和最高人民法院《关于处理自首和立功具体应用法律若干问题的解释》第1条的规定，犯罪以后自动投案，如实供述自己的罪行的，是自首。被告人对行为性质的辩解不影响自首的成立。

对于具有自首情节的犯罪分子，应当根据犯罪的事实、性质、情节、危害后果、社会影响、被告人的主观恶性和人身危险性等，结合自动投案的动机、阶段、客观环境，交代犯罪事实的及时性、完整性、稳定性以及悔罪表现等具体情节，依法决定是否从轻、减轻或者免除处罚以及从轻、减轻处罚的幅度。具有自首情节的，一般应依法从轻、减轻处罚；犯罪情节较轻的，可以免除处罚。在共同犯罪案件中，对具有自首情节的被告人的处罚，应注意共同犯罪人以及首要分子、主犯、从犯之间的量刑平衡。虽然具有自首情节，但犯罪情节特别恶劣、犯罪后果特别严重、被告人主观恶性深、人身危险性大，或者在犯罪前即为规避法律、逃避处罚而准备自首的，可以不从宽处罚。

（七）坦白

1998年最高人民法院《关于处理自首和立功具体应用法律若干问题的解释》第4条指出：被采取强制措施的犯罪嫌疑人、被告人和已宣判的罪犯，如实供述司法机关尚未掌握的罪行，与司法机关已掌握的或者判决确定的罪行属同种罪行的，可以酌情从轻处罚；如实供述的同种罪行较重的，一般应当从轻处罚。这种情形不属于自首，通常称为坦白。

2009年最高人民法院、最高人民检察院《关于办理职务犯罪案件认定自首、立功等量刑情节若干问题的意见》第3条对犯罪分子如实交代犯罪事实的认定和处理作了具体规定。犯罪分子依法不成立自首，但如实交代犯罪事实，有下列情形之一的，可以酌情从轻处罚：（1）办案机关掌握部分犯罪事实，犯罪分子交代了同种其他犯罪事实的；（2）办案机关掌握的证据不充分，犯罪分子如实交代有助于收集定案证据的。犯罪分子如实交代犯罪事实，有下列情形之一的，一般应当从轻处罚：（1）办案机关仅掌握小部分犯罪事实，犯罪分子交代了大部分未被掌握的同种犯罪事实的；（2）如实交代对于定案证据的收集有重要作用的。可以看出，上述四种情形的坦白，比通常理解的坦白范围要窄一些。实践中，犯罪分子在被动归案后，如实供述自己的罪行，不管司法机关掌握的程度如何，均应视为坦白。司法解释仅列举了四种情形，这主要是出于量刑方面的考虑。也就是说，具有上述四种坦白情节之一的，量刑上均应不同程度地加以考虑。

需要指出的是，2011年2月25日全国人大常委会通过的《中华人民共和国刑法修正案（八）》第8条对刑法第67条进行了修正，增加了对犯罪嫌疑人坦白从宽的规定："犯罪嫌疑人虽不具有前两款规定的自首情节，但是如实供述自己罪行的，可以从轻处罚；因其如实供述自己罪行，避免特别严重后果发生的，可以减轻处罚。"可以看出，修正后的刑法第67条第3款规定坦白从宽的幅度比司法解释规定坦白从宽的幅度还要大，不仅可以从轻处罚，而且还可以减轻处罚。

（八）立功

根据刑法第68条和1998年最高人民法院《关于处理自首和立功具体应用法律若干问题的解释》，2009年最高人民法院、最高人民检察院《关于办理职务犯罪案件认定自首、立功等量刑情节若干问题的意见》和2010年最高人民法院《关于处理自首和立功若干具体问题的意见》，在办理贪污案件时，认定犯罪分子的检举、揭发、协助抓捕等行为是否成立立功，应当掌握以下标准。

犯罪分子到案后有检举、揭发他人犯罪行为，包括共同犯罪案件中的犯罪分子揭发同案犯共同犯罪以外的其他犯罪，经查证属实；提供侦破其他案件的重要线索，经查证属实；阻止他人犯罪活动；协助司法机关抓捕其他犯罪嫌疑人（包括同案犯）；具有其他有利于国家和社会的突出表现的，应当认定为有立功表现。

犯罪分子检举、揭发的他人犯罪，提供侦破其他案件的重要线索，阻止他人的犯罪活动，或者协助司法机关抓捕的其他犯罪嫌疑人，犯罪嫌疑人、被告人依法可能被判处无期徒刑以上刑罚的，应当认定为有重大立功表现。

据以立功的他人罪行材料应当指明具体犯罪事实；据以立功的线索或者协助行为对于侦破案件或者抓捕犯罪嫌疑人要有实际作用。犯罪分子揭发他人犯罪行为时没有指明具体犯罪事实的；揭发的犯罪事实与查实的犯罪事实不具有关联性的；提供的线索或者协助行为对于其他案件的侦破或者其他犯罪嫌疑人的抓捕不具有实际作用的，不能认定为立功表现。

犯罪分子具有下列行为之一，使司法机关抓获其他犯罪嫌疑人的，属于"协助司法机关抓捕其他犯罪嫌疑人"：按照司法机关的安排，以打电话、发信息等方式将其他犯罪嫌疑人（包括同案犯）约至指定地点的；按照司法机关的安排，当场指认、辨认其他犯罪嫌疑人（包括同案犯）的；带领侦查人员抓获其他犯罪嫌疑人（包括同案犯）的；提供司法机关尚未掌握的其他案件犯罪嫌疑人的联络方式、藏匿地址的；等等。犯罪分子提供同案犯姓名、住址、体貌特征等基本情况，或者提供犯罪前、犯罪中掌握、使用的同案犯联络方式、藏匿地址，司法机关据此抓捕同案犯的，不能认定为协助司法机关抓捕同案犯。

立功必须是犯罪分子本人实施的行为。为使犯罪分子得到从轻处理，犯罪分子的亲友直接向有关机关揭发他人犯罪行为，提供侦破其他案件的重要线索，或者协助司法机关抓捕其他犯罪嫌疑人的，不应当认定为犯罪分子的立功表现。

据以立功的线索、材料来源有下列情形之一的，不能认定为立功：（1）本人通过非法手段或者非法途径获取的；（2）本人因原担任的查禁犯罪等职务获取的；（3）他人违反监管规定向犯罪分子提供的；（4）负有查禁犯罪活动职责的国家机关工作人员或者其他国家工作人员利用职务便利提供的。

犯罪分子揭发他人犯罪行为，提供侦破其他案件重要线索的，必须经查证属实，才能认定为立功。如果已有审判结果，应当依据判决确认的事实认定是否查证属实；如果被检举揭发的他人犯罪案件尚未进入审判程序，可以依据侦查机关提供的书面查证情况认定是否查证属实。检举揭发的线索经查确有犯罪发生，或者确定了犯罪嫌疑人，可能构成重大立功，只是未能将犯罪嫌疑人抓获归案的，对可能判处死刑的被告人一般要留有余地，对其他被告人原则上应酌情从轻处罚。被告人检举揭发或者协助抓获的人的行为构成犯罪，但因法定事由不追究刑事责任、不起诉、终止审理的，不影响对被告人立功表现的认定；被告人检举揭发或者协助抓获的人的行为应判处无期徒刑以上刑罚，但因具有法定、酌定从宽情节，宣告刑为有期徒刑或者更轻刑罚的，不影响对被告人重大立功表现的认定。

对于具有立功情节的犯罪分子，应当根据犯罪的事实、性质、情节、危害后果、社会影响、被告人的主观恶性和人身危险性等，结合检举揭发罪行的轻重、被检举揭发的人可能或者已经被判处的刑罚、提供的线索对侦破案件或者协助抓捕其他犯罪嫌疑人所起作用的大小，以及立功的时机等具体情节，依法决定是否从轻、减轻或者免除处罚以及从轻、减轻处罚的幅度。具有立功情节的，一般应依法从轻、减轻处罚；犯罪情节较轻的，可以免除处罚。在共同犯罪案件中，对具有立功情节的被告人的处罚，应注意共同犯罪人以及首要分子、主犯、从犯之间的量刑平衡。犯罪集团的首要分子、共同犯罪的主犯检举揭发或者协助司法机关抓捕同案地位、作用较次的犯罪分子的，从宽处罚与否应当从严掌握，如果从轻处罚可能导致全案量刑失衡的，一般不从轻处罚；如果检举揭发或者协助司法机关抓捕的是其他案件中罪行同样严重的犯罪分子，一般应依法从宽处罚。对于犯罪集团的一般成员、共同犯罪的从犯立功的，特别是协助抓捕首要分子、主犯的，应当充分体现政策，依法从宽处罚。虽然具有立功情节，但犯罪情节特别恶劣、犯罪后果特别严重、被告人主观恶性深、人身危险性大，或者在犯罪前即为规避法律、逃避处罚而准备立功的，可以不从宽处罚。

（九）退赃、追赃

2009年最高人民法院、最高人民检察院《关于办理职务犯罪案件认定自首、立功等量刑情节若干问题的意见》第4条对职务犯罪案件赃款赃物追缴等情形的处理作了具体规定。在办理贪污案件时，对于赃款赃物全部或者大部分追缴的，一般应当考虑从轻处罚。犯罪分子及其亲友主动退赃或者在办案机关追缴赃款赃物过程中积极配合的，在量刑时应当与办案机关查办案件过程中依职权追缴赃款赃物的有所区别。贪污犯罪案件立案后，犯罪分子及其亲友自行挽回的经济损失，司法机关或者犯罪分子所在单位及其上级主管部门挽回的经济损失，或者因客观原因减少的经济损失，不予扣减，但可以作为酌情从轻处罚的情节。

九、贪污罪的法定刑

根据刑法第383条的规定，对犯贪污罪的，根据贪污数额和情节轻重，分别依照下列规定处罚：

（一）贪污10万元以上的处罚

根据刑法第383条第1款第1项的规定，个人贪污数额在10万元以上的，处十年以上有期徒刑或者无期徒刑，可以并处没收财产；情节特别严重的，处死刑，并处没收财产。

这里规定的死刑是绝对确定的法定刑，其适用条件是情节特别严重。所谓"情节特别严重"，最高司法机关尚未作出司法解释，笔者认为应当包括：贪污数额远远超出10万元的；贪污用于救灾、抢险、防汛、防疫、优抚、扶贫、移民、救济款物及募捐款物、赃款赃物、罚没款物、暂扣款物的；贪污手段恶劣的；贪污的公共财物全部或大部被挥霍无法退还的；将贪污的公共财物用于非法活动的；为掩盖罪行而实施毁灭证据、伪造证据、妨害作证、转移赃款赃物等对抗侦查行为的；因贪污造成恶劣社会影响或者其他严重后果的；等等。

（二）贪污5万元以上不满10万元的处罚

根据刑法第383条第1款第2项的规定，个人贪污数额在5万元以上不满10万元的，处五年以上有期徒刑，可以并处没收财产；情节特别严重的，处无期徒刑，并处没收财产。

这里规定的无期徒刑也是绝对确定的法定刑，其适用条件是情节特别严重，且个人贪污数额在5万元以上不满10万元，两个条件必须同时具备，缺一不可。所谓"情节特别严重"，在最高司法机关作出司法解释之前，一般可以作如下理解：贪污用于救灾、抢险、防汛、防疫、优抚、扶贫、移民、救济款物及募捐款物、赃款赃物、罚没款物、暂扣款物的；贪污手段恶劣的；贪污的公共财物全部或大部被挥霍无法退还的；将贪污的公共财物用于非法活动的；为掩盖罪行而实施毁灭证据、伪造证据、妨害作证、转移赃款赃物等对抗侦查行为的；因贪污造成恶劣社会影响或者其他严重后果的；等等。

（三）贪污5千元以上不满5万元的处罚

根据刑法第383条第1款第3项的规定，个人贪污数额在5千元以上不满5万元的，处一年以上七年以下有期徒刑；情节严重的，处七年以上十年以下有期徒刑。个人贪污数额在5千元以上不满1万元，犯罪后有悔改表现、积极退赃的，可以减轻处罚或者免予刑事处罚，由其所在单位或者上级主管机关给予行政处分。

这里规定的"七年以上十年以下有期徒刑"，其适用条件是情节严重，且个人贪污数额在5千元以上不满5万元，两个条件必须同时具备，缺一不可。所谓"情节严重"，在最高司法机关作出司法解释之前，一般可以作如下理解：贪污用于救灾、抢险、防汛、防疫、优抚、扶贫、移民、救济款物及募捐款物、赃款赃物、罚没款物、暂扣款物的；贪污手段恶劣的；贪污的公共财物全部或大部被挥霍无法退还的；将贪污的公共财物用于非法活动的；为掩盖罪行而实施毁灭证据、伪造证据、妨害作证、转移赃款赃物等对抗侦查行为的；因贪污造成恶劣社会影响或者其他严重后果的；等等。

（四）贪污不满 5 千元的处罚

根据刑法第 383 条第 1 款第 4 项的规定，个人贪污数额不满 5 千元，情节较重的，处二年以下有期徒刑或者拘役；情节较轻的，由其所在单位或者上级主管机关酌情给予行政处分。

这里的"情节较重"，涉及罪与非罪的界限，必须慎重把握。1999 年最高人民检察院《关于人民检察院直接受理立案侦查案件立案标准的规定（试行）》在谈到贪污罪的立案标准时指出：个人贪污数额不满 5 千元（应达 4 千元以上[①]），但具有贪污救灾、抢险、防汛、防疫、优抚、扶贫、移民、救济款物及募捐款物、赃款赃物、罚没款物、暂扣款物，以及贪污手段恶劣、毁灭证据、转移赃物等情节的，应予立案。据此，所谓"情节较重"，可以理解为：贪污救灾、抢险、防汛、防疫、优抚、扶贫、移民、救济款物及募捐款物、赃款赃物、罚没款物、暂扣款物的；贪污手段恶劣的；毁灭证据、伪造证据、妨害作证、转移赃款赃物的；曾因贪污受过行政处分后又进行贪污的；因贪污造成恶劣社会影响或者其他严重后果的；等等。

这里的"情节较轻"，也涉及罪与非罪的界限，可以理解为：行为人不具有上述"情节较重"的情节，同时具有从犯、未遂犯、自首、坦白、立功等法定从宽处罚情节或积极退赃、认罪悔罪、因家庭生活困难贪污等酌定从宽处罚情节。

（撰稿人：李文峰　徐彦丽）

[①] 1999 年最高人民检察院《关于人民检察院直接受理立案侦查案件立案标准的规定（试行）》附则部分第 2 项指出：本规定中有关犯罪数额"不满"，是指接近该数额且已达到该数额的百分之八十以上。

私分国有资产罪

一、私分国有资产罪的立法沿革和概念

（一）私分国有资产罪的立法沿革

我国1979年刑法和1988年全国人大常委会《关于惩治贪污罪贿赂罪的补充规定》均没有规定私分国有资产罪。实践中，对于私分国有资产的行为，一般按照违反财经纪律处理；对于情节严重的私分国有资产行为，有的学者主张依照贪污罪定罪处罚。1997年修订后的刑法在贪污贿赂罪一章增设了私分国有资产罪，第396条第1款规定："国家机关、国有公司、企业、事业单位、人民团体，违反国家规定，以单位名义将国有资产集体私分给个人，数额较大的，对其直接负责的主管人员和其他直接责任人员，处三年以下有期徒刑或者拘役，并处或者单处罚金；数额巨大的，处三年以上七年以下有期徒刑，并处罚金。"

（二）私分国有资产罪的概念

根据刑法第396条第1款和1999年9月16日最高人民检察院《关于人民检察院直接受理立案侦查案件立案标准的规定（试行）》，私分国有资产罪，是指国家机关、国有公司、企业、事业单位、人民团体，违反国家规定，以单位名义将国有资产私分给个人，数额较大的行为。

二、私分国有资产罪的客体和对象

(一) 私分国有资产罪的客体

关于私分国有资产罪侵犯的客体,刑法学界的认识并不一致。有的学者认为,本罪既侵犯了国家工作人员职务行为的廉洁性,又侵犯了国家对国有资产的所有权。笔者认为,本罪的犯罪主体是国有单位,实际上属于单位犯罪,不宜认定为侵犯了国家工作人员职务行为的廉洁性。本罪的客体理解为简单客体较为适宜,即侵犯了国家对国有资产的所有权。

(二) 私分国有资产罪的对象

私分国有资产罪的犯罪对象是国有资产。但关于国有资产的具体范围,刑法学界在谈到该问题时有多种不同表述。1993年12月21日国家国有资产管理局颁布的《国有资产产权界定和产权纠纷处理暂行办法》第2条指出:国有资产,系指国家依法取得和认定的,或者国家以各种形式对企业投资和投资收益、国家向行政事业单位拨款等形成的资产。

1999年最高人民检察院《关于人民检察院直接受理立案侦查案件立案标准的规定(试行)》附则部分第6项也采用了如上表述:本规定中有关私分国有资产罪案中的"国有资产",是指国家依法取得和认定的,或者国家以各种形式对企业投资和投资收益、国家向行政事业单位拨款等形成的资产。如国有机关及其所属事业单位占有、使用的资产以及政党、人民团体中由国家拨款等形成的资产,均属于国有资产。司法实践中,在办理私分国有资产案件时,如果对某项财产是否属于国有资产存在争议,则应当依照1991年国家国有资产管理局、财政部、国家工商行政管理局《企业国有资产所有权界定的暂行规定》、1993年国家国有资产管理局《国有资产产权界定和产权纠纷处理暂行办法》、1996年国务院《关于加强预算外资金管理的决定》、1996年财政部《预算外资金管理实施办法》、2008年《中华人民共和国企业国有资产法》等法律法规予以界定,必要时也可以请国有资产监督管理部门就某项财产是否属于国有资产进行界定。

三、私分国有资产罪的客观方面

私分国有资产罪的客观方面表现为国家机关、国有公司、企业、事业单位、人民团体,违反国家规定,以单位名义将国有资产私分给个人,数额较大的行为。具体包括三个条件:

1. 违反国家规定。这是构成本罪的前提条件。根据刑法第96条的规定,所谓"违反国家规定",是指违反全国人民代表大会及其常务委员会制定的法律和决定,国务院制定的行政法规、规定的行政措施、发布的决定和命令中有关保护、管理和使用国有资产的规定。

2. 以单位名义将国有资产集体私分给个人。所谓"以单位名义",是指由单位领导、负责人决定,或者单位决策机构甚至单位全体成员集体讨论决定,体现了单位的意志。所谓"集体私分给个人",是指将国有资产私分给单位所有职工,或者是单位大多数职工。如果只是单位内部少数人私分,甚至是在单位领导成员中间私分,则不属于集体私分国有资产,而属于共同贪污国有资产。实践中,私分国有资产时,在单位内部通常是公开进行的,有时候按照级别、工龄等每人数额还会有所差别,并且往往打着发放"奖金"、"津贴"、"补贴"、"旅游费"、"过节费"、"加班费"、"补助费"等多种多样的旗号。

3. 数额较大。关于"数额较大"的标准,刑法学界有总数额标准和人均数额标准两种观点。1999年最高人民检察院《关于人民检察院直接受理立案侦查案件立案标准的规定(试行)》指出:涉嫌私分国有资产,累计数额在10万元以上的,应予立案。可以看出,司法解释采用了总数额的标准。笔者认为,人均数额标准在私分国有资产案件中虽然不具有定罪的价值,但应当具有量刑的价值。如同样是私分国有资产30万元,对于仅有10人的单位,人均分得3万元;对于拥有100人的单位,人均仅分得3000元;而对于拥有1000人的单位,人均仅分得300元;在对直接负责的主管人员和其他直接责任人员量刑时,就应当有所区别。

四、私分国有资产罪的主体

私分国有资产罪的主体是特殊主体,但本罪究竟是单位犯罪还是自然人犯罪,刑法学界有不同认识。多数学者认为本罪是纯正的单位犯罪,只是处罚上采用单罚制,仅处罚单位直接负责的主管人员和其他直接责任人员。也有少数学者认为本罪是自然人犯罪,因为私分国有资产并不是为单位谋取利益,而是为单位的个人谋取利益,处罚上也不实行双罚制,只处罚单位直接负责的主管人员和其他直接责任人员。笔者赞同多数学者的意见,本罪是单位犯罪,犯罪主体是国家机关、国有公司、企业、事业单位、人民团体,但承担刑事责任的主体是单位直接负责的主管人员和其他直接责任人员,国有单位并不承担刑事责任。实践中,无论单位直接负责的主管人员和其他直接责任人员个人是否分得国有资产,或者分得国有资产的多少,并不影响其行为构成私分国有资产罪。其他非国有单位如集体经济组织、中外合资企业、中外合作企业、外商独资企业和私营企业等均不能成为私分国有资产罪的主体。需要指出的是,国家控股或参股的公司、企业由于不属于国有公司、企业,也不能成为私分国有资产罪的主体。

所谓国家机关，是指行使国家权力、管理国家事务的机关。关于"国家机关"的范围，刑法学界一直有不同意见。有的学者认为，依据我国《宪法》第三章国家机构的规定，国家机关包括：全国人民代表大会及其常委会，中华人民共和国国家主席，国务院，中央军事委员会，地方各级人民代表大会和地方各级人民政府，民族自治地方的自治机关，人民法院和人民检察院。因此，中国共产党的各级机关、各级政协组织、居民委员会、村民委员会均不属于国家机关。① 笔者认为，从本来意义上讲，国家机关应当限定为国家权力机关、行政机关、司法机关和军事机关，但就我国的具体国情和政治体制而言，国家机关的范围不应当局限于这四类机关，还应当有所扩大。对于那种虽然不属于宪法上国家机构体系的国家机关，但是其拥有的权力使其能够对全国或者一个地区的国家公共事务的管理发挥重大影响甚至起决定性作用的机关或单位，应当以国家机关论。② 具体而言，私分国有资产罪主体中的国家机关，应当包括国家权力机关、行政机关、审判机关、检察机关和军事机关。乡（镇）以上中国共产党机关、中国人民政治协商会议机关，司法实践中也应当视为国家机关。

所谓国有公司，是指依照公司法成立，财产全部属于国家所有的公司，包括国有独资公司、两个以上的国有投资主体投资组成的有限责任公司、股份有限公司。关于国家控股或者参股的公司能否以国有公司论，刑法学界有不同意见，笔者认为不应当视为国有公司。因为国家控股或者参股的公司中除了国有财产外，可能还包含着集体财产、私人财产或者外资，如果因为国家控股或者参股就可以视为国有公司，按照这种观点的逻辑，如果公司中除了国有股份外还包含集体财产或者外资，那么应当也可以认定为集体公司或者外国公司。特别是对于国有企业改制为股份制公司后上市的，个人都可以购买该公司股票成为股东，那么这些上市公司也都可以视为私人公司了，但这样的结论显然是荒谬的。

所谓国有企业，是指企业财产全部属于国家所有的，从事生产、经营或者服务活动的非公司化经济组织。

所谓国有事业单位，是指受国家机关领导，所需经费由国家划拨的非生产经营性部门或单位，如国家投资兴办的教育、科研、文化、卫生、体育、新闻、广播、出版等单位。

所谓人民团体，是指按照其各自特点组成的从事特定的社会活动的人民群众组织，如各民主党派、各级工会、共青团、妇联、青联、残联、学联、台联、工商联、侨联、科协、文联、记协、对外友好团体等。有的学者认为人民

---

① 参见何秉松主编：《刑法教科书》（下卷），中国法制出版社 2000 年版，第 1120 页。
② 参见高铭暄主编：《刑法专论》（下编），高等教育出版社 2002 年版，第 769 页。

团体包括工会、共青团、妇联、科协、归国华侨联合会、台湾同胞联谊会、青年联合会和工商业联合会,共八类。① 笔者认为,将人民团体限定为八类依据不明确,实践中不应作如此限制,否则就会放纵某些犯罪。

需要指出的是,2001年1月21日最高人民法院《全国法院审理金融犯罪案件工作座谈会纪要》专门就"单位的分支机构或者内设机构、部门实施犯罪行为的处理"进行了解释:以单位的分支机构或者内设机构、部门的名义实施犯罪,违法所得亦归分支机构或者内设机构、部门所有的,应认定为单位犯罪。不能因为单位的分支机构或者内设机构、部门没有可供执行罚金的财产,就不将其认定为单位犯罪,而按照个人犯罪处理。笔者认为,按照上述司法解释的精神,国家机关、国有公司、企业、事业单位、人民团体的分支机构或者内设机构、部门也可以成为私分国有资产罪的主体。

2002年7月9日最高人民检察院《关于涉嫌犯罪单位被撤销、注销、吊销营业执照或者宣告破产的应如何进行追诉问题的批复》指出:涉嫌犯罪的单位被撤销、注销、吊销营业执照或者宣告破产的,应当根据刑法关于单位犯罪的相关规定,对实施犯罪行为的该单位直接负责的主管人员和其他直接责任人员追究刑事责任,对该单位不再追诉。

五、私分国有资产罪的主观方面

私分国有资产罪的主观方面表现为故意,并且是直接故意,即明知国有资产不能私分,仍故意违反国家规定,以单位名义将国有资产集体私分给个人,体现的是单位的意志。

六、私分国有资产罪的认定

(一)私分国有资产罪罪与非罪的界限

正确界定私分国有资产罪罪与非罪,应注意把握四个方面的问题:(1)正当发放奖金、津贴等的问题。为调动国家工作人员的积极性,国家允许国家机关、国有公司、企业、事业单位、人民团体等国有单位根据有关规定发放奖金、津贴等,而私分国有资产往往也是打着发放奖金、津贴等旗号进行的,实践中要注意区分二者的界限,区分的关键是看是否违反了国家有关规定。(2)分产品代替发工资的问题。实践中,有些国有企业因为经济效益不

---

① 参见肖中华:《贪污贿赂罪疑难解析》,上海人民出版社2006年版,第14页。

好，发不出工资，就将本单位产品代替工资发给职工。这是亏损企业应付工资支付的一种临时办法，与违反国家规定将国有资产私分给个人的性质不同，不能按照私分国有资产罪处理。(3) 数额问题。私分国有资产必须达到数额较大，才能构成犯罪。按照1999年最高人民检察院《关于人民检察院直接受理立案侦查案件立案标准的规定（试行）》，私分国有资产数额较大的标准是10万元。如果没有达到数额较大的标准，可由相应的主管部门按照违反财经纪律处理，不构成私分国有资产罪。(4) 打击面问题。根据刑法第396条第1款的规定，本罪仅处罚国有单位直接负责的主管人员和其他直接责任人员。据此，不仅单位的一般职工不能被追究刑事责任，没有参与决策和未起主要作用的单位其他领导也不能被追究刑事责任。当然，由于这些人分得的财物是国有资产，即使不追究他们的刑事责任，他们也应当退还分得的国有资产。

（二）私分国有资产罪与贪污罪的界限

私分国有资产罪与贪污罪都属于刑法分则第八章规定的贪财类职务犯罪，二者的主要区别是：(1) 犯罪对象不同。私分国有资产罪的对象仅限于国有资产；贪污罪的对象是公共财物，不仅包括国有资产，还包括其他公共财物。(2) 客观方面表现不同。私分国有资产罪的客观方面表现为以单位名义集体私分国有资产，获得财物的人是单位所有员工或者大多数员工，具有一定的公开性；贪污罪是行为人采取侵吞、窃取、骗取或者其他手段将公共财物据为己有，具有一定的隐蔽性。(3) 犯罪主体不同。私分国有资产罪属于单位犯罪，犯罪主体是国有单位，承担刑事责任的主体是对私分国有资产直接负责的主管人员和其他直接责任人员；贪污罪属于自然人犯罪，犯罪主体是国家工作人员和受国有单位委托管理、经营国有财产的人员。(4) 主观方面不同。私分国有资产罪作为单位犯罪，体现的是单位的意志；贪污罪作为自然人犯罪，行为人非法占有公共财物体现的是个人意志。(5) 立案标准不同。私分国有资产罪的立案标准是10万元；贪污罪的立案标准是5000元。如果一个案件涉案7万元，按照私分国有资产定性则不构成犯罪，按照贪污定性则属于大案，需要追究行为人的刑事责任。

实践中，要注意区分私分国有资产罪与贪污罪共犯的界限，区分的关键就是看单位中分得国有资产的人员范围，这也是认定属于集体私分还是少数几个人私分即贪污的标准。如果是在单位全体职工或者绝大多数职工中私分国有资产，则应当认定为私分国有资产罪；如果是仅在几个领导或者少数职工中私分国有资产，则应当认定为贪污罪的共同犯罪。2010年11月26日最高人民法院、最高人民检察院《关于办理国家出资企业中职务犯罪案件具体应用法律若干问题的意见》第2条专门就国有公司、企业在改制过程中隐匿公司、企业财产归职工集体持股的改制后公司、企业所有的行为如何处理指出:"国有公司、企业违反国家规定,在改制过程中隐匿公司、企业财产,转为职工集体持股的改制后公司、企业所有的,对其直接负责的主管人员和其他直接责任人员,依照刑法第三百九十六条第一款的规定,以私分国有资产罪定罪处罚。改制后的公司、企业中只有改制前公司、企业的管理人员或者少数职工持股,改制前公司、企业的多数职工未持股的,依照本意见第一条的规定,以贪污罪定罪处罚。"

(三) 私分国有资产罪与徇私舞弊低价折股、出售国有资产罪的界限

根据刑法第169条的规定,徇私舞弊低价折股、出售国有资产罪,是指国有公司、企业或者其上级主管部门直接负责的主管人员,徇私舞弊,将国有资产低价折股或者低价出售,致使国家利益遭受重大损失的行为。二者的犯罪对象都是国有资产,都侵犯了国有资产的所有权,造成国有资产的流失。二者的主要区别是:(1) 客观方面表现不同。私分国有资产罪表现为以单位名义集体私分国有资产,获得国有资产的人是单位所有员工或者大多数员工,具有一定的公开性,获得国有资产的方式既可以是无偿的,也可以是支付明显低价获得;徇私舞弊低价折股、出售国有资产罪表现为徇私舞弊,将国有资产低价折股或者低价出售,获得这部分国有资产的既可以是单位的内部人员,也可以是单位的外部人员,获得国有资产的方式虽然不是无偿的,但却是以较低价格取得的。(2) 犯罪主体不同。私分国有资产罪是单位犯罪,承担刑事责任的主体限于国有单位中对私分国有资产直接负责的主管人员和其他直接责任人员;徇私舞弊低价折股、出售国有资产罪是自然人犯罪,犯罪主体是国有公司、企业或者其上级主管部门直接负责的主管人员。(3) 立案标准不同。私分国有资产罪的立案标准是10万元;徇私舞弊低价折股、出售国有资产罪的立案标准有三个:一是造成国家直接经济损失数额在30万元以上的;二是造成有关单位破产、停业、停产6个月以上,或者被吊销许可证和营业执照、责令关闭、撤销、解散的;三是其他致使国家利益遭受重大损失的情形。

实践中,私分国有资产罪与徇私舞弊低价折股、出售国有资产罪有时候也会存在交叉,如国有公司、企业直接负责的主管人员个人决定或者经集体研究决定,徇私舞弊,将国有资产低价折股或者低价出售给本单位所有员工或者大多数员工,造成国家直接经济损失数额在30万元以上的。这种情况下,该国有公司、企业直接负责的主管人员的行为既符合私分国有资产罪的构成要件,也符合徇私舞弊低价折股、出售国有资产罪的构成要件。笔者认为,虽然两个罪的法定刑幅度相同,但立案标准不同,对于上述情形可以按照私分国有资产罪定罪处罚。

（四）私分国有资产罪的定罪量刑情节

关于私分国有资产罪的既遂与未遂、共同犯罪、一罪与数罪、自首、坦白、立功等的认定，可以参见"贪污罪的定罪量刑情节"部分的论述。

七、私分国有资产罪的法定刑

根据刑法第 396 条第 1 款的规定，犯私分国有资产罪的，对单位直接负责的主管人员和其他直接责任人员，处三年以下有期徒刑或者拘役，并处或者单处罚金；数额巨大的，处三年以上七年以下有期徒刑，并处罚金。

按照 2001 年 1 月 21 日最高人民法院《全国法院审理金融犯罪案件工作座谈会纪要》的解释，所谓"直接负责的主管人员"，是指在单位实施的犯罪中起决定、批准、授意、纵容、指挥等作用的人员，一般是单位的主管负责人，包括法定代表人。所谓"其他直接责任人员"，是指在单位犯罪中具体实施犯罪并起较大作用的人员，既可以是单位的经营管理人员，也可以是单位的职工，包括聘任、雇用的人员。应当注意的是，在单位犯罪中，对于受单位领导指派或奉命而参与实施了一定犯罪行为的人员，一般不宜作为直接责任人员追究刑事责任。对单位犯罪中的直接负责的主管人员和其他直接责任人员，应根据其在单位犯罪中的地位、作用和犯罪情节，分别处以相应的刑罚。主管人员与直接责任人员，在个案中不是当然的主、从犯关系，有的案件，主管人员与直接责任人员在实施犯罪行为时的主从关系不明显的，可不分主、从犯。但具体案件可以分清主、从犯，且不分清主、从犯，在同一法定刑档次、幅度内量刑无法做到罪刑相适应的，应当分清主、从犯，依法处罚。

（撰稿人：徐彦丽）

第二部分

典型案例诉辩审评

一、贪污罪

案例1：卢某树贪污案
——贪污罪犯罪对象中的扶贫资金的认定

一、基本情况

案　由：贪污

被告人：卢某树，原系商水县姚集乡人民政府陈冢行政村的"仿野生养殖大闸蟹"科技扶贫项目的具体负责人。因涉嫌贪污罪，于2009年10月18日经商水县人民检察院决定被取保候审。2010年3月22日经商水县人民法院决定被取保候审。

二、诉辩主张

（一）人民检察院指控事实

商水县人民检察院指控：2007年，商水县姚集乡人民政府向省扶贫办申报了"仿野生养殖大闸蟹"科技扶贫项目，项目实施地点在陈冢行政村，被告人卢某树为该项目的具体实施人。项目获批后，省扶贫办于2008年拨付扶贫资金15万元，在项目实施过程中，被告人卢某树采取签订虚假合同、虚列假名单报账的手段，套取购买饲料和消毒农药的科技扶贫资金4万元人民币，用于偿还个人债务，案发后被告人卢某树已退出赃款4万元。

（二）被告人辩解及辩护人辩护意见

被告人卢某树对公诉人起诉书指控其犯贪污罪的犯罪事实无异议，愿意认罪服法，请求从轻处理。

三、人民法院认定事实和证据

（一）认定犯罪事实

商水县人民法院经公开审理查明：

2007年，商水县姚集乡人民政府向省扶贫办申报了"仿野生养殖大闸蟹"科技扶贫项目，项目实施地点在陈冢行政村，被告人卢某树为该项目的具体实施人。项目获批后，省扶贫办于2008年拨付扶贫资金15万元，在项目实施过程中，被告人卢某树采取签订虚假合同、虚列假名单报账的手段，套取购买饲料和消毒农药的科技扶贫资金4万元人民币，用于偿还其个人债务。案发后被告人卢某树已退出赃款4万元。

（二）认定犯罪证据

上述事实有下列证据证明：

1. 被告人卢某树的供述及投案自首笔录对公诉人起诉书指控其犯贪污罪的犯罪事实供认不讳。

2. 证人舒某某的证言证明了2007年商水县姚集乡陈冢行政村申请养殖大闸蟹扶贫项目及实施过程。

3. 证人魏某某的证言证明：2007年上级扶贫部门给商水县姚集乡陈冢行政村批复了一个"仿野生养殖大闸蟹"科技扶贫项目，商水县财政局和扶贫办上报扶贫项目实施方案，2007年年底，该项目资金拨付到位，上级批项目资金15万元，其中2万元由省农科院作为科研资金使用。实际到我们财政上只有13万元，这13万元中，有2万元用于购买河南爱普饲料有限公司的饲料，2万元用于购买商水县精品农业科技开发有限公司的农药，9万元用于购买周口市水产技术推广站的蟹苗，购置这些物品都有正规发票，我们是根据发票把钱汇到物品提供方的。

4. 证人何某某、姜某的证言证明：陈冢行政村"仿野生养殖大闸蟹"这个科技扶贫项目2007年年底批复，该科技项目的实施地点是姚集乡陈冢村，项目实施单位是姚集乡人民政府，科技项目的扶贫对象是陈冢行政村村民，县里及乡里有关人员去指导检查过。

5. 证人康某某的证言证明：在任陈冢行政村村长期间，我不知道我们陈冢行政村申报过"仿野生养殖大闸蟹"这个科技扶贫项目，也不清楚其实施情况，因为在这期间，我们村委会班子成员从来都没有研究过此事，也没有人通知参与此事。

6. 证人舒某某的证言证明：在任陈冢行政村文书期间，不知道我们陈冢行政村申报过"仿野生养殖大闸蟹"这个科技扶贫项目，也不清楚其实施情况，因为在这期间，我们村委会班子成员从来没有研究过此事，也没有人通知我参与此事。2008年科技项目领饲料人员名单及2008年科技项目领消毒药品人员名单表不是我伪造的，也从来没有见过这表。

7. 证人万某某的证言证明：2008年7月的一天，卢某树找到我说自己想办一个养猪厂，需要饲料，但是现在没有现金，需要从银行转账，跟经理李某进行了请示，李经理同意了他的请求，同时要求他应该提供身份证明，卢某树当时就拿出了盖有姚集陈冢村村委会公章的证明材料，并说自己是陈冢村的支书。

8. 证人郭某某的证言证明：2008年4月的一天，卢某树拿着一个销售消毒农药的协议让我签字，这个协议的内容都是卢某树已经打印好的，上面已经盖有商水县精品农业科技开发有限公司的印章了。

9. 证人卢某某的证言证明：卢某树借他4万元，还有2万元没还。

10. 证人康某某、舒某某、卢某某、王某某的证言证明均没有从2008年科技项目领饲料人员名单及2008年科技项目领消毒药品人员名单中领取过饲料及消毒药品。

11. 证人李某某的证言证明卢某树购买9万元的蟹苗，资金从其单位账上经过的情况。

12. 证人刘某的证言证明其卖给过卢某树9万元蟹苗的情况。

13. 书证：记账凭证、商水县财政局专项资金支付通知单、周口市及商水县扶贫开发办公室、财政局文件、财政扶贫资金报账提款申请单、扶贫资金项目工程验收表、财政扶贫资金工程竣工决算表，2008年科技项目领饲料人员名单、销售饲料协议、销售农药协议、被告人户籍证明、职务证明、退款凭证及本案庭审笔录等在卷为凭。

四、判案理由

商水县人民法院认为：被告人卢某树身为国家工作人员，利用职务上的便利，非法占有公款4万元，其行为构成贪污罪。公诉人指控被告人卢某树犯贪污罪罪名成立。被告人卢某树主动到侦查机关投案，如实供述自己的犯罪事实，系自首，可以从轻或减轻处罚。被告人卢某树庭审中认罪态度较好，且已全部退赃，可酌情从轻处罚。

五、定案结论

商水县人民法院依照《中华人民共和国刑法》第382条第1款、第383条第1款第3项、第61条、第67条第1款、第72条、第73条之规定,判决如下:

被告人卢某树犯贪污罪,判处有期徒刑3年,缓刑3年。(缓刑考验期限从判决确定之日起计算)

六、法理解说

本案的案情比较简单,案件事实争议不大。其中,焦点之一涉及贪污罪对象中的公共财物——扶贫资金的认定。

一方面,扶贫是为帮助贫困地区和贫困户开发经济、发展生产、摆脱贫困的一种社会工作,旨在扶助贫困户或贫困地区发展生产,改变穷困面貌。根据《国家扶贫资金管理办法》(1997年8月1日施行)的规定,国家扶贫资金是指中央为解决农村贫困人口温饱问题、支持贫困地区社会经济发展而专项安排的资金,包括支援经济不发达地区发展资金、"三西"农业建设专项补助资金、新增财政扶贫资金、以工代赈资金和扶贫专项贷款。支援经济不发达地区发展资金和新增财政扶贫资金,重点用于改善贫困地区的农牧业生产条件,发展多种经营,修建乡村道路,普及义务教育和扫除文盲,开展农民实用技术培训,防治地方病等。"三西"农业建设专项补助资金的管理使用,按照财政部制定的《"三西"农业建设专项补助资金使用管理办法》(财农字〔1995〕10号)执行。以工代赈资金,重点用于修建县、乡公路(不含省道、国道)和为扶贫开发项目配套的道路,建设基本农田(含畜牧草场、果林地),兴修农田水利,解决人畜饮水等问题。扶贫专项贷款,重点支持有助于直接解决农村贫困人口温饱的种植业、养殖业和以当地农副产品为原料的加工业中效益好、有还贷能力的项目。由此可知,国家扶贫资金在性质上属于国有财产,与"用于扶贫和其他公益事业的社会捐助或者专项基金的财产"尽管同属于公共财产,但在具体性质上还是存在差异的。

另一方面,理解"用于扶贫和其他公益事业的社会捐助或者专项基金的财产"的关键是社会捐助或专项基金。根据《中华人民共和国公益事业捐赠法》(1999年9月1日)的有关规定,救助灾害、救济贫困、扶助残疾人等困难的社会群体和个人的活动是一种非营利的公益事业。公益性社会团体和公益性非营利的事业单位可以依照本法接受捐赠。公益性社会团体是指依法成立的，以发展公益事业为宗旨的基金会、慈善组织等社会团体。公益性非营利的事业单位是指依法成立的，从事公益事业的不以盈利为目的的教育机构、科学研究机构、医疗卫生机构、社会公共文化机构、社会公共体育机构和社会福利机构等。公益性社会团体受赠的财产及其增值为社会公共财产，受国家法律保护，任何单位和个人不得侵占、挪用和损毁。而专项基金，是指企业除生产、经营资金来源以外的，从特定来源形成并具有专门用途的资金来源。中国专项基金的来源渠道，根据财会制度可分为：（1）企业内部形成。专项基金主要由企业内部形成。一部分是从成本中提取的，包括职工福利基金、大修理基金、更新改造基金；另一部分是由企业留利形成的，包括生产发展基金、奖励基金、福利基金、后备基金。（2）国家拨入。国家拨给企业具有专门用途的专项拨款。包括新产品试制费、中间试验费、主要科学研究费。（3）专项借款。企业为了完成某项专门工程，在专用资金不足时向银行申请的各项专项借款，包括大修理借款、更新改造借款。（4）专项应付款。在专项资金使用过程中而临时占用的各种应付款项。用专项基金必须遵守专款专用、先存后用、量入为出、节约使用等项原则，努力提高专项基金的使用效果。以美国的基金行业为例，较为常见的专项基金的投资领域包括了高科技、大众传媒、健康护理、金融、公用事业、自然资源、房地产，等等。[1]

显然，从性质上看，"仿野生养殖大闸蟹"科技扶贫项目不属于"用于扶贫和其他公益事业的社会捐助或者专项基金的财产"，而是本身就是一种公共财产。也即，国家下拨的扶贫资金和其他公益事业的专项基金、公益机构的事业费和国家拨付的专项研究基金，本身是一种国有财产的表现形式[2]，不属于"用于扶贫和其他公益事业的社会捐助或者专项基金的财产"。因此，法院判决是正确的，但需要进一步明确科技扶贫项目的性质是一种国有财产。

笔者认为，法院的判决是正确的。

（撰稿人：孙道萃）

---

[1] 参见《专项基金》，http://baike.baidu.com/view/110446.htm，访问日期：2012年6月21日。

[2] 参见李文峰：《贪污贿赂犯罪认定实务与案例解析》，中国检察出版社2011年版，第7页。

案例2：石某寰贪污案

——贪污罪的犯罪对象（讲义费）及侵吞行为的认定

一、基本情况

案　由：贪污

被告人：石某寰，男，57岁，汉族，北京市某某中学党政办公室主任，住北京市朝阳区某某家园某号楼某层某号；2002年1月24日被刑事拘留。

二、诉辩主张

（一）人民检察院指控事实

北京市东城区人民检察院指控：被告人石某寰于2000年6月，利用担任北京市某某中学教育处主任的职务便利，在对本校初三年级进行管理过程中，以用讲义费给毕业生购买纪念品的名义，领取转账支票一张，金额为人民币13.02万元，后用假发票报销平账，将该笔公款侵吞。被告人石某寰于同年7月，利用负责退还初三年级毕业生讲义费的职务便利，伪造毕业生签字，冒领讲义费人民币3.1372万元。

（二）被告人辩解及辩护人辩护意见

被告人石某寰对起诉书认定的事实和指控的罪名不持异议，提出以下辩解：（1）自己教书多年，但对法律学习不够，开始以为自己的行为只是犯了错误，没意识到是违法犯罪。（2）自认为涉案的13万余元已于2001年4月退还，而自己2002年1月才被侦查机关讯问，属于自首。（3）3万余元之事已告诉顾某萍，自己不可能再贪污，应以自首论。（4）被告人石某寰表示对自己的犯罪行为非常悔恨，恳请法庭考虑其从事教育工作做出过一些贡献和成绩，予以从轻处罚。

辩护人提出以下辩护意见：（1）石某寰主动向单位领导投案并退还案款的行为应认定为自首。（2）石某寰在被采取强制措施后，主动如实交代了自已冒领学生讲义费 3 万余元的事实（当时石某寰并不知道检察机关经过查账已经掌握该事实），对其主动坦白贪污这笔讲义费的情节，依照最高人民法院的有关司法解释，可以酌情从轻处罚。(3) 涉案款均已退还。(4) 石某寰在北京五中工作多年，业绩突出，此次因法制观念不强，由于一念之差触犯了法律，已后悔莫及。辩护人请求法庭依法对石某寰减轻处罚。

三、人民法院认定事实和证据

（一）认定犯罪事实

北京市东城区人民法院经公开审理查明：

被告人石某寰于 2000 年 6 月，利用担任北京市某某中学教育处主任的职务便利，在对本校初三年级教育、教学活动进行管理过程中，假借给毕业生购买纪念品的名义，从学校财务部门领取转账支票一张，支取讲义费人民币 13.02 万元，后用从某市场摊贩处开出的假发票报销平账，将该款侵吞。同年 7 月，被告人石某寰利用负责退还初三年级毕业生讲义费的职务便利，采取伪造毕业生领款签字等报销凭证的手段，冒领讲义费人民币 3.1372 万元，予以侵吞。综上，被告人石某寰共侵吞公款人民币 16.1572 万元，其中 13.02 万元已于 2001 年 4 月退还北京市某某中学，另有被告人石某寰的亲属代为退赔的 4 万元扣押在案。

（二）认定犯罪证据

上述事实有下列证据证明（节选）：

1. 事业单位法人证书，证实北京市某某中学为全民所有制事业单位法人。

2. 干部履历表和北京市某某中学的证明材料等，证实石某寰历任北京市某某中学教师、教育处主任、党政办公室主任。1999 年 9 月至 2000 年 7 月任教育处主任，负责全校各年级的日常学生管理教育。同时，负责初中毕业班工作，具体负责初三年级的学生思想教育，复习、学习安排，与年级组长一起研究年级工作，决定学生学习资料费用的收取，学生经费的讲义费的支出、使用、结算退款等事宜，对初三年级负全面责任。

3. 许某英（北京某某中学出纳）、李某芹（北京某某中学会计）的证言证实，2000 年时，石某寰是校级领导，并负责初三年级工作。他为学生讲义费的使用曾来报销过几笔钱。

4. 顾某萍（北京某某中学教师）的证言证实，讲义费是学校向学生收取的除学杂费以外的钱，用于试卷的印刷、购买等方面，由学校为各年级统一管理，剩余可转下一年继续使用，但学生毕业前要结清，给学生买礼物或退钱给学生。石某寰从没对其讲过初三的讲义费有几万元在他手里的事情。

5. 王某彦、陈某、李某萍、刘某曼、于某（分别为北京市某某中学2000届初三五班、四班、二班、三班、七班的班主任）的证言证实，2000年暑假前，初三给每个学生发过同学录。没印象发过"文曲星"，均未经手也没听说退给过学生讲义费，经辨认财务传票所附退学生每人讲义费92元的名单，认为名单上的签字不是各自班里学生签的字。王某彦还证实，"退初三学生讲义费全款"凭证上和"给参加退款服务的师生购买饮料、食品"的发票背面的"王某彦"三个字绝对不是自己所写。

6. 吴某顺的证言证实，其1983年到2000年7月任北京某某中学校长，石某寰是教育处主任，1999年到2000年他还主抓初三年级工作，具体负责初三年级的教学、教育管理。每学期开始时学生要交讲义费，主要是印课外习题的卷子等，结余可转下学期继续用，初三毕业时一定要与学生总结账，用不完的钱退给学生，也可以给学生买纪念品、照毕业相等，一定要用在学生身上，不能有别的用途。

7. 李某（2000年时任北京某某中学副校长）、罗某（2000年时任北京某某中学教学主任）的证言均证实，收取学生讲义费用于印练习卷子、练习册等，不允许做其他用途如组织老师外出旅游等。李某还证实，2000年，北京某某中学的财务支出必须经吴校长、韩主任或其本人之一审批，"文曲星"这笔钱是吴校长批示的，2000年初三年级退3万多元讲义费是由谁具体经办的其不知道。罗某还证实，2001年寒假前后，在例行的学校行政会上，肖某校长或李某副校长提起，区财政局查账发现初三年级买"文曲星"发给学生了。

8. 肖某的证言证实，其从1998年开始任北京某某中学党委书记兼副校长，2000年7月起任校长。石某寰1992年起任北京某某中学教育处主任，2000年7月改任党政办公室主任。石某寰2000年时是分管初三年级工作的校领导，该年级组长是顾某萍。2001年3月，区物价局来查账，发现2000年6月用学生交的讲义费为初三学生购买"学生王子"，认为属于强迫学生高消费，李某副校长在行政会上通报了这件事。罗某副校长说，他的孩子2000年在本校上初三，没有收到"学生王子"。其决定会上不讨论了，会后调查一下再说。石某寰没有参加这次会议。学生讲义费只能用在学生身上，不能有别的用途，管理上是三年一清，初三毕业前结清，该退给学生的退给学生。石某寰经手退学生每人92元讲义费现金的事其当时不知道，检察院来查账才知道。从学校财务角度看，这笔钱已退给学生了。

9. 林某兴、李某辉的证言证实，林某兴（又名林某荣）、李某辉系夫妻，在北京市宝龙小商品市场卖办公用品，2000年6月，北京某某中学的石某寰主任来摊位，说要买 350 支钢笔，但给他们 13 万余元的北京某某中学的支票，让他们把剩下的钱退给他现金，谈定钢笔的价格是每支 26 元或 27 元，这样要退给他 11 万余元。他们要按金额的 3% 扣税，石同意。后石主任拿来 13 万余元的支票，他们没有入支票的账户，就拿给跟他们有业务关系的沙子口文具城老板罗某兴，他入账并扣除他们欠他的货款后，给他们 9 万多元现金。他们用在街头买的发票填写上石主任要求的内容："学生王子"350 台，每台 372 元，金额 13.02 万元，将报销联给石主任，另两联撕了。证实盖有海天同杰商贸公司财务专用章的 5864597 号发票就是给石某寰的那张发票，由李某辉的弟弟李某某填写。扣除钢笔货款和 3% 的税款，其余 11 万多元现金在送钢笔的同时给石某寰送到某某中学。2001 年上半年，石某寰来找李某辉，让他们在有人前来调查时按他的意思说，就说他来他们这儿买"学生王子"，因为没货，没买成，现金他们在 2001 年 3 月或 4 月才退给他。他们答应帮助他，后来就是这样对教育局派来调查的罗老师说的，罗老师让李某辉写个证明，当时没写，过后石主任送来他写的假证明，等罗老师再来时，他们将假证明交给罗老师了。

四、判案理由

（一）一审法院判案理由

北京市东城区人民法院认为：被告人石某寰身为国有事业单位工作人员，本应奉公守法，恪尽职守，但其却利用职务之便，将本单位管理的讲义费非法占为己有，其行为侵犯了公共财产的所有权，已构成贪污罪，依法应予刑罚处罚。

（二）二审法院判案理由

一审判决后，被告人诉称有自首情节，一审判决量刑过重，提出上诉。

其辩护人辩称：石某寰在未被司法机关发觉的情况下，于 2001 年 4 月主动将 13 万余元交给学校，应认定为自首；在被采取强制措施后又交代另一笔 3 万余元的事实，其认罪态度好，希望对石某寰减轻处罚。

经北京市第二中级人民法院审理查明：原判认定被告人石某寰犯贪污罪的事实是正确的。认定上述事实的证据，经查与一审相同，予以认可。

北京市第二中级人民法院认为：上诉人（原审被告人）石某寰身为国有事业单位中从事公务的人员，利用职务之便，使用欺骗的方法将本单位管理的学生讲义费非法占为己有，其行为已构成贪污罪，依法应予惩处。石某寰上诉所提其有自首情节，原判量刑过重的上诉理由及其辩护人所提石某寰应认定为自首，认罪态度好，希望对其减轻处罚的辩护意见，经查：根据在案证据证实，石某寰在检察机关立案前曾向本校领导承认从财务部门拿走一张支票，支取学生讲义费人民币13万余元，欲为初三年级学生购买"学生王子"，因供货方的货不够，始终未提货且货款暂放在供货方，故"学生王子"没有发给初三年级毕业生；后石某寰按校长的要求将支取的该款退给学校，但其隐瞒了支票已兑换现金并将该款据为己有的真实情况；此后，石某寰让供货方作假证明以规避法律处罚；检察机关接到举报进行调查取证后，依法立案并传唤石某寰，石某寰才交代了上述罪行；在侦查过程中，侦查人员还发现石某寰侵吞学生讲义费人民币3万余元，经讯问，石某寰供认该事实，依照有关法律规定，石某寰不属于自首。一审法院考虑石某寰认罪态度好，积极退赔赃款，依法在量刑幅度内对其从轻处罚，所判刑罚并无不当，故石某寰的上诉理由及其辩护人的辩护意见均不能成立，法院不予采纳。

五、定案结论

（一）一审法院定案结论

东城区人民法院对被告人石某寰依照《中华人民共和国刑法》第271条第2款，第382条，第383条和第64条，判决如下：

被告人石某寰犯贪污罪，判处有期徒刑10年（刑期从判决执行之日起计算。判决执行以前先行羁押的，羁押1日折抵刑期1日，即自2002年1月24日起至2012年1月23日止）；在案扣押被告人石某寰人民币4万元，其中3.1372万元发还北京市某某中学，余款发还被告人石某寰。

（二）二审法院定案结论

一审人民法院根据石某寰犯罪的事实、性质、情节及对社会的危害程度所作出的判决，定罪及适用法律正确，量刑适当，审判程序合法。北京市第二中级人民法院依照《中华人民共和国刑事诉讼法》第189条第1项之规定，裁定如下：驳回石某寰的上诉，维持原判。

六、法理解说

贪污罪的具体形式千变万化，因而导致了贪污罪的犯罪对象形态多样。在司法实践中，如何准确认定公共财物的范围，这是一个难题。本案中的讲义费便是其一情形，笔者针对这一焦点略陈管见，并顺带论述贪污罪的侵吞。

（一）讲义费可以成为贪污罪的对象

本案中，石某寰利用国家工作人员的职务便利，非法占有"讲义费"的行为是否构成贪污罪，其分歧的焦点在于"讲义费"是否属于贪污罪的犯罪对象。

从形式上看，我国刑法贪污罪的犯罪对象是公共财物，在我国刑法中公共财物的概念等同于公共财产，故刑法第91条规定的公共财产就是贪污罪的犯罪对象。具体包括：(1) 国有财产；(2) 劳动群众集体所有的财产；(3) 用于扶贫和其他公益事业的社会捐助或者专项基金的财产；(4) 在国家机关、国有公司、企业、集体企业和人民团体管理、使用或者运输中的私人财产，以公共财产论。上述规定中的前三项属于当然的公共财产，第四项则为拟定的公共财产，一般有两类：一类是国家机关依照法律规定或职权而管理、使用、运输的私人财产，比如，公安部门暂扣的犯罪嫌疑人的财产；另一类是国有公司、企业或人民团体根据合同而享有的权利，比如国有商业银行吸收的公民个人存款就属于此类情况。但刑法第91条第2款列述的主体却不包括国有事业单位，因此，应当认为该款规定未将"国有事业单位管理、使用、运输中的私人财产"纳入拟定的公共财产范围，故此类财物不属于贪污罪的犯罪对象。本案中，北京市某某中学属于国有事业单位。因此，该单位管理、使用属学生私人财产的"讲义费"，超出了刑法第91条规定的公共财产的范围，似乎不属于公共财物，故似乎也不属于贪污罪的犯罪对象。因此，对石某寰的行为似乎不能以贪污罪定罪处罚。

但是，笔者认为，根据刑法第382条规定，国家工作人员利用职务上的便利，侵吞、窃取、骗取或者以其他手段非法占有公共财物的，是贪污罪，从而将公共财物作为贪污罪的犯罪对象。同时，刑法第91条也确实规定了"公共财产"的内容。但是，这并不意味着刑法第91条规定的"公共财产"是贪污罪的唯一的犯罪对象。根据刑法第271条第2款的规定："国有公司、企业或者其他国有单位中从事公务的人员和国有公司、企业或者其他国有单位委派到非国有公司、企业以及其他单位从事公务的人员有前款行为的，依照本法第三百八十二条、第三百八十三条的规定定罪处罚。"从而将国有单位和受国有单位委派从事公务的人员任职的非国有单位的"本单位财物"也纳入贪污罪的犯罪对象，也就是说，"本单位财物"除包括刑法规定的"公共财产"，还包括"国有单位管理、使用、运输中的私人或其他单位的财产"和"受国有单位委派到非国有单位从事公务的人员所任职单位的财产"。

首先，国家工作人员利用职务便利，非法占有国有单位的"本单位财物"构成贪污罪。而国有单位"本单位财物"既包括国有单位享有所有权财产，还包括处于国有单位管理、使用、运输中的私人或其他单位的财产。因为处于这种状态中的私人财产如发生损坏或灭失，其管理、使用、运输者即须依法承担赔偿责任，实质上私人财产的损失即等同于其自身财产的损失。故侵害这种私人财产，其危害结果等同于侵害国有单位自身的财产。需要说明的是，国有单位当然包括国有事业单位。在我国目前社会生活中，国有事业单位使用、管理私人财物的现象普遍存在。这是因为现阶段我国的一部分事业单位尚具有行政管理职能，可能发生依法暂扣私人财物的情况；另一部分事业单位则实际处于自收自支、自负盈亏的经营状态，因而可能发生基于合同暂时管理、使用、运输私人财物的情形，比如国有医院使用、管理的患者的住院预缴费用。而上述财物发生损失或灭失，国有事业单位依法须承担赔偿责任，也就等同于本单位的财物损失。因此，在国有事业单位管理、使用、运输中的私人财物应视为"本单位财物"，属于贪污罪的犯罪对象。其次，依照刑法第271条第2款的规定，受国有单位委派到非国有单位从事公务的人员利用职务便利非法占有其所任职非国有单位的财物构成贪污罪。从性质上看，非国有单位的财物有可能是刑法第91条规定的公共财产，但不一定都是公共财产。

综上所述，贪污罪的犯罪对象既包括刑法第91条规定的公共财产，也包括该条规定中未列述的两类财物，即国有事业单位管理、使用、运输中的私人财物和非国有单位的"本单位财物"，这两类财物都属于我国刑法规定的贪污罪的犯罪对象。本案中，石某寰非法占有的"讲义费"是基于上级主管部门的规定收取、管理、使用的，其性质是学生私人财产，但由学校依特定用途管理、使用。由于该笔财物实际损失后果由学校承担，故可认定为北京市某某中学的"本单位财物"。石某寰属国家工作人员，利用为学生购买讲义等职务活动的便利，侵吞本单位财物，其行为亦符合贪污罪构成要件，对其以贪污罪定罪处罚是适当的。

（二）侵吞行为方式的理解

什么是侵吞？刑法理论界有多种不同的理解。主要有以下几种观点：第一种观点认为，侵吞就是将自己主管、管理、经手的公共财物直接占为己有或者转归他人的行为。[1] 第二种观点认为，侵吞是国家工作人员或者受国家机关、国有公司、企业、事业单位、人民团体委托管理、经营国有财产的人员，利用职务上的便利，非法占有公共财物的行为。[2] 第三种观点认为，侵吞是指行为

---

[1] 参见陈正云主编：《国家工作人员职务经济犯罪的定罪与量刑》，人民法院出版社2000年版，第126页。

[2] 参见张军、赵玉亮：《中国刑法罪名大全》，群众出版社1998年版，第233页。

人利用职务上的便利，将其依法管理、经营的公共财产非法私吞为己有的一种占有行为方式。① 第四种观点认为，侵吞实际上就是侵占。②

笔者认为，这些观点均有一定的道理。一般而言，侵吞是指行为人利用职务上的便利，将业已持有的公共财物非法变更为自己或者第三人所有。侵吞的本质不在于行为人的持有是否合法，而在于行为人是代表单位持有财物，即行为人将代表本单位持有的公共财物非法转归自己或者第三人所有，如将自己依法管理、经营的公共财物加以扣留，应该上缴而隐瞒不缴，非法占为己有；将自己管理、经营的公共财物应缴付而不缴，或者收款不入账而非法占为己有；将自己依法管理、经营的公共财物擅自赠与他人或者非法倒卖；将依法追缴的赃款、赃物、罚没款等非法占为己有。

在本案中，根据被证实的物证、书证、证人证言和鉴定结论等相关证据可以看出，被告人石某寰于 2000 年 6 月，利用担任北京市某某中学教育处主任的职务便利，在对本校初三年级进行管理过程中，以用讲义费给毕业生购买纪念品的名义，领取转账支票一张，金额为人民币 13.02 万元，后用假发票报销平账，将该笔公款侵吞。被告人石某寰于同年 7 月，利用负责退还初三年级毕业生讲义费的职务便利，伪造毕业生签字，冒领讲义费人民币 3.1372 万元。这是一种典型的侵吞行为，而不是一种所谓的"对法律学习不够，开始以为自己的行为只是犯了错误，没意识到是违法犯罪"的情形。因此，法院的判决正确合法。

（撰稿人：孙道萃）

---

① 参见孟庆华、高秀东：《贪污罪的定罪与量刑》，人民法院出版社 2001 年版，第 221 页。

② 参见张明楷：《刑法学》（下），法律出版社 1997 年版，第 910 页。

案例3：杨某宗等贪污案

——贪污罪的犯罪对象可否为不动产

一、基本情况

案　由：贪污

被告人：杨某宗，又名杨某忠，曾担任广州市建筑材料工业总公司（以下简称建材总公司）基建处副处长兼任住宅筹建办公室（以下简称住建办）主任，因涉嫌犯贪污罪于2003年5月14日被刑事拘留，同年5月29日被逮捕，同年7月17日被取保候审。

被告人：徐某秀，原广州市建筑材料工业总公司（以下简称建材总公司）基建处副处长兼任住宅筹建办公室（以下简称住建办）工作人员。因涉嫌犯贪污罪于2003年5月15日被取保候审。

被告人：梁某潮，原广州市建筑材料工业总公司（以下简称建材总公司）基建处副处长兼任住宅筹建办公室（以下简称住建办）工作人员。因涉嫌犯贪污罪于2003年5月15日被取保候审。

二、诉辩主张

（一）人民检察院指控事实

广东省广州市人民检察院指控：1993年至2003年，被告人杨某宗在担任广州市建筑材料工业总公司（以下简称建材总公司）基建处副处长兼任住宅筹建办公室（以下简称住建办）主任至退休后继续留用期间，利用其主管建材总公司位于本市环市西路长乐后街的宿舍拆建、确权工作的职务便利，采用私刻公章，伪造协议、公函，开假收据和以他人名义办理房产确权手续等手段，伙同原住建办工作人员被告人徐某秀及被告人梁某潮，共同侵吞建材总公司位于本市环市西路长乐后街45-48号的公司房产共7套，面积共407.7031平方米，共价值人民币126.19万元，其中被告人杨某宗侵吞房产3套，面积共 196.0362 平方米，价值人民币 60.68 万元；被告人徐某秀侵吞房产 2 套，面积共 120.2565 平方米，价值人民币 37.22 万元；被告人梁某潮侵吞房产 2 套，面积共 91.4101 平方米，价值人民币 28.29 万元。

（二）被告人辩解及辩护人辩护意见

被告人杨某宗辩称：（1）其没有侵吞广州市建材总公司的房产；（2）其私刻公章是为了完成单位任务，从未伪造过假收据；（3）徐某秀、梁某潮两人的房屋是真实购买的，不存在侵吞，是其做主将房屋卖给他们。

其辩护人提出如下辩护意见：

1. 杨某宗没有非法占有建材公司的三套房产：（1）涉案的五套房屋是集资房，出资人是房产的所有权人，集资人按住建办要求的时间付款，虽不在当时，并不能否定集资的事实；（2）建材公司 1986 年下发的 21 号文件赋予住建办在建材系统内集资的权限，五套集资房的参加者均为系统内职工，住建办有权决定；（3）住建办在系统内集资的五套住宅房单价为 900 元/平方米，并非低价；（4）涉案房产有三套（46 号 101 房、47 号 801 房、47 号 804 房）属于长城公司，该公司如何处理其房产，与杨某宗无关；（5）46 号 101 房为长城公司所有，47 号 704 房和 48 号 210 房的集资者为游某儿和杨某霞，非杨某宗所有。

2. 杨某宗没有侵占公共财物的直接故意，其为参与集资建房的房主办理集资房有关产权手续，没有非法占有房产的目的：（1）杨某宗未经公司同意私刻公章的行为虽然违纪，但刻章目的是为集资房和回迁房办理产权证，未作其他用途；（2）为近 2000 平方米房产办理产权手续是建材总公司住建办的义务，杨某宗是住建办主任，不能放任不管。

3. 控方证据证明涉案房产没有被杨某宗等侵占：（1）不动产以登记确认权属，涉案七套房产已为建材公司所有，表明不存在三被告人侵占房产的结果；（2）未经判决，司法机关收缴被侵占的房产，无法律依据；（3）7521 平方米房产权属证印证了建材公司不可能取得 7732 平方米房产以及《联合建房补充协议（二）》的虚假性；（4）7521 平方米房产中包括属于第三人的 1819 平方米房产，是建材公司故意违约占有他人的财产。因此，被告人杨某宗的行为不构成贪污罪，请求法庭认定被告人杨某宗无罪。

被告人徐某秀辩称：（1）其没有贪污建材总公司的两套房屋，48 号 801 房是其集资购买的，而 804 房是其与长城公司签订购买合同，但其没有付款所以最后没有购买成功；（2）其以前在侦查机关的供述不是事实。

其辩护人提出如下辩护意见：（1）48 号 801 房是被告人徐某秀购买的集资房，是有偿取得而不是非法占有或私分。（2）至于 47 号 804 房，被告人徐某秀只是与长城公司签订一份《住宅商品房购售合同》，徐某秀没有依约支付购房款，也没有拿到该房屋，该合同根本没有实际履行，因此不能认定徐某秀侵吞了该房屋。（3）不能凭被告人徐某秀在侦查机关违心而作出的认罪供述而对其定罪。请求法庭判决被告人徐某秀无罪。

被告人梁某潮辩称：（1）其在住建办没有任何职务和职权，两套房子是其用钱购买的，不存在侵吞广州市建材总公司房产的事实；（2）其以前在侦查机关的供述不是事实。

其辩护人提出如下辩护意见：（1）梁某潮是住建办的临时工作人员，既无职务，亦无报酬，更无权过问公司房产的分配和处分，因此不具备与杨某宗、徐某秀共同密谋贪污公司房屋的客观条件，亦未实施共同贪污的客观行为，现有证据也不能证明梁某潮有参与共同贪污的主观故意；（2）梁某潮取得的两套房产是支付对价取得的，不存在利用职务之便贪污取得。请求法庭判决被告人梁某潮无罪。

三、人民法院认定事实和证据

（一）认定犯罪事实

广东省广州市中级人民法院经公开审理查明：

1993年至2002年，被告人杨某宗担任建材总公司基建处副处长兼住建办主任，主管建材总公司位于本市环市西路长乐后街宿舍项目的筹建工作，被告人徐某秀在住建办主要负责拆迁工作；被告人梁某潮在建材总公司下属黄埔水泥厂从事基建工作，因工作关系与被告人杨某宗相识，在长乐后街宿舍项目建设期间，被告人梁某潮应被告人杨某宗的个人请求，协助被告人杨某宗解决房屋的间隔问题。

长乐后街宿舍项目是建材总公司与广东长城建设综合开发公司（广东长城建设集团有限公司的前身，以下简称长城公司）合作开发的建设项目，由建材总公司提供下属广州石膏厂的地块，长城公司投入拆迁资金和建设资金，建成房屋面积按约定分成。1993年年底项目竣工后，被告人杨某宗、徐某秀利用职务便利，将产权属于建材总公司的七套房屋进行私分，其中被告人杨某宗分得3套，面积共196.0362平方米，价值人民币60.68万元；被告人徐某秀分得2套，面积共120.2565平方米，价值人民币37.22万元；被告人杨某宗为感谢被告人梁某潮的无偿帮助，分给被告人梁某潮的房屋2套，面积共91.4101平方米，价值人民币28.29万元。上述房屋面积共407.7031平方米，共价值人民币126.19万元，三被告人未支付任何款项。

2000年，被告人杨某宗、徐某秀为永久占有所私分的房屋，私刻公司公章，开具假收据，伪造协议、公函等资料，以他人购买商品房为名，委托长城公司代办上述房屋的确权手续。2002年，被告人杨某宗得知建材总公司将对长乐后街宿舍项目进行检查，为了掩盖其私分公司房产的事实，被告人杨某宗要求被告人徐某秀、梁某潮向其支付部分款项，被告人徐某秀、梁某潮先后将存款5.4万元和7.2万元的存折交与被告人杨某宗，杨某宗未将收取的款项上交建材总公司。直到案发止，被告人杨某宗只向建材总公司交出款项5万余元。

（二）认定犯罪证据

上述事实有下列证据证明：证据过多，不予以逐一列举。主要包括书证、物证、证人证言、审计报告、被告人供述等证据。有书证证实三被告人的身份情况。有证据证实被告人杨某宗无权分配及销售单位房产，其未经单位同意即私分单位房产，以及违反单位规定，私设账册的事实。有证据证实涉案房屋的产权属于建材集团的事实等。

四、判案理由

广东省广州市中级人民法院认为：被告人杨某宗、徐某秀身为国有公司中从事公务的人员，利用职务便利，非法占有公共财物，数额在10万元以上，其行为已共同构成贪污罪，依法应予惩处。在共同贪污犯罪中，被告人杨某宗起主要作用，属主犯，被告人徐某秀起次要作用，属从犯，对被告人徐某秀依法予以减轻处罚。公诉人指控被告人杨某宗、徐某秀犯贪污罪的事实清楚、证据充分、罪名成立，应予支持，唯指控被告人梁某潮的行为构成贪污罪共犯的证据不足，法院不予支持。

五、定案结论

广东省广州市中级人民法院认定：依照《中华人民共和国刑法》第12条、第93条第2款、第382条、第383条第1款第1项、第25条第1款、第26条第3款、第27条、第64条、第59条及《中华人民共和国刑事诉讼法》第162条第3项的规定，判决如下：

1. 被告人杨某宗犯贪污罪，判处有期徒刑10年，并处没收财产人民币8万元。

2. 被告人徐某秀犯贪污罪，判处有期徒刑5年，并处没收财产人民币3万元。

3. 被告人梁某潮无罪。

责令被告人杨某宗将非法占有的本市环市西路长乐后街46号101房、47号704房、48号201房，被告人徐某秀将非法占有的本市环市西路长乐后街47号804房、48号801房返还给广州建材企业集团有限公司。

六、法理解说

本案值得关注的焦点之一：不动产是否可以成为贪污罪的犯罪对象。本案采取了肯定的立场，这对刑法理论的影响很大，而且对今后的刑事审判工作具有相当的借鉴意义。此外，笔者还将简单分析下本案的既遂与共犯问题。

（一）不动产能否成为贪污罪对象及其既遂形态认定之解说

关于不动产是否可以成为贪污罪的对象问题，理论界的观点如下：（1）否定说。不动产不能移动，其所有权的转移必须经过法定的登记程序，因而贪污不动产是不可能实施的。（2）肯定说。如果国家工作人员利用职务之便，采取欺诈手段，将原本属于本单位所有的不动产变更登记，使其"合法"地转为个人所有的财产，这实际上完全符合贪污罪的构成特征。贪污罪的对象可以是不动产，如建筑物、种植物等。①笔者认为，肯定说更为可取。尽管不动产作为贪污行为的对象属于少数现象，但不能以此否定其客观性，反而要更加重视这种特殊情况。

刑法关于贪污罪对象是"公共财物"——这一论断并没有对"不动产"加以限定，这意味着在逻辑上可以将不动产置于贪污罪的对象中去理解。在司法实践中，诈骗罪、侵占罪等的犯罪对象都包括不动产。而贪污罪，究其犯罪行为，除利用职务上的便利外，与诈骗犯罪等一般财产犯罪是同样的，而且因为其有着职务便利可以利用，故其犯罪通常情况下更容易得逞，因而公有房屋可以成为贪污罪的犯罪对象。所以，通过采取伪造、涂改、仿冒有关证明文件的手段，瞒骗产权登记机关而达到变非法为合法占有不动产的目的也并非不可做到。对这种行为，如果是国家工作人员利用职务之便所为，显然应以贪污罪处罚。有论者指出，事实上，根据贪污行为的特性或者说行为的类型性特征分析考察，国家工作人员或者受委托管理、经营国有财产的人员，利用职务便利非法侵占不动产，存在现实可能性。贪污罪在客观上是利用职务便利，通过

---

① 参见赵秉志主编：《刑法学总论研究述评》（1978~2008），北京师范大学出版社2009年版，第604~605页。

"侵吞、窃取、骗取"等非法手段侵占财物的行为,就其中的"窃取"、"骗取"行为方式而言,与普通盗窃、普通诈骗中行为人事先并不持有所要秘密窃取或者骗取的财物不同,贪污罪中的行为人实际上一般都因为其职务、职责而对公共财物拥有支配权、调拨权、管理权,如对公有房屋行使实际控制权,行为人完全可以在支配管理的情况下,将不动产的所有权转归已有;就其中的"侵吞"行为方式而言,则和普通侵占、职务侵占一样,行为人始终拥有着主管、管理、经手单位不动产的职权。① 该观点可取。国家工作人员利用职务上的便利非法占有不动产的行为也偶有发生,这些行为与利用职务上的便利非法占有动产行为一样,都侵犯国有单位的公共财产所有权,触及刑法设立贪污罪所要保护的法益。② 因而,有必要将不动产纳入贪污罪的对象范围。

在肯定不动产可以成为贪污罪对象的前提下,随之而来的问题是:如何确定贪污不动产案件的既遂标准。有论者认为,贪污罪是目的犯,行为以非法占有为目的,而不动产所有权的变动遵循登记原则,即以产权转让登记作为所有权变动的依据。贪污不动产时,应以行为人是否将不动产变更登记为准。有论者认为,非法占有目的既然是主观目的,就不是客观要件,因而只要行为人在非法占有目的的支配下开始实施了占有行为,即使案发时行为人尚未实际转移不动产、未来得及或者根本不想登记,也应认定为既遂。③

笔者认为,将刑法中的占有直接等同于物权法中的占有,这种做法过于极端,有失妥当。物权法中的占有是一种事实状态,并不必然具有所有权,而刑法中的占有在很大情况下就必然具有所有权,因为占有一般意味着控制,这种控制行为是贪污罪既遂的标准。④ 因此,不宜完全以是否完成不动产登记为唯一标准。如"上海首例未办理不动产产权变更登记构成贪污罪之新型案",公诉人认为,产权未转移并不能影响王某斌侵占公司财产的行为成立。虽然通常来说,不动产产权的转移确实是以登记为准,但在这个特殊的案件里,根据相关证据证明,王某斌向华力公司提交的购房申请是其采用隐瞒真相、告知虚假的手段得到的,不能证明他对涉案房屋的合法占有;在具体行为上,王某斌违反财务规定,应将该别墅作为公司"固定资产"入账而不入,而以"其他应

---

① 参见孟庆华、朱博瀚:《贪污罪侵害对象中的几个争议问题探讨》,载《邢台学院学报》2009年第3期,第74页。
② 参见刘为波:《于继红贪污案——不动产能否成为贪污罪的犯罪对象》,载最高人民法院刑一庭、刑二庭编:《刑事审判参考》(2002年第6辑),法律出版社2003年版,第43~44页。
③ 参见肖中华:《贪污贿赂罪疑难解析》,上海人民出版社2006年版,第42页。
④ 参见赵秉志主编:《侵犯财产罪研究》,中国法制出版社1998年版,第22页。

收款"名义挂账；至于华力公司破产期间，王某斌作为华力公司原经理和破产清算小组副组长，应向有关组织说明该应收款的实际用途而没有，却作为坏账核销，这些行为显然已经符合贪污罪的构成要件。那么，华力公司宣布破产后，公司作为权利人的主体资格不复存在，在该幢别墅被以坏账名义核销后，公司作为所有权人的权利就被非法永久排除，而使该幢别墅置于被告王某斌的实际控制和占有使用下，尽管权属没有变更，王某斌的处分权也有所限制，但是王某斌已实际控制并使用了该别墅，已行使了所有权的主要内容，符合《刑法》中"非法占有"的规定，应当以贪污罪追究其刑事责任。[①] 因此，贪污不动产时，应根据是否实际控制财物为准来认定，只要行为人现实地转移了不动产，即使尚未就所有权的取得进行不动产登记，应认定为既遂。如果行为人办理不动产登记后，不动产尚未被行为人实际控制，此时仍为既遂。《物权法》第9条规定："不动产物权的设立、变更、转让和消灭，经依法登记，发生效力；未经登记，不发生效力，但法律另有规定的除外。"此时，公共财物的所有权已经发生了变更，脱离国家的控制，显然是既遂。

（二）本案解析

如前所述，结合法院查证的证据与认定的事实，笔者认为应注意以下几个方面：

1. 涉案房屋的产权归属于长城公司

经查，长乐后街宿舍项目是建材总公司与长城公司合作建设的，共建三栋住宅楼，分南栋、北栋和中栋，总建筑总和约15000平方米，由建材总公司提供地块，长城公司提供资金，建成面积按约定分成，其中，建材总公司分得中栋和北栋部分，长城公司分得南栋和北栋部分，涉案的七套房屋均在中栋（门牌号为45号至48号），中栋房屋已于2004年5月办理了产权登记，涉案房屋均登记在建材总公司名下。建材公司分得的房产分别用作职工房改、拆迁户回迁、房管局代管公房的补偿，还有1000平方米卖给广东省汽车工业贸易总公司。全部房产在1994年已基本安排交接完毕，涉案的房屋是剩余的回迁房，被告人杨某宗不移交给总公司处理而私下瓜分。2000年，被告人杨某宗想为私分的房屋办理产权，为了规避单位监管没有按正常途径交由本单位属下房地产公司（具备办证资格）办证，而是私刻公章并伪造相关资料委托长城公司代办。被告人杨某宗要求长城公司提供空白的商品房销售合同，然后三被告人使用他人的名字签订合同，并由长城公司帮助开出销售发票，再以购买商

[①] 参见孙薇薇、蔡顺国：《上海首例未办理不动产产权变更登记构成贪污罪之新型案》，载《检察风云》2007年第24期，第20~21页。

品房的名义申办房产证。整个过程均由杨某宗和徐某秀操办，后因案发而未办成。长城公司出示证明，证实涉案房屋均属于建材总公司，该公司无权销售、亦从未销售过这些房屋，只是受杨某宗委托代办房产证，开出的发票是无实际收款的。因此，被告人杨某宗、徐某秀及其辩护人辩称，长乐后街46号101房、47号804房、47号801房属于长城公司的房产，系长城公司销售给业主，与事实不符。

2. 三被告人并未参与集资建房

经查，1986年建材总公司成立筹建处，下发了（86）建材字第021号文件，对筹建处的职责作了原则性的规定，其中规定宿舍建设资金在下属单位筹集，不足部分经总公司同意后可向系统外单位或私人筹集。环市西路长乐后街宿舍建设项目原来是建材总公司准备在系统内筹集资金建设的，1988年12月被告人杨某宗代表住建办与集团下属广州市新型建筑材料厂签订一份《集资统建住宅协议书》，约定新型建材厂集资22.5万元购买环市西路中栋5套住宅单元，建筑总面积250平方米。但其后，1990年建材总公司与长城公司进行合作，由长城公司提供全部拆迁资金及建设资金，所以该项目工程的资金问题已完全得到解决，再无须向其他单位或个人集资。建材总公司出具证明，证明公司从未同意或授权住建办就该项目向其他单位或个人集资建房。1990年3月新型建材厂向住建办预缴建房集资款2万元，之后因经营困难，建材厂再没有支付余下款项，建材总公司也没有向建材厂交付住宅，集资协议并无实际履行。建材厂提供的证明，证实涉案中的五套房子不是该厂的房产，该厂没有向住建办缴集资款，该厂职工也没有向住建办集资买房。被告人及其辩护人提出参与集资的依据是七张"收到新材厂职工集资建房款"的《收据》及杨某宗提供的住建办账册中记载收到五户商品房款，但大量证据证实这些收据及账册都杨某宗、徐某秀二人伪造的。因此，三被告人参与集资的事实并不存在。

3. 被告人并未缴纳"集资款"

经查，住建办1986年成立，配备专职的财务人员（陈某湄），有自己的大账；1997年住建办解散后，账册交回总公司保管，银行户口已被注销。三被告人私分房屋时未向建材总公司或住建办交付任何款项，住建办的大账均无反映三被告人交过"集资款"或"购房款"。2000年，被告人杨某宗委托长城公司为私分的房屋办房产证，由于这些房屋都是没有付款的，为了证明房屋是已经付款的，以便办证，被告人杨某宗在两张白纸上起草七份"收到新材厂职工集资建房款"的收据，再让徐某秀按其起草的内容填写七张收据，收款时间倒签到1990年或1994年，经手人为徐某秀，无会计和出纳签名。经住建办会计陈某湄辨认这些收据，确认这些收据不是她本人开出的；并证明经手人徐某秀不是公司财务人员，根本无权开出财务收据，住建办与增城二建之间的工程款往来，都记在住建办大账上，不存在杨某宗与增城二建另行结算的事情。被告人杨某宗还要求长城公司代开出三份商品房销售发票，长城公司实际上并无收过发票上的款项。2002年10月，杨某宗得知总公司及司法机关在对其私分公司房屋的事进行调查，为了掩盖事实，杨某宗要求徐某秀和梁某潮尽快补交部分房款，徐某秀和梁某潮先后将存款5.4万元和7.2万元的存折交与杨某宗，杨某宗将存款全部提走，但未上缴集团公司。同时，为了应付查账，杨某宗伪造一本账册，在账册记载已收到五户商品房款21.77万元，这些售房收入记账均无附原始单据。根据上列的书证、证人证言，结合被告人徐某秀和梁某潮的供述，足以证实1994年三被告人私分建材总公司的房产时没有交纳任何款项，不存在购买"集资房"的事实。

4. 被告人杨某宗已经非法占有三套公司房屋

作为一种以非法占有为目的的侵财犯罪，贪污与盗窃、诈骗等犯罪一样，应当采用是否实际控制财物的标准。行为人控制财物后，是否将财物据为己有，不影响贪污罪既遂的认定。被告人杨某宗一直否认侵占单位房产，而被告人徐某秀和梁某潮在侦查阶段的供述中，均指证被告人杨某宗分得三套房屋，其中48号201房以其侄女杨某霞、47号704房以其妻妹的女儿冯某平、46号201房以"蒋某娟"的名字签合同及办房产证。而冯某平证实其没有购买过47号704房，合同上的签名和私章都是假的。蒋某娟的情况不详，侦查机关在本市内找过几名叫"蒋某娟"的了解，证实与本案无关。被告人杨某宗声称与杨某霞只是老乡关系，没有亲属关系，而检察机关查询杨某霞的户口资料，发现杨某霞与杨某宗是同一住址（建设三马路12号502房），登记家庭关系为侄女，徐某秀和梁某潮也证实杨某霞是杨某宗的侄女。杨某霞现已出国，杨某宗的辩护人提交一份杨某霞从美国寄回的公证书，要将48号201房产权移交给其母亲，但未提交任何证实其出资购房的凭证。建材集团于2003年11月13日在广州日报上发布公告，通知蒋某娟、杨某霞二人限期到该公司办理办证手续，但公告后，两人均未出现。被告人杨某宗也签认过47号704房、48号201房是其处理的，但辩称是出钱买的，而现有证据证实杨某宗并未交过钱。被告人杨某宗还辩称46号101房是长城公司的房产，长城公司出售给蒋某娟与其无关，而大量证据证实该房的实际产权属于建材总公司，长城公司从未销售过该房。被告人徐某秀曾供称，曾听杨某宗讲过他分得3套房，亦见过杨某宗在这3套房中进出。被告人梁某潮也供称过，2002年11月左右，杨某宗曾带梁某潮到46号101房，让梁某潮帮忙换装铁门及重新间隔房间，杨某宗亲口对梁某潮讲该房是他的，47号704房、48号201房两套也是他拿的。被告人杨某宗以杨某霞的名义为48号201房报装了住宅电话,说明被告人杨某宗已实际使用了该房。上述证据,足以证实被告人杨某宗已非法占有48号201房、47号704房和46号201房三套房屋。

5. 被告人杨某宗、徐某秀的贪污行为已经既遂

根据已查明的事实,被告人杨某宗利用其负责长乐后街项目回迁安置的职务便利,私分公司房产,其后为了避免单位发觉,一直拒绝向单位移交项目资料;到2000年,为了办房产证,在未收到任何款项的情况下,指使被告人徐某秀开出虚假的收款收据,然后又私刻公章、伪造资料,以购买商品房的名义,委托长城公司代办产权证,企图在法律上永久占有这些公司房产,其主观上明显具有非法占有国有财产的故意;自1994年至2002年案发时,这些公司房产已被各被告人非法占有长达8年之久。被告人徐某秀作为住建办的管理人员,明知被告人杨某宗无权分房,仍积极参与私分,未付任何款项,后又受被告人杨某宗的指使,开出假收据,并受杨某宗的安排,具体负责与长城公司和市房管局联系及办理确权手续事宜。因此,被告人杨某宗、徐某秀的共同行为已经构成贪污罪,依法应当追究其刑事责任。辩护人提出,不动产以登记确认权属,涉案七套房产未办理过户,所有权仍属于建材公司,表明被告人侵占房产的危害结果尚未发生。据此,本案的危害结果已经发生,亦即被告人的贪污行为已构成既遂,应当视行为人是否实际取得财物而定。是否在法律上取得对物的所有权,不能对事实上占有财物的认定构成障碍。被告人因案发未能实现对公房的私有产权登记,但因其截留公房私分的行为是在公房所有权人即建材总公司不知情的情况下实施的,建材总公司在未案发前是不可能对该房屋主张权利的,被告人拿到房屋锁匙后,对房屋进行装修、居住、出租等,已实现了对房屋事实上的占有。从1994年至2002年长达数年时间,这些房屋已经实际脱离了建材总公司的控制,处被告人控制之下,变成可由被告人随意处置的财产。因此,被告人是否实现私有产权登记,不影响对其已经将该公房据为己有这一客观事实的认定,应认定为贪污既遂。

6. 被告人梁某潮不构成贪污共犯

公诉人指控被告人梁某潮的行为构成贪污共犯的证据不足,理由为:(1)无足够证据证实被告人梁某潮具有贪污公司房产的共同故意。涉案的房屋本应移交给总公司处理,但被告人杨某宗私自截留下来,故意向总公司隐瞒情况,且项目资料均掌握在被告人杨某宗手中,房屋的锁匙也在被告人杨某宗掌握之中,被告人杨某宗已实际掌控着这些房产,杨某宗要处置这些财产并不需要梁某潮的帮助。私分公司房产完全是杨某宗个人决定的,现有证据未能证实被告人杨某宗曾就私分决定与被告人梁某潮进行过合谋,被告人梁某潮亦未主动提出参与私分,

而是被告人杨某宗主动提出分房给梁某潮，以此作为对被告人梁某潮无偿帮助的一种补偿。被告人梁某潮同意接受被告人杨某宗分给他的房子，不能推断出被告人梁某潮必定具有与他人共同贪污的故意。被告人梁某潮虽然认识到被告人杨某宗分房给他是被告人杨某宗对建材总公司财产的非法处置，但其明知并接受是他人非法处置的财产并不构成共同犯罪故意。(2)无证据显示被告人梁某潮实施了共同贪污的行为。被告人梁某潮不是建材总公司的工作人员，对建材总公司的国有财产没有法定的保护义务，不可能以"不作为的方式"参与共同贪污，只能以"积极作为"的方式参与。共同犯罪行为通常表现为实行、组织、教唆、帮助四种方式。本案中，被告人杨某宗掌控着涉案房屋，是否私分、如何私分、到最后实施私分均由被告人杨某宗操纵及实行，被告人梁某潮不具有在建材总公司从事公务的职务便利，决定他不可能成为贪污罪的共同实行犯；以购买集资房的名义私分公司房产，再以购买商品房的名义进行私有产权登记，均系被告人杨某宗一手策划、组织实施的，被告人梁某潮并无参与组织策划；被告人杨某宗主动提出要分房给梁某潮，梁某潮只是被动接受，也不存在教唆被告人杨某宗实行贪污犯罪的行为；在共同贪污犯罪中的帮助行为是为共同贪污犯罪的实行而创造条件、起辅助作用的行为，被告人杨某宗私分房屋之后，指使被告人徐某秀伪造资料进行私有产权登记，被告人梁某潮均不知情，亦未提供任何协助。综上，现有证据不足以证实被告人梁某潮具有贪污的共同故意及实施贪污的共同行为，因而公诉人指控其构成贪污罪共犯的证据不足。

（撰稿人：孙道萃）

案例4：袁某善贪污案

——贪污罪中的犯罪对象可否为债权债务

一、基本情况

案　　由：贪污

被告人：袁某善，男，生于1962年12月23日，汉族，中专文化，青海省平安县人，原任平安县农林局副局长兼平安苗圃主任，中共党员，住平安县水务局家属院某号楼某单元某楼。2003年3月14日因涉嫌贪污罪被平安县公安局刑事拘留，同年3月28日被逮捕，2003年11月21日被平安县人民检察院取保候审。

二、诉辩主张

（一）人民检察院指控事实

青海省平安县人民检察院指控被告人袁某善犯贪污罪。

（二）被告人辩解及辩护人辩护意见

被告人袁某善对指控的犯罪事实没有异议。

三、人民法院认定事实和证据

（一）认定犯罪事实

青海省平安县人民法院经公开审理查明：

红皮滩苗圃系乐都县达拉乡长沟村村民袁某虎于2002年4月在平安镇上滩村承包土地并经林业部门批准后开办的，无证据证明被告人袁某善与该苗圃有利益关系。2000年4月红皮滩苗圃开办后，经原平安县林业局局长同意由袁某善指派平安县林业局平安苗圃会计祁某辈等人将平安苗圃价值7.586万元的种苗拉给袁某虎经营的平安红皮滩苗圃，2000年12月该笔种苗款由平安县种苗经营管理站站长马某彪出具出入库手续经平安县林业局局长批准后在平安县林业局生态工程国债专项资金中分推报销。2002年4月平安县林业局种苗经营管理站从红皮滩苗圃购买价值5.64万元的苗木，苗木款至今未结算。2001年4月和2002年4月，袁某善指派种苗站站长马某彪、峡群林场场长党某禄分两次将平安峡群林场价值12万元的云杉苗10万株拉到红皮滩苗圃，双方约定等资金到位后即付款，苗木款未结算。

（二）认定犯罪证据

上述事实有下列证据证明：证人袁某虎、袁某朝、祁某梅、张某红、祁某辈、马某彪、祁某霞、杨某清、党某禄、童某玉、张某栋、星某江、吴某业、刘某云、何某清、赵某财的证言，苗木购销合同，出入库单，税务发票，情况说明，中国人寿保险公司投保单及付款收据、收条，以及被告人袁某善的供述等。

四、判案理由

（一）一审法院判案理由

平安县人民法院认为：红皮滩苗圃是袁某虎开办的民营企业，无证据证实袁某善在该苗圃投资或入股，也没有证据证实袁某善与红皮滩苗圃有利益关系。红皮滩苗圃从平安苗圃拉了价值7.586万元树苗属实，袁某善虽然也帮助办理了此项事宜，但该事宜是经原林业局局长允许并批准的，且平安县林业局种苗经营管理站也欠红皮滩苗圃苗木款至今未结算的事实，据此，红皮滩苗圃与平安苗圃、种苗站之间存在着债权债务关系，被告人袁某善并未利用职务之便，其主观上没有贪污的故意，客观上也没有贪污的行为，公诉人指控其贪污公款7.586万元的事实不能成立。被告人袁某善帮助红皮滩苗圃从峡群林场拉树苗时就言明等红皮滩苗圃资金到位时即付苗木款，峡群林场场长党某禄也予以允诺，据此，该苗木款也属红皮滩苗圃与峡群林场之间的债权债务关系，公诉人指控袁某善贪污公款12万元的事实不能成立。

（二）二审法院判案理由

一审判决后，平安县人民检察院抗诉提出，一审判决对被告人袁某善贪污、受贿一案认定事实有误，适用法律不当，宣告无罪的判决确有错误。

青海省人民检察院海东地区分院二审出庭意见认为：一审判决认定事实有错误，对证据的认证采信不够全面客观，适用法律不当，判决错误。

原审被告人袁某善及其二审辩护人刘某全在二审庭审中辩称：原判主要以指控的事实不清、证据不足为由宣告被告人袁某善无罪，属适用法律正确，平安县人民检察院的抗诉理由不能成立，请求二审法院维持原判。

青海省海东地区中级人民法院经公开审理查明：

1. 平安县红皮滩苗圃系袁某虎开办的民营企业，与被告人袁某善无利益关系。2000年4月，经平安县林业局局长允许并批准，袁某善将平安苗圃价值7.586万元的树苗拉到红皮滩苗圃，后经局长批准后在平安县林业局生态工程国债专项资金中分摊报销。2002年4月平安县林业局种苗经营管理站从红皮滩苗圃购买价值5.64万元的苗木，苗木款至今未结算。

2. 2001年4月、2002年4月，袁某善指派他人将平安峡群林场价值12万元的云杉苗10万株拉到红皮滩苗圃，双方约定等资金到位后即付款。

3. 2002年春节前夕，袁某善经请示平安县林业局教导员吴某业同意后，用借自星某江的1000元钱给有关领导拜年，后在平安苗圃账上报销后返还给星某江1.133万元。

4. 2001年12月13日，袁某善从平安宏晟公司财务人员手中以有急用为由借走现金10万元，未办财务手续。2002年2月8日，袁某善用该款以其妻名义购买五年期"国寿鸿泰两全保险"，2003年1月21日袁某善又将此款交到平安县纪律检查委员会。

青海省海东地区中级人民法院认为：原判认定上述事实清楚，证据充分，法院予以确认。原审被告人袁某善犯贪污罪、受贿罪的事实不清，证据不足。原判认定事实清楚，适用法律正确。平安县人民检察院提出的抗诉理由及青海省人民检察院海东地区分院的二审出庭意见均不能成立，不予采纳。

五、定案结论

（一）一审法院定案结论

青海省平安县人民法院根据《中华人民共和国刑事诉讼法》第162条第2、3项及最高人民法院《关于执行〈中华人民共和国刑事诉讼法〉若干问题的解释》第176条第3、4项之规定，宣告被告人袁某善无罪。

（二）二审法院定案结论

青海省海东地区中级人民法院依照《中华人民共和国刑事诉讼法》第189条第1项之规定，裁定如下：驳回抗诉，维持原判。本裁定为终审裁定。

六、法理解说

本案原为贪污、受贿案件。笔者仅选取了贪污罪部分，本案的焦点之一，即债权债务关系到底可否成为贪污罪的犯罪对象，是司法实践中经常出现的疑难问题之一。为此，笔者欲以此案为范例进行解析。

（一）债权可否成为贪污罪对象的论争及司法认定

在我国刑法学界，传统的观点一般认为贪污罪的犯罪对象仅仅局限于公共财产。但1997年刑法颁行后，关于本罪的对象，多数论者的认识已发生了变化。1997年刑法正式确立了混合型财产可以独立成为贪污罪的对象，总体来看，贪污罪对象的范围应当包括：公共财产、混合型财产、应当交公的礼物三种对象。[①] 此外，理论界和实务界还围绕无形财产、违禁物、外单位的财产等新型财产类型展开了广泛的讨论。[②]

在实践中，时常发生行为人利用职务便利隐瞒债权，事后将债权实现，并且将其占为己有的行为。对此，债权是否构成贪污罪的犯罪对象呢？理论界有两种观点：（1）否定说。债权在民法的角度属于请求权，而所有权是绝对权。债权本身是一种相对权、对人权，债权人只有实现债权之后才对作为标的物的财产拥有所有权，而由于债权的实现具有不确定性，故不能等同于所有权。财物无法解释为债权。根据《国有资产产权界定和产权纠纷处理暂行办法》（国资法规发〔1993〕68号）第2条的规定，国有资产，系指国家依法取得和认定的，或者国家以各种形式对企业投资和投资收益、国家向行政事业单位拨款等形成的资产。产权，系指国家依法划分财产所有权和经营权、使用权等财产权归属，明确各类产权主体行使权利的财产范围及管理权限的一种法律行为。其中，债权也不在其列。（2）肯定说。债权虽然是一种请求权，但债权人要求债务人履行债务，将债权予以实现，在债权实现后，隐瞒债权的行为人实际上就取得了债权。[③]

笔者认为，尽管债权不同于一般的贪污罪犯罪对象具有的确定性、现实性等特点，并且债权作为一项请求权，具有相对性、依附性，能否实现亦不确定。[④] 但是，债权可以成为贪污罪的犯罪对象，理由如下：（1）虽然形式上企业债权是一种权利，但是它对应的是企业的应收款的所有权，隐匿债权的最终目的是取得对应财产的所有权。而该项债权对应的所有权本身为企业所有，具有公共财产的性质。（2）债权实现的不确定性，不影响贪污行为的定性，因

[①] 参见唐世月：《贪污罪犯罪对象研究》，载《中国法学》2000年第1期，第111页。
[②] 参见董邦俊：《贪污罪理论研究六十年》，载《山东警察学院学报》2009年第5期，第8~9页。
[③] 参见肖中华：《贪污贿赂罪疑难解析》，上海人民出版社2006年版，第81页。
[④] 参见曹冲、黄婧：《试论贪污罪之犯罪对象》，载《黑龙江省政法管理干部学院学报》2011年第4期，第49页。

为债权本身具有请求力、保持力和强制执行力的特点。如果行为人利用职务便利在资产评估过程中隐匿企业债权，但是在履行债权过程中，出现债权无法履行，或者尚未履行即案发的情况，行为人的行为应当构成贪污罪的未遂。(3) 即使是自然之债，超过了诉讼时效，没有了诉讼意义上的胜诉权，债务仍可以通过债务人的自愿履行而得以实现，因为自然之债仍然存在履行性，故即使是自然之债也可以成为贪污罪的犯罪对象。(4) 从单位财产的组成来看，债权、债务都是单位财产的组成部分。企业转制过程中的资产评估是对企业资金、实物、知识产权、债权、债务等进行整体评估作价，而不是仅仅把单位的资金、实物作为单位的财产进行评估，债权是单位财产权的一个重要组成部分。故债权可以作为贪污罪的犯罪对象。

在理论界，也有学者指出，从债权的属性和实现方式上看，债权作为具有财产性利益的权利，是财产取得的一种法定方式，债权实现与否需要相对人履行义务。贪污罪作为一种财产性犯罪，犯罪嫌疑人把犯罪目标指向债权，其主观上所谋求的不是债权本身，而是债权产生的财产性利益。从企业财产的构成上看，企业财产包括债权、债务、实物、知识产权等，而不是仅指资金和实物，债权本身就是企业资产的组成部分。犯罪嫌疑人利用职务便利，占有了债权，实际目的是占有债权所产生的财产性利益。[1] 虽从法律关系上讲是一种民法上的债权，但同时这种包含财物内容的权利又可以通过债务履行转化为债权人的实际利益，而且数额确定，也包含了财物的内容。[2] 与此同时，笔者认为，当债权是贪污罪的犯罪对象时，对债权的"控制"的理解也有不同，应以债权人是否履行债务为准。只有当债务被履行后，债权背后的财产性利益才得以显现，此时即为既遂。

有论者认为，在现有的立法、司法背景下，应以具体犯罪形态为基础，准确认定贪污犯罪数额：当贪污罪处于犯罪既遂形态时，应以行为人实际占有的财物数额作为贪污数额并以此为基础进行相应的定罪量刑；当贪污罪处于未遂等未完成形态时，因公共财物的实际损失数额和行为人实际所得数额都不存在，只存在犯罪所及数额，犯罪所及数额也最能反映出贪污行为的社会危害性和行为人主观上想要非法占有的财物数额。贪污债权时的犯罪数额的计算标准应为：当行为人不仅占有了债权凭证，而且已经实现了全部债权，获得了债权给付，即贪污处于既遂形态时，应以行为人通过实现债权实际获得的财物数额

---

[1] 参见《"贪污债权"将了法律一军》，载《检察日报》2006年10月18日第3版。
[2] 参见万海富等：《认定新型贪贿行为难在何处》，载《检察日报》2005年3月9日第8版。

作为犯罪数额；当行为人虽然占有了债权凭证，但尚未实现债权、获得债权给付，即贪污处于未遂形态时，应以被行为人隐匿的债权的标的额作为犯罪数额；当行为人占有了债权凭证后，部分获得了给付、部分尚未获得给付，即贪污处于部分既遂、部分未遂时，应按贪污既遂定罪，未遂部分在量刑中予以考虑。[①] 笔者认为，该观点值得关注。当贪污罪的对象是债权债务时，有关数额及其犯罪形态的认定有所不同，需要结合案情具体分析。

（二）本案解析

结合前面的介绍，本案中，笔者认为需要注意以下几个方面：

1. 种苗站与苗圃之间存在合法的债权债务关系

首先，原审被告人袁某善指派他人将平安苗圃价值7.586万元的种苗拉到其亲属袁某虎的私营苗圃，事后又将此笔种苗款在生态工程专项资金中报销。经查，尽管原审被告人袁某善与平安红皮滩苗圃经营者袁某虎系叔侄关系，但无证据证实原审被告人袁某善与该苗圃及袁某虎有利益关系。因此，不存在隐瞒债务的前提。

其次，原审被告人袁某善应袁某虎之求并征得平安县林业局局长之同意，在未付款项的情况下，将价值7.586万元的种苗拉至该苗圃，事后又经该林业局局长批准将该7.586万元的种苗款在生态工程国债专项资金中分摊报销是事实，但无证据证实原被告人袁某善从中获取利益，且有证据证实该林业局下属种苗站尚欠该苗圃5万余元的苗木款，双方存在债权债务关系。因此，尽管存在转移公共财物的行为，但这却是正常的公务行为，目的是清偿债务，认定原审被告人袁某善将上述7.586万元种苗款贪污的证据不足。

最后，原审被告人袁某善还指派他人将平安峡群林场价值12万元的云杉苗10万株拉到平安红皮滩苗圃，苗木款未付。关于其行为是否构成贪污罪的问题，经查，原审被告人袁某善虽然再次指示他人将平安峡群林场价值12万元的云杉苗10万株拉到平安红皮滩苗圃是事实，但当时双方约定"等资金到位后即付款"，且事后又签订了还款协议。因此，如上所述，认定原审被告人袁某善将12万元的云杉苗10万株予以贪污的证据仍属不足。

2. 原审被告人袁某善主观上不具有非法占有的主观目的

虽然债权债务关系可以成为贪污罪的犯罪对象，这仅限于犯罪客体方面。在我国，罪与非罪的唯一法律标准是行为是否符合犯罪构成。因此，原审被告人袁某善是否构成贪污罪，还要考虑是否满足其他的犯罪构成要件。在本案

---

① 参见龚培华、王立华：《贪污罪对象认定中的争议问题研究》，载《法学》2004年第12期，第85页。

中，原审被告人袁某善主观上不具有非法占有目的，根据查证的事实和证据来看，这是显而易见的。其与该苗圃之间不存在利益关系，两次转移种苗的行为或者经过上级领导的首肯，或者签订相关的民事合同，是合法的正当业务行为。虽然苗木款至今未结算，但由于平安苗圃与红皮滩苗圃之间存在债务关系，因而实质上并没有造成国有财产的损失，不具有社会危害性。

综上所述，本案原审被告人袁某善不成立贪污罪。一审和二审法院的判决是正确、合法的。

（撰稿人：孙道萃）

案例5：李某生等贪污案
——贪污罪窃取手段的认定

一、基本情况

案　由：贪污

被告人：李某生，系太原市供电分公司送变电工程公司工人。2001年6月22日被拘留，同年6月28日被逮捕。羁押于太原市公安局看守所。

被告人：张某东，系太原市供电分公司检修公司油务班副班长。2001年7月5日被拘留，同日被逮捕。羁押于太原市公安局看守所。

被告人：严某，2001年8月22日被拘留，同年8月30日被逮捕。羁押于太原市公安局看守所。

二、诉辩主张

（一）人民检察院指控事实

山西省太原市人民检察院指控被告人张某东、李某生、严某犯贪污罪。

（二）被告人辩解及辩护人辩护意见

被告人在一审中并未提出相关的辩解，对所指控的事实并无异议。

三、人民法院认定事实和证据

（一）认定犯罪事实

山西省太原市中级人民法院经公开审理查明：

2000年10月的一天晚上，被告人张某东、李某生经预谋窜至太原供电分公司检修公司小北门院内，盗走变压器油2吨，价值7864元，销赃给长城石化经销部的张某英，得赃款4600元，分赃挥霍。2000年12月的一天，被告人张某东、李某生租用个体运输户郑某忠的油罐车窜到古交变电站，拉走该站变压器油 7 吨，价值 2.7524 万元，销赃后赃款分赃挥霍。2000 年 12 月的一天晚上，被告人张某东、李某生租用郑某忠的油罐车窜到亲贤变电站，盗走该站变压器油 8 吨，价值 3.1456 万元。销赃给杨某生，得赃款 2.12 万元分赃挥霍。2000 年 12 月的一天晚上，被告人张某东租用郑某忠的油罐车窜到古交变电站，盗走该站变压器油 10 吨，价值 3.932 万元，销赃给特种油品厂王某喜，得赃款 2.65 万元挥霍。2000 年 12 月底的一天，被告人张某东、李某生租用郑某忠的油罐车窜到太原供电分公司检修公司小北门院内，两次盗走该站变压器油共 12 吨，价值 4.7184 万元。销赃给杨某生，得赃款 3.18 万元分赃挥霍。2001 年 1 月的一天晚上，被告人张某东、李某生、严某租用郑某忠的油罐车窜到亲贤变电站，盗走该站变压器油 11 吨，价值 4.3252 万元。销赃给杨某生，得赃款 2.915 万元，被告人张某东将赃款分给严某 3000 元，其余由被告人张某东、李某生分赃挥霍。2001 年 1 月的一天晚上，被告人张某东、严某租用郑某忠的油罐车窜到古交变电站，盗走该站变压器油 4 吨，价值 1.5728 万元。销赃给杨某生，得赃款 1.06 万元，赃款除交给被告人严某 1000 元外，其余由被告人张某东所得。2001 年 2 月的一天，被告人张某东、李某生租用郑某忠的油罐车窜到东站变电站，拉走该站变压器油 10 吨，价值 3.932 万元。销赃给杨某生，得赃款 2.65 万元分赃挥霍。案发后追回赃款 15.23 万元，其中被告人张某东的亲属退赔赃款 6 万元，被告人严某的亲属退赔赃款 4000 元。

（二）认定犯罪证据

上述事实有下列证据证明：

1. 太原市供电局公安处报案材料称，该局检修公司存放在亲贤变电站和东社变电站的 30 吨变压器油被人拉走，不知去向，要求查处。

2. 太原电力检修公司证实，张某东自 1998 年在该公司担任油务班副班长，主要负责油务班外勤工作，即现场提取试验油样，设备发生事故后，组织现场滤油。

3. 太原电力检修公司油务班班长范某喜证实，该班主要工作范围包括：对供应科新进的变压器油进行保管、过滤，收到供应科的发油票后，进行发油。

4. 证人变压器油的买主杨某生、张某英证实，通过郑某忠联系，买过郑某忠的油罐车拉来的废变压器油 6 次，大约 47 吨，每吨付给郑某忠 100 元，支付给张某东和李某生 2650 元，共付给郑某忠约 4700 元，共付给张某东、李某生 12.455 万元。

5. 证人开油罐车的司机郑某忠证实，2000 年至 2001 年，分别从古交、亲贤、东社、小北门给张某东用油罐车拉油 8 次，共 62 吨，运到胜利街 7 吨、特油厂 10 吨，其他都拉给了杨某生。

6. 证人特种油品厂厂长王某喜证实，2000 年 11 月，张某东和我联系说有一车废油要卖给我，一天晚上张某东和郑某忠送来一车 10 吨油，我付给张某东 2.65 万元。

7. 证人长城石化经销部的张某英证实，2000 年冬天，李某生与我联系，向我推销变压器油，我进了他 12 桶，每公斤 2.3 元，付现金 4600 元，是李某生和张某东两人收的。

8. 山西省石油公司太原分公司特种油品公司提供的增值税发票所示：2000 年 6 月 13 日变压器油的价格为每吨 3931.62 元。

9. 太原市供电局检修公司证明，该公司使用的变压器油由局供应公司购回，本公司经过加工过滤符合指标才能使用，凡往变压器里加入的变压器油都要通过加工过滤，符合指标，变压器需要大修时，把原有的变压器油放出，存放在油罐里，待修好变压器后，通过加工过滤，符合指标后再加入变压器内继续使用。根据上述证明，由于新油或使用过的油注入变压器前都必须经过加工过滤，符合指标后，才能使用。据此，按山西省石油公司增值税发票所示价格较适当。

四、判案理由

（一）一审法院判案理由

山西省太原市中级人民法院认为，被告人张某东系受国有公司、企业委托从事管理国有财产的人员，利用职务上的便利与被告人李某生、严某相勾结，采取窃取手段共同侵吞国有财物，其行为构成贪污罪。

（二）二审法院判案理由

一审判决作出后，李某生以一审判决对其量刑过重提出上诉。

山西省高级人民法院经公开审理查明，原判认定原审被告人张某东利用职务之便，伙同上诉人李某生、严某在 2000 年 10 月至 2001 年 2 月，先后 8 次分别窜至相关变电站将太原供电分公司变压器油盗走共计 64 吨。其中原审被告人张某东参与作案 8 起，价值 25 万余元；上诉人李某生参与作案 6 起，价值 19 万余元；原审被告人严某参与作案 2 起，价值 5 万余元。案发后原审被告人张某东的亲属代为退赔赃款 6 万元，严某的亲属代为退赔赃款 4000 元的事实清楚。证实该事实的证据有失盗单位的报案材料，证人郑某忠、杨某生、张某英、王某喜的证言，太原石油公司特种油品分公司的增值税发票等为证，原审各被告人亦供述在案。以上证据与原判所列一致，并经原审庭审质证，证据确实、充分，足以认定本案事实。

山西省高级人民法院认为：原审被告人张某东系受国有公司、企业委托从事管理国有财产的人员，利用职务上的便利与上诉人李某生、原审被告人严某相勾结，采取窃取手段共同侵吞国有财物，其行为构成贪污罪。在共同犯罪中，原审被告人张某东系主犯，上诉人李某生在实施犯罪过程中起主要作用，原审被告人严某起次要作用，系从犯。根据各原审被告人在本案中所起的不同作用，应依法惩处。原判认定事实清楚，证据确实、充分定罪准确，量刑符合法律规定，审判程序亦合法。上诉人李某生上诉所提原判对其处刑过重的理由，缺乏法律根据，法院不予采纳。

五、定案结论

（一）一审法院定案结论

山西省太原市中级人民法院依照《中华人民共和国刑法》第 382 条、第 383 条第 1 款第 1 项和第 2 项、第 25 条、第 27 条、第 72 条第 1 款，作出如下判决：

1. 被告人张某东犯贪污罪，判处有期徒刑 7 年，并处罚金 2 万元。
2. 被告人李某生犯贪污罪，判处有期徒刑 10 年，并处罚金 2 万元。
3. 被告人严某犯贪污罪，判处有期徒刑 3 年，缓刑 3 年，并处罚金 5000 元。

（二）二审法院定案结论

山西省高级人民法院依据《中华人民共和国刑事诉讼法》第 189 条第 1 项之规定，裁定如下：驳回上诉，维持原判。本裁定为终审裁定。

六、法理解说

本案的案情相对比较简单，这里主要讨论贪污罪中窃取方式的认定。

一般而言，贪污罪中的窃取和盗窃罪中的秘密窃取行为是一样的，并无差异。但是，所实施的主体不同，进而是否利用职务之便也是区别点之一。在本案中，原审被告人张某东系受国有公司、企业委托从事管理国有财产的人员，利用职务上的便利与上诉人李某生、原审被告人严某相勾结，采取窃取手段共同侵吞国有财物，其行为构成贪污罪。这一点是没有争议的。但是，在实践中，如何有效区分贪污罪和盗窃罪的界限，有时候比较困难。而其关键是对"窃取"的理解，同时还有一个前提，即国家工作人员利用职务之便。由于国家工作人员与利用职务之便存在密切的关系，除非国家工作人员纯粹利用自己熟悉单位的工作环境,否则,一般只要是国家工作人员实施了窃取行为,而且不是纯粹的偷窃行为,则肯定是在利用职务之便的基础上实施的。因此,本案的关键是对"秘密窃取"的理解。

立法上至今尚未对"秘密窃取"进行解释,但在理论界却有诸多不同观点,概括起来大致有以下几种:第一种观点,秘密窃取指行为人乘财物所有人、持有人或经手人不觉察,窃取公私财物。第二种观点,秘密窃取指行为人采用不易被财物所有人、保管人或其他人发现的方法,将公私财物非法占有的行为。第三种观点,秘密窃取指犯罪分子采取自认为不使财物所有者、保管者或经手者发觉的方法,暗中窃取财物。第四种观点,秘密窃取指用一种自认为使他人不发觉的方法,将他人财物暗中占有。

笔者认为,在对"秘密窃取"定义之时,应当吸取以下合理成分:(1)在秘密窃取的概念中,"秘密"是行为人自认为的"秘密",实际是否秘密(被人发觉)不影响秘密窃取的成立。(2)在是否被发觉的认识要求上,应当采用"自认为不被发觉"的标准,而不可采用"不易被发觉"的标准。因为"自认为不被发觉"可以充分体现行为人的主观认识,可以涵盖实践当中发生的各种情况,比较周延。而"不易被发觉"的标准,是相对于作案环境、作案手段而言的,只是一种客观性标准,不是行为人主观上标准,"易"与"不易"在实践中也难以把握。(3)在不被发觉的相对人的范围上,限定在"财物所有人、保管人、经手人或其他人"的范围较妥,既突出了财物所有人、保管人或经手人,也包括了除此之外的其他人。可以避免因为此范围不明确,导致现实当中有人将财物所有人、保管人、持有人以外的其他人发觉了行为人在行窃的情况,错误认为是一种公开手段,从而否定秘密窃取。秘密窃取是行为人采取自认为不使财物所有人、保管人、经手人或其他人发觉的方法,暗中窃取财物的行为。在实践中,应当注意以下情况不属于秘密窃取:(1)不能以事后能发觉行为人是谁来否定行为人当时的秘密窃取性质。(2)不能以物主或其他人发觉了行窃行为但不敢反抗来否定行为人的秘密窃取性质。(3)如果行为人行窃之时,物主发觉了,行为人也发现物主察觉到其在行窃,如果物主慑于行为人威胁性行为(如持刀、语言等)而不敢反抗,行为人明目张胆地占有财物的即可认定为抢劫,而不可认定为盗窃。

在本案中,原审被告人张某东是受国有公司、企业委托从事管理国有财产的人员,利用职务上的便利与上诉人李某生、原审被告人严某相勾结,采取窃取手段共同侵吞国有财物,完全符合贪污罪的客观构成要件之"窃取"。

(撰稿人:孙道萃)

案例6：李某宾贪污、徇私枉法、巨额财产来源不明案

——国家司法机关中工作人员的认定及其本罪与相关罪名的界分

一、基本情况

案　　由： 徇私枉法、贪污、巨额财产来源不明（节选）

被告人： 李某宾，原系文山县公安局局长，因涉嫌犯徇私枉法、接送不合格兵员、私藏枪支、贪污、巨额财产来源不明罪，于1999年9月17日被逮捕。

二、诉辩主张

（一）人民检察院指控事实

云南省文山壮族苗族自治州人民检察院指控被告人李某宾犯徇私枉法、接送不合格兵员、私藏枪支、贪污、巨额财产来源不明罪。

（二）被告人辩解及辩护人辩护意见

被告人李某宾在一审中对所指控的事实无异议。

三、人民法院认定事实和证据

（一）认定犯罪事实

文山壮族苗族自治州中级人民法院经公开审理查明：

1997年11月25日10时许，犯罪嫌疑人陈某全在文山县石油公司宿舍楼，用塑料片捅开常某虹家房门，盗走1.46万元现金和价值8000元的2枚金戒指，共计价值2.26万元。陈某全被抓获归案后，陈的父母找到失主道歉，并请失主向县公安局办案人员和领导要求放出陈某全。失主常某虹即找

到被告人李某宾说，陈某全未满18周岁，他妈妈曾是我女儿的老师，我们原谅他了，能否将陈某全放出来？李答，我问一下再说。后刑警队副队长周某英向李报告该案已超办案时限，请示如何处理时，被告人李某宾说：失主家已原谅陈某全了，叫陈的父母担保把人放出去算了。周某英将李某宾的意思转告案件承办人杨某荣，杨便写了解除陈某全刑事拘留的报告拿给李批，李不在，杨便拿给分管刑侦的副局长廖某洪批，说是李某宾让放的。1997年12月30日犯罪嫌疑人陈某全被释放。1998年12月，在冬季征兵中，陈某全报名应征，陈的户口所在地文山县公安局南桥派出所认为陈不符合入伍条件，未办理政审手续。常某虹受陈某全父母之托又找到李某宾说，请在政审问题上帮忙说一下。被告人李某宾便打电话给南桥派出所所长邢某忠说，陈某全的案子已经撤了，你们把派出所的政审意见办了。邢将李的话告诉副所长米某海，米即按李某宾的意思，在陈某全的政审表上签署了"符合征兵政审条件"的意见后报送文山县征兵办公室，致使不够入伍条件的陈某全被应征入伍。案发后，陈某全被部队退回，并已被人民法院依法判处有期徒刑3年。

1999年1月21日，犯罪嫌疑人张某、孙某燕在文山县望华路将王某绑架至文山州卫生防疫站未竣工的新建办公大楼最高层卫生间内，并要王某的父母拿出3万元，否则不放人。1月23日13时许，文山县公安局将两名犯罪嫌疑人抓获归案，解救出被绑架的王某。在准备提请检察机关批准逮捕时，犯罪嫌疑人张某的父亲张某忠、母亲李某琴和犯罪嫌疑人孙某燕的父亲孙某找到孙某燕的表哥吴某海、文山县公安局110特警队队长向某洪说愿交10万元，请找人活动一下，把张某、孙某燕放出来。后向某洪分别找到案件承办人杨某武、刑警大队长田某余说了张、孙父母提出愿意交钱请求放人之事，杨、田说不敢干。吴某海带了5条云烟到李某宾家说，孙某燕是其表妹，张某、孙某燕的父母提出愿交10万元，请求把人放出去。李某宾答，我瞧一下。后向某洪又找到李某宾说，孙某燕是我亲戚，能否通融一下，让家属交点罚款把人放出来。被告人李某宾叫向某洪通知张某、孙某燕的父母，准备20万元。后被告人李某宾又叫案件承办人杨某武通知张、孙的父母搞一份病情证明来。杨某武将李某宾的话转告张某、孙某燕的父母，张、孙的父母即到昆明红十字会医院开了张某、孙某燕患乙型肝炎的假证明，带到文山经向某洪、吴某海转交杨某武，杨又将该证明拿给李某宾看。李某宾看后，说这个证明不成，要文山本地的证明才行。杨又将假证明退给向某洪、吴某海，叫二人转告张某、孙某燕的父母将证明换成文山本地的。后吴某海、向某洪又通过关系到67医院开出张某、孙某燕患有乙型肝炎的假证明，并写了取保候审申请书一并交给杨某武。杨将重新开来的证明给李某宾看后,被告人李某宾召集案件承办人杨某武、刑警大队长田某余、副局长朱某开会,讨论如何处理犯罪嫌疑人张某、孙某燕绑架案。会上,除被告人李某宾外,其余人一致认为案情重大,应报检察院批准对两名犯罪嫌疑人进行逮捕,但李不采纳参会人员的正确意见,执意以假病情证明为依据,收取15万保证金后,对两名犯罪嫌疑人取保候审予以释放。本案案发后,人民法院依法以绑架罪判处张某、孙某燕各有期徒刑10年。

1999年9月3日,检察机关在被告人李某宾住宅内,查获来源不明的"拉奇"手枪一支(枪号616020)。

1999年4月8日,被告人李某宾让负责文山县公安局公安大厦施工监管的李某富通知水泥厂发15吨水泥到李某宾的私房建筑工地。1999年5月26日,水泥厂派人到该局结算公安大厦建筑用水泥款计4.004万元。李某宾明知该付款额包括自己建私房用水泥款5620元,仍签署了"同意支付"的意见。直至本案案发,李某宾未将私房用水泥款补给文山县公安局。

1980年至1999年8月,被告人李某宾及其妻的收入款共计55.4447万元,而李及其妻现有现金及支出共计92.9786万元,收支相抵,被告人李某宾尚有37.5339万元财产不能说明其合法来源。

(二)认定犯罪证据

上述事实有下列证据证明:书证、物证、证人证言和被告人辩解等。

四、判案理由

(一)一审法院判案理由

云南省文山壮族苗族自治州中级人民法院一审认为:被告人李某宾身为司法工作人员,对明知是有罪的人而故意包庇,不使犯罪嫌疑人受到追诉,其行为构成徇私枉法罪;在征兵工作中徇私舞弊,接送不合格兵员,情节严重,其行为构成接送不合格兵员罪;违反枪支管理规定,私藏手枪的行为,构成私藏枪支罪;利用职务上的便利,侵吞单位建房款的行为,构成贪污罪;其巨额财产不能说明来源合法,又构成巨额财产来源不明罪。李某宾一人犯数罪,应数罪并罚。

(二)二审法院判案理由

一审判决作出后,李某宾不服,提出上诉。

文山壮族苗族自治州人民检察院提出抗诉,认为被告人李某宾犯徇私枉法罪,其情节已属严重,原审判决对该罪量刑畸轻。

云南省高级人民法院经审理认为:李某宾身为文山县公安局局长,为徇私情，对明知有罪的人进行包庇，欲使其逃避法律追究，其行为已构成徇私枉法罪，且属情节严重；在征兵工作中，徇私舞弊，接送不合格兵员，情节严重，其行为已构成接送不合格兵员罪；违反枪支管理法规，私藏枪支，其行为已构成私藏枪支罪；其利用职务便利，隐瞒事实真相，将经手管理的公共财物占为己有，其行为已构成贪污罪；其家庭财产及支出明显超出合法收入，差额巨大，本人不能说明该财产来源的合法性，其行为已构成巨额财产来源不明罪。应依法惩处。检察机关的抗诉有理。原判定罪准确，审判程序合法，但对李某宾徇私枉法的犯罪行为量刑不当。

五、定案结论

（一）一审法院定案结论

文山壮族苗族自治州中级人民法院依照《中华人民共和国刑法》第399条第1款、第374条、第128条第1款、第383条第1款第3项、第395条第1款、第69条第1款的规定，于2000年8月24日判决如下：

1. 被告人李某宾犯徇私枉法罪，判处有期徒刑2年；犯接送不合格兵员罪，判处有期徒刑1年；犯私藏枪支罪，判处有期徒刑1年；犯贪污罪，判处有期徒刑1年；犯巨额财产来源不明罪，判处有期徒刑1年，总合刑期6年，决定执行有期徒刑5年。

2. 被告人李某宾来源不明的37.5339万元财产，依法没收，由文山州人民检察院上缴国库。

3. 检察机关多扣押被告人李某宾的3454元财产，由文山州人民检察院退还被告人李某宾。

（二）二审法院定案结论

云南省高级人民法院依照《中华人民共和国刑事诉讼法》第189条第2项的规定，于2001年3月27日判决如下：

1. 维持文山壮族苗族自治州中级人民法院刑事判决第（二）、（三）项，即被告人李某宾来源不明的37.5339万元财产，依法没收，由文山州人民检察院上缴国库；检察机关多扣押被告人李某宾的3454元财产，由文山州人民检察院退还被告人李某宾。

2. 撤销文山壮族苗族自治州中级人民法院刑事判决的第（一）项，即对被告人李某宾的定罪量刑部分。

3. 李某宾犯徇私枉法罪，判处有期徒刑7年；犯接送不合格兵员罪，判决有期徒刑1年；犯私藏枪支罪，判处有期徒刑1年；犯贪污罪，判处有期徒刑1年；犯巨额财产来源不明罪，判处有期徒刑1年。决定执行有期徒刑10年。

六、法理解说

在本案中，被告人李某宾是否符合贪污罪的犯罪主体要件是本案的前提，其次是贪污罪与巨额财产来源不明罪、徇私枉法罪之间的界限。此外，本案还涉及跨法犯问题，限于宏旨所在，就不加以论述。

（一）国家司法机关工作人员的基本含义

刑法第382条规定："国家工作人员利用职务上的便利，侵吞、窃取、骗取或者以其他手段非法占有公共财物的，是贪污罪。受国家机关、国有公司、企业、事业单位、人民团体委托管理、经营国有财产的人员，利用职务上的便利，侵吞、窃取、骗取或者以其他手段非法占有国有财物的，以贪污论。"本案中所涉及的是第一款中的国家工作人员。

刑法第93条规定："本法所称国家工作人员，是指国家机关中从事公务的人员。国有公司、企业、事业单位、人民团体中从事公务的人员和国家机关、国有公司、企业、事业单位委派到非国有公司、企业、事业单位、社会团体从事公务的人员，以及其他依照法律从事公务的人员，以国家工作人员论。"本案所涉及的是第93条的第1款中的国家工作人员，并特指"国家机关中从事公务的人员"。

《全国法院审理经济犯罪案件工作座谈会纪要》（2003年11月13日）指出：刑法中所称的国家机关工作人员，是指在国家机关中从事公务的人员，包括在各级国家权力机关、行政机关、司法机关和军事机关中从事公务的人员。根据有关立法解释的规定，在依照法律、法规规定行使国家行政管理职权的组织中从事公务的人员，或者在受国家机关委托代表国家行使职权的组织中从事公务的人员，或者虽未列入国家机关人员编制但在国家机关中从事公务的人员，视为国家机关工作人员。在乡（镇）以上中国共产党机关、人民政协机关中从事公务的人员，司法实践中也应当视为国家机关工作人员。本案涉及的为各级司法机关中的国家工作人员。刑法第94条规定："本法所称司法工作人员，是指有侦查、检察、审判、监管职责的工作人员。"

在理论上，司法工作人员的身份界定，有着"身份"和"职责"之别。"身份论"者认为，是否属于司法工作人员应看其是否具有司法机关工作人员的身份，只有经过组织人事部门正式录用备案、在国家司法机关工作的才是司法工作人员，其他人员均不属于司法工作人员。"职责论"者认为，是否属于司法工作人员,不应根据其身份来确定,而应看其从事的活动是否属于公务活动、是否在履行司法机关的相关职能。①

从现实情况来看,我国执行公务的主体具有多元性,司法机关中有相当一部分从事公务的人员没有被正式录用为司法机关工作人员,但法律、法规赋予了他们执行公务的权力。比如,现实中由于公安机关、监狱等部门存在警力不足等情况,一部分不具有正式人民警察身份的人员受公安机关聘用委托,履行了监管犯罪嫌疑人、被告人或者犯罪分子的职责。2000年9月19日《最高人民法院关于未被公安机关正式录用的人员、狱医能否构成失职致使在押人员脱逃罪主体问题的批复》中规定:"对于未被公安机关正式录用,受委托履行监管职责的人员,由于严重不负责任,致使在押人员脱逃,造成严重后果的,应当依照刑法第400条第2款的规定定罪处罚。"再如,人民法院正式聘用的人民陪审员、与人民法院签订劳动合同的书记员,这些人员均参加到了具体案件的庭审、合议中,履行了司法工作人员的职责。如果按照"身份论"的观点把这些人员完全排除在司法工作人员之外,显然与我国的实际情况不相符合。因此,对于司法工作人员的身份界定,是否具有正式身份不是唯一的标准,是否具有相应职责才是认定的关键。但是,对于治安巡防队员来说,无论从其"身份"还是"职责",均不属于司法工作人员。

本案中,被告人李某宾身为文山县公安局局长,显然是国家司法机关工作人员,其具备利用职务之便的前提条件。据查证,1999年4月8日,被告人李某宾让负责文山县公安局公安大厦施工监管的李某富通知水泥厂发15吨水泥到李某宾的私房建筑工地。1999年5月26日,水泥厂派人到该局结算公安大厦建筑用水泥款计4.004万元。李某宾明知该付款额包括自己建私房用水泥款5620元,仍签署了"同意支付"的意见。直至本案案发,李某宾未将私房用水泥款补给文山县公安局。被告人李某宾利用职务便利,通过私吞县公安局的水泥和虚报水泥款侵占县公安局的财产,并且直到案发时尚未归还,足显其非法占有的主观目的。综上所述,被告人李某宾构成贪污罪。

(二)贪污罪与巨额财产来源不明罪的界分

刑法第395条第1款规定:"国家工作人员的财产、支出明显超过合法收入,差额巨大的,可以责令该国家工作人员说明来源,不能说明来源的,差额部分以非法所得论,处五年以下有期徒刑或者拘役;差额特别巨大的,处五年以上十年以下有期徒刑。财产的差额部分予以追缴。"

---

① 参见倪克平、王磊:《司法工作人员的身份界定》,载《山东审判》2010年第2期,第54~55页。

通常认为，巨额财产来源不明罪只是对于其上游犯罪的"补充性"犯罪。① 这一罪名的确立应该说是司法的无奈和立法的功利二者相结合的产物。司法实践中，司法工作人员在查处贪污、贿赂及挪用公款等罪的同时，发现被告人还拥有与其合法收入相差巨大的财产，被告人拒不说明来源，而又确实无法查清其真实来源，即使司法人员虽然很有把握可推定其为非法所得，也只能对此发出无奈的叹息。立法上，基于功利而救济司法之无奈，即规定巨额财产来源不明罪，虽有有罪推定之嫌，却也难以顾及。② 显然，这些见解都表达了这样一种思想：巨额财产来源不明罪是在无法查清行为人巨额财产来源的情形下，为防止行为人规避法律，不得已而采取的"下策"，是其他罪名的"补充"规定。

鉴于此，不少学者主张将国家工作人员持有来源不明的巨额财产的行为以贪污罪或者受贿罪论处。③ 其一，理由是法定刑偏低（《刑法修正案（七）》已经作出了修改，详见法条）。其二，从实质而言，来源不明的巨额财产，实际上是行为人对贪污、受贿等犯罪所得赃物的继续持有。按照刑法的一般原理，持有犯罪所得的赃物，只构成原有的罪，并不构成新的犯罪。而且，将持有超出合法收入的巨额财产的行为以巨额财产来源不明罪论处，容易导致司法人员舍繁就简，趋易避难，不积极追查嫌疑人贪污、受贿等严重犯罪行为。实践证明，在对经济犯罪的侦查中，贪污、贿赂犯罪的侦查难度最大，巨额财产来源不明罪的侦查难度最小。这样，就会使大量的贪污、受贿等严重犯罪因人为原因而降格为巨额财产来源不明罪，导致重罪轻判。即使推定为贪污或受贿并不会冤枉行为人，不会造成轻罪重判。因为，实践中只是对那些不能说明真实来源的巨额财产才以贪污或受贿罪论处。国外早有把公务员说不清合法来源的巨额财产的行为推定为贪污的立法例。如新加坡法律规定：官员就任后必须申报自己拥有的动产、不动产和其他方面的收入，而且还必须申报他的担保人和家庭成员所拥有的投资和利息情况。个人所拥有的财产如果与其已知的收入来源不相符合，本人又不能向法院作出合理解释时，其财产应被视为贪污所得，并

---

① 参见卢建平《刑事政策视野中的巨额财产来源不明罪》，载《中国刑事法杂志》2002年第1期，第66页。

② 参见赵秉志主编：《中国刑法案例与学理研究分则》（六），法律出版社2001年版，第144页。

③ 参见侯国云：《有关巨额财产来源不明罪的几个问题》，载《政法论坛》2003年第1期，第90页。

受刑事追究。①

国家工作人员非法敛财的行为具有很大的隐蔽性，司法机关难以查证。然而，不论非法敛财行为花样何其繁多，其结果都具有同一性：行为人实际支配或者控制着非法财产。这样，不从源头这一角度，而从结果的角度设定罪名，来禁止国家工作人员利用职务之便进行非法敛财，就具有了可行性，因为行为人实际支配或者控制着巨额非法财产这一事实是客观的，是易于发现的，也是易于查证的。② 笔者认为，在反腐败的体系中，贪污罪、受贿罪等犯罪是从源头的角度来禁止国家工作人员非法敛财，巨额财产来源不明罪则从结果的角度禁止国家工作人员非法敛财。不但行为人贪污受贿构成相应的贪污罪与受贿罪，而且持有贪污受贿等所敛之财也要构成巨额财产来源不明罪。巨额财产来源不明罪与贪污受贿等犯罪各自独立发挥其功能，由此织成了一张严密的反腐法网。可见，巨额财产来源不明罪的存在对于反腐具有独立的价值。

具体在本案中，1980年至1999年8月，被告人李某宾及其妻的收入款共计55.4447万元，而李及其妻现有现金及支出共计92.9786万元，收支相抵，被告人李某宾尚有37.5339万元财产不能说明其合法来源。此时，虽无法证实这笔37.5339万元财产是贪污或受贿所得，但仍可将其定位巨额财产来源不明罪。否则，被告人李某宾的上述前违法或者犯罪行为就无法被追究刑事责任。当然，巨额财产来源不明罪是两弊之衡取其轻的功利选择，在司法实践中作为贪污、受贿等罪的兜底性规定，起到了积极的作用；关于面临"涉罪无辜"正当性的质疑，问题在于制度不足。因此，建立保证本罪正当性的"前制度"官员财产申报制度是必要的。③

（三）贪污罪与徇私枉法罪的界分

徇私枉法罪是典型的司法人员渎职犯罪。刑法第299条规定，徇私枉法罪是指司法工作人员徇私枉法、徇情枉法，对明知是无罪的人而使他受追诉、对明知是有罪的人而故意包庇不使他受追诉，或者在刑事审判活动中故意违背事实和法律作枉法裁判的行为。本罪与贪污罪的关系有二：一是为贪污犯罪徇私枉法；二是在徇私枉法之际具有贪污行为。笔者认为，对于第二种情形，直接

---

① 参见中国社会科学院法学研究所编：《中日公务员贿赂犯罪研究》，中国社会科学出版社1995年版，第181页。

② 参见康军：《巨额财产来源不明罪的梳理与重构》，载《贵州警官职业学院学报》2007年第5期，第29页。

③ 参见苏明月：《制度不足与"兜底"条款——论巨额财产来源不明罪的法理冲突、现实选择与司法应用》，载《中国刑事法杂志》2009年第9期，第55页。

数罪并罚，因为行为人实施的是两个不同的罪名。对于第一种情形，仅成立徇私枉法罪，因为徇私枉法者无须对"前罪"承担刑事责任。在本案中，被告人李某宾分别实施了徇私枉法行为和贪污行为，应数罪并罚。

（撰稿人：孙道萃）

案例7：张某华、吴某平贪污案
——受委托管理国有财产人员的认定

一、基本情况

案　　由：贪污

被告人：张某华，女，24岁，汉族，蕉城区人，系宁德市基建审计事务所出纳。2003年3月7日因本案被逮捕。

被告人：吴某平，男，26岁，汉族，蕉城区人，2003年3月7日因本案被逮捕。

二、诉辩主张

（一）人民检察院指控事实

宁德市蕉城区人民检察院指控：被告人张某华在担任宁德市基建审计事务所（以下简称事务所）出纳期间，累计坐支现金145738.31元。2003年春节后，因事务所人员分流，被告人张某华将不再担任该所出纳，无钱归还被其坐支的公款，便与被告人吴某平商议以放火的手段，将其掌管的账目烧毁，以防止事情败露。2003年2月7日晚二被告人携带汽油、手套、打火机等作案工具，窜到事务所财务办公室，点燃了办公桌，烧毁了由被告人张某华掌管的2002年12月至2003年1月的账目及其他办公设备。经物价部门认定火灾造成的直接经济损失达1.8798万元。被告人张某华还采取将已经报销的发票及部分定额发票撕下，涂改日期后重复报销的方法，共侵吞公款1505元。其间，被告人张某华还将宁德市汽车运输集团公司上缴的审核费500元、宁德市水电局的复印费5元，扣除向地税局购买发票的支付工本费4.2元外，剩余的500.8元予以侵吞。检察机关认为，被告人张某华、吴某平的行为已构成贪污罪。

(二) 被告人辩解及辩护人辩护意见

被告人张某华辩解：坐支现金不是用于赌博，其他无异议。

辩护人辩称：（1）被告人张某华不符合贪污罪的主、客观构成要件，公诉人认定被告人张某华构成贪污罪的观点不能成立；（2）占用的赃款并非用于赌博；（3）火灾造成的经济损失金额的认定应以消防部门作出的火灾认定书为准；（4）具有立功情节，请求依法从轻或减轻处罚。

被告人吴某平辩解：他不知道张某华坐支现金，其他无异议。

辩护人辩称：（1）被告人吴某平的行为属于帮助毁灭证据罪，不构成贪污共犯；（2）火灾造成经济损失金额的认定应以消防部门作出的火灾认定书为准，为6270元；（3）被告人吴某平认罪态度较好，无前科，请求对吴某平从轻处罚。

三、人民法院认定事实和证据

(一) 认定犯罪事实

宁德市蕉城区人民法院经公开审理查明：

被告人张某华在担任宁德市基建审计事务所出纳期间，累计挪用现金145738.31元。2003年春节后，因事务所人员分流，被告人张某华将不再担任该所出纳，无法归还被其挪用的公款。于是被告人张某华便将挪用公款10多万元无法返还之事告知被告人吴某平，张某华提议以放火的手段，将其掌管的账目烧毁，以防止事情败露。之后，二人经商议于2003年2月7日晚二被告人携带汽油、手套、打火机等作案工具，窜至事务所财务办公室，由吴某平点燃办公桌，烧毁了由被告人张某华掌管的2002年12月至2003年1月的账目、2001年1月至2002年11月会计凭证、账簿及其他办公设备。经物价部门认定火灾造成的直接经济损失达1.8798万元。2002年7月至2002年11月被告人张某华采取将已经报销的发票及部分定额发票撕下，涂改日期后重复报销，共侵吞公款1505元。被告人张某华还将宁德市汽车运输集团公司上缴的审核费500元、宁德市水电局的复印费5元，扣除向地税局购买发票的支付工本费4.2元外，剩余的500.8元予以侵吞。2003年2月8日，被告人张某华被依法传唤之后，即供述其男友吴某平在宁德新虫族网吧上网，于是在该网吧内抓获被告人吴某平。

(二) 认定犯罪证据

上述事实有下列证据证明：

1. 企业法人营业执照、闽编事法登字A80210128号福建省事业单位法人登记证、中华人民共和国事证第 135220000110 号事业单位法人证书、中华人民共和国组织机构代码证、宁德市审计局关于宁德市基建审计事务所脱钩改制有关情况说明、宁德市审计局宁审（2003）39 号文件、宁德市基建审计事务所于 2003 年 3 月 19 日证明。

2. 原宁德地区编制委员会宁地编（1993）68 号关于成立宁德地区审计师事务所的批复、宁地编办（2000）1 号、（2001）16 号宁德地委机构编制委员会的批复、2001 年 12 月 13 日审纪监发（2001）99 号中华人民共和国审计署文件、审计署关于严禁通过社会审计组织获取非法收入的通知、1999 年 12 月 13 日宁德地委机构编制委员会宁地编（1999）28 号关于地区会计师事务所和地区审计师事务所脱钩改制后有关机构编制如下通知。

3. 2002 年 6 月至 11 月 30 日现金账、2002 年 12 月至 2003 年 1 月审核费收入发票 4 张及建设银行现金支票 14 张、2002 年 7 月至 2002 年 11 月记账凭证中附原始凭证已报销日期经过涂改重复报销发票 5 张，计金额 605 元、2002 年 9 月共 22 份凭证、原始凭证被撕的痕迹，重新入账报销发票 4 张，计金额 900 元、N101530、N18913 收据发票 2 张，计金额 505 元、N10853 发票证实支付工本费 4.2 元。

4. 审计取证记录及证人陈某辉、陆某娟等人的证言。

5. 宁德市审计局宁审（2003）39 号文件。

6. 证人叶某灿、林某珠的证言、提取笔录及照片。

7. 宁德市蕉城区价格认证中心宁区价认（2003）08 号关于价格鉴定结论书。

8. 宁德市蕉城区公安消防大队蕉公消认字（2003）第 3 号火灾原因认定书。

9. 现场照片、现场示意图。

10. 被告人张某华、吴某平的供述。

11. 宁德市公安局蕉城分局于 2003 年 2 月 8 日出具的"抓获经过"、户籍证明。

四、判案理由

（一）一审法院判案理由

宁德市蕉城区人民法院认为：被告人张某华在 2000 年 3 月至 2003 年 2 月被宁德市基建审计事务所雇佣为出纳，利用其保管单位财务便利条件，挪用公款人民币 145738.31 元。在得知其将不在该所担任出纳后，由于无法归还该款，为掩盖犯罪事实，达到占有该公款的目的，便与其男友被告人吴某平商议放火烧毁账簿，进而二被告人实施了放火烧毁账簿的行为，其犯意已由挪用转为贪污。被告人吴某平明知被告人张某华占有公款无法归还，还伙同被告人张某华烧毁账簿，以使被告人张某华达到长期非法占有公款的目的。其事先具有犯意的沟通，事后实施放火烧毁账簿掩盖犯罪事实的行为，符合共同犯罪的特征，构成贪污罪的共犯。被告人张某华利用职务上的便利还采取重复报销等方法侵吞公款 2005.8 元。综上所述，二被告人的行为构成贪污罪，起诉指控罪名成立。被告人张某华使用并占有公款、提议放火、烧毁账簿，在贪污中起主要作用，系主犯，且未退出赃款、未赔偿被害单位损失，应酌情从重处罚；被告人吴某平未使用本案被告人张某华占有的赃款，配合被告人张某华放火烧毁账簿，起次要、辅助作用，系从犯，予以减轻处罚。

（二）二审法院判案理由

原审被告人张某华上诉称：（1）原判认定其行为构成贪污罪不当；（2）上诉人被公安机关传唤后，即供述吴某平在宁德某网吧上网，公安人员即到该网吧内抓获同案人吴某平，原判未认定其有立功情节不当；（3）原判对火灾损失认定不当。

辩护人以同样的理由进行辩护。

原审被告人吴某平上诉称：（1）其属于帮助、毁灭证据罪，不构成贪污共犯；（2）火灾造成经济损失金额的认定应以消防部门作出的火灾认定书为准，为 6270 元。

宁德市中级人民法院肯定了一审法院认定的案件事实和采纳的证据。

宁德市中级人民法院认为：案发时宁德市基建审计事务所系事业单位企业管理的国有经济，上诉人张某华作为该所出纳，负有管理国有财产的职责，属于从事公务的人员，符合贪污罪的主体要件。上诉人张某华在该所任出纳期间挪用公款 145738.31 元，在无法归还的情况下，为达到占有该公款的目的，与上诉人吴某平商议且共同实施了放火烧毁账簿行为，还利用职便采取重复报销等手段侵吞公款 2005.8 元。因此，其行为应以贪污罪论处。宁德市公安局蕉城分局出具的抓获经过证明，在公安人员传唤上诉人张某华时，张即供述上诉人吴某平在宁德某网吧上网，公安人员即赴该网吧抓获吴某平。上诉人张某华系本案主犯，其在公安人员的讯问下供述同案犯吴某平的基本情况，不属于协助司法机关抓捕其他犯罪嫌疑人，因此，上诉人张某华的行为不具有立功表现，但属于认罪态度较好。总之，上诉人张某华在担任宁德市基建审计事务所出纳期间，利用职便，贪污公款人民币 147744.11 元。上诉人吴某平明知上诉人张某华挪用公款无法归还，为达到占有该公款的目的，伙同上诉人张某华烧毁账簿，二上诉人的行为均构成贪污罪。上诉人张某华在贪污犯罪中起主要作用，系主犯，且未退出赃款，未赔偿被害单位损失，应从重处罚；上诉人吴某平系从犯，予以减轻处罚。上诉人张某华和其辩护人以及上诉人吴某平的上诉理由和辩护意见不能成立，不予采纳。原判定罪准确，量刑适当，审判程序合法。

五、定案结论

（一）一审法院定案结论

宁德市蕉城区人民法院依照《中华人民共和国刑法》第382条、第383条第1款、第25条第1款、第26条、第27条、第64条之规定，作出如下判决：

1. 张某华犯贪污罪，判处有期徒刑12年。
2. 吴某平犯贪污罪，判处有期徒刑6年。
3. 责令张某华于本判决生效后10日内一次性退出赃款147744.11元，上缴国库。

（二）二审法院定案结论

宁德市中级人民法院依照《中华人民共和国刑事诉讼法》第189条第1项之规定，作出如下裁定：驳回上诉，维持原判。

六、法理解说

笔者认为，本案的关键是被告人是否属于刑法第382条第2款中"受国家机关、国有单位、企业、事业单位委托管理、经营国有财产的人员"情形。

（一）闽东资产评估事务所的性质与被告人的职务行为之认定

闽东资产评估事务所成立于1993年11月18日，系原宁德地区审计局主管的科级事业单位，核定事业编制5名，实行企业化管理。2000年1月17日闽东资产评估事务所更名为闽东基建审计事务所。更名后其机构规格、人员编制、经费形成均不变。2000年5月23日经原宁德地区行署机构编制管理办公室审核，该闽东基建审计事务所具备法人资格，单位性质为全民所有制。2001年4月17日，闽东基建审计事务所又更名为"宁德市基建审计事务所"。国家事业单位登记管理局自2001年4月18日至2002年3月31日发给宁德市基建审计事务所事业单位法人证书。2001年12月13日国家审计署通知社会审计组织必须在2002年3月31日前在人、财、物和业务等方面与审计机关彻底脱钩，但宁德市基建审计事务所在案发时未与审计机关脱钩。被告人张某华于2000年3月13日至2003年2月7日被宁德市基建审计事务所雇佣，从事出纳和打字工作。

（二）张某华系受委托的人员

根据前面的分析，宁德市基建审计事务所系事业单位企业管理的国有经济，上诉人张某华作为该所出纳，负有管理国有财产的职责，属于从事公务的人员，符合贪污罪的主体要件。但是，其经手管理的是否系"国有财产"一直是双方争议的焦点。根据已有的事实和证据，张某华系受委托管理国有财产人员，符合贪污罪的主体构成要件。原因在于：（1）宁德市基建审计事务所虽然前身背景复杂，但其性质仍属于事业单位企业管理的国有经济。首先，根据企业法人营业执照、福建省事业单位法人登记证、中华人民共和国组织机构代码证等证实其性质属于国有经济。其次，根据宁德市审计局关于事务所脱钩改制有关情况说明，证实该所在2002年1月31日前在人、财、物和业务等方面未与审计机关彻底脱钩，至案发时还在清理债权债务，宁德市编委办核准的三名自收自支编制还未注销，其国有性质未取消。最后，辩护人认为的1999年12月13日宁德地委机构编制委员会宁地编（1999）28号文件所证实的是会计师事务所、审计师事务所不具有全民所有制性质，与宁德基建审计事务所系不同的单位。因此，宁德市基建事务所的财产属于国有财产。（2）本案中的被告人张某华受聘于该事务所，其身份符合受委托的特征，作为出纳负有从事现金管理等业务性管理的工作，因此其属于从事公务人员，应当认定其符合贪污罪的主体特征。[①]

（三）被告人张某华的放火行为是毁灭证据，说明其具有贪污的主观目的

本案中张某华在挪用公款后实施了放火的行为，对其是以挪用公款罪和放火罪数罪并罚处理，还是以贪污罪定罪处罚是本案争议的关键问题。《全国法院经济犯罪案件工作座谈会纪要》规定："行为人挪用公款后采取虚报发票平账、销毁有关账目等手段，使所挪用的公款已难以在单位财务账目上反映出来，且没有归还行为的，应当以贪污罪定罪处罚。"张某华挪用公款后在无法归还的情况下，为达到长期占有公款掩盖自身犯罪事实，伙同他人放火烧毁账簿，其犯意已由挪用转化为侵吞、占有公款，因此符合贪污罪主、客观构成要件，应以贪污罪追究其刑事责任。笔者认为，本案已经从挪用转化为贪污。理由为：（1）案件的性质可以转化。在目前的司法实践中，转化型犯罪已屡见

[①] 参见王作富主编：《刑法分则实务研究（下）》（第4版），中国方正出版社2010年版，第1693~1694页。

不鲜。行为人在犯罪过程中改变犯意并实施新犯意支配下的行为，便由原罪转化为新罪。我国刑法规定罪刑法定原则，并非要求司法机关在适用法律时机械地束缚于法律的明文转化规定，而是应结合案情的变化，从法理的内涵上予以分析行为人的犯罪构成要件，从而达到罪责自负、罚当其罪的处理效果，这也正是真正贯彻了罪刑法定原则。（2）本案已从挪用公款转化为贪污。挪用公款罪与贪污罪的主要区分界限在于行为人的犯罪目的、犯罪手段和犯罪结果，尤其以犯罪目的更为显要。张某华在挪用公款后，由于无法归还公款而实施了放火行为，其犯罪目的已由暂时非法使用公款转化为非法占为己有，其在犯罪手段上体现为从擅自动用公款转化为放火掩盖自身犯罪事实的欺诈手段，从而表明宁德市基建事务所的公款所有权遭受彻底的侵害。放火行为的实施促使本案的性质由挪用公款转化贪污。与此同时，当上诉人张某华提议放火烧毁账簿以达到占有该公款时，上诉人吴某平积极与上诉人张某华商议放火，并准备汽油共同实施了放火烧毁账簿，该放火行为已促使本案的性质由挪用公款转化为贪污。上诉人吴某平与上诉人张某华在贪污犯罪过程中，有共同的犯意和共同的犯罪行为，应以贪污共犯论处。

（四）被告人吴某平是贪污共犯，应定为贪污罪

本案中吴某平系非国家工作人员，其在得知张某华挪用公款的犯罪事实后，和张一起放火毁灭罪证。对此，笔者认为，对吴某平应以贪污共犯论处。理由如下：（1）根据《最高人民法院关于审理贪污、职务侵占案件如何认定共同犯罪几个问题的解释》的规定，作为非国家工作人员，与国家工作人员勾结，利用国家工作人员的职务便利，实施贪污行为，应以贪污共犯论处。《全国法院审理经济犯罪案件工作座谈会纪要》（2003年11月13日）就"国家工作人员与非国家工作人员勾结共同非法占有单位财物行为的认定"的问题指出，对于国家工作人员与他人勾结，共同非法占有单位财物的行为，应当按照《最高人民法院关于审理贪污、职务侵占案件如何认定共同犯罪几个问题的解释》的规定定罪处罚。对于在公司、企业或者其他单位中，非国家工作人员与国家工作人员勾结，分别利用各自的职务便利，共同将本单位财物非法占有的，应当尽量区分主从犯，按照主犯的犯罪性质定罪。司法实践中，如果根据案件的实际情况，各共同被告人在共同犯罪中的地位、作用相当，难以区分主从犯的，可以贪污罪定罪处罚。（2）帮助毁灭证据罪是指帮助当事人毁灭证据情节严重的行为。该罪的客观表现形式，是指行为人在当事人实施相应的行为后直接帮助或出谋划策唆使当事人毁灭证据的行为。其犯意的产生是在当事人实施相应的行为之后，与当事人之前所实施的行为没有共同的犯意。根据本案的事实和证据，被告人吴某平属于后一种情形，是贪污罪的共犯之

一。(3) 本案中在挪用公款的犯意上,吴、张两人虽然没有共同的犯意。但当吴某平在获知张某华挪用公款十多万元无法偿还的犯罪事实后,在张某华提议下同意放火烧毁账簿,并在商议后实施了放火行为。其不单单是为了帮助张某华达到了毁灭证据掩盖犯罪事实的目的,放火行为的实施从根本上体现了吴、张两人在非法侵害公款的所有权上共同犯意,因此其行为不属于帮助毁灭证据罪,应当认定是贪污罪的共犯。

此外,宁德市蕉城区公安消防大队的火灾原因认定书主要是对火灾的原因进行认定。本案涉案物品损失价值评估由蕉城区价格认证中心鉴定,其主体合格、评估程序合法、评估结论客观。因此,原判对火灾造成的损失以蕉城区价格认证中心出具的价格鉴定结论书认定价值为 1.8798 万元是正确的。

(撰稿人:孙道萃)

案例8：张某中贪污案
——贪污罪的主体可否为破产清算人

一、基本情况

案　　由：贪污

被告人：张某中，男，1962年5月9日出生于江苏省启东市，汉族，高中文化，2002年10月8日被启东市人民法院指定担任启东市汇龙粮油制品有限公司（以下简称汇龙公司）破产清算组成员。于2003年5月19日被刑事拘留，5月30日被逮捕。

二、诉辩主张

（一）人民检察院指控事实

江苏省启东市人民检察院指控：2003年2月26日至3月28日，被告人张某中以汇龙公司清算组名义先后12次向启东市粮油实业公司借入回收菜油票款计43万元。2003年2月27日至4月16日，被告人张某中将调换后的菜油票连同发放精制油后回收的菜油票合计55714.2公斤混在以5元/公斤收购的菜油票中结报给启东市粮油实业公司。被告人张某中油票一票两用虚报55714.2公斤，计人民币27.8571万元，剔除其借入43万元后实际用于购菜油票309095.5元，张某中一票两用套取现金120904.5元，未遂157666.5元。张某中为掩盖犯罪事实，将他人结报给他的菜油票转开精制油票的存根联及日报表销毁。2003年1月26日，被告人张某中虚开号码为000480的汇龙公司代农加工商品转移通知单1张，内容为议购散户菜油12000公斤，金额6万元；张将此凭证连同其他凭证结报给该清算组总账会计黄某英，后将该款非法占为己有。2002年10月16日，汇龙公司原财务科科长蔡某萍代破产清算组收取张某兵缴纳的租金及电费4万元，蔡当时开出005086号现金收入通知单，当月将上述现金收入通知单入账联等移交给被告人张某中，张某中至案发未将该

4万元入账，非法占为己有。案发后，赃款已全部被追缴。启东市人民检察院认为，被告人张某中身为启东市人民法院指定的破产清算组工作人员，在从事公务活动中，利用职务之便，侵吞、骗取公共财产数额特别巨大，应当以贪污罪追究刑事责任。其在案发后能及时退出赃款，未造成损失，可以酌情从轻处罚，请求法院依法判处。

（二）被告人辩解及辩护人辩护意见

被告人张某中辩称：指控其"一票两用套取现金"、"虚开代农加工商品转移通知单并结报"、"收入不入账"的事实存在，但其是为破产清算组筹集账外资金以便使用，没有非法占有的故意。

辩护人提出：（1）被告人张某中在到破产清算组之前是社会闲散人员，是临时受托到破产企业中从事辅助工作，不符合委派的条件；（2）张某中在破产企业中从事的工作是代表公司而非代表国家，属于总账会计黄某英的辅助人员，不符合管理的特征，故被告人张某中既不属于受委派从事清算工作的人员，也不属于其他依照法律从事公务的人员，不符合贪污罪的主体特征；（3）被告人张某中是受公司委托辅助从事公司财产保管的工作人员，其侵犯的客体是公司企业财产出资者所有权和公司企业法人财产权，亦不符合贪污罪的客体特征；（4）被告人张某中为龙权公司清算费用所需向施建新借款人民币3万元，后已归还，故应减少张某中"一票两用套取现金"的数额3万元；（5）其未非法占有张某兵缴纳的4万元等。

三、人民法院认定事实和证据

（一）认定犯罪事实

江苏省启东市人民法院经公开审理查明：

被告人张某中原系该市聚星粮站副站长，2002年9月4日被解除劳动合同关系；于2002年10月8日、2003年3月5日被启东市人民法院分别指定担任汇龙公司与龙权公司破产清算组组员，在两破产清算组任现金会计。2003年4月27日，汇龙公司破产清算组提出将张某中清除出破产清算组的建议，并向法院提交了书面报告。原汇龙公司系股份制企业，其中国有股占61%，社会和职工股占39%。被告人张某中犯贪污罪的具体事实如下：

1.2003年2月26日至3月28日，被告人张某中以汇龙公司破产清算组名义先后12次向启东市粮油实业公司借入回收菜油票款计43万元。2003年2月27日至4月16日，被告人张某中将发放精制油后回收的菜油票调换周某东结报的菜油票21012.9公斤，再将调换后的菜油票连同发放精制油后回收的菜油票 34691.3 公斤，合计 55714.2 公斤，混在以 5 元/公斤收购的菜油票中结报给启东市粮油实业公司，被告人张某中一票两用虚报 55714.2 公斤，计人民币 27.8571 万元。后张将他人结报给他的菜油票转开精制油票计 55714.2 公斤的存根联及日报表销毁。剔除被告人张某中借入 43 万元后实际用于 5 元/公斤购菜油票款的 309095.5 元，张某中一票两用已套取现金 120904.5 元，未遂 157666.5 元。

2. 2003 年 1 月 26 日，被告人张某中虚开号码为 000480 号的汇龙公司代农加工商品转移通知单 1 张，内容为议购散户菜油 12000 公斤，金额 6 万元。张将此单让汇龙公司原法定代表人杨某新签字证明，并加盖该破产清算组公章，后于 2003 年 3 月 31 日连同其他凭证结报给该破产清算组总账会计黄某英，张某中因此得人民币 6 万元。

3. 2002 年 10 月 16 日，汇龙公司原财务科科长蔡某萍代破产清算组收取张某兵缴纳的租金及电费 4 万元，蔡当时开出 005086 现金收入通知单。当月，蔡与被告人张某中一起将此款用于缴纳电费，后蔡将上述现金收入通知单入账联等移交给张某中，张于 2003 年 3 月 31 日结报。被告人张某中至案发未将该 4 万元收入入账，且在破产清算组查出后，张不能提供蔡交给他的现金收入通知单入账联。综上所述，被告人张某中侵吞、骗取公共财产合计人民币 37.8571 元，其中既遂 220904.5 元，未遂 157666.5 元。案发后，被告人张某中已缴清算组合计人民币 378695.27 元，其中应退赃款 220904.5 元，应缴公款 142740.73 元，多缴 15050.04 元。

（二）认定犯罪证据

上述事实有下列证据证明：

1. 启东市粮食局王鲍粮管所出具的《关于张某中的简历》及该局人事科提供的《招收职工登记表》、《任免通知》、《解除劳动合同协议书》等。

2. 启东市粮食局并经启东市市属工业企业深化改革领导小组同意的《汇龙公司清算组建议名单》；启东市人民法院《关于指定汇龙公司清算组的决定》、《关于指定龙权公司清算组的决定》；汇龙公司破产清算组向法院提交的《关于将张某中清除出清算组的报告》。

3. 被告人张某中以汇龙公司破产清算组名义向启东市粮油实业公司出具的借款收条 12 张和该公司出具的收到汇龙公司破产清算组菜油票的收条 10 张，以及张某中为此所作的工作记录。

4. 证人季某、黄某英、陈某辉等出具的《关于张某中油票一票两用套取现金的说明》、《汇龙公司清算组要求张某中于 2003 年 4 月 18 日结清账目的说明》以及黄某英提供的"移交表"、被告人张某中调换的菜油票照片及其他相关账据。

5. 被告人张某中虚开的 000480 号汇龙公司代农加工商品转移通知单 1 张、填制并结报的第 19 号记账凭证。

6. 证人沈某康、崔某、季某、黄某英、顾某章等的证言笔录等。

四、判案理由

（一）一审法院判案理由

江苏省启东市人民法院认为：被告人张某中是人民法院指定的破产清算组的工作人员，以国家工作人员论，其在从事公务活动中，利用职务之便，采用不法手段侵吞、骗取公共财产数额 10 万元以上，其行为已构成贪污罪。公诉人指控其犯贪污罪的事实清楚，证据充分，所控罪名成立，依法予以支持。

（二）二审法院判案理由

江苏省启东市人民法院一审宣判后，被告人张某中不服，上诉至江苏省南通市中级人民法院。张某中上诉称其采用一票两用、虚报冒领及收入不入账等方法套取现金系为破产清算组筹集资金，并无个人非法占有的故意。其二审辩护人辩称原判决事实不清，上诉人一票两用的目的是向实业公司多借资金，并非个人占有；认定张某中虚报冒领 6 万元既遂的证据不足。

江苏省南通市中级人民法院受理后，依法组成合议庭，经阅卷、讯问上诉人，认为原判决事实清楚，决定不开庭审理。二审查明上诉人张某中贪污的犯罪事实和证据与一审相同。

江苏省南通市中级人民法院认为：上诉人张某中系人民法院指定的破产清算组成员，属于刑法规定的"其他依照法律从事公务的人员"，应以国家工作人员论。其在任职期间，利用职务之便采用虚报冒领及收入不入账等方法侵吞、骗取公共财产计人民币 37 万余元（其中 157666.5 元未遂）的行为构成贪污罪，依法应当判处 10 年以上有期徒刑，可以并处没收财产。上诉人在司法机关立案侦查前如实交代自己的贪污事实并退清赃款，可以酌情从轻处罚。原判决事实清楚，证据充分，定罪量刑正确，审判程序合法，应予维持。

五、定案结论

（一）一审法院定案结论

江苏省启东市人民法院根据《中华人民共和国刑法》第 382 条第 1 款、第 383 条第 1 款第 1 项、第 93 条第 1 款、第 23 条、第 56 条第 1 款、第 64 条之规定作出如下判决：

1. 被告人张某中犯贪污罪，判处有期徒刑12年，剥夺政治权利2年，并处没收财产人民币20万元。

2. 被启东市人民检察院暂扣的人民币133532.8元，由启东市人民检察员发还启东市粮食局；被法院暂扣的人民币15050.04元，作被告人张某中被判处的没收财产处理，上缴国库。

（二）二审法院定案结论

江苏省南通市中级人民法院根据《中华人民共和国刑事诉讼法》第189条第1项之规定，裁定如下：

驳回上诉，维持原判。

六、法理解说

笔者认为，本案有以下几个问题值得探讨：

1. 被告人张某中具有贪污的非法占有之主观目的并已经既遂。根据已有的证据和事实，可以肯定的是，破产清算组无人授意被告人筹集账外资金。上诉人虽辩称其行为动机是为破产清算组筹集资金，但其在实施该行为过程中从未告知破产清算组负责人及相关人员，破产清算组负责人更没有批准或同意其实施该行为。事实上，上诉人采用"一票两用"手法重复结报，并将他人结报的油票存根及日报表烧毁，使破产清算组失去核实的依据，且将套取的现金以个人名义存入银行，部分已用于家庭承包经营，其非法占有公共财产的行为已完成。因此，上诉人虚报冒领后将该款以个人名义存入银行，已实现对公共财产的占有、处置，也使公共财产失去控制，其犯罪行为已完成，应认定为既遂。而且，被指控的贪污事实都不是张主动交代，而是由破产清算组的相关人员查出后，被告人张某中才承认的，张也承认被指控的贪污事实破产清算组人员是不清楚的，故这一辩解与事实不符。因此，被告人张某中所实施的"一票两用套取现金"、"虚开代农加工商品转移通知单并结报"、"收入不入账"等行为并不是为破产清算组筹集账外资金，其主观上具有非法占有的故意。综上所述，上诉人系破产清算组现金会计，被破产清算组赋予经手结报菜油票的职责，其利用职务之便采用"一票两用"的方法套取现金占为己有，属于贪污行为。

2. 被告人张某中属于国家工作人员。本案的最大焦点之一是被告人张某中作为破产清算组成员（也即破产管理人）到底为何身份，是否是国家工作人员。目前我国关于破产清算组的性质，主要有以下4种学说：（1）特殊机构说从我国破产实务情况及有关破产的法律法规来看，代理人说、公务员说及破产财团代表说都难以科学和准确地揭示我国破产清算组的性质。代理人说和公务员说各失偏颇，不足信奉，破产财团代表说也不能成为我国破产清算组性质的理论基础，因为我国法律上只有破产财产而没有破产财团的术语。因此破产清算组是接管破产企业，对破产财产进行清算的特殊机构。（2）破产企业法定代表人说。破产清算组对外代表破产人为民事行为，对内管理、清查、处置和分配破产财产，是破产人的法定代表人。其主要理由：一是破产清算程序要将破产人管理处分权移交至破产清算组，企业法原则规定企业在解散时，在清算范围内其法人人格视为存续，此期间破产人仍是权利主体，但其代表人不能再是破产人本身，也不能是债权人，只能是破产清算组。二是破产人存续的目的在于使债权人公平受偿，故破产清算组保护和处置破产财产的权力被扩大，由于破产清算组是破产人的代表，因而其民事行为应以破产人名义进行，行为的结果亦均归属于破产人。（3）清算法人机关说。法人被依法宣告破产后，完全成为一种新的特殊民事主体——清算法人，它以破产财产及相关权益作为其具有法人资格的唯一基础，并在此基础上独立地进行必要的民事活动。而破产清算组正是代表破产法律具体进行这些民事活动的内部机关，附属于破产法人。（4）双重性质说。破产清算组具有双重性质，既是人民法院选任的协助法院进行清算的具有公务员身份的执行组织，又是独立的民事主体和诉讼主体，可以独立地实施与清算有关的行为，作为一方当事人参与与破产财产有关的诉讼，与对方当事人具有平等地位。破产清算组的双重性质是其履行职务的客观需要，也是其有效处理破产清算事务所必需的。①

笔者认为，应根据我国相关法律规定进行认定。根据我国2006年通过的《破产法》，其第22条规定："管理人由人民法院指定。"第22条规定："管理人依照本法规定执行职务，向人民法院报告工作，并接受债权人会议和债权人委员会的监督。管理人应当列席债权人会议，向债权人会议报告职务执行情况，并回答询问。"第24条规定："管理人可以由有关部门、机构的人员组成的清算组或者依法设立的律师事务所、会计师事务所、破产清算事务所等社会中介机构担任。"第25条规定："管理人履行下列职责：（一）接管债务人的财产、印章和账簿、文书等资料；（二）调查债务人财产状况，制作财产状况报告；（三）决定债务人的内部管理事务；（四）决定债务人的日常开支和其他必要开支；（五）在第一次债权人会议召开之前，决定继续或者停止债务人

---

① 参见魏莉、雷道茂：《论破产管理人的性质和任职条件》，载《海南大学学报》2004年第3期，第273页。

的营业；（六）管理和处分债务人的财产；（七）代表债务人参加诉讼、仲裁或者其他法律程序；（八）提议召开债权人会议；（九）人民法院认为管理人应当履行的其他职责。"

因此，破产清算组不是司法机关的派出机关，其成员并非法律上或事实上的国家机关工作人员，也不是破产企业的职员。破产清算组成员只依照法定的权限从事活动，代表国家对破产企业的事务进行决策管理、组织实施和监督领导，如接管破产企业、调查破产企业的财产和业务状况、负责执行破产财产管理、变价、分配等破产清算事务；其目的是保护债权人的利益、维护国家正常经济秩序的需要。因此，破产清算组成员的行为已不单纯是一般的商事行为，而是一种严格依照法律从事公务的行为，即符合国家工作人员"从事公务"的本质特征。被告人张某中已于2002年9月4日与启东市粮食局依法解除劳动合同关系，因其具有会计专业知识，又熟悉破产企业汇龙公司的实际情况，被该局建议作为该破产企业破产清算组成员；后被人民法院依法指定担任破产清算组成员，从事现金会计职务。在法律关系上，被告人张某中只是社会闲散人员，与启东市粮食局已无任何关系。因此，张某中显然不属于"国家机关中从事公务的人员"和"国有公司、企业、事业单位、人民团体中从事公务的人员"。从委派角度考察，委派是指被国有单位委派到非国有单位中担任职务并代表其在非国有单位中行使职权。委派人与被委派人之间通常具有隶属关系或其他相牵连关系，且委派的主要目的是国家机关、国有公司、企业、事业单位行使其对非国有单位监督、管理权。从委托角度考察，委托是平等主体间的一种民事关系，一般根据合同产生；"受委托管理、经营国有财产"是指因承包、租赁、聘用等而管理、经营国有财产。因此，法院指定的破产清算组成员亦有别于上述"受委派"和"受委托管理、经营国有财产"的两类人员。

综上所述，被告人张某中由法院指定担任破产清算组成员，具体负责和主管破产企业的现金管理、粮油储运、油票回收管理等工作，其职能和权限符合"从事公务"的本质特征，属国家工作人员。因此，被告人张某中属于"其他依照法律从事公务的人员"。结合前述分析，被告人张某中的行为符合贪污罪犯罪构成。

（撰稿人：孙道萃）

案例 9：徐某平贪污案
——贪污罪主体要件中"委派"的认定

一、基本情况

案　由： 贪污

被告人： 徐某平，曾担任蚌埠中区房屋开发公司经理。2005年6月29日因涉嫌犯贪污罪被刑事拘留，同年7月13日被依法逮捕，羁押于蚌埠监狱医院。

二、诉辩主张

（一）人民检察院指控事实

安徽省蚌埠市蚌山区人民检察院指控被告人徐某平犯贪污罪。

（二）被告人辩解及辩护人辩护意见

一审中，被告人及其辩护人对指控的事实并未提出异议。

三、人民法院认定事实和证据

（一）认定犯罪事实

蚌埠市蚌山区人民法院经公开审理查明：

蚌埠中区房屋开发公司领导班子于1997年研究决定，给在职职工2.5万元家庭装修补助，超出部分自理。1998年年底至1999年，被告人徐某平指使其下属企业三泰装饰公司为自己在古玩小区的住宅进行装修，共花去公款102726.50元，徐某平批准从古玩市场装修工程中报销，扣除徐某平应该享受的2.5万元装修费用，共贪污公款77726.50元。

1997年12月至1998年3月，被告人徐某平指使中区房屋开发公司下属企业三泰装饰公司用公款为其儿子徐某个人经营的"昏晃排档"进行装修，而后徐某平批准报销，贪污公款 19789.10 元。

1999 年至 2004 年，被告人徐某平利用职务之便指使其单位工劳部门和财务部门人员编造假工资表，分别从开发公司和其下属企业三泰工艺品公司套取现金共计 9.062 万元从中贪污。

（二）认定犯罪证据

上述事实有下列证据证明：

1. 原蚌埠市中市区人民政府中政字（1988）13 号关于成立开发公司的通知和中政字（1988）19 号聘任通知证实，区政府下文决定成立中区房屋开发公司，聘任上诉人徐某平为该公司经理。

2. 企业法人营业执照、税务登记证、公司章程证实，中区房屋开发公司为集体企业。

3. 中区房屋开发公司注册资金申报表、验资报告书、企业登记注册资金信用（担保）证实，中区政府和中区财政局为该企业注册成立的资金信用证明或资金担保证明的单位。

4. 中区房屋开发公司与中建四处移交协议和转账凭证证实，在区政府的协调下中建四处移交 6.105 万元，奋勇街 27 号办公楼一处给中区房屋开发公司。

5. 三泰建筑装饰工程公司成立时的相关书证和中区房屋开发公司证明证实，三泰建筑装饰工程公司系中区房屋开发公司申请并投资成立的下属企业。

6. 朱某明证词，证明徐某平的家庭装修费用是以"古玩市场装饰（修）班"的科目形式记账的，该费用全部加到古玩市场的装修费中已由中区房屋开发公司付清。

7. 司法鉴定书，证明徐某平家庭装修的工程造价为 125512.34 元及使用的装修材料的种类和数量等。

8. 记账凭证及缴款手续、缴款回单和房产证，证明该房是徐某平所有。

四、判案理由

（一）一审法院判案理由

蚌埠市蚌山区人民法院认为：被告人徐某平受原蚌埠市中市区人民政府聘任，委派其担任中区房屋开发公司经理期间，利用职务，指令公司的工作人员虚造假工资表 9.062 万元，并将该款占为己有；其又利用职务之便用价值 77726.50 元和 19789.10 元的公共财物为其家庭及其子经营的饭店进行装修，并将该费用加到公司其他的工程项目中，从而占有了该财物，被告人徐某平的上述行为已构成贪污罪,应依法惩处。公诉人指控被告人徐某平贪污7.5万元未遂的证据不足,指控不能成立。被告人及其辩护人关于被告人不符合贪污罪主体及贪污罪的犯罪构成要件的辩护意见不能成立,不予采纳。

(二) 二审法院判案理由

一审判决作出后,被告人徐某平提出上诉。

上诉人徐某平上诉及其辩护人辩护提出:

1. 徐某平不构成贪污主体资格;中区房屋开发公司成立时政府没有投资,资产中没有国有成分,开发公司与中区政府之间无任何隶属、财产、人事、劳动等管理关系;徐某平是工人身份,其不具备贪污罪主体资格。

2. 原判认定徐某平贪污77726.5元用于家庭装修,认定的事实和定性错误。(1) 公司职工享受2.5万元装修款的标准,不适用公司经理。(2) 上诉人取得房屋产权是2001年9月,1998年年底至1999年装修时仍属于公房,用公款装修公房不构成贪污。(3) 徐某平与三泰公司是家庭装修合同关系,因没有决算和催要,致使徐某平未付款,属民事法律范畴。(4) 上诉人家庭的装修发票做进古玩市场装修的科目在三泰公司财务账以报销,批准人是张某义,不是上诉人,上诉人没有批准和指使。中区开发公司是否付款,事实不清。没有中区房屋开发公司转款给三泰公司的凭证。原判认定:"装修费由中区房屋开发公司报销"证据不足。(5) 吴某的辨认和审计结论有差异。吴某辨认为上诉人家装的花费是102726.5元,审计结论为125512.34元,相互矛盾。

3. 关于"旮旯排档"装修款。(1) 原判认定上诉人指使会计将"旮旯排档"装修款做到古玩小区2号区铝合金门窗项目中,证据不足。(2) 徐某平签报发票是正常履行职务的行为。(3) 三泰公司为上诉人之子徐某饭店装修,与徐某平无关。

4. 关于假工资表。(1) 是否是假工资表不能仅凭利害关系人的辨认。(2) 工资表项下的钱是否被徐某平领走,造表人的证言与徐某平辩解一对一,认定被上诉人领走证据不足。(3) 编造工资表的目的是处理一些不好处理的账。

出庭检察人员发表了原判事实清楚,证据确实、充分,定性准确,量刑适当,审判程序合法。建议二审维持原判的出庭意见。

安徽省蚌埠市中级人民法院经公开审理查明:1988年3月15日蚌埠市中市区人民政府下文决定成立集体性质的蚌埠市中市区房屋开发公司,1988年4月7日下文聘任上诉人徐某平担任该公司经理。上诉人徐某平从中建四处(集体性质) 筹措6.105万元,奋勇街27号办公楼一处,在注册资金时,区政府为该企业出具了资金信用证明和资金担保证明。登记注册资本金100万元，注册成立了中区房屋开发公司，集体性质。上诉人徐某平个人没有投资。成立时公司章程明文规定：（1）公司由政府批复定名；（2）性质为大集体；（3）组织形式：区政府直接领导下的区级单位；（4）徐某平为公司法人代表。三泰建筑装饰工程公司系该公司申请并投资成立的下属企业。

安徽省蚌埠市中级人民法院认为：上诉人徐某平在受原蚌埠市中市区人民政府聘任担任中区房屋开发公司经理期间，利用职务之便，动用公司的集体资产 77726.50 元和 19789.10 元为其家庭和其子经营的饭店进行装修，其行为已构成贪污罪。原判认定徐某平编造假工资表贪污公款 9.062 万元，事实不清，证据不足，不能认定。原判认定事实有误故予以改判。

五、定案结论

（一）一审法院定案结论

安徽省蚌埠市蚌山区人民法院依照《中华人民共和国刑法》第 382 条、第 383 条第 1 款第 1 项、第 271 条第 2 款的规定，判决被告人徐某平犯贪污罪，判处有期徒刑 11 年；被告人徐某平违法所得的财物予以追缴。

（二）二审法院定案结论

安徽省蚌埠市中级人民法院依照《中华人民共和国刑事诉讼法》第 189 条第 3 项、《中华人民共和国刑法》第 382 条第 1 款、第 383 条第 1 款第 2 项、第 271 条第 2 款、第 64 条的规定，判决如下：

1. 撤销蚌埠市蚌山区人民法院（2006）蚌山刑初字第 147 号刑事判决的第一项，即被告人徐某平犯贪污罪，判处有期徒刑 11 年；维持第二项，即被告人徐某平违法所得的财物予以追缴。

2. 上诉人（原审被告人）徐某平犯贪污罪，判处有期徒刑 5 年。刑期从判决执行之日起计算。判决执行以前先行羁押的羁押 1 日折抵刑期 1 日，即自 2005 年 6 月 29 日起至 2010 年 6 月 28 日止。

本判决为终审判决。

六、法理解说

本案有两个特点：一是上诉人及其辩护人的辩解理由很多；二是经过二审后被改判。笔者认为，案件的争议焦点为：一是上诉人徐某平的国家工作人员身份；二是部分款项的公共财产属性。在本案中，需要注意以下几个方面：

（一）蚌埠市中区房屋开发公司是集体企业，上诉人徐某平为国家工作人

员，具有履行职务的属性

经公开审理查明，1988年3月15日蚌埠市中市区人民政府下文决定成立集体性质的蚌埠市中区房屋开发公司，1988年4月7日下文聘任上诉人徐某平担任该公司经理。上诉人徐某平从中建四处（集体性质）筹措6.105万元，奋勇街27号办公楼一处，在注册资金时，区政府为该企业出具了资金信用证明和资金担保证明。登记注册资本金100万元，注册成立了中区房屋开发公司，集体性质。上诉人徐某平个人没有投资。成立时公司章程明文规定：（1）公司由政府批复定名；（2）性质为大集体；（3）组织形式：区政府直接领导下的区级单位；（4）徐某平为公司法人代表。三泰建筑装饰工程公司系该公司申请并投资成立的下属企业。

由此可知，该企业成立是政府下文，转移下属其他集体企业的部分资产，并提供资金担保而成立的集体企业，上诉人徐某平个人没有投资；上诉人虽为工人身份，但是属于政府聘任的集体企业的法人代表。依照《刑法》第93条第2款和第271条第2款的规定，徐某平应以国家工作人员论。

笔者认为，上诉人徐某平属于"国有公司、企业、事业单位委派到非国有公司、企业、事业单位、社会团体从事公务的人员"这一类型。具体而言："委派"是为了履行"特定公务"而进行的委任派遣，所委派的公务具有特定的职能、职权、职责范畴，其性质是公务而非事务，一般是代表国家对公共事务所进行的管理、组织、领导、监督等活动。其具有两方面的特点：一是具有管理性；二是具有国家代表性。刑法中的"委派"具有如下特征：一是委派可以是不同主体，既可以是国家工作人员，又可以是以国家工作人员论的人员，还包括其他类的人员。二是委派的关系具有隶属关系或纵向关系，只有有权委派的部门，即国家机关向国有单位委派；国家机关、国有单位向非国有单位委派。三是被委派的人员在非国有单位所从事的公务是具有特定范围的"特定公务"，一般而言是行使对这些非国有单位的国有资产的运营管理，负有使这些国有资产不被流失、损害和增值保值的责任。四是委派关系的成立，必须有正规程序和书面手续，这种委派一定是职务行为而非个人行为。原蚌埠市中市区人民政府中政字（1988）13号关于成立开发公司的通知和中政字（1988）19号聘任通知证实，区政府下文决定成立中区房屋开发公司，聘任上诉人徐某平为该公司经理。这里的聘任就是委派的一种常见的具体表现形式。

与此同时，集体财产属于公共财产，徐某平受政府指派负责经营管理集体财产的职务行为符合公务性质，故上诉人徐某平符合贪污罪的主体资格。

（二）上诉人徐某平利用职务便利实施侵吞集体财产，主观上具有非法占有的目的

蚌埠中区房屋开发公司领导班子于1997年研究决定，给在职职工每人2.5万元家庭装修补助，超出部分自理。而且，公司职工享受2.5万元装修款的标准，适用全公司职工，包括经理。其中，装修款属于该公司的财产。

上诉人家庭装修时，上诉人已分得此住房，并预缴了购房款，公司已明确2.5万元超出部分由个人支付，上诉人利用职权将应由自己支付的费用，用公款支付，这是一种贪污行为。此外，上诉人指使其将上诉人家庭装修费从其他工程项目中报账，并已经平账，显然不是合同关系，也不存在决算和催要的问题。因此，非法占有目的不容否认。而且，无论中区房屋开发公司还是三泰公司均是上诉人徐某平管理下的集体企业，侵占这两个企业的集体资产均是贪污行为。

此外，三泰公司经理赵某和工程负责人朱某河均证实，徐某平让三泰装饰公司为其子经营的"夯晁排档"装修，装修费用已由三泰装饰公司报销，财务凭证及发票证明"夯晁排档"的装修费用19789.10元由徐某平签报，并加到2号小区铝窗工程账上，且发票上已注明是"夯晁排档"装修。因此，上诉人徐某平已经实施了贪污行为，其隐瞒事实的做法也证实了非法占有的主观目的。

此外，有关假工资表事宜，笔者认为，根据现有证据看，假工资表的认定和假工资表的钱全部交给上诉人的事实认定，均是由每个造工资表的人员一人辨认并证实，确属孤证。其中是否有真实的工资表无法排除，是否将假工资表的钱全部交给上诉人无法确认。上诉人辩解指出，假工资表用于公司古玩市场改造、会展等业务，购买玉器等物品送有关领导，公司的小修小补的维护费用以及不好入账的支出。此辩解得到有关领导和其同事的印证，虽然上诉人报销过5.79万元的相关费用，但由于没能查清报销的具体事项，所以也无法排除上诉人辩解的真实性。故原判认定徐某平编造假工资表贪污公款9.062万元，因事实不清证据不足不能认定。

（撰稿人：孙道萃）

案例10：李某国贪污案
——贪污罪的主体可否为个体承包经营者

一、基本情况

案　由：贪污

被告人：李某国，曾担任攀枝花市建筑机械化施工公司副总经理。因本案于2006年7月11日被刑事拘留，同年7月25日被逮捕。

二、诉辩主张

（一）人民检察院指控事实

四川省攀枝花市仁和区人民检察院指控：被告人李某国涉嫌贪污公款共计29.73万元。具体是：（1）2003年12月，被告人李某国用两张虚假的运输发票金额共计人民币19.73万元，冲抵其在攀枝花市机械化施工公司借用的备用金。被告人李某国将19.73万元据为己有。（2）2005年1月，被告人李某国与周某新、冯某（二人另案处理）共谋，从清乌段工程中套取人民币10万元私分。之后，被告人李某国让清乌段工程的承包人游某从清乌段工程中虚领运输台班费人民币10万元，交与被告人李某国。李某国、周某新、冯某将10万元私分，被告人李某国将私分的人民币5万元据为己有。

（二）被告人辩解及辩护人辩护意见

被告人李某国辩称：对公诉人指控的用两张假运输发票冲抵其在攀枝花市机械化施工公司借用的备用金的事实及与周某新、冯某私分工程款10万元的事实没有异议，但不认为是贪污行为。

其辩护人认为：（1）起诉书指控被告人李某国犯贪污罪的事实均不涉及李某国所具有的国有企业副总经理的国家工作人员身份，而仅与他作为承包人的身份有关，其客观上没有利用国家工作人员职务上的便利；（2）其在主观上没有利用国家工作人员之便利非法占有公共财物的故意；（3）对象上没有侵犯公共财产的所有权,他仅仅在处理自己的资产。因此,起诉书对李某国犯贪污罪的指控均不成立。

三、人民法院认定事实和证据

(一)认定犯罪事实

四川省攀枝花市仁和区人民法院经公开审理查明:

被告人李某国全面负责清乌段工程期间,在施工过程中,利用职务上的便利,虚开运输发票套取工程款共计现金人民币29.73万元,据为己有。

1. 2003年12月,被告人李某国在无运输事实的情况下虚开两张运输发票,金额为19.73万元,拿到建筑机械化施工公司财务处报销,冲抵被告人李某国已在建筑机械化施工公司借用的备用金,将19.73万元占为己有。

2. 2005年1月,被告人李某国与周某新、冯某(二人另案处理)共谋,从清乌段工程中套取攀枝花市城市建设投资经营有限公司拨给攀枝花市建筑机械化施工公司的清乌段工程款10万元私分。之后,被告人李某国让清乌段工程的承包人游某,虚领运输台班费10万元交给被告人李某国。而后,被告人李某国与周某新、冯某私分10万元,被告人李某国分得人民币5万元据为己有。

(二)认定犯罪证据

上述事实有下列证据证明:

1. 攀枝花市建筑机械化施工公司营业执照复印件,证实攀枝花市建筑机械化施工公司系国有企业。

2. 有关被告人李某国的任职情况的文件材料,证实案发时,被告人李某国系攀枝花市建筑机械化施工公司副总经理。

3. 攀枝花市建筑机械化施工公司与攀枝花市城市建设投资经营有限公司签订的合同协议书复印件,证实攀枝花市建筑机械化施工公司承包清乌工程的事实。

4. 经理委托书复印件,证实攀枝花市建筑机械化施工公司总经理田立叶委托本公司副总经理李某国为攀枝花市环城路清乌段第二合同段工程的项目经理,由李某国代表公司全面负责本合同中的有关技术、工程进度、现场管理、质量检验、结算与支付等方面的工作。

5. 内部工程承包合同书复印件,证实攀枝花市建筑机械化施工公司以内部承包的方式将宁华路清乌段第二合同段工程施工任务委托给宁华路清乌段项目部。

6. 攀枝花市建筑机械化施工公司出台的攀建施发〔2004〕02号文件，证实攀枝花市建筑机械化施工公司对下属各项目部的管理规范要求及利润分配要求，明确了利润由公司进行分配及分配方式。

7. 证人田立叶（攀枝花市建筑机械化施工公司总经理）的证言笔录，证实公司对施工项目实行项目部管理模式进行管理，清乌段工程由攀枝花市建筑机械化施工公司承建，李某国任项目部经理，工程不是李某国自负盈亏。

8. 被告人李某国对犯罪事实的供述；证人吴立秀的证言笔录，证实2003年12月，攀枝花市建筑机械化施工公司清乌段项目部经理李某国从公司财务借25万元的工程备用金，2003年年底的时候，李某国用发票来冲的账；证人周某新（清乌段项目部副经理）的证言笔录，证实其在任清乌段项目副经理期间，受李某国安排按李某国拿的推土机台班费发票，制作推土机工作时间表，经隆某云签字后，将发票和推土机工作时间表拿给李某国的事实；证人隆某云的证言笔录，证实是周某新拿推土机工作时间表要其签字的事实；书证：机械化施工公司内部转账支票，证实付李某国借备用金25万元；李某国书写的从财务室借25万元的借条；李某国用于冲抵借款的运输发票两张共计19.73万元。

9. 被告人李某国的供述，证实了私分工程款10万元是为了补发工资；证人冯某、周某新的证言笔录，证实了与李某国共谋私分工程款10万元的事实；证人游某的证言笔录，证实了李某国要求其在领取运输费时多领了10万元，并将从攀枝花市机械化施工公司多转出的10万元交给了李某国的事实；攀枝花市建筑机械化施工公司清乌段项目部会计账簿明细账，包括：内部银行存款明细账、应付账款明细账、记账凭证、公司内部转账支票、领款凭单。

四、判案理由

（一）一审法院判案理由

四川省攀枝花市仁和区人民法院认为：被告人李某国担任攀枝花市建筑机械化施工公司副总经理期间，攀枝花市建筑机械化施工公司为完成清乌段工程的任务，以内部承包的方式成立清乌段工程项目部。被告人李某国担任项目部经理。该身份与该公司副总经理的身份并不矛盾即被告人李某国仍系国家工作人员。攀枝花市建筑机械化施工公司以攀建施发〔2004〕02号文件确定各项目部属于该公司的下属部门，公司对各部门行使管理权，对各部门的全部工程利润进行统一管理和分配，各项目部无权对利润进行分配。因此，内部承包是攀枝花市建筑机械化施工公司作为国有企业的一种管理模式。

清乌段项目部的工程款是由攀枝花市城市建设投资经营有限公司拨出的。被告人李某国通过利用虚构的运输发票冲抵其在攀枝花市机械化施工公司借用的备用金的方式套取该工程款 19.73 万元，从清乌段工程中套取并私分工程款人民币 10 万元，将工程款共计 29.73 万元据为己有。被告人李某国套取、私分城投公司拨出的工程款做法就是将国有资产据为己有。被告人李某国个人在工程上的垫资完全可以在工程结算后通过合法的手段从公司收回，工程垫资不能成为李某国占有国有资产的理由。被告人李某国作为国有公司的副总经理，通过内部承包的方式在管理经营国有财产的过程中，利用职务之便非法占有国有财产，应当认定为贪污。被告人李某国主观上具有贪污的故意，客观上实施了侵吞公共财物的行为，符合贪污罪的犯罪特征，构成贪污罪。公诉人指控的犯罪事实及罪名成立。

(二) 二审法院判案理由

一审判决作出后，被告人李某国不服判决，提出上诉。

上诉人李某国诉称：原判认定事实不清，概述自己身份不准确，自己属私人内部承包；攀枝花市建筑机械化施工公司与自己承包的项目经理部关系不明确，采纳证据不属实，以此认定构成受贿罪和贪污罪有误，自己不构成犯罪。

上诉人李某国的两位辩护人辩称：

1. 在清乌段工程项目上，李某国纯系个体承包经营者，李的身份系个体与国企副总于一身。本案事实仅涉及李个体承包经营者身份，不涉及国企副总身份。故根本谈不上李某国在清乌段工程上利用国家工作人员职务上的便利侵吞公款的问题。

2. 李某国与公司订立的《内部工程承包合同书》，是平等主体之间设立的民事权利义务关系的协议，对双方具有法律约束力；攀建施发〔2004〕02 号文件是公司的单方法律行为，不能约束李某国，李某国对所承包的清乌段项目的资金包括备用金以及工程利润，具有占有、使用、收益和处分的权利，具有所有权。

3.（1）清乌段工程开工建设是李某国多方筹集、出资进行，有极为充足的证据予以证实，也与事实丝毫不相悖。整个工程，公司没出一分钱，没无偿提供一台设备。（2）公司出具的关于李某国对该工程出资与自负盈亏的证明材料与本案大量的、充分确凿的证据相印证，也完全符合客观事实，应予采纳。（3）对公诉人举出的证据，兼收并蓄，不加区别，全予采纳是错误的。（4）辩护人举出的关键证据与公诉人举出的证据在实质上是矛盾的、针锋相对的，辩护人举出的证据形成了严密的证据锁链，足以证明李某国确实无罪的事实,一审法院应当采纳该证据却不予采纳。一审法院在是否采纳控、辩双方证据的问题上,偏袒公诉方,显得盲从,对李某国的据实陈述及辩方所举足以证明李某国无罪的强有力证据却予以抵制,这对李某国极不公平。(5)一审法院不能将与公诉方所举证据不符为标准来作为否定辩方举出的关键证据的理由,不能将公诉方所举证据作为判断其他证据的标准。

4. 李某国不构成犯罪,请求二审法院撤销一审法院的错误判决,改判李某国无罪。

攀枝花市中级人民法院经审理,确认一审法院认定的事实和证据。

攀枝花市中级人民法院经审理认为:清乌段项目部的工程款是攀枝花市城市建设投资经营有限公司拨出的专项工程资金,上诉人李某国通过利用虚假的运输发票冲抵其在攀枝花市建筑机械化施工公司借用的备用金的方式,套取该工程款 19.73 万元,并伙同他人从清乌段工程中套取并私分工程款 10 万元,将工程款共计 29.73 万元据为己有,其行为已构成贪污罪。

五、定案结论

(一)一审法院定案结论

攀枝花市仁和区人民法院依照《中华人民共和国刑法》第 382 条第 1 款、第 383 条第 1 款第 1 项、第 385 条第 1 款、第 386 条、第 64 条、第 67 条、第 69 条之规定,判决如下:

被告人李某国犯贪污罪,减轻判处有期徒刑 7 年,并处没收财产 15 万元;犯受贿罪,减轻判处有期徒刑 3 年,并处没收财产 3 万元。决定执行有期徒刑 9 年,没收财产 18 万元;被告人李某国的违法所得 35.73 万元予以追缴。

(二)二审法院定案结论

攀枝花市中级人民法院依照《中华人民共和国刑事诉讼法》第 189 条第 2 项及《中华人民共和国刑法》第 382 条第 1 款、第 383 条第 1 款第 2 项、第 385 条第 1 款、第 386 条、第 93 条第 2 款、第 61 条、第 64 条、第 67 条、第 69 条之规定,判决如下:

1. 维持攀枝花市仁和区人民法院(2006)仁和刑初字第 120 号刑事判决的第二项,即被告人李某国的违法所得 35.73 万元予以追缴。

2. 撤销攀枝花市仁和区人民法院(2006)仁和刑初字第 120 号刑事判决的第一项,即被告人李某国犯贪污罪,减轻判处有期徒刑 7 年,并处没收财产 15 万元;犯受贿罪,减轻判处有期徒刑 3 年,并处没收财产 3 万元。决定执行有期徒刑 9 年,并处没收财产 18 万元。

3. 上诉人（原审被告人）李某国犯贪污罪，减轻判处有期徒刑 5 年，并处没收财产 15 万元；犯受贿罪，减轻判处有期徒刑 2 年，并处没收财产 3 万元。决定执行有期徒刑 5 年 6 个月，并处没收财产 18 万元。

六、法理解说

笔者认为，本案有以下几个问题值得关注，具体而言：

（一）承包企业中承包人的主体性质认定

本案涉及如何认定贪污罪中的国有企业、事业单位中的承包人问题。

在实践中，承包企业主要由以下几种情形：（1）企业的生产资料、资金全部属于公共财产，以承包形式交给个人或者若干人经营，并与承包人分享企业收益，即企业所获得利润中，除上缴发包单位、纳税、提留公共积累、下发工资、奖金等应扣除外，剩余的利润应归承包人所有。（2）承包的企业挂靠在国有单位，但是单位一不投资；二不参加管理；三不承担任何经营风险，只按照合同规定收取一定的管理费，企业的资金、生产资料全部由承包人筹集。这种公司名为共有，实为私有。（3）企业资金、生产资料来自单位和承包人共同投入，其中有的是单位出资占大部分，有的是承包人出资占大部分，但都是以承包形式交给个人或者若干人经营。

对此，有论者认为，应分不同情况认定：（1）在名为共有、实为私有的企业中，承包人利用职务之便，以伪造单据、虚报冒领等不正当手段，占有企业的财物，这种情况不构成贪污罪。（2）个人承包国有企业、事业单位，承包合同规定采用"大包干"的收益分配方式，即每年向发包单位缴纳固定金额的承包费。在承包过程中，承包人利用职务之便采取不正当手段占有该单位的财物。但在年终结算时，其该上缴的如数上缴了，该下发的如数下发了等，此时亦不构成贪污罪。（3）个人承包国有企业事业单位，承包合同规定，承包人与发包单位按利润比例分成，承包人利用职务之便非法占有单位财务。此时，构成贪污罪。（4）对于发包单位与承包人共同出资的企业、事业单位，承包人利用职务之便，采取不正当方式提取单位财物据为己有，此时亦构成贪污罪。[①]

笔者认为，该观点可取。在认定本案时，亦可以参考。

---

① 参见王作富主编：《刑法分则实务研究（下）》（第 4 版），中国方正出版社 2010 年版，第 1672~1673 页。

(二) 清乌段工程项目部的性质不是个体承包

攀枝花市建筑机械化施工公司属于市属国有企业，主要经营范围为土石方工程施工。被告人李某国于2001年3月16日被任命为攀枝花市建筑机械化施工公司副总经理（2004年4月30日被续聘）。2003年6月30日攀枝花市建筑机械化施工公司与攀枝花市城市建设投资经营有限公司共同达成并签订协议，由攀枝花市建筑机械化施工公司承包修建攀枝花市环城路清乌段（K2+100—K5+860段）工程。2003年6月30日攀枝花市建筑机械化施工公司签发项目经理委托书，委托书中称："攀枝花市建筑机械化施工公司法定代表人总经理田立叶代表本单位委任攀枝花市建筑机械化施工公司副总经理李某国为攀枝花市环城路清乌段（K2+100—K5+860段）第二合同段工程的项目经理。合同中的有关技术、工程进度、现场管理、质量检验、结算与支付等方面的工作，由李某国代表本单位全面负责。"2003年7月，攀枝花市建筑机械化施工公司成立清乌段项目部，由被告人李某国任项目经理。2003年7月9日，攀枝花市建筑机械化施工公司（甲方）与清乌段项目部（乙方）签订了一份内部工程承包合同书，合同约定：甲方将清乌段（复线）第二合同段工程施工任务委托给乙方承担施工。约定工程款的支付办法按甲方与业主所签合同支付办法同步，合同还明确了有关税费由甲方统一负责缴纳。2004年2月9日攀枝花市建筑机械化施工公司出台了攀建施发〔2004〕102号文件。明确了公司对清乌工程项目部的管理，给清乌段项目部规定了明确的经济指标，并明确了利润分配方式按"二、二、三、三"的比例，即项目班子二成、职工二成、市场开拓费三成、上缴公司三成的比例执行。

二审法院认为，原审被告人李某国系攀枝花市建筑机械化施工公司副总经理。攀枝花市环城路清乌段工程被攀枝花市建筑机械化施工公司中标后，为按期完成清乌段工程，成立清乌段工程项目部，被告人李某国被法人代表田立叶任命担任项目部经理。建筑机械化施工公司与工程项目部签订一份协议，协议约定工程的内容、质量和期限及工程款支付方式的具体要求。由此说明，项目经理部属市建筑机械化施工公司的下属部门，且市建筑机械化施工公司下发的文件规定了各项目部属公司的下属部门，总公司对各项目部行使管理权，对各项目部工程利润进行统一管理和分配，各项目部无权对利润进行分配。建筑机械化施工公司实行工程项目负责制，是现代企业实行项目核算的管理模式。笔者认为，这是正确的。上诉人李某国被任命担任清乌段项目经理部经理后，仍是攀枝花市机械化施工公司的副总经理，其身份应以国家工作人员论。清乌段工程实行工程项目负责制是攀枝花市建筑机械化施工公司采取项目核算的管理模式，其性质不是个人承包。

（三）被告人李某国是国家工作人员

在本案中，李某国的主体身份究竟是个体承包经营者还是国有企业副总经理成为定性的关键。由此衍生出两个问题。其一，工程项目部是否为自主经营、自负盈亏的独立实体；其二，工程项目部与市建筑机械化施工公司到底是民事主体间的平等关系，还是上下级的隶属关系。

在本案中，市建筑机械化施工公司凭借自身资历、信誉及价格优势，在竞标城投公司环城路清乌段工程的公开招标中中标。对于城投公司而言，其对应的平等主体是建筑机械化施工公司，合同履行方也是建筑机械化施工公司，责任承担者也是建筑机械化施工公司。李某国所在的清乌段工程项目部既不具有竞标资质，也承担不起工程失败的巨大责任。一旦工程失败，责任承担者依然是建筑机械化施工公司而非工程项目部。

此外，根据建筑机械化施工公司和工程项目部签订的内部工程承包合同来看，该合同效力也只在二者之间，对城投公司并不具有效力。因此，工程项目部不是民事法律关系上的自主经营、自负盈亏的独立实体，而是建筑机械化施工公司的下属部门。建筑机械化施工公司实行工程项目负责制，是现代企业实行项目核算的一种管理模式。作为建筑机械化施工公司的副总经理，李某国担任清乌段工程项目部经理是经过建筑机械化施工公司法人代表田某叶批准任命的；工程项目部也是使用建筑机械化施工公司的名义和资质进行施工的。在财务管理上，业主方即城投公司投入的建设资金全部注入到建筑机械化施工公司账上，清乌段工程的施工资金也必须以"借用备用金"、"工程施工发票冲销"的方式支取工程建设资金。在利润分配上，工程项目部也无权对利润进行分配。

实际上，建筑机械化施工公司就是利用人事任命、财务管理、利润分配与内部合同等方式来实现对项目工程部的管理。由此说明，工程项目部不是民事法律关系上的独立实体，其与建筑机械化施工公司也不是民事法律关系上的平等关系，而是建筑机械化施工公司实行工程项目负责制管理模式下的下属部门。李某国的身份不是个体经营承包者，而是国有企业的副总经理，其当然受公司下发的攀建施发［2004］02号文件的约束，接受公司的管理。

因此，李某国属于贪污的适格主体。但本案还应当考虑这样一个酌定情节，即在清乌段工程前期施工中，李某国确实有个人垫资的事实，并且按照公司文件规定的"二、二、三、三"的利润分配方式，在工程结算后，利润再次分配，李某国应分得部分的实际情况，在量刑时应酌情考虑。故二审法院在原判基础上作了减轻处罚。

（撰稿人：孙道萃）

案例11：杨某见贪污案
——贪污罪主体中的国有公司从事公务人员的认定

一、基本情况

案　由：贪污

被告人：杨某见，曾担任成都大西南铁路监理有限公司南涪铁路监理站办公室主任、副总监理工程师。因本案于2010年7月21日被刑事拘留，同月29日变更强制措施为取保候审。

二、诉辩主张

（一）人民检察院指控事实

重庆铁路运输检察院指控：被告人杨某见在担任成都大西南铁路监理有限公司南涪铁路监理站办公室主任、副总监理工程师期间，利用职务上的便利，采取虚报会务费的手段套取备用金，并将其中的4万元私自截留予以侵吞。该院认为被告人杨某见的行为已触犯《中华人民共和国刑法》第382条第1款的规定，应当以贪污罪追究刑事责任。杨某见犯罪后自动投案，如实供述自己的罪行，系自首，应同时适用《中华人民共和国刑法》第67条第1款的规定，诉请法院依法判处。

（二）被告人辩解及辩护人辩护意见

被告人杨某见对起诉书指控的事实、罪名和证据均无异议，请求法庭从轻处罚。杨某见未向法庭举示证据。

三、人民法院认定事实和证据

（一）认定犯罪事实

重庆铁路运输法院经公开审理查明：

2008年8月至2010年12月，被告人杨某见先后担任成都大西南铁路监理有限公司南涪铁路监理站办公室主任、副总监理工程师，负责该站备用金的管理。在2009年，杨某见利用职务上的便利，采取虚报会务费的手段套取备用金款并将其中的4万元私自截留予以侵吞。

另查明，被告人杨某见于2010年7月21日主动向重庆铁路运输检察院投案自首，并如实供述自己的犯罪事实。案发后，杨某见退缴全部赃款（已由检察机关收缴）。

（二）认定犯罪证据

上述事实有下列证据证明：

1. 成都铁路局劳动和卫生处出具的劳动合同书，证实2002年4月1日至2012年5月31日，杨某见受聘于成都大西南铁路监理有限公司。

2. 成都大西南铁路监理有限公司出具的企业法人营业执照及情况说明，证实该公司系国有全资公司。

3. 成都大西南铁路监理有限公司出具的《关于大西南监理公司调整南涪监理站副总监报告的批复》、说明及副总监岗位职责，证实杨某见自2009年2月12日起担任该公司南涪铁路监理站副总监理工程师及其岗位职责。

4. 成都大西南铁路监理有限公司新建铁路南川至涪陵线监理站出具的情况说明，证实在2008年9月至2009年12月，杨某见先后担任南涪监理站办公室主任及南涪监理站副总监理工程师，负责监理站备用金的管理工作。

5. 建设银行出具的活期存款账户明细账、转账凭条、存款凭条，证实大西南铁路监理有限公司备用金账户上备用金款项的流通情况及杨某见2010年2月1日将备用金款4万元存入私人银行卡。

6. 证人魏某（成都大西南铁路监理有限公司财务部会计）、王某生（成都大西南铁路监理有限公司南涪铁路监理站总监理工程师）、李某林（成都大西南铁路监理有限公司财务部部长）的证言，证实事后经三人检查发现杨某见采取虚报会务费的手段套取备用金，且不知道杨某见私自截留侵吞备用金款4万元。

7. 重庆铁路公安处出具的常住人口信息表，证实杨某见的身份情况。

8. 被告人杨某见在检察机关的供述和辩解与庭审中的供述一致，证实其采取虚报会务费的手段套取备用金款并将其中的4万元私自截留予以侵吞的事实。

9. 重庆铁路运输检察院反贪局出具的归案经过及调查笔录、杨某见的供述，证实杨某见的归案情况。

10. 重庆铁路运输检察院出具的收据，证实杨某见已退缴赃款4万元。

四、判案理由

重庆铁路运输法院认为:成都大西南铁路监理有限公司系国有公司,被告人杨某见由国有公司授权为南涪监理站副总监理工程师,系在国有公司中从事公务,其身份应以国家工作人员论。杨某见在担任副总监理工程师期间,利用管理单位备用金的职务之便私自截留侵吞公款4万元,其行为已经构成贪污罪。重庆铁路运输检察院对其犯贪污罪的指控,事实清楚,证据确实、充分,该指控成立,法院予以支持。杨某见犯罪后自动投案,如实供述自己的罪行,是自首,可从轻或减轻处罚。杨某见系初犯,归案后认罪态度较好,且已退缴全部赃款,有悔罪表现,可酌情从轻处罚。根据其犯罪情节、社会危害性和悔罪表现,对其适用缓刑确实不致再危害社会,决定对其从轻处罚并宣告缓刑。

五、定案结论

重庆市重庆铁路运输法院依照《中华人民共和国刑法》第382条第1款、第93条第2款、第383条第1款第3项、第67条第1款、第72条第1款和最高人民法院《关于处理自首和立功具体应用法律若干问题的解释》第1条、第3条的规定,判决如下:

被告人杨某见犯贪污罪,判处有期徒刑2年,缓刑3年。(缓刑考验期限从判决确定之日起计算,即自本判决发生法律效力之日起至考验期限3年届满之日止。)

六、法理解说

本案案情比较简单,被告人杨某见对事实和证据无异议。笔者特欲选取本案中的一个方面,即国有公司从事公务人员予以阐释。

根据刑法第382条和第93条的规定,国有公司中从事公务的人员为国家工作人员。但是,何为"国有公司"呢?这个问题理论界和实务界并未达成共识。

有论者指出:"国有公司、企业、事业单位,是指由国家投资,其财产归国家所有,以实现国家利益为目标而建立的组织,其范围不难界定。"[①] 因此,

---

[①] 转引自徐逸仁:《也谈国有公司、企业的范围——浅议若干犯罪主体存在的问题》,载《上海大学学报》(社会科学版) 2007年第3期,第123页。

只有财产完全属于国家所有的公司、企业，才是国有公司、国有企业。应该说，在1997年10月1日起现行刑法实施初期，对国有公司、企业性质的认定，前述观点的问题并不突出。当时，我国社会的经济形式是以全民所有制和劳动群众集体所有制为主体。然而事物在发展，改革在深入，经济在转型。我国现在不仅存在着国有独资公司、企业，集体经济组织性质的公司、企业，还存在着中外合资、外国独资、国集联营、民营独资公司、企业等有限责任公司和股份有限公司。而根据党的十六大和十七大报告确立的我国经济发展目标，混合所有制经济或股份制已成为或即将成为公有制中国有经济的主要实现形式。根据公司中是否有国家出资及其出资的比例大小，可将公司分为国有独资公司（公司资产全部为国家所有的有限责任公司）、国家参股公司，后者又可分为国家绝对控股公司、国家相对控股公司、非国家控股公司。

理论界和实务界对何为国有公司，特别是对由国家控股、参股、含有其他经济成分的公司，能否认定为国有公司、企业存在不同的理解。具体而言：（1）否定说。所谓国有企业是指其财产归国家所有，依法自主经营、自负盈亏、独立核算的社会主义商品生产和经营单位。在广义上，它包括狭义的国有企业、国有独资公司、两个以上的国有企业或者其他两个以上的国有投资主体投资设立的有限责任公司。[1] 或者认为，国有公司是指依照公司法成立的由国家授权投资的机构或者国家授权的部门单独投资设立的有限责任公司，即国有独资公司。国有企业，即全民所有制企业。[2]（2）有限度的肯定说。主张凡国有资产所占比例较大的混合制公司、企业都应当认定为国有公司、企业，如果国有资产所占比例较小，则不能认定为国有公司、企业。至于该比例具体应该有多大，则又有不同认识，通常主张以51%为标准。[3] 但在实践中，也有将国家参股未达50%，而实际上由国家控制的公司，也认为属于国有公司。[4]（3）肯定说。国有公司、企业是指国有资本占主体的公司、企业。[5] 具体而言，国有企业绝对控股或者相对控股的，应当按照国有企业对待，在这些公

---

[1] 参见林维：《妨害公司企业管理秩序罪的认定与处理》，中国检察出版1998年版，第214~215页。
[2] 参见刘生荣：《贪污贿赂罪》，中国人民公安大学出版社1999年版，第221页。
[3] 参见王作富主编：《刑法分则实务研究》，中国方正出版社2001年版，第372页。
[4] 参见曾月英主编：《公司、企业犯罪研究》，中国方正出版社2000年版，第3页。
[5] 参见刘家琛主编：《刑法分则及配套规定解释新解》，人民法院出版社2000年版，第806页。

司、企业中从事公务的人员,应当以国家工作人员论。① 国有股权超过比例的为"绝对控股";在股份分散的情况下,国有股权高于30%、低于50%的比例,但国家或原有独资公司、企业对该公司、企业具有控制性影响的为"相对控股"。应该说,这三种观点均有一定的道理,但最后一种更为可取,更加符合我国经济体制改革和经济发展的现状与趋势。

笔者认为,国有控股公司应当作为《刑法》中所称的国有公司,其中的工作人员也即国家工作人员。但是对于国有控股公司的定义并不在于国有控股公司在公司中的最低控股额是30%以上,而是在于公司是否具有控股权,即对国有资产或者持股份额在一个公司、企业中达到一定比例,使国家或者另一国有公司、企业对该公司、企业具有控制权。如有的政府参股在50%以上,而有的只在25%以上,但其他股东均为小股东的持股企业,均应视为国有。考虑到我国目前国有控股公司的人员结构、控股资本的来源、权利义务的主要承担者等因素,将国有控股公司作为《刑法》第93条规定的国有公司是合适的。

而对于国有参股公司的性质,由于投资主体、资产来源的复杂性,难以作出"国有"、"私有"之分。对于股份公司,公司对包括国有资产在内的全部资产及其增值部分享有法人所有权,而股东是以其对公司的投资数额和比例对公司享有股东权,国家作为特殊股东,其权益亦应受到法律保护。笼统地说国家参股公司是国有公司不符合现代企业制度有关股权的本意,如果说国家参股公司不是国有公司显然又不利于国有资产的保护。现行刑法只考虑对所有制为纯正国有公司的资产进行法律保护,对国有控股或者参股的股份公司中国有资产的保护在法律上处于空白状态。如果对此类行为不进行惩罚和规制,将导致一系列不利后果:如将造成国有资产的流失,滋生新的腐败土壤,无法保障国有资产保值增值等。同时,这样的法条表述在司法实践中会形成放纵国家参股公司人员实施侵害国有资产行为的局面。

笔者认为,本案有关国有公司从事公务人员的认定,需要注意以下几个方面:

1. 成都大西南铁路监理有限公司的性质决定论被告人杨某见属从事公务

成都大西南铁路监理有限公司出具的企业法人营业执照及情况说明,证实该公司系国有全资公司。被告人杨某见受聘担任成都大西南铁路监理有限公司南涪铁路监理站办公室主任、副总监理工程师,负责监理站备用金的管理工

---

① 参见王敏:《国有企业中职务犯罪的法律适用若干问题》,载《人民法院报》2002年8月26日第3版。

作。被告人杨某见由国有公司授权为南浯监理站副总监理工程师，系在国有公司中从事公务，其身份应以国家工作人员论。

2. 备用金为国有财产，被告人杨某见利用职务便利侵吞国有财产

该公司的备用金属于国有财产。备用金（国际上也称暂定金额）是企业、机关、事业单位或其他经济组织等拨付给非独立核算的内部单位或工作人员备作差旅费、零星采购、零星开支等用的款项。一般而言，备用金应指定专人负责管理，按照规定用途使用，不得转借给他人或挪作他用。预支备作差旅费、零星采购等用的备用金，一般按估计需用数额领取，支用后一次报销，多退少补。前账未清，不得继续预支。对于零星开支用的备用金，可实行定额备用金制度，即由指定的备用金负责人按照规定的数额领取，支用后按规定手续报销，补足原定额。实行定额备用金制度的单位，备用金领用部门支用备用金后，应根据各种费用凭证编制费用明细表，定期向财会部门报销，领回所支用的备用金。对于预支的备用金，拨付时可记入"备用金"（或"其他应收款"）科目的借方；报销和收回余款时记入该科目的贷方。在实行定额备用金制度的单位，除拨付、增加或减少备用金定额时通过"备用金"科目核算外，日常支用报销补足定额时，都无须通过该科目而将支用数直接记入有关成本类科目、费用类科目。①

被告人杨某见利用职务之便，在明知备用金属于公司所有的财产时，仍执意违反公司的财务管理制度，私自截留备用金。这是一种典型的侵吞行为，且期具有非法占有的主观目的。被告人杨某见2010年2月1日将备用金款4万元存入私人银行卡，这说明被告人杨某见已经实际控制这笔款项。因此，被告人杨某见构成贪污罪。法院的判决是正确合法的。

（撰稿人：孙道萃）

---

① 参见《备用金》，载百度百科，http://baike.baidu.com/view/540279.htm，访问日期：2012年5月8日。

案例12：周某军等贪污案
——贪污罪中的国家工作人员的认定

一、基本情况

案　由：贪污
被告人：周某军，曾担任讷河市讷南镇卫生院院长的职务。

二、诉辩主张

（一）人民检察院指控事实
黑龙江省讷河市人民检察院指控被告人周某军犯贪污罪。
（二）被告人辩解及辩护人辩护意见
被告人周某军一审并未提出辩护意见和提供相应的证据。

三、人民法院认定事实和证据

（一）认定犯罪事实
黑龙江省讷河市人民法院经公开审理查明：

被告人周某军在2004年至2010年担任讷河市讷南镇卫生院院长期间，利用职务便利，私自决定将该院下设的牙科对外发包。牙科由郭某超和宫某奎分别承包一个诊室，承包人与卫生院签订承包合同并按期缴纳承包费。被告人周某军将郭某超缴纳的承包费人民币1.65万元、宫某奎缴纳的承包费人民币1.8万元，共计人民币3.45万元，采取不入账的方法据为己有，被其挥霍。

（二）认定犯罪证据
上述事实有下列证据证明：
1. 书证
被告人周某军个人档案、讷南卫生院医疗机构执业许可证、卫生机构分类代码证、事业单位法人证书、黑龙江省财政票据购领证、事业单位机构编制管理证、讷河市卫生局出具的证明、牙科承包合同书及交款收据。

2. 证人证言

（1）证人郭某超（讷南卫生院院内牙科承包者）证言，证实其 2004 年 8 月至 2009 年 8 月承包讷南卫生院院内牙科，其与周某军院长签订承包合同，共缴承包费是 1.65 万元。

（2）证人宫某奎（讷南卫生院院外牙科承包者）证言，证实其是 2004 年 9 月承包，每年都签合同，一年一签，是和周某军签订的，共缴承包费 1.8 万元。缴承包费时周某军给其打电话，交给周某军，他不在时，就交给胡某玲。

（3）证人崔某锋的证言，证实牙科于 2004 年分别承包给郭某超（院内）和宫某奎（院外），郭某超每年缴管理费是 4000 元，宫某奎每年缴管理费是 3500 元。

（4）证人崔某来的证言，证实牙科、妇科、B 超室对外承包。郭某超和宫某奎承包牙科，李某凤承包妇科，周某承包 B 超室。只有妇科收取承包费，牙科和 B 超室院里没有收取承包费，具体收没收、谁收的其不知道，账上也没有。

3. 被告人供述及自书材料

被告人周某军供述及自书材料。

4. 案件来源、抓获经过。

四、判案理由

（一）一审法院判案理由

黑龙江省讷河市人民法院认为，被告人周某军身为国家工作人员，利用职务上的便利，侵吞公款据为己有，其行为已构成贪污罪。

（二）二审法院判案理由

一审宣判后，原审被告人周某军不服，其以是与李某凤共同承包讷南卫生院妇产科，利润均分，不构成受贿罪；原审被告人周某军以其不构成贪污罪等为理由提出上诉。

其辩护人以相同的理由提出辩护意见。

出庭检察员提出原判认定事实清楚，证据确实、充分。诉讼程序合法，量刑适当，应当维持原判的检察意见。

二审审理查明的事实与证据与一审相同。

黑龙江省齐齐哈尔市中级人民法院认为：上诉人周某军利用职务之便侵吞公款之行为构成贪污罪。原判定罪准确。在共同犯罪中周某军起主要作用系主犯，原判考虑其犯罪的具体情节、归案后的表现，在法定刑罚内量刑，量刑适当。

五、定案结论

（一）一审法院定案结论

黑龙江省讷河市人民法院依照《中华人民共和国刑法》第385条第1款、第386条、第382条第1款、第383条第1款第3项、第25条第1款、第26条第1款、第27条、第69条之规定，判决如下：

被告人周某军犯贪污罪，判处有期徒刑3年6个月。

（二）二审法院定案结论

黑龙江省齐齐哈尔市中级人民法院依照《中华人民共和国刑事诉讼法》第189条第1项、第2项之规定，判决如下：

维持黑龙江省讷河市人民法院〔2010〕讷刑初字第179号刑事判决第一项，即被告人周某军犯贪污罪，判处有期徒刑3年6个月。（刑期从判决执行之日起计算，判决执行以前先行羁押的，羁押1日折抵刑期1日。即自2010年3月6日起至2013年3月5日止。）

本判决为终审判决。

六、法理解说

笔者认为，本案的关键还是国家工作人员的认定。

刑法第382条规定："国家工作人员利用职务上的便利，侵吞、窃取、骗取或者以其他手段非法占有公共财物的，是贪污罪。受国家机关、国有公司、企业、事业单位、人民团体委托管理、经营国有财产的人员，利用职务上的便利，侵吞、窃取、骗取或者以其他手段非法占有国有财物的，以贪污论。"因此，贪污罪的主体包括两类：国家工作人员和受国家机关、国有公司、企业、事业单位、人民团体委托管理、经营国有财产的人员。因此，贪污罪的主体仍然是国家工作人员。刑法第93条规定："本法所称国家工作人员，是指国家机关中从事公务的人员。国有公司、企业、事业单位、人民团体中从事公务的人员和国家机关、国有公司、企业、事业单位委派到非国有公司、企业、事业单位、社会团体从事公务的人员，以及其他依照法律从事公务的人员，以国家工作人员论。"因此，国家工作人员也分为两种类型：一是国家机关工作人员，二是"以国家工作人员论"的国家工作人员，可称为准国家工作人员。国家工作人员中包含着国家机关工作人员，即所有的国家机关工作人员都是国家工作人员，但国家工作人员却不一定是国家机关工作人员。

如何界定国家机关的范围呢？我国刑法理论界存在以下几种观点：（1）认为"国家机关"就是指从事国家管理和行使国家权力，以国家预算拨款作为独立活动经费的中央和地方各级组织，具体包括权力机关、行政机关、检察机关、审判机关以及军队系统的各级机构。[1]（2）认为国家机关除了上述权力机关、行政机关、司法机关以及军队内机关以外，还应包括中国共产党的各级机关以及政协的各级机关。[2]（3）主张国家机关应当包括中国共产党的各级机关、国家各级权力机关、行政机关、审判机关、军队中的各级机关、中国人民政治协商会议的各级机关以及一些名为总公司但实为国家行政部门的机构（如石油天然气总公司、电力总公司等）。这种观点认为，根据我国的具体国情，中国共产党作为执政党，所从事的管理活动事关国家的大政方针，所以不能把中国共产党的组织排除在国家机关之外。至于那些名为总公司但实为国家行政部门的机构，并不适用企业的经营机制，而是依靠国家行政拨款，从事行政管理的职能部门，所以其本质上仍属于国家机关。[3]（4）依据我国宪法第三章关于国家机构的规定，我国的国家机关应当包括权力机关、行政机关、审判机关（人民法院）、检察机关（人民检察院）以及军事机关。而且，在宪法中，政党和社会团体、企事业单位一样，都是和国家机关相并列的。第93条中所称的国家机关，就是指国家的权力机关、行政机关、审判机关、检察机关和军队系统中的机关。国家权力机关，就是全国与地方各级人民代表大会及其常务委员会；国家行政机关，就是国务院及其各部委和地方各级人民政府及其所属的各种管理机构；国家审判机关，就是指各级人民法院；国家检察机关，就是指各级人民检察院；军队系统中的机关，就是对国家武装力量实行管理的各级机构，如国家军事委员会、四总部等。至于在中国共产党组织中以及前述在原先为行政机关而现在为总公司的组织中依法从事公务的人员，显然应属于国家工作人员的范

---

[1] 参见侯国云、白岫云：《新刑法疑难问题解析与适用》，中国检察出版社1998年版，第184、187页。

[2] 参见敬大力主编：《刑法修订要览》，法律出版社1997年版，第148页。

[3] 参见赵秉志主编：《新刑法教程》，中国人民大学出版社1997年版，第780页。

围,但不应属于国家机关工作人员的范围。①

《全国法院审理经济犯罪案件工作座谈会纪要》(2003年11月13日)详细解读了贪污罪的主体:(1)国家机关工作人员的认定。刑法中所称的国家机关工作人员,是指在国家机关中从事公务的人员,包括在各级国家权力机关、行政机关、司法机关和军事机关中从事公务的人员。根据有关立法解释的规定,在依照法律、法规规定行使国家行政管理职权的组织中从事公务的人员,或者在受国家机关委托代表国家行使职权的组织中从事公务的人员,或者虽未列入国家机关人员编制但在国家机关中从事公务的人员,视为国家机关工作人员。在乡(镇)以上中国共产党机关、人民政协机关中从事公务的人员,司法实践中也应当视为国家机关工作人员。(2)国家机关、国有公司、企业、事业单位委派到非国有公司、企业、事业单位、社会团体从事公务的人员的认定。所谓委派,即委任、派遣,其形式多种多样,如任命、指派、提名、批准等。不论被委派的人身份如何,只要是接受国家机关、国有公司、企业、事业单位委派,代表国家机关、国有公司、企业、事业单位在非国有公司、企业、事业单位、社会团体中从事组织、领导、监督、管理等工作,都可以认定为国家机关、国有公司、企业、事业单位委派到非国有公司、企业、事业单位、社会团体从事公务的人员。如国家机关、国有公司、企业、事业单位委派在国有控股或者参股的股份有限公司从事组织、领导、监督、管理等工作的人员,应当以国家工作人员论。国有公司、企业改制为股份有限公司后,原国有公司、企业的工作人员和股份有限公司新任命的人员中,除代表国有投资主体行使监督、管理职权的人外,不以国家工作人员论。(3)"其他依照法律从事公务的人员"的认定。刑法第93条第2款规定的"其他依照法律从事公务的人员"应当具有两个特征:一是在特定条件下行使国家管理职能;二是依照法律规定从事公务。具体包括:(1)依法履行职责的各级人民代表大会代表;(2)依法履行审判职责的人民陪审员;(3)协助乡镇人民政府、街道办事处从事行政管理工作的村民委员会、居民委员会等农村和城市基层组织人员;(4)其他由法律授权从事公务的人员。

2000年4月,全国人大常委会通过了《关于刑法第93条第2款的解释》。根据这一解释,村民委员会等农村基层组织人员协助人民政府从事下列行政管理工作,属于第93条第2款规定的"其他依照法律从事公务的人员":(1)救

---

① 参见赵秉志、于志刚、孙勤:《论国家工作人员范围的界定》,载《法律科学》1999年第5期,第118页。

灾、抢险、防汛、优抚、扶贫、移民、救济款物的管理；（2）社会捐助公益事业款物的管理；（3）国有土地的经营和管理；（4）土地征用补偿费用的管理；（5）代征、代缴税款；（6）有关计划生育、户籍、征兵工作；（7）协助人民政府从事的其他行政管理工作。

由此可见，刑法中的"国家工作人员"概念在过去的30多年中，总体经历了一个由扩张到收缩，又由收缩到扩张的演变，这种演变与国家的经济形态由单纯的公有制转向以公有制为主、多种经济形式并存的社会大背景是相联系的。同时，"国家工作人员"的立法界定之难与司法适用中的困惑，还与中国特色的政治制度和人事制度以及国家政治体制改革的发展方向有关。[①]

在理论界，关于国家工作人员的本质，主要观点有：（1）身份说。这种观点主要是以"国家干部"身份来具体判断是否为国家工作人员。国家干部制度是我国人事制度最重要的内容，新中国成立以来，我国始终以是否是国家干部来划分人的身份。国家干部无论其公务性如何转换，只要人事管理关系不变，就仍保留干部身份。故而，干部身份具有很强的稳定性。因此，以"国家干部"身份来具体判断是否为国家工作人员便于司法上的认定。（2）公务说。该观点以是否"从事公务"作为界定国家工作人员的标准，主张行为人无论具有什么身份，只要其依法从事公务，就应认定为国家工作人员。它认为无论是国家工作人员还是准国家工作人员，都具有一个共同的特征，就是"从事公务"。现行《刑法》第93条4次提到了"从事公务"，这充分说明了"从事公务"应当是国家工作人员的本质特征。[②] 笔者认为，"公务说"从本质上对国家工作人员进行了界定，因为国家工作人员犯罪是一种职务犯罪，这种犯罪只有发生在履行公务的过程中才可能构成。我国前后两部《刑法》和历次人大常委会的决定、解释均对从事公务加以强调，尤其是现行刑法在界定"国家工作人员"时反复提到了"从事公务"，这也充分说明了"从事公务"在认定国家工作人员中的重要意义。实际上，无论是国家工作人员还是准国家工作人员，都具有一个共同的特征，就是"从事公务"。因此，"从事公务"应当是国家工作人员的本质特征，即对于国家工作人员范围的界定，应以其是否从事公务为标准，行为人无论具有什么

---

① 参见刘仁文：《刑法中"国家工作人员"概念的立法演变》，载《河南大学学报》（社会科学版）2010年第6期，第22页。

② 参见冯振东：《国家工作人员的本质特征界定》，载《中国检察官》2006年第12期，第55页。

身份，只要其依法从事公务，就应认定为国家工作人员。

此外，还有论者认为，国家机关工作人员的本质特征，应坚持以具备资格为前提，以拥有职责和职权为基础，以职务名义从事国家管理、公共管理和社会管理等公务为核心的三位一体的"新公务论"。① 具体而言：（1）取得资格是前提。所谓资格，是指为获得某一特殊权利而必须具备的先决条件。就国家机关工作人员而言，资格的取得包括三种情况：法定身份、经合法授权或受有权机关委托，三者有其一，即可视为具备资格。（2）拥有职权、肩负职责是基础在按规定所承担的工作范围内拥有一定的权限，担负相应的责任，是"新公务论"的基础。行使国家管理、公共管理或社会管理的职权，履行管理国家事务、公共事务和社会事务的职责，两者是统一的。（3）以职务名义从事国家管理、公共管理或社会管理等公务是核心。指以职务名义从事国家管理、公共管理或社会管理等事务。它是个人以职务名义实施的动态的、现实的具体行为。它体现的是一种公权力，行使的是国家对社会的管理职能，包括对人、财、物的管理，对政治、经济、军事、文化教育等事务的管理，与国家利益、人民群众生命财产安全以及社会的发展和进步息息相关。笔者认为，该观点具有相当的合理性。尽管本案并未涉及国家机关工作人员的认定，但这对正确把握国家工作人员有着重要的理论借鉴意义。

在本案中，焦点即为周某军是否构成贪污罪的关键之一在于"讷河市讷南镇卫生院院长"是否属于国家工作人员，是否存在利用担任院长这一职务便利。

笔者认为，镇卫生院院长属于事业单位中从事公务的人员。讷南卫生院医疗机构执业许可证、卫生机构分类代码证、事业单位法人证书、黑龙江省财政票据购领证、事业单位机构编制管理证、讷河市卫生局出具的证明等均证实讷南卫生院是国家事业单位。周某军是2004年讷南卫生院职工选举产生的院长，这说明被告人周某军个人档案证明周某军是国家工作人员的身份。被告人周某军在2004年至2010年担任讷河市讷南镇卫生院院长期间，利用职务便利，私自决定将该院下设的牙科对外发包。牙科由郭某超和宫某奎分别承包一个诊室，承包人与卫生院签订承包合同并按期缴纳承包费。

上诉人周某军之所以能够将向外发包医院的牙科业务，这是因为其利用职务之便，规避了国家对事业单位的相关管理制度。上诉人周某军之所以要对外发包，是因为上诉人周某军将郭某超缴纳的承包费人民币1.65万元、宫某奎缴纳的承包费人民币1.8万元，共计人民币3.45万元，采取不入账的方法据

---

① 参见李希慧、贾济东：《关于"国家机关工作人员"的本质论》，载《中南大学学报》（社会科学版）2003年第3期，第312~313页。

为己有，被其挥霍。由此推知非法占有目的是客观存在的。

牙科由郭某超和宫某奎分别承包一个诊室，承包人与卫生院签订承包合同并按期缴纳承包费。尽管私自对外发包的行为违反了医院的相关规定，但这不影响承包费的所有权归属，承包费是郭某超和宫某奎向医院支付的，并不是向上诉人周某军个人支付的。因此，承包费属于医院的财产，属于公共财物的一种形式。

综上所述，上诉人周某军符合贪污罪的犯罪构成，二审法院维持原审判决的做法是正确的。

（撰稿人：孙道萃）

案例13：潘某辉等贪污案
——贪污罪的主观要件的认定

一、基本情况

案　由：贪污

被告人：潘某辉，曾为湖南省怀化市疾控中心生物制品科工作人员。2009年11月5日因涉嫌贪污罪、挪用公款罪被逮捕，2009年12月31日，湖南省芷江侗族自治县人民检察院决定对其取保候审，2010年12月30日该院对其解除取保候审。

二、诉辩主张

（一）人民检察院指控事实

芷江侗族自治县人民检察院指控：2002年至2009年3月，被告人潘某辉在市疾控中心生物制品科工作期间，在原科长李某军（已判刑）的授意下，违反国家法律及市疾控中心"三统一"经济管理方案，伙同同科室工作人员，采取购进疫苗不入库，进行账外销售，隐瞒销售收入，将销售收入进行集体私分及用于科室成员及家属集体旅游。2004年至2009年，先后17次共同私分销售利润58.6万元。其中被告人潘某辉个人分得15.6万元；从账外销售收入中的26.8万元用于科室成员及家属旅游，潘某辉及家人共用5.3万元。其行为已触犯《中华人民共和国刑法》第382条第1款，第383条第1款第1项、第2款之规定，应当以贪污罪追究其刑事责任。在共同犯罪中，被告人潘某辉起次要作用，系从犯，适用《中华人民共和国刑法》第275条第1款、第27条之规定，提请依法判处。

（二）被告人辩解及辩护人辩护意见

被告人潘某辉对公诉人指控的犯罪事实没有意见，但辩称其于2002年被安排到市疾控中心生物制品科工作,主要负责该科室的内务工作、零销疫苗和开疫苗调拨单。该科室负责人为李某军,他与单位开始签有目标管理责任状,后又签有承包合同或是目标管理责任状,其所在的科室为承包性质,完成承包任务后,李某军作为科室负责人将上缴给单位承包任务后多余的利润以奖金发放给员工,应为员工所得的劳动报酬。因此,她主观上没有犯罪的故意,客观上亦未利用职务之便非法占有公共财物的具体行为,其行为不构成贪污罪。

其辩护人对公诉人指控被告人潘某辉的犯罪事实没有意见,但根据被告人潘某辉行为时的具体情况,服从科长的安排,不存在行为的可选择性,不存在罪过,因该科与市疾控中心签订有目标责任管理协议书,且被告人潘某辉于2002年到生物科之前,该科就已采取私印调拨单零销疫苗,被告人潘某辉不可能认识到自己的行为违法,主观上不存在犯罪故意。故被告人潘某辉不具备贪污罪的构成要件,依法不构成犯罪。

三、人民法院认定事实和证据

(一)认定犯罪事实

芷江侗族自治县人民法院经公开审理查明:

怀化市疾控中心系财政全额拨款的事业法人单位。2002年至2009年3月,被告人潘某辉在市疾控中心生物制品科工作期间,在原科长李某军(已判刑)的授意下,违反国家法律及市疾控中心"三统一"经济管理方案,伙同同科室工作人员,采取购进疫苗不入单位财务账,进行账外销售的方法,设立科室"小金库",先后17次共同私分现金58.6万元。其中被告人潘某辉个人分得现金15.6万元;另从"小金库"拿出现金26.8万元(含拓康公司请李某军和被告人潘某辉等人到印尼旅游,李某忠未去,李某军和被告人潘某辉从"小金库"拿出现金5000元发给李某忠的在内)用于科室成员及家属旅游,潘某辉及家人共用5.3万元。

具体事实如下:

私分销售利润:

1.2004年4月28日,私分2.35万元,其中李某军、滕某妹、李某忠和潘某辉各5000元,石某生2500元,王某1000元。

2.2004年6月18日,私分2.41万元,其中李某军和滕某妹各5550元,李某忠和潘某辉各5000元,石某生2000元,王某1000元。

3. 2004年9月20日，私分4.8万元，其中李某军和滕某妹每人1.1万元，李某忠和潘某辉每人1万元，石某生、王某、何某斌各2000元。

4. 2004年12月30日，私分6.1万元，其中李某军和滕某妹每人1.3万元，石某生1.25万元，李某忠、潘某辉每人1万元，王某2500元。

5. 2005年1月28日，私分5.15万元，其中李某军和滕某妹每人1.1万元，李某忠、潘某辉每人1万元，李某红5000元，石某生4000元，临时工500元。

6. 2005年6月9日，私分2.1万元，其中李某军和滕某妹每人5500元，李某忠、潘某辉每人5000元。

7. 2005年9月16日，私分4.25万元，其中李某军、滕某妹、李某忠和潘某辉每人1万元，石某生1000元，何某斌1000元，王某500元。

8. 2005年12月23日，私分4.49万元，其中李某军、滕某妹每人1.2万元，李某忠和潘某辉每人1万元，李某红900元。

9. 2006年五一前，私分9000元，其中李某军、李某忠和潘某辉每人3000元。

10. 2006年端午节前，私分3000元，其中李某军、李某忠和潘某辉每人1000元。

11. 2006年9月26日，私分4.05万元，其中李某军、李某忠和潘某辉每人1万元，李某红500元，余1万元分给唐某林、何某斌、药监局相关人员等。

12. 2007年2月9日，私分5.1万元，其中李某军、李某忠和潘某辉每人1.5万元，滕某妹6000元。

13. 2007年4月28日，私分1.2万元，其中李某军、李某忠和潘某辉每人4000元。

14. 2007年端午节，私分1.5万元，其中李某军、杨绍忠和潘某辉每人5000元。

15. 2007年11月4日，私分4万元，其中李某军和潘某辉每人2万元。

16. 2008年2月4日，私分1.5万元，其中李某军和潘某辉、李某忠每人5000元。

17. 2008年春节后到2009年春节前，私分8.4万元，其中李某军、李某忠和潘某辉每人2.8万元。

公款旅游：

1. 2004年春节过后，李某军家2人、滕某妹家2人、潘某辉家2人、李某忠家3人、李某红家2人、麻阳疾控中心的宋某松夫妻2人共13人，到昆明等地旅游，旅游费为成人3000元、小孩2000多元，总费用3.3万元，除李某忠家因多去一人家属自己支付了3000元费用，其余3万元全部从账外销售收入中支出，石某生未去，从账外销售收入中支出5000元补给石某生，潘某辉及家人共用5000元。

2. 2005年春节，李某军、潘某辉、李某忠、滕某妹每家3个人共12人，到海南旅游，旅游费为每人3000元，总费用3.6万元，全部从账外销售收入中支出，潘某辉及家人共用9000元。

3. 2005年国庆，李某军、潘某辉、李某忠、滕某妹每家3个人共12人，到新疆旅游，旅游费为每人6000元，总费用7.2万元，全部从账外销售收入中支出，潘某辉及家人共用1.8万元。

4. 2006年春节，李某军、潘某辉、李某忠、滕某妹每家3个人共12人，到香港旅游，旅游费为每人3000元，总费用3.6万元，全部从账外销售收入中支出，潘某辉及家人共用9000元。

5. 2007年春节，李某军家3人、潘某辉家2人、李某忠家3人、李某红家2人、部分县疾控中心及家属共22人，到厦门旅游，旅游费为每人3000元，总费用6.6万元，全部从账外销售收入中支出，潘某辉及家人共用6000元。

6. 2007"五一"节，李某军、潘某辉、李某红3人，到新马泰旅游，旅游费为每人6000元，总费用1.8万元，全部从账外销售收入中支出。

（二）认定犯罪证据

上述事实有下列证据证明：

1. 同案人李某军的供述，证明其所在的市疾控中心生物制品科主要从事有价疫苗的购销，每年有上缴市疾控中心销售利润的任务，按市疾控中心规定，所有疫苗购销都要通过市疾控中心财务进行，进货要做入库登记，缴市疾控中心财务入账，销售要开市疾控中心的调拨单和发票，销售收入缴市疾控中心财务入账。其所在的生物科从1999年开始搞账外疫苗销售，主要发生在2002年以后，是其在科室开业务会时提出来的，该科的其他工作人员都表示同意，并都积极参与到账外销售疫苗里来，账外销售疫苗是他们科室的集体行为。搞账外销售，一是为了能从账外销售收入中拿点钱出来分；二是为了隐瞒销售利润，不暴露生物科每年销售疫苗的实际利润，以免市疾控中心增加次年生物科上缴的经济任务；三是为便于处理一些不方便公开报账的开支。采取的方式主要是在购进疫苗时不如实办理入库手续，将一部分疫苗在市疾控中心的账外进行销售，销售收入存到私人账上。账外销售这部分的疫苗货款也通过私人账户付给疫苗供应商。2002年之前，由李某忠保管账外疫苗销售收入，

2003年后由被告人潘某辉保管。其根据每年账外销售疫苗的具体数量和利润情况，决定科室分多少钱和每人分钱的数额，由保管账外销售收入的人从存有账外销售收入的私人账户上提取相应的钱来发。2004年到2009年，其与被告人潘某辉等人先后17次共同私分销售利润58.6万元。从账外销售收入中拿出26.8万元用于科室成员及家属旅游。同时证明市疾控中心发有文件，领导在会上也讲过不允许搞账外销售，要按照"三统一"即统一收费、统一核算、统一分配进行经济管理的事实。

2. 被告人潘某辉的供述与辩解，证明其2002年到生物制品科时，李某军在开部门会议时讲过账外销售疫苗的情况。账外销售疫苗主要是为了隐瞒生物制品科的疫苗销售的真实情况，防止市疾控中心加重来年的经济任务，因为疾控中心对生物制品科实行目标责任管理，每年都有经济任务，另外就是能在账外销售的过程中大家分点钱。2002年下半年账外销售收入由李某忠保管，2003年3月、4月以后李某军要她保管账外销售收入。在2005年前每次分钱都是由李某军决定，她制表签字领钱。在2006年3月8日，因洪江市疾控中心的账务问题被市纪委调查后，每次分钱都由李某军决定直接发钱。并证明其与李某军等人先后17次共同私分销售利润58.6万元。从账外销售收入中拿出26.8万元用于科室成员及家属旅游与同案人李某军的供述一致。

3. 证人李某忠的证言，证明其所在的生物制品科在账外出售部分疫苗。账外销售疫苗的收入不入市疾控中心的账。这些账外收入在1999年至2002年是杨春保管，2002年下半年是其保管，2003年后是被告人潘某辉保管。其所在的生物制品科为单位购进疫苗时，部分疫苗不做入库登记，不入单位账。然后他们用自制的调拨单进行销售，销售所得的收入也不入疾控中心的财务，由其生物科的人保管，然后进行私分。供货商的货款从账外资金中支付，账外销售的利润也留在他们生物科掌握的个人账户上。李某军在1999年到生物科当科长后，就提出账外销售疫苗，大家分点钱。2002年被告人潘某辉到生物科后，李某军在开会时，再次讲过搞账外销售疫苗的情况，他提出现在搞经济目标管理责任制，不能将销售疫苗的真实情况反映出来，不然疾控中心会加重次年的经济任务，其与被告人潘某辉等人均表示同意。账外销售疫苗的收入应该是疾控中心的收入，按财务制度应由疾控中心统一管理。并证明其与被告人潘某辉等人先后17次共同私分销售利润58.6万元。从账外销售收入中拿出的26.8万元用于科室成员及家属旅游与被告人潘某辉、同案人李某军的供述基本一致。证人滕某妹的证言，证明其所在的生物制品科从1999年李某军担任生物制品科科长以来就开始搞账外疫苗销售，2002年成立疾控中心时，其所在的生物科对于这个问题还专门开了会。当时生物科的成员有李某军、李某忠、被告人潘某辉、石某生和她,大家都表示同意。1999 年至 2002 年上半年是杨某管生物科账外销售的账,2002 年下半年是李某忠管账外销售的账,2003 年开始由被告人潘某辉管账外销售的账。生物科是市疾控中心下设的一个科室,按财务制度所有收入应由市疾控中心统一管理,由市疾控中心开具正式发票或收据。采购的疫苗和卖给各县区疾控中心的疫苗都由市疾控中心统一记账管理。其所在的生物制品科为单位购进疫苗时,部分不做入库登记,不入单位账。目的是能从账外销售收入拿点钱出来分给生物科的人员;二是隐瞒销售利润,不暴露生物制品科每年销售疫苗的实际利润,以免市疾控中心增加次年生物制品科上缴的经济任务;三是便于处理一些不方便公开报账的开支,这是李某军提出的,大家也都表示同意。这些账外销售的收入应该是疾控中心的收入,并证明 2003 年至 2006 年从账外销售疫苗分到的现金数额的事实。证人李某红的证言,证明被告人潘某辉所在的生物科邀请其与家人 3 次到云南、厦门、新马泰旅游,旅游费用均由生物科承担的事实。证人杨某的证言,证明被告人潘某辉所在的市疾控中心生物制品科工作人员通过其工作的怀化风光旅行社 6 次到昆明、海南、新疆等地旅游,所有费用均由被告人潘某辉支付现金,并证明每次旅游的人数、所花费用与李某军和被告人潘某辉的供述基本一致。证人唐某林的证言,证明市疾控中心 2002 年至 2008 年每年都有经济管理方案或目标管理责任制,目标管理责任制明确规定市疾控中心对内设科室按"三统一"即统一收费、统一核算、统一分配进行管理,在完成中心下达的指令性任务后,科室自主分配,但分配方案需报中心备案。并证明两份《关于生物制品实行目标责任管理的协议书》是为了应付纪检检察的调查而造假的事实。证人朱某华的证言,证明被告人潘某辉所在的生物科在 2006 年以前是按经济责任制目标管理,实行科室核算,各科室下达创收任务。根据任务完成的情况,再给科室人员核算发放奖励,财务统一由中心管理。2006 年后实行的经济目标责任制是在原来的基础上,只要生物科完成了下达的经济目标,其他的由生物科自行开支。他们实行科室全额承包制管理,不是针对个人,科长代表科室进行全面管理,具有分配权,但是要报中心备案。生物科实行全额承包后不允许单独设账。且管理方案明文规定要按照"三统一"即统一收费、统一核算、统一分配进行管理。任何科室不得私设"小金库",不允许私分公款的事实。证人瞿某的证言,证明 2006 年以前,市疾控中心对生物科实行经济目标责任制管理,每年制定有市疾控中心经济管理方案。2006 年市疾控中心为加强疫苗经营管理,达到创收目标,实行竞聘,但绝对不是个人承包,只是包干任务数,目的是增加疾控中心的收入,是他们内部的一种管理模式,但规定必须经过财务统一核算,不允许账外经营和截留收入,更不允许科室私分公款的事实。证人何某斌的证言,证明其系被告人潘某辉所在市疾控中心生物科的分管领导,市疾控中心从2002年开始制定了《经济管理方案》,每年的《经济管理方案》总则都规定中心全面实行"双文明目标管理",按照"三统一"的管理模式对中心所有科室严格管理,"科室自主分配"就是在遵守"三统一"的原则下,完成任务后的多余部分,科室可以作为奖金自主分配。每年中层干部会议和全体员工会议强调不允许私设"小金库",不允许私自分钱,市疾控中心对生物科从2003年开始对生物科的目标管理模式仍按每年疾控中心制定的经济管理方案执行,只是该科室的自主权大了,在政策允许的条件下自主经营,但财务上必须实行"三统一",即统一收费、统一核算、统一分配,年终由财务科核算完成经济指标后超出部分由生物科自主分配。并证明市疾控中心是全额拨款的事业单位,不能同下属科室搞承包及两份《关于生物制品实行目标责任管理的协议书》是为了应付纪检检察的调查而造假的事实。

4. 书证被告人潘某辉的户籍资料,证明其具有刑事责任能力。市疾控中心人事科出具的被告人潘某辉的人事档案和证明,证明被告人潘某辉系该中心工作人员。市疾控中心出具的怀化市机构编制委员会文件怀编〔2002〕22号关于组建怀化市卫生监督所和怀化市疾病预防控制中心的批复、事业单位法人证书及中华人民共和国组织机构代码证及市疾控中心出具的生物科工作职责,证明市疾控中心系全额拨款的事业法人单位与内设的生物制品科的工作职责为:(1)制定和实施辖区内二类苗免疫与预防策略;(2)实施二类苗的规范管理免疫预防接种;(3)参加免疫接种率的监测和调查;(4)开展二类苗预防接种门诊服务工作;(5)指导和参加预防接种异常反应、事故的监测和调查处理;(6)指导和参与免疫效果的监测和评价;(7)实施除害杀虫工作;(8)承担上级交办的其他工作。市疾控中心出具的委托书,证明该中心委托李某军负责该中心疫苗的采购联系与货物的提取。产品购销、代理配送合同、销售合同,证明被告人潘某辉所在的生物制品科以市疾控中心名义购买疫苗。付款通知,证明被告人潘某辉支付购进疫苗货款的事实。通过侗族自治县人民法院出具的怀化市人民检察院关于市疾控中心有关收入的资金性质及收支规定的咨询函和怀化市财政局关于市疾控中心有关收入的资金性质及收支规定的说明,证明市疾控中心经费来源包括本级财政预算内安排的经费、本级财政预算内安排的专项资金和临时追加的专项资金、上级财政部门拨付的专项资金、本单位收取、创收的非税收入,该中心拥有的资产性质为国有资产,在履行管理职能和提供特定服务过程中,以单位名义销售的生物制品、消杀产品等取得的收入均属于非税收入，应全额缴入市财政，纳入部门预算统筹安排。市疾控中心取得的非税收入属财政性资金，系国有资金，市疾控中心制定的任何经济管理方案包括《经济管理方案》在内均应纳入财政性资金和国有资产管理范畴，必须符合非税收入"收支两条线"的管理规定。怀化市国库集中支付核算局关于市疾控中心疫苗收入缴存市国库集中支付核算总户的通知和怀化市财政局怀财非税函〔2005〕33号文件及市疾控中心财务会计管理制度，证明被告人潘某辉所在的生物科的疫苗销售收入应缴入财政专户的事实。市疾控中心出具的会议记录、市疾控中心2002—2008年经济管理方案及签订目标管理责任状的说明，证明市疾控中心按照"三统一"经济管理模式即统一收费、统一核算、统一分配对该中心科室进行管理，明确所有资金往来必须进疾控中心的账户，进行"三统一"管理。同时也规定，在完成责任制后可以自由分配，但必须报市疾控中心备案，说明所得利润属于公共财产而不是个人财产，需在单位的监管下合理、合法使用的事实。两份《关于生物制品实行目标责任管理的协议书》，证明同案人李某军与市疾控中心主任唐某林制定了两份目标责任书。购销疫苗往来明细账、调拨单及照片，证明被告人潘某辉伙同其所在科室其他人员进行账外销售疫苗的情况。潘某辉记载的私分账外销售疫苗收入的笔记本记录，证明被告人潘某辉与同案人李某军等人私分账外销售疫苗收入的情况。怀化市中级人民法院（2010）怀中刑二终字第63号刑事判决书，证明同案人李某军与被告人潘某辉等人合谋账外销售疫苗并私分的事实及同案人李某军的获刑情况。市疾控中心生物科2002—2007年各年度发放奖金表，证明被告人潘某辉2002—2007年每年均经市疾控中心财务发放奖金的事实。怀化市监察局〔2009〕怀监决字第6号决定书，证明被告人潘某辉案发后已全额退缴赃款。

四、判案理由

湖南省芷江侗族自治县人民法院认为，被告人潘某辉身为国家工作人员，利用职务之便，伙同科室其他工作人员，采取购进疫苗不入库，进行账外销售，隐瞒销售收入，将销售收入58.6万元进行集体私分，另外的26.8万元用于科室成员及家属集体旅游，其中被告人潘某辉个人所得为20.9万元，其行为已构成贪污罪，公诉人指控的罪名成立，应当以贪污罪追究其刑事责任。因此，对被告人潘某辉辩称其主观上没有犯罪的故意；其次，根据被告人潘某辉行为时的具体情况，服从科长的安排，不存在行为的可选择性，不存在罪过，因该科与市疾控中心签订有目标责任管理的协议书，且被告人潘某辉于2002

年到生物科之前，该科就已采取私印调拨单零销疫苗的形式，被告人潘某辉不可能认识到自己的行为违法，主观上不存在犯罪故意的辩护意见不予采纳。尽管市疾控中心与被告人潘某辉所在的生物科每年都签订了目标管理责任状并下达经济任务，但市疾控中心制定的经济管理方案已明确该中心对内设科室按照"三统一"即统一收费、统一核算、统一分配进行管理，生物科在完成中心下达的经济任务后，可自主分配，但分配方案要报中心备案，被告人潘某辉伙同生物科的其他工作人员采取购进疫苗不入库，进行账外销售，隐瞒销售收入，将销售收入进行集体私分及用于科室成员及家属集体旅游，所取得的并非劳动报酬，其主观上有非法占有公共财物的故意，客观上实施了利用职务便利非法占有公共财物的行为，符合贪污罪的主、客观构成要件，故被告人潘某辉及其辩护人的辩护理由均不能成立。

五、定案结论

芷江侗族自治县人民法院依照《中华人民共和国刑法》第382条第1款、第383条第1款第1项和第2款、第25条第1款、第27条、第72条第1款、第73条第2款、第3款之规定，经法院审判委员会讨论决定，判决如下：

被告人潘某辉犯贪污罪，判处有期徒刑3年，缓刑3年。（缓刑考验期限，从判决确定之日起计算。）

六、法理解说

本案稍显烦琐和复杂，笔者进行了相应的删减。由于涉及贪污罪的主观方面，尤其是被告人和辩护方均提出了非常丰富的辩解理由，使得本案的争论异常激烈，更是研究贪污罪主观方面的难得案例。双方围绕证据展开辩论，法院最终认定具有犯罪故意，并成立贪污罪。

（一）贪污罪主观要件概述

一般认为，贪污罪的主观方面是故意，并且具有非法占公共财物的目的。[①] 但是，在犯罪目的内涵的具体表述上，除通行的"非法占有公共财物"外，尚有"将公共财物非法占为己有"和"将公共财物非法所有"等不同提法。作为贪污罪主观要件的"非法占有公共财物的犯罪目的"，应该指的是恶意占有，即国家工作人员作为公共财物的非所有人，知道或者应当知道自己对

---

① 参见李希慧主编：《刑法各论》，中国人民大学出版社2007年版，第503页。

公共财物的控制为非法,并且希望控制公共财物的犯罪心理态度。作为贪污罪主观要件的意图非法排除权利人对公共财物的所有权必须是意图非法永久排除权利人对公共财物的所有权,而不是意图暂时非法排除权利人对公共财物的所有权。

但是,对非法占有的具体内容,理论界存在分歧:(1)贪污罪的主观方面应不以行为人主观上具有将公共财物非法占为己有或非法取得公共财物的所有权的犯罪目的为必要,只要行为人具有非法占有公共财物的犯罪目的。[1] 换言之,只要行为人具有非法排除权利人对公共财物的所有权而将公共财物置于自己的非法控制的意图,即已充足了贪污罪的主观要件。(2)非法占有目的包括排除意思与利用意思。排除意思不限于永久性剥夺公私财产的意思,而是达到了可罚程度的妨害他人利用财产的意思;利用意思不限于遵从财物本来的经济用途进行利用的意思,而是遵从财物可能具有的用途进行利用、处分的意思。前者的机能主要在使盗窃罪、诈骗罪与一时使用他人财物的不可罚的盗用行为、骗用行为相区别;后者的机能主要在使盗窃罪、诈骗罪与故意毁坏财物罪相区别。[2]

笔者认为,这两种观点均有一定的道理。但无论是非法所有,还是排除意思和利用意思,非法占有目的在本质上是一种主观要素,并与具体的犯罪客观行为相对应,是犯罪客观要素的对立面。刑事法中的主观要素,是指支配人的一系列外在活动的内部意思,旨在说明行为人内部心理态度,常见的如目的、动机、认识、意志、人身危险性、态度、倾向等。主观要素一般主要通过人的外在活动及结果,也即客观要素,诸如行为及其附随情况、结果等予以表现。在我国的犯罪构成理论中,主观要素基本上集中在犯罪的主观方面,传统理论认为包括故意、过失、动机和目的。非法占有目的是一种常见的主观要素。传统理论认为,在直接故意犯罪中,主观方面包含着犯罪目的的内容,即对发生危害结果的希望、追求的心理态度,法律一般不作明文规定。在某些犯罪中,刑法条文特别载明了犯罪目的,如非法占有目的,这种规定的意义在于说明,这些犯罪不仅是故意犯罪,而且另外还要求有特定的目的。[3] 贪污罪没有明确

---

[1] 参见储槐植、梁根林:《贪污罪论要——兼论〈刑法〉第394条之适用》,载《中国法学》1998年第4期,第83页。

[2] 参见张明楷:《论财产罪的非法占有目的》,载《法商研究》2005年第5期,第69页、第76页。

[3] 参见高铭暄、马克昌主编:《刑法学》(第5版),北京大学出版社、高等教育出版社2011年版,第119~120页。

规定非法占有目的，但这却是犯罪故意的必然内容。因此，非法占有目的是贪污罪的构成要件之一。

进言之，贪污罪中的非法占有目的，关键在于证明，控方或辩方通过各种证据来说服裁判者确信其有无。非法占有目的是刑事诉讼证明的对象，是定罪的必经环节。在我国，有关犯罪构成要件的事实，是刑事诉讼的主要证明对象，是司法工作人员办理刑事案件首先需要查明的问题，何种动机和目的隶属于犯罪的主观方面要件。① 尽管通过证据证明案件事实是诉讼证明的基本方法，但事实证明，主观事实的证明是一个世界性难题，这与人类认识能力的有限、主观心理的难以捉摸和证明方法等有关。② 非法占有目的同样如此，而正是因为证明难度大，才更凸显出证明非法占有目的之意义和价值。笔者认为，仅靠口供等直接证据证明主观事实往往不够。间接证据证明和刑事推定是目前通行的两种有效方法。③ 尤其是在司法实践中，诈骗罪、金融诈骗罪和合同诈骗罪的难点和疑点之一便是非法占有的主观目的之认定。应通过客观事实来直接认定和间接佐证，主客观相统一是基本原则，刑事推定或推断制度是基本方法。④

笔者认为，本案的审理过程很好地体现了我国的刑法理论。对非法占有目的的理解和认定也切中要害。

（二）本案解析

在本案中，笔者认为法院判决是正确的，具体理由为：

（1）被告人潘某辉对公诉人指控的犯罪事实没有意见，但辩称其于2002年被安排到市疾控中心生物制品科工作，主要负责该科室的内务工作、零销疫苗和开疫苗调拨单。该科室负责人为李某军，他与单位开始签有目标管理责任状，后又签有承包合同或是目标管理责任状，其所在的科室为承包性质，完成承包任务后，李某军作为科室负责人将上缴给单位承包任务后多余的利润以奖金发放给员工，应为员工所得的劳动报酬。因此，她主观上没有犯罪的故意，客观上亦未利用职务之便非法占有公共财物的具体行为，其

---

① 参见宋英辉主编：《刑事诉讼法学研究述评》（1978～2008），北京师范大学出版社2009年版，第650页。

② 参见康怀宇：《刑事主观事实证明问题研究》，法律出版社2010年版，第27～29页。

③ 参见孙道萃、黄帅燕：《刑事主观事实的证明问题初探》，载《证据科学》2011年第5期，第539页。

④ 参见高铭暄、孙道萃：《论诈骗犯罪主观目的的认定》，载《法治研究》2012年第2期，第3页。

行为不构成贪污罪。（2）被告人潘某辉的辩护人范国胜对公诉人指控被告人潘某辉的犯罪事实没有意见，但提出……根据被告人潘某辉行为时的具体情况，服从科长的安排，不存在行为的可选择性，不存在罪过，因该科与市疾控中心签订有目标责任管理协议书，且被告人潘某辉于2002年到生物科之前，该科就已采取私印调拨单零销疫苗，被告人潘某辉不可能认识到自己的行为违法，主观上不存在犯罪故意。故被告人潘某辉不具备贪污罪的构成要件，依法不构成犯罪。

从被告人的辩解和辩护人的辩护意见看，其核心意思为：被告人基于其特定的工作性质、其与单位的特定合同关系、其与科长的上下级关系、先前已有的做法等，缺乏相应的违法性认识，在科室已有的做法之上不能期待被告人放弃相应的犯罪行为，由于签署的是目标管理状一类的承包合同，其不具有非法占有目的。

笔者认为，从被告人占有和使用等情况看，这些观点难以成立，具体而言：

（1）法院查明：怀化市疾控中心系财政全额拨款的事业法人单位。每年有上缴市疾控中心销售利润的任务，按市疾控中心规定，所有疫苗购销都要通过市疾控中心财务进行，进货要做入库登记，交市疾控中心财务入账，销售要开市疾控中心的调拨单和发票，销售收入交市疾控中心财务入账。2002年至2009年3月，被告人潘某辉在市疾控中心生物制品科工作期间，在原科长李某军（已判刑）的授意下，违反国家法律及市疾控中心"三统一"经济管理原则，伙同同科室工作人员，采取购进疫苗不入单位财务账，进行账外销售的方法，设立科室"小金库"，先后17次共同私分现金58.6万元。毋庸置疑的是，证据显示被告人潘某辉对怀化市疾控中心的性质了如指掌。

由此可以看出，被告人的行为是违反国家规定的，显然具有违法性。即使先前的科室早就有这些违法行为，被告人潘某辉非但没有举报，反而仍然加入其中从事违法行为，这说明其违法性的程度更深。辩护人以此主张被告人的行为不具有期待可能性，这是一种错误的看法，也与事实不符。

至于被告人潘某辉的辩护人主张，被告人潘某辉"服从科长的安排，不存在行为的可选择性"的观点，也是不成立的。所有的证据均显示，被告人潘某辉进入该科室后，便一直同意并参与该科室的相关违法活动。科室负责人并不存在逼迫、威胁、引诱、欺骗的情形，被告人潘某辉是自愿、主动参与这些活动。因此，辩护人的辩护意见不足取。

（2）同案人李某军的供述中证明：被告人潘某辉所在的生物科从1999年开始搞账外疫苗销售，主要发生在2002年以后，是其在科室开业务会时提出来的，该科的其他工作人员都表示同意，并都积极参与到账外销售疫苗中，账外销售疫苗是他们科室的集体行为。

证人李某忠的证言证实：李某军在1999年到生物科当科长后，就提出账外销售疫苗，大家分点儿钱。2002年被告人潘某辉到生物科后，李某军在开会时，再次讲过搞账外销售疫苗的情况，他提出现在搞经济目标管理责任制，不能将销售疫苗的真实情况反映出来，不然疾控中心会加重次年的经济任务，其与被告人潘某辉等人均表示同意。

这些证据均说明被告人潘某辉积极主动参与科室的违反犯罪活动，其之所以"部分疫苗不做入库登记，不入单位账"，目的是"能从账外销售收入拿点钱出来分给生物科的人员"。由这些具体的行为可以看出，被告人潘某辉具有非法占有公共财物的主观目的。

此外，法院根据调查认定：被告人潘某辉个人分得现金15.6万元；另从"小金库"拿出现金26.8万元（含拓康公司请李某军和被告人潘某辉等人到印尼旅游，李某忠未去，李某军和被告人潘某辉从"小金库"拿出现金5000元发给李某忠的在内）用于科室成员及家属旅游，潘某辉及家人共用5.3万元。其中，有关公费旅游的情况。证人李某红的证言，证明被告人潘某辉所在的生物科邀请其与家人3次到云南、厦门、新马泰旅游，旅游费用均由生物科承担的事实；证人杨某的证言，证明被告人潘某辉所在的市疾控中心生物制品科工作人员通过其工作的怀化风光旅行社6次到昆明、海南、新疆等地旅游，所有费用均由被告人潘某辉支付现金，并证明每次旅游的人数、所花费用与李某军和被告人潘某辉的供述基本一致。因此，根据被告人潘某辉使用款项的事实也可以推断出其具有非法占有目的。

（撰稿人：孙道萃）

案例 14：吕某营、王某勤贪污案
——贪污罪间接故意的认定

一、基本情况

案　　由：贪污

被告人：吕某营，男，1962 年 6 月 22 日出生，汉族，大专文化，原郑煤集团张沟煤矿矿长，住郑州市陇海中路某号院某号楼某号。因涉嫌犯贪污罪于 2010 年 5 月 19 日被新密市公安局刑事拘留，同年 6 月 1 日被逮捕。

被告人：王某勤，男，1955 年 12 月 28 日出生，汉族，大专文化，原郑煤集团张沟煤矿副总会计师，住郑州市淮南街路某号院某号楼某单元某楼。因涉嫌犯贪污罪于 2010 年 5 月 19 日被新密市公安局刑事拘留，同年 6 月 1 日被逮捕。

二、诉辩主张

（一）人民检察院指控事实

郑州市人民检察院指控：2007 年 8 月至 2009 年 8 月，被告人吕某营、王某勤在分别担任郑煤集团张沟煤矿矿长和财务科科长期间，二人利用职务之便，以报销装车费、装渣费、承包铲车费为名，先后虚开和伪造发票 17 张，共计 524.65 万元，入账报销。其中缴纳税金 293616.49 元，余额 4952883.51 元。吕某营分得现金 402 万元，王某勤分得现金 932883.51 元。

（二）被告人辩解及辩护人辩护意见

被告人吕某营、王某勤对起诉书指控的犯罪事实均无异议。

被告人王某勤的辩护人辩称：王某勤在共同犯罪中处于从属地位；王某勤对矿长吕某营贪污持间接故意，主观恶性较小；其所贪污赃款已全部退还，未造成严重后果，社会危害性较小；认罪态度好，有悔罪表现，请求对王某勤在

10 年以下有期徒刑的幅度内量刑。

三、人民法院认定事实和证据

（一）认定犯罪事实

郑州市中级人民法院经公开审理查明：

2007 年 8 月至 2009 年 8 月，被告人吕某营、王某勤在分别担任郑煤集团张沟煤矿矿长和财务科科长期间，二人利用职务之便，以报销装车费、装渣费、承包铲车费为名，先后虚开和伪造发票 17 张，共计 524.65 万元，入账报销。其中缴纳税金 293616.49 元，余额 4952883.51 元。吕某营分得现金 402 万元，王某勤分得现金 932883.51 元。

吕某营用赃款 140.1084 万元购买住房 4 套，29.3076 万元购买现代越野汽车 1 辆，2.8 万元购买金条 1 根。王某勤用赃款 15.68 万元购买丰田卡罗拉汽车 1 辆。

（二）认定犯罪证据

上述事实有下列证据证明：

1. 关于职务身份，有郑煤集团提供的企业法人营业执照、国有产权登记书、郑煤集团张沟煤矿营业执照、郑煤集团关于被告人吕某营、王某勤的任职文件和档案材料，证明了二人是国有企业中从事公务的人员，属国家工作人员。

2. 被告人吕某营、王某勤经过预谋，利用职务之便，以报销装车费、装渣费、承包铲车费为名，先后虚开和伪造发票 17 张，共计 524.65 万元，入账报销，吕某营分得现金 402 万元，王某勤分得现金 932883.51 元的犯罪事实供认不讳，且所供相关情节与证人张某某所证应王某勤要求而开具发票、支取现金等情节，证人孙某所证对其将由吕某营签字的发票予以报销后，或开转账支票由张某某到银行领取，或由其与王某勤到银行支取后钱交王某勤，自己不知道王某勤如何处理的内容相吻合，并与郑煤集团张沟煤矿提供的会计资料相印证。上述证据证明了被告人吕某营、王某勤贪污公款的经过及款项性质。

3. 新郑市地方税务局龙湖税务所提供的发票及交税会计资料证明了张某某等到该税务所开具发票的时间、数额、用途；中国农业银行新郑市龙湖分理处、中国农业银行河南省分行提供的相关会计资料证明了张某某、王某勤分别支取现金的时间、数额；郑州市地税局普通发票真伪鉴定书证实共 7 份发票为伪造发票。与被告人王某勤所供相关情节相互印证。

4. 中信银行郑州分行营业部提供的明细及中信银行郑州陇海路支行提供

的凭证证明，被告人吕某营妻子尹某某在该行存款 105 万元；中国工商银行郑州兴华南街支行提供的明细及相关凭证证明，吕某营存入该行 53 万元；中国建设银行郑州金水支行提供的相关会计资料证明，吕某营以妻子尹某某账户在该行存款 47 万元；郑州尚锦房地产开发有限公司（升龙国际）提供的相关购房手续证明，吕某营用 54.4596 万元在此房产公司以其妻子名义购房 1 套；郑州创富房地产开发有限公司（亚星盛世）提供的相关购房手续证明，吕某营用 28.6488 万元在此房产公司以其妻子尹某某名义购房 2 套；河南省大起立房地产开发有限公司（宏鑫花园）提供的相关购房手续证明，吕某营用 57 万元以其女儿吕某某名义在此房产公司购房 1 套；郑州市车辆管理所提供的吕某营购车入户相关资料及河南现代普汇实业有限公司提供的吕某营购车资料证明，吕某营用 27 万元（税款 2.3076 万元）购车 1 台并入户；老凤祥珠宝金行紫百专营店销售发票证明，吕某营以 2.8 万元在该店购买金条 1 根。郑州市车辆管理所及郑州富达丰田汽车销售服务有限公司提供的王某勤购车入户相关资料证明，王某勤用 15.68 万元（税款 1.3401 万元）购车 1 台并入户。上述证据与被告人吕某营、王某勤所供赃款去向以及证人尹某某所证吕某营给其款项时间、数额，吕某某所证吕某营为其买房的相关情节相一致。

5. 新密市人民检察院扣押物品清单显示，对吕某营用贪污赃款购买的 1 辆现代越野车、金条 1 根，王某勤用贪污赃款购买的 1 辆丰田轿车予以扣押；新密市人民检察院收款收据显示，案发后吕某营家属共退还赃款 369.8924 万元，王某勤家属共退还赃款 762682.51 元。上述证据证明案发后，被告人吕某营、王某勤所贪污公款已全部追缴或退赃。

6. 另有侦查机关出具的破案报告、被告人归案经过、搜查笔录、被告人的户籍证明等证据在卷证实。

四、判案理由

郑州市中级人民法院认为，被告人吕某营、王某勤身为国有企业中从事公务的人员，利用职务之便，以报销装车费、装渣费、承包铲车费为名，采用虚开和伪造发票予以报销的手段，侵吞公共财物，其行为均已构成贪污罪。郑州市人民检察院指控被告人吕某营、王某勤的犯罪事实清楚，证据确实充分，罪名成立，法院予以支持。吕某营、王某勤在共同犯罪中均起主要作用，均系主犯。

关于被告人王某勤的辩护人称王某勤在共同犯罪中处于从属地位，王某勤对矿长吕某营贪污持间接故意，主观恶性较小的辩护理由，经查，王某勤伙同吕某营或单独在 2 年内先后 17 次伪造、虚开发票，大肆贪污公共财产，在共同犯罪中，王某勤出具单位证明、支取现金后予以贪污，行为积极，作用突出，显系本案主犯，故其辩护人该项辩护意见不能成立，不予采纳。

五、定案结论

郑州市中级人民法院依照《中华人民共和国刑法》第 382 条第 1 款、第 383 条第 1 款第 1 项、第 25 条第 1 款、第 26 条第 1 款、第 4 款、第 59 条第 1 款、第 61 条之规定，判决如下：

1. 被告人吕某营犯贪污罪，判处有期徒刑 14 年，剥夺政治权利 4 年，并处没收财产人民币 5 万元。（刑期从判决执行之日起计算。判决执行之前先行羁押的，羁押 1 日，折抵刑期 1 日，即自 2010 年 5 月 19 日起至 2024 年 5 月 18 日止。所处没收财产于判决生效之日起一个月内缴纳。）

2. 被告人王某勤犯贪污罪，判处有期徒刑 10 年，剥夺政治权利 1 年，并处没收财产人民币 2 万元。（刑期从判决执行之日起计算。判决执行之前先行羁押的，羁押 1 日，折抵刑期 1 日，即自 2010 年 5 月 19 日起至 2020 年 5 月 18 日止。所处没收财产于判决生效之日起一个月内缴纳。）

对吕某营用赃款所购赃物现代越野车 1 辆、金条 1 根，王某勤用赃款所购丰田轿车 1 辆及其余款项予以追缴，上缴国库。

六、法理解说

在本案中，被告人吕某营、王某勤对起诉书指控的犯罪事实均无异议。但被告人吕某营及其辩护人对量刑提出了辩解，而被告人吕王某勤的辩护人提出间接故意的辩护意见。本案中所涉及的间接故意问题，是理论界和实务界比较关注的问题之一，笔者将集中论述这一争议点。

（一）贪污罪是否存在间接故意的论争与评析

贪污罪是故意犯罪，并且是以非法占有本单位财物为目的。因此，理论界一般认为贪污罪只能是直接故意，不可能是间接故意。这是因为，贪污罪有明确的犯罪对象，而且具有非法占有的主观目的。[1]

但是，有学者认为，行为人明知没有偿还能力，利用职务便利截留本单位

---

[1] 参见徐留成、王强军：《贪污罪专题整理》，中国人民公安大学出版社 2009 年版，第 47~48 页。

巨额钱款用于赌博等高风险活动或者犯罪活动，客观上没有归还的，可以推定行为人对钱款具有非法占有的间接故意，构成贪污罪或者职务侵占罪。① 对于"行为人利用职务便利截留本单位公款，全部用于或者主要用于赌博等高风险活动或者犯罪活动，客观上没有归还或者多数没有归还，行为人在犯罪手法上没有采用做假账等方式将账目做平，被害单位通过查账等方式可以发现行为人截留公款的"行为。笔者亦认同该论者的分析，这是因为行为人虽然没有采用做假账的方式将账目做平用以掩盖其截留本单位公款的行为，但行为人明知自己没有偿还的经济能力，截留巨额公款用于赌博等高风险活动或者犯罪活动，而这种活动造成公款损失的可能性是非常大的，故就可以推定行为人行为时对公款不能归还持放任态度。贪污罪的成立并不以行为人采用做假账等方式将账目做平为必要条件，行为人没有将账目做平，并不必然可以推导出其没有非法占有的主观故意，对于主观故意的认定，关键还是要从全案综合判断。

但是，笔者认为，上述推定是对非法占有目的的推定，而不是对间接故意的推定，也即不是对主观罪过的推定，二者不同。因此，这种说法不妥当，而且与我国的刑法理论相悖。必须承认的是，对非法占有目的的认定，往往要采取推定的方式，即结合全案的客观事实综合认定。然而，直接故意和间接故意的界限明确，二者不可混淆。贪污罪的主观罪过仅限于直接故意。

我国刑法第14条规定："明知自己的行为会发生危害社会的结果，并且希望或者放任这种危害结果发生，因而构成犯罪的是故意犯罪。"所谓犯罪的故意，就是指行为人明知自己的行为会发生危害社会的结果，并且希望或者放任这种危害结果发生的一种主观心理态度。② 直接故意，是指行为人明知自己的行为必然或者可能发生危害社会的结果，并且希望这种结果发生的心理态度。间接故意，是指行为人明知自己的行为会发生危害社会的结果，并有意放任，以致发生这种结果的心理态度。③ 由此可知，直接故意和间接故意的区别在于：一是在认识因素上，二者对行为导致危害结果发生的认识程度不同，分别是必然和可能两种情形。二是在意志因素上，二者对危害结果发生的心理态度显著不同，分别是积极追求和放任。直接故意往往积极克服困难，创造条件，积极地实现犯罪目的，从而造成危害结果的发生。间接故意则对结果的发

---

① 参见肖晚祥：《贪污罪主观故意也包括间接故意》，载《人民司法》2010年第2期，第45页。

② 参见高铭暄、马克昌主编：《刑法学》，北京大学出版社、高等教育出版社2002年版，第109页。

③ 参见姜伟：《犯罪故意与犯罪过失》，群众出版社1992年版，第175页。

生持放任、满不在乎、无所谓的态度，不发生不懊悔，发生也不违背本意，也不会想方设法来排除障碍。这是二者的关键区别所在。三是特定危害结果的发生，对这两种故意及其支配下的行为定罪的意义不同。间接故意是否成立取决于特定的危害结果是否发生，而直接故意犯罪仅限于结果犯，要求特定的危害结果发生。

在贪污罪中，具有特定的犯罪目的，非法占有目的是其主观罪过中的必要内容，具有明确的指向性。目前，一般认为，本罪的客体是复杂客体，一方面是公共职务的廉洁性；另一方面是公共财产所有权。其中，公职人员的职务廉洁性是本罪的主要客体。[①] 由于犯罪客体之一限于公共财产所有权，而没有拓展到权利或者权益等内容，所以本罪的犯罪对象具有特定性，也即公共财产。[②] 基于此，笔者认为，贪污罪的主观罪过仅限于直接故意，而不可能是间接故意。至于对非法占有目的的推定，在一定程度上给人以"放任"的误解，但这不是主观罪过的问题，而是刑事推定中的问题，二者应区分开来。

(二) 本案解析

根据我国刑法学界的基本理论，结合本案的事实和证据，笔者认为：

1. 被告人吕某营、王某勤之间存在共同贪污的直接故意

郑州市中级人民法院经查认定：2007年8月至2009年8月，被告人吕某营、王某勤在分别担任郑煤集团张沟煤矿矿长和财务科科长期间，二人利用职务之便，以报销装车费、装渣费、承包铲车费为名，先后虚开和伪造发票17张，共计524.65万元，入账报销。其中缴纳税金293616.49元，余额4952883.51元。吕某营分得现金402万元，王某勤分得现金932883.51元。

由此可知，被告人吕某营、王某勤二人分别利用职务之便，以各种欺骗手段骗取郑煤集团的财产。二位被告明知以报销装车费、装渣费、承包铲车费为名虚开和伪造发票是违规行为，但执意实施，并实际上侵吞余额4952883.51元。事后，吕某营用赃款140.1084万元购买住房4套，29.3076万元购买现代越野汽车1辆，2.8万元购买金条1根。王某勤用赃款15.68万元购买丰田卡罗拉汽车1辆。二位被告人在占有款项后，肆无忌惮地使用，导致郑煤集团的国有财产流失，受到了不可挽回的破坏，严重危害了国家的财产所有权。

---

① 参见高铭暄主编：《新编中国刑法学》（下册），中国人民大学出版社1998年版，第972页。

② 参见董邦俊：《贪污罪理论研究六十年》，载《山东警察学院学报》2009年第5期，第8页。

2. 被告人王某勤的主观心态不是间接故意

根据证人张某某所证：应王某勤要求而开具发票、支取现金等情节。证人孙某所证：对其将由吕某营签字的发票予以报销后，或开转账支票由张某某到银行领取，或由其与王某勤到银行支取后钱交王某勤，自己不知道王某勤如何处理的内容相吻合，并与郑州煤集团张沟煤矿提供的会计资料相印证。

这些事实均说明：被告人王某勤积极参与本案的犯罪行为，通过自己的各种行为努力争取非法占有前述款项，如果因为其他原因而没有实现，则与其原本的意图相冲突。间接故意的认识因素方面表现为行为人明知自己的行为会发生危害社会的结果，意志因素方面表现为行为人为了追求某种其他结果的发生，而对危害结果的发生持放任态度。根据已有的事实和证据，被告人王某勤根本不存在放任危害结果的发生，对可能发生的危害结果所采取的不是顺其自然、不加干涉、不计后果的心理态度。

（撰稿人：孙道萃）

案例15：刘某根等贪污案

——贪污罪的共同犯罪故意的认定

一、基本情况

案　由：贪污
被告人：刘某根，曾任北码头村支部书记。
被告人：班某江，曾任北码头村小学负责人。
被告人：李某生，2002年，卫辉市城郊乡北码头村对小学校舍加盖二层，由建筑队李某生负责施工。
被告人：文某安，曾任北码头村会计。

二、诉辩主张

（一）人民检察院指控事实

卫辉市人民检察院指控被告人刘某根、班某江、李某生、文某安犯贪污罪。

（二）被告人辩解及辩护人辩护意见

一审中被告人并未提出相关辩解。

三、人民法院认定事实和证据

（一）认定犯罪事实

卫辉市人民法院经公开审理查明：

2002年，卫辉市城郊乡北码头村对小学校舍加盖二层，由本村建筑队李某生负责施工，工程款1万余元当年已结清。

2008年，国家对"普九"教育债务进行清偿化解，要求有关单位按规定上报2005年12月31日以前建校挂账的债务情况。时任北码头村支部书记的刘某根得知后，找到时任北码头村小学负责人的班某江，提出利用该机会以李某生建学校欠债为由虚报债务骗取国家资金，班某江表示同意，经二人商议确定后告知了李某生、村会计文某安并要求二人配合，二人表示同意，后被告人刘某根、班某江、李某生伪造了北码头小学与李某生的施工合同及因建校欠李某生建筑款 5.4 万元等手续，班某江伪造了因建校借袁某丽、李某枝各 2 万元未还证明等手续，以上共计 9.4 万元的虚假债务手续，由村会计文某安在相关材料上加盖村委印章，上报有关部门进行审批。

2010 年 2 月，卫辉市财政局下拨"普九"债务化解资金，以银行存单形式分别支付给李某生名下 5.4 万元、李某枝名下 2 万元、袁某丽名下 2 万元，共计 9.4 万元的"普九"债务资金，该款项除用于支付袁某丽欠款利息 0.44 万元、为感谢对村工作支持而送城郊乡财政所原所长常更新 0.35 万元外，剩余的 8.61 万元中，刘某根分得 2.64 万元，班某江分得 3.57 万元，李某生、文某安各分得 1 万元，余款用于支付申报活动中的吃喝消费。

（二）认定犯罪证据

上述事实有下列证据证明：

被告人刘某根、班某江、李某生、文某安供述，书证户籍证明、任职文件、教育局证明材料及文件、城郊乡中心学校情况说明、"普九"债务偿债清单、工程合同书、北码头学校情况说明及证明、李某生情况说明及证明、欠账情况说明、项目情况表、城郊乡"普九"债务清理表、"普九"债务项目核定情况表、债权人债权申报证明、"普九"债务询问笔录、欠条、预算拨款通知书、农业银行存单、取款凭条、欠袁兆丽 4400 元利息证明、退款收据，证人袁某某、李某某、徐某某等人的证言等。

四、判案理由

（一）一审法院判案理由

河南省卫辉市人民法院认为，被告人刘某根、班某江、文某安利用职务便利，伙同李某生采取虚报债务的手段，非法占有国家资金，其行为均已构成贪污罪。

（二）二审法院判案理由

一审判决作出后，四被告人不服，提出上诉。

上诉人刘某根上诉及其辩护人辩称认罪态度好，积极退赃，原判量刑重。

上诉人班某江上诉及其辩护人辩称其起次要作用系从犯，积极悔罪退赃，原判量刑过重。

上诉人李某生上诉及其辩护人辩称其贪污数额应按 5.4 万元认定，系从犯且积极退赃，原判量刑重。

上诉人文某安上诉及其辩护人辩称没有贪污的共同故意，原判量刑重。

河南省新乡市中级人民法院审理查明的事实和证据与一审相同。且认为，本案证据均经原审法院当庭举证、质证，确实充分，查明属实，法院予以确认。

河南省新乡市中级人民法院认为，上诉人刘某根、班某江、文某安利用职务便利，伙同李某生采取虚报债务的手段，非法占有国家资金，其行为均已构成贪污罪。原判认定事实清楚，证据确实、充分，定罪和适用法律正确，量刑适当，审判程序合法。上诉人刘某根、班某江、文某安、李某生及其辩护人上诉、辩护理由均不能成立，均不予采纳。

五、定案结论

（一）一审法院定案结论

河南省卫辉市人民法院依照《中华人民共和国刑法》第 382 条、第 383 条第 1 款第 2 项和第 3 项、第 25 条、第 26 条之规定，判决如下：

1. 被告人刘某根犯贪污罪，判处有期徒刑 7 年。
2. 被告人班某江犯贪污罪，判处有期徒刑 7 年。
3. 被告人李某生犯贪污罪，判处有期徒刑 5 年。
4. 被告人文某安犯贪污罪，判处有期徒刑 5 年。

（二）二审法院定案结论

河南省新乡市中级人民法院依照《中华人民共和国刑事诉讼法》第 189 条第 1 项之规定，裁定如下：

驳回上诉，维持原判。本裁定为终审裁定。

六、法理解说

本案是上诉案件，其中上诉人刘某根、上诉人班某江、上诉人李某生对犯罪事实无异议，但上诉人文某安辩称没有贪污的共同故意。因此，笔者认为，本案的焦点之一仍在于如何认定贪污罪的共同故意，值得探究。

我国刑法第 25 条规定："共同犯罪是指二人以上共同故意犯罪。二人以上共同过失犯罪，不以共同犯罪论处；应当负刑事责任的，按照他们所犯的罪分别处罚。"成立共同犯罪，其一便是具有共同的犯罪故意，是指各共同被告人认识他们的共同犯罪行为和行为会发生的危害结果，并希望或者放任这种结果发生的心理态度。其内容主要包括了认识因素和意志因素两个方面：（1）认识因素。一是共同被告人认识到自己与他人互相配合共同实施犯罪。二是共同被告人认识到自己的行为性质，并且认识到共同犯罪行为的形式。三是共同被告人概括地预见到共同犯罪行为与共同危害结果之间的因果关系，即认识到自己的行为会引起危害结果以及共同犯罪行为会引起的危害结果。（2）意志因素。指共同被告人希望或者放任自己的行为引起的结果和共同犯罪行为会发生的危害结果。共同被告人一般是希望共同犯罪行为所引起的危害结果发生，但在个别情况下也可能是放任危害结果的发生。①

需要说明的是，成立共同犯罪，共同被告人之间必须存在意思联络，或者意思疏通。意思联络是共同被告人在犯罪意思上的互相沟通，它可能存在于组织犯与实行犯之间、教唆犯与实行犯之间或者帮助犯与实行犯之间，而不要求所有共同被告人之间都必须存在意思联络，如组织犯、教唆犯、帮助犯相互间即使没有意思联络，也不影响共同犯罪的成立。因此，同时犯，也即二人以上没有共同的犯罪故意而同时在同一场所实行同一性质的犯罪，不是共同犯罪。或者二人以上实施危害行为，但罪过形式不同，也不是共同犯罪。即使是故意犯罪，但如果故意的内容不同，也不是共同犯罪。

笔者认为，本案中四上诉人之间存在共同贪污的犯罪故意，具体而言：

1. 四上诉人具有共同贪污的认识因素

卫辉市人民法院经查认定：2008年，时任北码头村支部书记的刘某根得知国家对"普九"教育债务进行清偿化解，要求有关单位按规定上报2005年12月31日以前建校挂账的债务情况，便找到时任北码头村小学负责人的班某江，提出利用该机会以李某生建学校欠债为由虚报债务骗取国家资金，班某江表示同意，经二人商议确定后告知了李某生、村会计文某安并要求二人配合，二人表示同意。

四位上诉人事前具有通谋行为，上诉人刘某根作为主犯，是共同犯意的发起人和组织者。四位上诉人均一致同意，充分认识到共同犯罪的行为性质，并建议利用该机会以李某生建学校欠债为由虚报债务骗取国家资金，他们完全认识到自己的行为是违法的，是一种非法占有国家资金的贪污行为。与此同时，他们也认识到，一旦按照所预定的计划行事，必然会导致国家财产的流失。

---

① 参见高铭暄、马克昌主编：《刑法学》（第5版），北京大学出版社、高等教育出版社2011年版，第165页。

2. 四上诉人具有共同贪污的意志因素

在本案中，被告人刘某根、班某江、李某生伪造了北码头小学与李某生的施工合同及因建校欠李某生建筑款 5.4 万元等手续，班某江伪造了因建校借袁某丽、李某枝各 2 万元未还证明等手续，以上共计 9.4 万元的虚假债务手续，由村会计文某安在相关材料上加盖村委印章，上报有关部门进行审批。2010 年 2 月，卫辉市财政局下拨"普九"债务化解资金，以银行存单形式分别支付给李某生名下 5.4 万元、李某枝名下 2 万元、袁某丽名下 2 万元，共计 9.4 万元的"普九"债务资金。正是在四位上诉人的积极行动下，卫辉市财政局才会下拨"普九"债务化解资金，并以银行存单形式分别支付。这正好是四位上诉人所希望看到的结果。与此同时，也顺利地实现了非法占有的目的。因此，四位上诉人的主观罪过均是直接故意，并且已经实现了占有国家财产的非法目的。

3. 四上诉人具有意思联络

上诉人刘某根、班某江、文某安利用职务便利，伙同李某生采取虚报债务的手段，非法占有国家资金，其行为在实施犯罪行为之前就已经通过意思联络达成了共识，四位上诉人均是明知的，并且积极努力地促成结果的发生。

综上所述，二审判决正确合法。

（撰稿人：孙道萃）

案例16：王某起等贪污案
——贪污罪的非法占有目的的认定

一、基本情况

案　由：贪污

被告人：王某起，曾任内乡县财政局农财股股长。因涉嫌犯贪污罪于2010年6月12日被河南省镇平县人民检察院取保候审。

被告人：何某文，曾任王店镇王店村村主任。因涉嫌犯贪污罪于2010年6月24日被河南省镇平县人民检察院取保候审。

二、诉辩主张

（一）人民检察院指控事实

河南省镇平县人民检察院指控被告人王某起、何某文犯贪污罪。

（二）被告人辩解及辩护人辩护意见

一审中，被告人并未提出相关辩解。

三、人民法院认定事实和证据

（一）认定犯罪事实

河南省镇平县人民法院经公开审理查明：

2005年，时任内乡县财政局局长的于某某（另案处理）指示时任内乡县财政局农财股股长的王某起等人，以王店镇王店村村主任何某文的名义，同内乡县王店镇丰收水库承包经营人喻某某签订了丰收水库承包经营权转让合同。在2005年11月至2006年5月，被告人王某起安排被告人何某文分四次将内乡县丰收水库中央水利建设基金40万元及县农综开发资金20万元从内乡县王店镇财政所账上套取，将其中的53.27万元用于支付个人购买丰收水库承包经营权转让价款,并由何某文找虚假票据在财政所账上将 60 万元项目款冲销。2008 年 9 月,在纪委调查期间,何某文已将此款全部退出。

(二) 认定犯罪证据

上述事实有下列证据证明:

1. 被告人王某起的供述证实,在内乡县财政局局长于某某指使下,其和何某文等人商议,由何某文出面购买丰收水库的承包经营权。后以丰收水库除险加固为由,向上级申请专项资金 40 万元,于某某又安排王店镇政府以申请配套资金为由,签批 20 万元给王店镇,自己协调王店镇财政所由何某文将该 60 万元取出,支付给喻某某作为购买水库相关费用,取得丰收水库的承包经营权。

2. 被告人何某文的供述证实,王某起安排其出面和喻某某商谈购买喻某某丰收水库的承包经营权。合同签订后,在王某起协调下,自己从王店镇财政所领取项目款 60 万元,将其中的 53.27 万元支付给喻某某作为转让款。2006 年王某起安排其找虚假票据,证实款项用于水库除险加固支出,应付纪委调查。2008 年 9 月在纪委调查期间其将 60 万元全部退出。

3. 证人于某某的证言证实,因其在喻某某承包的丰收水库钓鱼和喻某某家人产生矛盾,欲用财政项目资金购买丰收水库。后自己安排农财股股长王某起以丰收水库除险加固为由,向上级申请项目款 40 万元,自己签字将本该拨付给内乡县水利局的 40 万元拨到王店镇财政所,王某起协调让何某文将该 40 万元取出,支付给喻某某作为购买水库款项。自己又违规签批给王店镇 20 万元配套款,由何某文领走支付购买喻某某水库的余款。

4. 证人喻某某证言证实,自己和王店镇政府签订合同,承包丰收水库。2005 年王某起等人察看丰收水库情况,和何某文同自己商谈转让价格,后自己同何某文签订合同,将水库及相关设施以 53.27 万元转让给何某文并收取了转让款。

5. 证人内乡县王店镇财政所所长陈某某证言证实,2005 年年底内乡县财政局向王店镇财政所账户拨付 40 万元丰收水库除险加固专项资金,2006 年上半年又拨付 20 万元县级配套资金,该 60 万元根据时任财政局局长于某某、农财股股长王某起的指示,全部支付给了何某文,何某文没有将该款用于水库的除险加固。

6. 证人内乡县王店镇财政所农税会计赵某某、路某某的证言证实,2005—2006 年何某文从王店镇财政所领走 60 万元丰收水库项目资金后,所长陈某某安排赵某某把何某文拿来的票据下账,将这 60 万元资金做专账处理。

7. 证人宏远会计师事务所所长薄某某的证言证实,根据于某某和王某起的要求,在没有实地丈量和考察的情况下,根据财政局人员的口述制作王店丰收水库项目工程造价咨询报告,不能反映真实情况。

8. 证人内乡县财政局纪委书记王某某、副局长秦某某等的证言及内乡县财政局证明证实,内乡县财政局没有购买过丰收水库,该水库与财政局无任何关系。

9. 证人内乡县财政局副局长岳某某、国有资产运营中心主任杜某某的证言证实和王某起一起去王店镇找何某文,与喻某某商谈购买丰收水库的事实。

另有内乡县财政局、内乡县水利局联合请示报告证实向上级申请丰收水库除险加固专项资金,南阳市财政局批复证实拨付给内乡县财政局丰收水库除险加固专项资金40万元,王店镇政府请示及内乡县财政局批复证实拨付给王店镇丰收水库地方配套资金20万元;财务手续证实丰收水库除险加固专项资金40万元拨到给内乡县财政局后又拨到给王店镇财政所,内乡县财政局拨至王店镇财政所20万元配套资金;领条证实何某文先后从王店镇财政所将该60万元领出,支付给喻某某53.27万元;水库转让合同证实何某文从喻某某处购买丰收水库承包经营权的事实;户籍情况、任职证明证实王某起、何某文的个人基本情况及王某起国家工作人员身份情况。

四、判案理由

(一) 一审法院判案理由

河南省镇平县人民法院认为,被告人王某起身为国家工作人员,在担任内乡县财政局农财股股长期间,利用职务上的便利,帮助于某某套取公款60万元用于个人购买水库承包经营权;被告人何某文与国家工作人员相勾结,共同骗取公款,其行为均已构成贪污罪。王某起受于某某的指使,积极参与签订获取丰收水库承包经营权的整个过程,套取公款,做虚假账目进行冲销,主观上是明知的,客观上参与实施了获取丰收水库承包经营权的行为,实际上已获取可得利益,王某起、何某文及同案人虽未就各自的分配份额具体化,但均有份额在内,均有受益权。王某起、何某文在本案中系从犯、初犯,能主动退出赃款,认罪态度较好,应从轻、减轻处罚。

(二) 二审法院判案理由

一审判决作出后,被告不服,提出上诉。

上诉人王某起上诉称:原判认定事实不清,于某某自始未向上诉人明确表明要购买王店镇丰收水库承包经营权,向上级争取项目款及将款项拨付给王店镇财政所,均是其工作职责和按照于某某指示,未与于某某共同骗取公款,没参与受让承包水库经营权;原判适用法律错误,丰收水库的所有权人是王店镇政府,何某文作为水库经营管理人从财政所将该60万元领取后,换得的是喻某某对水库的修复加固工程,专项资金的公共所有权关系没有受到侵害。在客观方面,上诉人王某起没有实施或者帮助他人实施侵吞、窃取、骗取或者以其他手段非法占有公共财物的行为;在主观方面,上诉人不存在非法占有或者帮助他人非法占有公共财物的目的。请求二审撤销原判,改判上诉人王某起无罪。

其辩护人的辩护意见:原判认定王某起的行为构成贪污共同犯罪,证据不足,王某起对于某某通过承包丰收水库而贪污公款60万元的主观故意不明知,也没有参与与于某某共同以何某文名义承包丰收水库,何某文是名义上和实质上的承包人,水库的承包利益归其所有;本案参与人员较多,王某起不应被追究刑事责任;于某某利用职权下拨20万元水库配套资金,王某起没有提供帮助,不应对此承担责任。即使认定王某起构成共同贪污犯罪,也因其系从犯,情节轻微,请求对王某起免予刑事处罚。

上诉人何某文上诉称:是于某某的司机韩文明让上诉人去跟喻某某谈,把王店镇丰收水库的经营权以上诉人名义受让过来;上诉人并不清楚60万元的来源,仅是名义上的承包人,主观上没有共同侵占财产的故意,60万元项目专款中53.27万元支付给喻某某作为丰收水库的基建投资款,余下的6.73万元用于丰收水库的除险加固,上诉人何某文未得分文。请求二审公正判决。

河南省南阳市人民检察院阅卷后认为,上诉人王某起、何某文贪污一案,原判认定事实清楚,适用法律正确,上诉人的上诉理由不能成立,本案事实清楚、证据确实充分,适用法律正确,建议维持原判。

河南省南阳市中级人民法院查明的事实和证据与原审一致,该案证据已经原审当庭举证、质证,查证属实,法院予以确认。

河南省南阳市中级人民法院认为,上诉人王某起身为国家工作人员,在担任内乡县财政局农财股股长期间,利用职务上的便利,帮助于某某套取公款60万元用于个人购买水库承包经营权。上诉人何某文与国家工作人员相勾结,共同骗取公款,其行为均已构成贪污罪。王某起、何某文与他人共同犯罪,二人在共同犯罪中作用相对较小,系从犯,应从轻、减轻处罚。王某起、何某文本次犯罪是初犯,案发后能主动退出赃款,认罪态度较好。王某起的上诉理由及其辩护人的辩护意见,经查,王某起明知于某某欲用国家水库除险加固专款购买丰收水库承包经营权,而参与实施,和喻某某商谈价格,将国家下拨的专款协调拨至王店镇财政所,由何某文领出用于支付给喻某某,作为丰收水库承包经营权转让价款,从而取得了丰收水库的承包经营权。王某起又安排何某文完善丰收水库除险加固票据,协调审计师事务所出具虚假审计报告,应付纪委检查,证人于某某等人的证言证实王某起对此主观上是明知的,客观上王某起的行为亦证实王某起对此是明知的,王某起本人在侦查机关亦供认不讳。该60万元项目专款本应由内乡县财政局拨至内乡县水利局,由水利局组织招标及施工,对丰收水库除险加固,但王某起、何某文却将该60万元改变用途,作为承包经营权转让价款支付给喻某某,取得了丰收水库的承包经营权,侵犯了公共财物的所有权。于某某利用职权下拨20万元水库配套资金,王某起明知并参与,且本案是共同犯罪,应对此承担责任。故王某起的上诉理由及其辩护人的辩护意见均不能成立,法院不予支持。何某文的上诉理由,经查:何某文参与承包水库,与喻某某商谈并签订合同,从财政所领取项目专项资金并支付给喻某某,参与水库管理,是贪污罪的共犯;何某文关于支付喻某某的款项是丰收水库基建投资款的上诉理由,与王某起的该上诉理由相同,法院不再赘评。故何某文的上诉理由不能成立。综上所述,原判认定事实清楚,证据确实、充分,定罪准确,量刑适当,审理程序合法。

五、定案结论

(一) 一审法院定案结论

河南省镇平县人民法院依照《中华人民共和国刑法》第382条、第383条第1款第3项、第25条、第26条、第27条、第72条第1款之规定,作出如下判决:

1. 被告人王某起犯贪污罪,判处有期徒刑3年,缓刑5年。
2. 被告人何某文犯贪污罪,判处有期徒刑3年,缓刑4年。

(二) 二审法院定案结论

河南省南阳市中级人民法院依照《中华人民共和国刑事诉讼法》第189条第1项之规定,裁定如下:

驳回上诉,维持原判。本裁定为终审裁定。

六、法理解说

本案属于上诉案件,上诉人的上诉理由之一便是事实不清,也即上诉人不存在主观故意,不存在非法占有目的。但是,二审法院根据一审法院认定的事实,仍然认定上诉人存在贪污罪的主观故意,非法占有目的确凿。

综观本案,上诉人王某起上诉称,于某某自始未向上诉人明确表明要购买王店镇丰收水库承包经营权,向上级争取项目款及将款项拨付给王店镇财政所,均是其工作职责和按照于某某指示,未与于某某共同骗取公款,没参与受让承包水库经营权。上诉人王某起的辩护人在辩护意见中指出,王某起对于某某通过承包丰收水库而贪污公款60万元的主观故意不明知。上诉人何某文上诉认为,何某文并不清楚60万元的来源,仅是名义上的承包人,主观上没有共同侵占财产的故意,60万元项目专款中53.27万元支付给喻某某作为丰收水库的基建投资款,余下的6.73万元用于丰收水库的除险加固,上诉人何某文未得分文。因此,上诉人王某起是否具有通过购买王店镇丰收水库承包经营权,并向上级争取项目款以供私分,这决定了共同犯罪的故意是否成立,进而决定是否具有非法占有或者帮助他人非法占有公共财物的目的。上诉人何某文的问题也基本相同。具体而言:

(一)于某某、王某起、何某文三人之间存在共同犯罪的故意

原审法院经查证实:2005年,时任内乡县财政局局长的于某某(另案处理)指示时任内乡县财政局农财股股长的王某起等人,以王店镇王店村村主任何某文的名义,同内乡县王店镇丰收水库承包经营人喻某某签订了丰收水库承包经营权转让合同。这些均说明,上诉人王某起明知于某某欲与内乡县王店镇丰收水库承包经营人喻某某签订丰收水库承包经营权转让合同。

上诉人王某起的供述也证实,在内乡县财政局局长于某某指使下,其和何某文等人商议,并由何某文出面购买丰收水库的承包经营权。上诉人王某起的供述证实,以丰收水库除险加固为由,向上级申请专项资金40万元,于某某又安排王店镇政府以申请配套资金为由,签批20万元给王店镇,自己协调王店镇财政所由何某文将该60万元取出,支付给喻某某及购买水库相关费用,取得丰收水库的承包经营权。上诉人何某文的供述证实,王某起安排其出面和喻某某商谈购买喻某某丰收水库的承包经营权。合同签订后,在王某起协调下,其从王店镇财政所领取项目款60万元,将其中的53.27万元支付给喻某某作为转让款。2006年王某起安排其找虚假票据,证实款项用于水库除险加固支出,应付纪委调查。这些均说明:购买喻某某丰收水库的承包经营权的目的是向上级申请专项资金40万元和申请配套资金20万元,并且为了掩盖这些事实的真相,上诉人王某起安排上诉人何某文负责虚假票据等事宜。此外,购买水库的承包经营权与违规转移的60万元之间存在因果关系。根据前述的事实及证据,可以证明于某某、王某起、何某文三人之间存在共同犯罪的故意,而且是有事先预谋的共同贪污行为。三人对所有事实都知情,不存在被欺骗等

情况，而且存在虚假的账目票据等行为，目的是掩盖事实以申请相关的款项。该三人所实施的客观行为不仅说明共同犯罪的故意，同时也揭示了非法占有目的的客观存在。

（二）王某起、何某文具有非法占有目的

证人于某某的证言证实，自己欲用财政项目资金购买丰收水库。后自己安排农财股股长王某起以丰收水库除险加固为由，向上级申请项目款40万元，自己签字将本该拨付给内乡县水利局的40万元拨到王店镇财政所，王某起协调让何某文将该40万元取出，支付给喻某某作为购买水库款项。自己又违规签批给王店镇20万元配套款，由何某文领走支付购买喻某某水库的余款。证人喻某某证言证实，2005年王某起等人察看丰收水库情况，何某文同自己商谈转让价格，后自己同何某文签订合同，将水库及相关设施以53.27万元转让给何某文并收取了转让款。由此可知，于某某明知本该拨付给内乡县水利局的40万元，但却拨到王店镇财政所。同时，又违规签批给王店镇20万元配套款，这导致该60万元属于违法的款项转移和使用。而上诉人王某起也明知40万元和20万元均是非法的财务转移行为，在事先预谋的安排下，违规使用该款项，并用于购买水库，而且已经支付了购买水库的款项。这种行为已经导致上级下拨的项目款脱离了控制，公共财物受到现实的危害，严重破坏了国家对这笔项目款的所有权。上诉人王某起受于某某的指使，积极参与签订获取丰收水库承包经营权的整个过程，套取公款，做虚假账目进行冲销，主观上是明知的，客观上参与实施了获取丰收水库承包经营权的行为。上诉人何某文作为共犯之一，也具有非法占有的目的。

（三）本案的非法占有目的认定

理论上对非法占有目的的认识，主要分歧为：（1）意图占有说，是指明知是公共的或他人的财物，而意图把它非法转归自己或第三者占有。① （2）非法占有说。是指明知是公共或他人的财物，而意图把它非法转归自己或第三者占有。（3）非法所有说。是指不仅是为了控制、支配财物，而且是在此基础上使用、处分财物，已形成非法所有的事实状态。②

笔者认为，这些观点具有其合理性。但是，针对不同的犯罪对象、犯罪方式等情况，也要区别对待，而不能一味地坚持所有说或者占有说。在本案中，上诉人王某起等为了购买水库承包经营权，合谋通过利用职务上的便利，共同

---

① 参见高铭暄主编：《中国刑法学》，中国人民大学出版社1989年版，第502页。
② 参见赵秉志主编：《刑法学研究各论述评》（1978～2008），北京师范大学出版社2009年版，第366～367页。

套取公款 60 万元。尽管上诉人王某起等并未分得具体的款项，但却取得了丰收水库的承包经营权，这就意味着这些公款已经被使用了，而其前提是脱离了国家所有人的管理和控制范围。因而，上诉人王某起等侵犯了公共财物的所有权。

（撰稿人：孙道萃）

案例17：赵某辉等被控贪污宣告无罪案
——贪污罪的非法占有目的与客观行为的认定

一、基本情况

案　由： 贪污

被告人： 赵某辉，原青海省民贸总公司副总经理兼任富新公司经理。2000年12月6日因本案被取保候审。

被告人： 王某玲，曾任富新公司业务主管。2000年12月6日因本案被取保候审。

被告人： 马某纯，曾任富新公司会计。2000年12月6日因本案被取保候审。

二、诉辩主张

（一）人民检察院指控事实

青海省西宁市城西区人民检察院指控：2000年5月，青海省民贸总公司宣告破产后，被告人赵某辉、王某玲、马某纯经商议，将青海省民贸总公司下属的青海省富新公司价值106323.76元（不含税）的商品，未向青海省民贸总公司破产清算组申报，而予以转移、隐瞒，并以给十三家厂商抵账为名在财务账目上进行了处理，准备用于私营公司（青海省百盛食品有限公司）的启动资金，同时亦将部分商品进行销售。被告人赵某辉、王某玲、马某纯利用职务便利，将青海省民贸总公司下属的青海省富新公司价值106323.76元的商品隐瞒、转移，并通过伪造账目改变了商品的所有权。

（二）被告人辩解及辩护人辩护意见

被告人赵某辉辩称：转移财产是善意的，是为了防止外地法院的执行，后将财产拉回了清欠办仓库，并给经办人员交代上报清算组。同时为了减少损失，以百盛公司名义将部分商品销售出去，故不构成犯罪。

其辩护人的辩护意见：转移财产是为了防止外地法院冻结执行，开办新公司是为了解决下岗职工再就业问题，被告人主观上不具有非法占有的目的，不应认定是犯罪，建议宣告无罪。

被告人王某玲辩称：被告人并没有占有财产的目的，作为启动资产开办公司是解决破产企业的就业问题，故不应认定是犯罪。

被告人马某纯辩称：转移财产是防止外地法院的执行，成立新公司是解决再就业问题，对转移的财产的所有权一直未发生转移，变卖后已将货款上缴清算组。

其辩护人的辩护意见：被告人马某纯主观上无非法占有的目的，客观上未给民贸公司造成损害，转移财产是解决就业问题，被告人的行为不具有社会危害性，建议宣告无罪。

被告人赵某辉、王某玲、马某纯的上诉理由和一审辩解一致。三被告人均提出自己的行为不构成贪污罪。

被告人赵某辉的辩护人辩称：三被告人主观上不具有占有本案所涉商品的故意，客观上也没有实施非法占有的行为，不构成贪污罪。

三、人民法院认定事实和证据

（一）认定犯罪事实

青海省西宁市城西区人民法院经公开审理查明：

青海省富新公司系青海省民贸总公司下属的国有公司。被告人赵某辉在案发前任民贸总公司副总经理兼任富新公司经理，王某玲任富新公司业务主管，马某纯任富新公司会计。2000年被告人赵某辉、王某玲、马某纯听说民贸总公司将破产后，即商议筹办公司。2000年5月8日，新疆某法院到民贸总公司执行财产时，三被告人及公司其他人害怕富新公司的财产也被执行，商量后于当日将富新公司仓库内好销售的价值106323.76元（不含税）的商品转移到事先租好的西宁市交通巷市场110—111号铺面内。2000年5月11日，民贸总公司及下属公司被宣告破产。赵某辉、王某玲、马某纯商量，采用开具虚假售货发票、签订虚假协议的方式，假借十三家厂商以货抵欠款的名义，在富新公司财务账目上作了处理，未向破产清算组申报该批财产，隐匿了这部分财产。同时三被告人采用开具假收据和打白条的方式，加大了该批商品量，造成了会计事务所出具了投资50万元的验资报告，作为三被告人及假借高某英、王某彩之名为公司股东的投资，在工商部门办理了青海省百盛食品有限责任公司（以下简称百盛公司）的企业登记注册手续，公司地址为西宁市交通巷市场110—111号。百盛公司在经营中,将该批商品予以部分销售,将货款予以入账。后因民贸总公司职工反映此事,三被告人商量将有以货抵款协议的同等价值商品拉到百盛公司在玉树驻宁采购站租赁的仓库内,另一部分商品拉到民贸总公司清欠办仓库,并将两个仓库的部分商品予以销售。

(二) 认定犯罪证据

上述事实有下列证据证明:

1. 证人伊某娥、高某英、王某彩、王某利、朱某宏、王某强、马某凤、张某玲、徐某彗的证言,证实从富新公司仓库拉走商品到交通巷市场110—111号仓库的事实及未向破产清算组申报的事实。

2. 抵货协议、假销售发票,证实三被告人编造以货抵款的假手续,在富新公司账目中予以冲减,造成该批商品未列入破产清算财产的事实。

3. 三份证明证实被告人赵某辉、王某玲、马某纯的身份情况。

4. 假发票、白条、验资报告、企业营业执照,证实了被告人以富新公司的商品,开具假发票和白条增大了商品量使会计师事务所出具验资50万元的验资报告,以三被告人及高某英、王某彩的名义为公司股东办理了百盛公司的企业注册登记的手续。

5. 企业营业执照、商贸厅文件,证实民贸公司是国有企业、富新公司是民贸公司控股企业的事实。

6. 三被告人的供述,证实将富新公司价值106323.76元的商品转移到交通巷市场110—111号仓库,并以此作为百盛公司启动资产,办理了百盛公司的事实;销售部分商品将剩余商品分别拉到百盛公司仓库和民贸总公司清欠办仓库的事实。

四、判案理由

(一) 一审法院判案理由

青海省西宁市城西区人民法院认为:被告人赵某辉、王某玲、马某纯受国有公司的委派管理、经营国有财产,利用职务上的便利,共同采用虚假的以货抵外债手段,非法占有公共财物,其行为均已构成贪污罪。贪污数额应按工商部门登记的出资比例认定,即赵某辉49623.8元,王某玲38996元,马某纯17730元。公诉人指控的事实和罪名成立,应予支持。三被告人及其辩护人以转移财产是防止外地法院冻结,开办公司是为破产企业职工着想的理由,来说明三被告人不具有非法占有目的的辩护意见均不能成立,不予支持。三被告人在案发后将赃款赃物退还破产清算组,可酌情从轻处罚。

(二) 二审法院判案理由

一审判决作出后,被告人赵某辉、王某玲、马某纯不服,向青海省西宁市中级人民法院提出上诉。

被告人赵某辉、王某玲、马某纯的上诉理由和一审辩解一致。三被告人均提出自己的行为不构成贪污罪。

被告人赵某辉的辩护人辩称:三被告人主观上不具有占有本案所涉商品的故意,客观上也没有实施非法占有的行为,不构成贪污罪。

青海省西宁市人民检察院认为:原判认定事实清楚,证据确实、充分,定性准确,量刑适当,适用法律正确,建议驳回上诉,维持原判。

青海省西宁市中级人民法院审理查明:上诉人赵某辉任民贸总公司副总经理兼任富新公司经理,在民贸总公司及富新公司申请破产中,与王某玲、马某纯商议筹办新公司,并办理了相关手续。2000年5月8日,赵某辉、王某玲、马某纯害怕新疆某法院执行民贸总公司财产时执行到富新公司的财产,便同富新公司部分职工将富新公司仓库内价值106323.76元的商品转移。三人商量后采用虚假协议、虚假发票以货抵账"平账",对所转移的商品未向破产清算组申报。之后,采用虚假方式加大该批商品量及价值,致使会计师事务所作出投资50万元实物的验资报告,并在未告知真实用意的情况下向富新公司职工高某英、王某彩索得其身份证,将二人作为股东,虚报赵某辉投入资本20万元,王某玲投入资本15万元,马某纯、高某英、王某彩各投入资本5万元取得百盛公司营业执照。三上诉人未告知原富新公司的职工将转移的商品作为投资进行了验资,并将转移的商品进行销售,货款记入百盛公司的账目。证明上述事实的证据与一审采纳的证据相同,经庭审质证,予以确认。

青海省西宁市中级人民法院经审理认为:上诉人赵某辉、王某玲、马某纯转移、隐匿国有资产后作为百盛公司的启动资金的事实存在,其行为违法。但证实赵某辉、王某玲、马某纯将转移商品占为己有的证据不足,不符合贪污罪的构成要件。对赵某辉、王某玲、马某纯的上诉理由及辩护意见,予以采纳。

(三) 再审法院判案理由

二审判决发生法律效力后,青海省人民检察院于2002年6月3日以青检发抗诉字(2002)39号抗诉书向青海省高级人民法院提出抗诉。

青海省人民检察院的抗诉理由为:原审被告人赵某辉、王某玲、马某纯趁民贸总公司宣告破产之机,利用职务之便,转移、隐匿国有资产作为开办私有制公司的注册和启动资金,主观上具有非法占有的故意,客观上已将属于富新公司的财产所有权转移至百盛公司所有,即赵某辉、王某玲、马某纯私人所有,具备了贪污罪的构成要件。原二审判决以赵某辉、王某玲、马某纯将转移的商品非法占为己有的证据不足，不符合贪污罪的构成要件为由，宣告赵某辉、王某玲、马某纯无罪错误，应予纠正。

原审被告人赵某辉、王某玲、马某纯的辩解及赵某辉的辩护人的辩护意见和一审、二审的辩解及辩护意见相同。

青海省高级人民法院再审查明：抗诉书认定原审被告人赵某辉、王某玲、马某纯于2000年5月8日，在新疆某法院执行民贸总公司财产时，与富新公司职工转移该公司仓库内价值106323.76元的商品，伪造协议和销货清单予以平账，并作为注册资金成立了百盛公司。三原审被告人得知原富新公司部分职工对转移商品之事有反映后，便将该商品拉到民贸公司仓库予以销售变现后上缴破产清算组的基本事实与原一审、二审判决认定的基本事实相同，辩护人、三原审被告人对原一审、二审判决及抗诉书认定的基本事实也不持异议，应予确认。

五、定案结论

（一）一审法院定案结论

青海省西宁市城西区人民法院依照《中华人民共和国刑法》第382条第2款、第383条第3款、第72条的规定，作出判决如下：

1. 被告人赵某辉犯贪污罪，判处有期徒刑3年，缓刑3年；
2. 被告人王某玲犯贪污罪，判处有期徒刑2年，缓刑2年；
3. 被告人马某纯犯贪污罪，判处有期徒刑1年，缓刑1年。

（二）二审法院定案结论

青海省西宁市中级人民法院依照《中华人民共和国刑事诉讼法》第189条第2项、第162条第3项的规定，判决如下：

1. 撤销青海省西宁市城西区人民法院（2001）西刑初字第125号刑事判决；
2. 宣告上诉人赵某辉、王某玲、马某纯无罪。

（三）再审法院定案结论

青海省高级人民法院依照《中华人民共和国刑事诉讼法》第189条第1项、第206条的规定，作出如下裁定：

维持青海省西宁市中级人民法院（2001）宁刑终字第201号刑事判决，即原审被告人赵某辉、王某玲、马某纯无罪。

六、法理解说

笔者认为，原审被告人赵某辉、王某玲、马某纯无罪的根本理由是缺乏贪污罪的主客观要件，尤其是非法占有目的。基于此，简要分析如下：

贪污案件定罪的基本原则是主客观相统一原则下的犯罪构成。定罪过程就是法官面对个案事实适用刑法规范的过程。按照我国通行的看法，法官在这一过程中必须要遵循"主客观相统一原则"。在定罪过程中，主客观相一致原则具体表现为四个犯罪构成要件的有机统一，才是确定行为是否构成犯罪以及构成何罪的唯一标准。① 因此，对犯罪嫌疑人、被告人追究刑事责任，必须同时具备主客观两方面的条件。即符合犯罪主体条件的人，在其故意或者过失危害社会的心理支配下，客观上实施了一定的危害社会的行为，对刑法所保护的社会关系构成了严重威胁或已经造成现实的侵害。如果缺少其中主观或客观任何一个方面的条件，犯罪就不能成立，不能令该人承担刑事责任。该原则的贯彻依赖于作为定罪根据的"犯罪构成"，因为其是主观要件与客观要件的有机统一体。主客观相统一原则产生的前提条件直接导源于主、客观主义刑法理论与折中主义之缺陷，正是客观主义与主观主义刑法理论的片面性与折中主义刑法理论的不稳定性，使主客观相统一原则与理论应运而生。

在认定贪污罪时，也必须根据主客观相统一原则定罪，只有同时符合主观和客观两个要件时才成。也即行为人在非法占有目的实施了刑事违法行为并造成了一定的危害后果。但是，纵观司法实践，贪污罪认定中的难点仍是非法占有目的的认定。一般而言，以非法占有为目的的犯罪，最终都是为了非法获取他人之物的所有权，而获取他人之物所有权的前提和基础又是先占有。在贪污罪中，行为人原本已基于职务、合同或无因管理等而属于公共财物或他人财物的合法占有者，此后才通过非法行为将合法占有的财产变为自己或第三者所有。如国家工作人员、公司人员等采用平账、变更登记等方法，租赁人、借用人通过变更登记、私自转让等方法把公共财物、公司财物或他人财物变为自己或第三者所有，拾得物的无因管理人采用隐瞒、转移等行为，将拾得的他人财物变为自己或第三者所有。此外，非法占有目的产生的时段一般是在行为开始前或开始时，特殊情况也会产生在合法经济活动或民事违法行为进行过程中。在贪污罪的定罪中，也应按照前述的分析进行判断，并结合具体案情具体认定。

---

① 参见赵秉志主编：《主客观相统一原则：刑法现代化的坐标——以奸淫幼女罪为视角》，中国人民公安大学出版社2004年版，第107页。

笔者认为，原一审、二审法院及青海省高级人民法院、青海省人民检察院对赵某辉、王某玲、马某纯在民贸总公司申请破产期间转移富新公司价值106323.76元的商品，伪造协议和销货清单予以平账，并作为注册资金成立百盛公司，以及赵某辉、王某玲、马某纯根据破产清算组的要求将该批商品销售变现后予以交还的事实不持异议。本案应如何认定赵某辉等三人行为的性质，原一审、二审法院及再审法院认定各异。虽然西宁市中级人民法院和青海省高级人民法院均认为赵某辉等三人的行为不构成贪污罪，由于对赵某辉等三人的行为性质认识上的差异，导致判决理由表述不同。本案争议的焦点在于：三原审被告人主观上是否具有将转移国有财产非法占有的故意，客观上是否实施了将属于富新公司的财产所有权转移至赵某辉、王某玲、马某纯三人所有的行为。

贪污罪，是指国家工作人员和受国家机关、国有公司、企业、事业单位、人民团体委托管理、经营国有财产的人员，利用职务上的便利，侵吞、窃取、骗取或者以其他手段非法占有公共财物的行为。在主观方面必须是故意，并且以非法占为己有为目的。在客观方面，表现为行为人利用职务上的便利，侵吞、窃取、骗取或者以其他手段非法占有公共财物的行为。赵某辉、王某玲、马某纯等人在民贸总公司及其下属子公司申请破产期间，准备开办股份制公司接纳破产企业职工再就业。为了逃避新疆维吾尔自治区某法院到青海强制执行民贸总公司的财产，赵某辉等三人以及富新公司的部分职工转移该公司的商品，其目的只是逃避法院的执行。在将商品进行转移后，赵某辉等人利用该批商品作为成立百盛公司的注册资金，且成立的百盛公司系部分职工参股形成的股份有限公司，不是赵某辉等三人自己的公司。赵某辉、王某玲、马某纯在主观上没有将转移的商品侵吞、窃取、骗取或者以其他手段非法占为己有的故意和目的，因而，在本案中，各被告人均不具备贪污罪的主观要件。

赵某辉等三人将商品转移之后，采取伪造协议和销货清单，假借给十三家厂商以货抵欠款的手段，在富新公司财务账目上予以平账，但富新公司大部分职工参与并实施了转移商品的行为，所转移的商品仍由富新公司的保管员保管，且在案发前已把转移的商品运回民贸总公司仓库，开具入库单上报破产清算组，根据清算组的要求将转移的商品变现。事实上所转移的商品一直在富新公司的监管下，该批商品的所有权并未发生转移，赵某辉等三人并未实际占有和支配。赵某辉等人仅是利用转移的商品骗取验资机构的验资证明后，以虚假的验资报告注册成立了百盛公司。赵某辉等人成立百盛公司后，解决了69名下岗职工的就业问题。因此，赵某辉等三人客观上也没有实施将转移的商品非法占为己有的行为，不符合贪污罪的客观要件。

综上所述，赵某辉、王某玲、马某纯为了逃避外地法院的执行与富新公司的部分职工转移了国有财产，并实施了伪造协议和销货清单，假借十三家厂商以货抵欠款的名义，在富新公司、财务账目上予以平账的行为，其实施伪造、平账的行为是为获取虚假的验资证明，并没有实际占有或者私自处分所转移的商品，因此，赵某辉等三人的行为在主观上没有非法占有的故意，客观上也没有实施非法占有的行为，不符合贪污罪的构成要件。尽管二审判决和再审判决对赵某辉等三人宣告无罪的理由不同，但实体处理结果是一致的。因此，青海省高级人民法院再审裁定维持二审判决是正确的。

（撰稿人：孙道萃）

案例18：董某忱等贪污案
——贪污罪中的正当化事由与"委托"的理解

一、基本情况

案　由：贪污

被告人：董某忱，男，1949年8月21日出生，汉族，大学本科，曾任阜新某某有限责任公司董事长兼总经理，捕前住阜新市某区文化街某室。因涉嫌犯贪污罪和挪用公款罪于2008年3月6日被刑事拘留，同月19日被依法逮捕，羁押于阜新市看守所。

被告人：韩某华，女，1958年2月1日出生，汉族，大专文化，原阜新长客有限责任公司总经理助理。捕前住阜新市某区某小区某号楼某室。因涉嫌犯贪污罪于2008年3月4日被刑事拘留，同月14日被依法逮捕，羁押于阜新蒙古族自治县看守所。

二、诉辩主张

（一）人民检察院指控事实

辽宁省阜新市人民检察院指控：被告人董某忱贪污公款1112636.84元，挪用公款83000元；被告人韩某华贪污公款2280710.21元。被告人韩某华2008年3月3月到侦查机关接受询问时主动承认了贪污公款的行为，同月4日，侦查机关对其刑事拘留。被告人韩某华案发后主动退回赃款130万元，被告人董某忱案发后主动退回赃款159177.20元。侦查机关从虎跃公司扣回董某忱个人入股金103万元和2007年股利225643元。李某某向侦查机关交回60000元。

（二）被告人辩解及辩护人辩护意见

一审中被告人未提出有关的辩解。

三、人民法院认定事实和证据

（一）认定犯罪事实

辽宁省阜新市中级人民法院经公开审理查明：

1. 被告人董某忱、韩某华共同贪污公款的犯罪事实。2005 年 3~4 月，虎跃公司给董某忱 100 万股（每股 1.11 元）个人股份，董某忱分给长客总站站长高某某 40 万股。2005 年 6 月 23 日，韩某华指使本公司出纳李某某在银行私设账户，并于 2005 年 7~8 月将 4 笔客票收入计 1029912.55 元存入此账户。2005 年 12 月，董某忱让韩某华为其办理缴纳股金事宜。2005 年 12 月 21 日和 22 日，韩某华指使李某某将私设账户上的本息 103 万元取出后存入董某忱入股的存折上。12 月 23 日，董某忱在拿到李某某入股的 44.4 万元的存折后，安排其司机取出 8 万元连同存折一起交给韩某华，韩某华将 8 万元存入董某忱入股的存折，按董某忱的授意取出 32 万元自己存留，剩余 4.4 万元的存折退还给李某某。存有 111 万元入股金的存折由韩某华交给董的司机，由董的司机同日交给虎跃公司代表王某某，李某某于 12 月 26 日以董某忱的名义电汇至虎跃公司，虎跃公司于 12 月 28 日给董某忱出具了投资款收据。2007 年和 2008 年虎跃公司给董某忱发了两次红利，董某忱按股金比例分给高某某 2007 年红利。

2. 被告人董某忱个人贪污公款的犯罪事实。2004 年 12 月 29 日，董某忱将替其子董某某缴纳 2 万元罚款的收据在本公司财务科报销后冲减了个人借款。2007 年 8 月 30 日，董某忱以"2005 年到北京参加二级资质企业评审"为名开具虚假发票，在本公司财务科报销 30009.64 元，冲减了个人借款。2007 年 9 月 15 日，董某忱以"2003 年总站建设电子检票设备和 GPS 初装费开支"名义开具虚假发票，在本公司财务科报销 32627.20 元，冲减了个人借款。

3. 被告人韩某华个人贪污公款的犯罪事实。包括：（1）2000 年 5 月至 2006 年 9 月，被告人韩某华利用担任长客公司财务科科长职务的便利，将本公司公款分 14 笔存为一年定期存款，将银行支付的存款奖励金 295620 元不入公司账目据为己有；2004 年 6 月 29 日，被告人韩某华将 4 笔公款存款利息共计 234275.77 元作为本金存入银行，2006 年 8 月 25 日，长客公司财务科出纳员李某某将该笔存款本息合计 244544.06 元从银行提现交给被告人韩某华，韩将此款不入公司账目据为己有。（2）2004 年 12 月 22 日至 28 日，长客总站付给长客公司客票收入款 4 笔共计 521527.50 元（分别为 22 日支票付 300000 元、28 日支票付 161367.50 元、27 日现金付 55890.70 元和 4269.30 元）；

2005年3月21日，阜新市商业银行兴业支行付给长客公司存款利息2710.87元，6月7日该行付给长客公司存款利息90.56元和705.22元。被告人韩某华将上述款共计525033.15元不记入公司财务账目，后指使李某某分4次提现交给其据为己有。（3）2005年4月7日，韩某华利用给公司发放补偿金的机会，让出纳员李某某从银行提取现金282713元交给她一人负责发放，其实际发放补偿金173000元，余款109713元据为己有，并把阜新县客运公司交来的"并轨资金企业自筹款"109713元用来平公司财务账。（4）1999年12月29日，韩某华以退周某某买车款为由，让李某某为其开出金额为75800元的转账支票一张，其将该支票交给阜蒙县客运分公司的陈某某，陈又将支票交给本单位出纳员孙某某存入本单位"综合商店饭店"账户。2000年1月28日，孙某某提出现金75800元交给陈某某，陈某某又交给了韩某华，韩某华将此款据为己有。

综上所述，被告人董某忱贪污公款1112636.84元，挪用公款83000元；被告人韩某华贪污公款2280710.21元。

（二）认定犯罪证据

上述事实有下列证据证明：书证、物证、证人证言、被告人辩解等。

四、判案理由

（一）一审法院判案理由

辽宁省阜新市中级人民法院认为，被告人董某忱和被告人韩某华身为受国家机关委托从事公务的人员，利用职务上的便利，共同或单独侵吞国有控股公司财产，数额在10万元以上，侵犯了国家工作人员执行职务的廉洁性和公司财产的所有权，其行为已构成贪污罪；被告人董某忱利用职务上的便利，个人决定挪用公款用于个人经营活动和供他人使用超过3个月未还，且数额较大，其行为已构成挪用公款罪，依法应予惩处。公诉人指控被告人董某忱犯贪污罪、挪用公款罪以及被告人韩某华犯贪污罪的事实清楚，证据确实、充分，指控的罪名成立。被告人董某忱案发后能积极退回部分赃款，公司损失已全部追回，可酌情对其从轻处罚。被告人韩某华在共同犯罪中起次要作用，是从犯，可减轻处罚，其在侦查机关未掌握其犯罪事实的情况下，自行到案并如实供述了侵吞公款的事实，属自首，可对其减轻处罚，其在案发后能积极退回全部赃款，可酌情对其从轻处罚。

（二）二审法院判案理由

一审判决作出后，被告人董某忱不服，提出上诉。

董某忱上诉称：一审认定其贪污 103 万元事实不清；30009.64 元是到北京办理业务花销，32627.20 元中有 3 万元因为公务送给山西五台山警方，不应计入贪污数额。

辽宁省高级人民法院经公开审理查明，阜新市中级人民法院在判决书中列举认定本案事实的证据，已经开庭审理，并经控辩双方质证。本案在法院审理期间，上诉人董某忱未提出新的证据，法院对一审判决采信的证据予以确认。一审判决认定上诉人董某忱犯贪污罪、挪用公款罪，原审被告人韩某华犯贪污罪的事实清楚，证据确实、充分。

辽宁省高级人民法院认为，上诉人董某忱、原审被告人韩某华在国家机关委托其从事公务期间，利用职务上的便利，共同或单独侵吞国有控股公司财产，数额巨大，其行为均已构成贪污罪，在共同犯罪中，上诉人董某忱系主犯，原审被告人韩某华系从犯。上诉人董某忱还利用职务上的便利，挪用公款数额较大进行经营活动，挪用公款数额较大超过 3 个月未还，其行为已构成挪用公款罪。原审鉴于上诉人董某忱案发后能积极退回赃款，挽回公司损失，酌情对其从轻处罚，鉴于被告人韩某华案发后积极退回赃款，有自首情节，在共同犯罪中系从犯，对其减轻处罚。原审定罪准确、量刑适当，审判程序合法。

五、定案结论

（一）一审法院定案结论

辽宁省阜新市中级人民法院依照《中华人民共和国刑法》第 382 条、第 383 条第 1 款第 1 项、第 384 条、第 25 条、第 26 条、第 27 条、第 67 条和第 69 条第 1 款的规定，判决如下：

1. 以贪污罪判处被告人董某忱有期徒刑 10 年；
2. 以贪污罪判处被告人韩某华有期徒刑 5 年。

（二）二审法院定案结论

辽宁省高级人民法院依照《中华人民共和国刑事诉讼法》第 189 条第 1 项之规定，裁定如下：

驳回上诉，维持原判。本裁定为终审裁定。

六、法理解说

在本案中，有两个问题值得关注：一是贪污罪的正当化事由，如董某忱上诉时提到的"办理业务的花销"、"因为公务"。二是关于委托的理解，上诉人董某忱、原审被告人韩某华系在国家机关"委托"其从事公务。如果委托的行为具有正当业务之属性，则可能影响案件的定性。具体而言：

（一）正当化事由是一种出罪事由

在我国第一部高等学校法学试用教材《刑法学》中的第十三章排除社会危害性的行为中提及了正当防卫和紧急避险，即是指那些"外表是犯罪，实际上并不具有社会危害性，不具有犯罪构成，并且对国家和人民有益的行为"。[①] 后期还称之为排除犯罪性的行为，是指行为表面上好像符合犯罪构成，但实际上并不符合犯罪构成，且有利于社会。这是因为它首先缺少相当严重程度的社会危害性这一实质要件，其次是因为缺失刑事违法性这一形式要件。即同时排除社会危害性和刑事违法性的行为，形式上也不存在犯罪构成。[②] 目前，比较通行的说法是正当行为，是指行为客观上造成了一定的损害结果，形式上符合犯罪的客观要件，但实质上既不具备社会危害性，也不具备刑事违法性的行为，如正当防卫、紧急避险等。[③] 此外，还有学者认为，"正当行为"、"排除犯罪的事由"、"排除社会危害性行为说"、"正当化事由说"、"正当化行为说"等都是指同一对象，是指行为客观上造成了一定的损害结果，形式上符合某种犯罪构成，但实质上不具有社会危害性和刑事违法性，从而不构成犯罪的行为。[④]

笔者认为，目前法定的正当化事由仅包括正当防卫和紧急避险两种情形。在我国的犯罪构成体系中，精神病、责任能力、不可抗力和意外事件、认识错误等在犯罪构成的主体要件和主观方面中进行考察。另外，还有大量的超法规事由。如高铭暄教授指出，"只要有相关的法律、法规可资依据，就都是正当合法行为。如果法律、法规没有规定，但依据公序良俗、道德规范可以给予肯

[①] 高铭暄主编：《刑法学》，法律出版社 1982 年版，第 162 页。
[②] 参见马克昌主编：《犯罪通论》，武汉大学出版社 1991 年版，第 64 页、第 532 页。
[③] 参见高铭暄、马克昌主编：《刑法学》（第 5 版），北京大学出版社、高等教育出版社 2011 年版，第 138~139 页。
[④] 参见赵秉志主编：《刑法总论》，中国人民大学出版社 2007 年版，第 380 页；赵秉志主编：《当代刑法学》，中国政法大学出版社 2009 年版，第 264 页；赵秉志主编：《刑法新教程》（第 3 版），中国人民大学出版社 2009 年版，第 147 页；赵秉志等：《刑法学》，北京师范大学出版社 2010 年版，第 174 页。

定评价或不应给予谴责的，这就是德日违法论中所谓的超法规的正当行为"。①在本案中，就牵涉正当公务行为的认定，以及"良性违规、违法"行为的理解等。

但需要说明的是，犯罪构成与正当化事由的体系契合长期困扰着理论界。目前学界已经提出了29种解决方案，其大体上围绕着犯罪构成取舍与体系内外这两大主题进行展开，但都存在缺陷，其出路在于：从刑法学体系的宏观视野出发，立足于本土化进行解读，联动相关的刑法学范畴尤其是刑事责任成立范畴进行系统思考。在我国，"犯罪构成是刑事责任的唯一依据"主导了刑事责任成立原理的研究，但犯罪构成与正当化事由的矛盾关系事实上否定了这一论断，即正当化事由实际上决定了刑事责任的成立。故此，要联合犯罪构成、正当化事由和刑事责任成立原理进行宏观思考和关联互动，犯罪构成和正当化事由共同决定了刑事责任的成立。在此提倡刑事责任成立条件理论，是指由犯罪构成理论和正当化事由组成，其性质分别是积极和消极的成立条件，并共同决定刑事责任的成立与否及其大小。通过引入刑事责任成立条件理论，比较圆满地解决犯罪构成与正当化事由的体系矛盾。正当化事由有两重机能：一是事实上发挥着否定符合犯罪构成的判断；二是实际上起着排除刑事责任成立的作用。正当化事由应具有独立的刑法学理论地位，不应纳入犯罪构成体系中，并与犯罪构成共同决定刑事责任的成立。由于本案并不涉及此方面，仅供读者参考。② 在贪污犯罪认定中，如果存在正当化事由，如执行公务等情形，则不成立犯罪。

（二）委托可以作为贪污罪中的一种正当业务行为以排除刑事责任

刑法第382条第2款规定："受国家机关、国有公司、企业、事业单位、人民团体委托管理、经营国有财产的人员，利用职务上的便利，侵吞、窃取、骗取或者以其他手段非法占有国有财产的，以贪污论。"这里的"委托"如何理解呢？有论者认为，"委托"，本义为托付，即一方当事人将一定事务托付给他方，被委托者需以委托者的名义在托付的权限范围内进行活动，其活动的结果由委托者承担。"委托"除具有一般的民事法律含义外，还具有特别的法律含义，这里的委托主体必须是依法具有委托权限的国有性质的单位，不是一般意义的民事主体或个人。委托的内容也具有特定性，即不是进行一般性的劳

---

① 高铭暄：《对主张三阶层犯罪成立体系取代我国通行犯罪构成理论者的回应》，载赵秉志主编：《刑法论丛》（第19卷），法律出版社2009年版，第8~11页。

② 参见孙道萃：《犯罪构成与正当化事由的体系契合》，载《研究生法学》2011年第4期，第30~55页。

务活动，而是对国有财产进行管理和经营。这种委托一经受托人承诺，委托方与被委托方就形成一种隶属关系，受委托方取得一定的从事事务的资格，接受委托单位的领导、监督，体现着一定的行政托付关系。①

笔者认为，这种观点可取。"委托"主要有以下特点：（1）委托主体的特殊性，必须是国家机关、国有公司、企业、事业单位、人民团体。也就是说，委托主体必须是法律规定的，具有委托权限的单位而非个人。（2）被委托的主体一般是非国家工作人员，不具有限制性。（3）委托的内容具有特定性，即受委托人所从事的工作必须是对国有财产进行的管理、经营活动，而不是一般的劳务行为。国有财产不是一般意义上的公共财产。国有财产是指国家享有所有权的财产，通常是指国家机关、国有公司、国有企业、事业单位、人民团体所拥有的财产，包括股份制企业中国家享有所有权的财产，国有财产是公共财产中的一部分。受国家机关、国有公司、企业、事业单位、人民团体委托，管理、经营国有财产的才构成本条所规定的"委托"关系。（4）这种委托关系必须具备符合相关法律规定的手续。笔者理解应该是要式行为，即委托方的职务行为与被委托方接受委托的行为应该具备书面形式，反映双方的合意行为，不能是某一领导个人意志的体现。（5）委托的长期有效性，目的是更好地执行相关的委托事项。（6）委托的形式具有多样性，可以是承包、租赁、临时聘用等。②（7）还有论者认为，委托管理、经营国有财产的人员应具有行政隶属性。③

（三）被告人董某忱、韩某华实施了侵吞、骗取等行为

2005年6月23日，韩某华指使本公司出纳李某某在银行私设账户，并于2005年7~8月将4笔客票收入计1029912.55元存入此账户。2000年5月至2006年9月，被告人韩某华利用担任长客公司财务科科长职务的便利，将本公司公款分14笔存为一年定期存款，将银行支付的存款奖励金295620元不入公司账目据为己有。这些行为属于典型的侵吞行为。侵吞，一般是指将自己合法管理、经手或者使用的公共财物，在不加任何掩饰或者改变形态的情况下，直接占为己有或者加以扣留；或者擅自转卖、赠送他人；或者将自己保管的财物加以扣留而不上缴，应当入账而不入账等。在本案中，被告人董某忱、韩某华

---

① 参见许科元：《刑法中"委派"与"委托"的区别》，载《人民检察》2003年第4期，第52页。
② 参见李希慧主编：《贪污贿赂罪研究》，知识产权出版社2004年版，第51页。
③ 参见房清侠等：《刑法理论问题专题研究》，中国人民公安大学出版社2003年版，第331页。

共同实施了侵吞行为。

2004年12月29日，董某忱将替其子董某某缴纳2万元罚款的收据在本公司财务科报销后冲减了个人借款。2007年8月30日，董某忱以"2005年到北京参加二级资质企业评审"为名开具虚假发票，在本公司财务科报销30009.64元，冲减了个人借款。这些事实均属于骗取行为。贪污中的"骗取"，一般是指虚构事实、隐瞒真相，与诈骗罪中的手段基本一致，只是所针对的犯罪对象和借助的犯罪条件等不一样而已。

（四）贪污行为与刑法中的正常业务行为之别

上诉人董某忱上诉称：30009.64元是到北京办理业务的花销，32627.20元中有3万元因为公务送给山西五台山警方，不应计入贪污数额。但是根据调查，上诉人董某忱以虚假的票据冲减个人借款30009.64元、32627.20元的事实有证人证言、相关书证予以证实，上诉人董某忱亦予以供述，虽其辩解称30009.64元是其到北京办理业务的花销，32627.20元中有30000元是因为公务送给山西五台山警方，但其辩解均无证据证实。本案最终根据证据不足否定了这一辩护意见，这种做法是对的。在由控方提出辩护理由时，应承担相应的举证责任，否则，法院可以认为不存在正当化事由。当然，最终证明被告人有罪的责任仍落在控方身上，控方需要提供其他证据反驳正当化事由的存在。

笔者认为，法院此时也同时推定存在非法占有目的。从本案的事实和证据看，二位被告人均对其所企图贪污的公共财物实现了占有，并置于自己的控制之下。从这种情况看，如果被告人无法证明自己确实属于正当业务行为，就可能承担败诉的风险。此外，在处理其他类似案件时，如果确实查证存在一些"良性违规、违法"行为，如疏通关系、请客吃饭等开销，尽管这些行为违反了党纪党规和公务员法，但毕竟不是犯罪行为，要和贪污罪区分开来。

综上所述，二审判决是正确的。

（撰稿人：孙道萃）

案例19：黄某冰贪污案
——贪污罪的数额的认定

一、基本情况

案　由：贪污

被告人：黄某冰，男，1972年8月5日出生，汉族，出生地北京市，大学本科，原民航总局空中交通管理局财务处财务管理科副科长兼北京航通房地产开发有限公司财务部经理，住北京市海淀区中关村东路某号院某门某号；因涉嫌贪污于2005年4月11日被羁押，当日被刑事拘留，同年4月21日被逮捕。

二、诉辩主张

（一）人民检察院指控事实

北京市朝阳区人民检察院指控：被告人黄某冰于2004年9月21日，利用其担任北京航通房地产开发有限公司（以下简称航通公司）财务经理职务之便，私自用本单位转账支票1张（金额为人民币2.73万元），在北京市长得瑞华电子技术有限公司（以下简称长得瑞华公司）为个人购买笔记本电脑1台及电脑配件（价值人民币1.08万元），并从该公司兑现人民币1.5万元，后用该公司开具的虚假发票，在本单位入账报销。被告人黄某冰于2002年12月至2005年2月间，利用其担任航通公司财务经理职务之便，采用私找发票入账冲抵的手段，侵吞公款人民币158562.93元。后被查获归案。公诉人认为，被告人黄某冰作为国家工作人员，为满足个人私利，利用职务之便，侵吞公款，其行为已构成贪污罪，提请法院予以惩处。

（二）被告人辩解及辩护人辩护意见

被告人黄某冰对公诉人的起诉书指控的内容不持异议，当庭表示认罪。

被告人黄某冰的辩护人的辩护意见：（1）公诉人认定黄某冰使用虚假发

票平账的手段侵吞公款的金额明显高于其实际所侵吞的金额,其除使用虚假发票充抵个人消费外,还有相当一部分系充抵因公消费,该部分不应认定为作案金额;(2) 黄某冰于 2005 年 1 月到加拿大探亲前从公司账户内提取的现金人民币 3 万元,系暂时挪用,并无非法占有的目的,不应认定为贪污金额;(3) 黄某冰具有自首情节;(4) 黄某冰具有悔罪表现并积极退缴赃款,客观上没有给国家造成财产损失;(5) 航通公司财务制度不健全,管理混乱,是造成黄某冰犯罪的重要客观原因。综上所述,建议对其予以从轻处罚。

三、人民法院认定事实和证据

(一)认定犯罪事实

北京市朝阳区人民法院经公开审理查明:

被告人黄某冰于 2002 年由民航总局空中交通管理局(以下简称民航总局空管局)委派到航通公司任财务部经理。2002 年 12 月至 2005 年 2 月期间,被告人黄某冰利用其担任航通公司财务经理的职务便利,采用私找发票入账冲抵的手段,侵吞公款人民币 158562.93 元。

2004 年 9 月 21 日,被告人黄某冰利用其担任航通公司财务经理的职务便利,私自使用本单位转账支票 1 张(金额为人民币 2.73 万元),在长得瑞华公司为个人购买笔记本电脑 1 台及电脑配件(价值人民币 1.08 万元),并从该公司兑现人民币 1.5 万元,后将该公司开具的虚假发票在本单位入账报销。后被查获归案。案发后,被告人黄某冰的家属帮助黄某冰向民航总局空管局退缴人民币 185862.93 元。

(二)认定犯罪证据

上述事实有下列证据证明(节选):

1. 被告人黄某冰使用本单位转账支票为个人购买笔记本电脑 1 台及电脑配件并兑换现金的情况

(1) 公诉人当庭出示的航通公司 2004 年 10 月 31 日第 2 号记账凭证、报销凭单、转账支票存根、专用发票、银行进账单以及现金日记账等书证材料,证明:被告人黄某冰使用航通公司金额为人民币 2.73 万元的转账支票为个人购买笔记本电脑并提取现金后,以"电脑配件"名义在航通公司入账报销的情况。(2) 证人胡某平(民航总局空管局办公室主任兼航通公司总经理)的证言证明:2003 年 10 月 31 日第 2 号金额为人民币 2.73 万元的记账凭证以及所附报销凭单上审批人签字是其本人所写,该款项的实际用途不清,但黄某冰曾告知其税务机关的人员提出想要 1 台电脑。(3) 证人刘某普(民航总局空管局办公室科长兼航通公司经理部经理）的证言，证明：2003年10月31日第2号金额为人民币2.73万元的记账凭证以及所附报销凭单上报销人签字是刘某普本人所写，其不清楚该笔款项的用途，该笔款项的实际使用人和报销人是黄某冰。（4）证人张某（长得瑞华公司副总经理）的证言，证明：2004年9月，黄某冰使用支票从该公司购买了1台笔记本电脑及摄像头等共计人民币1.08万元，该公司按照黄某冰的要求开具了商品名称为"电脑配件"的金额为人民币2.73万元的发票，购买单位名称为航通公司，之后该公司按照黄某冰的要求将购买电脑的差价部分1.5万元人民币以现金形式返还给了黄某冰。（5）航通公司出具的情况说明，证明：被告人黄某冰从公司取走转账支票一张（支票号：03031444），没有领取人签字和注明用途。（6）（2005）京检技会字第8号司法会计检验报告，证明：北京航通房地产开发有限公司相关财务会计资料证实，2004年9月21日签发的03031444号转账支票支付金额27300元人民币在该公司已计入成本费用科目，即该业务通过成本费用科目核销。

2. 被告人黄某冰采用私找发票入账冲抵的手段侵吞公款的情况

（1）公诉人当庭出示的航通公司2003年至2005年的记账凭证、报销凭单以及相应发票，证明：经黄某冰逐一确认，其将未实际发生业务的虚假发票用于冲抵费用，做账报销的具体金额。（2）证人胡某平的证言，证明：2002年12月，航通公司召开会议通过了黄某冰起草的财务管理章程，该章程规定财务报销程序时，报销费用在人民币2000元以上的应由总经理签字，人民币2000元以下的由部门经理审批即可，招待费用人民币500元以上的应由总经理签字并由财务部经理审核。航通公司只同意黄某冰使用其他发票充抵该公司须支付的劳务费的情形。（3）证人刘某普的证言，证明：公诉人当庭向其出示的航通公司2003年共计52笔报销凭单、2004年共计56笔报销凭单以及2005年共计8笔报销凭单上的签字均为刘某普所写，上述报销凭单上的报销事由均与其本人无关，是黄某冰让其签的字。（4）证人杨某刚（民航总局空管局博物馆工程管理处处长）的证言，证明：杨某刚在2001年1月前曾任民航总局空管局财务处处长，2003年3月后任民航总局空管局博物馆工程管理处处长，2003年其曾让黄某冰帮助接待过中南空管局、西北空管局财务处的一些人员。（5）证人时某（民航总局空管局财务处出纳）的证言，证明：其不清楚黄某冰是否用单位的钱款请同事们吃过饭，其本人也没有同黄某冰去过歌厅、酒吧等娱乐场所。（6）证人索某（民航总局空管局财务处会计师）的证言，证明：2003年年底，桂林航站局的工作人员到空管局财务处，黄某冰曾负责接待工作，相应费用应当在空管局财务处报销。（7）证人郭某贵（民航总局空管局永恒航空服务公司司机）的证言，证明：2001年，其被派往民航总局空管局财务处开车，工资和加班费仍由永恒航空服务公司车队发放，其没有从黄某冰处领取过费用和酬劳，黄某冰曾给过其两张电话充值卡共价值人民币200元。(8) 证人张某（民航总局空管局运行中心办公室干部）的证言，证明：2004年1月31日第7号金额为人民币450元记账凭证即报销凭单上"张某"的签字不是其本人书写。(9) 证人艾某（民航总局空管局运行中心办公室干部）的证言，证明：2003年7月30日第9号金额为人民币2111.5元、12月30日第15号金额为人民币2245元的记账凭证及报销凭单上"艾某"的签字不是其本人所书写。(10) 证人王某（民航总局空管局博物馆工程管理处副处长）的证言，证明：对于公安机关出示的2003年共计8笔报销凭单、2004年共计25笔报销凭单上"王某"的签字是其本人所书写，但报销凭单所涉及的差旅费、招待费、工作费都与其本人无关，是黄某冰让其签字的。(11) 证人康某斌（民航总局空管局永恒航空服务公司电工）的证言，证明：2003年3月31日第9号金额为人民币1773元的记账凭证及报销凭单上"康某斌"的签名不是其本人所书写，其也不清楚此笔工作餐费报销的情况。(12) 证人袁某（民航总局空管局永恒航空服务公司工程师）的证言，证明：2004年9月27日第10号金额为人民币440元、10月31日第2号金额为人民币1008元记账凭证及报销凭单上"袁某"的签字不是其本人所书写，其也不清楚上述工作餐费、差旅费报销的情况。(13) 证人邢某（朝阳分局呼家楼派出所副所长）的证言，证明：2003年，其曾与张某、黄某冰在"蜀国演义"吃过1次饭，没有去过其他场所。(14) 证人孟某臣（北京市工商局朝阳分局酒仙桥工商所外勤）的证言，证明：黄某冰所在公司在2003年和2004年在该工商所年检，黄某冰曾请其吃过2次饭并去过1次歌厅，一共花费在1000元人民币左右。(15) 证人毛某兰（朝阳区地税局酒仙桥税务所工作人员）的证言，证明：其与黄某冰没有任何往来，黄某冰也没有直接或间接给其送过礼物。(16) 证人王某军（朝阳区地税局酒仙桥税务所工作人员）的证言，证明：2002年年底，黄某冰曾请其吃过1次饭，花费在一二百元，此外黄某冰没有给其送过礼物。(17) 航通公司出具的证明材料、提取现金明细表、中信实业银行现金支票存根、航通公司工程劳务管理费用支付情况统计表、账户交易明细查询表、记账凭证以及劳务费和薪金发放表等，证明：经审查航通公司的账目，自2002年12月至2005年2月，航通公司使用现金支票从银行累计提取现金61笔，总金额为人民币133.503万元，其中使用假人名做账的共计人民币48.557万元，尚未做账的共计人民币1.94万元，此外黄某冰使用未发生业务的虚假发票做账冲抵的共计人民币11.036万元。(18) 航通公司财务管理规定暂行办法，证明：该公司对总经理和各部门经理的日常费用支出的审批权限具有明确规定。(19)民航总局空中交通管理局纪律检查委员会出具的证明材料，证明：2005年3月7日，国家审计署交通运输局在对负责民航总局空管局办公楼装修运行的航通公司进行审计时，发现该公司在财务管理、发放工程补贴方面存在问题。3月9日，航通公司组织人员进行自查，发现黄某冰涉嫌经济问题。3月11日，民航总局空管局在听取航通公司的情况汇报后，认为公司财务管理混乱，黄某冰涉嫌经济问题严重，决定对其停职检查。3月13日，黄某冰交代自己贪污共计人民币17.9万元，3月14日，根据黄某冰自己交代的问题，经请示民航总局纪委同意，民航总局空管局党委讨论决定对其实施党内"两规"。(20)民航总局空管局纪律检查委员会出具的证明材料、现金存款凭条以及收据等，证明：被告人黄某冰因涉嫌贪污于2005年3月14日经民航总局空管局单位研究决定，对其采取党内立案审查和"两规"措施，在"两规"审查期间，黄某冰能够如实交代自己的经济犯罪问题，其家属协助退赔全部赃款人民币185862.93元。(21)(2005)京检技会字第7号司法会计检验报告，证明：航通公司相关财务会计资料证实，该公司财务资料反映的2002年12月至2005年2月聘用人员薪金金额小计为人民币50.497万元，2003年1月30日至2004年12月31日131份记账凭证后附的1378张单据及2005年1月206张单据的金额小计为人民币268922.93元；上述金额合计为人民币773892.93元。上述金额773892.93元人民币，扣除公司实际发放的劳务费金额615330元人民币（=513330+102000），差额为158562.93元人民币。(22)公安机关出具的归案经过，证明：被告人黄某冰归案的情况。

四、判案理由

北京市朝阳区人民法院认为：被告人黄某冰系国家事业单位的工作人员，在被委派到非国有公司任职期间，为谋取私利，利用职务之便，将本单位资金非法占为己有，其行为已构成贪污罪，依法应予惩处。公诉人指控被告人黄某冰犯贪污罪的事实清楚，证据确实、充分，罪名成立。

五、定案结论

北京市朝阳区人民法院依照《中华人民共和国刑法》第382条第1款、第383条第1款第1项、第93条第2款、第67条第1款以及最高人民法院《关于处理自首和立功具体应用法律若干问题的解释》第1条之规定，作出如下判决：被告人黄某冰犯贪污罪，判处有期徒刑4年。

六、法理解说

笔者认为，本案的认定需要把握以下几个方面：

（一）本案贪污数额的认定

被告人黄某冰的辩护人认为，公诉人认定黄某冰使用虚假发票平账的手段侵吞公款的金额明显高于其实际所侵吞的金额，其除使用虚假发票冲抵个人消费外，还有相当一部分系冲抵因公消费，该部分不应认定为作案金额。笔者认为，该观点难以成立。

1. 被告人黄某冰的辩护人向法庭出示的证人证言以及书证材料等证据，仅证明黄某冰曾接待过中南空管局、西北空管局等地方空管局以及外地航站来京人员，不能证明接待的具体时间、地点、次数以及接待费用的金额，更不能证明黄某冰在航通公司使用虚假发票抵扣此类接待费用的具体情况。而且地方空管局以及外地航站来京人员均属于与民航总局空管局存在隶属关系或者工作关系的相关单位人员，接待工作应由民航总局空管局负责，由此产生的合理的接待费用亦应通过正常的财务报销手续在民航总局空管局报销，而超标准、超范围的接待费用则只能由相关责任人自行承担。民航总局空管局与航通公司是相互独立的法人单位，财务制度亦相互独立，不论民航总局空管局合理的接待费用或是超标准、超范围的接待费用均不能由航通公司承担，证人胡某平的证言也恰恰证明了这一点，因此黄某冰的辩护人关于黄某冰因公招待地方空管局以及外地航站来京人员的费用应在公诉人指控的作案金额中予以扣除的意见，缺乏证据支持。

2. 黄某冰的辩护人认为，证人时某等人的证言能够证明黄某冰曾为民航总局空管局财务处人员发放人民币3000元的电话卡并另找发票在航通公司入账报销，故该笔款项不应计入黄某冰作案金额的辩护意见。经过调查，证人时某等人的证言证明黄某冰曾为民航总局空管局财务处人员发放过电话卡，但该项福利的发放对象是民航总局空管局的财务人员，因此应经民航总局空管局财务处的负责人审核批准并且根据正当的财务手续在民航总局空管局财务处入账报销，黄某冰无权自行决定为民航总局空管局的财务人员发放福利并在航通公司入账报销，因此辩护人上述辩护意见缺乏事实依据。

3. 黄某冰的辩护人关于证人郭某贵、张某、邢某、孟某臣、王某军的证言能够证明黄某冰曾为郭某贵发放过通信费，对工商、税务人员请客送礼，故这些款项不应计入黄某冰作案金额的辩护意见，经查，证人郭某贵、张某、邢某、孟某臣、王某军的证言证明黄某冰曾为郭某贵发放过通信费，亦曾请工商、税务、公安人员吃饭，但次数和金额与黄某冰的供述存在较大出入。根据黄某冰本人的当庭供述，其请上述人员在餐厅的就餐费用均使用真实的发票并已通过正当的途径入账报销，没有计入使用虚假发票冲抵的范畴，其使用虚假发票冲抵的是请上述人员在酒吧、歌厅等娱乐场所的非正常消费，而上述人员基本上均证明没有与黄某冰一同在娱乐场所消费，故黄某冰关于使用虚假发票冲抵的是请上述人员在酒吧、歌厅等娱乐场所的非正常消费的辩解，缺乏证据支持，辩护人关于上述款项不应计入黄某冰作案金额的辩护意见，缺乏事实依据。

（二）本案中非法占有目的的认定

被告人黄某冰的辩护人认为，黄某冰于2005年1月到加拿大探亲前从公司账户内提取的现金人民币3万元，系暂时挪用，并无非法占有的目的，不应认定为侵吞金额。笔者认为，该意见不成立。

被告人黄某冰当庭供述以及书证材料均证明，黄某冰到加拿大探亲前从公司账户内提取的现金人民币3万元虽然当时尚未使用虚假发票入账平账，但黄某冰已经准备好了相应的虚假发票，而且黄某冰从加拿大探亲回到单位后，亦未主动归还从公司账户内提取的上述款项，在对单位账目核查的过程中，黄某冰更是使用上述虚假发票并填写报销凭单以弥补其提取现金后造成的亏空。由这些行为可以推断出被告人是在隐瞒事实真相，根本不具有返还的意思，而是继续保持非法占有的客观状态。因此，被告人黄某冰的上述行为足以证明其主观上具有非法占有的目的，故辩护人关于此笔款项系暂时挪用的辩护意见，缺乏事实依据。

（三）"两规"期间是否属于自首

被告人行为人黄某冰是否成立自首，需要仔细考虑两方面问题。

1. "两规"期间交代犯罪事实是否认定自首。本案中，黄某冰是"两规"审查期间，如实交代自己经济问题的。"两规"期间交代犯罪事实是否认定自首，法律没有明文规定，目前主要有三种观点：一是否定说。认为纪检监察机关在对被调查者"两规"审查期间，事实上代行的是司法机关的部分职权，就应当视同司法机关。纪检监察机关根据已经掌握的犯罪线索，决定对被调查者进行"两规"审查，标志着已对被调查者采取了强制措施，因此，在此期间被调查者供述罪行的情形，不符合自动投案的特点，不能视为自首。二是肯定说。认为纪检监察机关不是司法机关，即使被调查者的犯罪事实已经被纪检监察机关发觉，也不应视为司法机关已经发觉，"两规"不是强制措施，被"两规"审查并不意味着进入刑事诉讼程序，所以，被调查者在"两规"期间供述罪行，完全符合自动投案的特点，应当视为自首。三是折中说。认为纪检监察机关虽不是司法机关，但是具有法定的对违反党纪、政纪行为的调查处分权,"两规"虽然是一种不同于刑事诉讼法意义上的强制措施的做法,但作为组织、行政强制手段之一,同样带有命令性质,具有法定的约束力。对被调查者在"两规"期间供述罪行的行为能否视为自首,不能仅根据纪检监察机关的法定权限及"两规"的强制性质进行判断,而应根据被调查者"投案"时的"自动"性表现进行具体判断,既不能全部视为自首,也不能一概予以否定。

笔者认为,应采用折中说,即对行为人在"两规"期间向纪检监察机关交代的行为,要综合考虑是否能够体现其悔改之意,反映其人身危险性降低,节省司法资源,且其交代犯罪事实和自愿置于司法机关控制之下的行为是否一直延续到司法机关的侦查、审判阶段等条件进行考量。自首制度是党和国家惩办与宽大相结合(现为宽严相济刑事政策)的基本刑事政策的具体化、法律化,其立法本意在于区分有悔罪心理的当事人,分化瓦解犯罪分子,以更少的司法资源投入来实现惩罚、预防犯罪与改造罪犯的目的。因此,分析"两规"期间供述罪行能否视为自首,关键在于判断被调查者主动供述罪行所体现的悔罪诚意,而不必过分拘泥于其悔罪的对象,从司法解释规定的就近向所在单位、城乡基层组织或负有安全保卫职责的单位或者个人投案也可被视为自动投案而被认定为自首来看,向纪检监察部门的主动交代犯罪事实,也可被认定为自首。司法实践中,相当数量的职务犯罪案件就是在纪检监察机关"两规"突破后移送司法机关处理的。

此案中,被告人黄某冰能够在被发现涉嫌经济问题的前期调查中向民航总局空管局局长助理等承认其存在适用公款进行个人消费的情况,并在被"两规"期间如实交代犯罪事实,之后在诉讼阶段也能够承认犯罪事实,只对行为性质进行辩解,已足以说明其悔罪诚意,反映其人身危险性降低,而且,该行为对于节省司法资源也有积极意义。因此,对黄某冰的行为认定为自首,符合立法原意。

2. 黄某冰在法庭上的辩解是翻供,还是对行为性质提出的异议。最高人民法院《关于被告人对行为性质的辩解是否影响自首成立问题的批复》中明确规定,被告人对行为性质的辩解不影响自首的成立。由于这与以往司法实务界已形成的共识有所不同,故操作中带来一定的困难,主要表现在被告人当庭对犯罪事实加以说明的,究竟是对行为性质提出的辩解,还是否认事实属于翻供而影响自首的成立,对此难以区分。

本案中,黄某冰承认其使用虚假发票在单位报销的情况,但辩称其负责接待工作,上述发票中部分充抵的是因公消费;另有部分款项系暂时挪用,亦不应认定为贪污数额。这些内容与其在"两规"期间的说法不完全一致。对此,该如何认定？笔者认为，最高人民法院的批复体现了被告人不自证其罪的现代司法精神，对司法实践中自首的认定具有重要影响。

"对行为性质提出辩解"的前提条件是黄某冰承认其实施了起诉指控的行为，对行为主要过程均未予以否认，只是对为何实行这样的行为等提出不同意见，在此情况下，应认定为是"对行为性质提出的辩解"。黄某冰虽然辩称其行为不构成贪污罪，但其对以虚假发票在单位报销的行为并未予以否认，只是对所报销款项的用途、具有归还心理等提出了不同看法，根据最高人民法院对行为性质的辩解不影响自首成立的批复精神，其行为依然可认定为自首。

（四）如何理解贪污罪的危害结果

被告人黄某冰的辩护人认为，黄某冰具有悔罪表现并积极退缴赃款，客观上没有给国家造成财产损失。笔者认为，这种观点不足取。犯罪客体是指法律所保护的而为犯罪行为所侵害的社会关系。对于贪污罪而言，犯罪主体和犯罪对象的界定将直接影响到犯罪客体的界定。通说认为，贪污罪的犯罪客体为双重客体，包括国家工作人员的廉洁性和公共财物的所有权。因此，只要实施了贪污行为，对公共财产具有控制力，便导致了公共财物遭受损失。积极退缴赃款仅是犯罪发生后的一个积极悔罪行为，是犯罪已经既遂后的行为，对先前行为的性质不具有影响力，先前行为所造成的客观危害不会因此而消除。因此，该辩护意见不成立。

（撰稿人：孙道萃）

案例20：钟某全贪污案
——贪污行为与合法收入的界分

一、基本情况

案　由：贪污

被告人：钟某全，时任驻马店电业局郊区农电管理总站顺河供电所所长。因涉嫌贪污犯罪于2003年8月26日被刑事拘留，同年9月9日被逮捕。2004年10月25日被取保候审。

二、诉辩主张

（一）人民检察院指控事实

驻马店市驿城区人民检察院指控被告人钟某全犯贪污罪。

（二）被告人辩解及辩护人辩护意见

被告人钟某全在一审中并未提出相关的辩解。

三、人民法院认定事实和证据

（一）认定犯罪事实

驻马店市驿城区人民法院经公开审理查明：

1. 2000年7月20日，因高速公路建设需要，交通部第一公路工程总公司一公司漯河至驻马店高速公路路面三合同项目经理部（以下简称路桥集团一局）的电工宁某国与时任驻马店电业局郊区农电管理总站顺河供电所（以下简称顺河供电所）所长的被告人钟某全协商后，签订了一份租用变压器协议，由乙方即顺河乡电力管理所钟某全向甲方即路桥集团一局出租三台250KVA变压器，租期一年。路桥集团一局于2000年7月24日按协议约定向顺河供电所转款6万元作为保证金，钟某全于同月27日将该款以个人名字转存为一张活期存单。之后，钟某全通过柯某信联系到新乡市场的三台旧变压器后准备购回出租。同年 8 月初，新乡人王某军将三台 250KVA 变压器送至高速公路驻马店工地后，钟某全即与柯某信结清购买变压器款共计 2.85 万元。2002 年 3 月 11 日，宁某国经手与顺河供电所结算三台变压器租金 3.6 万元后，由钟某全经手退给宁某国所在单位的保证金余款 2.4 万元。钟某全将除去购买变压器用款的租金余款 7500 元占为己有。

2. 2002 年 8 月以后，顺河供电所收到其辖区内东张庄三个台区 2002 年 1—8 月的陈欠电费共计 14043.7 元。2003 年 3 月 10 日，时任该所所长的被告人钟某全在该所核算员的电费报表上签字后，从核算员手中将该笔电费收走，至今未上缴。

（二）认定犯罪证据

上述事实有下列证据证明：

1. 被告人钟某全原供述称：修驻漯高速公路工地的电工宁某国找到钟，要租用三台 250KVA 的大功率变压器，钟说供电所没有，可以搞到变压器。后来与宁某国签订了租用变压器的协议，保证金 6 万元，租金是每台 1.1 万元左右。钟通过修变压器的个体户柯某信在新乡买了三台旧变压器。租用不到一年，共收了 3.6 万元的租金，剩余 2.4 万元退给了路桥集团一局。租赁前因路桥集团一局只对单位转账，钟便以供电所名义签协议并给对方提供了供电所账号。

2. 证人宁某国证实路桥集团一局签订协议内容与被告人钟某全供述一致。

3. 证人王某军证实了柯某信购买其变压器，其把变压器送到驻马店某高速公路工地的情况。

4. 证人柯某信证实了钟某全通过其购买新乡的变压器情况。

5. 证人李某防、陈某成证实了 2000 年 7 月、8 月由钟某全安排，在驻漯高速公路项目部安装过三台变压器的事实。

6. 租用变压器协议、记账凭证、收据、存款单等书证。

7. 被告人钟某全供述。

8. 证人吴某医、崔某忠、王某群证言。

9. 书证及《司法会计鉴定书》。

四、判案理由

（一）一审法院判案理由

驻马店市驿城区人民法院认为，被告人钟某全在担任供电所所长期间，与他人签订变压器租赁协议，后利用职务之便从他人汇入供电所账户的保证金中取款 2.85 万元购买变压器出租并收取租金 3.6 万元，钟某全将其中以租金形式收取的 7500 元公款非法占为己有，其行为构成贪污罪。

（二）二审法院判案理由

一审判决作出后，被告人不服，提出上诉。

钟某全上诉称：（1）其与路桥集团一局订立并履行租用变压器协议的行为系个人行为，所得租金差系个人合法收入，与顺河供电所无关，不构成贪污罪；（2）其保管陈欠电费曾经请示过分局领导，是正常的工作职责，没有挪用公款的故意和行为，不构成犯罪。请求二审撤销原判，宣告无罪。

驻马店市中级人民法院二审查明的事实和证据与原审一致。

驻马店市中级人民法院二审认为：上诉人钟某全系以顺河供电所法定代表人的身份与路桥集团一局签订的租用变压器协议，在履行协议时使用了顺河供电所的账号、印章，从协议的签订到协议的履行，其所从事的行为均应代表的是顺河供电所的行为，且路桥集团一局也认为是与顺河供电所签订并履行的协议，故上诉人钟某全的行为应认定为职务行为。上诉人钟某全利用职务上的便利把本应属本单位即顺河供电所的收益无法律依据地占为己有，其行为已构成贪污罪。顺河供电所是否有变压器租用的经营范围和资格不影响租金属顺河供电所单位的性质。上诉人钟某全利用职务之便，从本单位核算员处提走应上缴上级单位的电费，并在核算员的报表底册上签有姓名，主观上没有占为己有的故意，但超过 3 个月未上缴，系挪用公款行为，因未达到数额较大，故不构成挪用公款罪。原判认定事实清楚，证据确实、充分，处理正确。《中华人民共和国刑法》第 383 条第 1 款第 3 项规定，个人贪污数额在 5000 元以上不满 10000 元，犯罪后有悔改表现，积极退赃的，可以减轻处罚或者免予刑事处罚，上诉人钟某全始终对指控的事实供认不讳，其原辩称不是犯罪是对自己行为性质的辩解，与拒不认罪不是一个概念，并非拒不认罪。

（三）第一次再审法院判案理由

钟某全不服二审判决，提出申诉，驻马店市中级人民法院驳回申诉。后钟某全向河南省高级人民法院提出申诉，河南省高级人民法院指令驻马店市中级人民法院对本案进行再审。钟某全申诉理由：（1）一审、二审判决认定申诉人贪污 7500 元变压器租赁费实属错误，因为三台变压器并非申诉人所在单位财产，而是属申诉人个人所有，因此对外租赁所得租金应属申诉人合法所得，原判认定申诉人贪污无法律依据。（2）本案没有认定申诉人挪用公款 14043.70 元，理应将该款退回。（3）请求撤销一审、二审判决，宣告无罪。

驻马店市中级人民法院再审查明的事实和证据与二审一致。

驻马店市中级人民法院再审认为，从本案现有证据来看，申诉人钟某全在与路桥集团一局签订租用变压器协议时，其身份是顺河供电所所长，协议的一方是路桥集团一局，另一方是顺河乡供电所钟某全。在履行协议时也使用了顺河乡供电所的账号及印章，而路桥集团一局也认为是与顺河乡供电所签订并履行的协议。因此，法院二审认定申诉人钟某全的行为系职务行为是有依据的。关于申诉人钟某全申诉称，本案没有认定其挪用公款14043.7元，该款理应退回申诉人的问题。从本案现有证据看，申诉人钟某全利用职务之便，从核算员处提走应上缴的陈欠电费，并在核算员的报表底册上签有姓名，主观上虽没有占有的故意，但超过3个月未上缴这一事实清楚，法院二审虽认定申诉人钟某全构不成挪用公款罪，但该笔款项并非是其合法所得，对此，法院二审判决对该款予以追缴符合《中华人民共和国刑法》第64条的规定。

（四）第二次再审法院判案理由

钟某全仍然不服，再次向河南省高级人民法院提出申诉，称其购买变压器完全是个人行为，与单位无关，认定其犯罪错误，要求宣告无罪。法院收缴公款14043.7元不当，应当退还。

河南省高级人民法院再审查明，申诉人钟某全于2000年7月20日以顺河乡电力管理所钟某全的名义与路桥集团一局签订了租用变压器的协议，甲方签字为电工宁某国，乙方为钟某全，都未盖公章。申诉人钟某全经柯某信之手以2.85万元从新乡购买了三台250KVA变压器运到驻马店高速公路工地安装。钟某全没有索要购买变压器发票。2000年7月24日，路桥集团一局将6万元押金款打入顺河乡电管所账户，注明经手人为钟某全，2000年7月27日，钟某全将该款取出以自己的名字存为活期，于2000年8月9日支取，利息19.8元。工程完毕后，路桥集团一局将三台变压器退还钟某全本人。钟某全收取租金3.6万元，余款2.4万元退还路桥集团一局，钟某全获利7500元。上述事实，有证人宁某国、柯某信、王某军、李某防、陈某成等证人证明，该案事实清楚，证据确实、充分，足以认定。

河南省高级人民法院认为，申诉人钟某全的申诉理由成立，应予采纳。原判认定钟某全犯贪污罪的证据不足，予以纠正。

五、定案结论

（一）一审法院定案结论

驻马店市驿城区人民法院依照《中华人民共和国刑法》第382条第1款、第383条第1款第3项和第64条的规定，判决如下：

1. 被告人钟某全犯贪污罪判处有期徒刑 1 年。

2. 对被告人钟某全的违法所得 21543.7 元，予以追缴。

（二）二审法院定案结论

驻马店市中级人民法院依照《中华人民共和国刑事诉讼法》第 189 条第 1 项、第 2 项，《中华人民共和国刑法》第 382 条第 1 款，第 383 条第 1 款第 3 项，第 64 条的规定，判决如下：

1. 维持驻马店市驿城区人民法院（2004）驿刑初字第 162 号刑事判决的第二项，对被告人钟某全的违法所得 21543.7 元，予以追缴。

2. 撤销驻马店市驿城区人民法院（2004）驿刑初字第 162 号刑事判决的第一项，即被告人钟某全犯贪污罪，判处有期徒刑 1 年。

3. 上诉人钟某全犯贪污罪，判处免予刑事处分。

（三）第一次再审法院定案结论

驻马店市中级人民法院依照最高人民法院《关于执行〈中华人民共和国刑事诉讼法〉若干问题的解释》第 309 条、第 312 条第 1 项之规定，裁定如下：

维持驻马店市中级人民法院（2004）驻刑少终字第 92 号刑事判决。

（四）第二次再审法院定案结论

河南省高级人民法院依照《中华人民共和国刑事诉讼法》第 206 条及最高人民法院《关于执行〈中华人民共和国刑事诉讼法〉若干问题的解释》第 212 条第 4 项之规定，判决如下：

1. 撤销驻马店市中级人民法院（2006）驻刑再终字第 6 号刑事裁定、驻马店中级人民院（2004）驻刑少终字第 92 号刑事判决、驻马店市驿城区人民法院（2004）驿刑初字第 162 号刑事判决。

2. 宣告钟某全无罪。

3. 驻马店市中级人民法院收缴钟某全签字领走的 2002 年 1~8 月陈欠电费 14043.7 元退缴供电公司郊区分局，收缴钟某全出租变压器收益 7500 元退还钟某全。

本判决为终审判决。

六、法理解说

随着改革开放的深入进行，我国建立了以按劳分配为主体、多种分配方式并存的分配制度。除了传统的工资即劳动力成本外，资本、技术、管理、生产资料等都参与到分配之中。由于法律法规的不健全和人们认识的不一致，导致实践中有时候对于贪污和合法收入的界限难以区分。对此，要结合有关法律法规，以及党和国家的方针政策，综合判断行为人主观上是否具有非法占有公共财物的目的，对于有争议的行为，不要轻易认定为贪污。本案便是典型之一，以下作简要分析。

关于什么是公民的合法收入这一问题，一般认为是指依照法律规定取得的货币和其他财物。我国公民的合法收入表现为劳动收入，如职工工资、农民经营家庭副业收入、劳动者的各项奖金、奖品、稿酬等。随着中国在以稳健的步伐走向市场经济之后，对个人收入最为关注的是其合法性，而不再是传统体制下所强调的劳动性，非劳动收入将在社会生产与非生产领域的各个层面上大量涌现。① 合法收入是以收入主体的合法行为所取得的经济收入。以合法地投入广义的劳动要素或广义的资本要素的行为，是合法的劳动行为和投资行为，其所取得的收入也分别为合法的劳动收入或合法的非劳动收入。② 在实践中的许多情况下，劳动行为和投资行为是很难严格区分的。劳动和资本作为成本的构成要素，具有替代性和互换性，所以劳动收入和非劳动收入也是很难严格区分。一般而言，符合以下条件是合法的收入：（1）在取得收入行为发生之前，取得收入行为主体是否具有法律所规定的权利能力和行为能力，亦即是否具备去实施收入行为的主体资格。（2）在实施经济收入取得行为的过程中，行为主体带领有履行了法定或约定的义务后，取得的收入才具有合法性。（3）收入取得的行为不会产生或带来已为法律所禁止性规范所规定的，具有社会危害性的后果。否则就是非法取得收入，其收入也可能是不合法收入。因为任何法律规范对行为合法性界定的最终标准就是行为对社会有无危害性。

在本案中，被告人钟某全经柯某信之手以 2.85 万元从新乡购买了三台 250KVA 变压器运到驻马店高速公路工地安装。钟某全没有索要购买变压器发票。2000 年 7 月 24 日，路桥集团一局将 6 万元押金款打入顺河乡电管所账户，注明经手人为钟某全，2000 年 7 月 27 日，钟某全将该款取出以自己的名字存为活期，于 2000 年 8 月 9 日支取，利息 19.8 元。工程完毕后，路桥集团一局将三台变压器退还钟某全本人。钟某全收取租金 3.6 万元，余款 2.4 万元退还路桥集团一局，钟某全获利 7500 元。从这些事实来看，被告人钟某全从核算员处提走应上缴的陈欠电费，并在核算员的报表底册上签有姓名，主观上

---

① 参见钱津：《合法的非劳动收入：市场经济体制下的多层界定》，载《经济学家》2004 年第 5 期，第 4 页。

② 参见杨尧忠：《论合法收入及其界定》，载《财经政法资讯》2003 年第 3 期，第 28 页。

应该没有占有的故意,而且超过 3 个月未上缴这一事实清楚尚未查清。因此,所获利 7500 元是被告人的一种合法收入,是通过投资而得来的,尽管可能有违所在单位的纪律,但不至于违反刑法规定,也谈不上非法占有公共财物,毕竟这 7500 元不是公款。

此外,在本案中,被告人钟某全并未使用职务之便,因为在签订租用变压器协议时不属于从事公务的范畴。所谓从事公务,是指在国家事务中依法履行组织、领导、监督、管理等职责的职务行为以及其他办理国家事务的行为。利用职务上的便利是国家工作人员利用其职务范围内的权力和地位所形成的主管、管理、经手公共财物的有利条件,而不是利用其职务无关,仅因工作关系对作案环境比较熟悉,凭其身份便于进出单位,易于接近作案目标的方便条件。而在租用变压器的协议中,甲方签字为电工宁某国,乙方为钟某全,都未盖公章。不属于甲方与被告人所在单位的合同,而是个人之间的合同。

综上所述,笔者认为,原审被告人钟某全以顺河乡电力管理所所长钟某全的名义与路桥集团一局签订了租用变压器协议,钟某全经柯某信之手以 2.85 万元从新乡购买三台 250KVA 变压器运到驻马店高速公路工地安装后交由工程局使用,其购买变压器并未使用顺河乡电力管理所资金,供电公司郊区分局也不承认该三台变压器为单位资产,不承认出租变压器为单位行为,而变压器使用完后,路桥集团一局交还的又是钟某全个人,所以,从变压器的使用和处置的方式看,变压器不属于电管所公有财产而属于申诉人钟某全个人所有。不能因为使用变压器的押金款打入电管所账户三天,出租变压器产生了 7500 元的经济效益,就认为该效益为公款,转账只是一种付款方式,不能改变财产所有权。因此,申诉人钟某全与路桥集团一局所签协议的行为系个人行为,其出资购买变压器租赁给路桥集团一局所得利润系个人收益,钟某全使用本单位账户转款不构成贪污罪。

(撰稿人:孙道萃)

案例21：冯某被控贪污宣告无罪案
——贪污罪中执行上级命令与疑罪从无原则

一、基本情况

案　　由：贪污

被告人：冯某，因涉嫌贪污，2002年11月30日由贵德县公安局刑事拘留，同年11月14日经贵德县人民检察院决定由贵德县公安局执行逮捕。

二、诉辩主张

（一）人民检察院指控事实

青海省贵德县人民检察院指控：被告人冯某于1998年5月15日利用0026070号作废发票从单位领取现金3999.80元；1998年12月9日从个体修理户王某荣处虚开0020848号修理发票冒领现金1636元；1999年7月15日从张某花处索取0777479号零售发票冒领现金2771元；2001年2月20日利用从贵德县石油煤炭公司找来虚假汽油零售发票6张（票号为0080322、0080628、0084769、0080964、0080993、0084945）从单位财务虚报冒领现金11059.88元，以上款项合计22863.69元，均由被告人冯某据为己有。其行已为构成贪污罪，且认罪态度极差，依法应予以惩处。

（二）被告人辩解及辩护人辩护意见

被告人冯某的答辩称：其虚报发票是事实，但都是由单位领导安排，由其经办充支单位接待州、省有关单位来人欠账及带送土特产等费用，且结账方式不是报领现金，而由好多实际支出的白条、票据顶抵虚报发票金额，撕毁白条以平衡账目，且该类支出只有单位与经办人清楚，会计、出纳无从知晓。因为这些都是敏感问题，不便大家知道。再者每笔报账都经单位领导审核报批的，领导不可能不知道用途，随意签批报账。检察院指控其犯贪污罪事实不清，证据不足。

辩护人的辩护意见：（1）虚报冒领与据为己有应区别处理，因为被告人虚报的每笔票据都是单位领导审批同意的，是单位内部财务处理方面的问题，不是被告人单方冒领贪污。（2）被告人冒领后，用于单位开支还是据为己有，无直接证据加以证明，这样定案缺乏依据，应依"疑罪从无"原则宣告被告人无罪，对公诉人所依据证据表示存疑，全案缺乏有效确凿的证据。

三、人民法院认定事实和证据

（一）认定犯罪事实

青海省贵德县人民法院经公开审理查明：

被告人冯某 1998 年 5 月 15 日利用 0026070 号废票虚填金额，经单位领导审批后领取报销现金 3999.80 元；1998 年 12 月 9 日利用从个体修理户王某荣处索得的 0020848 号空白发票，虚填开支，从单位报销领取现金 1636 元；2000 年 6 月 13 日用轩有福配件总部索得的 0016425 号空白发票，虚填开支报销领取单位现金 3397 元；2001 年 2 月 20 日利用从贵德县石煤公司加油站索得的 6 张汽油发票，报销冒领单位现金 11059.88 元，其中 4600 元，由该单位领导安排支付修车款 1700 元，其余 2900 元用于购买水果、土特产等，由单位支配。公诉人指控被告人冯某于 1999 年 7 月 15 日利用 0777479 号发票虚报冒领现金 2771 元据为己有，经查，该款项由原单位领导都某元安排支配，与被告人冯某无关。以上被告人冯某共虚报冒领现金 15492.68 元。

（二）认定犯罪证据

上述事实有下列证据证明：

1. 票据核对一致的复印件及票据出具人的证词。
2. 证人都某元、张某红、孟某红等的调查笔录。
3. 被告人冯某的讯问笔录。

四、判案理由

（一）一审法院判案理由

青海省贵德县人民法院认为：被告人冯某利用职务之便虚报冒领现金 15492.68 元，数额较大，已经构成贪污罪，应予依法处罚。以现有证据，能够证明公诉人指控罪名成立，其公诉意见应予采纳。被告人冯某辩称自己冒领的每笔款项，均由原单位领导安排开支，与己无关的意见，又不能说明具体支出情况，法院不予采纳。

(二) 再审法院判案理由

一审判决发生法律效力后，冯某不服提出申诉申请再审，青海省贵德县人民法院作出（2004）贵立通字第01号驳回申诉通知书，认为申诉理由不能成立，原判决应予维持，驳回申诉。冯某仍不服向青海省海南藏族自治州中级人民法院提出申诉，经复查于2004年12月10日作出决定，认为冯某申诉理由不能成立，原判应予维持，并上报青海省高级人民法院，但对冯某未作答复。之后冯某提供新的证据，向青海省海南藏族自治州中级人民法院提出申诉申请再审，经审核冯某的申诉符合《中华人民共和国刑事诉讼法》再审立案的条件，经青海省海南藏族自治州中级人民法院审判委员会讨论作出（2006）南刑监字第1号刑事裁定书，本案由青海省海南藏族自治州中级人民法院进行提审再审。并将裁定书、案卷及有关材料移送青海省海南藏族自治州人民检察院审阅，并要求派员准备出庭，且将裁定书送达冯某，并告知其诉讼权利与义务。

再审申诉人及其辩护人申诉称：

1. 申诉人冯某的申诉理由及辩解意见："本人在贵德县交警队是一般工作人员，并非财务人员，我所经手的每笔支出，都是单位法人代表都某元指示、安排、经办支出的，各类发票多为白条，年底由领导安排换取同等数额的各类正规发票，经审核后签字到单位财务上报平账。原判认定4笔9张发票金额均用于本队公务开支，本人存在虚报冒领的情况，检察院及原审法院不调查了解所经手的发票的实际用途，在接到起诉书后及一审期间，本人要求原单位法人代表都某元出庭做证，被拒绝，置之不理，不闻不问。本人主客观上没有非法占有的故意及行为，本人的行为是单位行为，属违反财务管理制度的行为。原判认定事实不清，证据不足，不构成贪污罪，请求依照事实和法律，撤销原判，依法宣告无罪。"

2. 辩护人的辩护意见："原判事实不清，证据不足，适用法律不当，诉讼程序不尽合法，原判罪名不能成立。开庭前法庭不仅通知公诉人出庭履行公务，而且已经向公诉人移送提供了全部辩方的证据和人民法院依职权调取的证据，公诉人既已明知证据的内容，又未出庭质证，而且也未提交书面质证意见，意味着对证据无异议，法庭应作为有效证据采信。根据不枉不纵，有错必纠的刑事政策，依法撤销原判，宣告冯某无罪。"

公诉人意见：经法院派员两次合法通知海南藏族自治州人民检察院派员出庭履行公务，口头答复不派员出庭，法院如何裁判无意见，不会抗诉，也未提交书面质证意见。

海南藏族自治州中级人民法院再审认为，申诉人冯某开取发票，并经单位领导审核签字报销开支的事实存在,但原审法院认定申诉人冯某利用职务之便,虚报冒领现金 15492.68 元据为己有无事实依据,认定冯某犯贪污罪事实不清,证据不足,罪名不能成立。申诉人冯某及其辩护人主张本案事实不清,证据不足的申辩理由和辩护意见成立,法院予以采纳。

五、定案结论

(一)一审法院定案结论

青海省贵德县人民法院依照《中华人民共和国刑法》第 382 条、第 72 条、第 64 条之规定作出如下判决:

1. 被告人冯某犯贪污罪判处有期徒刑 1 年 6 个月,缓刑 2 年。

2. 被告人冯某违法所得款 15492.68 元依法追缴。宣判后,公诉人未抗诉,被告人冯某未上诉,判决已发生法律效力。

(二)再审法院定案结论

青海省海南藏族自治州中级人民法院依照《中华人民共和国刑事诉讼法》第 162 条第 1 款第 3 项、第 189 条第 1 款第 3 项、第 206 条的规定,判决如下:

1. 撤销青海省贵德县人民法院(2003)贵刑初字第 13 号刑事判决书及(2004)贵立通字第 01 号驳回申诉通知书。

2. 宣告原审被告人冯某无罪。

六、法理解说

本案中,到底是由二审提审,还是指令一审法院再审,这是一个值得关注的前提性问题。笔者认为,提审较合宜,因为本案一审时有分歧意见难以裁判,再者,一审已进行了复查维持原判,指令再审将拖延时间浪费审判资源,给当事人增加诉累。同时决定再审前海南藏族自治州中级人民法院已做了大量审核事实证据的工作,这样势必造成重复劳动,导致审判效率低下。如提审可节省审判资源,加快办案进度,提高审判效率,减轻当事人诉累,不受其他因素影响等。据此,对本案进行提审是正确的。

在本案中,冯某的身份至关重要。被告人冯某为贵德县公安交通警察大队一般工作人员,既不是财务人员更不是管理领导,从主客观上形成不了利用职务之便的条件,即无进行贪污的机会。已有的证据和事实证明,冯某只是受单位领导郭某元指示、安排,负责接待省、州来对单位检查指导工作的客人,当时单位无款支付接待费用,从其代管的摩托车培训费中先行垫支,由餐饮等服务单位出具收款白条凭据，等上级拨付有关款项后，报呈单位领导都某元，由其指示、安排换取正式发票，经审核签名到单位财务上报平账的事实存在。而我国刑事法律政策规定，证据不足事实不清，应作出无罪判决。原审认定冯某利用职务之便虚报冒领现金据为己有事实不清，证据不足，不能判定罪名成立。一审法院之所以错判此案，主要有以下几个问题：一是对冯某要求原单位领导都某元出庭做证的请求未予重视；二是受当地一些因素的影响；三是不致放纵犯罪分子，按照以往的司法观念"疑罪从轻"的处罚办法来处理本案，没有较好地转变刑事法律规定"疑罪从无"的理念；四是一审判决书中对辩护人的辩护意见是否支持未作表述；五是一审判决书应用法律不全，应引用刑法第73条第3款而未引用，且缓刑执行期限未表明，执行机关对冯某的刑罚不便执行。再审法院经开庭审理，核实原始有关事实证据，冯某以换取的正式发票经单位领导指示、安排审核签字后，在单位财务报平账的事实存在，但所报现金据为己有的事实无证据证明，缺少贪污罪的构成要件。综观本案原卷材料，反映不出冯某利用职务之便虚报冒领现金据为己有的直接证据，故采纳了原审中冯某的部分辩解意见和辩护人的辩护意见，对冯某宣告无罪是正确的。

基于此，笔者围绕下面几个问题作几点阐述：

（一）执行上级命令行为可作为一种正当化事由而出罪

我国刑法第20条、第21条只规定了正当防卫、紧急避险两种排除社会危害性的行为，虽然刑法理论对于警察依命令逮捕嫌疑犯、依命令执行死刑等行为都不认为是犯罪，但是刑法总则却没有明确的规定，人们只是从法的目的性、法秩序的整体性以及社会相当性角度认为该种行为有益于社会而没有社会危害性。因此，当下级执行一个违法命令的行为对他人的权益造成重大损害时，就面临着是否应当减轻、免除被告人刑事责任的问题。对此，我国法律没有加以规定，只是在刑法理论上将这种情形作为"超法规"的正当行为对待。大陆法系国家关于执行上级命令行为的正当化存在两条路径：一是执行上级命令行为作为违法性阻却事由而合法化；二是作为责任阻却事由而正当化。

笔者认为，在我国刑法中，如果存在执行上级命令的行为，一般应作为无罪处理。这是因为，行为人不具有犯罪的主观心态，而且所造成的危害结果是在其主观意志之外的，行为人由于各种考察而不能期待其不执行命令，行为人拒绝执行命令可能会面临各种危险或者不良后果。法律不为人所难，因此，根据正当化事由的基本原理，这些行为不成立犯罪。

被告人冯某辩称，单位法人代表都某元指示、安排、经办支出的各类发票多为白条，年底由领导安排换取同等数额的各类正规发票，经审核后签字到单位财务上报平账。而且，控方未提供证据反驳。据此，法院可以将其作为定案的证据。因此，虚报发票是由单位领导安排的，是一种单位行为。被告人冯某缺乏贪污罪的主观罪过，不成立贪污罪。

(二) 贪污罪认定中的疑罪从无原则

以事实为根据，以法律为准绳，是我国司法中的一项基本原则。该原则在个案中具体化时可能会遇到困境。在刑事司法活动中，刑事案件的事实是被事实裁判者创造出来的，评价事实的刑事法律是被解释出来的。作为根据的刑事案件事实认定和作为准绳的刑事法律解释都必然要受到裁判事实主体和法律解释主体主观因素的影响。当犯罪事实认定和适用刑事法律的正确性因为这种主观因素的影响而受到质疑时，疑罪问题就会产生，对疑罪问题的研究之关键，在于确定疑罪的语境。刑事司法三段论是定罪过程中的基本推理模式，但因为疑罪问题的存在已经使刑事司法三段论陷入危机之中。在确定小前提的过程中，可能会出现事实疑罪，其中包括客观疑罪和主观疑罪。① 在确定大前提的过程中，可能出现法律疑罪。刑法条文中概念的模糊性，刑法理论的竞争性，具体事实与刑法条文的相互作用是法律疑罪产生的根本原因。其中，法律疑罪是指不同解释主体对同一刑事法律条文的含义作出了有争议的理解。法律疑罪的本质在于不同解释者个体的价值判断存在差别。② 为了克服法律疑罪，必须促使不同解释者在个体价值判断上的趋同。同时，当价值判断出现一定差异时，还应该存在一种说服机制，以便缩小价值判断之间的差异。法律论证对说服目的的实现具有重要意义，它应包括两个方面的内容：一是法律论证的程序；二是法律论证的一般方法。

在本案中，主要涉及的是事实疑罪问题。无论是律师、检察官抑或法官，他们掌握的证据和各种信息是一样的，但面对同样的证据、信息，不同的人作出了不同的事实判断，真可谓每个人都在观察同一个案件，但却观察到不同的案件。在存有争议的疑罪中，事实判断的各方虽然都坚持同一的刑事证明标准，对这个刑事证明标准的一般解释也不会有太大的出入，但是就本案而言，用同一刑事证明标准去考量本案的犯罪事实，在各方判断主体的主观中却激起了不同的反映。可以说，存在争议的疑罪之所以疑主要是疑在主观上，即事实判断的各方主体主观认识不同导致了疑罪产生。

新刑事诉讼法第12条规定："未经人民法院依法判决，对任何人都不得确定有罪。"第195条规定："在被告人最后陈述后，审判长宣布休庭，合议庭

---

① 参见董玉庭：《论疑罪的语境》，载《中国法学》2009年第2期，第104页。
② 参见董玉庭：《论法律疑罪的本质及克服》，载《现代法学》2009年第3期，第92页。

进行评议,根据已经查明的事实、证据和有关的法律规定,分别作出以下判决:(一)案件事实清楚,证据确实、充分,依据法律认定被告人有罪的,应当作出有罪判决;(二)依据法律认定被告人无罪的,应当作出无罪判决;(三)证据不足,不能认定被告人有罪的,应当作出证据不足、指控的犯罪不能成立的无罪判决。"因此,对于证据不足的案件,法院应该作出犯罪不能成立的判决,也即常言之的疑罪从无。因此,疑罪从无是刑事审判的重要基本原则之一。此外,有罪从轻也是刑事司法实践中比较常见的现象。如此罪与彼罪的认定上存疑,以轻罪定;一罪与数罪的认定上存疑,如定一罪有利于被告人的,以一罪定,如定数罪有利于被告人的,以数罪定;刑事案件存疑时"留有余地",适用"疑罪从轻";量刑情节事实的认定上存疑,适用"疑罪从轻";等等。

疑罪现象是刑事诉讼过程中一种常见的司法现象。但实践表明,疑罪案件往往处于"枉与纵"的边缘,严重影响司法人员的判断与决定。一旦不能作出正确的处理,很容易冤枉好人,造成冤案、假案、错案,或者放纵犯罪,使之逃脱法网。因此,要慎用、少用疑罪制度。有论者提出了贪污贿赂犯罪证明体系,是指检察机关依照法定程序,运用证据查明和确定贪污贿赂犯罪事实,确定犯罪嫌疑人有无犯罪、罪责轻重以及其他和查明案件事实有关的一系列活动和方法。贪污贿赂犯罪证明体系包括证据的收集和提出,审查和判断以及对证据的认定和证据间状态的分析。贪污贿赂犯罪证明体系的任务是确定贪污贿赂犯罪案件的真实情况,是循序渐进、分步骤、分阶段完成的,最后形成一个庞大而完整、连贯的整体。所以,凡是与追究贪污贿赂犯罪嫌疑人刑事责任有关的一切事实,都是贪污贿赂犯罪证明体系所需要证明的对象,包括查明犯罪嫌疑人,犯罪嫌疑人的刑事责任年龄、精神状态以及有无刑事责任能力的证据,有罪、无罪证据,自首、立功证据,以及有无从重、从轻、减轻或者是免除刑事责任的情节等。其中,最为重要的是定罪和量刑事实的证明。具体而言:(1)贪污贿赂犯罪定罪证明体系。除行贿罪以外,要证明犯罪嫌疑人符合国家工作人员主体身份,或者以国家工作人员论。主观上要证明犯罪嫌疑人存在贪污贿赂犯罪故意,客观上要证明存在贪污贿赂犯罪事实和行为,要证明符合我国刑法第八章贪污贿赂罪规定的相关犯罪标准。(2)贪污贿赂犯罪量刑证明体系。根据我国刑法相关法条规定,对于贪污贿赂犯罪分子,有自首行为的,可以从轻或者减轻处罚,其中犯罪较轻的,可以免除处罚。有立功表现的,可以从轻或者减轻处罚,有重大立功表现的,可以减轻或者免除处罚。累犯应当从重处罚。犯罪分子具有我国刑法规定的从重、从轻处罚情节的,应当在法定刑的限度以内判处刑罚。犯罪分子有本法规定的减轻处罚情节的,应当在法定刑以下判处刑罚。犯罪分子虽然不具有本法规定的减轻处罚情节,但是根据案件的特殊情况,经最高人民法院核准,也可以在法定刑以下判处刑罚。[1] 笔者认为,该观点值得借鉴,有助于从刑事证明体系的角度来确保贪污中的定罪和量刑的确定性及程度。

(撰稿人:孙道萃)

---

[1] 参见霍兆军、石延辉:《关于贪污贿赂犯罪证明体系研究》,载《中国检察官》2010年第10期,第35页。

案例22：张某华贪污案

——贪污罪的罪与非罪的标准是犯罪构成

一、基本情况

案　由：贪污

被告人：张某华，曾担任庐江县民政局报账员。2010年5月13日因涉嫌犯贪污罪被庐江县人民检察院决定刑事拘留，同日被庐江县公安局执行刑事拘留，同年5月24日经原安徽省巢湖市人民检察院决定逮捕，同日被庐江县公安局执行逮捕，同年12月9日经庐江县人民法院决定对其取保候审。

二、诉辩主张

（一）人民检察院指控事实

庐江县人民检察院指控被告人张某华犯贪污罪。

（二）被告人辩解及辩护人辩护意见

被告人张某华在一审中并未提出相关的辩解。

三、人民法院认定事实和证据

（一）认定犯罪事实

安徽省庐江县人民法院认定：

2004年5月至2010年4月，被告人张某华在担任庐江县民政局报账员期间，利用职务之便，擅自截留婚姻登记工本费80593元，在2010年4月23日工作移交时不报账，予以侵吞。在侦查机关向其了解该单位吴某法挪用公款一案后，被告人张某华于2010年5月7日以"代管资金"会计科目向该局财政专户缴款 8 万元。

(二) 认定犯罪证据

上述事实有下列证据证明：

被告人供述和辩解、证人证言、相关书证、物证结（离）婚证领缴登记簿等。

四、判案理由

(一) 一审法院判案理由

安徽省庐江县人民法院认为：被告人张某华身为国家机关工作人员，在任庐江县民政局报账员经办结婚证件的发放及工本费、登记费的收取、缴纳期间，利用职务上的便利，采取收款不报账的方式侵吞公款 80593 元，其行为已构成贪污罪。鉴于被告人张某华在案发前已主动退出赃款，挽回国家损失，并主动交出其犯罪的关键性证据，协助司法机关核实其犯罪金额，有自首情节，依法对其减轻处罚。本案经该院审判委员会讨论决定。

(二) 二审法院判案理由

一审判决作出后，被告人不服，提出上诉。

原审被告人张某华上诉提出其行为不构成贪污罪，因为其收取的 8 万余元均已记入登记簿，只是未能及时书面移交，且此款是用于单位的日常票据周转，所有权没有发生转移，也未脱离单位的实际控制，其本人实际未占用、侵吞此款。其辩护人提出原判认定上诉人的行为构成贪污罪证据不足。

合肥市人民检察院出庭意见认为：原判认定事实清楚，证据确实、充分，应以贪污罪追究上诉人的刑事责任。

合肥市人民法院经公开审理查明：上诉人张某华于 2003 年 10 月经公务员录用考试进入庐江县民政局工作，2007 年 7 月 25 日被该局任命为人秘计财股股长，2004 年 5 月至 2010 年 4 月 22 日担任该局报账员兼任局下属的工艺厂、募捐办、陵园出纳。婚姻登记工本费属财政预算收入，由该局婚姻登记员在发放结婚证时以每对 9 元收取，按规定应逐一开具安徽省政府非税收入专用收据，所收取的款项上缴上诉人张某华处，由张某华记入单位现金日记账，后张某华汇总开具安徽省非税收入专用收据向庐江县会计中心（以下简称会计中心）报账。实际工作中，上诉人张某华让该局婚姻登记员领取结（离）婚证时，在其保管的结（离）婚证领缴登记簿上签字确认领取数字，婚姻登记员发放完后将收取的婚姻登记工本费上缴张某华处，再由张当交款人面在领取的结（离）婚证领缴登记簿上签字确认其已收取的工本费数额，后上诉人张某华将收取的婚姻登记工本费汇总开具安徽省非税收入专用收据向会计中心报账。期间，上诉人张某华收取婚姻登记工本费534059元，未按规定记入单位现金日记账，仅将479223元向会计中心报账，并将2006年至2007年收取的收养登记费及社团法人登记费25757元以婚姻登记工本费名义向会计中心报账，共擅自截留婚姻登记工本费合计80593元。具体年度报账如下：2004年报账15799元，2005年报账76881元，2006年报账119621元，2007年报账78570元，2008年报账73350元，2009年报账73359元，2010年1—4月报账41643元，其中2006年至2007年向会计中心报账的数额中含有收养登记费及社团法人登记费25757元。

2010年3月，庐江县民政局领导通知上诉人张某华将其报账员工作移交给吴某，同年4月23日，上诉人张某华与吴某办理了报账员移交手续，移交双方和监交人庐江县民政局副局长王某生，纪检组组长薛某，会计中心工作人员徐某林、邢某玲均在单位报账员财务移交表上签字确认，移交表上的单位现金账目记录为零，未载明被上诉人张某华截留的婚姻登记工本费54836元、收养登记费及社团法人登记费25757元，合计80593元。2010年5月4日，庐江县人民检察院到庐江县民政局调查了解该局吴某法挪用公款一案，次日庐江县人民检察院工作人员向张某华调查了解情况后，上诉人张某华于同年5月7日以"代管资金"收入项目向庐江县民政局财政专户缴款8万元，事后其未将此缴款单交给吴某到会计中心报账，也未向局领导和吴某告知缴款事项。

另查明，上诉人张某华与吴某办理财务报账员移交手续至案发时，民政局婚姻登记员徐某、周某、万某、张某莲、陈某分别还有3600元、4500元、1800元、2700元、9900元，合计22500元婚姻登记工本费未向上诉人张某华缴纳。2010年5月12日，庐江县人民检察院电话通知上诉人张某华到检察院进行问话，张某华在检察机关如实交代了自己截留婚姻登记工本费的事实，并提供了记录收取婚姻登记工本费的结（离）婚证领缴登记簿两册，检察机关据此立案予以侦破。

上述事实，有下列证据证实：

1. 庐江县人民检察院受理案件登记表及立案决定书，证实本案系该院自侦发现上诉人张某华涉嫌贪污，于2010年5月12日受理初查，次日立案侦查。

2. 户籍证明、庐江县民政局出具的庐民字（2007）132号文件及证明材料，证实上诉人张某华案发时已达负完全刑事责任的年龄及其自2004年起至案发在该局任报账员,属公务员身份。

3. 结婚证领缴登记簿、结(离)婚证领缴登记簿,证实 2004 年 5 月至 2010 年 4 月 20 日,上诉人张某华经手收取了婚姻登记工本费 534059 元,至案发婚姻登记员徐某、周某、万某、张某莲、陈某分别还有 3600 元、4500 元、1800 元、2700 元、9900 元,合计 22500 元婚姻登记工本费未向上诉人张某华缴纳。

4. 婚姻、收养登记费明细账、婚姻登记费明细账及记账凭证、应缴财政专户款明细账、庐江县财政专户专用缴款书、安徽省行政事业性收费统一收据、安徽省政府非税收入专用收据,证实庐江县民政局自 2004 年至 2010 年 4 月 22 日向会计中心缴纳婚姻登记工本费 479223 元,即 2004 年报账 15799 元,2005 年报账 76881 元,2006 年报账 119621 元,2007 年报账 78570 元,2008 年报账 73350 元,2009 年报账 73359 元,2010 年 1—4 月报账 41643 元。其中,2006 年至 2007 年报账的数额中含有收养登记费及社团法人登记费 25757 元。应缴财政专户款明细账还证实 2010 年 4 月 22 日上诉人张某华将婚姻登记工本费 41634 元向会计中心报账。

5. 单位报账员财务移交表、银行存款明细账、暂付款明细账、暂存款明细账,证实 2010 年 4 月 23 日,上诉人张某华与吴某办理报账员移交手续时,单位现金账目记录为零,未载明被截留的婚姻登记工本费 54836 元、收养登记费及社团法人登记费 25757 元,合计 80593 元。

6. 证人吴某证言,证实:(1) 2010 年 4 月 23 日,其在与张某华办理庐江县民政局财务报账员移交手续时,监交人要求张某华将其经手的所有收支单据、现金、备用金等全部移交,但张某华未按规定向其移交相关财务账簿及原有的领取结(离)婚证登记簿,没有向其说明截留部分结婚登记工本费没有报账的情况,也没有向其说明结婚登记工本费登记在何处,只交给其两本新的领取结(离)婚证登记簿;(2) 2010 年 4 月 22 日,张某华还以婚姻登记工本费名义向会计中心报账 41643 元;(3) 2010 年 4 月 29 日,张某华讲婚姻登记处还有一些人欠工本费,收齐后向其上缴;(4) 2010 年 5 月 7 日,张某华以"代管资金"形式向庐江县民政局财政专户缴款 8 万元,事先没有与其协商,事后也未向其告知;(5) 2010 年 4 月 30 日,其将张某华经手的交结账目之外支付的 15 万余元单据向会计中心报账,报销后将此款打入张某华的备用金卡上。

7. 证人胡某荣、姚某雁的证言,证实胡某荣前后两次将其经手的 2006 年收取的收养登记费及社团法人登记费 7970 元、7460 元的缴款书和收据交给张某华,后由张某华向会计中心报账;姚某燕将其经手的自 2006 年起收取的收养登记费交给了张某华。

8. 证人袁某忠的证言,证实张某华在 2006 年分别将 7460 元、8400 元收养登记费及社团法人登记费以婚姻登记工本费名义入账,2007 年将 9897 元收养登记费及社团法人登记费以婚姻登记工本费名义入账,合计 25757 元。

9. 证人徐某有的证言,证实其自 2002 年至 2008 年年底担任庐江县民政局局长,该单位收费项目主要有婚姻登记工本费、收养工本费等,属财政预算性非税收入。婚姻登记工本费的收取流程是民政局的婚姻登记中心从张某华处领取婚姻证后,将所收取的每对 9 元工本费交给张某华,后由张某华汇总向县财政局会计中心报账。还证实张某华没有向其反映过张将截留收入不报账或以代管资金报账的情况。

10. 证人王某生的证言,证实其在庐江县民政局担任副局长,分管单位财务工作,婚姻登记工本费、收养工本费等属财政非税收入,必须向会计中心报账。分管期间张某华没有向其汇报过张将截留的部分婚姻登记工本费收入不报账的情况。2010 年 4 月 23 日,张某华与吴某办理报账员移交手续时,其作为监交人要求张某华将经手的所有单据、银行存款及现金均移交给吴某,张某华移交时没有向其说明截留部分收入不报账的情况,也没有移交记录收取婚姻登记工本费的登记簿。

11. 证人蒋某生的证言,证实庐江县民政局按规定每对收取结婚登记工本费 9 元。

12. 证人苏某生的证言,证实其自 2009 年 1 月担任庐江县民政局局长,其间张某华没有向其汇报过截留部分婚姻登记工本费收入不报账的情况。

13. 证人薛某的证言,证实其系庐江县民政局纪检组组长,2010 年 4 月 23 日,张某华与吴某办理报账员移交手续时,其作为监交人要求张某华将所有的收入、银行存款余额及现金余额和相关会计资料均移交给吴某,张某华没有向其汇报截留部分婚姻登记工本费收入不报账的情况。

14. 证人徐某林的证言,证实 2010 年 4 月 23 日,张某华与吴某办理报账员移交手续时,其是监交人之一,要求张某华将所有收入和支出单据全部移交给接交人吴某,当时张某华没有向其说明截留部分收入不报账的情况,否则会按规定要求在移交表中予以反映。

15. 证人徐某、周某、万某、鲍某玲、张某莲、陈某的证言,证实她们在庐江县民政局任婚姻登记员,均从张某华处领取结、离婚证件发放,领取证件时由领取人在张某华的结(离)婚证领缴登记簿上签名确认,交款时在张某华的结(离)婚证领缴登记簿上签名确认,婚姻登记工本费缴纳采用下次领取证件时缴清上一批领取证件的工本费。至案发,她们分别还有3600元、4500元、1800元、2700元、9900元婚姻登记工本费没有向张某华缴纳。

16. 庐江县民政局婚姻登记处出具的结(离)婚登记情况统计表,证实2004年7月1日至2010年4月23日该县结婚58371对、离婚4487对。

17. 安徽省政府非税收入一般缴款书,证实上诉人张某华于2010年5月7日以"代管资金"的收入项目向庐江县财政局财政专户缴款8万元。

18. 票据存根及报销细目,证实2010年4月30日上诉人张某华将其经手的单位汽油费、差旅费、复员军人医疗补助费等支出费用150090.96元到吴某处报销。

19. 归案经过,证实2010年5月初,庐江县人民检察院在侦查庐江县民政局冶父山陵园原主任吴某法挪用公款一案,于5月5日向张某华调查了解相关情况后,发现张某华在任庐江县民政局冶父山陵园及工艺厂出纳期间,资金管理、使用混乱,随后在调查中发现张某华存在收款不报账的情况。5月12日下午,侦查人员通过庐江县民政局负责人,通知张某华到庐江县民政局办公室,并要求张某华提供结(离)婚证收缴登记簿,后将张某华带回庐江县人民检察院进行问话,此案告破。

20. 上诉人张某华的供述,证实:(1)其担任庐江县民政局报账员期间,同时任该局下属单位陵园、募捐办、工艺厂的出纳会计。自2004年至2010年4月22日,其共计截留婚姻登记工本费80593元,此款含有2006年至2007年以婚姻登记工本费的名义报账的收养登记工本费及社团法人登记费25757元;(2)2010年4月23日其在与吴某办理报账员移交手续时,移交表上没有如实反映将已收取的婚姻登记工本费向会计中心报账的情况,当时也没有向吴某和单位领导告知截留了婚姻登记工本费,未将结(离)婚证领缴登记簿移交给吴某;(3)2010年4月22日,其还向会计中心报账4万余元的婚姻登记工本费;(4)至办理报账员移交手续时,婚姻登记员徐某、周某、万某、张某莲、陈某处还有3万元婚姻登记工本费没有上交;(5)被截留的80593元垫支在单位的日常票据中,2010年4月30日吴某将15万余元打入其工行的备用金卡后,其于5月7日向庐江县财政局财政专户缴纳8万元。

安徽省合肥市中级人民法院认为:上诉人张某华的行为构成贪污罪的事实清楚,证据充分。原判根据本案查明的事实和上诉人张某华有自首情节,能主动退还赃款及立案前向侦查机关交出其犯罪的关键性证据等法定、酌定情节业已对其减轻处罚,并适用缓刑,罪刑相当。原判认定事实清楚,证据确实、充分,定罪准确,量刑适当。审判程序合法。

五、定案结论

（一）一审法院定案结论

安徽省庐江县人民法院依照《中华人民共和国刑法》第382条第1款，第383条第1款第2项、第67条第1款、第63条第1款、第72条第1款、第73条第2款、第3款和最高人民法院《关于处理自首和立功具体应用法律若干问题的解释》第1条第2项、第3条之规定，作出如下判决：

被告人张某华犯贪污罪，判处有期徒刑3年，宣告缓刑5年。

（二）二审法院定案结论

安徽省合肥市中级人民法院依照《中华人民共和国刑事诉讼法》第189条第1项之规定，裁定如下：

驳回上诉，维持原判。本裁定为终审裁定。

六、法理解说

在本案二审中，上诉人张某华及其辩护人均提出无罪的辩解，笔者欲以此案件来透视贪污罪的罪与非罪问题。

罪与非罪界限是刑法学中首要的问题。罪与非罪的界限，要从极其复杂的情况中加以区分。但总的说来，从我国刑法的规定出发，可以大致从两个方面来区分：（1）从犯罪的概念来区分罪与非罪的界限；（2）从犯罪的构成来区分罪与非罪的界限。前者是以犯罪行为的性质作标准来区分的，后者是以犯罪行为的成分作标准来区分的。①

不过，也有论者认为，犯罪行为要受社会和国家的评价。对罪与非罪的社会评判，是指从一定的社会角度来考察和评定某一活动行为的社会价值。社会对罪与非罪评判最一般的模式为："什么是犯罪，什么不是犯罪。"判定的根本形式是考察作为评判对象的行为是否具有构成犯罪的内在根据——犯罪本质。而在"是罪还是非罪"背后，是"应该是罪还是不应该为罪"，即根据什么、为什么作出罪或非罪的判定，这才是社会评判的更深层次。罪与非罪的社会评判标准，亦即社会以什么标准来判定某行为应该或不应该为犯罪的问题。应从犯罪本质的社会层面入手，从社会的角度研究判定罪与非罪的尺度和界

---

① 参见刘焕文：《罪与非罪的界限——论犯罪概念和犯罪构成在定罪时的重要性》，载《南昌大学学报》（人文社会科学版）1983年第1期，第76页。

限，包括坚持生产力标准、是否有利于社会发展进步、摆正利益关系、社会需要原则。① 笔者认为，该观点超越了规范性法学的范围，其社会评价及标准容易导致罪刑法定原则被僭越，引发罪与非罪界限模糊和出现人权保障不足等负面影响。

确定罪与非罪、此罪与彼罪的界限，是保障刑事司法公正和效率的首要问题。在刑事司法工作中，只有正确区分罪与非罪和此罪与彼罪的界限，才能保障司法公正和效率，稳、准、狠地打击犯罪、惩罚犯罪，切实有效地保护人民。如果在刑事司法中混淆了罪与非罪、此罪与彼罪的界限，就会造成定性不准、适用法律不当，不是把无罪当成有罪或者把有罪当成无罪，就是重罪轻判或者轻罪重判，甚至造成冤假错案，破坏社会主义法制和司法的公正和效率。只有严重危害社会、触犯刑律和应受刑罚惩罚的行为，才能构成犯罪。否则，就不能构成犯罪。笔者认为，罪与非罪的唯一法律标准是犯罪构成，也即行为是否符合犯罪构成理论，并且不具有正当化事由的法定或者超法规的情形。

但有论者认为，"刑法明确地规定了犯罪构成要件，罪与非罪之间的界限清晰，不存在罪与非罪之间的行为"这一观点是不正确的。且不说刑法并没有十分明确地规定所有犯罪的构成要件，即使刑法绝对明确地规定了犯罪构成要件，在刑法规定中，罪与非罪是绝对分明的；但是，构成犯罪的，不是刑法规定自身，而是符合犯罪构成要件的行为；而现实中的行为千姿百态、形形色色，行为人不可能绝对依据刑法规定的模式去实施行为。这就意味着必然出现有的行为完全符合犯罪构成的要件，有的行为完全不符合犯罪构成要件，有的行为似乎符合又似乎不符合犯罪构成要件。② 笔者认为，这种观点混淆了所谓"介于罪与非罪之间的行为"与疑罪概念。其实，该论者实际上是指疑罪。正如有论者指出，罪与非罪之疑罪是指在刑事诉讼中，因事实不清、证据不足而导致对犯罪嫌疑人、被告人是否实施犯罪行为或者实施的行为是否构成犯罪难以作出正确判断的情形。罪与非罪之疑罪完全可以用犯罪构成去考察。只要犯罪构成中的任意一个构成要件存在合理怀疑，该案就不属于事实清楚、证据确

---

① 参见青锋：《论罪与非罪的社会评价》，载《公安大学学报》1991年第1期，第41~44页。

② 参见张明楷：《试论介于罪与非罪之间的行为》，载《中南政法学院学报》1989年第2期，第13页。

实、充分的犯罪案件,就应当按照疑罪来认定和处理。①

在贪污罪的罪与非罪之认定上,也要依据社会危害性,根据犯罪构成进行分析,以此来消弭疑罪的空间,做到罪与非罪的界限分明。

笔者认为,本案的焦点在于:8万余元是否为公共财物、行为人是否利用职务之便、是否具有非法占有目的。就这三个问题,本案的罪与非罪之争需要注意:

1. 婚姻登记工本费是公共财物

刑法第91条规定:"本法所称公共财产,是指下列财产:(一)国有财产;(二)劳动群众集体所有的财产;(三)用于扶贫和其他公益事业的社会捐助或者专项基金的财产。在国家机关、国有公司、企业、集体企业和人民团体管理、使用或者运输中的私人财产,以公共财产论。"刑法第92条规定:"本法所称公民私人所有的财产,是指下列财产:(一)公民的合法收入、储蓄、房屋和其他生活资料;(二)依法归个人、家庭所有的生产资料;(三)个体户和私营企业的合法财产;(四)依法归个人所有的股份、股票、债券和其他财产。"这两个条文明确地界分了公共财产和私人财产。庐江县民政局是国家行政机关。婚姻登记工本费属财政预算收入,由该局婚姻登记员在发放结婚证时以每对9元收取,按规定应逐一开具安徽省政府非税收入专用收据,所收取的款项上交上诉人张某华处,由张某华记入单位现金日记账,后张某华汇总开具安徽省非税收入专用收据向庐江县会计中心(以下简称会计中心)报账。因此,婚姻登记工本费属于国有财产。

2. 上诉人张某华利用了职务之便

上诉人张某华是公务员。上诉人张某华的具体工作为:让该局婚姻登记员领取结(离)婚证时,在其保管的结(离)婚证领缴登记簿上签字确认领取数字,婚姻登记员发放完后将收取的婚姻登记工本费上缴张某华处,再由张当交款人面在领取的结(离)婚证领缴登记簿上签字确认其已收取的工本费数额,后上诉人张某华将收取的婚姻登记工本费汇总开具安徽省非税收入专用收据向会计中心报账。显然,这是一种履行公务的行为。

2010年4月30日上诉人张某华将其经手的单位日常支出费用15万余元予以报销,属2010年4月23日交结账目之外单位支付款;同时,被截留的8万余元婚姻登记工本费是以"代管资金"的收入项目向财政专户缴纳的,违反"专款专用"之规定,而已收取的、被其截留的8万余元婚姻登记工本费属应

---

① 参见段启俊:《罪与非罪之疑罪的犯罪构成考察》,载《求索》2008年第4期,第119页。

缴财政收入款。上诉人张某华采取收入不记入单位现金日记账、办理财务移交表中不如实载明单位实际资金余额的手段，将其管理、经手的公款非法占为己有，并无任何归还的意思。其行为符合贪污罪的构成要件。

3. 上诉人张某华具有非法占有目的

上诉人张某华利用职务便利将其多次截留的公款总计8万余元不入账、不上缴，违反"日清月结"、"账据相符"之规定，至单位办理报账员财务移交手续前一日即2010年4月22日上诉人张某华还在将部分婚姻登记工本费向会计中心报账的情况下，也未将其截留的8万余元缴纳财政或告知单位相关人员，说明上诉人张某华主观上明显具有非法占有的故意。

上诉人张某华于2010年5月7日主动向财政专户缴纳8万元，属侦查机关于2010年5月5日向其了解他人挪用公款案后的事后退赃行为。这不影响事先行为的性质，仅能作为量刑情节考虑。

综上所述，上诉人张某华符合贪污罪的犯罪构成，二审的判决是正确的。

(撰稿人：孙道萃)

案例23：张某、孙某斗贪污案

——贪污罪的罪与非罪的关键是四要件符合性判断

一、基本情况

案　由：贪污

被告人：张某，男，1967年12月13日出生。2007年8月至2009年7月任河南中州铝建设有限公司经营计划部主任，2009年7月至2009年8月任经营计划科科长，2009年8月至2009年12月任三公司经理，2009年12月至捕前任中国铝业股份有限公司中州分公司质量监督科科长。因涉嫌犯贪污罪，于2010年5月9日到案，经修武县人民检察院决定，于2010年5月10日被修武县公安局刑事拘留，经焦作市人民检察院决定，于2010年5月20日被逮捕，羁押于修武县看守所。

被告人：孙某斗，男，1974年1月24日出生。因涉嫌犯贪污罪，经修武县人民检察院决定，于2010年5月21日被修武县公安局刑事拘留，2010年6月2日被修武县人民检察院取保候审。

二、诉辩主张

（一）人民检察院指控事实

修武县人民检察院指控：2009年河南中州铝建设有限公司（以下简称中铝建设公司）在对烧结法系统嫁接低温拜耳法生产氧化铝基础工程进行结算时，被告人张某利用其任经营计划科科长职务之便利，让被告人孙某斗压低工程造价，产生余额。后张某以公司处理费用为名，将余额37万元追加到承包该工程的陈某某的结算账上。工程结算后，陈某某先后分三次将该款送给张某。张某分两次给孙某斗1.5万元，余款35.5万元占为己有。案发后，孙某斗将个人所得赃款全部退回。被告人张某、孙某斗的行为已触犯《中华人民共和国刑法》第93条第2款，第382条第1款、第3款，第383条第1款第1

项、第 3 项之规定,均应当以贪污罪追究其刑事责任。本案系共同犯罪,被告人张某系主犯,被告人孙某斗系从犯。提请依法判处。

(二) 被告人辩解及辩护人辩护意见

被告人张某辩称:陈某某分三次共给其 32 万元,而非 37 万元,并且其中的 12 万元系借款。其所获工程余额是用于处理公司 2006 年资质升级时非正常产生并由自己垫资的费用的,公司经理郝某已授意其自己想办法解决,其无贪污的故意。

被告人张某的辩护人辩称:被告人张某任职所在的中铝建设公司由两个法人股东与三个自然人股东(含李琦与被告人张某)出资设立,并非国有企业,被告人张某又非国有企业委派到该公司行使管理职权的公务人员,不能以国家工作人员论。同时,本案涉案资金系工程施工方应得款项,非公共财物,所以对被告人张某不能以贪污罪定罪处罚,而应按职务侵占处理。

被告人孙某斗辩称:对工程发包方及分包方的决算均是从有利于中铝建设公司的角度编制的,两种决算的依据不同,因此产生余额。其将余额情况向被告人张某汇报后,未再参与以后工作,所获 1.5 万元系其与中铝建设公司所签结算编制合同约定外增加对分包方决算这项工作而应得的报酬,其不构成犯罪。

被告人孙某斗的辩护人辩称:被告人孙某斗根据图纸、现场签证、设计变更等书面材料对发包方结算,并根据实际施工量对分包方结算,分包方又签字认可,因此产生工程余额是正常工作的结果。被告人张某贪污的犯意形成于获知工程余额之后,因此,被告人孙某斗没有共同贪污的犯罪故意。此外,工程是由多个预算员决算的,并非被告人孙某斗一人独立完成,其不可能知道陈某某工程应扣、应得款项额度,进而不可能向陈某某工程增加工程款,也即没有共同贪污的犯罪行为。被告人孙某斗在合同约定外增加工作量并因此获得报酬是合理的,不能以在被告人张某处取得 1.5 万元而认定为贪污犯罪。

三、人民法院认定事实和证据

(一) 认定犯罪事实

修武县人民法院经公开审理查明:

中铝建设公司对烧结法系统嫁接低温拜耳法生产氧化铝基础工程进行结算时,被告人孙某斗作为中铝建设公司合同委托的预算员参与了对发包方(中国铝业股份有限公司中州分公司,以下简称中州分公司)与分包方(施工队)的竣工结算及审核竣工结算的部分编制工作。其间,孙某斗发现其中有工程余额,便将此情况向被告人张某进行了汇报。张某以该款不能白给施工队,不如走出来给大家发点奖金、福利,让孙某斗再行核对。后张某以公司处理费用为名,于2009年9月利用其任经营计划科科长时所形成的职务便利,向承包该工程的陈某某的获嘉县大华建筑安装工程公司第四项目工程处结算账上追加了工程余额。工程结算后,陈某某以工程余额名义先后分三次给张某32万元,张某又先后分两次给孙某斗1.5万元,并将余款30.5万元占为己有。案发后,孙某斗将个人所得赃款全部退回。

另查明,中铝建设公司前身为焦作市银城建筑安装有限公司,于2007年3月变更登记为法人独资公司,股东为中州铝厂。中州铝厂系由中国铝业公司(中央企业)作为主管部门(出资人)的国有企业。2009年8月,中国铝业公司控股的中国铝业股份有限公司决定对中州铝厂和中州分公司进行合并重组,包括中铝建设公司100%股权等在内的中州铝厂部分资产由中州分公司收购。中州分公司于2009年11月完成股权收购,中铝建设公司相应进行了股东变更登记。

(二)认定犯罪证据

上述事实有下列证据证明:

该事实有身份证明、证人陈某某、郝某等人证言及被告人张某、孙某斗供述与辩解等证据证实。

四、判案理由

(一)一审法院判案理由

修武县人民法院认为,被告人张某身为国有企业中从事公务的人员,系国家工作人员,利用职务上的便利,采取骗取手段非法占有公共财物;被告人孙某斗受国家工作人员指使,为国家工作人员骗取公共财物提供帮助;其二人的行为均已构成贪污罪,且系共同犯罪,修武县人民检察院指控成立。

(二)二审法院判案理由

上诉人张某上诉及其辩护人辩护称:(1)一审判决将上诉人的身份认定为国有企业中从事公务的人员,系国家工作人员,实属不当;(2)上诉人在中铝建设公司任职是由于上诉人是中铝建设公司的自然人股东之一,是经选举聘任为公司的董事,而不是受国有企业委派,代表国企(中州铝厂)行使管理职权的公务人员;(3)一审判决中关于上诉人的任职表述错误;(4)一审判决认定上诉人犯罪数额32万元实属不当;(5)一审判决将涉案款项认定为中铝建设公司的账外资金有所不当。综上所述,上诉人及其辩护人认为一审判决以贪污罪对上诉人处以 12 年刑罚定性不准，认定数额不当，请求二审法院查明事实，依法改判。辩护人出示了相应证据。

出庭检察员认为，一审判决事实清楚，证据确实、充分，定性准确，量刑适当，建议驳回上诉，维持原判。出庭检察员出示了相应证据。

河南省焦作市中级人民法院审理查明的事实、证据与一审相同，且经当庭举证、质证，查证属实，证据确实、充分，足以认定。关于上诉人张某上诉及其辩护人辩护的理由，经查，其内容与一审所辩称的理由基本相同，原审判决均不予采纳，法院予以支持。

河南省焦作市中级人民法院认为：上诉人张某身为国有企业中从事公务的人员，系国家工作人员，利用职务上的便利，采取骗取手段非法占有公共财物；原审被告人孙某斗受国家工作人员指使，为国家工作人员骗取公共财物提供帮助；其二人的行为均已构成贪污罪，且系共同犯罪。上诉人张某在本案共同犯罪中起主要作用，系主犯，应当按照其所参与的或者组织、指挥的全部犯罪处罚。原审被告人孙某斗在共同犯罪中起次要与辅助作用，系从犯。上诉人张某上诉及其辩护人辩护的理由不足，法院不予采纳。出庭检察员的意见成立，法院予以支持。原审判决认定的事实清楚，证据确实、充分，适用法律正确，定罪准确，量刑适当，审判程序合法。

五、定案结论

（一）一审法院定案结论

修武县人民法院依照《中华人民共和国刑法》第 93 条第 2 款，第 382 条第 1 款、第 3 款，第 383 条第 1 款第 1 项，第 25 条第 1 款，第 26 条第 1 款、第 4 款，第 27 条，第 37 条，第 64 条之规定，判决如下：

1. 被告人张某犯贪污罪，判处有期徒刑 12 年。（刑期从判决执行之日起计算。判决执行以前先行羁押的，羁押一日折抵刑期一日，即自 2010 年 5 月 9 日起至 2022 年 5 月 8 日止。）被告人孙某斗犯贪污罪，免予刑事处罚。

2. 本案扣押的牌号为豫 GHL378 的朗逸牌黑色轿车由公诉人上缴国库。被告人孙某斗所得赃款 1.5 万元退赔河南中州铝建设有限公司。

（二）二审法院定案结论

河南省焦作市中级人民法院依照《中华人民共和国刑事诉讼法》第 189 条第 1 项之规定，裁定如下：

驳回上诉，维持原判。本裁定为终审裁定。

六、法理解说

本案牵涉贪污罪的（共同）犯罪故意、非法占有目的、国有企业与国家工作人员、企业收入即报酬与国有企业财产的界分。在本案中，笔者认为：

1. 被告人所在公司是国有企业，企业资产是国有财产

全民所有制工业企业是我国传统意义上的国有企业，也叫国营企业。根据1988年8月1日的《全民所有制工业企业法》第2条的规定：全民所有制工业企业（以下简称企业）是依法自主经营、自负盈亏、独立核算的社会主义商品生产和经营单位。但是，《公司法》中只有"国有独资公司"这一概念。《公司法》第65条第2款规定："本法所称国有独资公司，是指国家单独出资、由国务院或者地方人民政府授权本级人民政府国有资产监督管理机构履行出资人职责的有限责任公司。"国有独资公司并非独立的公司类型，而只是有限责任公司的特殊形式。国有独资公司是指国家授权投资的机构或者国家授权的部门单独投资设立的有限责任公司。就资产的来源及归属而言，国有独资公司实为国有企业，或者说国有独资公司是传统国有企业的变形。

不过，根据1995年8月21日国家国有资产管理局颁布的《关于组建国有控股公司中加强国有资产管理的指导意见》的有关规定，国有控股公司是国家授权对一部分国有资产具体行使资产受益、重大决策、选择管理者等出资者权利的特殊企业法人。该意见强调在组建国有控股公司时，一定要把握其"特殊企业法人"的性质，即控股公司只行使出资者的职能，而不行使行政和行业管理职能，以防止出现变相的"翻牌公司"。国有控股公司可以分为两种类型：一种是纯粹型控股公司，它不直接从事生产经营活动，而是通过全部或部分拥有其他公司或企业的股份或股权，而对其他公司或企业实行控制。另一种是混合型控股公司，它主要通过股份持有控制子公司，又直接进行一部分生产经营活动。这种控股公司投入全资子公司、控股子公司、参股子公司的资本总额，必须超过注册资本金的50%以上，用于直接生产经营的资本总额只能小于公司注册资本金的50%。在对子公司的关系上，它行使的是出资者权利，而在直接生产经营活动中，它还享有法人财产权。[①] 经查证，中铝建设公司前身为焦作市银城建筑安装有限公司，于2007年3月变更登记为法人独资公司，股东为中州铝厂。中州铝厂系由中国铝业公司（中央企业）作为主管部门（出资人）的国有企业。2009年8月，中国铝业公司控股的中国铝业股份有限

[①] 参见韩武卫：《国有公司企业和事业单位中从事公务人员的犯罪主体研究》，载《法学杂志》2009年第2期，第84页。

公司决定对中州铝厂和中州分公司进行合并重组，包括中铝建设公司 100% 股权等在内的中州铝厂部分资产由中州分公司收购。中州分公司于 2009 年 11 月完成股权收购，中铝建设公司相应进行了股东变更登记。被告人张某实施本案犯罪时，其任职所在的中铝建设公司已由中州铝厂参股变更登记为独资公司，且尚未被中州分公司收购，仍属中州铝厂的子公司，属国有企业。与此同时，可以肯定的是，本案工程款余额系中铝建设公司的账外资金，应归中铝建设公司所有。

2. 被告人张某是国家工作人员

根据《全国法院审理经济犯罪案件工作座谈会纪要》（2003 年 11 月 13 日）的规定，国家机关、国有公司、企业、事业单位委派到非国有公司、企业、事业单位、社会团体从事公务的人员的认定应注意以下几点：不论被委派的人身份如何，只要是接受国家机关、国有公司、企业、事业单位委派，代表国家机关、国有公司、企业、事业单位在非国有公司、企业、事业单位、社会团体中从事组织、领导、监督、管理等工作，都可以认定为国家机关、国有公司、企业、事业单位委派到非国有公司、企业、事业单位、社会团体从事公务的人员。如国家机关、国有公司、企业、事业单位委派在国有控股或者参股的股份有限公司从事组织、领导、监督、管理等工作的人员，应当以国家工作人员论。国有公司、企业改制为股份有限公司后，原国有公司、企业的工作人员和股份有限公司新任命的人员中，除代表国有投资主体行使监督、管理职权的人外，不以国家工作人员论。

本案被告人张某在企业改制中，于 2007 年 8 月至 2009 年 7 月任中铝建设公司经营计划部主任，2009 年 7 月至 2009 年 8 月任经营计划科科长，2009 年 8 月至 2009 年 12 月任三公司经理，2009 年 12 月至捕前任中州分公司质量监督科科长。因此，被告人张某是在履行公务，是在代表中铝建设公司履行组织、领导、监督、管理国有财产等职责，其所从事的活动不是劳务活动、技术服务工作。

3. 被告人之间存在共同的犯罪故意

被告人张某辩称，工程余额是用于处理公司 2006 年资质升级时非正常产生并由自己垫资的费用的，公司经理郝某已授意其自己想办法解决，其无贪污的故意。但笔者认为，本案涉案资金系国有企业的财产。此外，根据被告人孙某斗供述："在对烧结法系统嫁接低温拜耳法工程结算时，张某叮嘱让尽量多节余些钱，对其说只管把造价压下来，把套高的子目扣下来，并称待钱走出来后要为其及其他几个预算员搞点外快、弄点实惠。这说明被告人张某具有非法占有的目的，并且与被告人孙某斗有意思联络，达成了共同贪污的犯罪故意。

另外，被告人孙某斗在对工程编制结算时，对发包方与分包方采取不同的结算方式，并产生工程余额，虽然事前未与被告人张某通谋，但在明知被告人张某欲套取该余额时，根据被告人张某的授意，对工程余额再次进行核对，并在事后从被告人张某处获赃 1.5 万元，系与被告人张某共同犯罪，必须作为犯罪数额认定。

综上所述，2009 年河南中州铝建设有限公司在对烧结法系统嫁接低温拜耳法生产氧化铝基础工程进行结算时，被告人张某利用其担任经营计划科科长职务之便利，让被告人孙某斗压低工程造价，产生余额。后张某以公司处理费用为名，将余额 37 万元追加到承包该工程的陈某某的结算账上。其中，被告人张某对其中的 5 万元不予供述，公诉人未提交其他有效证据以与证人陈某某证言相佐证，就此部分不予认定。被告人张某辩称其所收款中的 12 万元系借款，无证据证明，不予采信，故认定犯罪数额为 32 万元。另外，被告人张某所给被告人孙某斗的 1.5 万元，是犯罪以后对所获赃款的处置；均不应从犯罪数额中扣除。故此，被告人张某、孙某斗的上述行为，均应当以贪污罪追究其刑事责任。

（撰稿人：孙道萃）

案例24：于某玖等贪污案

——贪污罪与违纪行为的界分

一、基本情况

案　由： 贪污

被告人： 于某玖，又名于某久，男，1969年2月13日出生于重庆市石柱土家族自治县（以下简称石柱县），土家族，大学本科，原系石柱县中益乡人民政府乡长，住石柱县南宾镇五一街黄连巷。

被告人： 谭某万，男，1964年6月11日出生于石柱县，土家族，大专文化，原系石柱县中益乡人民政府财政所所长，住石柱县中益乡华溪村中心组。

二、诉辩主张

（一）人民检察院指控事实

石柱县人民检察院指控原审被告人于某玖、谭某万犯贪污罪。

（二）被告人辩解及辩护人辩护意见

被告人于某玖在一审中并未提出相关的辩解。

三、人民法院认定事实和证据

（一）认定犯罪事实

石柱县人民法院经公开审理查明：

2004年春节临近放假时，时任中益乡乡长于某玖和时任中益乡财政所所长谭某万以工作辛苦为由在中益乡党委书记马某权的办公室共谋私分奖金每人5000元。之后，于某玖、谭某万采用假发票和自制购买"山羊"、"白果"等土特产的虚假白条发票经于某玖签字同意后在中益乡财政所报账，三人各分得赃款5000元。2004年和2005年春节期间，谭某万用假发票和自制购买"山羊"、"白果"等土特产虚假白条发票向中益乡财政所报账而套出2万元占为己有。2006年3月2日,谭某万向检察机关投案自首。于某玖和谭某万退清了全部赃款。

（二）认定犯罪证据

石柱县人民法院经公开审理查明的事实有以下证据证实：证人马某权、刘某锋、向某富、罗某贵等人的证言；司法鉴定结论书；立案书，身份证明文件，财政所账务，说明，缴款书等书证；被告人的供述与辩解。

四、判案理由

（一）一审法院判案理由

石柱县人民法院认为，被告人于某玖、谭某万的行为均已构成贪污罪；被告人谭某万有自首情节，对其予以从轻处罚。

（二）二审法院判案理由

一审判决作出后，被告人于某玖不服，提出上诉。

上诉人于某玖及其辩护人提出，于某玖的行为不构成贪污罪，理由如下：（1）虚列支出的会计凭证不能区分违纪拜年开支和发奖金开支。公诉人用2003年的14套会计凭证中的单据来证明2004年发生的事实，存在矛盾。故指控不成立。（2）上诉人于某玖以借款方式取出财政资金1.5万元属实，但全部用于拜年和宴请等公务开支，其行为不构成犯罪。

重庆市人民检察院第四分院认为，原审法院认定事实清楚，证据充分，量刑适当，建议二审驳回上诉，维持原判。

重庆市第四中级人民法院经公开审理查明，2004年农历腊月二十四日，时任石柱县中益乡乡长于某玖和时任中益乡财政所所长谭某万以工作辛苦为由在中益乡党委书记马某权的办公室，与马某权共谋私分奖金各5000元。之后，于某玖、谭某万采用假发票和自制购买"山羊"、"白果"等土特产的虚假白条发票经于某玖签字同意后在中益乡财政所报账，三人各分得赃款5000元。2004年和2005年春节期间，谭某万用假发票和自制购买"山羊"、"白果"等土特产虚假白条发票向中益乡财政所报账而套出2万元占为己有。2006年3月2日，谭某万向检察机关投案自首。案发后，于某玖和谭某万退清了全部赃款。认定上述事实的证据，由经一审庭审举证、质证，法院予以确认的下列证据证实：

1. 上诉人于某玖的供述。证明2004年春节前，谭某万提出，认为烤烟工作辛苦，要求给他和马某权（中益乡党委书记）、谭某万各发点奖金。马某权说各发 5000 元奖金,他讲不能用发奖金的名目来发,马某权讲用生活费发票来报。之后,他在财政所借了 1.5 万元(奖金 5000 元、拜年款 1 万元),于 2004 年 3 月初和 5 月底两次用生活费发票及土特产发票报了账。马某权、谭某万也打了借条,对于如何报的 5000 元奖金的账,他只是签了字,现在分不出来了。他手中的 1.5 万元均用于买礼品和请客吃饭。以上的发票是谭某万书写的,他签的字。用于报账的生活费发票是在石柱县城的一个餐馆买的,土特产发票是自制的。2004 年他和谭某万各领的 1.5 万元,马某权领的 5000 元以及 2005 年他和谭某万各领的 1 万元的假开支均是在 2003 年 12 月至 2004 年 12 月的会计凭证中做的账。谭某万加数可能有出入,时间上延迟或提前,是因放在一起怕暴露。

2. 原审被告人谭某万的供述。证明 2004 年腊月二十四日上午,于某玖叫他到马某权的办公室,马某权向他和于某玖提出需要 3 万元拜年,并说他们三人一年工作辛苦,提出他们三人每人发奖金 5000 元,他和于某玖同意。于某玖讲,他们三人的奖金 1.5 万元由于某玖和他打发票来报销。之后,他从乡里开干部会的备用金中取了 3.5 万元给了马某权,马某权出了 3 万元借条。次日,于某玖到他家处理 1.5 万元的奖金账。同时,提出各拿 1 万元,他表示同意。之后,于某玖就拿出准备好的生活费发票、出差的发票,由二人商量好金额、单价、数量后,由他执笔书写白条,于某玖签字同意报销,支出内容主要是白果、山羊、笋子等土特产,这些白条单据和于某玖带来的发票共计 3.5 万元。单据处理好后,他就从干部会备用金中取了 1.5 万元给了于某玖。他的 1.5 万元是从备用金及财政所账上拿的。他将所有的单据计 3.5 万元在财政所做了支出账。2004 年腊月二十四日,在于某玖的办公室,于某玖讲,他们两人每人再搞 1 万元,他便从乡上备用金中提取 1 万元给了于某玖,于将其手中的 1 万元的发票给了他,并叫他把发票贴好后,交由其签字。过了几天,他把贴好的发票交由于某玖签字时,又由于某玖说,他执笔伪造了购买白果、山羊等土特产的白条发票,加上于的生活费发票,共计 2 万元。之后,他也从乡上的备用金中拿了 1 万元。以上这些款,他放在了家中,家用开支了几千元。按规定,乡财政是每个月做一次账,但实际上没有执行,有时拖到半年才做一次账。他们三人分的 1.5 万元没有造花名册签字领取,用假发票报账套出来,就是为了防止其他人知道。因为没有任何规定他们三人该得这钱,故才想法隐瞒这事。2004 年他和马某权、于某玖分的 1.5 万元和他、于某玖拿的 2 万元,共计 3.5 万元,均用虚假支出在 2003 年 7 月至 2004 年 12 月的财政所会计账中做的账。2005 年他和于某玖拿的 2 万元,是用虚假支出发票和白条报的账。其中多做的 68 元和 120 元账和报账时间提前或延后,都是为了掩盖事实真相。

3. 同案关系人马某权的供述。证明2004年1月底（春节前），他电话通知于某玖到办公室里，商量拜年的事，于某玖通知谭某万到了办公室。三人说完拜年的事后，于某玖提出，他们一年辛苦了，是不是他们三个考虑发点奖金，他以前曾拒绝过此事。这次于提出后，他怕于某玖有意见，便同意了此事。于某玖讲一人分5000元，账务由谭某万和于某玖处理。之后，谭某万给了他3万元拜年钱和5000元奖金。因这钱是公款，没有规定，他们三人应该不得这个奖。

4. 证人刘某峰的证言。证明作为出纳不知道乡里争资、拜年的事，不知道2004年1月16日于某玖在中益乡借1.5万元的借款借条。

5. 证人向某富的证言证实，2003年年前，于某玖说乡政府过年送礼后没有发票，他便开了5044元的收据给乡政府，这些发票没有实际消费。

6. 证人颜某文、罗某贵、曾某的证言。证明没有收过于某玖的礼品。

7. 证人张某华的证言。证明2004年春节，于某玖叫他代送礼物给郭某文，后没送到，礼品被他吃了。

8. 证人李某发的证言。证明2004年年底，他收了于某玖白果30斤。

9. 证人马某兴的证言。证明2005年春节，他收了于某玖白果30斤。

10. 证人谭某攀的证言。证明2003年春节前，他收了于某玖白果10斤。

11. 石检技会鉴（2006）7号司法会计鉴定书。证明中益乡政府属财政全额拨款性质的单位，行为人发放的奖金和送礼的现金55000元属财政资金范畴。凡列入经费支出或其他支出会计科目核算的，均表示其支出已经完成规定程序而被认可，亦说明与之相对应的资金已经被核销。即送检的19笔计5.5193万元财政资金因假发票入账而被行为人非法占有。其根据定额餐饮发票号码相连或相邻，存在明显的假票假报痕迹。故谭某万、于某玖采取重报、假发票入账的手段，虚列支出5.5193万元，因支出已经过会计入账、报表、年度决算等规定程序认可，该部分资金已被核销。有石柱县中益乡政府财政所账务（复印件）予以印证。

12. 上诉人于某玖和原审被告人谭某万的身份证复印件和任职文件。证明2003年2月28日于某玖任石柱县中益乡人民政府乡长；2001年10月9日谭某万任中益乡财政所所长。

13. 缴款书。证明2005年7月4日谭某万退款2.72万元；于某玖退款2.5万元。

14. 石柱县人民检察院关于谭某万投案自首的情况说明。证明2006年3月2日谭某万投案自首。

重庆市第四中级人民法院认为：上诉人于某玖和原审被告人谭某万身为国

家工作人员，利用职务之便，采用虚列支出侵吞财政资金。其中上诉人于某玖涉案金额 1.5 万元；谭某万涉案金额 3.5 万元，其行为均已构成贪污罪。于某玖、谭某万伙同他人共谋侵吞财政资金，采用虚列支出套取现金 1.5 万元的行为，系共同犯罪，应对该 1.5 万元金额共同承担刑事责任，在共同犯罪中二人作用相当，不分主次。原审被告人谭某万有自首情节，依法予以从轻处罚。

五、定案结论

（一）一审法院定案结论

石柱县人民法院依照《中华人民共和国刑法》第 382 条第 1 款，第 383 条第 1 款第 2 项，第 67 条第 1 款，第 72 条第 1 款，第 73 条第 2、3 款，第 64 条之规定，判决如下：

1. 被告人于某玖犯贪污罪，判处有期徒刑 1 年，缓刑 1 年；被告人谭某万犯贪污罪，判处有期徒刑 1 年 6 个月，缓刑 2 年。

2. 犯罪所获赃款全部予以追缴。

（二）二审法院定案结论

重庆市第四中级人民法院依照《中华人民共和国刑事诉讼法》第 189 条第 1 项的规定，裁定如下：

驳回上诉，维持原判。本裁定为终审裁定。

六、法理解说

在本案中，笔者认为，以下几点值得注意，具体而言：

（一）关于本案证据的审查与运用

上诉人于某玖及其辩护人提出，虚列支出的会计凭证不能区分违纪拜年开支和发奖金开支。公诉人用 2003 年的 14 套会计凭证中的单据来证明 2004 年发生的事实，存在矛盾。笔者认为，上诉人于某玖及原审被告人谭某万就虚列支出的入账时间，有提前或延后的现象，是为了掩盖事实真相的供述，能够用 2003 年的虚假支出单据证明 2004 年非法支出的矛盾。违纪拜年和发奖金的开支单据均属行为人利用假发票证明套取的财政资金的假用途，可用行为人对资金用途的故意和实际控制资金来区分违纪拜年和发奖金的开支。因此，上诉理由和辩护意见不能成立。

（二）关于上诉人的"借款行为"

上诉人于某玖及其辩护人提出，上诉人于某玖以借款方式取出财政资金

1.5万元属实,但全部用于拜年和宴请等公务开支,其行为不构成犯罪。笔者认为,于某玖及谭某万、马某权三人按事先共谋金额各拿走5000元的供述相互吻合;且有中益乡财政账务和司法会计鉴定书证明,行为人用假发票掩盖了财政资金的真实用途相印证。所以,于某玖及谭某万、马某权共同产生贪污故意后,实际控制了财政资金,其行为已构成贪污罪。故该上诉理由和辩护意见不能成立。

(三) 一般违纪行为与贪污行为的界分

根据2004年的《中国共产党纪律处分条例》的规定,违纪行为归纳为10类,这10类违纪行为包括:违反政治纪律的行为;违反组织、人事纪律的行为;违反廉洁自律规定的行为;贪污贿赂行为;破坏社会主义经济秩序的行为;违反财经纪律的行为;失职、渎职行为;侵犯党员权利、公民权利的行为;严重违反社会主义道德的行为;妨害社会管理秩序的行为。

在第八章"违反廉洁自律规定的行为"中,其第72条规定:"利用职务上的便利,非法占有非本人经管的国家、集体和个人财物,或者以购买物品时象征性地支付钱款等方式非法占有国家、集体和个人财物,或者无偿、象征性地支付报酬接受服务、使用劳务,情节较轻的,给予警告或者严重警告处分;情节较重的,给予撤销党内职务或者留党察看处分;情节严重的,给予开除党籍处分。利用职务上的便利,将本人或者亲属应当由个人支付的费用,由下属单位或者其他单位支付、报销的,依照前款规定处理。利用职务上的便利,将配偶、子女及其配偶应当由个人支付的出国(境)留学费用,由他人支付、报销的,依照第一款规定处理。"第74条规定:"党和国家工作人员或者其他从事公务的人员,接受可能影响公正执行公务的礼品馈赠,不登记交公,情节较轻的,给予警告或者严重警告处分;情节较重的,给予撤销党内职务或者留党察看处分;情节严重的,给予开除党籍处分。前款所列人员接受其他礼品,按照规定应当登记交公而不登记交公,情节较轻的,给予警告或者严重警告处分;情节较重的,给予撤销党内职务或者留党察看处分;情节严重的,给予开除党籍处分。在国内公务活动或者对外交往中接受礼品,按照规定应当交公而不交公的,依照本条例第八十三条规定处理。"在第九章"贪污贿赂行为"中,其第83条规定:"党和国家工作人员或者受委托管理、经营国有财产的人员,利用职务上的便利,侵吞、窃取、骗取或者以其他手段非法占有公共财物,情节较轻的,给予警告或者严重警告处分;情节较重的,给予撤销党内职务或者留党察看处分;情节严重的,给予开除党籍处分。贪污党费、社保基金和救灾、抢险、防汛、优抚、扶贫、移民、救济、防疫款物的,依照前款规定从重或者加重处分,直至开除党籍。"第95条规定:"农村党组织、社区党组织和村民委员会、社区居民委员会等基层组织中的党员从事下列公务，利用职务上的便利，非法占有公共财物，挪用公款，索取他人财物或者非法收受、变相非法收受他人财物为他人谋取利益的，分别依照本条例第八十三条、第九十四条、第八十五条规定处理：（一）党费、社保基金和救灾、抢险、防汛、优抚、扶贫、移民、救济、防疫款物的管理；（二）社会捐助公益事业款物的管理；（三）国有土地的经营和管理；（四）土地征用补偿费的管理；（五）代征、代缴税款；（六）有关计划生育、户籍、征兵工作；（七）协助人民政府从事的其他行政管理工作；（八）依照党内法规从事党的纪检、组织（人事）、宣传等工作。"

这些均是一般的违纪行为，但不是贪污犯罪行为，不构成犯罪。在司法实践中，如何区分党的违纪行为和刑法所规定的贪污行为，这是常见的疑点之一。笔者认为，区分二者的关键还是要依据按照犯罪构成理论，只有行为符合犯罪构成时才成立犯罪，否则作无罪处理。如在主观上根本不具备非法占有公共财物的意图和目的时，则不成立贪污罪。这是因为贪污罪是国家工作人员等特定人员利用职务便利，非法占有公共财物的行为。贪污罪的行为人，在主观方面必须具备非法占有公共财物的意图和目的。再如是否具有利用职务之便，如果没有利用职务之便，而仅仅是借助于熟悉相关环境而实施的窃取行为，就不是贪污，而是盗窃。

在本案中，被告人具有非法占有的主观目的，而且利用职务之便，通过虚假报账等方式实施了侵吞行为，导致了国有财产的损失，且已经既遂，依法成立贪污罪。党的纪律是党的各级组织和全体党员必须遵守的行为规则。党组织和党员违反党章和其他党内法规，违反国家法律、法规，违反党和国家政策、社会主义道德，危害党、国家和人民利益的行为，依照规定应当给予党纪处分的，都必须受到追究。坚持党要管党、从严治党的原则。因此，党的各级组织和全体党员应当遵守和维护党的纪律。对于违犯党纪的党组织和党员，必须严肃处理，坚持实事求是的原则。对于对党组织和党员违犯党纪的行为，应当以事实为依据，以党章、其他党内法规和国家法律、法规为准绳，准确地认定违纪性质，区别不同情况，恰当地予以处理。但是，违反党纪和违反刑法规定是两个不同的概念，在性质上更是相去甚远，在司法实践中也要注意区分。既要维护党的章程和其他党内法规，严肃党的纪律，纯洁党的组织，保障党员民主权利，教育党员遵纪守法，维护党的团结统一，保证党的路线、方针、政策、决议和国家法律、法规的贯彻执行；又要坚持惩前毖后、治病救人的原则。处理违犯党纪的党组织和党员，应当实行惩戒与教育相结合，做到宽严相济。

（撰稿人：孙道萃）

案例25：金某贪污、盗窃案

——贪污罪与盗窃罪的界分

一、基本情况

案　由：贪污、盗窃

被告人：金某，曾为中共湖州市纪律检查委员会（以下简称市纪委）办公室工作人员。因本案于2006年8月11日被刑事拘留，同年8月24日被逮捕，羁押于湖州市看守所。

二、诉辩主张

（一）人民检察院指控事实

浙江省湖州市人民检察院指控：被告人金某在中共湖州市纪律检查委员会（以下简称市纪委）办公室工作期间，利用其担任市纪委基本账户报账会计和违纪暂存款专户会计的职务之便，于2004年12月至2006年3月，从市纪委违纪暂存款专户支取现金66次，共计人民币333.741万元，予以侵吞。被告人金某被调至市纪委信访室工作后，于2006年4月3日，趁市纪委财务办公室无人之机，在私自购买的整本空白支票上偷盖上市纪委财务专用章和法人印鉴章，后于2006年4月至7月，从市纪委暂扣款专户上秘密窃取现金12次，共计人民币102.883万元。湖州市人民检察院认为被告人金某的行为触犯了《中华人民共和国刑法》第382条、第383条第1款第1项及第264条的规定，构成贪污、盗窃罪。

（二）被告人辩解及辩护人辩护意见

被告人金某对公诉人指控的犯罪事实和盗窃罪名无异议，对贪污犯罪的定性提出异议，辩称无非法占有公款之目的，一直希望通过买彩票中大奖将公款归还，应认定构成挪用公款罪。

其辩护人对指控的贪污罪名提出异议,认为被告人金某主观上不具有非法占有公款的犯罪目的,客观上亦未实施虚假发票平账、销毁相关账目等行为,故应认定构成挪用公款罪。同时,提出金某一贯表现良好,案发后能如实供述全部犯罪事实,有较好的悔罪表现,请求酌情从轻处罚。

三、人民法院认定事实和证据

(一)认定犯罪事实

浙江省湖州市中级人民法院经公开审理查明:

1. 被告人金某在市纪委办公室工作期间,利用其担任市纪委基本账户报账会计和违纪暂存款专户会计的职务之便,分别于2004年12月24日、2005年7月14日、2005年10月26日私自从中国农业银行湖州市城中支行购买空白支票三本,加盖市纪委财务专用章和法人印鉴章后,于2004年12月至2006年3月,从市纪委违纪暂扣款专户支取现金66次,共计人民币333.741万元。为掩盖上述犯罪事实,被告人金某采用伪造银行对账单交单位对账的手段,从而使其私自取款行为难以从单位账面上予以反映。

2. 2005年10月,被告人金某调至市纪委信访室工作后,将财务工作移交他人。2006年4月3日,被告人金某趁市纪委财务办公室无人之际,在空白支票领购单上偷盖市纪委财务专用章和法人印鉴章后,从中国农业银行湖州市城中支行购得空白支票一本,并在整本支票上都偷盖了市纪委财务专用章和法人印鉴章,后于2006年4月至7月,从市纪委暂扣款专户上秘密窃取现金12次,共计人民币102.883万元。

另查明,被告人金某将上述所得现金大部分用于购买彩票。2006年8月4日,被告人金某在得知其罪行即将暴露,携带部分赃款潜逃至安徽省黄山市。2006年8月10日,公安机关在黄山市将被告人金某抓获,并将其随身携带的赃款人民币6.88万元予以扣押。

(二)认定犯罪证据

上述事实有下列证据证明:

1. 中国农业银行湖州市分行空白凭证领购单,证明曾分别于2004年12月24日、2005年7月14日、2005年10月26日及2006年4月3日,从市纪委账户支付相应款项用以购买中国农业银行湖州市城中支行空白支票本共计四本的情况。

2. 中国农业银行湖州市分行支票及存根,证明市纪委违纪暂存款专户的款项支取情况,被背书人均为被告人金某,金额合计为人民币 436.615 万元。

3. 中国农业银行湖州市城中支行对账单开户单位回执,证明该回执上盖有市纪委的法人公章、财务专用章及法定代表人印鉴章。

4. 中国农业银行湖州市城中支行对账单,证明市纪委违纪暂存款专户收支及余额情况。

5. 湖州市检察院司法会计检验报告,证明市纪委违纪暂存款专户截至 2006 年 8 月 4 日,银行存款日记账中共计金额人民币 436.624 万元未列支;另证明上述专户被 78 份支票支取金额共计为人民币 436.624 万元款项,与上述款项人民币 436.624 万元的差额人民币 90 元,系购买支票从银行账户多支款项,被背书人均为金某的情况。

6. 证人沈某明的证言,证明被告人金某于 2005 年至 2006 年 7 月,在其经营的位于湖州市人民路 38 号的 50018 号体育彩票销售点上累计购买体育彩票值约为人民币 200 多万元,有时买的数量大,来不及打,他就把彩票放在销售点上,如果有中的就拿走,没中的就不拿走了,有时也打电话让销售点帮其买彩票,开奖后再付钱。金某所购买彩票曾多次中奖,万元以上的奖金就有三次,分别为人民币 10 万元、8 万元和 5 万元等事实。

7. 湖州市体育彩票销售中心证明,证实该中心下属 50018 销售网点从 2005 年 1 月 1 日至 2006 年 7 月 31 日的销售额共计人民币 552.663 万元。

8. 证人费某的证言,证明被告人金某在其经营的位于湖州市塔下街 87 号的 33058082 号福利彩票销售点上累积购买福利彩票约人民币 10 多万元。

9. 证人闵某的证言,证明被告人金某在市纪委担任违纪暂存款专户会计期间,保管该委法人公章、财务专用章和法定代表人印鉴章,后于 2005 年 10 月被调至该委信访室工作,上述专户银行对账单一直是由金某提供的,两人对账到 2005 年 12 月底,之后金某只提供过 2006 年 1 月的银行对账单,2 月至 7 月的对账单没有给过。

10. 证人罗某琴的证言,证明 2005 年 11 月 7 日与金某办理移交后,由其保管该委法人公章、财务专用章和法定代表人印鉴章,接替金某担任市纪委办公室财务工作后,金某没有来盖过季度对账单、凭证领购单上的章。

11. 证人柴某平的证言,证明上述市纪委违纪暂存款专户的银行月份和季度对账单,一直由被告人金某来银行取走。

12. "中国农业银行查询账户历史明细"及侦查机关说明,证明该历史明细样式系从被扣押的被告人金某台式电脑中提取的情况。

13. 移交清单,证明移交人金某与接交人罗某琴在监交人闵某的见证下,于 2005 年 11 月 7 日办理财务移交手续的情况。

14. 中国农业银行湖州市支行空白支票及侦查机关说明，证明从被告人金某处提取盖有市纪委财务专用章和法定代表人印鉴章的空白支票的情况。

15. "中国农业银行查询账户历史明细"，证明该明细表系由被告人金某伪造并提供给市纪委的情况。

16. 公安机关扣押物品清单，证明公安机关从被告人金某家中扣押中国农业银行空白支票 4 份，支票存根 82 张，对账单、票据等 50 张，彩票 180 包等物，其中搜查扣得的彩票证实被告人金某从湖州市体育彩票销售中心 50019、50025 等销售点购买彩票的情况。

17. 报案单及证明，证实市纪委发现其违纪暂存款专户短款人民币 436.624 万元及报账员金某失踪后向检察机关报案情况。

18. 公安机关在逃人员登记信息表，证明被告人金某因涉嫌票据诈骗罪在逃的情况。

19. 证人李某的证言，证明一自称"杨度"的男子曾于 8 月 5 日、6 日通过其经营的黄山市新起点信息服务中心，租赁过该市长亭巷的一套住房，租期半年，并已支付租金。

20. 证人汪某阳的证言，证实通过房屋中介将其位于黄山市维多利亚东苑 36 幢 407 室的一套住房出租给一名为"杨度"的男子，根据租赁合同，该男子预付了半年承租费 5000 元的事实。

21. "杨度"身份证原件及公安机关有关抓获经过等的说明，证实被告人金某在安徽省黄山市新南国酒店因使用"杨度"假身份证，被公安机关抓获等情况。

22. 高校毕业生登记表、干部履历表、市纪委任职文件，证明被告人金某自 1996 年 9 月由同济大学毕业后至市纪委工作及其任职情况。

23. 户籍证明，证实了被告人金某的身份情况。

24. 被告人金某各个人银行账户历史明细，证明被告人金某各个人账户历史支取情况。

25. 湖州市人民检察院暂存款票据，证明于 2006 年 8 月 11 日从被告人金某处暂扣人民币 6.88 万元赃款的情况。

四、判案理由

浙江省湖州市中级人民法院认为，被告人金某身为国家工作人员，利用其担任市纪委违纪暂存款专户会计的职务之便,从该专户窃取现金共计人民币333.741万元,其行为已构成贪污罪。被告人金某在被调至市纪委信访室工作期间,采用偷盖公章购买支票并使用的手段,从上述专户上窃得现金共计人民币102.883万元,其行为另构成盗窃罪,且数额特别巨大。被告人金某及其辩护人提出金某的部分行为应构成挪用公款罪而非贪污罪的辩解意见,与查明的事实和法律规定不符,不予采信。

五、定案结论

浙江省湖州市中级人民法院依照《中华人民共和国刑法》第382条第1款、第383条第1项、第264条、第69条、第57条第1款、第59条、第64条之规定,判决如下:

1. 被告人金某犯贪污罪判处无期徒刑,剥夺政治权利终身,并处没收个人全部财产;犯盗窃罪判处无期徒刑,剥夺政治权利终身,并处没收个人全部财产,决定执行无期徒刑,剥夺政治权利终身,并处没收个人全部财产。

2. 赃款人民币6.88万元由扣押单位发回市纪委,剩余赃款继续追缴。

六、法理解说

本案主要涉及贪污罪与盗窃罪的界分,是司法实践中的难题之一。

盗窃罪,是指以非法占有为目的,秘密窃取公私财物,数额较大,或者多次盗窃、入户盗窃、携带凶器盗窃、扒窃公私财物的行为。盗窃罪与贪污罪的共同点有:非法占有目的,窃取行为等。但是,盗窃罪与贪污罪存在本质差异:(1)犯罪客体和犯罪对象不同。贪污罪的客体是复杂客体,即国家机关工作人员的职务廉洁性和公共财产所有权,对象是公共财产。盗窃罪的客体是单一客体,是公私财产所有权,对象是公私财物。(2)客观方面不尽相同。贪污罪是利用职务便利进行窃取公共财产,盗窃罪是没有这样的要求,不存在利用职务便利。(3)犯罪主体不同。贪污罪的犯罪主体是特殊主体,盗窃罪的犯罪主体是一般主体。[1]

挪用公款罪,是指国家工作人员利用职务上的便利,挪用公款归个人使用,

---

[1] 参见刘生荣等:《贪污贿赂罪》,中国人民公安大学出版社2003年版,第67页。

进行非法活动的，或者挪用公款数额较大、进行营利活动的，或者挪用公款数额较大、超过3个月未还的行为。挪用公款罪与贪污罪的相同点很明显，如非法占有的目的。但二者仍然存在区别：（1）次要客体存在一定区别。挪用公款罪的次要客体仅限于公共财产的占有、使用、收益权，贪污罪的次要客体是所有权。（2）犯罪对象不完全相同。挪用公款的对象原则上限于公款，法定的情况下还包括特定公物。贪污罪则包括公款和其他公共财物。（3）客观方面的行为方式不同。挪用公款罪在客观方面表现为利用职务便利，挪用公款进行非法活动，或者挪用公款数额较大、进行营利活动，或者挪用公款数额较大、超过3个月未还的行为。贪污罪则表现为利用职务便利，侵吞、窃取、骗取或者以其他手段非法占有公共财物的行为。（4）主体范围不同。挪用公款罪的主体限于国家工作人员，贪污罪还包括受国有单位委托管理、经营国有财产的人员。

在司法实践中，挪用公款罪也有可能会转化为贪污罪。根据《全国法院审理经济犯罪案件工作座谈会纪要》（2003年11月13日）有关挪用公款转化为贪污的认定的规定：挪用公款罪与贪污罪的主要区别在于行为人主观上是否具有非法占有公款的目的。挪用公款是否转化为贪污，应当按照主客观相一致的原则，具体判断和认定行为人主观上是否具有非法占有公款的目的。在司法实践中，具有以下情形之一的，可以认定行为人具有非法占有公款的目的：（1）根据《最高人民法院关于审理挪用公款案件具体应用法律若干问题的解释》第6条的规定，行为人"携带挪用的公款潜逃的"，对其携带挪用的公款部分，以贪污罪定罪处罚。（2）行为人挪用公款后采取虚假发票平账、销毁有关账目等手段，使所挪用的公款已难以在单位财务账目上反映出来，且没有归还行为的，应当以贪污罪定罪处罚。（3）行为人截取单位收入不入账，非法占有，使所占有的公款难以在单位财务账目上反映出来，且没有归还行为的，应当以贪污罪定罪处罚。（4）有证据证明行为人有能力归还所挪用的公款而拒不归还，并隐瞒挪用的公款去向的，应当以贪污罪定罪处罚。[①]

根据本案所查证的事实和证据，笔者认为，以下几点值得注意：

1. 被告人金某部分成立盗窃罪

浙江省湖州市中级人民法院经审查证：2005年10月，被告人金某调至市纪委信访室工作后，将财务工作移交他人。2006年4月3日，被告人金某趁

[①] 参见李希慧主编：《贪污贿赂罪研究》，知识产权出版社2004年版，第404~411页。

市纪委财务办公室无人之际，在空白支票领购单上偷盖市纪委财务专用章和法人印鉴章后，从中国农业银行湖州市城中支行购得空白支票一本，并在整本支票上都偷盖了市纪委财务专用章和法人印鉴章，后于2006年4月至7月，从市纪委暂扣款专户上秘密窃取现金12次，共计人民币102.883万元。

在2005年1月之前，被告人金某担任市纪委基本账户报账会计和违纪暂存款专户会计的职务。但是，当其至市纪委信访室工作后，已经将财务工作移交他人，便不具有管理财务的职务，也就无法利用这一职务之便。2006年4月3日，被告人金某趁市纪委财务办公室无人之际，在空白支票领购单上偷盖市纪委财务专用章和法人印鉴章。这种行为显然是利用其先前在该单位工作过的经历，由于其熟悉该部门的工作环境等，才能趁无人之际进行窃取行为。正是由于被告人金某通过窃取的方式获得了相关的财务凭证，才能顺利实施随后的提现行为。在此过程中，被告人金某并未利用担任财务管理的职务之便，而是利用熟悉环境等方式，趁无人之际而实施的秘密窃取行为，目的是提现并占有公款。这种行为完全符合盗窃罪的犯罪构成，应认定为盗窃罪。

2. 被告人金某不成立挪用公款罪，存在非法占有的目的

被告人金某辩护人提出因不具有非法占有公款的目的，在担任市纪委会计期间私自提取公款的行为应认定为挪用公款罪而非贪污罪的辩解意见。笔者认为，根据查证的事实和证据，该辩护观点难以成立。

被告人金某挪用公款后采取虚假发票平账、销毁有关账目等手段，使所挪用的公款已难以在单位财务账目上反映出来，且没有归还行为，这说明其具有非法占有目的，而不是使用的目的。如证人罗某琴的证言，证明2005年11月7日与金某办理移交后，由其保管该委法人公章、财务专用章和法定代表人印鉴章，接替金某担任市纪委办公室财务工作后，金某没有来盖过季度对账单、凭证领购单上的章。再如证人柴某平的证言，证明上述市纪委违纪暂存款专户的银行月份和季度对账单，一直由被告人金某来银行取走。显然，被告人金某不具有归还的意思，其所采取的各种掩饰手段，旨在避开单位账目的查证。根据公安机关在逃人员登记信息表，证明被告人金某因涉嫌票据诈骗罪在逃的情况。这种畏罪潜逃的行为说明被告人金某的主观目的是非法占有。

被告人金某已经使用了非法占有的公共财产，并且造成了国家财产的流失和国家所有权的损害。如证人沈某明的证言，证明被告人金某于2005年至2006年7月，在其经营的位于湖州市人民路38号的50018号体育彩票销售点上累计购买体育彩票值约为人民币200多万元，有时买的数量大，来不及打，

他就把彩票放在销售点上，如果有中的就拿走，没中的就不拿走了，有时也打电话让销售点帮其买彩票，开奖后再付钱。金某所购买彩票曾多次中奖，万元以上的奖金就有三次，分别为人民币10万元、8万元和5万元等事实。

被告人金某虽因客观原因，未能将单位账面资金做平，但其采用主动要求领取银行对账单并替换上其伪造的银行对账单的方法，使其犯罪行为在单位账面上难以被发现，并将私自提取的公款用于购买彩票、股票及经营等活动。被告人金某购买彩票多次中奖，亦未将中奖所得金额用于归还其私自提取的公款，在得知其犯罪事实行将被发现时携带赃款潜逃，足见其主观上具有将私自提取的公款非法占有的犯罪故意，上述犯罪行为应认定构成贪污罪。

（撰稿人：孙道萃）

案例26：李某贪污案
——贪污罪与诈骗罪的界分

一、基本情况

案　　由： 贪污

被告人： 李某（别名李煦），女，25岁（1982年1月10日出生），汉族，出生地新疆维吾尔自治区乌鲁木齐市，大学本科，北京新疆饭店销售部工作人员。因涉嫌犯盗窃罪，于2006年8月1日被羁押；因涉嫌犯职务侵占罪，于同年9月5日被逮捕。

二、诉辩主张

（一）人民检察院指控事实

北京市海淀区人民检察院指控被告人李某犯贪污罪。

（二）被告人辩解及辩护人辩护意见

被告人李某对检察院指控的事实不持异议。

三、人民法院认定事实和证据

（一）认定犯罪事实

北京市海淀区人民法院经公开审理查明：

被告人李某以"何晓明"的名义，于2006年6月13日，在北京新疆饭店办理了433房间的入住手续。后被告人李某利用工作便利，以"王婷"的身份将王德忠的贵宾卡中的资料替换，伪造王某忠的贵宾卡，并进行消费，后于2006年7月12日以"何晓明"的名义使用此卡为个人消费结账人民币2万元。被告人李某以"徐毛毛"的名义，于2006年7月17日，在北京新疆饭店预订房间。后被告人李某利用工作便利，伪造赵某清的贵宾卡，并进行消费，后于2006

7月28日、7月30日分别以"徐毛毛"和赵某清的名义使用此卡为个人消费结账共计人民币 1.5105 万元。

(二) 认定犯罪证据

上述事实有下列证据证明：

经一审法院庭审举证、质证的证人王某、刘某、张某霞、刘某鹏、王某龙、靳某菲、齐某、渠某等人的证言、物证照片、北京市工商局档案管理中心证明、北京新疆饭店证明、文检鉴定书等证据在案证实。

四、判案理由

(一) 一审法院判案理由

北京市海淀区人民法院认为：被告人李某以非法占有为目的，通过伪造他人贵宾卡的手段，骗取公私财物，数额较大的行为，已构成诈骗罪，应予惩处。公诉人指控李某犯贪污罪罪名有误。鉴于李某系初犯，到案后能如实供述自己的罪行，全部退赔了赃款，认罪悔罪态度较好，故对其酌予从轻处罚。

(二) 二审法院判案理由

一审判决作出后，北京市海淀区人民检察院提出抗诉。

北京市海淀区人民检察院的抗诉意见为：(1) 原审被告人李某代行贵宾卡的管理工作，对贵宾卡的经手和管理实际上是对公共财物的经手和管理，属于公务范畴，故李某系依法从事公务的国家工作人员；李某的行为属于利用职务便利，非法占有公共财物，应当以贪污罪追究其刑事责任。原判对职务侵占罪中"公司、企业或者其他单位"的理解有误，认定李某的行为构成诈骗罪，系定性、适用法律错误。(2) 一审法院适用简易程序审理本案后，在犯罪主体和犯罪客观方面的认定上与起诉书指控的事实存在明显的分歧，而上述内容是关系案件事实的重要问题，最终影响到案件定性和适用法律，对此存在争议应属于"案件事实不清"。原审法院在事实不清的情况下，没有将此案转为普通程序审理，属于程序违法。

在法庭审理中，北京市人民检察院第一分院对本案的定罪量刑并未明确发表意见，其支持抗诉的意见为：(1) 原判对《中华人民共和国刑法》第271条第1款的理解错误，认为应将职务侵占罪中的"公司、企业或者其他单位"限定于"非国有公司、企业或者其他单位"的观点有悖立法原意；(2) 一审法院没有采信起诉书对原审被告人主体身份、职务之便两项事实的认定，在案件事实不清的情况下，直接以简易程序继续审理，属于程序违法。综上所述，建议法院将此案发回一审法院重新审判。

原审被告人李某对原判认定其犯诈骗罪不持异议，针对检察机关的抗诉意见辩解称：其在新疆饭店从事的是劳务，而非公务，不属于国家工作人员；其行为属于利用工作上的便利条件骗取公共财物，没有利用职务便利，故其行为不构成贪污罪；其系初犯，归案后能如实供述犯罪事实，全部退赔赃款，且身患严重疾病，请求法庭对其从轻处罚。

原审被告人李某的辩护人的主要辩护意见为：（1）李某作为饭店的销售代表，提供的是一种劳务活动，没有直接管理、监督财物的职责，不符合贪污罪的主体要件。（2）李某的行为侵害的客体是私人的财产所有权，不符合贪污罪的客体要件。（3）李某的犯罪行为之所以得逞，不是利用其职务便利，而是利用了本单位的管理漏洞。综上所述，李某的行为构成诈骗罪，而不构成贪污罪。李某如实交代犯罪事实，认罪悔罪，积极退赃，同时考虑其身患疾病，请求法庭对其从轻处罚。

北京市第一中级人民法院经公开审理查明：（1）原审被告人李某系北京新疆饭店销售部的工作人员，其在负责该饭店贵宾卡制作的过程中，利用职务便利，于2006年6月间，将客户王某忠的个人资料替换为"王婷"的资料，伪造了一张与王某忠的卡号一致户名为"王婷"的贵宾卡。李某在该饭店消费后，于2006年7月12日以何晓明的名义使用此卡为个人消费结账人民币2万元。（2）原审被告人李某在负责该饭店贵宾卡制作的过程中，利用职务便利，于2006年7月，伪造了客户赵某清的贵宾卡。李某在该饭店消费后，于2006年7月28日、7月30日分别以徐毛毛和赵某清的名义使用此卡为个人消费结账共计人民币1.5105万元。原审被告人李某作案后被抓获归案。赃款已全部退赔。

认定上述事实的证据与一审相同，一审判决所据证据，经审查，证据的收集和质证符合法定程序，能够证明案件事实，法院予以确认。

北京市第一中级人民法院认为，原审被告人李某身为国有企业中从事公务的人员，利用职务上的便利，采取欺骗手段非法占有公共财产，其行为已构成贪污罪，依法应予惩处。一审法院根据李某犯罪的事实、犯罪的性质、情节及对于社会的危害程度所作出的判决，认定的事实清楚，证据确实、充分，审判程序合法。但认定李某犯诈骗罪系定性有误，适用法律不当，法院予以纠正。鉴于李某归案后认罪悔罪，积极退赔赃款，具有酌定从轻处罚情节，北京市人民检察院第一分院亦未对原判量刑提出意见，法院对李某及其辩护人关于对李某从轻处罚的辩解和辩护意见酌予采纳。

五、定案结论

（一）一审法院定案结论

北京市海淀区人民法院依照《中华人民共和国刑法》第266条、第53条、第64条的规定，作出如下判决：

1. 被告人李某犯诈骗罪，判处有期徒刑1年4个月，罚金人民币2000元。

2. 在案扣押的退赔款人民币3.5105万元，发还北京新疆饭店。

（二）二审法院定案结论

北京市第一中级人民法院依照《中华人民共和国刑事诉讼法》第189条第1项、第2项及《中华人民共和国刑法》第271条第2款、第93条第2款、第382条第1款、第383条第3项、第64条之规定，判决如下：

1. 维持北京市海淀区人民法院（2007）海法刑初字第1700号刑事判决主文第2项，即在案扣押的退赔款人民币3.5105万元，发还北京新疆饭店。

2. 撤销北京市海淀区人民法院（2007）海法刑初字第1700号刑事判决主文第1项，即被告人李某犯诈骗罪，判处有期徒刑1年4个月，罚金人民币2000元。

3. 原审被告人李某犯贪污罪，判处有期徒刑1年4个月。（刑期自本判决执行之日起计算，判决执行以前先行羁押的，羁押1日折抵刑期1日，即自2006年8月1日起至2007年11月30日止。）

本判决为终审判决。

六、法理解说

在司法实践中，贪污罪和诈骗罪的界限有时候难以把握，这需要结合具体案情分析，本案便是一个较为经典的案例。

诈骗罪，是指行为人以非法占有为目的，采用虚构事实或者隐瞒真相的欺骗方法，使财物的所有人或保管人陷于认识错误，从而骗取其数额较大的财物的行为。贪污罪，是指国家工作人员利用职务上的便利，侵吞、窃取、骗取或者以其他手段非法占有公共财物的行为。因此，二者具有一定的相似性，如非法占有目的、欺骗手段等。在实践中，往往也会产生误认，导致错案。但是，贪污罪与诈骗罪是两种不同的罪名，二者的区别显著：（1）犯罪主体不同。贪污罪属于特殊主体，而诈骗罪的是一般主体。（2）行为方式与行为对象有所不同。贪污罪必须利用职务便利，侵犯公共财产；而诈骗罪无此限制。在认定二者时，应重点分析行为人究竟是利用职务上的便利还是仅仅利用了工作便利。如果国家工作人员仅仅是利用了在单位工作，熟悉环境、了解情况、进出方便等与本人职务没有直接关系的便利条件，而骗取公共财产，不是贪污罪。①

笔者认为，在刑事审判中，判断国家工作人员以欺骗手段骗取财物是构成诈骗罪还是贪污罪，其界分标准主要为：第一，国家工作人员在实施犯罪行为时是否利用了职务便利；第二，国家工作人员骗取的财产是否属于其主管、管理或经手的公共财物。具体到本案中，以下几点值得关注：

1. 原审被告人李某是在管理"公共财产"

根据二审法院认定的事实：李某作为新疆饭店销售部门的工作人员，在销售部秘书休假后，实际担负着制作、管理该饭店贵宾卡的职责。按照新疆饭店对贵宾卡的管理规定，申请办理贵宾卡的客户将钱款交给饭店后，可持卡消费结账，卡内金额一旦交存便不再退还。

基于此，笔者认为，贵宾卡实质上是客户将准备用于饭店消费的钱款预先交存饭店，然后在卡内金额的限度内，领取饭店的商品或享受饭店提供的服务的凭证。因新疆饭店系国有企业，故贵宾卡内钱款可以视为该饭店管理的公共财产；又因贵宾卡在饭店内部具有现金价值，记载了客户充值和消费的金额，充值后可直接用于消费，故对贵宾卡的管理实质上相当于对饭店公共财产的管理，原审被告人李某的职责具有公务性质。本案中，李某恶意利用其制作、管理贵宾卡的职务便利，伪造他人的贵宾卡并使用，侵害了国家工作人员职务行为的廉洁性和国有企业的财产权，其行为符合贪污罪的构成要件。但是，一审法院认为，被告人李某以非法占有为目的，通过伪造他人贵宾卡的手段，骗取公私财物，数额较大的行为，已构成诈骗罪，应予惩处。笔者认为，一审法院之所以发生错误，是因为对被告人李某的身份认定有误。根据刑法第91条的规定，在国家机关、国有公司、企业、集体企业和人民团体管理、使用或者运输中的私人财产，以公共财产论。根据刑法第382条的规定，受国家机关、国有公司、企业、事业单位、人民团体委托管理、经营国有财产的人员，利用职务上的便利，侵吞、窃取、骗取或者以其他手段非法占有国有财物的，以贪污论。被告人李某虽然仅是新疆饭店销售部门的工作人员，但伪造贵宾卡并进行消费的行为，实际上是一种使用公共财产的行为。

此外，关于北京市人民检察院第一分院支持本案抗诉的理由为：将职务侵占罪中的"公司、企业或者其他单位"限定于"非国有公司、企业或者其他

---

① 参见李希慧主编：《刑法各论》，中国人民大学出版社2007年版，第504页。

单位"的观点有悖于立法原意。笔者认为，本案不符合职务侵占罪。这是因为本案被告人已经实施了消费结账行为，已经导致了国有财产遭受损失的客观危害结果。本案中，被告人客观上使用了欺骗的手段，并且是在利用其管理国家财产这一职务之上，不同于职务侵占罪中的"利用职务"。

2. 原审被告人李某的行为形式上与诈骗有些相似，但实质上是贪污

客观地讲，被告人李某伪造贵宾卡并进行消费的行为一定程度上像是诈骗罪。在诈骗罪中，欺骗行为的实质在于使受骗者陷入或继续维持处分财产的认识错误并进而处分财产；欺骗行为既包括就过去或现在的事实进行欺骗，也包括就将来的事实进行欺骗，还包括就价值判断进行欺骗；欺骗行为既可以是作为，也可以是不作为；欺骗行为既可以表现为使他人陷入错误，也可以表现为在他人已经陷入错误的情况下，使他人继续维持错误；欺骗行为必须达到足以使一般人陷入或者维持错误的程度。但是，被告人李某代行贵宾卡的管理工作，对贵宾卡的经手和管理实际上是对公共财物的经手和管理，属于公务范畴，是依法从事公务的国家工作人员。李某伪造并使用贵宾卡的行为属于利用职务便利，消费结账的行为是非法占有公共财物。被告人李某在进行欺骗时，其所依靠的是本人的特定身份及其职务。否则，不可能如此顺利地进行伪造贵宾卡，并且加以使用、消费。

综上所述，本案的判决合法正确。

（撰稿人：孙道萃）

案例27：林某春贪污、潘某侵占上诉案
——贪污罪与侵占罪的界分

一、基本情况

案　　由：贪污、侵占

被告人：林某春，系国有湖州华能硅微粉有限公司法人代表兼总经理。1999年9月10日因本案被刑事拘留，同年9月22日被依法逮捕，羁押于湖州市看守所。

被告人：潘某，系华硅公司财务部经理兼长江期货湖州营业部会计。1999年9月10日因本案被取保候审，2000年6月9日被依法逮捕，羁押于湖州市看守所。

二、诉辩主张

（一）人民检察院指控事实

湖州市城郊人民检察院指控被告人林某春、潘某犯贪污罪。

（二）被告人辩解及辩护人辩护意见

被告人林某春一审中并未提出相关辩解。

三、人民法院认定事实和证据

（一）认定犯罪事实

湖州市城郊人民法院经公开审理查明：

被告人林某春系国有湖州华能硅微粉有限公司（以下简称华硅公司）法人代表兼总经理，国家干部；被告人潘某系华硅公司财务部经理兼长江期货湖州营业部（以下简称长江期货部）会计。1996年1月，被告人林某春以及张某、陈某、陆某章、戴某强各出资人民币1万元，合计5万元，在长江期货部

设立"李根山"私人期货账户（账号88086）；被告人潘某在林某春的动员下也在该期货部设立"黄志强"私人期货账户（账号88084），黄志强户内先后注入个人资金人民币4万元。1996年12月底，被告人林某春指使被告人潘某，将他们当年分别以"李根山"、"黄志强"户动用公款炒期货亏损的人民币24.8832万元和13.966万元，合计38.8492万元，冲入其本公司在长江期货部的亏损款中，共作报损处理。1998年12月31日，华硅公司对该期货部连同其他下属部门经营亏损作出核销，从而使公款的所有权受到侵犯。

（二）认定犯罪证据

上述事实有下列证据证明：书证、物证、证人证言。

四、判案理由

（一）一审法院判案理由

湖州市城郊人民法院认为：华硅公司对亏损款的核销行为发生在1998年，应适用犯罪行为终了时的法律，被告人林某春、潘某作为国有公司中从事公务的人员，利用职务上的便利，侵吞公款38.8492万元，其行为均已构成贪污罪。案发后，被告人林某春退出赃款人民币3.275万元；被告人潘某退出赃款人民币1.5万元。在共同贪污犯罪中，被告人林某春起主要作用，系主犯，按照其所参与的全部犯罪处罚；被告人潘某起次要作用，系从犯，依法予以减轻处罚。

（二）二审法院判案理由

一审判决后，被告人不服，提出上诉。

林某春上诉提出：原判认定与事实不符，委托王某艺操作期货仅限于自己出资的1万元和他人出资的4万元，共5万元的权限，而对王某艺动用公款确实不知情，六户合并在公家一户中完全是王某艺、楼某宝的擅自行为，当自己获知这一情况时已无可逆转，以及根据浙江公司的意思表示才指示潘某作出报损处理的，自己不具有非法占有公款的故意，不是贪污犯罪。

潘某上诉提出：报损时间为1996年12月，而原判将1998年公司核销行为发生的时间认定为犯罪行为终了时间是错误的，并且自己已于1997年10月之前离开了该公司，1998年公司的核销行为与自己无关，应当适用行为当时的法律，鉴于自己不具有国家工作人员身份，原判定罪和适用法律错误，量刑畸重，请求二审法院改判。

辩护人在二审辩护中提出：本案由于王某艺将公款注入私人账户炒作期货形成亏损，华能浙江分公司同意报损的事实已为二审检察员认可，则上诉人林某春的行为不是贪污犯罪，并且只能对"李根山"户中的亏损承担五分之一即49766.4元的责任，请二审法院作出公正判决。

辩护人在二审法庭上提出：上诉人潘某注入"黄志强"户人民币2万元，其余2万元不是潘某注入，则潘某只能承担亏损的二分之一责任。同时，原判定性错误，依照从旧兼从轻原则，对不具有国家工作人员身份的上诉人潘某，应当适用行为当时施行的《全国人民代表大会常务委员会关于惩治违反公司法的犯罪的决定》，依法不构成贪污罪，而构成侵占罪，请求二审法院予以改判，并适用缓刑。

检察员在二审法庭上认为：浙江公司同意报损是在林某春隐瞒了其及潘某个人炒期货的情况下，为考虑公司与地方关系而作出的。根据《最高人民法院最高人民检察院关于当前办理经济犯罪案件中具体应用法律的若干问题的解答》第1条第2项、《最高人民法院关于审理贪污、职务侵占案件如何认定共同犯罪的几个问题的解释》第3条之规定，原判对两被告人定性准确，量刑适当，审判程序合法，唯认定犯罪行为终了时间确实有误，导致遗漏适用法律，建议二审法院在适用法律上予以改判。

浙江省湖州市中级人民法院经公开审理查明：原判认定被告人林某春的职务和身份，被告人潘某的职务，企业性质以及被告人林某春、潘某于1996年1月分别设立"李根山"、"黄志强"私人期货账户，林注入"李根山"户资金人民币1万元，连同其他个人注入资金人民币4万元，共5万元；"黄志强"账户反映的注入个人资金4万元，进行私人期货炒作，1996年12月底被告人林某春指使被告人潘某，将他们当年分别以"李根山"账户、"黄志强"账户动用公款私人炒期货亏损的人民币24.8832万元和13.966万元，合计人民币38.8492万元冲入其本公司在长江期货部的亏损款中，共作报损处理，华硅公司于1998年12月31日作出核销的事实，以及被告人林某春归案后退出赃款人民币3.275万元；被告人潘某归案后退出赃款人民币1.5万元的事实，有如下证据证明：

1. 林某春的干部履行表、转干审批表、任职通知书、保留干部身份证明以及中国华能浙江公司关于林某春的职务聘任通知和关于同意潘某同志职务聘任的批复等证据材料。

2. 湖州市工商局关于湖州华能硅微粉有限公司的（企业法人营业执照）中确定的全民所有制企业的性质。

3. 财务报表证明，1996年1月22日收入保证金2万元注明88084、1月26日收入保证金2万元未注明，以及调查材料证实1996年1月22日和26日分别注入黄志强账户保证金各2万元。

4. 财务报表还证明 1996 年 1 月 1 日收取保证金 3 万元注明 88086、1 月 22 日收取保证金两个 1 万元未注明，以及调查材料证实 1996 年 1 月 5 日、9 日和 15 日，分别注入李根山账户保证金为 2 万元、1 万元和 2 万元。

5. 财务凭证证明"88086 李根山"账户和"88084 黄志强"账户注入公款分别为 1996 年 2 月 30 日 17 万元、3 万元和同年 3 月 18 日 15 万元、10 万元。

6. 书证证实 1996 年 8 月 26 日 88087、88086、88084、88081、88048 五个客户的资金以出金的形式，全部以入金的形式合并入 88058 客户中，当时"88086 李根山"账户有余额资金 7.1168 万元；"88084 黄志强"账户余额资金负 9660 元。

7. 书证还证实 1996 年 12 月 31 日调字 11 号记账凭证以期货损失"借记投资收益 70 万元"，"贷记其他应付款——华硅公司 70 万元"，平衡账目，实现了报损目的。

8. 会计鉴定书证实"湖州公司于 1998 年 12 月 31 日 242#记账凭证中包括应收期货公司的上述 70 万元予以核销"。

9. 湖州市城郊人民检察院的收缴款单据证实林某春退赃款人民币 3.275 万元、潘某退赃款人民币 1.5 万元。

10. 李某、陈某、张某、陆某章的证人证言分别证明陈、张、陆以及戴某强四人各出资人民币 4 万元交林某春代炒期货。

11. 林某春、潘某供述的事实、情节，除潘某稳定不变的供称自己只注入资金人民币 2 万元，其余 2 万元不知道是谁的情节与长江期货部出纳李某称两次各 2 万元都是潘某注入的有矛盾外，其余均能与上述证据相互印证，并互相佐证。

另查明：上诉人潘某系华硅公司合同制工人，非国家工作人员，其所设立的"88084 黄志强"私人期货账户委托楼某宝下单操作，分二次各注入黄志强户个人保证金 2 万元；中国华能浙江公司对林某春作出行政记大过处分的决定中将包括"88086 李根山"账户。"88084 黄志强"账户在内的四个私人期货账户与两个公家期货账户的亏损，均列入湖州华能硅微粉有限公司亏损总额之中的事实，有如下证据证明：

1. 湖州市劳动局填发的关于潘某在湖州华能硅微粉公司解除合同后职工失业保险手册印证潘某系合同制工人，非国家工作人员。

2. 楼某宝证言证明"当时我受委托下单操作的期货户有华龙、金尔龙、严晓燕、有兴、黄志强等账户"，以及书证证明 1996 年 1 月 22 日、26 日分二次各注入黄志强户 2 万元个人保证金。

3. 中国华能浙江公司文件《关于给予林某春同志行政记大过处分的决定》证实，"1996 年 8 月 31 日，有关人员将 88081 有兴账户（以公司资金开设的账户）、88048 严晓燕和金尔龙账户（以私人资金开设的账户）、88086 李根山和 88084 黄志强账户（公私资金混在一起开设的账户）亏损后剩余的资金计 10.7314 万元转入 88058 华龙账户（以公司资金开设的账户）。在长江期货营业部从事期货交易中，湖州硅微粉公司共计亏损 105 万元"。

浙江省湖州市中级人民法院认为：上诉人林某春系湖州华能硅微粉有限公司从事公务的国家工作人员，当明知自己与潘某私人炒期货亏损，以及个人期货账户内已注入公款的情况下，仍利用职务上的便利，隐瞒自己及本公司职工潘某私人炒期货的事实真相；骗取报损，并指使潘某将期货造成的亏损冲入本公司在长江期货部的亏损款中，共作报损处理，合计人民币 119596.4 元，其行为已构成贪污罪。

五、定案结论

（一）一审法院定案结论

湖州市城郊人民法院依照《中华人民共和国刑法》第 93 条、第 382 条、第 383 条第 1 款第 1 项、第 25 条第 1 款、第 26 条第 1 款和第 4 款、第 27 条、第 64 条之规定，以贪污罪，判处被告人林某春有期徒刑 13 年；判处被告人潘某有期徒刑 5 年。

（二）二审法院定案结论

浙江省湖州市中级人民法院依照《中华人民共和国刑事诉讼法》第 189 条第 2 项和第 3 项、《中华人民共和国刑法》第 12 条第 1 款、第 382 条第 1 款、第 383 条第 1 款第 1 项、第 25 条第 1 款、第 26 条第 1 款和第 4 款、第 27 条、第 45 条、第 47 条、第 42 条、第 44 条、第 64 条以及全国人民代表大会常务委员会《关于惩治违反公司法的犯罪的决定》第 10 条之规定，判决如下：

1. 撤销湖州市城郊人民法院（2000）城郊刑二初字第 32 号刑事判决。

2. 上诉人（原审被告人）林某春犯贪污罪，判处有期徒刑 10 年。（刑期从判决执行之日起计算，判决执行以前先行羁押的，羁押 1 日折抵刑期 1 日，即刑期自 1999 年 9 月 10 日起至 2009 年 9 月 9 日止。）

3. 上诉人（原审被告人）潘某犯侵占罪，判处拘役 3 个月。（刑期从判决执行之日起计算，判决执行以前先行羁押的，羁押 1 日折抵刑期 1 日，即刑期自 2000 年 6 月 9 日起至 2000 年 9 月 8 日止。）

4. 林某春、潘某退缴在湖州市城郊人民检察院的人民币 4.775 万元，以及潘某在二审审理期间向法院退清的其余个人所得款计人民币 5.483 万元，分别由湖州市城郊人民检察院和法院发还被害单位。

本判决为终审判决。

六、法理解说

本案发生的时间较早，而且牵涉跨法犯的问题，但不影响本案的定性分析。基于宏旨所在，这里主要讨论贪污罪和侵占罪的界限。

刑法第270条规定："将代为保管的他人财物非法占为己有，数额较大，拒不退还的，处二年以下有期徒刑、拘役或者罚金；数额巨大或者有其他严重情节的，处二年以上五年以下有期徒刑，并处罚金。将他人的遗忘物或者埋藏物非法占为己有，数额较大，拒不交出的，依照前款的规定处罚。本条罪，告诉的才处理。"因此，侵占罪，是指以非法占有为目的，将代为保管的他人财物或者他人的遗忘物、埋藏物非法据为己有，数额较大且拒不退还或者拒不交出的行为。

在侵占本人管理的他人财物上，贪污罪和侵占罪是具有相似性的。但是，在认定二者时，关键是要看是否因为公务的职务关系而持有财物。贪污罪是行为人因为公务或者职务的关系而持有该公共财物。侵占罪是行为人因受他人委托而持有该财物或者因偶然因素而持有他人遗忘物、埋藏物，与公务或者职务无关。

立足于法院所认定的事实和证据，并结合我国的刑法理论，笔者认为：

1. 上诉人（原审被告人）林某春犯贪污罪

被告人林某春系国有湖州华能硅微粉有限公司（以下简称华硅公司）法人代表兼总经理，国家干部。因此，上诉人（原审被告人）林某春是国家工作人员。被告人林某春指使被告人潘某，将分别以"李根山"、"黄志强"账户动用公款炒期货亏损的人民币24.8832万元和13.966万元，合计38.8492万元，冲入其本公司在长江期货部的亏损款中，共作报损处理。可见，被告人林某春利用职务之便，将擅自动用的公款用于炒期货，在超期款亏损的情况下，仍通过利用职务之便，将亏空的公款额并入本公司在长期期货部的亏损额中，这导致该公司财产的实际损害，侵害了该公司的财产所有权。由于被告人林某春所在的公司是国有公司，因而符合贪污罪的构成要件。被告人林某春辩称，对王某艺动用公款确实不知情，六户合并在公家一户中完全是王某艺、楼某宝的擅自行为，当自己获知这一情况时已无可逆转，以及根据浙江公司的意思表示才指示潘某作出报损处理的，自己不具有非法占有公款的故意，不是贪污犯罪。但是，根据法院查证的事实看，"浙江公司的意思表示"所报损的行为不意味着贪污行为被除罪化，只是报损的部分不宜纳入到贪污的数额之中而已。而且"将亏空的公款额并入本公司在长期期货部的亏损额"的行为说明被告人林某春具有掩盖亏空的动机，其目的在于把非法占有公私财物的事实继续隐藏下去，以免被发现。当然，公司财产的亏空形式发生了细微的变化，但这不影响其非法占有目的的认定。综上所述，上诉人林某春系华硅公司中从事公务的国家工作人员，当明知自己与潘某私人炒期货亏损，以及个人期货账户内已注入公款的情况下，仍利用职务上的便利，隐瞒自己及本公司职工潘某私人炒期货的事实真相；骗取报损，并指使潘某将期货造成的亏损冲入本公司在长江期货部的亏损款中，共作报损处理，合计人民币119596.4元，其行为已构成贪污罪。

2. 上诉人（原审被告人）潘某犯侵占罪

被告人潘某在林某春的动员下也在该期货部设立"黄志强"私人期货账户（账号88084），黄志强账户内先后注入个人资金人民币4万元。林某春指示被告人潘某，将他们当年分别以"李根山"账户、"黄志强"账户动用公款私人炒期货亏损的人民币24.8832万元和13.966万元，合计人民币38.8492万元冲入其本公司在长江期货部的亏损款中，共作报损处理，这说明上诉人（原审被告人）潘某具有非法占有目的，而且其配合行为导致了公司公款遭受损害。但是，根据湖州市劳动局填发的关于潘某在华硅公司解除合同后职工失业保险手册印证潘某系合同制工人，非国家工作人员。依法不符合贪污罪的主体要件，而构成侵占罪，一审法院的认定属于定罪错误。与此同时，有书证证实1996年12月31日调字11号记账凭证以期货损失"借记投资收益70万元"，"贷记其他应付款——华硅公司70万元"。这说明行为人实施了平衡账目的实行行为，实现了报损目的。据此，行为人实施报损、平衡账目的行为时间在1996年12月31日，该日即为犯罪行为终了之时。根据刑法第12条的规定："但如果本法不认为是犯罪或者处刑较轻的，适用本法。"1979年刑法并没有规定侵占罪，对于国家工作人员或受国家机关，企业事业单位，人民团体委托从事公务的人员利用职务上的便利侵占公共财物的，要按照贪污罪论处。但是，1997年刑法规定了侵占罪。根据从旧兼从轻的原则，上诉人（原审被告人）潘某应按照1997年刑法规定的侵占罪定罪。

综上所述，上诉人潘某系华硅公司职工，当明知自己私人炒期货亏损，以及个人期货账户内已注入公款的情况下，仍听从林某春的指示，利用职务上的便利，将其亏损冲入本公司在期货部的亏损款中，共作报损处理，个人所得人民币6.983万元，属数额较大，其行为已构成侵占罪。

（撰稿人：孙道萃）

案例28：霍某敏贪污案

——贪污罪与挪用公款罪的界分

一、基本情况

案　由：贪污（节选，原案还包括重婚罪）

被告人：霍某敏，化名"丘琳"，曾担任广州花卉博览园兼广州花卉博览园有限公司出纳。因涉嫌犯挪用公款罪于2008年8月11日被羁押，同月14日被逮捕。

二、诉辩主张

（一）人民检察院指控事实

广东省广州市人民检察院指控：2001年12月至2003年4月，被告人霍某敏利用其担任广州花卉博览园兼广州花卉博览园有限公司出纳的职务之便，采用截取单位收入不入账和用支票提取现金的手段，非法占有广州花卉博览园和广州花卉博览园有限公司的款项共计人民币2051290.73元。具体犯罪如下：1.2001年12月至2003年4月，被告人霍某敏采取截取单位收入不入账的手段非法占有广州花卉博览园有限公司款项共计人民币1438227.80元。2.2003年4月，被告人霍某敏采取用支票提取现金的手段非法占有广州花卉博览园和广州花卉博览园有限公司的款项共计人民币613062.93元。公诉人认为：被告人霍某敏身为国家工作人员，利用职务上的便利，侵吞公款，其行为已触犯《中华人民共和国刑法》第382条、第383条之规定，构成贪污罪。

（二）被告人辩解及辩护人辩护意见

被告人霍某敏对起诉书指控的事实提出异议，提出辩解：（1）其行为是挪用单位资金，不是贪污；（2）指控的205万余元包含了尚未冲账的部分单位支出，其挪用金额应是100多万元。

辩护人当庭提交广州芳村花卉会展中心的工商注册材料和广州花卉博览园

网站介绍资料、关于江苏法尔胜股份有限公司资产被界定为集体资产的董事会公告等材料,并据此提出如下辩护意见:(1)广州花卉博览园、广州花卉博览园有限公司是集体企业,霍某敏不是国家工作人员,且霍某敏没有非法占有的主观故意,不构成贪污罪,应是挪用;(2)指控的205万余元包含尚未冲账的单位支出,指控数额过高。

三、人民法院认定事实和证据

(一)认定犯罪事实

广东省广州市中级人民法院经公开审理查明:

1998年9月21日,广州市原芳村区东漖镇人民政府、原芳村区财政局等部门以财政拨款设立广州市芳村花卉汇展中心,经济性质为集体企业。1999年5月31日,广州市芳村花卉汇展中心投资成立广州花卉博览园,2002年8月,广州市芳村花卉汇展中心撤销,广州市原芳村区东漖镇人民政府批复将该中心所有账务并入广州花卉博览园。2000年8月至2003年3月,广州花卉博览园共收到各级政府部门拨款75316505.49元。2000年6月,广州花卉博览园投资2000万元设立广州花卉博览园有限公司。2001年12月起,被告人霍某敏被聘任为广州花卉博览园兼广州花卉博览园有限公司的出纳,负责保管单位财务印鉴、支票、现金,收取土地租户缴纳的保证金、租金、管理费、水电费、代收税金等费用及将该收入存入银行,做现金出纳账。2001年12月至2003年4月,被告人霍某敏利用职务之便,采用截取单位收入不入账和用支票提取现金的手段,非法占有广州花卉博览园和广州花卉博览园有限公司的款项共计人民币2051290.73元。具体犯罪事实如下:1. 2001年12月至2003年4月,被告人霍某敏采取截取单位收入不入账的手段非法占有广州花卉博览园有限公司款项共计人民币1438227.80元。2. 2003年4月,被告人霍某敏采取用支票提取现金的手段非法占有广州花卉博览园和广州花卉博览园有限公司的款项共计人民币613062.93元。

(二)认定犯罪证据

上述事实有下列证据证明:

1. 广州市工商行政管理局荔湾分局出具的企业登记注册资料、广州花卉博览园《关于广州花卉博览园资产性质的说明》及附表证实:广州花卉博览园虽登记为集体企业,但实际各项投资均为国家财政拨款,广州花卉博览园与广州花卉博览园有限公司的资产均由国有资本形成。

2. 广州花卉博览园有限公司出具的《证明》、《情况说明》和《广州花卉博览园有限公司员工登记表》证实：2001年12月至2003年4月，被告人霍某敏担任广州花卉博览园出纳兼广州花卉博览园有限公司出纳及工作职责。

3. 广州花卉博览园有限公司出具的《关于霍某敏携公款潜逃的情况说明》证实：2003年4月29日，广州花卉博览园与广州花卉博览园有限公司在无法联系到霍某敏后，经查账发现单位账目短款2229185.23元。

4. 广州花卉博览园有限公司出具的《强行打开广州花卉博览园保险柜情况记录》，内容为：2003年4月30日，广州花卉博览园有限公司在多人在场的情况下，打开霍某敏保管的保险柜和抽屉，发现保险柜内仅剩余3.61元和一些单据、公章。

5. 广州花卉博览园提供的发票、收据等凭证267张，霍某敏放在广州家中的单据373张，广州花卉博览园、广州花卉博览园有限公司出具的《关于广州花卉博览园、广州花卉博览园有限公司部分开支报销情况的说明》及中和正信会计师事务所有限公司出具的中和正信综字（2008）第7-005号专项审核报告，证实：(1) 广州花卉博览园、广州花卉博览园有限公司的注册资金来源于各级政府及职能部门拨款，属于财政资金；(2) 广州花卉博览园有限公司4月现金短款493062.93元，广州花卉博览园账上现金短款为12万元；(3) 广州花卉博览园有限公司2001年12月至2003年4月未入账的发票211张，金额共计1396030元，8张未入账的花木发票交款单，金额共计42197.80元。

6. 被告人霍某敏的户籍材料证实：被告人霍某敏的身份情况。

7. 证人杨某芬的证言：霍某敏于2003年4月29日被通知轮岗后无法联络，单位发现霍某敏于2003年4月28日私自从单位账户取款公款12万元，单位保险柜里只剩下不到10元现金。单位查账后怀疑霍某敏任出纳期间截留并私自提取公款2229185.23元。

8. 证人陈某秋的证言：2003年4月29日联系不到霍某敏后，经查发现霍某敏当月私自从农行提取现金12万元，其保管的单位保险箱里只有几元现金和一些财务凭证、财务专用章。经查账，发现现金短款200多万元。霍某敏放在家中的财务单据共计373张，都是广州花卉博览园、广州花卉博览园有限公司的用款支出单据，这些支出在事后都开了发票回来入账，未计入霍某敏的犯罪金额。

9. 证人廖某盈的证言：按规定，会计每个月要与出纳对账。2003年4月21日，公司领导安排其接替霍某敏的出纳工作，2003年4月30日，单位打开霍某敏使用的抽屉和保险柜，发现霍某敏没有做4月的现金出纳日记账，保险柜里面没有现金，只有一些印鉴和单据。

10. 被告人霍某敏供述：其于 1991 年至 1998 年 12 月在芳村区东漖镇经济委员会任出纳，1999 年，广州市原芳村区东漖镇政府出资成立广州市花卉博览园后，其被安排到广州市花卉博览园做出纳，负责保管单位财务印鉴、支票、租金，收取租户的租金、管理费等费用及做现金出纳账。广州花卉博览园有限公司作为广州花卉博览园的对外经营单位，与广州花卉博览园其实是两块牌子一套班子，两家单位的财务没有严格区分。2001 年年底开始，其以收取收入不入账的方式截留公司收入，截留了多少未统计，只知道数额不小，无能力偿还。2003 年 4 月，单位通知换岗，其担心被发现且无法归还，便私自离开单位。2003 年 4 月 28 日下午，其从单位账户提取了 12 万元现金。其截留的钱均用于购买彩票。其放在芳村如意阁家中的单据，是尚未冲账的单位开支，不应计入犯罪金额。

四、判案理由

广东省广州市中级人民法院认为：被告人霍某敏身为国家工作人员，利用经手、保管单位财物的职务便利，采取截留单位收入不入账和用支票提取现金的手段占有单位款项达 2051290.73 元，其行为已构成贪污罪。公诉人指控的事实清楚，证据确实、充分。被告人霍某敏及辩护人所提意见的合理部分，法院予以采纳，其余意见不成立，法院不予采纳。

五、定案结论

广东省广州市中级人民法院根据被告人霍某敏犯罪的性质、情节、认罪态度、悔罪表现，依照《中华人民共和国刑法》第 382 条第 1 款、第 383 条第 1 款第 1 项和第 2 款、第 258 条、第 93 条、第 59 条、第 69 条、第 64 条的规定，判决如下：

1. 被告人霍某敏犯贪污罪，判处有期徒刑 15 年，并处没收财产 20 万元。（刑期自判决执行之日起开始计算，判决执行以前先行羁押的，羁押 1 日折抵刑期 1 日，即自 2008 年 8 月 11 日起至 2023 年 8 月 10 日止。）

2. 追缴被告人霍某敏贪污犯罪违法所得 2051290.73 元，发还给被害单位广州花卉博览园、广州花卉博览园有限公司（由广州市荔湾区人民检察院执行）。

六、法理解说

在本案中,笔者认为,有以下三点值得注意:

1. 广州花卉博览园与广州花卉博览园有限公司是国有单位,霍某敏是国家工作人员。根据证人王某新、郭某能、梁某根等人均陈述广州花卉博览园与广州花卉博览园有限公司的资金来源是财政拨款,2003年起广州花卉博览园的投资收益均归原芳村区政府所有。审计报告证实:广州花卉博览园是广州花卉博览园有限公司的实际出资人,广州花卉博览园的资金投入为政府财政拨款。根据国有资产管理局《集体企业国有资产产权界定暂行办法》第4条的规定,"产权界定应遵循'谁投资、谁拥有'产权的原则进行,即从资产的原始来源入手,界定产权。凡国家作为投资主体,在没有将资产所有权让渡之前,仍享有对集体企业中国有资产的所有权",故广州花卉博览园虽然登记为集体企业,但广州花卉博览园的投资主体是国家,广州花卉博览园与广州花卉博览园有限公司的资产所有权在让渡以前,实际上是由国家享有。霍某敏在广州花卉博览园与广州花卉博览园有限公司担任出纳,管理两单位的资产,属于在国有单位中从事公务的人员,是国家工作人员。

2. 霍某敏构成贪污罪,而不是挪用资金罪。

被告人霍某敏利用经手、保管单位财物的职务便利,在长达两年多的时间内,采用截取单位收入不入账、用支票提取现金的方式侵占单位款项,案发前再私自提取12万元后潜逃,在被抓获归案前后均未退还涉案款项,其行为已构成贪污罪,并非挪用。

被告人霍某敏及其辩护律师均认为不构成贪污,仅是挪用单位资金。笔者认为,这种观点不足取。在本案中,根据法院认定的企业法人登记注册资料,广州花卉博览园提供的发票、收据、员工登记表,银行提供的录像资料,专项审核报告,证人杨某芬、陈某秋、廖某盈、王某新、郭某能、梁某根、霍某玲、吴某的证言及被告人霍某敏的供述等证据可以证明,被告人霍某敏是国家工作人员,同时还具有非法占有的主观目的。具体来说,挪用资金在主观上具有归还的意思,其所侵犯的资金的使用权,而不是所有权。在本案中,被告人霍某敏被聘任为广州花卉博览园兼广州花卉博览园有限公司出纳,负责保管单位财务印鉴、支票、现金,收取土地租户缴纳的保证金、租金、管理费、水电费、代收税金等费用及将该收入存入银行,做现金出纳账。正是这一职务之便,被告人霍某敏采取截取单位收入不入账等手段非法占有广州花卉博览园有限公司款项,并从事后来看,既没有从事相关的投资或者特定的使用,更没有证据显示其具有归还的意思。尤其是被告人霍某敏因职务犯罪被检察机关立案侦查后一直在逃。2008年8月11日，被告人霍某敏在广州至上海的火车上被公安人员抓获。因此，根据已有的证据可以推断出被告人霍某敏的主观心态是非法占有。事实上，被告人霍某敏也已经实际上控制了这些款项，使得这些公款脱离了广州花卉博览园及广州花卉博览园有限公司的实际控制，也即已经既遂，符合贪污罪的犯罪构成要件。

3. 被告人霍某敏的涉案金额 在本案中，被告人霍某敏的涉案金额具体如下：（1）霍某敏曾签认其放在家中的373张单据均已入账，证人陈某秋亦曾对373张单据逐一签名，确认该373张单据已平账；（2）373张单据中的部分单据上有按月平账的手写记录，与陈某秋、杨某芬的证言相吻合；（3）广州花卉博览园、广州花卉博览园有限公司《关于广州花卉博览园、广州花卉博览园有限公司部分开支报销情况的说明》证实放于霍某敏家中的开支是每月清理1次，霍某敏出逃前，该类开支绝大部分已开发票入账，未处理部分在提交审计时已列明，审计报告亦予以扣除。总之，被告人霍某敏利用经手、保管单位财物的职务便利，采取截留单位收入不入账和用支票提取现金的手段占有单位款项达2051290.73元。

（撰稿人：孙道萃）

案例29：李某强职务侵占案
——贪污罪与职务侵占罪的界分

一、基本情况

案　由：贪污

被告人：李某强，男，1965年7月20日出生，汉族，梧州市万秀区城东镇河口村村民委员会堤步村民小组组长。因本案于2007年8月24日被取保候审，同年10月11日被法院决定取保候审，同年12月7日被逮捕。

二、诉辩主张

（一）人民检察院指控事实

广西壮族自治区梧州市万秀区人民检察院指控被告人李某强犯贪污罪。

2005年1月至2月，被告人李某强在梧州市外向型工业园区第七期征地过程中，违反《中华人民共和国土地管理法》第49条的规定和农业部发〔2005〕1号文件《关于加强农村集体经济组织征地补偿费监督管理指导工作的意见》第2条第1款的规定，即"留归农村集体经济组织的土地补偿费属于农民集体资产，应当用于发展生产、增加积累，集体福利，公益事业等方面，不得用于发放干部报酬，支付招待费等非生产性开支"，不经镇政府批准，与岑某程等人共同研究决定：在梧州市外向型工业园区第七期征地过程中，村委提成土地征用补偿费的5%用于发放村委干部工资、奖金补贴等，村民小组干部提成土地征用补偿费的2%作奖金。2005年2月3日，由岑某程签字同意堤步村民小组提成2%土地征用补偿费金额171790.48元分发给该村民小组干部。其中李某强得款75895元。事后，村民认为村民小组干部提成2%土地征用补偿费做奖金不合理，上访政府，上级领导要求退款。2005年4月28日，李某强把其所得75895元土地征用补偿费上缴河口村民委员会，由河口村民委员会转入堤步村民小组账户。

2005年4月,被告人李某强与岑某程等人共同研究决定:村民小组干部提成的2%土地征用补偿费,村民有意见,上访政府,为平息村民上访事件,按上级领导要求,先把村民小组干部已提成的2%土地征用补偿费退还给村民小组集体,后由河口村民委员会在向各村民小组提成的5%土地征用补偿费中,支付村民小组干部1%征地提成奖。2005年4月30日,由岑某程签字同意河口村民委员会支付梧州市外向型工业园区第七期征地队干奖金,其中堤步村民小组干部得款85895.24元,李某强占有42947.62元。

(二)被告人辩解及辩护人辩护意见

被告人李某强辩解称:对公诉人指控其所收取款项的数额无异议,但对指控其犯贪污罪有异议。其称其不清楚所得款项的来源。其所得的款项是经村民代表大会讨论决定并经村委审批同意发给村民小组干部的征地提成奖,是给其在征地过程中所付出的劳动报酬,是合法的。

李某强辩护人的辩护意见为:(1)对公诉人指控李某强所收取款项的数额无异议,但对指控李某强犯贪污罪有异议。公诉人指控李某强犯贪污罪不成立。李某强不符合贪污犯罪的主体要件,李某强领取的是由历届村委沿袭的从征地款中提成2%作为给予村民小组干部的奖励,是合理、合法、透明的,且李某强没有任何的职权,没有权力在会议上与村委商量决定提成款项的金额。(2)李某强取得的款项并没有利用职务之便,而是经上级决定同意发放的,至于此次的提成款发放引起村民上访,主要是因为本次的征地款金额较大。

三、人民法院认定事实和证据

(一)认定犯罪事实

广西壮族自治区梧州市万秀区人民法院经公开审理查明:

2003年3月至2005年5月,梧州市万秀区城东镇河口村堤步村民小组由被告人李某强担任组长,其间,梧州市外向型工业园区在河口村所辖的堤步村等村民小组征用土地。河口村委明知国家有关规定土地补偿费归农村集体经济组织所有,留归农村集体经济组织的土地补偿费属于农民集体资产,应当用于发展生产、增加积累、集体福利、公益事业等方面,不得用于发放干部报酬,支付招待费等非生产性开支。2003年9月7日,河口村委组织各村民小组干部召开村民代表大会共同讨论决定:在河口村所辖的各村民小组被征用的土地补偿费中提留5%作为河口村委的集体资金,用于壮大集体经济,发展公益事业等;各被征地的村民小组在征用的土地补偿费中提成1%作为鼓励村民小组干部、代表积极配合国家和当地经济发展和征用期的误工补贴。2005年1月6日,河口村委又组织各村民小组干部开会讨论征地提成奖问题,与会人员一致认为村民小组按照2%计算提成奖,并且提成款按参加征地工作的组长、出纳、村民代表酌情分配。1月20日,河口村堤步村民小组共收到市外向型工业园区第七期征用土地补偿费9591054.38元。1月28日,经堤步村民小组打报告,河口村委主任岑某程在报告上签字同意堤步村民小组提成2%干部代表奖171790.48元;2月2日,堤步村民小组出纳李某某从堤步村民小组的银行账户中领取现金171790.48元后,该款分发给该组干部和村民代表,其中组长李某强、出纳李某某各分得款75895元,李某雄、石某云各分得1万元。事后,村民认为村民小组干部提成2%土地征用补偿费做奖金不合理,上访政府有关部门、上级部门要求退款;鉴于此,河口村委于2005年4月19日召集村委成员和村民小组干部开会,讨论各村民小组干部提成2%土地征用补偿费做奖金的退款问题,经共同讨论决定:各村民小组干部已分发的2%土地征用补偿费,按上级有关部门的意见和村民上访的要求,先由村民小组干部全额退回给村民小组,再由河口村委在提成的5%土地征用补偿费中予以补发1%给小组干部代表。于是,堤步村民小组干部李某强等人在2005年4月28日把各自分得的土地征用补偿费提成款共171790.48元退回给河口村委,由河口村委把该款项转入堤步村民小组账户;4月30日,河口村委又以梧州市外向型工业园区第七期征地队干奖金的名义按土地征用补偿费1%计提支付给堤步村民小组现金85895.24元,该款由李某强、李某某共同签收领取;得款后,李某强、李某某没有将该款作为堤步村民小组集体资产入账,而是将该款私分,非法占为己有,其中李某强分得42947.62元。在本案审理过程中李某强退出赃款人民币42947.62元。

(二)认定犯罪证据

上述事实有下列证据证明:

1. 书证

(1)河口村委会的有关凭证、收据、账册,证实河口村委向堤步村民小组提成土地征用补偿费的5%,收到堤步村民小组交来工业园第七期征地款429476.20元。

(2)村民小组征地补偿协议书、收据、出纳日记账,证实堤步村民小组收到市土地局转入的梧州市外向型工业园区第七期征用土地补偿费9591054.38元。

(3)堤步村民小组的报告、现金支票,证实经堤步村民小组打报告,河口村委主任岑某程在报告上签字同意堤步村民小组干部代表2%提成奖171790.48元及用现金支票领取征地提成奖现金171790.48元。

（4）河口村委记账凭证、收据、账册、转账支票，证实堤步村民小组干部李某强等四人把各自分得的土地征用补偿费提成款全部退回给河口村委，由河口村委把款转入堤步村民小组账户。

（5）河口村委会有关凭证、单据、账册，证实河口村委以梧州市外向型工业园区第七期征地队干奖金的名义按土地征用补偿费1%计算提成给堤步村民小组现金85895.24元，由李某强、李某某签收领取。其中李某强得款42947.62元。

（6）河口村委会有关会议记录，证实2003年9月7日，村民代表大会共同讨论决定：在河口村所辖的各村民小组被征用的土地补偿费中提留5%作为河口村委的集体资金，用于壮大集体经济，发展公益事业等；各被征地的村民小组在征用的土地补偿费中提成1%作为鼓励村民小组干部、代表积极配合国家和当地经济发展和征用期的误工补贴。2005年1月6日，河口村委及村民小组干部会议一致认为按照2%计算提成奖，并且提成款按参加征地工作的组长出纳、村民代表酌情分配。2005年4月19日村委成员和村民小组干部会议，共同讨论决定：各村民小组干部已分发的提成2%土地征用补偿费，按上级有关部门的意见和村民上访的要求，先由村民小组干部全额退回给村民小组，再由河口村委在提成的5%土地征用补偿费中予以补发1%给小组干部代表。

（7）农业部《关于加强农村集体经济组织征地补偿费监督管理指导工作意见》，证实该意见规定土地补偿费应主要用于被征地的农民生产生活需要，留给被征地的农民部分征地补偿费归农民个人所有，要尊重被征地的农民的意愿；留归农村集体经济组织的土地补偿费属农民集体资产，应当用于发展生产、增加积累、集体福利、公益事业等方面，不得用于发放干部报酬、支付招待费用等非生产性开支。

（8）万政办函（2003）14号《梧州市万秀区人民政府办公室关于对城东镇加强农村集体征地补偿费管理意见的批复》，证实该批复规定土地补偿费归集体经济组织所有。

（9）梧州市郊区农村集体资产管理办法，证实村民小组集体资金的开支及征地款的分配，要严格按审批权限和政策规定进行。

（10）破案经过，证实公诉人在立案侦查河口村委主任岑某程涉嫌贪污一案过程中发现河口村委堤步村民小组长李某强有涉嫌共同贪污的犯罪事实，并对犯罪嫌疑人李某强以涉嫌贪污进行立案侦查。

（11）李某强的户籍证明、河口村委会的证明，证实李某强的身份情况以及其自2003年3月至2005年5月任河口村堤步组小组长。

（12）赃款保管收据，证实李某强退出赃款人民币42947.62元。

2. 鉴定结论

梧州市人民检察院司法会计检验报告，证实河口村委在堤步村民小组提成5%征用补偿费的金额是429476.20元；堤步村民小组提成2%征用补偿费的金额是171790.48元；堤步村民小组退出2%征用补偿费的金额是171790.48元；河口村委用5%征用补偿费支付大漓村民小组干部在梧州市工业园第七期征地奖金的金额是85895.24元。

3. 证人证言

（1）李某某的证言，证实堤步村民小组在梧州市工业园第七期征地中得9591054.38元征地款，村委提5%约42万元，堤步组队干提成2%征地款作奖励，是经小组长同意，由其打报告给村委批，村委批准后，他们才提2%的，共171790.48元，两个村代表李某雄、石某云各得1万元，余款其与李某强平分，每人75895元。分款后不久，由于队干提2%征地款的数额太大，村民有意见，上访，村委讲上级认为我们队干领2%征地款不合理，要求退出来上缴村委，由村委转入小组账户。由他将171790.48元拿到河口村委交给冼某英，冼某英开一张收据给他。退钱后，河口村委给堤步组队干8万多元工业园第七期征地奖，这笔款是由他与李某强平分。

（2）岑某程的证言，证实村民小组干部提成的2%作奖金是用征地款支付的，这是根据村民代表大会讨论决定，并经村委批准的。小组干部提成2%征地款，村民有意见而上访，政府要求退款。后来，他们又召开小组干部会议，开会决定小组干部退出2%征地款提成，在村保留5%征地款的情况下，由村内部予以补发1%给小组干部，小组干部苏某林等人都参加了会议。

（3）李某儒的证言，证实河口村民小组提成2%土地征用补偿款做奖励，是村民代表大会决定的，各村民小组长参加了会议。村民小组提成2%土地征地征用补偿款没报上级领导审批。村民发现队干提成了2%征地款，有意见上访，村委于2005年4月19日召集各村民小组干部开会，李某强等参加了会议。村委按政府要求小组长们出退款提成的2%征地款，但小组长们有意见不愿意退。于是决定小组长们退出已提成的2%征地款，村委在提成5%土地征地款中给1%小组长。谁退2%征地款，谁就在村委领1%征地款。会后，小组长、出纳、代表都退了款。

（4）李某雄的证言，证实河口村召开的村民小组干部会议，李某强等人都到会，他要求到会的村民小组干部签到，由于他们对要退出的2%村民小组干部提成奖有意见，不愿签到。这次会议关系到村民小组干部的切身利益，村民小组干部是肯定到会的，要讲不到会是不可能的。会议宣布在村委提成5%

征地款中给1%村民小组干部做奖励。

（5）冼某英的证言，证实是岑某程吩咐她用村委提成的5%工业园区第七期土地征地补偿款支付1%征地村民小组干部做奖金的。当时岑某程还讲，有征地的几个组干部要先退出已提成的2%征地补偿款到村委后。才能发1%，不退2%的组，不发1%给小组干部。为了减少到银行取款的麻烦，她就在小组干部交上来的2%款项中，将1%的款退给队长和出纳，然后，再在村的账户里转1%的款给小组账户。实际上1%征地队干奖是用村提成小组征地款的5%的款中支付的。村委用5%的土地征地补偿费支付1%队干奖金的事，是村两委会议通过的，她参加了会议。发放征地小组干部奖金的表是她编制的，经岑某程签字同意后，她才发钱给村民小组长和出纳的。

（6）李某炎证实岑某程对他讲过，根据村民代表大会讨论决定，在村提成小组的5%的土地征地补偿费支付1%给小组干部，岑某程对他讲这事时，冼某英也在场。

4. 被告人供述和辩解

被告人李某强的供述和辩解：证实堤步组队干提了2%土地征用补偿款作队奖励，是村民代表大会决定的，总共17万多元，是他们打报告给村委，村委签字同意他们才提的，代表李某雄、石某云各1万元，其和出纳李某某各7.5895万元。后来有一天，村委在队长会上叫他们退出2%征地款提成奖，但小组干部有意见。村委就讲退出2%后，村委给回队干一半。村委给85895.24元他们队干，由他和李某某平分。

四、判案理由

广西壮族自治区梧州市万秀区人民法院经审理认为：被告人李某强在担任梧州市万秀区城东镇河口村堤步村民小组组长期间，利用职务上的便利，非法占有集体财产人民币42947.62元，数额较大，其行为已构成职务侵占罪，应依法予以惩处。对公诉人指控被告人李某强贪污土地补偿款118842.62元，所指控的数额是由两部分构成，第一部分是被告人于2005年2月3日从堤步村民小组的征地补偿款提成2%分发给该组干部，其中李某强分得的7.5895万元；第二部分是2005年4月30日河口村委按征地补偿费1%计算支付给堤步村民小组作为征地队干奖励的款项中，其中李某强占有42947.62元。

五、定案结论

广西壮族自治区梧州市万秀区人民法院依照《中华人民共和国刑法》第271条第1款、第72条、第73条、第64条之规定,判决如下:

1. 被告人李某强犯职务侵占罪,判处拘役5个月,缓刑6个月。
2. 被告人李某强退出的违法所得人民币42947.62元,予以依法处理。

六、法理解说

就本案而言,笔者认为有三个方面值得关注,具体而言:

（一）贪污罪中利用职务之便的理解

贪污罪是职务型犯罪,其客观方面必然表现为利用职务之便。那么,如何理解和认定职务之便呢？

1999年9月16日最高人民检察院《关于人民检察院直接受理立案侦查案件立案标准的规定（试行）》,对贪污罪中的"利用职务上的便利"解释为:"'利用职务上的便利',是指利用职务上主管、管理、经手公共财物的权力及方便条件。"该司法解释是就贪污罪中"利用职务上的便利"的外延而作出的解释。

有论者认为,所谓"主管",是指行为人本人虽然不具体管理、经手公共财物,但是对公共财物的具有调拨、统筹、使用的决定权、决策权。比如国家行政机关的市长、县长、处长、科长在一定范围内拥有调配、处置本单位甚至下属单位公共财物的权力。"管理",是指行为人对公共财物直接负有保管、处理、使用的职权。比如国家机关、国有公司、企业、事业单位、人民团体的会计、出纳具有管理本单位财务、直接掌管资金的权力。"经手",是指行为人虽无决定对公共财物进行调拨、统筹、使用的权力,也不具有管理、处置公共财物的职权,但因为工作需要、公共财物一度由其经手,行为人对公共财物具有实际控制权。[①] 但是,有人认为,"主管"、"管理"公共财物的权力及便利条件,只有"国家工作人员"才具有,而"经手"公共财物的的权力及便利条件,也只是就"受国家机关、国有公司、企业、事业单位、人民团体委托管理、经营国有财产的人员"而言的。[②] 这种看法欠妥。比如,承包经营国

---

① 参见赵秉志、肖中华:《贪污罪的"从事公务"的含义》（上）,载《检察日报》2006年3月19日。

② 转引自肖中华:《也论贪污罪的"利用职务上的便利"》,载《法学》2006年第7期,第137页。

有企业的人员，在承包经营过程中，在一定范围内对于自己承包的国有企业就具有调拨、统筹公共财物的权力，无疑属于"主管"公共财物；而国有公司、企业中的出纳也是"经手"公共财物的人员，谈不上"主管"和"管理"公共财物。所以，人为地限定"主管"、"管理"、"经手"公共财物的权力及便利条件适用的人员范围，可能会不当地限制贪污罪成立的范围。

此外，从"职务上的便利"的内涵来说，职务、职权应当具有一定的稳定性，如果行为人本来不具有主管、管理、经手公共财物的职权，只是偶然一次受委托经手公共财物，则不能认为其具有"经手"公共财物的便利条件，从而将其占有公共财物的行为认定为贪污罪。在实务中应当注意，贪污罪中的"利用职务上的便利"，只能是指行为人利用其职责范围内的主管、管理、经手公共财物的便利条件；无论是行为人主管、管理、经手公共财物，都是由行为人所担负的职责所产生。如果行为人利用与自己职责、职权无直接关系或者说不是以职责为基础的便利条件，如仅仅因为在某单位工作而熟悉作案环境、凭借系工作人员的身份而易于进入他人保管公共财物的场所、较易接近作案目标或者因为工作关系熟悉本单位其他人员的职务行为的操作规程等便利条件侵占本单位公共财物，就不属于"利用职务上的便利"，由此实施的犯罪，应当根据行为人侵占财物的具体手段性质以盗窃罪、诈骗罪等犯罪论处。这一点基本达成了共识。最后，行为人虽然在履行职务期间实施侵吞财物的行为，但侵吞财物的行为与职务便利无必然联系的，也不能视为"利用职务上的便利"，不能以贪污罪对行为人定罪处罚。

在本案中，被告人李某强利用职务之便并无异议，但仅具备这一条件并不意味着就构成贪污罪，而只是贪污罪的条件之一。

（二）提成土地补偿费用作为个人报酬的行为具有违法性

随着改革开放不断深入和经济不断发展，征用农村集体经济组织的土地的现象十分普遍，而提成属集体经济组织的土地补偿费用作为个人报酬的事情时有发生。根据《中华人民共和国土地管理法》第49条第2款"禁止侵占、挪用被征用土地单位的征地补偿费用和其他有关费用"的规定和农业部发〔2005〕1号文件《关于加强农村集体经济组织征地补偿费监督管理指导工作意见》第2条第1款的规定："留归农村集体经济组织的土地补偿费属于农民集体资产，应当用于发展生产、增加积累、集体福利、公益事业等方面，不得用于发放干部报酬，支付招待费等非生产性开支。"在征用农村集体经济组织土地的过程中，一定要严格依法办事，绝不允许以任何名义、任何借口侵占、挪用属于农民集体资产，应当用于发展生产、增加积累、集体福利、公益事业的土地补偿费，否则将会严重地影响农村经济的发展，出现严重的不稳定和谐的因素。对侵占、挪用土地补偿费的行为，一定要予以打击和处理。构成犯罪的要移送司法机关处理，不构成犯罪的该给予行政处理就给予行政处理，绝不手软。但另一方面，村民小组干部协助政府部门征用农村土地，虽然是履行其职责，但为了按期完成征地任务，不拖经济发展的后腿，他们付出了大量的劳动。他们给村民做思想工作，丈量土地，牺牲了大量的时间，自己的耕作亦受到影响。他们认为在协助政府部门征地过程中付出了劳动而要求获得必要的报酬不可谓有一定的合理性，政府部门是否列出专款相应地给予他们必要的报酬，以提高他们工作的积极性时应当被允许的，但是该报酬绝不能从土地补偿费中支付。因此，本案被告人陈寿强的行为是违法的。

（三）被告人李某强没有利用职务之便实施侵吞行为，职务侵占数额要与一般的私分行为区别对待

2005年2月3日，堤步村民小组在征地补偿款中提成2%共171790.48元作为该组干部征地提成奖分发给组干部及村民代表，是经村民代表大会讨论决定并报村委主任批准后分发的，其中李某强得款75895元。事后，该行为因村民上访被上级有关部门认定为不合理、不合法后，堤步村民小组干部及村民代表主动把各自分得的款项全额退回村民小组账户。尽管分发土地补偿费的行为肯定是违法的，但考虑到在现实中，经常有一个单位决定分发款项，下属则不管分发款项的来源和是否合法的情况，且李某强得款75895元后，因村民上访被上级有关部门认定为不合理、不合法后，堤步村民小组干部及村民代表包括李某强已主动把各自分得的款项全额退回村民小组账户。笔者认为，被告人分得的75895元是协助政府征地而应得的报酬，是经开会讨论决定并经上级领导批准同意发放的，后来被告人又全额退回75895元给村民小组。因此，被告人非法占有征地补偿款75895元的主观故意的事实不清，证据不足，不足以认定。

2005年4月28日，被告人已明知国家有关规定土地补偿费属于农民集体资产，应当用于发展生产、集体福利、公益事业等方面，不得用于发放干部报酬，支付招待费等非生产性开支，土地补偿款提成分发奖金是不合法的情况下，仍与村委协商，要求村委按小组征地补偿费计提1%支付给村民小组作为征地队干奖，被告人从村委会领取现金85895.24元后，没有将该款作为堤步村民小组集体财产按规定入账，而是直接与出纳将该款私分，非法占为己有，其中被告人占有42947.62元。从书证村委的付款签收表证实，河口村委是按各小组被征土地补偿费的1%计提征地队干奖，并以村民小组为单位支付给各村民小组，该款应属村委支付给村民小组集体的财产，而被告人将该款截留、私分，非法占为己有。显然，被告人在主观上有非法占有集体财产的故意，客

观上具有利用村民小组组长的职务便利，非法占有集体财产42947.62元的行为。笔者认为，依照最高人民法院《关于村民小组组长利用职务便利非法占有公共财物行为如何定性问题的批复》的有关规定，村民小组组长利用职务便利非法占有公共财物行为应以职务侵占罪对被告人定罪处罚。

综上所述，被告人仅是村民小组组长，且其利用职务上的便利，在未经被征地农民同意的情况下，非法占有土地征用补偿费用进行分配之后留归农村集体经济组织的集体资产。而并非是在协助政府从事对土地征用补偿费用的管理的过程中非法占有土地征用补偿费的行为，被告人的主体身份不符合全国人大关于对村民委员会的人员协助政府从事对土地征用补偿费用的管理是其他依照法律从事公务的人员的有关解释规定的条件。此外，被告人所得的部分款项是经村民代表大会讨论决定并经村委审批同意发给村民小组干部的征地提成奖，是给村小组干部在征地过程中所付出的劳动报酬，不是贪污行为。在审判实践中，若是共同犯罪的案件，犯罪数额依法应按其所参与的全部犯罪的数额处罚，不以个人实际所分得赃款数额来认定。

（撰稿人：孙道萃）

案例30：吴某峰贪污案

——贪污罪与盗伐林木罪的界分及林木
可否为贪污罪的对象的认定

一、基本情况

案　由：贪污

被告人：吴某峰，因涉嫌犯盗伐林木罪，于2004年5月28日被逮捕，羁押于信丰县看守所。

二、诉辩主张

（一）人民检察院指控事实

江西省信丰县人民检察院指控被告人吴某峰犯贪污罪。

（二）被告人辩解及辩护人辩护意见

被告人吴某峰在一审中对指控的事实并无异议。

三、人民法院认定事实和证据

（一）认定犯罪事实

江西省信丰县人民法院经公开审理查明：

被告人吴某峰与信丰县国营林场上坪工区主任吴某煌（在逃）商议盗伐土龙迳山场林木。两人在未经有关部门批准的情况下，私自雇请钟某荣、陈某忠、钟某友等民工于2002年3月至8月，在土龙迳山场盗伐盗运杉木，销售获利。经信丰县林业技术推广站专业技术人员鉴定，被告人吴某峰伙同吴某煌盗伐杉木出材量为435.3788立方米，并经物价部门鉴定，被盗杉木价值人民币13.9321万元。2003年3月，被告人吴某峰退缴赃款人民币1万元。

（二）认定犯罪证据

上述事实有下列证据证明：

1. 上诉人吴某峰供述了其购买信丰县新田镇金鸡林场上坪工区间伐木后，该工区主任吴某煌讲可以到另外山场搞点林木，给他一点钱，便请了钟某荣等民工在土龙迳山场砍伐杉木，其老婆说总数是380多立方米，给了吴某煌2万元，应付民工工资3万多元的事实。

2. 同案人吴某煌供述，所供述情节与上诉人吴某峰基本一致，并供述吴某峰事后给了他1万元。

3. 证人钟某荣的证言，证明2002年元宵节后，吴某峰和吴某煌要他叫人去土龙迳山场砍树伐林，他就邀集了陈某忠、钟某民、钟某贵等人，一直砍到农历7月底，共砍了649立方米（包括4立方米荷树），其中175立方米是林场间伐的，80立方米是林场间伐未运下山的，共砍了394立方米，总工资是3.2万多元。

4. 证人陈某忠、钟某友、钟某民、何某胜、陈某辉、何某梅的证言所证明的情节与钟某荣所证情节一致。何某梅证明总的有300多立方米。并且，钟某民、何某胜、何某梅还证明砍了4~5立方米荷树。

5. 金鸡林场上坪工区土龙迳山场抚育间伐设计图、间伐情况说明、金鸡林场杉皮蓄码单及原木销售检尺码单、金鸡林场收款收据、林木采伐许可证，证明了上诉人吴某峰与同案人吴某煌盗伐杉木的事实。

6. 现场勘查笔录、刑事摄影照片，证明土龙迳山场杉木被盗伐。

7. 信丰县林业局出具的证明及转正、定级工资审核表，证明同案人吴某煌系国营信丰县金鸡林场固定职工。

8. 盗伐林木价值以一审质证的价格鉴定书中的基准日价格计算，即395立方米×320元/立方米＝126400元。

四、判案理由

（一）一审法院判案理由

江西省信丰县人民法院认为，被告人吴某峰与国家工作人员相互勾结，利用国家工作人员的职务之便，盗伐林木，侵吞国家财产，且数额特别巨大，其行为已构成贪污罪。

（二）二审法院判案理由

一审判决作出后，被告人不服，提出上诉。

吴某峰上诉提出原判认定他盗伐林木数量的事实不清，证据不足，并且他是从犯。请求二审改判 10 年以下有期徒刑。

辩护人提出原判没有确实充分的证据证实吴某峰贪污的数额在 5 万元以上，并且吴某峰是从犯，应当依法从轻减轻处罚。请求二审对吴某峰在 5 年以下量刑。

江西省赣州市中级人民法院经公开审理查明，二审认定上诉人吴某峰及同案人吴某煌共同商议、盗伐林木的基本事实清楚，盗伐林木数量为 395 立方米，价值 12.64 万元。

江西省赣州市中级人民法院认为：上诉人吴某峰与国家工作人员相互勾结，利用国家工作人员的职务之便，盗伐林木，侵吞国家财产，其行为已构成贪污罪，数额特别巨大。原判定罪准确，适用法律正确，量刑适当，审判程序合法。关于上诉人吴某峰提出他系从犯和请求二审法院判处他 10 年以下有期徒刑刑罚的问题。由于上诉人吴某峰在共同犯罪中，组织人员砍伐、销售林木，并获大部分赃款，起了主要作用，应当认定为主犯；根据《中华人民共和国刑法》第 383 条第 1 款第 1 项"个人贪污数额在十万元以上的，处十年以上有期徒刑或者无期徒刑，可以并处没收财产；情节特别严重的，处死刑，并处没收财产"的规定，上诉人吴某峰犯罪数额已达 10 万元以上，依法应当判处 10 年以上有期徒刑。上诉人吴某峰不具有从轻、减轻处罚的情节，原审法院对其判处有期徒刑 10 年，没收财产 1 万元，量刑适当。因此，上诉人吴某峰及辩护人就主从犯的认定及量刑问题提出的意见，与法律不符，不予采纳。

五、定案结论

（一）一审法院定案结论

江西省信丰县人民法院依照《中华人民共和国刑法》第 382 条、第 383 条第 1 款第 1 项、第 25 条及最高人民法院《关于审理贪污、职务侵占案件如何认定共同犯罪的几个问题的解释》第 1 条之规定，以贪污罪判处被告人吴某峰有期徒刑 10 年，并处没收个人财产 1 万元。

（二）二审法院定案结论

江西省赣州市中级人民法院依照《中华人民共和国刑事诉讼法》第 189 条第 1 项的规定，裁定如下：

驳回上诉，维持原判。本裁定为终审裁定。

六、法理解说

笔者认为，二审判决是正确的，理由如下：

1. 林木可以是贪污罪的犯罪对象

我国《物权法》第48条规定："森林、山岭、草原、荒地、滩涂等自然资源，属于国家所有，但法律规定属于集体所有的除外。"所谓集体所有的森林。《物权法》第58条规定："集体所有的不动产和动产包括：（一）法律规定属于集体所有的土地和森林、山岭、草原、荒地、滩涂。"第59条规定："农民集体所有的不动产和动产，属于本集体成员集体所有。"第60条规定："对于集体所有的土地和森林、山岭、草原、荒地、滩涂等，依照下列规定行使所有权：（一）属于村农民集体所有的，由村集体经济组织或者村民委员会代表集体行使所有权；（二）分别属于村内两个以上农民集体所有的，由村内各该集体经济组织或者村民小组代表集体行使所有权；（三）属于乡镇农民集体所有的，由乡镇集体经济组织代表集体行使所有权。"信丰县国营林场在性质上是国有的，其所有的林木均是国有财产，任何人不得侵犯或者侵吞。换言之，国营农场的林木可以作为贪污罪的对象。有论者则指出，林木属于不动产，可以成为贪污罪的对象。[①] 在民法学界中，也有一种观点认为，林木因生长于土地之上和土地形成了相互依附的关系，但是林木和土地不是同一个物，也不属于主物和从物的关系，林木和土地一样属于不动产。[②] 笔者认为，无论森林是一种不动产，或是一种动产（准动产），均不影响其成为贪污罪的犯罪对象。

在本案中，被告人吴某峰与信丰县国营林场上坪工区主任吴某煌（在逃）商议盗伐土龙迳山场林木。这完全是建立在利用职务之便的基础上而实施的行为，因为被告人吴某煌具有国家工作人员的身份。而且，两人在是未经有关部门批准的情况下擅自砍伐林木的，这说明二被告人已经认识到自己的行为是违法的，而且是在非法占有国有财产。因此，是一种贪污行为。

此外，需要说明的是，在本案中，上诉人吴某峰供述盗伐林木的数量与证人钟某荣、陈某忠、何某梅陈述的吴某峰砍伐林木的数量及获得的报酬基本相符，并且上诉人吴某峰在一、二审期间对证人钟某荣、陈某忠及其他证人的证

---

① 参见李文峰：《贪污贿赂犯罪认定实务与案例解析》，中国检察出版社2011年版，第15页。

② 参见崔俊贵、康新勇：《林木的法律性质分析》，载《北京科技大学学报》（社会科学版）2007年第2期，第89页。

言无异议。因此,对盗伐林木的数量,应根据上述证人证言,采取就低不就高原则予以认定;现场勘查笔录、刑事摄影照片是上诉人吴某峰盗伐林木半年后,于2003年3月26日制作的,制作时现场已改变,不能反映案发时的真实情况,有关机构以此作为鉴定依据,不具有客观真实性,所制作的鉴定结论不足以作为定案依据。因而,一审以该鉴定结论作为认定盗伐林木数量的依据不当。

2. 贪污罪和盗伐林木罪的界分

盗伐林木罪,是指以非法占有为目的,擅自砍伐受国家森林管理制度保护的、行为人不具有林权的森林及其他林木,数量较大的行为。盗伐林木罪的犯罪客体是复杂客体,其主要犯罪客体是国家的森林资源保护管理制度。盗伐林木罪的行为对象,即盗伐行为指向的林木所具有的法律特征应该从两方面来把握:其一,林木必须是纳入国家森林资源保护管理制度的森林及林木;其二,行为人对林木不具有所有权,两者缺一不可。盗伐林木罪的行为方式为擅自砍伐。盗伐林木罪的行为结果,即盗伐林木达到犯罪的结果标准。刑法规定,盗伐林木数量较大的构成犯罪。根据司法解释,数量较大的标准有二类:一般的树木以2~5立方米为起点;幼树以100~200株为起点,幼树是指胸径在5厘米以下的小树。盗伐林木罪的犯罪主体既可以是自然人,也可以是单位。盗伐林木罪的主观要件是故意,且以非法占有为目的。因此,盗伐林木罪和贪污罪的区别之关键在于行为主体,如果是国家工作人员,则根据法条竞合理论,应按照特殊法条优于普通法条的原则,按照贪污罪定罪处罚。在本案中,信丰县林业局出具的证明及转正、定级工资审核表,证明同案人吴某煌系国营信丰县金鸡林场固定职工。被告人吴某峰与国家工作人员相互勾结,利用国家工作人员的职务之便,这已经使得被告人吴某峰"具有"国家工作人员的身份。因此,应按照贪污罪而非盗伐林木罪定罪处罚。

因此,贪污罪与其他罪名的一个根本性区别就是犯罪主体的身份或者职务,是否为国家工作人员,是否利用职务之便实施非法占有行为,成为区分贪污罪与彼罪的关键点。

(撰稿人:孙道萃)

案例31：沈某辉等贪污、挪用公款案
——贪污罪与受贿罪、私分罚没财物罪的界分

一、基本情况

案　由：贪污、挪用公款

被告人：沈某辉，男，1959年9月27日出生，汉族，大专文化，永定县人，原系龙岩市公安局新罗分局刑警大队大队长。1998年7月11日因本案被刑事拘留，7月25日被逮捕。

被告人：张某良，男，1957年12月2日出生，汉族，大专文化，龙岩市新罗区人，原系龙岩市公安局新罗分局刑警大队反盗抢中队负责人。1998年7月11日因本案被刑事拘留，7月24日被逮捕。

被告人：陈某达，男，1953年9月26日出生，汉族，大专文化，广东省兴宁县人，原系龙岩市公安局新罗分局刑警大队教导员。1998年7月11日因本案被刑事拘留，7月25日被逮捕。

被告人：林某，男，1965年11月28日出生，汉族，大专文化，龙岩市新罗区人，原系龙岩市公安局新罗分局刑警大队干警。1998年7月11日因本案被刑事拘留，7月24日被逮捕。

二、诉辩主张

（一）人民检察院指控事实

福建省龙岩市新罗区人民检察院指控：（1）1997年11月23日，被告人陈某达、张某良、林某在新罗区大洋、小池路段查扣两车假烟。次日下午，被告人沈某辉、张某良、陈某达、林某在龙岩市公安局新罗分局刑警大队法医室向假烟货主连某星非法索取15万元后，私下将假烟放行。该15万元中付给举报人4.5万元，取出2.1万元4被告人平分，各得5250元。余款8.4万元由被告人张某良保管。（2）1997年12月28日，被告人沈某辉、张某良、陈某

达、林某在新罗区王庄路段查扣一车假烟。当天下午，被告人沈某辉、张某良、陈某达、林某在新罗区溪南星星酒店内向假烟货主朱某忠非法索取10万元后，私下将假烟放行。该10万元中付给举报人3万元，取出3.5万元4被告人平分，各得8750元。余款3.5万元由被告人张某良保管。（3）1998年1月2日，被告人沈某辉、张某良、陈某达、林某在新罗区小池路段查扣一车假烟。当天下午，被告人沈某辉、张某良、陈某达、林某在新罗区溪南星星酒店内向假烟货主赵某非法索取10万元后，私下将假烟放行。该10万元中付给举报人3万元，取出3.5万元4被告人，各得8750元，余款3.5万元由被告人张某良保管。（4）由被告人张某良保管的上述余款共计15.4万元，除部分用于刑警大队开支外，被告人沈某辉、张某良、陈某达于1998年4月初将其中10.47万元进行分赃，被告人沈某辉、陈某达各分得3.5万元，被告人张某良分得3.47万元。（5）1998年4月9日，被告人沈某辉、张某良、陈某达在新罗区莒州、王庄路段查扣两车假烟。次日下午，被告人沈某辉、张某良、陈某达在金叶酒店内向货主王某非法索取10万元后，私下将假烟放行。该10万元中付给举报人3万元，其余7万元由被告人沈某辉、张某良、陈某达3人平分，各得2.33万元。（6）1998年4月18日，被告人张某良在新罗区王庄路段查扣一车假烟。次日下午，被告人沈某辉、张某良在金叶酒店内向假烟货主王某非法索取3万元后，私下将假烟放行。该3万元中付给举报人2.5万元，其余5000元由被告人沈某辉、张某良、陈某达3人平分，各得1600余元。（7）1998年4月22日，被告人张某良在新罗区王庄路段查扣一车假烟，经有关人员说情后，被告人沈某辉、张某良、陈某达同意放行。事后，被告人沈某辉、张某良、陈某达在金叶欢乐园各收受假烟货主钟某发的贿赂款3000元。另外，沈某辉还具有挪用公款行为：1998年5月2日，被告人沈某辉擅自将办案过程中的暂扣款8万元借给何后安从事营利活动，现该款已追回。

综上所述，被告人沈某辉、张某良、陈某达、林某身为公安干警，利用职务上的便利，索取、收受他人财物，犯罪情节严重。其中被告人沈某辉索取贿赂8.26万余元，收受贿赂3000元，且还利用职务上的便利挪用公款8万元，数额较大；被告人张某良索取贿赂8.23万余元，收受贿赂3000元；被告人陈某达索取贿赂8.26万余元，收受贿赂3000元；被告人林某索取贿赂2.27万余元。检察机关认为，被告人沈某辉的行为已构成受贿罪和挪用公款罪；被告人张某良、陈某达、林某的行为均已构成受贿罪。

（二）被告人辩解及辩护人辩护意见

被告人沈某辉提出的辩解及其辩护人的辩护意见：（1）4被告人参与查扣假烟、越权罚款，主观上是出于为刑警大队创收，从小集体的利益出发，没有直接收受他人财物或索取他人财物归自己个人所有的故意。客观上他们均是以公安局刑警大队名义执行查扣,以刑警大队作为执法主体实施罚款的,与个人利用职务之便,收受贿赂为他人谋利益具有明显的不同,4被告人的行为不具有受贿罪的特征,不能以受贿罪论处。(2)起诉书认定被告人沈某辉受贿部分的第一、二、三、五、六起的行为,应分别定性认定。对按大队规定给予的30%奖励而分得的部分,不能以犯罪论处。对超过30%奖励部分的所得,则应以私分罚没款罪认定。(3)起诉书认定被告人沈某辉受贿部分的第四起,只有同案人张某良的供述说沈某辉有分到这笔款,但沈否认有分到,而陈某达供述其分到的3.3万元不是查扣假烟留在队里的罚款,而是队里小金库里的款。因此,陈某达的供述与张某良的供述不能相互印证,不能认定沈某辉有分到这笔款。(4)起诉书认定的受贿部分的第七起,被告人的行为属于受贿性质,但所得数额为3000元,情节显著轻微,危害不大,不能认为是犯罪。(5)公诉人认定沈某辉犯有挪用公款罪的证据,只有沈某辉前后不一致的供述,故事实不清,证据不足,不能认定。

被告人张某良提出的辩解及其辩护人提出的辩护意见:(1)本案中4被告人采取罚款手段取得的钱财并非都是4个人共同侵吞,而是将其中的一部分给了"线人",又将其中的一部分作为奖金发给了自己和其他干警以及其他开支,不符合法律规定的索贿罪的本质特征。4被告人的供述和证人的证词都证明了各被告人在各场合所洽谈的不是索贿数额,而是罚款数额,起诉指控的第四、五起,3被告人私分部分罚款,计17.47万元,其行为构成私分罚没财物罪。(2)起诉书指控的第一、二、三、六起,被告人为大队搞创收,查扣走私香烟,以罚代没,提取罚款中的30%作为奖励是错误的,但不能认为是犯罪。(3)起诉书指控的第七起,被告人收受贿赂3000元,属情节显著轻微,依法不能认定构成收受贿赂罪,且被告人张某良在未被采取强制措施之前,就主动向有关纪检部门交代所犯罪行,应当认定投案自首,从轻或者减轻处罚。

被告人陈某达提出的辩解及其辩护人辩护意见:(1)对于起诉书指控的第一、二、三起,在数额上,由于各被告人的口供不一致,第二、三起宜就低认定为陈某达分得7500元。在性质上,被告人查扣假烟是执行大队任务,分钱是按照大队30%奖励的规定提取分配的,其余款项均交给身兼办公室主任、会计,实际上还是出纳的张某良入账,查扣假烟并进行罚款的事,沈已向大队其他领导通报,具有一定的公开性,且所收罚款确有部分用于大队集体开支,大队主要领导及全体成员均分到该罚款的一部分,并也按规定给"线人"奖励。因此,在这个阶段被告人查扣假烟并罚款的行为在主观上不是为个人谋私益,并不是为个人占有罚款而进行罚款。被告人仅仅是参照大队规定私分了部分罚没款，但他们是以集体名义私分的，其行为属于私分罚没款的行为。（2）起诉书认定的第四起，数额上应认定为3.3万元，被告人的口供和张丽明的证言可以证实，性质上属于私分小金库公款的行为。（3）起诉书认定的第五起，只有被告人的口供，没有其他证据，被告人之间还存在利害关系。被告人陈某达的口供前后反复，7月13日的口供是受到沈某辉传条子提示后受到不合法的干扰情况下产生的，不能作为认定依据，且被告人交代的该款的去向问题与证人证言相矛盾，不符合事实，故认定陈某达有分得该款证据不足。（4）起诉书指控的第六、七起，陈某达在这两起中没有参加查扣假烟车，也没有参与处理进行罚款，也没有表示同意放行，他没有为他人谋利，只是在事后其他被告人分钱给他，是在不清楚的情况下收到3000元的，他没有受贿的故意。（5）据被告人辩称，其在市公安局纪检委隔离审查前已写好自我交代材料交纪检会领导，被告人在7月11日被司法机关采取强制措施之前的有关交代应视为向有关组织投案，应依法认定为自首，从轻或减轻处罚。（6）被告人的主观恶性较小，责任亦相对较小，认罪态度较好，以往对公安工作做出了一定贡献，建议予以从轻处罚。

被告人林某提出的辩解及其辩护人的辩护意见：（1）被告人林某在主观上没有索取财物的主观故意，虽然他参与了二次的罚款谈判，但其认为这些钱是罚来的，按队里的规定30%给办案人之外，其余的钱就是大队的，至于这些钱该不该罚或能不能罚，不是林某说了算。（2）被告人林某在本案中的行为是一种执行公务的行为，与共同犯罪中的分工是截然不同的。被告人林某的行为不构成犯罪。

三、人民法院认定事实和证据

（一）认定犯罪事实

福建省龙岩市新罗区人民法院经公开审理查明：

1. 贪污部分

（1）被告人张某良、陈某达、林某及反盗抢中队干警于1997年11月23日晚，在新罗区大洋、小池路段查扣两车假烟。次日下午，被告人沈某辉、张某良、陈某达、林某在龙岩市公安局新罗分局刑警大队法医室向前来处理被扣假烟的连某星非法罚款人民币15万元后，将假烟放行。4被告人将15万元中的4.5万元付给举报人，将2.1万元进行私分，各得5250元。余款8.4万元由被告人张某良保管。

（2）被告人沈某辉、张某良、陈某达、林某于1997年12月28日凌晨，在新罗区王庄路段查扣一车假烟。当天下午，4 被告人在新罗区溪南星星酒店向前来处理被扣假烟的朱某忠非法罚款人民币 10 万元后，将假烟放行。4 被告人将 10 万元中的 3 万元付给举报人，将 3.5 万元进行私分，各得 8750 元，余款 3.5 万元由被告人张某良保管。

（3）被告人沈某辉、张某良、陈某达、林某于 1998 年 1 月 2 日上午，在新罗区小池路段查扣一车假烟。当天下午，4 被告人在新罗区溪南星星酒店向前来处理被扣假烟的赵某非法罚款人民币 10 万元后，将假烟放行。4 被告人将 10 万元中的 3 万元付给举报人，将 3.5 万元私分，每人各得 8750 元，余款 3.5 万元由被告人张某良保管。

（4）被告人沈某辉、张某良、陈某达于 1998 年 4 月初，将被告人张某良保管的上述款项（部分用于刑警大队开支）中的 10 万余元进行私分，3 被告人各得 3.3 万余元。

（5）被告人沈某辉、张某良、陈某达于 1998 年 4 月 9 日晚，在新罗区莒州、王庄路段查扣两车假烟。次日下午，3 被告人在金叶酒店向假烟货主王某非法罚款 10 万元后，将假烟放行。3 被告人将 10 万元中的 3 万元付给举报人，将 7 万元进行私分，沈分得 2.34 万元，张、陈各分得 2.33 万元。

（6）被告人张某良同反盗抢中队干警于 1998 年 4 月 18 日晚，在新罗区王庄路段查扣一车假烟。次日下午，被告人沈某辉、张某良在金叶酒店向假烟货主王某非法罚款 3 万元后，将假烟放行。该 3 万元中付给举报人 2.5 万元，余款 5000 元由被告人沈某辉、张某良、陈某达进行私分，各得 1660 余元。

2. 挪用公款部分

被告人沈某辉于 1998 年 5 月 2 日，擅自将办案过程中的暂扣款 8 万元借给何后安从事营利活动（案发后该款已追回）。

3. 受贿部分

被告人张某良同 2 名联防队员于 1998 年 4 月 22 日上午，在新罗区王庄路段查扣一车假烟，经有关人员说情后，被告人沈某辉、张某良、陈某达同意放行。事后，3 被告人在金叶欢乐园收受假烟货主钟某发的贿赂款各 3000 元。

（二）认定犯罪证据

上述事实有下列证据证明：

1. 举报人的证词。

2. 证人连某星、陈某龙、赵某杰、朱某忠、薛某仁、李某鉴、胡某椿、张某明、薛某平、王某、魏某林、何某安、钟某春、林某煌、邱某荣、罗某生、钟某发的证词。

3. 提取的被告人与举报人及假烟货主的电话记时记录。

4. 住宿登记表。
5. 反盗抢中队扣车登记本。
6. 银行汇款凭证。
7. 借款人何后安的借条。
8. 四被告人的供述，且相互印证。

四、判案理由

（一）一审法院判案理由

福建省龙岩市新罗区人民法院认为：被告人沈某辉、张某良、陈某达、林某身为公安干警，利用职务上的便利，对假烟货主实施非法罚款，并将该款进行私分，其中被告人沈某辉分得8.081万元，被告人张某良分得8.071万元，被告人陈某达分得8.071万元，被告人林某分得2.27万元。且被告人沈某辉还利用职务上的便利，挪用公款8万元，归他人进行营利活动，数额较大。被告人沈某辉的行为已构成贪污罪、挪用公款罪。被告人张某良、陈某达、林某的行为均已构成贪污罪。对于被告人沈某辉、张某良、陈某达还利用职务上的便利，收受他人贿赂款各3000元，属情节显著轻微，危害不大，不认为是犯罪，非法所得的3000元应予以追缴。公诉人指控四被告人的行为均已构成受贿罪，罪名不成立，不予采纳。

（二）二审法院判案理由

一审判决作出后，被告人不服，提出上诉。

上诉人（原审被告人）沈某辉及其辩护人诉称：（1）1998年4月初没有参与私分由张某良保管的非法罚款中的10万余元。（2）一审判决贪污部分的第一、二、三、五、六起所得款项中，一部分是根据大队的规定按创收的30%分得的，不能以贪污论处，超过部分才是犯罪所得。（3）挪用公款不是事实，当时是将公款、私款混为一谈。（4）在检察机关有检举揭发的行为，在看守所带头捐款支援长江抗洪救灾受表彰，查扣假烟分得的部分罚款2.3万余元已用于垫付大队所欠的修车款，分得的罚款已全部退清，具有从轻情节，要求二审撤销原判，酌情认定，适用缓刑。

上诉人（原审被告人）陈某达及其辩护人诉称：（1）一审判决贪污部分第五起认定其参与私分7万元不是事实。（2）在被市公安局纪检隔离审查前主动向纪检部门交代，应视为自首。（3）分得的罚款是参照刑警大队30%的奖励规定实行的。（4）在金叶欢乐园收受3000元事先并不知情，不是受贿行为。

上诉人（原审被告人）林某诉称：被告人是在大队领导的安排下去查扣假烟的，是正常的履行职责，分得的钱也是领导决定并由分管财物的人员发给的，是参照有关规定提成的奖金，是合法收入，不应认定为贪污犯罪，是无罪的。

福建省龙岩市中级人民法院认为：上诉人沈某辉、陈某达、林某和原审被告人张某良身为公安干警，利用职务上的便利，对假烟货主实施非法罚款，并将部分罚款进行私分，其中沈某辉分得8.081万元，张某良和陈某达各分得8.071万元，数额巨大；林某分得2.275万元，数额较大，其行为均已构成贪污罪。上诉人沈某辉还利用职务上的便利，挪用公款8万元，归他人进行营利活动，数额较大，其行为又已构成挪用公款罪。沈某辉、张某良、陈某达还利用职务上的便利，收受他人贿赂3000元，但情节显著轻微，危害不大，不认为是犯罪。原审判决定性准确，量刑适当，审判程序合法。关于上诉人陈某达及其辩护人提出陈某达投案自首一节，经查陈某达在龙岩市公安局纪检监察部门并未就其贪污的主要犯罪作出交代，依法不能认定为自首。各上诉人的上诉理由和辩护人的辩护意见经查均不能成立或不充分，均不予采纳。

五、定案结论

（一）一审法院定案结论

福建省龙岩市新罗区人民法院依照《中华人民共和国刑法》第382条第1款、第383条第1款第2、3项和第2款、第25条第1款、第384条第1款、第13条、第69条第1款、第61条、第47条、第72条第1款、第73条第2款、第3款、第64条的规定，作出如下判决：

1. 被告人沈某辉犯贪污罪，判处有期徒刑9年，犯挪用公款罪，判处有期徒刑2年6个月，总和刑期为有期徒刑11年6个月，决定执行刑罚有期徒刑11年。

2. 被告人张某良犯贪污罪，判处有期徒刑10年。

3. 被告人陈某达犯贪污罪，判处有期徒刑8年。

4. 被告人林某犯贪污罪，判处有期徒刑2年，缓刑3年。

5. 被告人沈某辉退款人民币16.581万元，其中8万元属挪用的公款，归还龙岩市公安局新罗分局由其依法处理；赃款8.381万元予以没收，上缴国库，余款2000元归还被告人沈某辉。被告人张某良退赃款8000元，被告人陈某达退赃款8.371万元，被告人林某退赃款2.275万元，予以没收，上缴国库。

6. 继续追缴被告人张某良未退的赃款 7.571 万元上缴国库。

（二）二审法院定案结论

福建省龙岩市中级人民法院依照《中华人民共和国刑事诉讼法》第 189 条第 1 项和《中华人民共和国刑法》第 382 条第 1 款、第 383 条第 1 款第 2 项、第 3 项和第 2 款、第 25 条第 1 款、第 384 条第 1 款、第 13 条、第 69 条第 1 款、第 61 条、第 47 条、第 72 条第 1 款、第 73 条第 2 款、第 3 款、第 64 条的规定，作出裁定：

驳回上诉，维持原判。

六、法理解说

本案在审理中对沈某辉等犯挪用公款罪没有异议，但对 4 被告人的定性存在不同意见，即 4 被告人是构成受贿罪，还是构成私分罚没财物罪，或构成贪污罪存在不同意见。尽管本案略显得陈旧，而且涉及新旧法的适用问题。但是，笔者认为本案仍值得分析，尤其是有关贪污罪的此罪与彼罪，以下就此进行论述。

（一）被告人的行为不构成受贿罪

受贿罪是指国家工作人员，利用职务上的便利，索取他人财物或者非法收受他人财物为他人谋利的行为。本罪的构成特征是：（1）本罪侵犯的客体是公职人员的廉洁性。（2）本罪的客观方面是利用职务上的便利，索取他人财物或者非法收受他人财物为他人谋利的行为。（3）受贿罪是特殊主体犯罪，受贿罪的主体是国家工作人员。（4）本罪是故意犯罪。

受贿罪与贪污罪都属于以权谋私的职务型犯罪，具有渎职犯罪和经济犯罪的双重性。其相同点在于：（1）主体部分相同，都有国家工作人员的身份要求；（2）主观方面相同，都有非法获取财物的主观故意；（3）客观行为部分相同，都利用了主体的职务上便利，都获得了一定的经济利益。两罪的区别是：（1）犯罪对象不同。受贿罪的对象是他人财物，贪污罪的对象是公共财物。（2）犯罪手段不同，受贿罪是采取索取、非法收受的手段。贪污罪是采取侵吞、窃取、骗取或其他方法。（3）犯罪的目的不同，受贿罪是利用职务便利，为他人谋利，最终是为了索取、收受他人财物；贪污罪是利用职务便利，非法占有公共财物。在司法实务中区分贪污罪和受贿罪主要分几种情况具体把握：（1）行为方式。如果行为方式表现为权钱交易，则认定为受贿罪；如果行为方式表现为采取侵吞、窃取、骗取或者以其他手段非法占有，则认定为贪污罪。（2）行为人的职责范围。如果行为人职责为管理、经手本单位的财产，则认定为贪污罪；如果行为人职责不是管理、经手本单位的财产而是其他公共权力,则认定为受贿罪。(3)从行为的对象进行区分。如果行为的对象为本单位的国有财产或至少包含有国有财产,则认定为贪污罪;如果行为的对象不是本单位的国有财产或不包含有国有财产,则认定为受贿罪。(4)想象竞合犯。如果行为人的行为既符合贪污罪的构成要件,又符合受贿罪的构成要件,则依据想象竞合犯的法律原理,依据具体的案情认定重罪予以处断。[1]

本案经公开审理查明:4被告人参与查扣假烟,越权罚款,不是以个人名义,而是以新罗公安刑警大队的名义执行查扣假烟,且带有一定的公开性,并以刑警大队作为执法主体对假烟货主实施"罚款",没有以个人名义直接收受他人财物或索取他人财物归个人所有的故意(第七起除外)。举报人、驾驶员、货主的证词及4被告人的供述均证实被告人是以刑警大队的名义对假烟货主实施罚款。虽然刑警大队对查扣的假烟无权处罚,但本案已实际形成越权罚款的事实,该"罚款"可视为公共财产。除部分奖励给举报人外,被告人应将"罚款"上缴有处分权的单位处理。故本案4被告人的行为不符合受贿罪的构成要件,不构成受贿罪。

(二)被告人的行为不构成私分罚没财物罪

私分罚没财物罪,是指司法机关、行政执法机关违反国家规定,将应当上缴国家的罚没财物以单位名义私分给个人,数额较大的行为。本罪的特征如下:

(1)主体。本罪的主体是特殊主体即只能由司法机关和行政执法机关构成。司法机关从广义上说一般是指侦查机关、国家安全机关、检察机关、审判机关和监狱;行政执法机关则包括海关、税务、工商行政管理、卫生检疫、商检、环保等享有行政处罚权的国家各级行政机关。

(2)客体。关于本罪所侵犯的客体,学者们无一差别地认为是复杂客体,但在界定复杂客体时在认识上仍存在一定的差别,主要有三种观点。第一种观点认为,是公职行为廉洁性和国家对罚没财物的所有权。[2] 第二种观点认为,本罪侵犯的客体,主要是国有资产所有权,同时也破坏了国有公司、企业事业单位、机关、团体的正常活动。第三种观点认为,本罪侵犯的客体是国家对罚没财物的管理权和国家司法机关、行政执行机关的廉洁性。[3] 笔者认为,私分罚没财物罪是对国家财经管理制度和国家机关廉洁性的破坏。本罪的犯罪对象是罚没财物。司法机关和行政执法机关以"罚款"和"没收"的名义收缴的

---

[1] 参见王蓓:《贪污罪与受贿罪的司法实务区分》,载《人民司法》2010年第24期,第53页。

[2] 参见何秉松:《职务犯罪的预防与惩治》,中国方正出版社1999年版,第534页。

[3] 参见陈兴良:《罪名指南》(下册),中国政法大学出版社2000年版,第1566页。

款物归纳起来主要有以下几类。第一类是经人民法院判决没收的用于犯罪的财物及犯罪所得的财物和罚金。第二类是司法机关或行政执法机关依照法律、法规或规章规定，按法定程序出具处罚决定书或财政统一制发的罚没单据，没收的违法所得或非法财物，对违法的公民、法人或其他组织的罚款，这些财物必须按编号上缴国库，无疑也是"罚没财物"的一种。第三类是司法机关、行政执法机关依照法律、法规或规章规定，在没有制作处罚决定书，出具的收据也不是法定部门制发的罚款单据的情况下，没收的违法所得和非法财物，对违法者所处的罚款。

（3）客观方面。本罪在客观方面表现为司法机关、行政执法机关违反国家规定，将应当上缴国家的罚没财物予以私分，数额较大的行为。具备以下三个要素：一是违反国家规定。二是将应当上缴国家的罚没财物以单位名义集体私分给个人。此行为含两层意思，首先是司法机关、行政执法机关将应当上缴国家的罚没财物不予上缴，截留在本单位。其次是私分，即将应当上缴的罚没财物以单位的名义集体分给单位所有员工或大部分员工。必须明确的是私分行为是在单位意志支配下实施的。三是私分罚没财物数额较大的行为。一般认为私分总额达10万元以上的，应属数额较大。

（4）主观方面。本罪在主观方面属故意犯罪。即国家司法机关、行政执法机关明知是应当上缴国家的罚没财物，而违反规定加以私分，单位的这种直接故意是通过其构成要素的单位成员集体（主要是通过其领导者）表现出来的，是单位对私分罚没财物罪承担刑事责任的主观基础。如果单位缺乏这种组织体的整体意志，就不能由单位承担刑事责任。

私分罚没财物罪与贪污罪的界限：私分罚没财物罪是一种单位犯罪，是经单位决策机构集体研究决定，以单位名义为单位全体的利益而实施，罚没的财物是分给单位每一个职工的，对于单位内部少数领导人员之间共同决策，将公共财物共同私分，占为己有的行为应以共同贪污论处。

本案中被告人以刑警大队的名义对假烟货主实施"罚款"后，并未将罚款上缴刑警大队，也并不是从刑警大队领取所谓的奖金，而是将当场取得的罚款部分或全部进行私分，且被告人私分"罚款"的行为并非单位行为，实际获取非法利益也不是单位大部分干警，而是个别被告人，故被告人的行为不符合私分罚没财物罪的构成要件，不构成私分罚没财物罪。

（三）被告人的行为构成贪污罪

贪污罪是指国家工作人员利用职务上的便利，侵吞、窃取、骗取或者以其他手段非法占有公共财物的行为。本罪的构成特征是：（1）本罪侵犯的客体是国家工作人员的职务廉洁性和公共财物的所有权。（2）本罪的客观方面是利用职务上的便利，侵吞、窃取、骗取或者以其他手段非法占有公共财物的行为。利用职务上的便利，是构成贪污罪的一个显著特征，是指利用在其职权范围内的权力和地位所形成的有利条件，即经手管理国家财物的便利。利用职务上的便利贪污公共财物的手段有侵吞、窃取、骗取或者其他手段。其中侵吞是指国家工作人员，利用职务上的便利，将自己暂时合法管理、使用的公共财物，非法地占为己有的行为，表现形式一是将自己合法管理、使用的国家财物加以扣留，应上缴而隐瞒不缴，非法占为己有；二是将自己管理、使用的公共财物应交付而不交付，或者收款不入账而非法占为己有；三是将自己合法管理、使用的国家财物，擅自赠与他人或者非法转卖；四是将依法追缴的赃款、赃物、罚没款等，非法占为己有。以上利用职务之便侵吞公共财物的行为，行为人都具有长期非法占有公共财物的目的。被告人沈某辉、张某良、陈某达、林某身为公安干警，利用查扣假烟的职务之便，以刑警大队的名义对假烟货主实施罚款。被告人虽然只有扣车的权力，没有罚款的权力，但本案已实际形成越权罚款的事实，该"罚款"应为公共财物。且被告人并未将"罚款"上缴有处分权的单位处理，而是在刑警大队保管期间，由4被告人进行私分。故4被告人私分"罚款"的行为符合贪污罪的构成要件。

因此，4被告人参与查扣假烟，越权罚款，是以刑警大队名义进行的，且带有一定的公开性，并以刑警大队作为执法主体实施"罚款"，没有直接收受他人财物或索取他人财物归个人所有的故意（第七起除外）。举报人、驾驶员、货主的证词及4被告人的供述均证实被告人是以刑警大队的名义对假烟货主实施罚款。被告人将罚款进行私分，其行为构成贪污罪。对于被告人林某及各辩护人提出的起诉书指控的第一、二、三起私分"罚款"是按刑警大队规定分得的30%的奖金，不能认为是犯罪，对分得的超过30%奖励部分的款项，应以私分罚没财物罪认定的意见，理由不充分，不予采纳。理由是被告人并未将"罚款"上交刑警大队，也并不是从刑警大队领取30%的所谓奖金，而是私自将当场取得的"罚款"部分或全部进行私分，纯属个人行为。对于被告人陈某达、张某良及其辩护人提出的在龙岩市公安局纪检部门审查期间即主动交代所犯罪行，应当认定为投案自首的意见，理由不充分，不予采纳。被告人在纪检部门审查期间仅交代了部分扣车的情况，并未交代私分"罚款"的事实，依法不能认定为自首。对于被告人沈某辉提出的其具有检举揭发行为属立功的辩解，经检察机关查实，被检举揭发者仅是违法行为，故不予采纳。

综上所述，本案判决正确合法。

（撰稿人：孙道萃）

案例32：和某平贪污、私分国有资产案
——贪污罪与私分国有资产罪的界分

一、基本情况

案　由： 贪污、私分国有资产

被告人： 和某平，男，1952年12月28日出生。因涉嫌犯贪污罪于2011年6月21日被取保候审，同年12月20日被执行逮捕，羁押于孟州市看守所。

二、诉辩主张

（一）人民检察院指控事实

孟州市人民检察院指控被告人和某平犯贪污罪、私分国有资产罪。

（二）被告人辩解及辩护人辩护意见

被告人和某平在一审中并未提出相关的辩解。

三、人民法院认定事实和证据

（一）认定犯罪事实

孟州市人民法院经公开审理查明：

1. 1998年孟州市粮食局油厂（国有企业，以下简称油厂）进行"法人置换租赁经营"改制，当年六七月，被告人和某平伙同时任油厂财务科科长的马一某（已判刑）利用职务便利，在孟州市会计师事务所对油厂资产评估时，向审计人员隐瞒油厂账簿上虚列债务175万余元的情况。1998年8月，被告人和某平和马一某、王一某、王三某（均已判刑）等油厂职工共同出资成立了孟州市宇龙油脂化工有限公司（以下简称宇龙公司）。1998年8月28日油厂与宇龙公司签订租赁经营合同，合同中确认了以上（虚列的）债务175万

余元。1998年9月至2005年3月,被告人和某平伙同时任宇龙公司财务科科长的马一某、时任仓储科科长的王一某、时任财务科会计的王三某合谋并采取伪造报账单据的方法将油厂国有财产175万余元陆续转为宇龙公司的收入。宇龙公司在和油厂解除租赁合同后,将该款及公司的其他盈余按入股比例分配给公司股东。

2. 1998年6月,油厂改制期间,在评估组对油厂资产进行评估时,被告人和某平伙同油厂仓库保管李一某(已判刑)把油厂的44吨豆油以国家储备油的名义报给评估组,致使该44吨油未作为油厂资产登记,改制后被宇龙公司占有。该44吨油价值315920元。

3. 2007年10月,宇龙公司与油厂解除租赁合同时,被告人和某平伙同汤某某(已判刑)、马一某采取隐瞒宇龙公司在油厂新址基建投资中虚开基建项目款票据金额的手段,骗取公款140289.40元。

4. 2007年10月,宇龙公司与油厂解除租赁合同时,被告人和某平伙同汤某某、马一某采取隐瞒宇龙公司在油厂新购机械中虚开购买叉车款票据金额的手段,骗取公款3.5万元。

(二)认定犯罪证据

孟州市人民法院认定上述事实分别有以下证据证实:

1. 上诉人和某平供认不讳,所供情节与证人马一某等人证言相吻合,另有租赁经营合同及补充协议、宇龙公司账目、分红名单等书证在案证实。

2. 证人李一某、证人马一某、证人王一某、证人卫某某、证人卢某某、证人马二某、证人乔某某、证人马三某证言;孟州市国家粮食储备有限责任公司出具的证明证实:1996年9月购入国家专项储备菜籽油150000公斤,花生油50000公斤,省级储备花生油100000公斤,存放在孟州市油厂内,实物由油厂管理,账务由该公司管理,2001年调焦作油脂公司;账目手续证实;1998年5月、8月、9月,豆油单价分别为每公斤7.18元、7.6元、8.6元。

3. 证人汤某某、证人马一某、证人王一某、证人李二某、证人王二某、证人耿某某、证人王三某、证人李三某证言;孟州市房屋拆迁管理办公室账目证实宇龙公司在承担油厂拆迁过程中分别于2007年4月30日领取拆迁费270万元、于2007年6月15日领取拆迁费5万元;宇龙公司账页、记账凭证、李二某领到条、基建项目清单证明宇龙公司2007年10月11日支出新厂基建工程款298077.45元,该笔支出下在搬迁费用项目中;租赁合同解除协议证实2007年10月10日孟州市粮食局油厂对宇龙公司新油厂基建投资345688.45元(含298077.45元基建款)予以接受。

4. 证人汤某某、证人马一某、证人耿某某、证人张某某的证言；宇龙记账凭证、北京现代叉车销售有限公司收据证明宇龙公司2007年4月21日购入北京现代叉车一台，货款为216000元，和某平在收据上签名，该笔支出下在搬迁费用项目中；租赁合同解除协议证实2007年10月10日孟州市粮食局油厂对宇龙公司新油厂新购机械设备379030元（含216000元叉车款）予以接受。

四、判案理由

（一）一审法院判案理由

孟州市人民法院认为，被告人和某平在宇龙公司租赁国有资产期间，利用职务上的便利，伙同他人采取欺骗手段，骗取国有资产，其行为已构成贪污罪。被告人和某平作为宇龙公司法定代表人在对油厂租赁经营过程中，将油厂的国有资产175万余元转入宇龙公司，集体决定后按事前确定的比例将该款私分给了宇龙公司的各股东，由于各股东同时具有油厂职工的身份，实质上该国有资产分配给了包括被告人和某平在内的大部分油厂职工，被告人和某平作为负责人违反国家规定，以单位名义将国有资产集体私分，数额巨大，其行为已构成私分国有资产罪。被告人和某平的行为系共同犯罪，并且在犯罪中起主要作用，系主犯应当按照其所参与的全部犯罪处罚。其一人犯数罪，应当数罪并罚。被告人和某平虽然自动投案，但仅如实供述自己的私分国有资产的犯罪事实，未如实供述自己贪污的犯罪事实，因此在私分国有资产罪中自首成立，依法可以从轻处罚。被告人和某平在私分国有资产罪中退回了相应赃款，可酌情从轻处罚。

（二）二审法院判案理由

上诉人和某平上诉称：44吨油包括在175万元升溢油之内，是私分国有资产的一部分；宇龙公司设立的金玉龙公司高价回购了虚报的叉车、基建款，没有给国家造成损失，且和某平当时已不再参与公司经营，不应构成贪污罪；一审对上诉人私分国有资产罪量刑畸重；上诉人重病在身，请求判处缓刑。辩护人的意见与其上诉理由相同。

河南省焦作市中级人民法院经公开审理查明的事实与原判相同，原判认定的证据经原审当庭举证、质证，查证属实，法院予以确认。

河南省焦作市中级人民法院认为，上诉人和某平在先后担任油厂及宇龙公司法定代表人期间，分别作为国家工作人员及受国有企业委托管理、经营国有财产的人员，利用职务上的便利，伙同他人骗取国有资产，其行为已构成贪污罪。和某平还违反国家规定，以单位名义将国有资产集体私分给个人且数额巨大，其行为已构成私分国有资产罪，均应依法惩处。原审判决认定的事实清楚，证据确实、充分，定罪准确，量刑适当，审判程序合法。上诉人和某平及其辩护人的上诉理由、辩护意见不能成立，不予采纳。

五、定案结论

（一）一审法院定案结论

孟州市人民法院依据《中华人民共和国刑法》第 382 条第 1 款和第 2 款、第 383 条第 1 款第 1 项、第 396 条第 1 款、第 25 条第 1 款、第 26 条第 1 款和第 4 款、第 67 条、第 69 条、第 52 条、第 53 条之规定，判决如下：

被告人和某平犯贪污罪，判处有期徒刑 10 年；犯私分国有资产罪，判处有期徒刑 5 年，并处罚金 8 万元。数罪并罚，决定执行有期徒刑 13 年，并处罚金 8 万元。

（二）二审法院定案结论

河南省焦作市中级人民法院依照《中华人民共和国刑事诉讼法》第 189 条第 1 项的规定，裁定如下：

驳回上诉，维持原判。本裁定为终审裁定。

六、法理解说

本案涉及如何界分贪污罪和私分国有资产罪，是司法实践中办理贪污案件中常见的问题之一，本案具有一定的典型性。

刑法第 396 条规定："国家机关、国有公司、企业、事业单位、人民团体，违反国家规定，以单位名义将国有资产集体私分给个人，数额较大的，对其直接负责的主管人员和其他直接责任人员，处三年以下有期徒刑或者拘役，并处或者单处罚金；数额巨大的，处三年以上七年以下有期徒刑，并处罚金。"因此，私分国有资产罪，是指国家机关、国有公司、企业、事业单位、人民团体，违反国家规定，以单位名义将国有资产集体私分给个人数额较大的行为。

在司法实践中，需要注意区分集体贪污行为和私分国有资产行为。虽然二者在客观上均表现为多人非法占有公共财物或者国有资产的行为。从侵害国家财产法益角度看，本罪与贪污罪并无区别。但是二者之间的界限显著：（1）犯罪主体不同。私分国有资产罪的主体在性质上属于单位犯罪，只能由国家机关、国有公司、企业、事业单位和人民团体等国有单位构成。贪污罪的主体属于自然人，只能由国家工作人员构成。（2）犯罪主观方面不同。私分国有是单位集体意志支配下的故意，体现的是单位的整体意志，有的人虽分得了财物，但并未直接参与具体私分行为。贪污罪是个人的故意，一般是为了个人私利。在共同贪污罪中，每个人均有贪污故意。（3）犯罪对象不同。私分国有资产罪的犯罪对象是国有资产，不包括集体经济组织的财物和其他公共财物。贪污罪的犯罪对象则是包括国有资产在内的一切公共财物。[1]

在刑法学界，有学者主张以分得赃款的人数多寡为界限，对于集体决定把公款私分给单位所有成员的行为，认定私分国有资产罪；对于仅将国有资产私分给单位少数成员的行为，认定共同贪污犯罪。另有学者提出根据分配行为的特点作区分，凡是分配行为在单位内部相对公开的，认定集体私分国有资产犯罪；反之，分配行为秘密进行，明显具有隐蔽性的，认定共同贪污犯罪。[2] 笔者认为，这些观点均不足取。行为方式不同仅是其中一部分，而不是全部的差异所在。在具体办案过程中，必须对案件的具体情况进行具体分析以免混淆两者之间的界限。

笔者认为，本案有以下几点值得关注，具体而言：

(1) 有关被告人和某平身份和孟州市粮食局油厂性质的认定

孟州市粮食局人事科证明证实：和某平系干部身份，1997年3月至1998年8月任油厂厂长，1998年9月宇龙公司承租后仍为油厂职工。和某平的聘用干部审批表证实1990年11月20日孟县人事局同意聘用和某平为干部。孟州市粮食局党委文件证实，1997年3月26日任命被告人和某平为油厂厂长，1998年8月25日免去河南省益康化工有限公司（孟州市粮食局油厂）经理职务。

孟州市粮食局油厂属国有企业性质，1998年8月31日租赁给宇龙公司经营，期间国有性质不变。2007年年初根据老城区开发规划，需要老油厂搬迁。经局班子研究，报市委、市政府研究决定，对油厂实施破产清算。2008年3月25日法院依法宣告企业破产，进行破产清算。另外，企业法人年检报告书、企业申请变更登记注册书及档案资料、企业法人营业执照证实：孟州市粮食局油厂为全民企业，注册资金153万元，法定代表人1996年至1998年先后为梁某某，和某平，秦某某。1998年8月28日，油厂法定代表人由和某平变更登

---

[1] 参见赵慧、张忠国：《贪污贿赂犯罪司法适用》，法律出版社2006年版，第320页。

[2] 转引自黄祥青：《略论贪污罪与近似职务犯罪的界限》，载《政治与法律》2004年第1期，第101页。

记为秦某某，变更原因为企业采用法人置换租赁经营的改制形式，1998年8月26日，经宇龙公司董事会选举和某平为公司董事长兼公司经理，为公司法定代表人。宇龙公司企业法人营业执照及变更登记资料证实该公司1998年9月1日注册成立，企业类型为有限责任公司，法定代表人为和某平，和某平于2008年3月10日在宇龙公司变更登记申请书上仍以法定代表人的身份签字。

(2) 被告人和某平构成贪污罪

上诉人和某平及其辩护人提出，宇龙公司设立的金玉龙公司高价回购了虚报的叉车、基建款，没有给国家造成损失，且和某平当时已不再参与公司经营，不应构成贪污罪。但是经过调查证实：和某平在宇龙公司租赁经营油厂期间，作为受国有企业委托管理、经营国有财产的人员，利用担任宇龙公司法定代表人职务上的便利，伙同他人采取隐瞒宇龙公司租赁经营期间所虚开的基建款、叉车款的手段骗取公款，其行为已构成贪污罪。金玉龙公司高价回购的经济行为与其贪污犯罪之间具有关联性，不影响其贪污犯罪的认定。上诉人和某平及其辩护人提出，44吨油包括在175万元升溢油之内，是私分国有资产的一部分。但经过调查证实，和某平私分国有资产涉案的175万余元赃款来自油厂自营菜籽油应付款账户，该款与和某平贪污涉案价值315920元的44吨豆油不具有关联性。44吨豆油是以国家储备油的名义报给评估组，该44吨油也未作为油厂资产登记，改制后被宇龙公司占有。

(3) 被告人和某平构成私分国有资产罪

被告人和某平伙同时任油厂财务科科长的马一某（已判刑）利用职务便利，在孟州市会计师事务所对油厂资产评估时，向审计人员隐瞒油厂账簿上虚列债务175万余元的情况。油厂与宇龙公司签订的租赁经营合同中确认了以上（虚列的）债务175万余元，随后采取伪造报账单据的方法将油厂国有财产175万余元陆续转为宇龙公司的收入。宇龙公司在和油厂解除租赁合同后，将该款及公司的其他盈余按入股比例分配给公司股东。宇龙公司这个公司（集体）是依法成立的合法组织，是为了从事商品生产经营、商业活动以及各种社会公益活动等。被告人和某平作为国家工作人员，同时也是宇龙公司的直接负责的主管人员，通过虚报假账的方式套取了国有财产175万元，并与公司的其他成员私分国有资产，这些人同时具有国家工作人员身份，有关私分的决定事先已经合谋好，并且以宇龙公司的名义作出，具体私分给个人。

(撰稿人：孙道萃)

案例33：刘某贪污案
——贪污罪与滥用职权罪的界分

一、基本情况

案　由：贪污

被告人：刘某，曾任广州市白云区太和镇人民政府规划建设办公室主任。2006年10月19日因犯滥用职权罪被广东省广州市白云区人民法院判处有期徒刑2年6个月，2008年3月21日刑满释放。因本案于2008年3月21日被逮捕，羁押于广州白云国际机场公安局看守所。

二、诉辩主张

（一）人民检察院指控事实

广东省广州市人民检察院指控：2003年起至2004年6月，被告人刘某在任广州市白云区太和镇人民政府规划建设办公室主任，在负责管理下属广州市太和房地产开发公司和广州市太和置业发展有限公司期间，利用职务上的便利，在处理广州市白云区太和镇太和文化广场商铺用地以解决该广场建设资金的过程中，以已注销的广州永嘉企业发展有限公司（公司法定代表人陈某，系刘某的配偶）的名义投资文化广场南侧商铺项目，并通过销售获利的方式，侵吞广州市白云区太和镇人民政府应得利润人民币741.9628万元。

（二）被告人辩解及辩护人辩护意见

被告人刘某提出，太和文化广场南侧用地是徐定穗下令由太和镇政府的名义，以80万元出让给永嘉公司的，该地是永嘉公司自筹资金开发的，收益应归永嘉公司，其没有贪污。

被告人刘某的辩护人则提出，太和广场南侧商铺是经太和镇政府决定的，经规划局批准，刘某以80万元招商是得到徐定穗的同意和授权的，太和镇政府在该项目中没有投资，不应参与获利，且永嘉公司的投资面临有风险，应当享有收益权,本案认定刘某构成贪污罪的证据不足。

三、人民法院认定事实和证据

(一)认定犯罪事实

广东省广州市中级人民法院经公开审理查明:

2003年起至2004年5月,被告人刘某任本市白云区太和镇人民政府规划建设办公室主任,在负责管理下属广州市太和房地产开发公司和广州市太和置业发展有限公司期间,其利用职务便利,在处理太和文化广场商铺用地以解决该广场建设资金的过程中,以已注销的其妻子陈某成立的广州永嘉企业发展有限公司的名义投资广场南侧临时商铺项目,已查实投入商铺用地地价款80万元、商铺工程款150万元。建成商铺后,通过违规向商铺购买者发放宅基地证以提高商铺售价,被告人刘某夫妇获得商铺销售收入971.9628万元。其违规发放宅基地证的行为使国家和人民利益遭受重大损失。

(二)认定犯罪证据

上述事实有下列证据证明(节选):

1. 被告人刘某的身份、前科材料证实刘某的身份情况和前科情况。

2. 中共广州市白云区太和镇委员会政工办公室出具的证明及刘某的干部履历表证实:2001年1月至2004年6月,刘某任广州市白云区太和镇政府规划建设办公室主任,负责镇规划建设办的全面工作,刘某是太和文化广场建设领导小组成员,负责文化广场建设的具体组织实施,包括拆迁补偿、建设中与承建商的具体协调以及质量监督等。

3. 广州市白云区监察局于2007年3月19日作出的《关于给予刘某行政开除处分的决定》证实:刘某在2001年10月至2004年5月间任广州市白云区太和镇政府规划建设办主任期间,滥用职权,非法发放农村宅基地证,致使国家遭受重大损失,给予刘某行政开除处分。

4. 广州市城市规划局白云区分局关于太和镇政府太和文化广场的有关规划审批文件证实:在太和文化广场商铺项目中的南侧商铺建设初期,没有向有关部门办理报批手续。经有关部门责令停工后,太和镇政府于2003年10月以镇政府的名义向广州市白云区规划分局申报规划,白云区规划分局于2003年11月26日作出〔2003〕164号复函,同意太和镇政府在文化广场南侧开发项目,建筑物使用性质只可作为咖啡厅、茶艺馆、书店、网吧等文化广场配套设施,临时建筑使用期二年,层数不得超过两层,建筑面积1836平方米,城市和国家需要时需无条件拆除并清理场地。北侧不同意建商铺,只能建公共停车场。

5. 企业法人登记资料证实：广州市太和房地产开发公司的法定代表人为谢某辉，属集体性质；广州市太和置业公司的法定代表人为谢某辉，属有限责任公司；广东丰之林木工艺品有限公司的性质属有限责任公司；广州永嘉企业发展有限公司法定代表人为陈某，属有限责任公司，于 1996 年 6 月 10 日成立，1999 年 11 月 28 日注销。

6. 广州市工商行政管理局出具的企业登记注册资料证实：广州华基建筑设计顾问中心的法定代表人为陈某，属股份合作制企业，于 2004 年 4 月 27 日成立。

四、判案理由

广东省广州市中级人民法院认为，被告人刘某作为国家机关工作人员，徇私舞弊，滥用职权，为谋取私利，违法发放农村宅基地使用证，致使公共财产、国家和人民利益遭受重大损失，其行为已构成滥用职权罪。公诉人指控的事实成立，唯罪名不当，应予纠正。对于被告人刘某及其辩护人提出刘某不构成贪污罪的意见，经查属实，可予采纳。

五、定案结论

广东省广州市中级人民法院依照《中华人民共和国刑法》第 397 条、第 64 条之规定，判决如下：

1. 被告人刘某犯滥用职权罪，判处有期徒刑 4 年。（刑期从判决执行之日起计算。判决执行以前先行羁押的，羁押 1 日折抵刑期 1 日，即自 2008 年 3 月 21 日起至 2012 年 3 月 20 日止。）

2. 继续追缴被告人刘某的非法所得。

六、法理解说

在本案中，涉及贪污罪与滥用职权罪的界限，笔者欲对此加以分析。

滥用职权罪，作为从 1997 年刑法玩忽职守罪分离出来的口袋罪，在完善刑法打击职务犯罪方面迈出了坚实的一步。《中华人民共和国刑法》第 397 条规定："国家机关工作人员滥用职权或者玩忽职守，致使公共财产、国家和人民利益遭受重大损失的，处三年以下有期徒刑或者拘役；情节特别严重的，处三年以上七年以下有期徒刑。本法另有规定的，依照规定。国家机关工作人员徇私舞弊，犯前款罪的，处五年以下有期徒刑或者拘役；情节特别严重的，处五年以上十年以下有期徒刑。本法另有规定的，依照规定。"滥用职权罪，是指国家机关工作人员超过职权，违法决定、处理其无权决定、处理的事项，或者违反规定处理公务，致使公共财产、国家和人民利益遭受重大损失的行为。本罪的构成要件为：

1. 本罪的客体是国家机关的正常管理活动。[①]

2. 本罪的客观方面。根据最高人民检察院《关于人民检察院直接受理立案侦查案件立案标准的规定（试行）》（1999年9月）第2条的规定，滥用职权表现为："超越职权，违法决定、处理其无权决定、处理的事项，或者违反规定处理公务。"其后《最高人民检察院关于渎职侵权犯罪案件立案标准的规定》（2006年7月）在滥用职权罪的界定上，重申了上述最高人民检察院《关于人民检察院直接受理立案侦查案件立案标准的规定（试行）》的表述。具体而言：（1）超越职权。是指具有国家管理权的行为人超越法律、法规或规章授权的职权范围或限度行使职权的行为。除法律、法规外，与法律、法规内容一致的规章也应成为权限范围依据。逾越职权行为的表现形式是多种多样的，概括言之，主要包括以下三种类型：一是横向越权，指行为人行使了属于其他国家机关的专有职权，或者说是不同性质的国家机关之间的越权。如根据有关法律法规，具有行政处罚权的行政机关必须在法定职权范围内实施行政处罚，行政处罚的适用对象是实施了违反行政管理秩序的行为的公民、法人或者其他组织；而对于构成犯罪、应追究刑事责任的违法者，必须移交司法机关处理。假如行政执法人员徇私舞弊，对依法应当移交司法机关追究刑事责任的不移交，便构成对司法机关职权的"侵入"，属于横向越权行为。二是纵向越权，指具有上下级隶属关系的同一性质但不同级别国家机关之间的越权。既包括上级对下级职责范围内的工作滥用指令，也包括下级对上级职权范围的侵犯。三是内部越权，指依照有关规定，某类问题应由该单位或机关通过内部民主讨论后形成决策，而行为人却独断专行、不倾听或不采纳别人的意见，这便

[①] 参见高铭暄、马克昌主编：《刑法学》（第5版），北京大学出版社、高等教育出版社2011年版，第643页。

属于内部越权行为。① （2）违法规定处理公务或者"不正当行使职权"②，是指具有国家管理权限的行为人在其权限范围内所实施的违背职责要求，故意违反法律、法规或规章的规定的行为。有学者认为，所谓不正当行使职权，是指行为人在法定职权范围内出于不合法动机而实施的背离法定目的、精神、原则的行为。③ 有论者认为，认为所谓"不正确"行使职权是指国家机关工作人员行使职权时，不正确行使自己职责范围内的权力的行为，应该做此而做彼或应该做而不做，不应该做而做，两者的共同属性，就在于违反相应的法律、法规。④ 笔者认为，违反规定处理公务，是指行为人虽未逾越行为人的职权范围，但行为人以不正当目的或者非法的方法行使自己的职权，对有关事项作出不符合法律、法规规定的处理或者决定。当然，还需要造成公共财产、国家和人民利益遭受重大损失，而且滥用职权行为与损害结果之间存在因果关系。

3. 本罪的犯罪主体为特殊主体，即国家机关工作人员。

4. 本罪的主观方面是故意，即行为人明知自己的行为会给公共财产、国家和人民利益造成重大利益损失，而希望或放任这一结果的发生。实践中，本罪绝大多数出自间接故意，但也可能是直接故意，过失不能构成本罪。如有论者认为，只有将滥用职权罪的罪过形式理解为故意，才能符合该罪之名与该罪之实，才是对立法原意的遵循。正如故意杀人罪与过失致人死亡罪的对应关系一样，滥用职权罪是与玩忽职守罪对应的故意犯罪。⑤ 此外，有论者认为，该罪的罪过形式只能是过失。⑥ 有论者认为，本罪既可以由过失构成，也可以由间接故意构成，但不能是直接故意。⑦ 还有论者提出复合罪过，并对滥用职权等犯罪的罪过形式进行了解读，滥用职权等犯罪往往以造成一定的损害后果为

---

① 参见储槐植、杨书文：《滥用职权罪的行为结构》，载《法学杂志》1999年第3期，第14页。

② 参见贾彬：《滥用职权罪两种具体行为表现形式专论》，载《河北法学》2010年第1期，第78页。

③ 参见储槐植、杨书文：《滥用职权罪的行为结构》，载《法学杂志》1999年第3期，第14~15页。

④ 参见何苏民、姚澜：《对滥用职权罪几个问题的探讨》，载《法学杂志》1999年第2期，第14~15页。

⑤ 参见林卫星、齐心：《滥用职权罪的罪过形式》，载《人民司法》2008年第21期，第68页。

⑥ 参见李洁：《论滥用职权罪的罪过形式》，载《法学家》1998年第4期，第23页。

⑦ 参见侯国云等：《新刑法疑难问题解析与适用》，中国检察出版社1998年版，第251页。

成立要件，而现实生活中行为人对该结果确实既可能是放任（间接故意），也可能是轻信能够避免（轻信过失），但不可能是积极追求（直接故意）和疏忽大意的过失。①

由此可见，贪污罪和滥用职权罪在犯罪主体和主观方面上存在一些相同点。但是二者在客体和客观方面差异很大。

笔者认为，在本案中，以下几个方面值得关注，具体而言：

（1）被告人刘某是国家机关工作人员，存在滥用职权行为。刘某任广州市白云区太和镇政府规划建设办公室主任，负责镇规划建设办的全面工作，刘某是太和文化广场建设领导小组成员，负责文化广场建设的具体组织实施，包括拆迁补偿、建设中与承建商的具体协调以及质量监督等。镇政府规划建设办公室属于国家行政机关的一个部门，办公室主任属于一种行政职务，具有管理国家事务、社会职务的职能。刘某在2001年10月至2004年5月间任广州市白云区太和镇政府规划建设办主任期间，滥用职权，非法发放农村宅基地证，致使国家遭受重大损失。

（2）80万元出让费应减除。被告人刘某提出是经过镇领导徐某穗同意的，根据徐某穗提供的证言可见，在太和广场建设过程中，由于出现了一些包括排洪渠等增加工程，需要增加80万元左右，就决定将文化广场在南侧地块用于引资开发商铺，虽然镇领导会议记录中未有相关记录，相关的证人陆某勇、谢某昌、罗某勇均证实不清楚政府出让南侧商铺的事情，但有直接主管领导徐某穗的证言承认当时向刘某作过相关的指示。因此，这属于正常开发款项，在核算收益时应减去。

（3）被告人刘某及永嘉公司的收益不应归太和镇政府所有。公诉人指控被告人刘某侵吞广州市白云区太和镇人民政府应得利润741.9628万元，刘某及其辩护人则提出，太和广场南侧地块是经镇长徐某穗同意以80万元出让给永嘉公司的，由永嘉公司出资开发，应当享有收益权，刘某的行为不构成贪污罪。经查证实，在本案中，根据白云区规划局的批复，太和文化广场兴建的是总建筑面积为1836平方米的使用期为两年的临时建筑，也就是说，假如太和镇政府没有进行招商引资，完全自行出资建设该商铺，也只能属于临时建筑，作为镇政府将这些临时建筑的商铺进行出让或出租，其获得是有限的，这部分应当属于政府应得的利润，但根据现有证据又无法证实作为临时建筑的商铺是否可以出售、出售的价格又是多少。而被告人刘某出让广场南侧商铺时，并不

---

① 参见储槐植、杨书文：《复合罪过形式探析》，载《法学研究》1999年第1期，第50~57页。

是以临时建筑出售的，而是以办理了宅基地证的商铺进行出售的，其所获得的利益显然高于出售临时建筑的收益。本案中，被告人刘某利用其为太和镇政府规划办主任的特殊身份，以其妻子陈某所成立且已经工商部门注销的永嘉公司的名义，承建并出售广场南侧商铺，向购铺者隐瞒商铺为临时建筑的事实，并违法发放宅基地证，向各买主出让的是有宅基地证的商铺，所以获利远远高于出售临时建筑的收益。被告人刘某以上述非法手段出让商铺所获得的利益，不应当作为太和镇政府的应得利润，故起诉指控被告人刘某构成贪污罪的罪名不成立。

（4）被告人刘某发放宅基地证的行为性质。根据广州市规划局白云区分局的通知，从 2000 年开始，宅基地证一律集中到区国土局负责上报审批，街镇有关部门停止发放宅基地证。被告人刘某利用其身为太和镇规划办主任的身份，在此前负责审批、发放宅基地证的工作便利，非法留存了部分空白的宅基地证，在本案中倒签日期填写后发放给各买铺人，该行为不仅有证人凌永的证言证实其看到刘某填写空白的宅基地证后，交由其发给各买铺人的，且还有买铺人徐其强证实刘某给其宅基地证后就收回了购铺合同，故被告人刘某违反规定发放商铺宅基地证的行为应当属于徇私舞弊、滥用职权的行为，该行为完全超越其职权范围，是一种越权行为。此外，对于其通过销售商铺所取得的收入 971.9628 万元，扣除 80 万元商铺用地地价款、150 万元商铺工程款等正常开支外，其余非法所得应予追缴。

综上所述，法院的判决是正确的。

（撰稿人：孙道萃）

案例34：曹某、李某崇贪污案
——贪污罪的未遂和既遂的认定

一、基本情况

案　由：贪污

被告人：曹某，男，1972年3月17日出生。曾担任河南省社旗县大冯营乡中学校长。因涉嫌贪污犯罪，于2009年3月17日被河南省社旗县公安局刑事拘留，经河南省社旗县人民检察院批准，2009年4月1日被河南省社旗县公安局执行逮捕。2010年7月5日被河南省社旗县人民法院取保候审。2011年8月10日经河南省南阳市中级人民法院决定，由河南省社旗县公安局执行逮捕，羁押于河南省社旗县看守所。

被告人：李某崇，男，1976年5月20日出生。原系河南省社旗县大冯营乡中学学校会计。因涉嫌贪污犯罪，2009年6月10日被河南省社旗县人民检察院取保候审。

二、诉辩主张

（一）人民检察院指控事实

河南省社旗县人民检察院指控被告人曹某犯贪污罪、挪用公款罪，被告人李某崇犯贪污罪。

（二）被告人辩解及辩护人辩护意见

被告人曹某、李某崇在一审中并未提出相关辩解。

三、人民法院认定事实和证据

（一）认定犯罪事实

河南省社旗县人民法院经公开审理查明：

1.2007年6月，河南省社旗县大冯营乡中学将12套门面房出售给该校的部分教职工,曹某利用担任校长的职务便利,从购房户韩某某手中收取购房款6.5万元,用于其个人在社旗县城购房使用。2008年1月,为贪污此6.5万元,曹某安排学校会计李某崇虚开一张发票,以支付张某松工程款的名义虚开8.5万元,其中6.5万元用于冲抵曹某收取韩某某购房款6.5万元,曹某在发票上签字,由会计李某崇下账支出。案发后,该6.5万元曹某已退出。

2008年10月13日,李某崇给韩某某出具一张收据"今收到韩某某转交来曹某收高某某6.5万元款条一张,系付门面房预交款"(韩某某系顶替高某某名义购房)。李某崇将此收据的存根联和记账联与其他购房户交款收据的存根联和记账联在一起存放,准备向河南省社旗县教体局计财科报送下账,但直到案发尚未报送下账。

2. 2007年10月22日,曹某从河南省社旗县大冯营信用社职工程某朋处借款2万元用于其个人使用。2007年11月8日,曹某利用其职务上的便利,安排李某崇将此2万元转交程某朋,并写了2万元的借条。2007年11月15日,李某崇转给程某朋2万元公款。案发后,曹某将2万元公款退还。

3. 2009年3月7日,李某崇主动交代曹某挪用学校公款2万元归个人使用的犯罪事实。2009年3月8日,河南省社旗县人民检察院反贪局对曹某进行询问,3月9日,曹某主动交代于2007年夏从购房户韩某某手中预收6.5万元购房款用于个人在河南省社旗县城关镇购房使用,并于2008年年初安排李某崇虚开6.5万元校园改造工程款发票,将6.5万元虚假入账,从中贪污公款的犯罪事实。

(二)认定犯罪证据

上述事实有下列证据证明:

1. 有证人韩某某、贾某某、宋某某、张某某、高某某的证言及书证曹某所打的收到6.5万元房款的收条、李某崇给韩某某所打收据、地坪施工协议、下水道施工协议、建筑工程预算书、张某松的领款条、河南省建筑安装业发票、河南省社旗县人民检察院社检技文(2009)1号检验鉴定书、河南省社旗县大冯营乡初级中学明细账、账页和被告人曹某、李某崇的任职情况证明等证据在卷佐证。

2. 有被告人曹某、李某崇的供述,证人程某朋的证言及书证曹某所打2万元欠条复印件,大冯营乡中2008年春期收、支现金流水账等证据证实,特别是李某崇证实曹某知道李的经济状况,李某崇替曹某还钱后已经给曹某说明是公款、曹某打的借条仍在账上,曹某表示随后由其归还。

3. 有河南省社旗县人民检察院2009年3月16日立案决定书、询问通知书，河南省社旗县人民检察院反贪污贿赂局对曹某涉嫌贪污公款、挪用公款犯罪一案的破案报告等证据证实。

四、判案理由

（一）一审法院判案理由

河南省社旗县人民法院一审认为，被告人曹某、李某崇身为国家工作人员，利用职务上的便利，采用侵吞、骗取的手段非法占有公共财物，其行为均已构成贪污罪，被告人曹某利用职务上的便利，挪用公款数额较大，超过3个月未还，其行为已构成挪用公款罪，公诉人指控罪名成立，予以支持。关于起诉书指控的二被告人贪污公款6.5万元，被告人曹某虽有贪污的故意，也实施了贪污的手段，但李某崇给韩某某所打"收到韩某某转交来曹某收6.5万元款条一张"，该收据应在县教体局计财科下账而尚未下账，待下账时必定查出曹某收购房6.5万元购房款一事，曹某贪污该6.5万元的目的并不能达到，因此，被告人曹某应系犯罪未遂，对于未遂犯罪，依法应当从轻或者减轻处罚；被告人李某崇帮助曹某伪造虚假凭证下账支出，应属贪污共犯，但在共同犯罪中起次要作用，系从犯，依法应从轻或减轻处罚。被告人曹某及辩护人关于二被告人行为不是贪污是挪用公款的辩解辩护意见，与本案事实不符，不能成立，不予采信。辩护人以被告人曹某没有挪用公款2万元的主观故意、不构成挪用公款罪的辩护意见，因被告人曹某利用职务之便，让会计李某崇归还私人借款，而李某崇确实用的是公款还借款，曹某对此明知，主观上有挪用公款的故意，故此辩护意见不予采信；被告人曹某主动交代侦查机关尚未掌握的贪污6.5万元公款的犯罪事实，但在开庭审理时又予以否认，虽不构成自首，但可酌定从轻处罚，且能积极退赃，亦可酌定从轻处罚，其所犯挪用公款罪，因刚到犯罪立案标准，数额较小，涉案赃款已退还，犯罪情节较轻，可依法免予刑事处罚。被告人李某崇除系从犯外，能够在到案后检举、揭发同案犯共同犯罪以外的其他犯罪，经查证属实，应当认定有立功表现，且认罪态度较好，可免除处罚。

（二）二审法院判案理由

一审判决作出后，社旗县人民检察院提出上诉。

河南省社旗县人民检察院抗诉理由：原审判决认定曹某贪污未遂不当，从而导致适用法律错误，量刑畸轻，请求依法惩处。

河南省南阳市中级人民法院经公开审理查明的事实和证据与原审查明的事实和证据相同。相关证据已经原审宣读、出示、质证，证据来源合法，内容真实，且已形成证据链条，足以证实本案的事实。

二审期间，河南省南阳市人民检察院对"曹某收取6.5万元售房款情况及校建工程列支15.3905万元数额"进行鉴定，结论为：（1）原曹某给韩某某所打收条抵李某崇经手现金库存。（2）校园工程项目改造款15.3905万元，曹某已签批，在学校财务列支并作账务处理。施工人张某松实领6.8675万元，（虚列开支8.523万元）。

原审被告人曹某及其辩护人对该鉴定结论提出以下质证意见：该鉴定在审判阶段未经人民法院许可，由检察机关自行作出不符合法律程序；检察机关为了鉴定的需要指使学校向财务中心报账，做法欠妥，该鉴定结论不能作为定案依据。

针对公诉人所做的鉴定结论，被告人曹某的辩护人向法院提交两份调查笔录，用于证实检察机关通知学校及乡财所于2010年9月25日报账，27日作出上述鉴定。公诉人对该两份调查笔录无异议。

以上二审期间控辩双方的举证及质证意见，焦点在于说明曹某贪污行为是否完成。法院审查认为上述证据内容真实，但对本案均无实质性影响。

另查明，曹某在取保候审期间，违反规定，未经批准，擅自长期外出。2011年8月10日经法院决定，由河南省社旗县公安局执行逮捕。

河南省南阳市中级人民法院认为，原审被告人曹某、李某崇身为国家工作人员，利用职务上的便利，采用侵吞、骗取的手段非法占有公共财物，其行为均已构成贪污罪；被告人曹某利用职务上的便利，挪用公款数额较大，超过3个月未还，其行为已构成挪用公款罪。关于曹某贪污犯罪的完成状态，经查，原审被告人曹某先将他人交纳的购房款占有并使用，而后与李某崇合谋伪造工程票据虚列开支，将该6.5万元从中充抵，且该票据已经具备报账的基本条件，其贪污行为已经完成。原审认为曹某贪污未遂的理由与客观事实不符，河南省社旗县人民检察院抗诉理由成立。曹某主动交代检察机关未掌握的贪污犯罪的事实，在原审庭审笔录中既有曹某供述不构成（贪污）犯罪的记录，又有表述"同意辩护人意见"的内容，而辩护人的意见不构成贪污，系挪用公款犯罪，曹某的供述应当认为属于对自己行为性质的辩解，不影响自首的成立，依法应当减轻处罚。曹某在取保候审期间违反规定，擅自外出，影响案件的正常审理，在量刑时应当从重处罚。原审判决认定事实清楚，但适用法律错误。

五、定案结论

（一）一审法院定案结论

河南省社旗县人民法院依照《中华人民共和国刑法》第382条第1款、第383条第1款第2项、第384条第1款、第93条第2款、第25条第1款、第26条第1款、第27条、第23条、第69条、第68条、第37条、第72条、第73条之规定，判决如下：

1. 被告人曹某犯贪污罪，判处有期徒刑3年，缓刑4年；犯挪用公款罪，免予刑事处罚。决定执行有期徒刑3年，缓刑4年。

2. 被告人李某崇犯贪污罪，免予刑事处罚。

（二）二审法院定案结论

河南省南阳市中级人民法院依照《中华人民共和国刑法》第382条第1款、第383条第1款第2项、第384条第1款、第25条第1款、第69条第1款、第67条第1款、第37条和《中华人民共和国刑事诉讼法》第189条第1项、第2项之规定，判决如下：

1. 维持河南省社旗县人民法院（2010）社刑初字第42号刑事判决第二项，即被告人李某崇犯贪污罪，免予刑事处罚。

2. 撤销河南省社旗县人民法院（2010）社刑初字第42号刑事判决第一项，即被告人曹某犯贪污罪，判处有期徒刑3年，缓刑4年；犯挪用公款罪，免予刑事处罚。决定执行有期徒刑3年，缓刑4年。

3. 原审被告人曹某犯贪污罪，判处有期徒刑3年6个月；犯挪用公款罪，免予刑事处罚。决定执行有期徒刑3年6个月。（刑期从判决执行之日起计算。判决执行以前先行羁押的，羁押1日折抵刑期1日，即自2011年8月10日起至2013年10月21日止。）

本判决为终审判决。

六、法理解说

笔者认为，本案有以下几点值得注意，具体而言：

本案属于抗诉案件，二审的焦点为曹某贪污行为是否完成。具体到本案，一审法院和二审法院的判定不同：（1）原审法院认为，起诉书指控的二被告人贪污公款6.5万元，被告人曹某虽有贪污的故意，也实施了贪污的手段，但李某崇给韩某某所打"收到韩某某转交来曹某收6.5万元款条一张"，该收据应在县教体局计财科下账而尚未下账，待下账时必定查出曹某收购房6.5万元购房款一事,曹某贪污该 6.5 万元的目的并不能达到,因此,被告人曹某应系犯罪未遂。(2) 但是,二审法院认为,关于曹某贪污犯罪的完成状态,经查,原审被告人曹某先将他人交纳的购房款占有并使用,而后与李某崇合谋伪造工程票据虚列开支,将该 6.5 万元从中充抵,且该票据已经具备报账的基本条件,其贪污行为已经完成。原审认为,曹某贪污未遂的理由与客观事实不符,但河南省社旗县人民检察院却提出来有力的抗诉理由。

对于贪污罪是否存在未遂形态?学者存在不同的认识,归纳起来,主要有以下三种观点:(1) 否定说。该说认为贪污犯罪为结果犯,非行为犯,没有结果,何来犯罪?行为人利用职务便利而非法占有公共财物,其占有必须是非法占有的意图直接表现为占有的事实,一旦成立"事实占有"即为既遂,并不存在未完成犯罪的问题。再者,贪污罪是以一定违法数额作为犯罪构成的必要条件,这一要件不齐备,说明不构成犯罪,同样也不可能存在犯罪的未完成形态。① (2) 肯定说。该说认为,贪污罪有未遂形态,其理由有两个:其一,贪污罪是直接故意犯罪,刑法总则规定的构成犯罪预备、未遂或者中止的一般原理同样适用于贪污罪;其二,结果犯是按照是否有具体的犯罪结果发生为构成犯罪既遂形态的标准在划分,有结果发生为既遂,无结果发生则为未遂。贪污罪作为结果犯有未遂形态。② (3) 区别说。认为贪污未遂实际上存在着两种情况:一是行为人虽然是未完成贪污,但贪污数额可以确定,这种情况应按贪污罪(未遂)追究刑事责任;二是行为人已着手实施贪污行为,但贪污数额无法具体确定,此种情况就无法追究刑事责任。③

笔者认为,应肯定贪污罪存在犯罪停止形态的观点。一般而言,贪污罪所侵吞、骗取、窃取的公共财产一般是行为人经营或者经手的财产,所以当行为人实施弄虚作假侵吞公共财物的行为充分暴露出非法占有意图,并将公共财物仿佛是私有财产一样占有、支配、适用时,就构成犯罪既遂。根据《全国法院审理经济犯罪案件工作座谈会纪要》(2003 年 11 月 13 日)关于贪污罪既遂与未遂的认定的规定:"贪污罪是一种以非法占有为目的的财产性职务犯罪,与盗窃、诈骗、抢夺等侵犯财产罪一样,应当以行为人是否实际控制财物作为区分贪污罪既遂与未遂的标准。对于行为人利用职务上的便利,实施了虚假平

---

① 参见刘光显、张泗汉主编:《贪污贿赂罪的认定与处理》,人民法院出版社 1996 年版,第 158 页。
② 参见赵秉志主编:《渎职犯罪疑难问题司法对策》,吉林人民出版社 2000 年版,第 48~49 页。
③ 孙谦、陈凤超:《论贪污罪》,载《中国刑事法杂志》1998 年第 3 期。

账等贪污行为,但公共财物尚未实际转移,或者尚未被行为人控制就被查获的,应当认定为贪污未遂。行为人控制公共财物后,是否将财物据为己有,不影响贪污既遂的认定。"因此,贪污罪存在犯罪未遂和既遂形态之分。

　　本案未遂与既遂的认定,直接取决于被告人是否已经非法占有了公共财物,而这又与本案中虚开的发票、是否报账的认定及其对贪污罪既遂的影响等问题密切关联。在本案中,2008年10月13日,李某崇给韩某某出具一张收据"今收到韩某某转交来曹某收高某某6.5万元款条一张,系付门面房预交款"(韩某某系顶替高某某名义购房)。李某崇将此收据的存根联和记账联与其他购房户交款收据的存根联和记账联在一起存放,准备向河南省社旗县教体局计财科报送下账,但直到案发尚未报送下账。从这些事实看,似乎符合"实施了虚假平账等贪污行为,但公共财物尚未实际转移,或者尚未被行为人控制就被查获的,应当认定为贪污未遂"的情形。但是,正如原审法院所认定的:"曹某利用担任校长的职务便利,从购房户韩某某手中收取购房款6.5万元,用于其个人在社旗县城购房使用。"换言之,被告人已经实际控制了这笔购房款,而且用于个人使用。而这一事实,一审法院在判决书上并未说明,也没有用来认定案件的既遂。3月9日,曹某主动交代于2007年夏从购房户韩某某手中预收6.5万元购房款用于个人在河南省社旗县城关镇购房使用,并于2008年年初安排李某崇虚开6.5万元校园改造工程款发票,将6.5万元虚假入账。二审法院据此查证后认定:原审被告人曹某先将他人交纳的购房款占有并使用,而后与李某崇合谋伪造工程票据虚列开支,将该6.5万元从中充抵,且该票据已经具备报账的基本条件,其贪污行为已经完成。根据已有的规定,"行为人控制公共财物后,是否将财物据为己有,不影响贪污既遂的认定"。尽管本案的从犯并未将虚开的票据报账,但事实上,被原审被告人曹某所控制的6.5万元购房款已经完全脱离了河南省社旗县教体局计财科的控制范围。被告人使用收取的购房款这一行为使得"正处于报送下账"的状态转换为实质上的报账,非法占有公共财物的行为已经完成,符合贪污罪的既遂标准要求。

　　贪污罪的主观罪过是故意,并且具有非法占有公共财物的目的。这里的非法占有,既包括贪污者个人非法占有,也包括贪污者共同占有,同时也包括贪污者将公共财物占为他人所有,如将贪污的公共财物送给朋友、同学、情人。

如果没有非法占有公共财物的目的，不能构成贪污罪。[①] 非法占有的目的，需要根据行为人的客观表现予以认定。在司法实践上，认为行为人弄虚作假将账目冲平或者销去，销毁账目，掩盖财物的踪迹，就足以认定行为人具有非法占有的目的。在本案中，要防止将非法占有目的的认定与贪污罪既遂的标准混淆起来。行为人实现非法占有目的的方式千变万化，一般是指所有权意义上的非法控制，但使用权意义上的非法占有亦是题中之义。尽管被告人尚未真正实施报账行为，没有实现所有权的排他性转移。但是，被告人在收取购房款后予以使用的行为，已经是一种非法占有目的的实现方式，导致了公共财物失去控制，也同时脱离了国家有关机关的实际占有。因此，本案中的被告人已经实施了贪污行为，构成贪污罪的既遂。二审法院依法改判的做法正确，有助于防止放纵犯罪的情形发生。

（撰稿人：孙道萃）

[①] 参见周其华：《贪污罪几个问题的研究》，载《国家检察官学院学报》2002年第2期，第99页。

案例35：杨某升等贪污案
——贪污罪未遂的认定

一、基本情况

案　由：贪污

被告人： 杨某升，男，1956年5月17日出生，汉族，陕西省米脂县人。2009年6月10日因涉嫌犯贪污罪被米脂县人民检察院取保候审。2009年12月16日被法院取保候审。

被告人： 杨某宏，男，1962年6月15日出生，汉族，陕西省米脂县人。2009年6月10日因涉嫌犯贪污罪被米脂县人民检察院取保候审，同年12月16日被法院取保候审。

被告人： 杨某雄，男，1946年5月7日出生，汉族，陕西省米脂县人。2009年6月10日因涉嫌犯贪污罪被米脂县人民检察院取保候审，同年12月16日被法院取保候审。

被告人： 张某杰，男，1972年11月16日出生，汉族，陕西省米脂县人。2009年6月10日因涉嫌犯贪污罪被米脂县公安局刑事拘留，同年6月19日被取保候审，同年12月16日被法院取保候审。

二、诉辩主张

（一）人民检察院指控事实

米脂县人民检察院指控：2007年5月，被告人张某杰代表郭兴庄乡政府为长庆油田采气二厂委托米脂县国土资源局征用该乡杨山村天然气井占地做协调工作。期间，杨某升和杨某宏向长庆采气二厂提出另给一部分费用，为此请客送礼六条芙蓉王，米脂县国土资源局统征办干部高某（已死亡）便与张某杰和杨某雄、杨某升等人协商，经长庆外协人员侯某云同意，以遗留问题给该村虚加2.5亩土地补偿费（补偿标准2万元/亩），计5万元，并约定该款有村干部得2万元，其他人得3万元。2008年11月，补偿款拨付到位后，杨山村村干部弄虚作假、虚列支出，将5万元从乡政府村级会计核算中心套出，准备私分，后因该乡部分村村民为占地补偿费问题向检察机关举报，私分未果。2009年3月27日，杨山村村干部又将5万元交还给乡政府村级会计核算中心，并调换了原虚假报账单。米脂县人民检察院认为，被告人杨某升、杨某宏、杨某雄、张某杰身为受国家机关委托从事公务或国家工作人员身份，利用职务之便，骗取国家土地补偿费4.85万元据为己有。其行为触犯了《中华人民共和国刑法》第382条、第383条之规定，事实清楚，证据确实充分，应当以贪污罪未遂追究其刑事责任。

（二）被告人辩解及辩护人辩护意见

四被告人对公诉人指控的犯罪事实均供认不讳，庭审中不作辩解。

三、人民法院认定事实和证据

（一）认定犯罪事实

米脂县人民法院经公开审理查明：

2007年5月间，被告人张某杰代表郭兴庄乡政府为长庆油田采气二厂委托米脂县国土资源局征用该乡杨山村天然气井占地做协调工作。期间，被告人杨某升、杨某宏向长庆采气二厂提出另给一部分费用，为此请客送礼6条芙蓉王香烟，米脂县国土资源局统征办干部高某（已死亡）便与被告人张某杰、杨某升、杨某雄等人协商、经长庆外协人员侯某云同意，以遗留问题给该村虚加2.5亩土地补偿费（补偿标准2万元/亩），计5万元，并约定该款有村干部得2万元，有其他3人得3万元。2008年11月，补偿款拨付到位后，杨山村村干部弄虚作假、虚列支出，将5万元从乡政府村级会计核算中心套出，准备私分，后因该乡部分村村民为占地补偿问题向检察机关举报，私分未果。2009年3月27日，杨山村村干部又将5万元交还乡政府村级会计核算中心，并调换了虚假报账单。

（二）认定犯罪证据

上述事实有下列证据证明：

1. 四被告人的供述，四被告人均能分别证明上述事实。

2. 证人侯某云的证言，证明该村村干部虚报2.5亩土地，经证人同意，套取补偿款5万元的事实。

3. 证人李某的证言，证明杨山村村干部弄虚作假。在乡政府报账5万元。2009年3月27日，杨山村村干部又将5万元交还乡政府村级会计核算中心，并调换了原虚假报账单。

4. 记账凭证，证明杨山村在乡政府会计核算中心原始报账凭证。

5. 结余款凭证，证明除给村民发放补偿款外，杨山村村委员会结余的款项。

6. 土地确认单，确认了虚假的2.5亩地。

7. 伪造的记账凭证，证明村委会伪造了2.5亩地。

8. 公示单，杨山村委会公布了占地补偿款。

9. 交款单（收费票据），证明四被告人将5万元交于检察机关。

10. 户籍证明，证明四被告人的出生年月日。

四、判案理由

米脂县人民法院认为，四被告人利用职务上的便利，伙同他人弄虚作假，虚报土地亩数，伪造票据，向乡政府会计核算中心报账，侵吞国家财物，数额较大其行为均已构成贪污罪，公诉人指控的罪名成立，予以支持。在共同犯罪中所起的作用基本相同，应当以一般共同犯罪论处。四被告人从乡政府领回该款准备贪污时，由于意志以外的原因未能得逞，属犯罪未遂，应当从轻或免予刑事处罚。

五、定案结论

米脂县人民法院依照《中华人民共和国刑法》第382条第1款、第383条第1款第3项、第37条、第23条、第25条第1款、第72条第1款、第73条第3款之规定，判决如下：

1. 被告人杨某升犯贪污罪，判处有期徒刑1年，缓刑2年（缓刑考验期限，从判决确定之日起计算）。

2. 被告人杨某宏犯贪污罪，判处有期徒刑1年，缓刑2年（缓刑考验期限，从判决确定之日起计算）。

3. 被告人杨某雄犯贪污罪，判处有期徒刑6个月，缓刑1年（缓刑考验期限，从判决确定之日起计算）。

4. 被告人张某杰犯贪污罪，免予刑事处罚。

六、法理解说

贪污罪，是指国家工作人员利用职务上的便利，侵吞、窃取、骗取或者以其他手段非法占有公共财物的行为。受国家机关、国有公司、企业、事业单位、人民团体委托管理、经营国有财产的人员，利用职务上的便利，侵吞、窃取、骗取或者以其他手段非法占有国有财物的，以贪污论。

在本案中，由于被告人对公诉人指控的犯罪事实均供认不讳，庭审中不作辩解。因此，本案的焦点在于如何准确把握犯罪形态，具体是指行为人是否成立犯罪未遂形态。犯罪未遂形态，是指行为人已经着手实行具体犯罪构成的实行行为，由于意志以外的原因而未能完成犯罪的一种犯罪停止形态。① 犯罪未遂形态的认定，与犯罪既遂形态的标准密不可分。一般认为，犯罪目的实现说、犯罪结果发生说和犯罪构成要件齐备说是犯罪既遂认定标准的主要观点。但是，理论界的争议很大。其中，犯罪构成要件齐备说占据通说的地位。② 笔者认为，综合本案的案情和证据，应认定为贪污罪的未遂形态。具体而言：

（1）2007年5月，被告人杨某升、杨某宏向长庆采气二厂提出另给一部分费用，为此请客送礼六条芙蓉王香烟，米脂县国土资源局统征办干部高某便与被告人张某杰、杨某升、杨某雄等人协商、经长庆外协人员侯某云同意，以遗留问题给该村虚加2.5亩土地补偿费（补偿标准2万元/亩），计5万元，并约定该款有村干部得2万元，有其他3人得3万元。此时，被告人的行为属于犯罪预备行为阶段，也即预谋犯罪的过程，目的是为将来的犯罪制造条件，但尚未开始着手实行犯罪。2008年11月，补偿款拨付到位后，杨山村村干部弄虚作假、虚列支出，将5万元从乡政府村级会计核算中心套出，准备私分。此时，被告人的行为属于犯罪实行行为，在补偿款到位后，被告人利用职务便利，采取各种欺骗手段伪造会计账目，意图套现，然后私分。这一系列行为针对国土资源局所下拨的补偿款，对公共财产造成了实质性的危害，使得刑法所保护的法益正处于初步受到侵害，即将面临被私分的危险，是一种典型的贪污行为，是客观的实行行为和主观的实行犯罪意图的高度结合后的产物与标志。

（2）在补偿款下拨后，被告人已经套出现金，但后因该乡部分村村民为占地补偿问题向检察机关举报，私分未果。笔者认为，此时贪污犯罪未完成而被迫停止下来，也将无法最终达到既遂。其理由为：根据《全国法院审理经济犯

---

① 参见赵秉志主编：《刑法总论》，中国人民大学出版社2007年版，第299页。
② 参见李永升、张超：《对犯罪既遂标准的反思与重构》，载《昆明理工大学学报》（社会科学版）2012年第1期，第33页。

罪案件工作座谈会纪要》（2003年11月13日）的规定，贪污罪是一种以非法占有为目的的财产性职务犯罪，与盗窃、诈骗、抢夺等侵犯财产罪一样，应当以行为人是否实际控制财物作为区分贪污罪既遂与未遂的标准。对于行为人利用职务上的便利，实施了虚假平账等贪污行为，但公共财物尚未实际转移，或者尚未被行为人控制就被查获的，应当认定为贪污未遂。行为人控制公共财物后，是否将财物据为己有，不影响贪污既遂的认定。在本案中，被告人虽然已经完成了套现环节，但尚未进入具体的私分环节，被告人仍没有实现对财物的控制，该补偿款仍在乡政府村级会计核算中心的控制之下。而且，一旦实行行为被迫停止下来，则无法继续前进，也即不能倒回至其他的犯罪停止形态。(3)"该乡部分村村民为占地补偿问题向检察机关举报，私分未果"是导致被告人私分失败的决定性因素。在性质上，这种突发情况的出现直接导致私分未果，妨碍了贪污行为既遂的实现。"村民举报"一事是案件中所有被告人意志以外的因素，其所具有的强度令所有被告人无法私分款项，不得不放弃接下来的犯罪行为。(4)2009年3月27日，杨山村村干部又将5万元交还乡政府村级会计核算中心，并调换了虚假报账单。笔者认为，这属于犯罪的事后行为，不影响行为的定性，也即这种事后补救行为仅能作为量刑情节参考。

综上所述，四被告人从乡政府领回该款准备贪污时，由于意志以外的原因未能得逞，属应认定为犯罪未遂，一审法院的判决正确。

（撰稿人：孙道萃）

案例36：褚某健等贪污案

——贪污罪既遂的认定

一、基本情况

案　由：贪污

被告人：褚某健，1997年2月8日因本案被监视居住，同年7月10日被逮捕。

被告人：罗某军，1997年8月8日因本案被刑事拘留，同年8月22日被逮捕。

被告人：乔某科，1997年8月8日因本案被刑事拘留，同年8月22日被逮捕。

二、诉辩主张

（一）人民检察院指控事实

云南省人民检察院指控：1993年至1994年，玉溪卷烟厂在下属的香港华玉贸易发展有限公司（以下简称华玉公司）存放销售卷烟收入款（也称浮价款）和新加坡卷烟加工利润留成收入款共计28570748.5美元。褚某健指使罗某军将该款截留到玉溪卷烟厂和华玉公司的账外存放，并规定由其签字授权后才能动用。1995年6月，褚某健与罗某军、乔某科先后两次策划将这笔款先拿出300万美元进行私分。褚决定自己要100多万美元，给罗某军、乔某科每人60万至70万美元，华玉公司总经理盛某勇（在逃）、华玉公司副总经理刘某麟（另案处理）也分一点，并把钱存放在新加坡商人钟某欣的账户上。1995年7月15日，罗某军身带褚某健签字的四份授权委托书到达深圳，向盛某勇、刘某麟转达了褚的旨意，盛、刘亦同意。罗某军在授权委托书上填上转款数额，褚某健为174万美元，罗某军681061美元，乔某科68万美元，盛某勇和刘某麟45万美元。罗将填好转款数额的授权委托书和向钟某欣要的收款

335

银行账号交给盛某勇，叫盛立即办理。7月19日，盛某勇将3551061美元转到钟某欣的账号上。罗某军返回玉溪卷烟厂后，将办理情况报告了褚某健、乔某科。上述款项案发后已追回。

（二）被告人辩解及辩护人辩护意见

被告人褚某健、罗某军、乔某科当庭陈述的事实与指控事实基本一致。被告人褚某健提出，预谋私分美元的数额与指控贪污的数额有出入。

被告人褚某健的辩护人对指控提出三点异议：（1）各证据间反映出的数额与起诉书认定的数额存在矛盾；起诉书认定三被告人各自贪污的美元数额，只有罗某军的供述，没有其他证据证实。（2）三被告人私分的是销售卷烟价款，属账外资金，私分的决定是集体作出的，故应定集体私分国有资产罪，指控贪污的罪名不能成立。（3）款项转到新加坡商人钟某欣账户，被告人并未实际占有，属犯罪未遂。

被告人罗某军的辩护人提出，被告人褚某健指使被告人罗某军将355万美元转到新加坡商人钟某欣的账户上存放，只是为三被告人私分公款创造了条件，款项并未按预谋的份额为各被告人控制，公款的性质并没有改变，事后也以玉溪卷烟厂的名义将款项全部转回。故三被告人的行为属于犯罪预备。

被告人乔某科的辩护人提出，被告人乔某科仅有犯意表示，没有实施犯罪行为，也没有实际占有私分的美元，指控其贪污不能成立。

三、人民法院认定事实和证据

（一）认定犯罪事实

云南省高级人民法院经公开审理查明：

三被告人主观上有共同私分公款的故意，客观上已将公款从华玉公司的银行账户转到钟某欣的账户，这一过程完成后，玉溪卷烟厂、华玉公司都对该款项失去了占有和控制，实际支配权在被告人，款项的所有权已被非法侵犯，三被告人的行为符合贪污罪的全部构成要件，属犯罪既遂。

（二）认定犯罪证据

上述事实有下列证据证明：

1. 华玉公司的账页，以证明玉溪卷烟厂在华玉公司存放销售卷烟收入款（浮价款）和卷烟加工利润留成款共计28570748.5美元。褚某健等人汇出的3551061美元属上述款项中的一部分。

2. 被告人褚某健、罗某军、乔某科在侦查期间的陈述，以证明三被告人预谋私分美元的经过。

3. 华玉公司的调账凭证，华玉公司副总经理刘某麟记录的调账备注和刘某麟的证言，以证明被告人罗某军持被告人褚某健签字的授权委托书到华玉公司调账的经过。

4. 银行转款凭证和银行收款凭证，以证明从华玉公司汇出款项的时间、金额及收款银行和账号。

5. 新加坡商人钟某欣证言，以证明被告人褚某健等人将款汇到他在香港汇丰银行账户存放的经过。

6. 扣押款项凭证，以证明案发后款项已全部追回。

7. 罗某军证言，证明"褚某健说自己要1150万美元"；同时证明"褚某健给我一个用英文打印的银行账号用以转款"。

8. 钟某欣证言，证明"褚对我说要转一笔款到我账上，向我要个账号，……我专门买了个公司，开设了银行账户，把账户提供给褚款转到了这个账户上"。

9. 合同书、付款凭证，证明被告人褚某健辩解的购买烟丝膨胀设备的款项，是由其他途径支付的。

四、判案理由

云南省高级人民法院认为，告人褚某健、罗某军、乔某科利用职务之便，私分公款3551061美元，折合人民币2870万元，其行为均已构成贪污罪，且数额特别巨大，情节特别严重。被告人褚某健在共同犯罪中起决定、组织的作用，系主犯，应对组织、参与的全部犯罪负责，论罪应依法判处死刑。但鉴于其有自首和重大立功表现，以及赃款全部追回，经济损失已被挽回和其他情节，依法应当减轻处罚。被告人褚某健同时犯有巨额财产来源不明罪，依法应当数罪并罚。被告人罗某军积极参与犯罪，具体实施转款行为，作用明显，但鉴于其系从犯，案发后如实供述犯罪事实，并揭举他人的违法事实，认罪态度较好等情节，依法可以减轻处罚。被告人乔某科受邀约参与犯罪，系从犯，在共同犯罪活动中情节较轻，案发后如实供述犯罪事实，认罪态度较好，依法可以减轻处罚。

五、定案结论

云南省高级人民法院依照《中华人民共和国刑法》第12条、第382条第1款、第383条第1款第1项、第26条第1款和第4款、第27条、第57条第

1款、第67条、第68条、第69条和全国人大常委会《关于惩治贪污罪贿赂罪的补充规定》第11条第1款之规定，判决如下：

1. 被告人褚某健犯贪污罪，判处无期徒刑，剥夺政治权利终身，并处没收财产人民币20万元；犯巨额财产来源不明罪，判处有期徒刑5年；数罪并罚，决定执行无期徒刑，剥夺政治权利终身，并处没收财产人民币20万元。

2. 被告人褚某健巨额财产中明显超过合法收入的差额部分，价值人民币403万元，港币62万元的财产依法没收。

3. 被告人罗某军犯贪污罪，判处有期徒刑14年，并处没收财产人民币13万元。

4. 被告人乔某科犯贪污罪，判处有期徒刑5年，并处没收财产人民币5万元。

六、法理解说

褚某健等三人共同贪污、褚某健巨额财产来源不明案，是近十余年来云南省高级人民法院受理的唯一的一件在省内外具有较大影响的一审重大刑事案件。尽管本案还牵涉到新旧法之间的适用关系，但这无法否定本案的独特意义和价值。因此，笔者仍然挑选出来予以解析。在本案中，围绕贪污罪的犯罪停止形态所展开的争论便是其中一个精彩的环节。

一审中，被告人褚某健的辩护人认为，"款项（3551061美元）转到新加坡商人钟某欣账户，被告人并未实际占有，属犯罪未遂"。被告人罗某军的辩护人提出："被告人褚某健指使被告人罗某军将3551061美元从华玉公司账上转到新加坡商人钟某欣在香港的银行账户存放，这一行为只为三被告人私分创造了条件，款项并未按预谋的份额为各人控制，公款的性质没有改变，事后也以玉溪卷烟厂的名义将款全部转回，故三被告人行为属犯罪预备。笔者认为，前述观点不足取。本案中的三位被告人属于共同犯罪，是在共同贪污的主观故意支配下实施有预谋的贪污行为。具体而言：

（一）被告人乔某科行为的理解

三被告属于事前通谋的共同犯罪，在具体实施转移款项等行为上，已经超出了犯意表示的范围。

所谓犯意表示，一般认为是指具有犯罪意图的人，通过一定的方式，将自己的犯罪意图表露出来的外部活动。① 犯意表示的特点为：是一种将犯罪意图单纯表现于外部的行为，即必须能够被人们所感知；借助一定的方式才能被人们所感知，即必须以语言、文字或者具体的行为举动才能被认识；是一种犯罪意图的单纯流露，即必须对以后可能实施的犯罪不具有易于实行、便于完成或者有利于犯罪成果的确保和固定。在我国刑法中，犯意表示的行为非犯罪行为，也不属于犯罪的某一阶段，即不应当受刑法的评价。我们研究犯意表示，只是为正确区别犯罪预备与形似犯罪预备的犯意表示。二者的区别有：一是犯意表示是通过口头的或书面的形式，简单地流露犯罪意图；犯罪预备则是通过各种具体的活动为实行犯罪创造条件；二是犯意表示停留在单纯表现犯罪思想阶段，尚未通过实际的犯罪行为将犯罪意图的实现付诸行动；而犯罪预备则是将犯罪目的与犯罪行为有机地结合起来，开始实施犯罪的准备活动。②

因此，单纯的犯意表示，不可能实现主观上的犯罪意图；而犯罪预备行为已使犯罪意图的实现成为可能。辩护方一定程度上混淆了二者。在共同犯罪中，整个犯罪应看成一个整体，单个的行为是整个行为的一部分。被告人乔某科实现早就与其他二位被告商议侵吞公司款项，并且罗某军返回玉溪卷烟厂后，将办理情况报告了褚某健、乔某科，这说明被告人乔某科已经参与了本案的实行行为，是一种典型的贪污行为。因此，被告人乔某科行为是贪污行为，这种行为不是犯意表示，而是一种实行行为。

（二）关于被告人罗某军转账行为的理解

我国刑法第22条第1款规定："为了犯罪，准备工具，制造条件的，是犯罪预备。"犯罪预备形态，是指故意犯罪过程中未完成犯罪的一种停止形态，是指行为人为实施犯罪而开始创造条件的行为，由于行为人意志以外的原因而未能着手实行行为的犯罪停止形态。其客观特征有：行为人已经开始实施犯罪的预备行为；行为人尚未着手犯罪的实行行为。其主观特征有：行为人进行犯罪预备活动的意图和目的是顺利地着手实施和完成犯罪；犯罪在实行行为尚未着手时停止下来从主观看是违背了行为人的意志的。③

在本案中，被告人罗某军的转账行为是一种实行行为。实行行为，在实质

---

① 参见林亚刚：《犯罪预备与犯意表示、阴谋犯》，载《国家检察官学院学报》2003年第4期，第1页。

② 参见马克昌主编：《犯罪通论》（第3版），武汉大学出版社1999年版，第424～425页。

③ 参见高铭暄、马克昌主编：《刑法学》（第5版），北京大学出版社、高等教育出版社2011年版，第149～150页。

上具有侵害刑法所保护的法益的紧迫危险性，同时又具有符合刑法分则规定的具体犯罪构成客观方面这一形式上的特征。① 1995年7月15日，罗某军身带褚某健签字的四份授权委托书到达深圳，向盛某勇、刘某麟转达了褚的旨意，盛、刘亦同意。罗某军在授权委托书上填上转款数额，褚某健为174万美元，罗某军681061美元，乔某科68万美元，盛某勇和刘某麟45万美元。罗将填好转款数额的授权委托书和向钟某欣要的收款银行账号交给盛某勇，叫盛立即办理。7月19日，盛某勇将3551061美元转到钟某欣的账号上。罗某军返回玉溪卷烟厂后，将办理情况报告了褚某健、乔某科。在这个过程中，罗某军的转账行为将该款置于公司账外，并且脱离了玉溪卷烟厂的实际控制。尽管钟某欣并非本案的犯罪成员，但款项处于钟某欣名下，同样导致公共财物脱离了控制，即使三被告人尚未实际分得款项。转账行为是贪污罪的实行行为，直接针对特定的公共财物，使得国家所有的公共财物受到实际的危害，并随时面临并私分侵吞的危险。

（三）关于被告人褚某健是否实际占有的认定

《全国法院审理经济犯罪案件工作座谈会纪要》（2003年11月13日）指出："行为人控制公共财物后，是否将财物据为己有，不影响贪污既遂的认定。"被告人褚某健的辩护人认为，款项（3551061美元）转到新加坡商人钟某欣账户，被告人并未实际占有，属犯罪未遂这种观点不成立。从现有的规定看，一审法院的判决是正确的，因为是否据为己有不是问题的关键。

笔者认为，对占有的理解不能过于狭隘，不能仅限于一种物理上的实际占有或者控制，还包括其他的占有形式，要充分根据民法中的占有理论加以理解。在本案中，尽管转账后的款项处于本案之外的钟某欣名义下。但是钟某欣事先与本案被告之间存在通谋，这是之所以会转入其账户内的根本原因。换言之，钟某欣只不过代为"看管"已经被三被告所控制的款项，并非如辩方所言，款项根本不是由钟某欣占有。因此，从这一点看，这批被转账的款项已经脱离国家所有人的控制，而被本案的三位被告实际占有。

综上所述，法院的判决是正确的。

（撰稿人：孙道萃）

---

① 参见赵秉志：《论犯罪实行行为着手的含义》，载《东方法学》2008年第1期，第14页。

案例37：王某胜等贪污案
——贪污罪中的免于刑事处罚与停止形态的认定

一、基本情况

案　　由：挪用公款

被告人：王某胜，曾担任夏邑县胡桥乡财政所所长。因涉嫌犯挪用公款罪于2011年4月29日经夏邑县人民检察院批准被刑事拘留，同年5月4日被取保候审。

被告人：胡某明，曾担任夏邑县胡桥乡财政所会计。因涉嫌犯挪用公款罪于2011年4月29日经夏邑县人民检察院批准被刑事拘留，同年5月4日被取保候审。

二、诉辩主张

（一）人民检察院指控事实

夏邑县人民检察院指控：2010年3月，被告人王某胜、胡某明分别利用担任夏邑县胡桥乡财政所所长、会计的职务便利，以非法占有为目的，将胡桥乡2009年新增土地的粮种补贴款2.157万元非法据为己有。其行为触犯《中华人民共和国刑法》第382条第1款、第383条第1款第3项，犯罪事实清楚，证据确实充分，应当以贪污罪追究其刑事责任。二被告人在侦查机关采取强制措施期间，如实交代侦查机关未掌握的罪行，与侦查机关掌握的罪行属不同种罪行，以自首论，可以从轻或者减轻处罚。建议对二被告人判处1年6个月以下有期徒刑。

（二）被告人辩解及辩护人辩护意见

被告人王某胜辩称，胡桥乡政府的款都是以胡某明及其他个人的名义存的，准许公款用个人存折存。这2.157万元的折子在我们到检察院自动投案时仍在胡某明办公室放着。我们有想私分这2.157万元钱的想法，但没有私分，我们想等两三年过去后再分,到现在这笔钱还没有分,仍在折子上存着。在检察机关调查其他事时,我们主动向检察机关说的这笔钱。

被告人王某胜的辩护人王思林的辩护意见是,王某胜、胡某明对涉案公款私存是公开的,不是秘密的。胡桥乡财政所的款项均由胡某明以个人或他人的名义代存,涉案2.157万元存款仍是以胡某明的个人名字存入银行,存折放在财政所办公室。二人虽然有预谋私分的故意,但非法占为己有的行为没有实施(即没有分),未得逞,属贪污犯罪未遂。鉴于王某胜主动交代,国家财产没有损失,认罪悔罪态度较好,系初犯、偶犯,可视为犯罪情节显著轻微,危害不大,不认为犯罪,建议政府机关予以处分。辩护人提交了胡桥乡党委书记尤某某、乡长毛某某、工作人员赵某某签名的胡桥乡人民政府情况说明一份。

被告人胡某明辩称,这笔钱是2010年3月取的,取后在存折上没动,一直在办公室放着,我们没有占为己有。

被告人胡某明的辩护人的辩护意见是,被告人胡某明将农户2009年新增土地的粮种补贴款2.157万元没有非法据为己有。从胡桥乡政府、夏邑县财政局出具的证明可以看出,胡某明管理账目可以以自己的名义存放公款,且该涉案标的一直存放在胡某明办公室内,这种行为不能认定胡某明已非法据为己有。即使胡某明有占有的打算,也是检察院工作人员向其询问时胡某明才陈述的,这应当理解为是被告人的犯意。胡某明将40户名下的存款取出存入个人账户,这2.157万元的属性属于这些农户的私人财产,所有权已发生变化,胡某明的管理行为已终止,与贪污罪的客体公共财物明显不符。上述行为是典型的信用社与被告人共同侵犯储户的民事权益。胡某明将涉案标的一直以存折的形式放在办公室,而且王某胜也安排胡某明不要动这笔款,这种公款私存也是上级主管部门批准的。胡某明即使构成贪污罪,也属于未遂,应对其免予刑事处罚。胡某明一贯表现良好,本次行为责任心不强,违反了业务管理规程,主观恶性不深。胡某明系初犯、偶犯,积极退赃,及时有效地挽回了损失,认罪态度良好,主动交代自己的行为,应当免予胡某明的刑事处罚。

三、人民法院认定事实和证据

(一)认定犯罪事实

夏邑县人民法院经公开审理查明:

2010年3月,被告人王某胜、胡某明分别利用担任夏邑县胡桥乡财政所所长、会计的职务便利,以非法占有为目的,将胡桥乡2009年新增土地的粮种补贴款2.157万元非法据为己有。二被告人在侦查机关采取强制措施期间,如实交代侦查机关未掌握的罪行,与侦查机关掌握的罪行属不同种罪行,以自首论,可以从轻或者减轻处罚。

(二)认定犯罪证据

上述事实有下列证据证明:

1. 被告人王某胜的供述,2010 年 3 月,我安排财政所会计胡某明把 2009 年新增土地的粮种补贴款先取出来另外单独存起来。胡某明在信用社取出钱后告诉我总共有 2.157 万元,这些钱以他的名字存在了胡桥信用社新开的存折上。我让胡某明先保存着这个存折,并安排他别给其他人提及有关这存折的事,想等两年后农户不再问这件事,取出来俺俩分。2010 年胡桥乡乡领导换届时,我也没有向新、旧两届乡书记和乡长提这 2.157 万元粮种补贴款的事。这 2.157 万元只有我和胡某明知道,我俩就是想瞒着领导把这笔钱分了。这些新增的粮种补贴土地,大部分都是河滩地,且大部分不在具体耕种人的名下。

2. 被告人胡某明的供述,2010 年 3 月,王某胜在财政所办公室对我说:"你把 2009 年度新增土地的粮种补贴先取出来另存一个存折内。"我拿着新增粮食补贴款共 50 多个存折,到胡桥乡信用社把这 50 多个存折里的钱取出来,总共 2.157 万元,我在该信用社以我的名新开一个存折,把这 2.157 万元存里面。回到财政所我把此事给王某胜说了,王某胜说:"你先把这个存折保存后,这笔钱的事领导不知道,只有咱俩知道这个钱,别给其他人提这件事,以后这笔钱咱俩想用就用啦,等以后咱俩把这钱分了。"我当时也想占有这笔钱,这个存折一直在办公室里放着。

3. 原胡桥乡党委书记孙某某的证言,胡桥乡有很多窑厂复耕地及河滩地,在 2009 年以前都没有种粮补贴。2009 年元月财政所长陈某向我汇报说县里有文件规定,原来的河滩地、窑厂复耕地及漏报的都要上报。申报时陈某向我汇报,大约有 2000 亩。上报后 2~3 个月,这部分上报增补的种粮补贴款到财政所账户上。钱到位后,我安排陈某一定要把漏报的种粮补贴款存折发给种粮户,剩余的部分属于河滩地及窑厂复耕地,因没有具体到村民,属于集体,加之乡里经费紧张,所以剩余的这部分款作为乡里费用开支了。

4. 原胡桥乡政府乡长何某某的证言,胡桥乡在申报增补种粮面积以前就有原来漏报的窑厂复耕地及河滩地的种粮没有补贴。增补种粮面积(2000 亩左右)款到账后,陈某向我汇报这些增补的种粮面积都是以村干部的名义报的怎么办?我说暂时不动,等核实后再发。2010 年 5 月我离开胡桥时这部分款还没动。

5. 胡桥乡政府乡长毛某某证明,财政所会计胡某明在胡桥乡信用社取出新增粮种补贴款 2.157 万元,存入胡某明个人存折上,没有向其汇报。

6. 胡桥乡村干部金某某、李一某、王一某、臧某某、程某某、靳某某、吴某某、孟某某、王某某、常某某、施某某、崔某某、魏某某、张某某、王二某、郇某某证明，各村上报的增补土地面积大多是村干部及家属名义报的，乡政府按增补面积种粮补贴款的30%发给村委，只领到部分种粮补贴款。

7. 胡桥乡新增土地种粮补贴收入明细表证明，共56户，2009年至2011年补贴的款数及取款的数额。

8. 胡桥信用社活期存折复印件57张证明，2010年3月13日胡某明在该社从王某某等57个储户存折上取出人民币2.157万元。

9. 胡桥信用社活期一本通证明，2010年3月13日胡某明在该社存款2.157万元。

10. 罚没收入票据证明，2011年5月5日胡某明向夏邑县人民检察院缴罚没款2.16645万元。

11. 由乡党委书记尤某某、乡长毛某某、工作人员赵某某签名的胡桥乡人民政府情况说明证明，粮补款一直都有财政所负责统计发放，具体业务由财政所负责实施。涉案的2.157万元粮补款，胡某明办了存折一直存放在办公室。王某胜、胡某明一贯遵纪守法，工作较好。

12. 由贾某某、孙某某、何某某、尤某某、毛某某签名的夏邑县财政局证明，由于胡桥乡历史欠债高达3000多万元，财政账户经常被查封，无法正常开支，致使各项工作无法正常开展。2007年3月经孙某某书记、何某某乡长、经县财政局同意，胡桥乡政府财政账户上的资金允许会计存入会计个人账户（存折）。2009年5月毛某某同志调入胡桥任乡长，经其同意财政账户资金允许会计存入会计个人账户（存折）。

四、判案理由

夏邑县人民法院认为，被告人胡某明从种粮户存折上取出的2.157万元，存折未发给种粮户之前，由乡财政所掌握，此款应属于公款。被告人胡某明利用职务上的便利，取出种粮户存折上的款存入个人存折，主观上具有非法占有的故意，其行为构成贪污罪。被告人王某胜安排胡某明将粮种补贴取出另外单存，等时间久了二人分赃，其和胡某明属共同犯罪。经财政局批准，该乡领导均知道，乡财政账户上的资金，均以胡某明个人账户存入银行，因此，不能以该存折单独作为二被告人贪污既遂的证据。该笔款涉及50多户农民的切身利益，随时都有被发现的可能。二被告人虽将款存入个人账户，但其实际心态是处于观望状态，且没有将此笔款私分。二被告人虽有贪污动机，但现有的证据不能证明其已完成贪污行为，属犯罪未遂。对未遂犯可以比照既遂犯从轻或者减轻处罚。被告人王某胜、胡某明在被检察机关以涉嫌犯挪用公款罪采取强制措施期间，如实交代侦查机关未掌握的贪污事实，与侦查机关掌握的罪行属不同种罪行，是自首，可以从轻或者减轻处罚。二被告人认罪、悔罪，积极退赃，犯罪情节轻微，不需要判处刑罚。

五、定案结论

夏邑县人民法院根据《中华人民共和国刑法》第 382 条第 1 款、第 383 条第 1 款第 3 项、第 23 条、第 67 条第 2 款、第 37 条规定，判决如下：
1. 被告人王某胜犯贪污罪，判处免予刑事处罚。
2. 被告人胡某明犯贪污罪，判处免予刑事处罚。

六、法理解说

在本案，笔者认为，有两个问题值得关注，具体而言：一是贪污罪的未遂形态；二是贪污罪的免于刑事处罚问题。其中，重点分析第一个问题。

（一）理论导读

1. 贪污罪的犯罪未遂形态概述

贪污罪是否成立未遂情形。理论有争议。其中，否定说认为，贪污罪属于结果犯，如果行为人因故未能占有财物，就根本不构成犯罪，更无未遂可言。[1] 此外，还有一种区别对待说，认为贪污未遂存在两种情形：一是虽然贪污未遂，但是贪污的数额确定，这种情况可以按照贪污罪追究刑事责任；另一种情况是行为人着手实施了贪污行为，但数额尚未确定，无法认定具体数额，此种情况就无法追究刑事责任。[2] 笔者认为，这种观点不足取，导致贪污罪未遂的内部决裂，事实上否定了贪污罪未遂存在的可能性。

在理论上，大部分学者还是认为，贪污罪应当存在未遂形态。如有论者认为，贪污未遂犯罪，是指国家工作人员，集体经济组织工作人员或其他经手公共财物的人员，利用职务上的便利，采用侵吞、盗窃、骗取或者其他手段在着

---

[1] 参见魏磊：《略论贪污罪的未遂形态》，载《法律适用》1999 年第 7 期，第 9 页。
[2] 参见赵秉志主编：《刑法学各论研究述评》（1978～2008），北京师范大学出版社 2009 年版，第 611～612 页。

手贪污犯罪中由于意志以外的原因而未得逞。①

在实务界，贪污罪既遂与未遂的认定标准有以下观点：（1）失控说。该说主张应以公共财物的所有人、持有人或者保管人是否丧失了对公共财物的实际控制，即以实际失去了支配权为标准。凡实施贪污行为致使公共财物的所有人、持有人或者保管人已经丧失对公共财物的实际控制的，即为贪污罪既遂；反之，公共财物尚未最终脱离所有人、持有人或者保管人控制的，属于贪污未遂。其主要理由是，财物的所有主要表现为对财物的占有，没有占有就不会有所有，财物一旦失去控制，所有权被转移，所有人的占有就不复存在。因此，所有人财物的失控与否，即为衡量财物是否丧失、犯罪结果是否发生的客观标志。这种观点的实质在于以对公共财物的实际控制，作为财物所有权转移的标志，既然丧失了控制，所有权当然发生转移，而侵犯公共财物的所有权又是贪污罪的本质特征。（2）控制说。该说认为应以行为人是否对公共财物取得了实际控制为标准，实际控制的，是贪污既遂；没有实际控制的，是贪污未遂。主要理由是，贪污是否既遂是就犯罪主体的贪污行为完成与否而言的，这是构成本罪客观方面的主要条件。因此，衡量的基点，应着眼于犯罪主体的实行行为，而不能仅以客体是否受到侵犯而论。只有对公共财物取得了实际控制，才能表明贪污犯罪结果的发生，由此视为贪污既遂；反之，没有实际控制公共财物的，是未完成贪污罪。而失控虽在一定程度上意味着所有权的转移，但并不当然地反映犯罪结果的特征，只有同时兼顾行为人对公共财物是否达到实际控制，才能正确地认定贪污罪的既遂。这种观点的实质在于将衡量贪污罪既遂的着重点放在犯罪主体一面，以其实行行为作为认定贪污罪既遂的关键，而不是单单考虑公共财物的所有人、持有人或保管人是否失去了控制。（3）占有说。该说主张应以行为人是否实际占有了公共财物为标准，凡已实际取得财物，为既遂；尚未实际取得，是未遂。其主要理由是，贪污罪是一种结果犯，而贪污罪的犯罪结果只能以公共财物是否已实际转移到行为人手中，被行为人所占有来体现。非法据为己有是犯罪分子追求的目的，最直接的反映是贪污结果的存在，如果脱离了结果的发生，实际占有就难以判断。这种观点的实质在于强调占有的形式特征，以行为人是否形式上获取公共财物作为认定贪污罪既遂与未遂的标准。②

---

① 参见王克：《正确认识和掌握贪污罪的预备、中止和未遂形态》，载《法学探索》1994年第2期，第39页。

② 参见孟庆华：《贪污贿赂罪重点疑点难点问题判解研究》，人民法院出版社2005年版，第53~54页。

《全国法院审理经济犯罪案件工作座谈会纪要》便采取了控制说。贪污罪作为一种以非法占有为目的的财产性职务犯罪,与盗窃、诈骗、抢夺等侵犯财产罪一样,应当以行为人是否实际控制财物作为区分贪污罪既遂与未遂标准。但公共财物未实际转移,或者未被行为人控制就被查获的,应当认定为贪污未遂。行为人控制公共财物后,是否将财物据为己有,不影响贪污既遂的认定。笔者也认为,控制说更为可取。具体需要考虑了两个因素,既考虑所有人对财产的失控,又考虑行为人对财产的控制,这样是比较全面的做法。至于行为人控制财物后,是否将财物占为己有,不影响既遂的认定。当然,具体案情纷繁复杂,无法逐一明细。

2. 刑法中免于刑事处罚的一般理论

《刑法》第37条规定:"对于犯罪情节轻微不需要判处刑罚的,可以免予刑事处罚,但是可以根据案件的不同情况,予以训诫或者责令具结悔过、赔礼道歉、赔偿损失,或者由主管部门予以行政处罚或者行政处分。"这就是所谓的免除刑罚处罚条款,是指对行为作有罪宣告,但对行为人免除刑罚。免除刑罚虽然不科处刑罚,但并不意味着免除了犯罪的法律后果。免除刑罚适用的行为是犯罪情节轻微。一方面行为已经构成犯罪,区别于《刑法》第13条规定的"显著轻微";另一方面行为与"情节严重"、"情节恶劣"相区别。犯罪情节是否轻微,应该立足于犯罪事实,同时考虑量刑情节。对于犯罪事实,应当围绕犯罪构成要件,从犯罪的主体、性质、手段、对象、损害后果、时空、动机、目的等方面综合认定。此外,免于刑事处罚是"可以",而不是必须,应严格把握。

笔者认为,对于贪污罪,也可以适用《刑法》第37条的规定。但是要严格依法适用免除刑罚,在不具有具体的免除处罚情节的情况下,不宜直接依据《刑法》第37条规定对被告人免除刑罚。

(二) 本案解析

1. 被告人王某胜、胡某明的贪污行为认定

在本案中,被告人所实施的贪污行为具体如下:(1)被告人胡某明的辩护人刘伟认为,即使胡某明有占有的打算,也是检察院工作人员向其询问时胡某明才陈述的,这应当理解为是被告人的犯意。笔者认为,这种观点不足取,已经超出了犯意的范围。根据被告人王某胜和被告人胡某明的供述,二人明知粮种补贴款是公款,仍要共同商议私自存储在信用社新开的存折上,以用于将来二人私分。显然,此时已经不是一种犯意的常态表现形式,而是已经进入了贪污的实行行为阶段。(2)侵吞行为的公开性。粮补款一直都有财政所负责统计发放,具体业务由财政所负责实施。存折未发给种粮户之前,由乡财政所

掌握，此款应属于公款，这一点没有疑问。与此同时，经财政局批准，该乡领导同意，乡财政账户上的资金，均以胡某明个人账户存入银行，这是本案的特殊之处。基于此，仅仅根据私自存在存折上的行为尚不能认定已经实际控制了公款。法院判决认为，该笔款涉及50多户农民的切身利益，随时都有被发现的可能。二被告人虽将款存入个人账户，但其实际心态是处于观望状态，且没有将此笔款私分。笔者认为，这种分析基本正确。但是，何为"观望状态"，这种心态是足以阻碍二被告实施私分行为，仍有待商榷。准确地讲，应该是二人试图通过延长作案时间，以时间换空间，寄希望于瞒天过海，以期等到事情无人过问之际时私分，只是由于案发而被提前终止。因而，从这一点看，二被告确实属于尚未完成贪污的实行行为。（3）尚未完全实际控制。虽然2009年新增土地的粮种补贴款已经存入了被告人个人的存折，但由于按照先前的惯例，这笔款项尚未脱离乡政府的控制，仅仅是由二位被告人加以保管。而如果按照一般的情况，此时可能已经实际控制了公款。被告人胡某明将涉案标的一直以存折的形式放在办公室，这种行为并未导致公款脱离乡政府的控制。因此，不宜认定为既遂。

2. 免除两位被告的刑罚处罚具有现实合理性

法院判决认为，被告人王某胜、胡某明在被检察机关以涉嫌犯挪用公款罪采取强制措施期间，如实交代侦查机关未掌握的贪污事实，与侦查机关掌握的罪行属不同种罪行，是自首，可以从轻或者减轻处罚。二被告人认罪、悔罪，积极退赃，犯罪情节轻微，不需要判处刑罚。

笔者认为，导致贪污的犯罪原因众多。对于贪污罪，也要贯彻宽严相济的刑事政策，而不是一味地提倡"严打"。《刑法》第383条明确规定贪污受贿5000元的就应依法追究刑事责任，最高人民检察院《关于人民检察院直接受理立案侦查案件立案标准的规定（试行）》第1条指出："个人贪污数额不满五千元，但具有贪污救灾、抢险、防汛、防疫、优抚、扶贫、移民、救济款物及募捐款物、赃款赃物、罚没款物、暂扣款物，以及贪污手段恶劣、毁灭证据、转移赃物等情节的，应予立案"；第3条指出："个人受贿数额不满五千元，但因受贿行为而使国家或者社会利益遭受重大损失的，或者故意刁难、要挟有关单位、个人，造成恶劣影响的，或者强行索取财物的，应予立案。"这充分说明，我国在反贪工作中既强调严打的一面，也客观尊重事实，有其从宽的一面。

《联合国反腐败公约》（以下简称《公约》）贯彻了世界各国对腐败的不容忍态度，十分显著地体现了惩治犯罪的严厉性特点。一方面，《公约》基于腐败犯罪的本质机理，设定了较低的准入门槛，扩大了归罪的主体范围，并在犯罪客观方面减少非实质性的条件限制，更多的腐败行为被界定为犯罪而受到惩处。另一方面，《公约》要求将源头性犯罪、下游犯罪和后续犯罪与腐败犯罪挂钩，给予严厉的联合打击，进一步压缩贪污贿赂的滋生条件和逃避空间。这是对腐败犯罪状况的直接反应，不仅产生了强大的震慑作用，并且为精确打击犯罪提供了准据。笔者认为，对贪污犯罪，仍要坚持严厉打击的刑事政策。但是，也要保障宽的一面。对刑事犯罪区别对待，做到既要有力打击和震慑犯罪，维护法制的严肃性，又尽可能减少社会对抗，化消极因素为积极因素，实现法律和社会效果的统一。在宽的一面，应着重考虑"手段"、"后果"、"态度"等因素，如自首、积极退赃等。在本案中，宽的一面得到了较好的体现。

有论者认为，我国现行惩治贪污贿赂犯罪的刑事政策模式基本上是采用"厉而不严"的模式，司法大体上是在"不严不厉"的刑事政策模式下运行。与贪污贿赂犯罪的严重程度、威慑需要等相对应，我国现阶段惩治贪污贿赂等腐败犯罪，既要严密法网，又要在刑罚上保持足够的威慑力，不应因对轻刑化的吁求无原则地认同而减损对贪污贿赂犯罪的刑罚供应量，即采用"又严又厉"的模式应该是我国现阶段惩治贪污贿赂犯罪刑事政策模式的应然选择。[①]笔者认为，这种观点有可取之处。在坚持对行贿犯罪追诉前如实交代可以减轻或免除处罚的现行做法的同时，也可以在合适的情况下，增加对贪污、受贿犯罪"如实坦白，积极退赔赃款给予从轻、减轻处罚，情节较轻的，可以免除处罚"的规定，这也是可以的。

（撰稿人：孙道萃）

[①] 参见孙国祥：《我国惩治贪污贿赂犯罪刑事政策模式的应然选择》，载《法商研究》2010年第5期，第102页。

案例38：陈某义、毋某兰、毋某西贪污案
——贪污罪共同犯罪的认定问题

一、基本情况

案　由：贪污

被告人：陈某义，女，1962年4月13日出生，汉族，高中毕业，焦作市粮食局马村分局下岗职工，住焦作市马村区待王镇义门村。因涉嫌诈骗，于2010年3月25日被焦作市公安局马村分局刑事拘留，因涉嫌诈骗犯罪，于2010年4月23日经焦作市马村区人民检察院批准逮捕，同日由焦作市公安局马村分局执行逮捕。

被告人：毋某兰，女，1963年5月9日出生，汉族，初中毕业，焦作市粮食局马村分局下岗职工，住焦作市马村区粮局综合楼。因涉嫌诈骗，于2010年3月25日被焦作市公安局马村分局刑事拘留，因涉嫌诈骗犯罪，于2010年4月23日经焦作市马村区人民检察院批准逮捕，同日由焦作市公安局马村分局执行逮捕。

二、诉辩主张

（一）人民检察院指控事实

河南省焦作市马村区人民检察指控：2006年7月份，时任河南焦作国家粮食储备库工会主席的毋某西（已判刑），利用经手签订售房协议的职务之便，与该单位下岗职工被告人陈某义、毋某兰签订出售楼梯协议时，二人要求将位于马村区东北街的粮局综合楼一楼门面出售给二人。毋某西考虑后同意并与她们签订40.92平方米的售房协议，后二人又在协议上添加面积8平方米。2009年10月，陈某义、毋某兰持该虚假售房协议，与南水北调安置部门签订征迁安置协议，骗取经营性用房48.92平方米，后该房尚未交付时案发。综上所述，被告人陈某义、毋某兰骗取经营性用房48.92平方米，每平方米安置价

为 2800 元，共计 13.6976 万元。

被告人陈某义、毋某兰伙同国家工作人员，利用职务上的便利，以骗取的手段非法占有公共财物，其行为已构成贪污罪。被告人陈某义、毋某兰已经着手实行犯罪，由于意志以外的原因而未得逞，是犯罪未遂，可以比照既遂犯从轻或减轻处罚；被告人陈某义、毋某兰在共同犯罪中起次要作用，均系从犯，应当从轻或减轻处罚。

（二）被告人辩解及辩护人辩护意见

被告人陈某义辩称：（1）其从来没有向毋某西要房；（2）2009 年 12 月，其曾和卢小占、付小五办事时见到过局长，吃饭时局长说照顾其与毋某兰，门洞和楼梯不用交钱了；（3）其与毋某西所签购门面协议时不知道是虚假协议；（4）对认定的房屋面积及单价每平方米 2800 元有异议。

被告人陈某义的辩护人认为公诉人指控陈某义犯贪污罪的证据不足，事实不清，适用法律不当。

被告人毋某兰认为，安置房单价应按每平方米 884 元计算，不应按照每平方米 2800 元计算。

三、人民法院认定事实和证据

（一）认定犯罪事实

河南省焦作市马村区人民法院经公开审理查明：

2006 年 7 月，时任河南焦作国家粮食储备库工会主席的被告人毋某西（已判刑），利用经手签订售房协议的职务之便，在与该单位退休职工被告人陈某义、毋某兰签订出售楼梯协议时，被告人陈某义首先提出将位于马村区东北街的粮局综合楼一楼门面 40.92 平方米出售给该二被告人的要求，毋某西于一二日后私自与二被告人签订了一份假的售房协议，将位于马村区东北街的粮局综合楼一楼门面 40.92 平方米出售给二被告人，以便将来南水北调工程动工拆迁安置时获得利益。2009 年 10 月，被告人陈某义、毋某兰持该虚假售房协议，与南水北调安置部门签定征迁安置协议，骗取经营性用房 48.92 平方米（陈某义在 40.92 平方米协议上又私自添加面积 8 平方米），由二被告人均分，该房尚未交付时案发。

综上所述，被告人陈某义、毋某兰伙同毋某西利用职务之便骗取经营性用房 40.92 平方米，每平方米安置价为 2800 元，价值共计 11.4576 万元。

（二）认定犯罪证据

上述事实，有下列证据证明：

1. 书证

（1）职务任免通知、合并通知、营业执照两份、企业改制审核表，证明：任命毋某西为焦作国家粮食储备库工会主席，该粮库为全民性质，国有资产。

（2）售房协议两份，证明：出售楼梯56.9平方米，及伪造的出售一楼门面48.92（40.92+8）平方米一事；征迁安置协议书两份，分别证明陈某义、毋某兰获得南水北调补偿安置房框架结构各24.46平方米。框架结构经营用房单价为每平方米884元，超过面积单价为每平方米2800元。

（3）焦作国家粮食储备有限公司财务科证明，证明：未收到二被告人的楼梯款和一楼门面款。

（4）马村区南水北调办公室证明两份，证明：对于超出原有面积部分，不分地段和楼层，统一定价每平方米2800元。

（5）户籍证明，证明：二被告人的年龄情况。

（6）南水北调办公室情况反映、发破案经过、移送案件通知书，证明：本案的发、破案经过及被告人到案情况。

2. 证人证言

（1）证人尚某军、张某朝证言，证明：安排毋某西与陈某义、毋某兰签订无偿出售楼梯协议一事，但没有让其出售楼下门洞（即一楼门面）。

（2）证人张某胜证言，证明：因南水北调工程拆迁，陈某义、毋某兰要求南水北调办公室补偿其经营性用房48.92平方米。

3. 被告人供述和辩解

（1）同案人毋某西供述，证明：2006年7月出于私心为姐姐毋某兰办事，于一二日后，私自将马村区东北街粮局综合楼一楼门面40.92平方米出售给二人，并用已盖过本单位公章的空白协议书与二人签订了书面协议，目的是将来获取赔偿款或安置。

（2）被告人毋某兰供述，证明：是陈某义先提出楼梯一事的；2006年7月签订协议的经过，8平方是陈某义私自加上的；其与陈某义二人没有出钱。

（3）被告人陈某义供述，证明：要楼梯和门洞的目的是将来南水北调工程动工时，能得到一些补偿款，两份协议是与代表单位的毋某西签订的，8平方米是自己加上的。

四、判案理由

（一）一审法院判案理由

河南省焦作市马村区人民法院认为，被告人陈某义、毋某兰与国家工作人员毋某西相勾结，利用毋某西职务上的便利，以骗取的手段非法占有本单位粮局公共财物，从而欲在南水北调工程动工后获得利益，数额为11.4576万元，其行为已构成贪污罪。公诉人指控定性成立，但数额不当。被告人陈某义、毋某兰已经着手实行犯罪，由于意志以外的原因而未得逞，是犯罪未遂，可以比照既遂犯减轻处罚。被告人陈某义、毋某兰共同犯罪中均起主要作用，均是主犯，应当按照其所参与的全部犯罪处罚。被告人陈某义私自加上的8平方米，不是与国家工作人员毋某西相勾结的犯罪行为，故不以贪污论处，但仍属违法行为。本案是用虚假的一楼门面40.92平方米骗取南水北调安置协议书认可的框架结构经营性用房，故应按安置价每平方米2800元计价，不应按照每平方米884元计算。被告人陈某义及其辩护人、被告人毋某兰的有关价格的辩解意见不成立。被告人陈某义提交的证人证言内容含糊不清，不能证明其的辩解意见，不予采纳。被告人毋某兰自愿认罪，可酌情从轻处罚。

（二）二审法院判案理由

宣判后，原审被告人陈某义不服，以自己无罪，其辩护人以一审审判程序违法，陈某义没有利用毋某西的职务便利非法占有本单位的公共财物，不构成贪污罪为由提出上诉。

河南省焦作市中级人民法院二审审理查明的事实与证据与一审法院认定的事实和证据相同。焦作市中级人民法院认为：上诉人陈某义、原审被告人毋某兰与国家工作人员勾结，利用国家工作人员的职务便利，共同骗取公共财物，其行为均已构成贪污罪，应依法惩处。原审判决认定的事实清楚，证据确实、充分，定罪准确，量刑适当，审判程序合法。上诉人陈某义及其辩护人的上诉理由、辩护意见不能成立，不予采纳。

五、定案结论

（一）一审法院定案结论

河南省焦作市马村区人民法院一审依照《中华人民共和国刑法》第382条第1款和第3款、第383条第1款第1项、第23条、第26条第1款和第4款的规定，作出如下判决：

1. 被告人陈某义犯贪污罪，判处有期徒刑 3 年 6 个月。
2. 被告人毋某兰犯贪污罪，判处有期徒刑 3 年。

（二）二审法院定案结论

河南省焦作市中级人民法院依照《中华人民共和国刑事诉讼法》第 189 条第 1 项的规定，裁定驳回上诉，维持原判。

六、法理解说

贪污罪是特殊主体构成的犯罪，只有国家工作人员才能构成贪污罪的实行犯。但是，没有国家工作人员的身份不一定就不能构成贪污罪。在实践中，贪污罪的发生往往内外勾结，互相联络，表现形式多样。作为实务中的常见多发犯罪，贪污罪的共同犯罪问题情况复杂，涉及身份犯和非身份犯的性质界定、地位争论，值得重视。

（一）无身份者与有特定身份者共同犯罪的性质界定

关于无身份者与有特定身份者共同实施犯罪实行行为的，如何认定犯罪的性质，在我国理论界存在以下一些不同的主张：

1. 主犯决定说。该说认为应由主犯犯罪的基本特征来决定。具体来说，即为主犯为有身份者，应按有身份者所构成之罪定罪，主犯是无身份者，应按无身份者所构成之罪定罪。该观点的主要依据是 1995 年最高人民法院、最高人民检察院联合发布《关于当前办理经济犯罪案件中具体应用法律的若干问题的解答（试行）》，该《解答》指出："内外勾结进行贪污或者盗窃活动的共同犯罪，应按其共同犯罪的基本特征定罪。共同犯罪的基本特征一般是由主犯犯罪的基本特征决定的。如果共同犯罪中主犯犯罪的基本特征是贪污，同案犯中不具有贪污罪主体身份的人，应以贪污罪的共犯论处。"根据该学说，上述案例不能定贪污罪，因为主犯陈某义、毋某兰都属于原单位的下岗职工，都不具有国家工作人员身份，所以应按无身份者构成之罪定罪。在本案中，陈某义作为事件的发起人，通过采取与公权力机关签订虚假售房协议的方式，希望骗取征迁安置协议，可构成诈骗罪，所以行为人应以诈骗罪定罪处罚。

2. 分别说。该说认为应根据犯罪主体的不同而区别对待，有身份者按特定犯罪论处，无身份者按普通犯罪论处。根据该学说，陈某义、毋某兰均没有特殊身份，定诈骗罪，而毋某西时任河南焦作国家粮食储备库工会主席，属于国家工作人员，应定贪污罪。

3. 实行犯决定说。该说认为应当以共同犯罪中实行犯实行的构成要件的行为来认定，而不以其他共同犯罪人在共同犯罪中所起作用的大小为转移。根据该观点,三人的行为都属于实行行为,则无法准确的定罪。

4. 特殊身份说。该观点认为,这种共同犯罪均应以有身份者的实行犯的实行行为来定罪,即依有身份者所实施的犯罪构成要件的行为来定罪,即使无身份者是主犯,也是如此。根据该说,本案中的被告人陈某义、毋某兰尽管没有特殊身份,但共同犯罪的另一参与者毋某西却符合贪污罪的犯罪主体条件,所以上述三人都以有身份者的行为定性为准,定贪污罪。

5. 职务利用说。该观点认为,应把无身份者是否利用有身份者的职务之便作为标准。如果无身份者利用了有身份者的职务之便,对二者均应定有身份者的犯罪。反之,应分别定罪。在本案中,毋某西作为国家工作人员,利用了自己经手签订售房协议的职务便利,以骗取的手段占有本单位公共财物,符合"利用职务"的特征;而两位被告人陈某义、毋某兰与其勾结、串通,希望在南水北调工程动工后获得额外收益,利用了上述职务之便,因此,陈某义、毋某兰的行为也应认定为贪污罪。

可见,根据不同的学说主张,本案中的被告人陈某义、毋某兰有构成诈骗罪、贪污罪和无法准确定罪三种主张,而这些主张持有的理由又是不相同的。

上述观点作为解决有身份者与无身份者共同实行犯罪的行为的定性问题的学说,有各自的特点,但也存在一些缺陷。第一种观点将主犯的性质作为决定因素,在主犯有多个、且分别具有不同身份时,便难以准确为案件定性;况且,一般的办案顺序是先确定案件的罪名,再判断各行为人在共同犯罪中的作用,即区分主从犯,而该种观点却颠倒了顺序。如果主犯是谁无法确定,案件也就无法准确定性。更何况,有时主犯虽没有特殊身份,但案件的整体性质却反映出了身份犯的特征,该说单纯以非身份犯定罪,无法反映案件的本质,过于绝对。第二种观点已打破了共同犯罪的一般特征。它将共同犯罪的参与人分别定罪,无法反映案件的整体性质,也不符合罪责刑相适应原则的要求。第三种观点在实行犯有多个时,就无法对案件定性。本案即是如此,三人都是实行者,而且有的具有国家工作人员的身份,而有的不具备,根据该观点得不出结论。

有学者结合了上述第四种和第五种学说,提出了坚持以特殊身份说为基础、以职务利用说为补充的原则,[①] 具有合理性和实践操作性。具体而言,对无身份者与有身份者共同实施犯罪的案件,基于有身份者对案件整体性质的重大影响,对各行为人一般应依有身份者所构成之罪定性;但当有身份者所构成之罪为职务犯罪时,则应以职务利用说为标准,无身份者如果利用了有身份者

[①] 赵秉志:《刑法基本理论专题研究》,法律出版社2005年版,第561页。

的职务便利,则应以有身份者所构成之罪定性,反之,则定无身份者构成的普通犯罪,这也符合职务犯罪中"利用职务便利"的本质特征。2000年6月27日最高人民法院《关于审理贪污、职务侵占案件如何认定共同犯罪几个问题的解释》规定,行为人与国家工作人员勾结,利用国家工作人员的职务便利,共同侵吞、窃取、骗取或者以其他手段非法占有公共财物的,以贪污罪共犯论处。可以说,这样的规定为以上学说提供了依据。

在本案中,毋某西作为国有粮库的工作人员,对国有资产具有管理权。他不仅具有国家工作人员的身份,而且具有经手签订售房协议的权限,与相对人签订协议属于他的职责管控范围之列。另外,他掌握有已盖过本单位公章的空白协议书,而这些都与他的"职务便利"有关。如果其没有利用"职务便利"的行为,盖有公章的协议书便不会出具,粮食局综合楼的门面房这一国有资产也不会被虚假售出,后续的陈某义、毋某兰持与南水北调安置部门签定征迁安置协议,企图获得经营性用房的行为也无法实施。因此,"利用职务便利"是本案的关键环节,对案件的发生发展起着重要作用。因此,为了反映这一特点,共同犯罪的整体性质应体现利用职务的特征,因此,全案应坚持上述以特殊身份说为基础、以职务利用说为补充的原则,定贪污罪。

(二) 本案中主从犯的认定

根据我国刑法总则关于共同犯罪的规定,构成共同犯罪必须是两人以上共同故意犯罪,在这里要求客观上行为人共同实施犯罪行为,即在共同实行犯罪的场合,各共同犯罪人的行为共同指向同一犯罪事实,共同作用于同一危害结果,因而应将他们的实行行为作为统一整体看待;在主观上要求二人以上必须具有共同的犯罪故意,即共同犯罪人存在相同的认识和意志因素,且存在意思联络。在本案中,陈某义首先提出将位于马村区东北街的粮局综合楼一楼门面40.92平方米出售给该二被告人的要求,国家工作人员毋某西利用职务便利,于一二日后私自与二被告人签订了一份假的售房协议,以便将来南水北调工程动工拆迁安置时获得利益。2009年10月,被告人陈某义、毋某兰持该虚假售房协议,与南水北调安置部门签定征迁安置协议,骗取经营性用房48.92平方米(陈某义在40.92平方米协议上又私自添加面积8平方米),由二被告人均分,该房尚未交付时案发。从以上事实可以看出,陈某义、毋某兰、毋某西共同参与了签订假合同的行为,他们对利用此协议可以在南水北调工程拆迁安置时获得一笔可观的收益是明知的,而且还积极追求这一收益。陈某义等三人在签订协议前经过了充分的商量和讨论,毋某西经过几日后的思考决定和另两人共同实施该行为,说明其对事件的内容和后果也是明知的,因此,三人都希望通过这一整体行为骗取国家的补偿,获得公共财物的收益,共同故意是非常明显的。三人的行为分步骤实施，而且都指向了骗取国家补偿，可见，三人的行为客观上也符合共同实行犯罪的特征。综上所述，陈某义、毋某兰、毋某西的行为构成共同犯罪。

我国刑法中关于共同犯罪人的划分采用分工分类法与作用分类法相结合的方法，在司法实务中，由于作用分类法的结论对于量刑影响很大，因此主从犯的划分非常重要。我国《刑法》第26条第1款规定："组织、领导犯罪集团进行犯罪活动的或者在共同犯罪中起主要作用的，是主犯。"对于在共同犯罪中起主要作用的主犯，其主要表现为在共同犯罪中直接造成严重危害结果，积极献计、献策在完成共同犯罪中起着关键作用，在共同犯罪中罪行重大或情节特别严重等。① 而从犯指的是在共同犯罪中起次要作用的犯罪分子，所发挥的作用比主犯小。就贪污罪来说，虽然"利用职务便利"是本罪实行行为的本质特征，但这并不意味着具有特殊身份的行为人，只要利用了职务便利的，就一定以主犯对待。主从犯的具体划分还是要根据具体的案情，从行为的发起、实行过程和后果等方面综合判定其在共同犯罪中的作用。

在本案中，被告人陈某义先提出楼梯一事，后来也是他先提出要对国有的门面房签订出售协议的，可以说是整个事件的发起人。从他自己的供述和其他人的供述、证言可以分析得出，陈某义希望南水北调工程动工时，获得补偿款的主观心态早就存在，在此心态的支配下，他提出了上述提议并且付诸实施，可以说，非法占有国有财产的故意始终在其心中存在，他的整个行为都是由这一心态支配下完成的。后来，在协议书上私自添加面积的是他，向南水北调办公室要求补偿其经营性住房的行为也是他与毋某兰共同完成的，这些事实综合反映出，陈某义在共同贪污的事件中，起着献计献策、积极实行、并且积极逼近严重危害结果的作用，由此能够认定其主犯地位。另一位被告人毋某兰，是国家工作人员同时又是本案出售协议的具体经手人的毋某西的姐姐，这层亲属关系对后者的决策产生了很大影响。陈某义的上述行动她自始至终都参与了，虽然最先发起此事的不是她，但她积极响应陈某义的号召，对这种违法行为不仅不加以制止，还参与其中，并且也希望通过南水北调工程的补偿为自己谋得私利。虚假的售房协议是她与陈某义参与签订的，最后要求补偿其经营性住房也是她与陈某义一起实行的。况且，根据毋某西的供述，他之所以愿意违反法律规定，签订虚假的购房协议，正是经过思考后，出于给姐姐办事的私心，可以说，如果没有毋某兰开头坚定的参与劝说，毋某西的决心也没有这么大。因

---

① 高铭暄、马克昌主编：《刑法学》（第5版），北京大学出版社、高等教育出版社2011年版，第172页。

此，毋某兰在整个共同贪污案中，与陈某义一样，都是勾结国家工作人员利用职务便利，骗取国家财产的主动方，在全案中起着主要作用，理应定为主犯。

对于另案处理的毋某西，作为焦作国家粮食储备库的工会主席，具有经手、管理国有资产的权限，在本案中具有经手签订售房协议的职务便利，如果没有其身份和这一职务权限，盖有印章的虚假售房协议也不可能签订，那么两名被告人向南水北调办公室要补偿经营性住房的行为也就没有了凭证，便无法实施了。毋某西在另两名被告人的提议与发起下，刚开始还有些犹豫，但他在几天之后最终决定配合他们，实施了上述犯罪行为。因此，在共同贪污案件中，毋某西参与了勾结并付诸行动，也是本案的实行犯。

（三）本案犯罪数额的认定

对于本案数额的认定，马村区南水北调办公室的证明证实，对于超出原有面积部分，不分地段和楼层，统一定价每平方米2800元，本价格即为南水北调工程征迁的安置价。被告人的行为所期待的正是获得安置价的补偿，以该价格计算行为人意欲贪污的犯罪数额是合适的。同时，征迁安置协议书虽证明陈某义、毋某兰获得南水北调补偿安置房框架结构各24.46平方米，即总面积为48.92平方米，但是在这当中，有8平方米的面积是陈某义在协议上又私自添加的。可以说，这8平方米没有经过毋某兰、毋某西同意，超出了三人原有的犯罪故意之外，不能将其算作三人共同贪污的数额中。因此，本案共同贪污的数额应以11.4576万元计算。当然，由于案发时该房尚未交付，房产和这笔款项都没有被被告人实际掌握，所以最终行为人未得逞，构成贪污罪未遂。未遂犯可以比照既遂犯减轻处罚，一、二审法院的判决是合适的。

（撰稿人：焦　阳）

案例39：夏某盛、彭某共同侵吞公款案
——共同贪污犯罪中的数额认定问题

一、基本情况

案　由： 贪污

被告人： 夏某盛，男，1961年3月20日出生于河南省郑州市，汉族，大专文化，原郑州市职工大学培训处处长，住郑州市二七区兴华北街某号某号院某号楼某号。因涉嫌犯贪污罪，于2010年7月28日被郑州市公安局中原分局刑事拘留，同年8月11日被逮捕。

被告人： 彭某，女，1970年1月18日出生于河南省禹州市，汉族，大专文化，原郑州市职工大学培训处工作人员，住郑州市东风路某号院某号楼某单元某号。因涉嫌犯贪污罪，于2010年7月28日被郑州市公安局中原分局刑事拘留，同年8月17日被郑州市中原区人民检察院取保候审，同年9月21日经郑州市中原区人民法院决定被执行逮捕，同年9月25日被郑州市中原区人民法院取保候审。

二、诉辩主张

（一）人民检察院指控事实

河南省郑州市中原区人民检察院指控：

2007年1月至2008年8月，被告人夏某盛在任郑州市职工大学培训处处长时，和任培训处科员的被告人彭某预谋后，利用其主持处里全面工作及彭某向学校财务报账的职务便利，以下列方式共同侵吞公款：

2007年1月，采取虚列招生奖励支出的方式套取公款5.154万元，后夏某盛和彭某将其中的2.154万元私分。

2007年7月，采取假发票报销方式套取公款1.276万元，后夏某盛和彭某将该款私分。

2008年8月，采取虚列招生奖励支出的方式套取公款8.724万元，后夏某盛和彭某将其中的3.724万元私分。

2010年7月27日，被告人夏某盛和彭某被侦查机关抓获。在被采取强制措施期间，被告人彭某主动供述了上述犯罪事实，并提供重要线索，从而得以侦破他人受贿案件。

公诉人认为，被告人夏某盛、彭某身为国家工作人员，利用职务上的便利，共同侵吞公款，请求以贪污罪追究其刑事责任，系共同犯罪，被告人彭某具有自首、立功情节，建议对其从轻或者减轻处罚。

（二）被告人辩解及其辩护人辩护意见

被告人夏某盛对起诉书指控的事实与罪名无异议。

被告人夏某盛的辩护人提出的辩护意见是：（1）该案涉嫌私分的钱不属于职工大学，不是公款；（2）夏某盛的行为不属于职务行为，夏某盛与职工大学签订的协议属于民事上的承包协议；（3）起诉书指控的数额不准确，夏某盛与彭某侵占的数额应扣除夏某盛和职工大学签订的合同中约定的夏某盛应得的部分；（4）夏某盛和彭某给曹某某送的2.5万元应从涉案金额中扣除；（5）请求对夏某盛适用缓刑。

被告人彭某对起诉书指控的事实与罪名无异议。

被告人彭某的辩护人提出的辩护意见是：（1）起诉书指控的数额不准确，彭某的贪污数额应认定为1.11615万元；（2）彭某具有自首情节，且有重大立功情节；（3）彭某应认定为从犯；（4）彭某已将赃款退出，认罪态度好，系初犯、偶犯，建议法庭对被告人彭某减轻或者免除处罚。

三、人民法院认定事实和证据

（一）认定犯罪事实

河南省郑州市中原区人民法院经公开审理查明：

2007年1月至2008年8月，被告人夏某盛在担任郑州市职工大学培训处处长期间，伙同该培训处的工作人员被告人彭某，利用夏某盛主持培训处全面工作及彭某向学校财务报账的职务之便，先后三次实施以下共同侵吞学校公款的行为：

1. 2007年1月，被告人夏某盛以给相关部门及人员送礼，争取对培训处工作支持为名，伙同被告人彭某共同编造虚假的招生奖励表，从郑州市职工大学财务处套取公款5.154万元，夏某盛、彭某将其中的2.154万元私分。

2. 2007年7月，被告人夏某盛、彭某用假发票以支出培训费的名义从学校财务处骗取公款1.276万元,后由二被告人予以私分,其中彭某分得3000元,夏某盛分得9760元。

3. 2008年8月,为了取得相关部门及人员对培训处工作的支持,被告人夏某盛在征得学校领导的同意后,伙同被告人彭某共同编造虚假的招生奖励表,从郑州市职工大学财务处套取公款8.724万元,夏某盛将其中的5万元送给郑州市残疾人理事会的杨一,在曹某某的女儿结婚时夏某盛、彭某将其中的2.5万元送给了曹某某,剩余公款1.224万元二被告人予以私分。

2010年7月30日,彭某主动向侦查机关交代了以上三起犯罪事实,并向侦查机关提供了夏某盛虚造招生奖励套取公款并向郑州市残疾人理事会有关人员行贿的线索。2010年8月2日,郑州市残疾人理事会就业服务中心副主任李甲因涉嫌犯受贿罪被郑州市中原区人民检察院立案侦查,2010年8月3日,李甲因受贿14万元被刑事拘留。

2010年8月23日,被告人彭某退出现金2.37万元,同年8月26日,被告人夏某盛退出现金4.784万元。

(二)认定犯罪证据

上述事实,有下列证据证明:

1. 物证、书证

(1)编造的招生奖励表、工资发放花名册、记账凭证、郑州市职工大学报销单、假发票、郑州市职工大学出具的情况说明,证明二被告人使用编造的招生奖励表支取的5.154万元、8.724万元,及使用假发票报销的1.276万元均为从学校财务处领取的公款。

(2)郑州市地方税务局普通发票真伪鉴定书,证明号码为00761223发票为假发票。

(3)存取款清单,证明被告人彭某将私分的公款存入自己银行卡的情况。

(4)郑州市职工大学组织机构代码及事业单位法人证书,证明郑州市职工大学为事业法人。

(5)郑州市职工大学任命文件、干部履历表、聘用干部合同书、职责证明,证明被告人夏某盛、彭某为国家工作人员,其所从事的职务为公务。

(6)收款收据,证明被告人夏某盛退出赃款4.784万元、被告人彭某退出赃款2.37万元。

(7)归案经过及郑州市中原区人民检察院反贪局情况说明,证明本案中的犯罪事实系彭某主动向侦查人员交代的,此外,彭某还提供线索,从而使侦查人员发现了郑州市残联就业服务中心副主任李甲受贿14万元的犯罪事实,中原区检察院反贪污贿赂局后对李甲以受贿犯罪立案侦查。

拘留证，证明李甲因涉嫌犯受贿罪于 2010 年 8 月 3 日被郑州市公安局中原分局刑事拘留。

（8）身份证明，证明二被告人的出生年月日、家庭住址等情况。

2. 证人证言

（1）证人赵某、雷某某的证言，证明夏某盛曾于 2007 年、2008 年两次拿着郑州市职工大学招生奖励表让其在空白格内签字。

（2）证人夏某某的证言，证明夏某盛到其家，拿出一份他们学校的补助发放表让其帮他签几个字，后来其就帮他签了。

（3）证人彭某、彭甲、张某某的证言，证明 2007 年、2008 年，彭某拿着她从单位拿回的表格，让他们在表上空格里签上别人的名字。

（4）证人曹某某的证言，证明郑州市职工大学没有单独设立财务，所用费用统一由学校财务支出。2007 年初和 2008 年中秋节前，夏某盛说要给有关领导送礼，分别需要 5 万元、8 万元左右，想编造一些名字以招生奖励的名义把钱套出来，其考虑后就同意签字了。2007 年春节前，夏某盛曾到其办公室给了其一张 5000 元的购物卡。2008 年其女儿结婚的时候，夏某盛给其送了 2 万元礼金，彭某给其送了 5000 元礼金。

（5）证人李某某的证言，证明夏某盛所任职的培训处和其任职的郑州市残联残疾人就业中心有业务往来，夏某盛于 2007 年春节前，给其送了一张 3000 元的购物卡。

（6）证人李甲的证言，证明 2007 年春节前，夏某盛曾给其送了一张 5000 元的购物卡。

（7）证人杨一的证言，证明有一天夏某盛来到其办公室，临走时给了其一盒茶叶。后来其发现办公室里有一盒茶叶里有 5 万元钱，后来就把这些钱退到了廉政账号上了。

（8）证人王某某的证言，证明培训处不设财务账，培训处的支出均在学校财务上。

3. 被告人供述和辩解

被告人夏某盛、彭某的供述，证明：

（1）2007 年 1 月春节前，其安排彭某编造 5 万多元的招生奖励，后套取出这笔钱的事实。

（2）2007 年 7 月，其买了几份假发票交给彭某让她陆续报销 1.2 万元的事实。

（3）2008 年中秋节前让彭某编造了一份 8.7 万余元的招生奖励并领出。其将其中的 5 万元送给了市残联的杨一。后其听曹某某的女儿准备结婚后，其与彭某向曹某某送了 2.5 万元。

（4）学校对培训处的招生奖励和平时的招待费用、教师酬金等都是实报实销，其套取出来并私分的这些钱与正常的培训处没有关系。

四、判案理由

河南省郑州市中原区人民法院认为：被告人夏某盛、彭某身为国家工作人员，利用职务上的便利，共同以编造招生奖励表、以假发票报销等手段骗取公共财产予以私分，其行为已构成贪污罪，系共同犯罪，依法应予以惩处。公诉人指控被告人夏某盛、彭某犯贪污罪一案的事实清楚，证据充分，罪名成立，要求处罚的意见，予以支持。

关于被告人夏某盛、彭某在曹某某女儿结婚时送给曹某某的 2.5 万元的性质，经查，二被告人为了争取曹某某对培训处工作的支持，将此 2.5 万元作为礼金送给了曹某某，二被告人对此 2.5 万元没有非法占有的故意，故对公诉人针对此部分的指控不予支持，对辩护人提出的相应意见予以采信。

关于被告人夏某盛的辩护人提出的夏某盛所做的培训工作不是公务，所套取、私分的资金不是公款的意见，经查，郑州市职工大学为事业单位法人，夏某盛在该学校任培训处长，其履行的是管理工作，具有国家工作人员身份，其所套取、私分的款项系郑州市职工大学财务部门管理的公款，夏某盛利用职务便利，将套取出来的公款予以私分的行为，已构成贪污罪，故对上述意见不予采信。

关于被告人彭某的辩护人提出的彭某贪污的犯罪数额应当是 1.11615 万元的意见，经查证，二被告人利用职务之便实施的三起犯罪事实均系共同犯罪，其贪污数额应当按照其参与的共同贪污数额，而不是按照个人实际分得的赃款数额来认定，故对辩护人的该项意见不予采信。

关于辩护人提出的被告人彭某系从犯的意见，经查，彭某利用其报账的便利，套取公款，在共同贪污犯罪中起主要作用，系主犯，应当按照其所参与的全部犯罪处罚，对该项意见不予采信。

关于辩护人提出的被告人彭某系重大立功，而不是一般立功的意见，经查，依据最高人民法院、最高人民检察院《关于办理职务犯罪案件认定自首、立功等量刑情节若干问题的意见》："可能被判处无期徒刑以上刑罚，是指根据犯罪行为的事实、情节可能判处无期徒刑以上刑罚。案件已经判决的，以实际判处的刑罚为准。但是，根据犯罪行为的事实、情节应当判处无期徒刑以上刑罚，因被判刑人有法定情节经依法从轻、减轻处罚后判处有期徒刑的，应当认定为重大立功"。本案中，侦查机关根据彭某提供的线索，得以侦破了李甲涉嫌受贿14万元的犯罪事实，根据这一犯罪事实，彭某的行为应认定为一般立功，而不是重大立功，故对此项意见不予采信。

被告人彭某主动交代侦查机关尚未掌握的犯罪事实，系自首；彭某提供线索从而得以侦破其他案件，具有立功情节；被告人夏某盛到案后能够如实供述自己的罪行，具有悔罪表现，且二被告人已将赃款全额退出，故在量刑时均从轻处罚，并适用缓刑。辩护人提出的相应意见予以采信。

五、定案结论

河南省郑州市中原区人民法院依照《中华人民共和国刑法》第382条第1款、第383条第1款第3项、第25条第1款、第26条第1款和第4款、第67条第2款、第67条第3款、第68条第1款、第72条第1款、第73条第2款和第3款、第61条的规定，作出如下判决：

1. 被告人夏某盛犯贪污罪，判处有期徒刑3年，缓刑3年。
2. 被告人彭某犯贪污罪，判处有期徒刑1年6个月，缓刑2年。

六、法理解说

本案是发生在高校部门发生的侵吞公款案件，在实践中比较常见。本案中，由于行为人涉及三次私分公款的事实，而且每笔数量各异，每人分到的公款数也不同。因此，如何认定本案中的贪污数额，并且能做到罚当其罪，区分主从，便是需要专门研究的问题。在确定共同贪污的刑事责任时，一般有如下几种主张①：

1. 分赃数额说。该说认为，各共同犯罪人只对实际所得的赃物和赃物的数额承担刑事责任。该说体现了罪责自负的原则，还可以以分赃数额确定各共同犯罪人在共同犯罪中的地位及作用，进一步分析共同犯罪人各自的社会危害性，最终为准确定罪量刑奠定基础。

2. 分担数额说。此说主张各共同贪污犯罪成员应对本人"应当分担"的数额负责，根据这一主张，首先应综观各成员在共同贪污犯罪中参与的数额、个人所得数额及其地位与作用和整个案情，确定各成员应承担百分之几的责

---

① 以下几种观点参见陈兴良：《共同犯罪论》（第2版），中国人民大学出版社2006年版，第275~276页。

任，根据这一责任的百分比数再换算成作为对是否构成犯罪和怎样处刑依据的数额。

3. 参与数额说。主张各共同贪污犯罪成员应对本人实际参与的贪污犯罪数额承担刑事责任。

4. 犯罪总额说。该说则主张以共同犯罪的总额作为确定各共犯的刑事责任的尺度。犯罪总额说总的原则是要求各共犯对整个犯罪数额负责，体现了共同犯罪原理，能综合反映出共同犯罪的整体社会危害性，已成为通说，但此学说也有其局限性。

5. 综合数额说。该说主张综合考虑全案因素，确定各共同贪污犯罪行为的大小，然后据此定罪量刑。

此外，还有观点主张平均数额说，即结合共同贪污犯罪的总额和共同犯罪人的个数，平均计算每人的贪污数额。

总的来看，以上5种观点各有各的道理，在实践中也都曾被采用。分赃数额说有利于分清各共犯参与人的责任，但却忽略了共同犯罪的整体性的本质，将其与个人单独犯罪等同，无法反映共同犯罪的特殊危害性。共同犯罪作为一种特殊的犯罪形态，就是因为其主客观都反映出了行为的共同性、整体性，犯罪形成合力后，行为的整体社会危害性远大于单独犯罪的时候。况且，在部分贪污共同犯罪中，分赃数额较小的不一定是在共同贪污中所起的作用较小的，相反，可能是整个贪污犯罪的组织、策划者，因此二者没有必然联系。分担数额说的初衷很好，避免了第一种观点的一些弊端。但是，在实践中具体怎样换算个人在共同犯罪中承担的百分比责任仍然很难，由于这涉及的因素太多，不具有可操作性。更何况，该观点仍然把共同犯罪看成是各单独犯罪的简单相加，仍无法反映出共同犯罪的特殊性。平均数额说既无法反映共同犯罪的特性，又无法为每个犯罪人的量刑提供准确的依据，难以普遍采纳。综合数额说观点过于笼统，并没有可供执行的标准，在具体问题的分析上还需要依赖于以上几说。参与数额说和犯罪总额说在实务中采用较多，其中后者是理论上的通说。

最高人民法院于2003年11月13日下发的《全国法院审理经济犯罪案件工作座谈会纪要》指出，刑法第383条第1款规定的"个人贪污数额"，在共同贪污犯罪案件中应理解为个人参与或者组织、指挥共同贪污的数额，不能只按个人分得的贪污赃款数额来认定。对共同贪污犯罪中的从犯，应当按照其所参与的共同贪污的数额确定量刑幅度，并依照刑法第27条第2款的规定，从轻、减轻处罚或者免除处罚。可见，最高审判机关也倾向于上述参与数额说，只是表述比较笼统，并没有采用明确的"共同贪污总额"的概念。

各共同贪污犯罪人均对其所参与犯罪的总数额负责的观点是合适的。理由是：在追究共同犯罪人刑事责任的时候，必须坚持共同负责的原则，每一个共同犯罪人都应当对其所参与实施的犯罪负刑事责任。至于具体量刑，则是根据各共同犯罪人在共同犯罪中的地位和作用来决定。当然，在共同贪污犯罪中，由于共同犯罪结合形式不同、各共犯参与犯罪次数不等，对贪污总额负责范围也会不同。因此，在共同贪污犯罪中，确定各共犯成员的刑事责任应当分清主次，区别对待，着重以刑法中有关共犯成员刑事责任的原则为基础，结合共同贪污犯罪的特点，具体分析和确定每个共犯成员的刑事责任。①

定罪和量刑是刑事审判中的两大不同的环节，定罪要反映犯罪的整体性质，而量刑则要体现个别化特征。共同贪污犯罪具有严重的社会危害性，每个成员都要为共同犯罪的整体负责，这符合案件的实际情况；同时，在此基础上，再确定量刑的幅度，根据参与人在共同犯罪中的不同作用区分主从犯，只有这样才能做到罚当其罪。毕竟，贪污的数额和每人分得的多少并不是唯一决定犯罪人作用大小的因素，对每个案件的判决都应是综合考虑的结果。

本案中，被告人彭某的辩护人提出了彭某贪污的犯罪数额应当是 1.11615 万元的意见。事实上，二被告人利用职务之便实施的三起犯罪事实均系共同犯罪，彭某完整参与了三起犯罪，并每次都分到了相应赃款。在共同犯罪中，她协助、默许、支持了夏某盛的贪污行为，也起到了主要作用。从相关证据看，彭某参与了编造招生奖励表、找人签字、向学校报假账等犯罪行为，是共同贪污的实行行为人。因此，对其贪污数额应当按照其参与的共同贪污数额，而不是按照个人实际分得的赃款数额来认定，即彭某的贪污数额应与夏某盛一样。法院判决的认定是正确的。

在本案中，郑州市职工大学为事业单位，任命文件、干部履历表、聘用干部合同书、职责证明，证明被告人夏某盛、彭某为国家工作人员，其所从事的职务为公务。因此，夏某盛具有管理、经手公共财产的职责，他伙同彭某大肆侵吞公款的行为就应以贪污定性。夏某盛的辩护人提出，夏某盛与彭某侵占的数额应扣除夏某盛和职工大学签订的合同中约定的夏某盛应得的部分的理由没有任何依据。因为夏某盛与彭某的行为已构成共同贪污，夏某盛应得的部分自然有国家财政保障，其收入的每次发放应遵守相关财政纪律和程序，跟自己虚报账目没有任何关系，任何人都不能预先截留公款。

在本共同犯罪案件中，被告人夏某盛作为事业单位的培训处处长，具有主

---

① 熊选国、苗有水：《如何认定共同贪污犯罪"个人犯罪数额"》，载 http://china.findlaw.cn/data/xsbh_2256/6/15700.html，访问日期：2012 年 7 月 30 日。

持处里全面工作和向学校报账的职务便利，他多次利用此便利，指挥、要求并和彭某一起编造假的奖励表、向学校虚假报账，通过此手段侵吞大量公款。在每次行为时，夏某盛都是主要负责人，同时是共同犯罪的发起人之一，在本案中起着主犯的作用。而彭某虽然为该处科员，但却专门负责向学校报账，她和夏某盛一起串通共谋，积极参与了每起套取公款的行为；从其供述和相关证人证言看，不少假的奖励表是她主动找他人签字的，报账也是其一手负责的，每次成功后，她都和夏某盛一起私分公款，可见，彭某在本共同贪污案件中也发挥着重要作用，应认定为主犯。

（撰稿人：焦　阳）

案例40：杨某平贪污案
——贪污罪的罪数认定问题

一、基本情况

案　由： 贪污、挪用公款

被告人： 杨某平，曾用名杨某苹，女，1950年1月20日出生于广东省普宁市，汉族，文化程度大专，原系广东省畜产进出口（集团）公司总经理，住广州市越秀区五羊新城二街。因涉嫌犯贪污、挪用公款罪于2002年9月28日被羁押，同日被刑事拘留，同年10月10日被逮捕。

二、诉辩主张

（一）人民检察院指控事实

广东省广州市某某区人民检察院指控：

被告人杨某平在任省土产公司副总经理、分管凯达公司工作期间，利用职务便利，提取公款人民币4万元，支付给广州市执信实业公司，作为其小儿子刘某就读广州市执信中学的个人赞助费。之后，杨某平任省畜产公司总经理，在此期间，其利用职务便利，以"追债奖"和"盘活资产奖"的名义从下属公司提取公款港币共计22万元分发给有关人员，杨某平从中分得港币5.4万元，据为己有。此外，杨某平还将企业公款挪作他用，超期未还。被告人杨某平的行为已构成贪污罪、挪用公款罪。

（二）被告人辩解及辩护人辩护意见

被告人杨某平及其辩护人辩称：（1）付给执信中学的4万元赞助费不是公款，是杨个人的款项。（2）追债奖和盘活资产奖不是巧立名目，履行了正常审批手续。（3）盘活资产奖的奖金不是"从处置生产性固定资产的收入中"提取的，是从香港公司的"社会福利工资差"中提取的，没有违反国务院的有关规定。故贪污事实不成立。（4）指控挪用的公款实际属于下属企业的正常资金运转,且该款本息均在杨某平离任前归还,因此行为不构成挪用公款罪。

三、人民法院认定事实和证据

（一）认定犯罪事实

广东省广州市某某区人民法院经公开审理查明：

广东省土产进出口（集团）公司（以下简称省土产公司）、广东省畜产进出口（集团）公司（以下简称省畜产公司）均是全民所有制企业；广东省土产进出口（集团）公司凯达公司（以下简称凯达公司）是省土产公司于1993年1月20日成立的下属进出口专业公司,是省土产公司的内设机构,没有法人资格；广东省土产进出口（集团）公司凯达股份有限公司（以下简称凯达股份有限公司）是1993年7月31日由省土产公司及其属下的东堑仓、洛溪加工区服务部共同出资组建的股份有限公司；凯达公司与凯达股份有限公司是一套人马,两块牌子。被告人杨某平于1987年10月起任省土产公司副总经理（分管总经理办公室和凯达公司等）,并于1993年7月至1998年3月兼任凯达股份有限公司总经理,1998年3月起任省畜产公司总经理。

被告人杨某平自1995年以来,利用职务便利,先后多次以各种名义贪污,具体事实如下：

1995年9月,被告人杨某平在任省土产公司副总经理、分管凯达公司工作期间,利用职务便利,指示财务人员李某宇从凯达公司提取公款人民币4万元,支付给广州市执信实业公司,作为其小儿子刘某就读广州市执信中学的个人赞助费。

2000年12月,被告人杨某平任省畜产公司总经理期间,利用职务便利,指示该公司属下的驻香港广东皮毛制品有限公司（以下简称皮毛公司）经理陈某波以"追债奖"的名义从皮毛公司提取公款港币10万元分发给有关人员,杨某平从中分得港币2.4万元,据为己有。

2002年2月,被告人杨某平任省畜产公司总经理期间,利用职务便利,指示皮毛公司经理陈某波以"盘活资产奖"的名义从皮毛公司提取公款港币12万元分发给有关人员,杨某平从中分得港币3万元,据为己有。

以上事实均经过了一、二审法院的查证。

（二）认定犯罪证据

上述事实,有下列证据证明：

1. 书证

（1）企业法人营业执照、省土产公司证明、凯达股份有限公司筹建资料、有关书证等，证实省土产公司、凯达股份有限公司和省畜产公司均为全民所有制企业，同时证实凯达公司和凯达股份有限公司是一套人马，两块牌子。

（2）杨某平履历表、任职通知、省土产公司证明、省外贸集团有限公司人力资源部证明等，证实被告人杨某平是国有公司、企业中从事公务的人员。

（3）省土产公司有关情况说明、证明等证实：省土产公司没有对杨某平儿子刘某等就读执信中学赞助费用的事宜进行过会议研究和决定；省土产公司在银行开设有凯达公司的专用账户，由杨某平负责管理及审批该账户的资金使用。

（4）执信中学证明证实：1995年由省土产公司政工办陈某统一交赞助费总计13万元，其中现金开收据9万元，转账支票开发票4万元。

（5）审计报告证实：凯达公司代凯达股份有限公司支付银行存款人民币4万元给广州市执信实业公司，但同期凯达股份有限公司正式财务账未有记录，在"杨总收支"备查账有进行备查记录。

（6）书证转账支票及其存根、发票，证实凯达公司于1995年开出4万元转账支票给广州市执信实业公司，该公司开出4万元发票给省土产公司。

（7）（2000）粤畜总字第03号、第05号文件及省畜产公司证明证实：该公司对奖金发放制度有明确规定，专职追债人员每人每月600元基本工资，另加追债业绩提成。杨某平不是追债办成员。

（8）省畜产公司的证明证实：皮毛公司宿舍账由社会工资差形成，是合资公司中方留存的收益，一般用于购置宿舍、物业。

（9）书证材料证实：陈某波从省畜产公司的宿舍账中提取港币10万元用来发放奖金。

（10）审计报告证实：省畜产公司提供皮毛公司的香港宿舍账自1998年4月至2002年8月的收支情况的资料及杨某平在追债办追翔丰企业货款的提成奖发放上签名领取港币2.4万元。

（11）追债奖励分配方案及收条证实：杨某平在按5%核算提出10万元港币的80%范围内分得奖金港币2.4万元。

（12）省畜产公司和省广新外贸集团公司的证明证实：盘活资产是公司的一项正常业务活动，也是企业领导的一项职责，不是特殊贡献，不应享受特殊奖励。

（13）审计报告、书证材料、奖励分配方案及收条均证实：省畜产公司提供皮毛公司的香港宿舍账自1998年4月至2002年8月的收支情况的资料及杨某平在出售万年物业提成奖金发放上签名领取港币3万元。

（14）广州万年实业有限公司的营业执照、清算、董事会会议决议、评估、出售及省畜产公司的说明等材料证实：皮毛公司于 2000 年 3 月 24 日起改由省畜产公司独资经营，万年公司的股权由省畜产公司拥有，以及出售万年公司的情况。

2. 证人证言

（1）证人周某梅证言证实：公司帮属下香港公司在从化的一处物业卖了，香港公司为奖励有关人员，由陈某波写报告提出发奖金，她签了同意报杨某平批准；追债奖是帮香港公司追债，该公司奖励参与追债的人员。

（2）证人李某宇多次证言、证人李某玲的证言均证实：按杨某平的指示，从凯达公司的账户开出金额为 4 万元的转账支票给广州市执信实业公司作为赞助费，没有将发票入账。杨某平在事前和事后均没有还该 4 万元。

（3）证人杨某雄的证言证实：凯达公司和凯达股份有限公司是一套人马，两块牌子，他们做生意时没有将这两公司的资金分清，凯达股份有限公司正常的经营资金主要是省土产公司提供。李某宇做记录的"杨总收支账"，是一个备忘录，并不是一个正式账。

（4）证人陈某证言证实：杨某平儿子入读执信中学的赞助费是李某宇用支票交的，并要求开发票。

（5）证人王某证言证实：从 1993 年开始，公司子女入读执信中学由家长自行筹备赞助费交政工办陈某转交给执信中学。

（6）证人陈某芳证言证实：1995 年，其儿子入读执信中学时，赞助费由其个人先交人事部，再由人事部统一交给执信中学。

（7）证人朱某强证言证实：1995 年，省土产公司职工子女共有 4 名学生（包括杨某平儿子）通过交赞助费形式入读执信中学，赞助费由执信中学统一与省土产公司政工办联系收取。

（8）证人田某、杨某证言证实，清债办的人员是专职追债，报酬由基本工资加提成组成，追债奖应发给专职追债人员。

（9）证人陈某波证言证实：他请示杨某平同意后发放此追债奖。

（10）证人吕某波证言证实：宿舍账的钱虽以其名义存，但都是公司的钱。

（11）证人陈某波、曾某群证言证实：宿舍账的钱虽以私人名义存，但都是公家的钱。

3. 被告人的供述和辩解

（1）被告人杨某平供述证实，1995 年，她儿子入读执信中学要交赞助费；她同意在驻港公司的账上提取港币 10 万元，奖励追债有功人员并领取了港币 2.4 万元的事实。

(2) 被告人杨某平供述证实，发"盘活资产奖"由她和陈某波、林惠棠三位万年公司的董事签名认可，具体分配人员名单及比例由陈某波、周某梅提出，她批准并领取了港币3万元的事实。

四、判案理由

（一）一审法院判案理由

广东省广州市某某区人民法院经审理认为，被告人杨某平身为国有公司、企业中从事公务的人员，利用职务之便，侵吞公款，数额较大，其行为已构成贪污罪。被告人杨某平作案时间从1995年9月起连续至2002年2月，依照最高人民检察院《关于对跨越修订刑法施行日期的继续犯罪、连续犯罪以及其他同种数罪应如何具体适用刑法问题的批复》的解释，被告人跨越修订刑法施行日期的连续犯罪，应按修订后的刑法规定的刑罚处罚。

（二）二审法院判案理由

一审宣判后，原审被告人杨某平不服，提出上诉。其与辩护人认为原审判决认定的三起贪污事实不成立。

广东省广州市中级人民法院二审认定了与一审相同的事实和证据。

广东省广州市中级人民法院二审认为，对于上诉人杨某平及其辩护人提出的付给执信中学的4万元赞助费不是公款，是杨个人款项的辩解、辩护意见。经查，在案证据证实凯达公司是省土产公司的内部机构，凯达股份有限公司是省土产公司属下的全民所有制企业共同出资成立的股份有限公司，凯达股份公司与凯达公司为一套人马，两块牌子，其资产均为国有资产。李某宇从省土产公司开户、实际上凯达公司和凯达股份公司都在使用的银行账户上提取、并在凯达公司账上实际支出的人民币4万元，支付给执信实业公司，作为杨某平儿子入学的赞助费，显然属于公款支出。至于上诉人杨某平提出已交给李某宇现金6万元的辩解意见，经查，一是杨总收支中"收杨总400万元利息款6万元"，既不能说明400万元是杨个人所有，也不能证实6万元利息是杨个人款项产生的利息；二是杨的儿子上学是在1995年9月27日才交的赞助费，而此6万元利息却是在1994年3月10日前就已记账（由审计报告的第63项记账日期是1993年3月10日，而该6万元收入的记账是此前的第54项可确认），即杨某平之子尚未参加考试，根本不可能知道是否需要交赞助费，杨将6万元赞助费提前一年多交给李某宇不合常理；三是李某宇在本案侦查期间一直否认收到过杨的钱，也否认杨有个人的钱在其手上。上诉人的辩解既不合情理，也无事实依据。故上诉人杨某平及其辩护人提出的辩解、辩护意见，不予采纳。

对于上诉人及其辩护人提出杨某平不是以"追债奖"名义非法占有公款、其分得追债奖的行为不构成犯罪的辩解、辩护意见，经查，一是追债虽有其事，"追债奖"也并非虚构名目，但省畜产公司（2000）粤畜总字第05号文件明确规定追债奖的发放范围仅限于追债办成员，杨某平不是追债办的成员，当然不能成为该奖的奖励对象，获奖没有依据。二是"追债奖"的发放虽然经过由下而上的报批，但现有证据证实该奖的发放并非经过会议讨论研究，也未经集团批准形成决定，而是获奖者自报、自批、自得，以层报形式掩盖其非法占有公款的手段。三是上诉人杨某平虽然参与了追债，但其作为省畜产公司总经理、法人代表，负责管理公司的全面工作，组织、指导直至参与下属企业的追债行为只是其职责使然，且其年终都有综合的奖励，额外再领取奖金既不合情理，又无合法依据。因此，其非法占有公款的行为应予惩处。上诉人及其辩护人的辩解和辩护意见据理不足，不予采纳。

对于上诉人杨某平及其辩护人提出盘活资产奖不是巧立名目，其奖金不是"从处置生产性固定资产的收入中"提取的，没有违反国务院的相关规定的辩解和辩护意见。经查，一是在案证据虽然证实省畜产公司将万年公司的土地使用权、建筑物、机器设备整体出售，盘活了资产，但企业内部并没有设立"盘活资产"的奖项，事前与事后均未经集体讨论，形成决议。现以该奖发放奖金，实属巧立名目。二是省畜产公司及省广新外贸集团公司在案发后出具的关于"盘活资产是公司经营管理的一项正常业务，也是企业领导的一项工作职责，既不是特殊贡献，也不应享受特殊奖励"的说明，也证实上诉人取得该奖没有依据。三是该奖发放虽然是从香港公司的宿舍账支出，但不能改变其属于国有资产的性质。故上诉人及其辩护人提出的上述辩解、辩护意见，不予采纳。

综上所述，上诉人杨某平身为国有公司、企业中从事公务的人员，利用职务之便，侵吞公款人民币4万元、港币5.4万元，其行为已构成贪污罪。原审判决认定上诉人杨某平犯贪污罪的事实清楚，证据确实充分，适用法律正确，审判程序合法。上诉人杨某平的上诉意见不能成立，不予采纳。

五、定案结论

（一）一审法院定案结论

广东省广州市某某区人民法院一审依照《中华人民共和国刑法》第382条第1款、第383条第1款第2项、第12条、第93条第2款、第61条、第64条的规定，作出如下判决：

1. 被告人杨某平犯贪污罪，判处有期徒刑5年，并处没收财产人民币2万元。

2. 追缴被告人杨某平贪污所得人民币4万元、港币5.4万元，退还给原单位。

（二）二审法院定案结论

广州市中级人民法院依照《中华人民共和国刑法》第382条第1款、第383条第1款第2项、第12条、第93条第2款、第61条、第64条以及《中华人民共和国刑事诉讼法》第189条第1项的规定，裁定如下：驳回上诉，维持原判。

六、法理解说

本案被告人杨某平作为国有公司、企业中从事公务的人员，多次以各种名义侵吞公款，已构成贪污罪。本案的特殊性在于法院查实的杨某平的贪污罪行构成连续犯，而且这几个危害行为分别发生在1997年刑法施行前后，于是对该罪的定性和适用刑罚的争议便值得专门研究。

（一）贪污罪的连续犯特征

连续犯这一概念在我国刑法条文中并没有明确规定，在学理上，连续犯属于"处断的一罪"中的类型，即该种犯罪形态实际上是数罪，但却按一罪处罚。具体来说，连续犯，是指行为人基于数个同一的罪过，连续多次实施数个性质相同的危害行为，均符合同一个犯罪的犯罪构成，从而触犯同一罪名的犯罪形态。就贪污罪的连续犯来说，它一般应具有以下特征：

第一，行为人有连续实施贪污犯罪的主观意图。这是构成连续犯的主观要求，只有连续的犯罪意思，才可能构成连续犯。贪污罪的连续犯要求行为人在着手实施一系列贪污行为之前，必须认识到即将实行的数个贪污行为的连续性，并基于这种认识决议追求数个相对独立的侵吞公款的危害行为连续进行实际发生的心理态度。正是由于这一连续意识的存在，才表现出行为人的主观恶性比单独一次实施贪污行为的行为人的主观恶性大，人身危险性也更为严重。总之，行为人必须有连续实施贪污行为的故意，也即连续意思。

第二，基于概括的或者同一的贪污罪的故意。对于每一个具体的贪污行为，行为人都有对应的犯罪故意或者总的犯罪意向，即行为人在实施危害行为时，有非法占有的目的，都明知自己的利用职务便利的行为会导致窃取、骗取、侵吞等非法占有公共财物的后果发生，却仍希望这样做，以实现自己的目的。在数个这样的犯罪故意中，它们的前后存在着连续关系。也就是说，前后连续的犯罪心态都符合贪污罪的认识和意志因素。总体来说，概括的或同一的故意是允许的。

第三，连续实施贪污行为。具体表现为，行为人在一定的时间内运用各种手段方式，反复多次实施利用职务便利，侵吞公款的行为，并且这些行为具有连续性。对连续性的判断要坚持主客观相统一原则，即必须是行为人在连续贪污意图以及由此产生的具体的贪污罪过支配下，多次连续实施的性质相同的贪污行为。

第四，数个危害行为必须都符合贪污罪的犯罪构成。行为人每次实施的行为不仅要符合贪污罪的形式要件的要求，还必须满足数额要求，达到犯罪的程度。只有在每次的行为都符合贪污罪的构成时，贪污罪的连续犯才能构成。

就本案来看，被告人杨某平所在的省土产公司是全民所有制企业，她本人也具有国家工作人员身份。凯达股份有限公司是1993年7月31日由省土产公司及其属下的东堑仓、洛溪加工区服务部共同出资组建的股份有限公司；凯达公司与凯达股份有限公司是一套人马，两块牌子。以上事实说明，杨某平指示李某宇从省土产公司开户、并在凯达公司账上实际支出的人民币4万元，支付给执信实业公司，作为杨某平儿子入学的赞助费，显然属于公款支出，侵犯了公共财产的所有权。之后，2000年12月和2002年2月，杨某平又利用职务便利，指示从其公司属下的皮毛公司的公款中提取数十万公款，巧列各种名义予以私分侵占。其中，追债和盘活资金本来就是她的工作职责，她却以此为名将公款揣入个人腰包，完成了将公共财产转为私人财产的目标。所发款项虽有审批，但属于自报自批，违反公司规定，更违反刑法要求，其目的在于掩盖自己的非法行为。杨某平的上述三次行为虽发生在不同的年份，但都是利用其担任省土产公司副总经理、省畜产公司总经理的职务便利，基于概括的贪污故意，以各种手段方式连续实施侵吞公款的行为。这三次行为总体上看具有连续性，足以表明行为人连续的贪污意图，且每次行为所侵占的贪污数额都较大，达到了贪污罪的追诉标准。所以被告人杨某平的行为构成贪污罪的连续犯。

(二) 跨越新旧刑法的连续贪污行为的量刑问题

在这里需要注意的是，被告人杨某平实施的连续贪污行为开始于1995年9月，当时1997年刑法还没有颁布施行。最高人民检察院1998年12月2日通过的《关于对跨越修订刑法施行日期的继续犯罪、连续犯罪以及其他同种数罪应如何具体适用刑法问题的批复》（以下简称《批复》）指出，对于开始于1997年9月30日以前，连续到1997年10月1日以后的连续犯罪，或者在1997年10月1日前后分别实施同种类数罪，其中罪名、构成要件、情节以及法定刑均没有变化的，应当适用修订刑法，一并进行追诉；罪名、构成要件、情节以及法定刑已经变化的，也应当适用修订刑法，一并进行追诉，但是修订刑法比原刑法所规定的构成要件和情节较为严格，或者法定刑较重的，在提起公诉时应当提出酌情从轻处理的意见。

具体来看，1979年刑法将贪污罪规定在分则第五章"侵犯财产罪"中，第155条规定，"国家工作人员利用职务上的便利，贪污公共财物的，处五年以下有期徒刑或者拘役；数额巨大、情节严重的，处五年以上有期徒刑；情节特别严重的，处无期徒刑或者死刑。犯前款罪的，并处没收财产，或者判令退赔"。当时刑法对贪污罪的规定符合我国的经济社会发展实际，能够与当时的犯罪形势相适应。1997年刑法在第八章"贪污贿赂罪"中用第382条、第383条两个条文的篇幅分别规定了贪污罪的罪状特征和量刑幅度。刑法第382条将贪污罪的特征予以细化，将以前的"贪污公共财物"改为了"侵吞、窃取、骗取或者以其他手段非法占有公共财物"，便于实践认定，而其他构成要件则没有变化。刑法第383条关于贪污罪量刑的规定与原有规定相比，划分的幅度更多，对不同数额与情节的刑罚适用也更加明确。将贪污贿赂罪独立成章，不仅明确了该类犯罪的同类客体是公共职务的廉洁性，满足了中国当前运用刑罚武器惩治与防范腐败犯罪的迫切需要，而且顺应了世界打击贪污贿赂犯罪的潮流。

总体来看，1997年刑法改变了1979年刑法中贪污罪的客体要件和不同情节的法定刑。本案中的杨某平实施的第一次贪污行为发生在1995年9月，当时她利用职务便利，指示财务人员李某宇从凯达公司提取公款人民币4万元，作为其小儿子刘某就读广州市执信中学的个人赞助费。而杨某平实施的后两起贪污罪的连续行为，分别发生在2000年12月和2002年2月，此时1997年刑法已经实施，可见其连续行为跨越了新旧两部刑法。根据上述《批复》关于连续犯适用刑法问题的规定，对本罪应适用1997年刑法关于贪污罪的规定应没有异议，对于被告人杨某平贪污的第一笔4万元公款，根据当时的刑法应处5年以下有期徒刑或者拘役，根据1997年刑法，应处"一年以上七年以下有期徒刑"，在具体量刑时应考虑法定刑变化的客观实际，酌情从轻处理。

对于连续犯的处罚，我国刑法认为其属于处断的一罪，不实行数罪并罚。根据刑法的不同规定，连续犯的处罚原则有以下三种：（1）认定为一罪，从重处罚；（2）认定为一罪，但构成法定的加重构成的犯罪，升格法定刑；（3）认定为一罪，但构成情节加重犯。对贪污罪来说，刑法条文并没有明确将其连续犯升格法定刑或作为加重的情节，因此应按照上述连续犯的第一个处罚原则，结合全案事实和情节，以贪污罪一罪定罪，并考虑从重处罚。

《刑法》第383条规定，"个人贪污数额在五万元以上不满十万元的，处五年以上有期徒刑，可以并处没收财产；情节特别严重的，处无期徒刑，并处没收财产"。"对多次贪污未经处理的,按照累计贪污数额处罚"。从全案来看,被告杨某平实施的连续3次贪污的行为,到案发时都没有经过处理。第一次贪污的数额是人民币4万元,后两次分别是港币2.4万元和港币3万元,因此,杨某平贪污罪的数额应认定为上述3次贪污的总和,即人民币4万元和港币5.4万元,适用上述法定刑档次。考虑到行为人的第一次贪污的行为发生在1997年刑法施行之前,结合连续犯的处罚原则,法院最终作出"判处有期徒刑5年,并处没收财产人民币2万元;追缴被告人杨某平贪污所得人民币4万元、港币5.4万元,退还给原单位"的判决是合适的。

(撰稿人:焦 阳)

案例41：任某贪污、非法吸收公众存款案
——贪污罪的罪数认定问题

一、基本情况

案　　由：贪污、非法吸收公众存款

被告人：任某，女，1963年10月29日出生于沈阳市，汉族，高中文化，系沈阳市南区邮政局牡丹储蓄所所长，住沈阳市苏家屯区民主小区。因涉嫌犯贪污罪于2004年2月18日被逮捕。

二、诉辩主张

（一）人民检察院指控事实

辽宁省沈阳市人民检察院指控：

被告人任某在担任沈阳市南区邮政局牡丹储蓄所所长期间，为贪污公款，违反相关规定，以给付储户高额利息为诱饵，于2001年2月至4月间以牡丹储蓄所的名义非法吸收公众存款32户，存款数额共计人民币357万元，同时利用职务上的便利，篡改上述储户密码，并冒充储户私自填写《活期邮政储蓄取款凭单》，以取款方式先后39次从沈阳市南区邮政局牡丹储蓄所骗取公款人民币212.2899万元，并将赃款据为己有。

被告人任某身为国家工作人员，利用职务上的便利，骗取国有钱财，又非法吸收公众存款，扰乱金融秩序，其行为应以贪污罪、非法吸收公众存款罪数罪并罚追究刑事责任。

（二）被告人辩解及辩护人辩护意见

被告人任某辩称：（1）指控其犯非法吸收公众存款罪不成立，因到储蓄所存款的储户不是其找来的，是金某山等人联系的储户，其没有非法吸收公众存款。（2）指控其贪污款，该款大部分已被金某山借走，其个人没有占有。

任某的辩护人提出：（1）指控被告人任某非法吸收公众存款罪不成立，因为被告人吸收公众存款的行为在先，而后利用职务上的便利骗取公款据为己有，说明被告人贪污是目的，吸收公众存款是手段，吸收存款是其为完成贪污犯罪的牵连行为，是牵连犯罪，根据重罪吸收轻罪的原则，对被告人不能再科以非法吸收公众存款罪。（2）被告人任某认罪态度较好，系初犯，应从轻处罚。

三、人民法院认定事实和证据

（一）认定犯罪事实

辽宁省沈阳市中级人民法院经公开审理查明：

被告人任某在担任沈阳市南区邮政局牡丹储蓄所所长期间，为侵占公款，违反国家储蓄管理规定，用变相提高利率的方式吸收存款，以给付储户高额利息为诱饵，于2001年2月至4月间以牡丹储蓄所的名义非法吸收公众存款32户，存款数额共计人民币357万元。被告人任某并利用职务上的便利，篡改储户储蓄密码，冒充储户私自填写《活期邮政储蓄取款凭单》，以取款方式先后39次从沈阳市南区邮政局牡丹储蓄所骗取公款人民币212.2899万元。被告人任某除支付部分存款利息外，将其他赃款据为己有。案发后，检察机关追缴人民币39.0711万元，返还被害单位。

（二）认定犯罪证据

上述事实，有下列证据证明：

1. 书证

活期储蓄存折、账户明细、存款凭单明细、取款凭条明细、欠据及保证书、扣押及返还物品清单、南区邮政文件等证据，证明被告人任某变相提高利率吸收公众存款并将储户存款取出据为己有的事实。

2. 鉴定结论

沈阳市人民检察院的文件检验鉴定书证明，取款凭条上取款人的字迹为任某所写。

3. 证人证言

（1）证人曹某军、刘某证言证实：任某是沈阳市南区邮政局牡丹储蓄所所长，2001年4月因为经济问题逃跑。其在2001年反贪局调查任某经济问题时才知道任某挪用公款的事。

（2）证人李某光证明：其是1998年开始任南区邮政局检查员，负责各储蓄所工作，任某挪用公款的事在检查工作中也没有发现。

（3）证人赵某、王某霞证言证实：其是储蓄所工作人员。2001年2月至4月间，任某从大连揽了300多万元存款，都是任某自己上机操作。其和王某霞的印章都放在公用的抽屉里，3人都有抽屉钥匙，任某掌握她们的上机密码。

（4）证人权某初证言证实：其通过金某山认识任某，任某说她们储蓄所储蓄有优惠，利息为10%，最多不超过12%，其大连的朋友李某梅帮助揽了一些储户。后来金某山的爱人给说任某存款进来了，但没有借给金某山钱。

（5）证人金某淑证言证实：自己是通过丈夫金某山认识任某的，金某山、权某初帮助任某揽储。2001年春节后，他们就带人去存款，但钱到位后任某不同意借钱。

（6）证人金某山证明：2000年5月份任某让其帮助揽储，利息高，可以给好处费。2001年春节后，第一批大连人由吴某领来，他们得了好处费。后来任某跟那些储户单独联系。其找任某借钱，她说不行。其一共帮任某揽储2次，共130多万元。

（7）证人吴某、钟某、袁某军、李某、张某峡、孙某英、潘某阁、孙某亭、张某柱、高某芳、杨某年、孙某才、贺某梅、徐某新、黄某娜、王某梅、吴某军、高某、刘某芹、周某珍、刘某梅、蔡某芳、陈某兹、钟某、黄某安的证言均证明：2001年他们自己或经人介绍分别到任某处存款，然后任某本人或他人将部分利息在宾馆等处交付的事实。

4. 被告人供述和辩解

被告人任某在侦查阶段的供述证实：1980年其做投递员时认识了金某山。2001年春节过后，金某山把存款拉来，存钱时其负责操作微机，让赵某、王某霞数钱，自己设定储户密码。然后从存款中支出12%～13%的利息给了中间人。总共支取200多万元，其拿了15万元给丈夫韦某生，其用5万元还债了，给金某山150多万元，后来检察院来查账，没钱还就跑了。

四、判案理由

沈阳市中级人民法院认为：被告人任某身为国家工作人员，为侵占公款，利用职务上的便利，违反国家储蓄管理规定，以变相提高利率的方式吸收存款，扰乱金融秩序，并冒充储户私自将所存入部分公款取出进行占有，被告人任某贪污数额、非法吸收公众存款数额均为巨大，其行为均已构成贪污罪、非法吸收公众存款罪。依法应予惩处。公诉人指控被告人任某犯贪污罪、非法吸收公众存款罪，罪名成立，予以支持。被告人任某所辩称其没有非法吸收公众存款,指控贪污款,大部分已被金某山借走,其个人没有占有的理由,经查,证人证言及书证材料证明其违反储蓄管理规定,变相提高利率吸收存款,其又私自将存款取出占有,证人金某山并否认向其借款的事实,其辩解理由与查明事实不符,不予采信。其辩护人提出指控被告人任某犯非法吸收公众存款罪不成立,被告人吸收存款是其为完成贪污犯罪的牵连行为,是牵连犯罪,对被告人不能再以非法吸收公众存款罪处罚的辩护意见,经查,任某所侵占公款数额仅是吸收存款中的一部分,并不影响对非法吸收公众存款犯罪行为的定罪处罚,其辩护意见缺乏事实和法律依据,不予采纳。

五、定案结论

沈阳市中级人民法院依照《中华人民共和国刑法》第 382 条第 1 款、第 383 条第 1 款第 1 项、第 176 条第 1 款、第 52 条、第 57 条第 1 款、第 59 条第 1 款、第 69 条、第 64 条的规定,作出如下判决:

1. 被告人任某犯贪污罪,判处无期徒刑,剥夺政治权利终身,并处没收个人全部财产;犯非法吸收公众存款罪,判处有期徒刑 3 年,并处罚金人民币 5 万元;决定执行无期徒刑,剥夺政治权利终身,并处没收个人全部财产。

2. 对被告人任某所贪污的赃款继续追缴,返还被害单位。

六、法理解说

本案是当年在社会上引起重大影响的储蓄所女所长贪污案,被告人任某身为国家工作人员,却擅自吸收储户违规高息存款,并且自设密码、自提取款,将巨额现金占为己有,严重破坏了金融秩序,造成群众的经济利益损失。更严重的是,直到案发宣判时,大部分款项仍下落不明,赃款仍未完全返还被害单位,这在社会上带来了极为恶劣的影响。在本案庭审过程中,控辩双方围绕着任某是否构成贪污罪及其究竟构成贪污一罪还是贪污与非法吸收公众存款罪两罪进行了激烈辩论,最终法院作出了被告人构成两罪且应数罪并罚的判决。可以说,本案的焦点问题主要是罪数,牵连犯的认定和范围问题在实践中经常出现,有必要进行专门讨论。

(一)牵连犯的特征及本案的认定

牵连犯是指行为人为实施某种犯罪,而其手段行为或者结果行为又触犯其他罪名的情形。牵连犯本身是实质数罪,但由于其目的行为还与手段行为以及原因行为与结果行为之间存在牵连关系,为限制数罪并罚的范围,规定对牵连犯一般不实行并罚。构成牵连犯，一般需符合以下几个条件：第一，以实施一个犯罪为目的。牵连犯以实施一个犯罪为目的，行为人所追求的目的犯罪是牵连犯的本罪。为了实施该犯罪，其方法行为或者结果行为又构成了另一个犯罪。第二，有两个以上不同性质的危害行为。这是牵连犯的客观特征，它要求行为人实施的这两个以上的危害行为侵犯了不同的法益，具有不同性质。第三，这两个危害行为间具有牵连关系。这种牵连关系一般是指手段与目的、原因与结果之间的关系，对这种关系的判断要结合刑法规定与司法实践的具体情况，具有牵连关系是牵连犯的本质特征。第四，两个以上不同的危害行为触犯了不同的罪名。牵连犯的设定是为了处理罪数问题的争议，因此，有牵连关系的两个不同的行为应当符合不同的犯罪构成，触犯不同的罪名。在这里需要强调的是，这两个行为单独来看，必须从形式上到实质上都符合两个不同的犯罪构成要件，否则就不符合触犯不同罪名的要求。

对本案被告人贪污罪的指控，是完全成立的。贪污罪的表现形式是利用职务便利，采取窃取、骗取、侵吞等手段将公共财物非法占为己有的行为。在本案中，被告人任某担任区邮政局储蓄所所长，管理、经手大量储户存款，这些都是公共财产。她以非法高息为诱饵，吸收了储户的巨额资金，并且采用自取等手段将大量钱财控制在自己手中，符合贪污罪的既遂标准"控制说"的要求，已达到非法占有公共财物的目的，构成贪污罪。至于她辩解说，该笔款项都被金某借走则完全没有证据支持，她的前后陈述也是矛盾的。更何况就算这是真的，也只能算是其贪污既遂后对赃款的私自处理，不能改变案件的定性。

在本案中，任某为了贪污公款，违反相关规定，以给付储户高额利息为诱饵，于2001年2月至4月间以牡丹储蓄所的名义非法吸收公众存款32户，存款数额共计人民币357万元，后来她利用职务便利，擅自通过改密码、冒写取款单的方式取出人民币212.2899万元，并将这笔巨款据为己有。根据相关证据显示，被告人在非法变相抬高利率揽存时就已经具有将这笔款项取出占为己有的心态，即行为人后续的取公款贪污的行为是非法吸收公众存款这一手段行为的目的行为，在某种程度上，非法吸收公众存款与贪污之间存在牵连关系。但这里需要注意的是，被告人贪污的数额为212万多元，与其非法吸收公众存款的357万元相比，还差100多万元，即被告人贪污的公款只占其非法吸收公众存款中的一部分，如果把全案吸收32户储户存款的行为都定为贪污罪的手段行为，则对行为人的部分行为遗漏了评价，是不合理的。

（二）本案的处罚

关于牵连犯的处罚原则，我国刑法的总则中并没有明确规定。"牵连犯"一词也属学理用语，在立法中并没有明确体现。根据我国刑法分则对不同罪名的不同规定,对牵连犯的处罚,在我国主要有以下几种原则:第一,从重处罚原则。即按照牵连犯所触犯的罪名中的较重的罪名处罚。第二,从一重罪从重处罚原则。该原则是指在上述选择较重的犯罪的基础上,从重处罚。第三,数罪并罚原则。有的条文明确规定对一些情况采用数罪并罚原则处理。如果刑法分则中没有明确规定的,在传统学理上认为,牵连犯属于并合的一罪的一种,应按照从一重罪处断原则处理,不实行并罚。

由于立法的不明确,近些年来,对于牵连犯的处罚原则及牵连犯这一概念是否应该存在,出现了不少争议。总体来看,刑法理论上对牵连犯可能采取三种态度:第一种是维持牵连犯的概念,并认为对牵连犯原则上从一重罪处罚,除有明确规定为数罪并罚的以外。这也是传统观点对牵连犯的处罚原则。但这种观点造成了牵连犯的处罚不统一,并且实质的数罪按一罪处罚有时不能做到罚当其罪。第二种观点是维持牵连犯概念,将现行刑法中规定的以数罪处罚的情况排除在牵连犯之外,即不认为这种情况下构成牵连犯。这种态度打破了牵连犯的共通性的规律,无法确定牵连犯的实际内涵。第三种态度是取消牵连犯的概念,将原有的牵连犯所包含的犯罪现象,分别作为想象竞合犯、吸收犯与数罪处理。[①] 该观点反映了罪数理论的本质,而且有利于促进处理规则的统一,具有合理性。

总体来说,牵连犯本属于实质的数罪,根据其触犯的不同罪名,构成的不同犯罪构成要件,将其完全按数罪并罚原则处理是合适的,符合罪责刑相适应原则要求。专门将牵连犯作为处断的一罪单列讨论,不仅增加了对牵连关系判断的烦恼,而且还不利于理论统一贯彻。所以,从一罪论走向数罪论是处理牵连犯问题的趋势。

综合以上论述可以得知,被告人任某的行为触犯了非法吸收公众存款罪和贪污罪的两项罪名,且这两项罪之间并不存在完全的包含或牵连关系,应当数罪并罚,如果将全案以目的行为一罪论处便导致了部分行为没有被刑法评价。同时,从牵连犯处罚原则的应然走向看,对不同种的数行为采取数罪并罚的处罚原则也是合适的。因此,本案被告人任某的行为构成贪污罪和非法吸收公众存款罪,法院的判决是正确的。

(撰稿人:焦 阳)

[①] 参见张明楷:《犯罪论原理》,武汉大学出版社1991年版,第442页。

案例42：曾某华等利用征地补偿贪污案
——贪污罪中量刑情节的认定

一、基本情况

案　由： 贪污

被告人： 曾某华，男，1962年8月9日出生于江西省宁都县，汉族，高中文化，原系宁都县国土资源局土地收储中心开发股股长，住宁都县梅江镇城南中路。因涉嫌犯贪污罪于2006年3月13日被刑事拘留，同年3月25日被逮捕，同年6月7日被江西省宁都县人民检察院决定取保候审，同年10月25日被宁都县人民法院决定取保候审，同年11月17日被逮捕。

被告人： 卢某寿，男，1948年5月4日出生于江西省宁都县，汉族，初中文化，原系宁都县梅江镇土围村党支部书记，住宁都县梅江镇土围村里面一组。因涉嫌犯贪污罪于2006年3月13日被刑事拘留，同年3月25日被逮捕，同年4月27日被宁都县人民检察院决定取保候审，同年10月25日被宁都县人民法院决定取保候审，同年11月17日被逮捕。

被告人： 苏某明，男，1954年7月26日出生于江西省宁都县，汉族，初中文化，原系宁都县梅江镇刘坑村委会主任，住宁都县梅江镇刘坑村三组。因涉嫌犯贪污罪于2006年3月17日被刑事拘留，同年4月1日被逮捕，同年4月10日被宁都县人民检察院决定取保候审，同年10月25日被宁都县人民法院决定取保候审。

被告人： 陈某平，男，1957年11月9日出生于江西省宁都县，汉族，小学文化，原系宁都县梅江镇土围村出纳，住宁都县梅江镇土围村一组。因涉嫌犯贪污罪于2006年3月10日被刑事拘留，2006年3月25日被逮捕，同年4月27日被宁都县人民检察院决定取保候审，同年10月25日被宁都县人民法院决定取保候审。

被告人： 刘某宝，男，1955年3月24日出生于江西省宁都县，汉族，高中文化，系宁都县国土资源局梅江国土所土管员，住宁都县信用联社宿舍楼。

因涉嫌犯贪污罪于 2006 年 3 月 20 日被宁都县人民检察院决定取保候审,同年 10 月 26 日被宁都县人民法院决定取保候审。

被告人：李某生,男,1967 年 8 月 5 日出生于江西省宁都县,汉族,初中文化,系宁都县梅江镇刘坊村一组小组长,住宁都县梅江镇刘坑村一组。因涉嫌犯贪污罪于 2006 年 3 月 20 日被刑事拘留,同年 4 月 3 日被逮捕,同年 4 月 27 日被宁都县人民检察院决定取保候审,同年 10 月 26 被宁都县人民法院决定取保候审。

二、诉辩主张

（一）人民检察院指控事实

江西省宁都县人民检察院指控被告人曾某华、卢某寿、苏某明、陈某平、刘某宝、李某生犯贪污罪。

（二）被告人辩解及辩护人辩护意见

被告人曾某华辩称：(1) 其与卢某寿等人于 2006 年 3 月 4 日、5 日将虚假农户姓名及虚增土地面积划掉并重新制作表格,而后于 3 月 10 日将所得赃款退出,该行为属于犯罪中止；(2) 犯罪后其有自首情节；(3) 案发后其能积极退赃,认罪态度好。据此,要求认定上述情节,并对其减轻判处刑罚。

曾某华的辩护人提出的辩护意见与曾某华的意见相同,同时提出曾某华参加工作几十年一直表现良好,要求对其判处缓刑。

被告人卢某寿辩称：(1) 作案时其虽然实际掌控了 8.3622 万元的存折,但事后把其中的 3.93 万元分给了四位漏补土地款的村民,应从分得的贪污款中扣除；(2) 其向检察机关检举了相关人员在招标拍卖宁都县土围村原办公楼、旧教室时串通投标的犯罪事实,具有立功表现；(3) 其与曾某华等人的行为属于犯罪中止。

卢某寿的辩护人提出与卢某寿相同的辩护意见,并建议根据卢某寿具有的犯罪中止、立功、认罪态度好、积极退赃的犯罪情节以及年老体弱的实际情况对其判处缓刑。

三、人民法院认定事实和证据

（一）认定犯罪事实

江西省宁都县人民法院经公开审理查明：

2005 年 7 月,在宁都县土地收储中心对下廖村宁临公路扩宽征地补偿过程中，被告人曾某华伙同该村村民陈某明、沈某生通过以温某生的名字虚报征地面积 135 平方米，套取土地补偿款 6075 元，被告人曾某华从中分得 2100 元，陈某明分得 2215 元，沈某生分得 1760 元。

2005 年 12 月，在宁都县土地收储中心第三次对宁都县土围村征地补偿过程中，被告人曾某华伙同卢某寿、陈某平通过虚构征地农户李某华、崔某秀等人的姓名套取土地补偿款 21.3864 万元，被告人曾某华从中分得 6.8151 万元，被告人卢某寿从中分得 8.3622 万元，被告人陈某平分得 2.5341 万元，该村村民卢某豪分得 1.575 万元。

2005 年 12 月，在宁都县土地收储中心对刘坑村进行征地补偿过程中，被告人曾某华、苏某明在李某生征地面积上虚报征地面积 100 平方米，套取土地补偿款 4500 元，又虚构李某荣之名虚报征地面积 360 平方米，套取土地补偿款 1.6686 万元，共套取土地补偿款 2.1186 万元，被告人曾某华从中分得 1.2 万元，被告人苏某明从中分得 9186 元。

2005 年 12 月，在宁都县土地收储中心对刘坑村枫树组空地、老道进行征地补偿过程中，被告人曾某华伙同该村村民苏某珍通过虚增征地面积 100 平方米，套取土地补偿款 4500 元，被告人曾某华分得 2000 元，苏某珍分得 2500 元。

2005 年 12 月，在宁都县土地收储中心对刘坑村龙边溪征地过程中，被告人曾某华伙同该村村民苏某平通过在苏某平名下虚报征地面积 150 余平方米，套取土地补偿款 7000 元，被告人曾某华从中分得 3000 元，苏某平分得 4000 元。

2005 年 12 月，在宁都县土地收储中心对刘坑村进行征地补偿过程中，被告人苏某明通过虚构彭某春、彭某生两个假名字虚报征地面积 550.52 平方米以及部分地上附属物，从中套取土地补偿款 26096.5 元占为己有。

2006 年 1 月，在宁都县土地收储中心对刘坑村进行征地补偿过程中，被告人刘某宝、苏某明、李某生将李某华虚列为被征地农户，虚报征地面积 765 平方米，套取土地补偿款 35457.75 元，被告人刘某宝从中分得 1 万元，被告人苏某明及李某生各分得 12728.87 元。

此外，被告人曾某华于 2003 年 3 月 13 日在检察机关第二次供述中主动交代了起诉书指控的第二起即伙同苏某明贪污土地补偿款 1.6686 万元的事实。被告人苏某明 2006 年 3 月 17 日在县看守所如实供述了起诉书指控的第七起即自己单独贪污土地补偿款 26096.5 元的犯罪事实。

(二) 认定犯罪证据

上述事实,有下列证据证明:

1. 书证

(1) 宁都县梅江镇土围村出具的证明材料,证明该村并无李某华、崔某秀等人。

(2) 有关书证,证明被告人曾某华、卢某寿、陈某平三人虚构征地农户并从中领取土地补偿款的情况;证明被告人曾某华、苏某明共同虚报征地面积,套取征地补偿款占为己有的事实;证明虚增上述土地面积情况;证明刘某宝、苏某明、李某生共同贪污事实;证明被告人苏某明虚构彭某春、彭某生两个假名字进行贪污的事实。

(3) 存折复印件,证明被告人曾某华分得了2100元赃款。

(4) 土地补偿款发放表,证明苏某平领款4000元的情况。

(5) 本案还有有关书证,证明六被告人身份以及退赃情况。

(6) 宁都县人民检察院反贪局的办案说明材料,证明被告人曾某华曾主动交代了起诉书指控的伙同苏某明贪污土地补偿款1.6686万元的事实。

2. 证人证言

(1) 证人卢某豪证实自己从虚报套出的土地款中共计拿到1.575万元的情况。

(2) 证人李某生的证言,证明其征地面积被虚报了,但自己并无领取虚报的土地款。

(3) 证人苏某珍、陈某明、苏某平的证言,证明要求被告人曾某华虚报土地面积,在土地款拨下来后,自己拿钱给曾某华的事实。

(4) 证人沈某生证言,证明其在这起虚报面积,套取土地补偿款过程中,分得了1760元。

(5) 证人李某华证实自己并无土地被征,自己也未领过征地款。

3. 被告人供述和辩解

(1) 被告人曾某华、卢某寿、陈某平供述了他们虚构征地农户、套取土地补偿款共同贪污21.3864万元公款的经过以及各自所分得的赃款数目。

(2) 被告人曾某华、苏某明供述了他们虚报征地面积460平方米,套取土地补偿款及各自分得赃款数目的事实。

(3) 被告人曾某华供述了苏某珍、陈某明、苏某平要求其虚报些面积,自己同意了,并分别从他们处拿了2000元、2000元、3000元的事实。

(4) 被告人刘某宝、苏某明、李某生供述了他们共同贪污的经过,以及分得赃款的数目。

（5）被告人苏某明供述了其贪污土地补偿款26096.5元的经过。

（6）被告人曾某华、苏某明的供述证明，被告人曾某华曾主动交代了起诉书指控的伙同苏某明贪污土地补偿款1.6686万元的事实。

（7）被告人苏某明2006年3月17日在县看守所如实供述了自己单独贪污土地补偿款26096.5元的犯罪事实。

四、判案理由

（一）一审法院判案理由

江西省宁都县人民法院一审认为：被告人曾某华、卢某寿、苏某明、陈某平、刘某宝、李某生身为国家工作人员或与国家工作人员相互勾结，以骗取的非法手段占有公共财物，其中被告人曾某华个人分得贪污款8.7251万元；被告人卢某寿个人分得贪污款8.3622万元；被告人苏某明个人分得贪污款48011.37元；被告人陈某平个人分得贪污款2.5341万元；被告人刘某宝个人分得贪污款1万元；被告人李某生个人分得贪污款12728.87元，六被告人的行为均已构成贪污罪。但公诉人指控被告人卢某寿、陈某平将公款私存而后各分得利息5584元的行为，属于公款私存，私分利息，违反财务制度行为，对其分得利息应作为非法所得予以追缴，不应计入贪污数额，故对起诉书该起指控的犯罪数额不予认定。被告人曾某华、苏某明是在检察院机关已掌握他们犯有贪污罪行的情况下，又供述了自己或伙同他人的其他贪污行为，与司法机关已掌握的均属贪污罪行，对此不能认定为自首，可认定为坦白，在量刑时予以考虑。鉴于被告人曾某华与卢某寿、苏某明、陈某平、刘某宝、李某生均能积极退赃，如实供述自己的犯罪行为，有一定悔罪表现，故依法予以酌定从轻处罚。根据被告人苏某明、陈某平、刘某宝、李某生的犯罪情节和悔罪表现，适用缓刑不致再危害社会，故依法予以适用缓刑。

（二）二审法院判案理由

一审判决后，原审被告人曾某华、卢某寿不服，提出上诉。

江西省赣州市中级人民法院二审认定了上述犯罪事实，又查明，上诉人曾某华、卢某寿等人在虚报了征地农户和面积并实际控制了该虚报的土地补偿款的存折后，将虚构的农户姓名划掉，重新制作了表格，并退出了部分赃款交于土围村里面二组组长管夏生。案发后，各上诉人及原审被告人均全部退清赃款。

上诉人卢某寿参与并实际分得贪污的赃款后，卢某寿向部分漏补土地款的村民支付了款项3.93万元。在案件侦查期间，上诉人卢某寿向检察机关检举了该村在拍卖房地产招标中相关人员的违法行为，检察机关将该线索移交给公安机关查处，但由于被举报的违法行为所造成的损失并没有达到刑事立案标准，公安机关认为情节显著轻微，没有立案处理。

江西省赣州市中级人民法院二审认可了原审法院对本案的定性，并着重就上诉人及其辩护人的辩护意见作出以下说明：

关于上诉人曾某华、卢某寿的行为是否属犯罪中止的问题。上诉人曾某华、卢某寿等人在虚报被征用土地农户、虚增征用土地面积后，即通过正常的手续实际控制并非法占有了公共财产，应当认定为犯罪既遂。在此之后他们虽然将虚构的农户姓名划掉并重新制作表格，并将退赃交给他人，或者从中取出款项支付四位村民的漏补土地款，此行为虽然属实，但属在犯罪完成之后对赃款的处理，不能影响成立犯罪既遂形态，只可作为酌定量刑情节予以考虑。故上诉人曾某华、卢某寿及其辩护人提出的关于犯罪中止的辩解、辩护意见，没有法律依据，不予采纳。

关于上诉人卢某寿是否具有立功情节的问题。立功是指犯罪分子揭发他人有其他犯罪经查证属实，或者提供重要线索得以侦破其他案件。卢某寿在案发后向检察机关检举的该村在拍卖房地产招标中相关人员的违法行为，因该违法行为不能认定为犯罪，因此，卢某寿检举揭发的行为不能认定为立功。但可作为一个情节在量刑时予以考虑。对上诉人卢某寿及其辩护人提出的关于上诉人卢某寿具有立功情节这一上诉、辩护意见，不予采纳。

关于本案上诉人及各原审被告人是否具有自首情节的问题。自首，是指犯罪以后自动投案，如实供述自己的罪行。自动投案，是指犯罪事实或者犯罪嫌疑人未被司法机关发觉，或者虽被发觉，但犯罪嫌疑人尚未受到讯问、未被采取强制措施时，主动、直接向司法机关投案；如实供述自己的罪行，是指自动投案后，如实交代自己的主要犯罪事实。本案中，检察机关在立案前已初步掌握相关被告人的贪污线索（因没有立案，不宜称作证据），说明犯罪事实已被检察机关发觉，但检察机关并未立案并采取强制措施或者讯问，各被告人在检察机关口头传唤后进行询问时即交代了已被检察机关掌握或者没有掌握的犯罪事实，说明各原审被告人到检察机关并供认犯罪事实具有一定的主动性。因此，应当认定各上诉人及原审被告人均具有自首情节，依法从轻或减轻处罚。原审对此没有认定，属认定事实不当，应当纠正。

江西省赣州市中级人民法院二审认为：本案上诉人及原审被告人分别共同贪污，均应对其个人贪污数额承担刑事责任，个人贪污数额是指个人参与共同贪污的数额。其中，上诉人曾某华参与贪污25.2625万元，上诉人卢某寿参与贪污21.3864万元，原审被告人陈某平参与贪污21.3864万元，原审被告人苏某明参与贪污82740.25元，原审被告人刘某宝参与贪污35457.75元，原审被告人李某生参与贪污35457.75元。据此，根据刑法第383条各项的规定，对上诉人曾某华、卢某寿及原审被告人陈某平应处10年以上有期徒刑；对原审被告人苏某明应处5年以上有期徒刑；对原审被告人刘某宝、李某生应处1年以上7年以下有期徒刑。原审判决认定上诉人及各原审被告人分得的赃款数额为各自的个人贪污数额，属于适用法律错误，但由于各上诉人及各原审被告人具有自首情节，依法可以从轻或者减轻处罚，同时综合各上诉人及原审被告人获得赃款及退赃情况以及认罪、悔罪态度等相关情节，原审判决仍可以维持。

五、定案结论

（一）一审法院定案结论

江西省宁都县人民法院一审依照《中华人民共和国刑法》第382条、第383条第1款第2项和第3项、第25条第1款、第72条的规定，作出如下判决：

1. 被告人曾某华犯贪污罪，判处有期徒刑5年，并处没收财产人民币1万元。
2. 被告人卢某寿犯贪污罪，判处有期徒刑5年，并处没收财产1万元。
3. 被告人苏某明犯贪污罪，处有期徒刑3年，缓刑3年。
4. 被告人陈某平犯贪污罪，处有期徒刑2年，缓刑2年。
5. 被告人刘某宝犯贪污罪，处有期徒刑1年，缓刑1年。
6. 被告人李某生犯贪污罪，处有期徒刑1年，缓刑1年。

（二）二审法院定案结论

江西省赣州市中级人民法院依照《中华人民共和国刑事诉讼法》第189条第1项的规定，裁定如下：驳回上诉，维持原判。

六、法理解说

刑罚裁量要以案件事实为依据，量刑情节是将刑法规定的法定刑具体化为对犯罪人适用的宣告刑的唯一依据。量刑情节的正确适用，对案件的最终准确定性至关重要。曾某华等利用征地补偿贪污案从一审到二审，对案件过程中及案发后的具体量刑情节的考量成为了该案的焦点问题。就本案来看，犯罪中止、自首、立功这些法定刑罚裁量情节和退赃、坦白等酌定量刑情节相互交织，需要分别具体判断。

（一）本案被告人自首情节的认定

我国《刑法》第 67 条第 1 款规定："犯罪以后自动投案，如实供述自己的罪行的，是自首。对于自首的犯罪分子，可以从轻或者减轻处罚。其中，犯罪较轻的，可以免除处罚。"这是我国刑法关于一般自首的条件规定，即自首必须符合两个条件：（1）必须是自动投案；（2）必须如实供述自己的罪行。这里的"自动"指的是犯罪嫌疑人在尚未归案之前，基于其本人的意志而投案。尚未归案之前一般包括犯罪嫌疑人犯罪之后，犯罪事实尚未被发觉以前，或者犯罪事实和犯罪嫌疑人均已被发觉，而司法机关尚未对犯罪嫌疑人进行讯问或采取强制措施以前。① 而投案指犯罪嫌疑人向有关机关或者个人承认自己实施了特定犯罪，并将自己置于有关机关或者个人的控制之下，等待接受国家司法机关的审查和裁判。本案中检察机关在立案前已初步掌握相关被告人的贪污线索，说明犯罪事实处于被检察机关发觉的状态，但检察机关并未立案并采取强制措施或者讯问，各被告人在检察机关口头传唤后进行询问时即交代了相关犯罪事实，愿意将自己置于有关机关的控制之下，应认定为"自动投案"。关于如实供述自己的罪行，指的是犯罪嫌疑人自动投案后，如实交代自己的主要犯罪事实。在共同犯罪中，犯罪嫌疑人除如实供述自己的罪行外，还应当供述所知的同案犯，主犯则应当供述所知其他同案犯的共同犯罪事实，才能认定为自首。② 此外，对于犯罪嫌疑人所犯数罪为同种数罪的情况下，则应根据犯罪嫌疑人供述犯罪的程度，决定自首成立的范围。在本案中，几名被告人在检察机关只是口头传唤进行询问时，便即供述了自己或者伙同他人共同贪污的事实，对共同犯罪的重要事实交代较为明确。同时，对这部分事实，有些已被检察机关掌握，而有些则还没被检察机关掌握，根据几名被告人供述犯罪的范围不同，对其认定为不同程度的自首是适当的。我国《刑法》第 67 条第 2 款规定了准自首的成立条件，由于本案大多数供述发生在对犯罪嫌疑人采取强制措施以前，且行为人所犯为同种罪行，不属于"其他罪行"的范围，因此，本案不存在准自首的问题。

值得注意的是，《刑法修正案（八）》为我国刑法第 67 条增加了第 3 款关于"坦白"的规定。即"犯罪嫌疑人虽不具有前两款规定的自首情节，但是如实供述自己罪行的，可以从轻处罚；因其如实供述自己罪行，避免特别严重

---

① 参见最高人民法院发布并于 1998 年 5 月 9 日施行的《关于处理自首和立功具体应用法律若干问题的解释》第 1 条的规定。

② 参见最高人民法院发布并于 1998 年 5 月 9 日施行的《关于处理自首和立功具体应用法律若干问题的解释》第 1 条的规定。

后果发生的,可以减轻处罚"。至此,坦白也正式成为了法定的从宽处罚情节。相对于自首的主动性,坦白一般指犯罪嫌疑人被动投案,且坦白中"如实供述自己的罪行"既包括如实供述司法机关指控的罪行的情形,也包括如实供述司法机关尚未掌握的其他同种罪行的情形。如果本案是在2011年5月1日《刑法修正案(八)》施行以后审理的,则可以根据查清的各种事实状况,确定几名犯罪嫌疑人有没有在被采取强制措施后到案后如实供述自己和伙同他人进行贪污的罪行的情况,如果存在并查证属实,符合本款规定的条件,则应适用"坦白从宽"的规定,进一步从宽处罚。在本案的一审判决中,将被告人曾某华、苏某明的行为认定为坦白,而没有认定为自首,是因为一审法院未分清口头传唤并进行询问和采取正式的强制措施的区别,同时对何种罪行已被司法机关掌握的认识出现偏差,导致将"主动投案"认定为"被动投案",二审法院进一步澄清了事实,是正确的。

(二)本案被告人立功情节的认定

关于立功,我国《刑法》第68条规定:"犯罪分子有揭发他人犯罪行为,查证属实的,或者提供重要线索,从而得以侦破其他案件等立功表现的,可以从轻或者减轻处罚;有重大立功表现的,可以减轻或者免除处罚。"可见,立功分为一般立功和重大立功两类。一般立功的成立须具备三个条件:立功者必须是犯罪分子;立功行为必须是在犯罪分子到案后至判决确定前的期间内实行;犯罪分子必须具有有利于国家和社会的突出表现。[①] 立功作为重要的法定刑罚裁量情节,在实践中的认定非常严格。对于"有利于国家和社会的突出表现",最高人民法院《关于处理自首和立功具体应用法律若干问题的解释》将其规定为:犯罪分子到案后有检举、揭发他人犯罪行为,包括共同犯罪案件中的犯罪分子揭发同案犯共同犯罪以外的其他犯罪,经查证属实;提供侦破其他案件的重要线索,经查证属实;阻止他人犯罪活动;协助司法机关抓捕其他犯罪嫌疑人(包括同案犯);具有其他有利于国家和社会的突出表现。

在本案中,被告人卢某寿在案件侦查期间,向检察机关检举了该村在拍卖房地产招标中相关人员串通招投标的违法行为,检察机关将该线索移交给公安机关查处,但由于被举报的违法行为所造成的损失并没有达到刑事立案标准,公安机关认为情节显著轻微,没有立案处理。可见,这一检举符合立功的主体条件和时间条件,但却不符合立功的第三个条件,因为其所检举的不是他人的"犯罪"行为,只能属于一般违法行为。公安机关对其所检举的情况进行了充分的调查,认为此违法事件未达到刑事立案标准,因此,不适宜用刑法手段处

---

① 赵秉志主编:《当代刑法学》,中国政法大学出版社2009年版,第371~372页。

理，这些都表明了其没有做出"有利于国家和社会的突出表现"，不符合一般立功的特征。当然，行为人更没有其他的重大立功表现，所以立功这一法定裁量情节在本案中不能适用。

(三) 本案被告人的行为不构成贪污罪的中止

本案还涉及是否构成犯罪中止的问题。我国的犯罪中止包含自动放弃犯罪的犯罪中止和自动有效地防止犯罪结果发生的犯罪中止两大类。对于第一种，它要求包含时空性、自动性和彻底性三个特征。即行为人必须是在犯罪过程中放弃犯罪，必须是自动停止犯罪，必须是彻底地放弃了原来的犯罪。犯罪中止作为重要的犯罪停止形态，意味着必须是在犯罪运动过程中进行的，不能达到犯罪既遂状态。如果犯罪已经既遂，则这一过程不可逆，就算行为人采取其他补救措施，如恢复原状或者主动赔偿的，也不可能再向犯罪中止转化了。对于具体案件的犯罪中止的判断，还要依据个罪的犯罪既遂的标准进行。对贪污罪来说，首先要承认贪污罪是可能存在中止形态的。犯罪中止存在于直接故意犯罪中，而且在行为的预备阶段与实行阶段都有可能成立犯罪中止。贪污犯罪的行为人主观上具有积极追求非法占有公共财物的目的，客观上去准备犯罪工具，实施伪造账目、涂改记账数字等手段，这些都是为犯罪提供条件的，如果在这个时候，行为人自愿放弃犯罪，使其不再进行下去的，便成立贪污罪的中止形态。

贪污罪属于侵犯国家工作人员职务廉洁性和公共财物所有权法益的犯罪，对其既遂标准的确定要以该罪的保护法益为指导。既遂的判断标准根据我国刑法通说，采"犯罪构成要件齐备说"。结合实务中关于盗窃罪的既未遂标准，关于贪污罪既遂标准的见解，主要有以下三种：一是失控说，认为应以财产所有单位是否失去对公共财产的控制为界；二是控制说，认为应以行为人是否实际控制其利用职务之便所侵吞、窃取、骗取或者以其他手段非法占有的公共财物为界；三是失控加控制说，认为应以公共财物是否已经脱离所有单位的控制和行为人是否实际控制公共财物为界。在这三种学说中，控制说符合主客观相统一原则，与"犯罪构成要件要素齐备说"的精神一致。贪污罪的客观要件齐备，是指侵吞、窃取、骗取等犯罪行为造成了行为人非法占有公共财物的实际结果；贪污罪主观要件的齐备，是指行为人达到了非法占有公共财物的目的。控制说综合反映了犯罪结果和犯罪目的两方面的因素。所以对本案行为既遂的判断，采取"控制说"也是合理的。

被告人曾某华、卢某寿等人在虚报被征用土地农户、虚增征用土地面积后，即完成了套取补偿款的程序，可认定为通过正常的手续实际控制并非法占有了公共财产，根据"控制说"，应当认定为贪污罪的既遂。在此之后，他们虽然在3月4日、5日将虚构的农户姓名划掉并重新制作表格，然后在3月20

日将退赃交给他人,或者从中取出款项支付四位村民的漏补土地款,此行为虽然属实,但属在贪污完成之后对赃款的处理,不能影响犯罪既遂形态的成立,不可能再成立犯罪中止。故本案中曾某华、卢某寿的行为不符合犯罪中止的时空性条件,不构成犯罪中止。同理,卢某寿辩称的作案时虽然实际掌控了8.3622万元的存折,但事后把其中的3.93万元分给了四位漏补土地款的村民的行为,同样不能认定为犯罪中止。因为这笔8.3622万元的存折已被他掌控,即达到控制状态,后来又拿出部分钱分给漏补农民,只是属于犯罪既遂后对财物的处理,不能改变案件的性质。当然,这笔3.93万元的款项也不能从其贪污数额中扣除。

(四) 其他酌定量刑情节的认定

关于退赃、其他酌定量刑情节,在本案的审判中予以考虑是正确的。在我国刑罚裁量情节体系中,酌定量刑情节占有的比重很大。酌定量刑情节,是指刑法认可但未明确规定具体内容和功能,根据立法精神与刑事政策总结出来的,反映犯罪行为的社会危害性程度和犯罪人的人身危险性程度的,在量刑时需要考虑的主客观事实。总体来说,酌定量刑情节主要包括犯罪的手段、犯罪的侵害对象、犯罪的损害结果、犯罪的时间与地点、犯罪的动机、犯罪后的态度、犯罪人的一贯表现等几大类。在本案中,主要的从宽处罚的酌定量刑情节有犯罪过程中将一部分款项退赃、案发后积极退赃、工作中一贯表现良好、揭发他人的违法行为、认罪态度好、身体健康状况不好等,这些能综合反映出行为的客观危害性和行为人的人身危险性有所降低,在量刑时应该考虑。

综合全案来看,几名被告人具有自首情节,根据我国刑法关于自首的规定,可以从轻或者减轻处罚,其中犯罪较轻的,可以免除处罚。同时,被告人曾某华、卢某寿具有在犯罪中主动退赃的情节,卢某寿有揭发他人违法行为的酌定从轻处罚情节。结合其他几名被告人在案发后积极退赃、认罪态度好等情节,对本案的几名被告人分别根据情况从轻或者减轻处罚是适当的,对于犯罪较轻的几名被告人,法院依法判处了缓刑,符合缓刑的条件,体现了罪责刑相适应原则。因此,法院的判决是适当的。

(撰稿人:焦 阳)

案例43：陈某波、黄某普、唐某斌贪污案
——共同贪污犯罪的量刑问题

一、基本情况

案　　由：贪污

被告人：陈某波，男，1960年4月12日出生于湖南省临武县，汉族，大专文化，原系临武县环保局局长（正科级），住临武县四家大院。因涉嫌犯贪污罪，于2011年1月4日被取保候审。

被告人：黄某普，又名"黄某卜"，男，1962年1月12日出生于湖南省临武县，中专文化，原系临武县环保局副局长兼临武县利民环境保护有限责任公司总经理（副科级），住临武县城关镇喜上喜酒店旁第一栋楼。因涉嫌犯贪污罪，于2011年1月5日被取保候审。

被告人：唐某斌，男，1976年11月17日出生于湖南省临武县，汉族，大专文化，临武县环保局职工，住临武县水务局家属区。因涉嫌犯贪污罪，于2011年1月5日被取保候审。

二、诉辩主张

（一）人民检察院指控事实

湖南省临武县人民检察院指控被告人陈某波、黄某普、唐某斌犯贪污罪。

（二）被告人辩解及辩护人辩护意见

三名被告人陈某波、黄某普、唐某斌在一审中对公诉人所指控的事实均没有异议。

三、人民法院认定事实和证据

（一）认定犯罪事实

湖南省临武县人民法院经公开审理查明：

2008年1月的一天，被告人陈某波、黄某普、唐某斌三人往临武县三合乡验收甘溪河清淤工程的途中，商议从该清淤工程里加点工程量套点钱出来过年用。2008年2月23日，被告人黄某普在办公室与承包老板胡某华进行协商，以搞点单位修车费用为幌子要求在该工程中虚加工程量套取3万元钱，胡某华在没有影响其工程款领取的前提下，便同意了黄某普的要求。随后被告人黄某普便在该工程的竣工验收单中虚加了3万元人民币（8元/立方米×3750立方米）的工程量，并由被告人陈某波在该竣工验收单中签字认可。2008年2月27日，胡某华按照虚加工程款后的数额从临武县地方税务局第二分局开出了12.8128万元的发票并凭该票到县环保局将其工程款报出。2008年2月28日，该笔工程款打到胡某华账户的当天，被告人唐某斌从胡某华处将该3万元钱提走。同日，被告人陈某波、黄某普、唐某斌三人将该3万元予以均分，每人获得1万元。随后三名被告人均将各自获得的1万元用于各自私人开支。2009年7月份，三名被告人向临武县纪委退清赃款。2010年11月30日被告人陈某波到临武县检察院投案自首；同年12月13日被告人黄某普、唐某斌到临武县检察院投案自首。

湖南省郴州市中级人民法院二审审理认定：临武县人民政府为了确保甘溪河的顺畅，每年都对临武县三合乡甘溪坪村河段进行河堤护理工程，该工程具体由临武县环保局负责实施。2007年10月30日，临武县环保局以其投资设立的临武县利民环境保护工程有限责任公司（以下简称利民公司）的名义与承包老板胡某华签订了甘溪河甘溪坪村河段河道疏浚及河堤护堤建设工程（以下简称甘溪河清淤工程）的工程建设合同书。

2008年1月的一天，上诉人陈某波、黄某普、唐某斌在往临武县三合乡验收甘溪河清淤工程的途中，商议从该清淤工程里加点工程量套取钱出来过年用。2008年2月23日，上诉人黄某普在办公室与承包老板胡某华协商以搞点单位修车费用为幌子在清淤工程中虚加工程量套取3万元钱。胡某华为了不影响其工程款的领取，同意了黄某普的要求。随后，上诉人黄某普便在该工程的竣工验收单中虚加了3万元（8元/立方米×3750立方米）的工程量，上诉人陈某波在该竣工验收单中签字认可。2008年2月28日，清淤工程的工程款打到了胡某华的账户，上诉人唐某斌从胡某华处将虚增的3万元提走，上诉人陈某波、黄某普、唐某斌三人将该3万元予以均分，每人分得1万元，用于各自的私人开支。2009年7月,三名上诉人向临武县纪委退清了3万元赃款。2010年11月30日,上诉人陈某波到临武县检察院投案自首;2010年12月13日,上诉人黄某普、唐某斌到临武县检察院投案自首。

(二)认定犯罪证据

上述事实,有下列证据证明:

1. 书证

(1)陈某波、黄某普的任命文件证明:陈建波、黄某普的任职情况。

(2)湖南省临武县环境保护局提供的证明:唐某斌为临武县环保局的在职工人。

(3)利民公司资料证明:利民公司的基本情况。

(4)甘溪河清淤工程建设合同、工程竣工验收单已经记账凭证等证明:胡某华于2007年10月30日与临武县利民环境保护工程有限责任公司签订工程建设合同,工程于2008年2月23日验收,工程款支款3万元的情况。

(5)湖南省临武县纪委对陈某波的立案决定书、"两规"通知书、开作党籍处分决定,临武县监察局对黄某普的监察通知书、"两指"通知书、行政撤职处分决定证明:2009年7月,湖南省临武县纪委因本案对上诉人陈某波、黄某普进行了处分。

(6)陈某波、黄某普、唐某斌的自首笔录证明:陈某波于2010年11月30日到湖南省临武县人民检察院投案自首;黄某普、唐某斌于2010年12月13日到湖南省临武县人民检察院投案自首。

(7)湖南省非税收入一般缴款书证明:陈某波、黄某普、唐某斌已向湖南省临武县纪委退清赃款。

(8)户籍证明证实陈某波、黄某普、唐某斌的基本情况,案发时具有完全刑事责任能力。

(9)立案决定以及相关措施文书证明:临武县人民检察院于2011年1月4日对本案进行立案侦查。

2. 证人证言

证人胡某的证言证明:陈某波、黄某普和唐某斌三个人在胡某华搞甘溪河清淤工程时帮他们虚加了3万元工作量。工程款到账的当天,就拿了3万元给唐某斌。

3. 被告人供述和辩解

陈某波、黄某普、唐某斌的供述均证明:从甘溪河清淤工程时虚加了3万元工作量每人均获1万元的事实,对湖南省临武县检察院指控的事实供认不讳。

四、判案理由

（一）一审法院判案理由

湖南省临武县人民法院认为：被告人陈某波、黄某普身为国家工作人员，伙同被告人唐某斌，利用职务便利，通过虚增工程量的方式，共同侵吞国家财产人民币3万元，各分得赃款人民币1万元，其行为均已触犯刑律，构成贪污罪。在共同贪污犯罪中，三名被告人均起主要作用，是主犯，应按各自所参与的全部犯罪处罚。案发后，被告人陈某波、黄某普、唐某斌主动到检察机关投案，如实供述自己的罪行，是自首，且认罪态度较好，并于投案前退清了全部赃款。本案中的三名被告人依法可以减轻处罚。结合三名被告人的犯罪情节、悔罪表现等情况，对三名被告人均可适用缓刑。

（二）二审法院判案理由

一审宣判后，陈某波、黄某普、唐某斌均上诉称：一审量刑畸重，请求改判免予刑事处罚。

湖南省郴州市中级人民法院二审认定了一审相同的事实与证据。

湖南省郴州市中级人民法院认为，上诉人陈某波、黄某普身为国家工作人员，伙同上诉人唐某斌，利用职务便利，通过虚增工程量的方式，共同侵吞国家财产人民币3万元，各分得赃款人民币1万元，其行为均已构成贪污罪。在共同贪污犯罪中，三名上诉人均起主要作用，是主犯，应按各自所参与的全部犯罪处罚。案发后，上诉人陈某波、黄某普、唐某斌主动到检察机关投案，如实供述自己的罪行，是自首，且认罪态度较好，并于投案前将赃款全部退清，结合三名上诉人的犯罪情节、悔罪表现等情况，对三名上诉人均可免于刑事处罚。故上诉人陈某波、黄某普、唐某斌上诉提出一审量刑畸重，请求改判免予刑事处罚的上诉意见，予以采纳。

五、定案结论

（一）一审法院定案结论

湖南省临武县人民法院一审依照《中华人民共和国刑法》第382条第1、3款，第383条第1款第3项，第25条第1款，第26条第1、4款，第67条第1款，第64条，第72条第1款，第73条第2、3款的规定，并经法院审判委员会讨论，判决如下：

1. 被告人陈某波犯贪污罪，判处有期徒刑7个月，缓刑1年。
2. 被告人黄某普犯贪污罪，判处有期徒刑7个月，缓刑1年；被告人唐海斌犯贪污罪，判处有期徒刑7个月，缓刑1年。

3. 已追缴的三被告人犯罪所得赃款人民币3万元，予以没收，上缴国库。

（二）二审法院定案结论

湖南省郴州市中级人民法院二审根据《中华人民共和国刑法》第382条第1、3款，第383条第1款第3项，第25条第1款，第26条第1、4款，第67条第1款，第64条，《中华人民共和国刑事诉讼法》第162条第1项、第189条第2项的规定，判决如下：

1. 维持（2011）临刑初字第31号刑事判决第一、二、三项中关于被告人陈某波、黄某普、唐某斌犯贪污罪的定罪及第四项即"已追缴的三被告人犯罪所得赃款人民币3万元，予以没收，上缴国库"的判决。

2. 撤销（2011）临刑初字第31号刑事判决第一、二、三项中关于被告人陈某波、黄某普、唐某斌的量刑部分判决。

3. 上诉人陈某波犯贪污罪，免予刑事处罚。
4. 上诉人黄某普犯贪污罪，免予刑事处罚。
5. 上诉人唐某斌犯贪污罪，免予刑事处罚。

六、法理解说

2009年4月17日，湖南省永兴县樟树乡青山背煤矿综合办公楼因矿主非法储存炸药，发生爆炸事故，引起社会的广泛关注。这起造成20人死亡，5人重伤，直接经济损失485万元的煤矿安全事故却牵出一起官矿勾结的腐败窝案。郴州市有关方面在对上述事故进行调查中，发现其中有多名官员牵涉其中，他们贪污受贿，成为矿主的保护伞。[①] 本案即是当时牵扯出来的一起腐败案，影响较大。值得关注的是，作为一起国家工作人员的共同贪污犯罪案件，控辩双方在庭审中对案件事实争议不大。本案一审采用的是独任审判，三名被告人也均对指控事实没有异议，均表示认罪。但从一审到二审，如何量刑却成为了争议焦点。一审判决三名被告人缓刑，但它们仍觉得量刑畸重，二审法院该判其"免于刑事处罚"，采纳了其辩护人的意见。在实践中，"免于刑事处罚"的判决应如何适用，应考虑哪些情节有必要进行专门分析。

（一）免于刑事处罚的条件和要求

犯罪行为发生后，要实现刑法规范的法律后果，必须使犯罪人实际感受到由代表国家的司法机关对其进行的否定评价和谴责所引起的，在社会生活上、

[①] 沈歆：《收干股受贿赂，13官员集体落马》，载《潇湘晨报》2009年11月11日，第A03版。

名誉上的不利反应，这便是刑事制裁措施。① 刑事制裁措施要体现出限制、剥夺犯罪人权益的内容，要对犯罪人造成不利反应。在我国刑法中，目前并没有关于保安处分的专章规定，刑罚是犯罪的最主要法律后果。但是，根据刑法和刑事诉讼法的相关规定，除刑罚外，非刑罚处罚方法、定罪免刑的宣告等方式也属于刑事制裁措施。

刑法第37条的规定属于以上非刑罚处理方法和定罪免刑方式的实体法依据。该条规定："对于犯罪情节轻微不需要判处刑罚的，可以免于刑事处罚，但是可以根据案件的不同情况，予以训诫或者责令具结悔过、赔礼道歉、赔偿损失，或者由主管部门予以行政处罚或者行政处分。"在这里，训诫、责令具结悔过、赔礼道歉、赔偿损失、行政处罚或者行政处分都属于非刑罚处理方法，它虽然未采用刑罚的方式，但仍然属于部分犯罪的法律后果，也属于刑事制裁措施。此外，该条规定的前半部分明确了"免于刑事处罚"的适用对象是"犯罪情节轻微不要判处刑罚的"，结合修正后的《刑事诉讼法》第196条的规定，"宣告判决，一律公开进行"，因此，免予刑事处罚的判决也要"公开宣告"。这就意味着这种"定罪免刑"方式同样是一种刑事制裁措施，它采用的方式公开否定了行为人实施的犯罪行为，表明了国家对该行为和行为人的否定评价与谴责，会对行为人产生不利反应，且"定罪"的判决本身就表明行为人违背了刑事法律规范，该犯罪记录也就存在，行为人也不再是守法公民。

由于"免于刑事处罚"的方式只能适用于"情节轻微不需要判处刑罚的"犯罪人，因此，对该方式的判决要结合全案情节，根据刑法总则和分则的规定慎重适用。

在刑法总则中，关于法定的免予刑事处罚的规定主要有：又聋又哑的人或者盲人犯罪，可以从轻、减轻或者免除处罚；正当防卫明显超过必要限度造成重大损害的，应当负刑事责任，但是应当减轻或者免除处罚；紧急避险超过必要限度造成不应有的损害的，应当负刑事责任，但是应当减轻或者免除处罚；对于预备犯，可以比照既遂犯从轻、减轻处罚或者免除处罚；对于中止犯，没有造成损害的，应当免除处罚；对于从犯，应当从轻、减轻处罚或者免除处罚；对于被胁迫参加犯罪的，应当按照他的犯罪情节减轻处罚或者免除处罚；对于自首的犯罪分子，犯罪较轻的，可以免除处罚。在刑法分则条文中，也有专门免除处罚的规定。

（二）根据本案被告人的情节确定宣告刑

本案中的三名被告人都有主动自首的情节。根据我国《刑法》第67条的

---

① 参见张明楷：《刑法学》（第4版），法律出版社2011年版，第450页。

规定:"犯罪以后自动投案,如实供述自己罪行的,是自首……其中,犯罪较轻的,可以免除处罚。"也就是说,行为人如果被认定为自首,同时还符合"犯罪较轻"的条件,是可以被判处"免于刑事处罚"的。

最高人民法院、最高人民检察院2009年3月12日发布了《关于办理职务犯罪案件认定自首、立功等量刑情节若干问题的意见》(以下简称《意见》),该《意见》第一部分对自首的认定和处理作出规定。《意见》指出,"根据刑法第六十七条第一款的规定,成立自首需同时具备自动投案和如实供述自己的罪行两个要件。犯罪事实或者犯罪分子未被办案机关掌握,或者虽被掌握,但犯罪分子尚未受到调查谈话、讯问,或者未被宣布采取调查措施或者强制措施时,向办案机关投案的,是自动投案。在此期间如实交代自己的主要犯罪事实的,应当认定为自首。对于具有自首情节的犯罪分子,应当根据犯罪的事实、性质、情节和对于社会的危害程度,结合自动投案的动机、阶段、客观环境,交代犯罪事实的完整性、稳定性以及悔罪表现等具体情节,依法决定是否从轻、减轻或者免除处罚以及从轻、减轻处罚的幅度"。同时,该《意见》第四部分还专门就赃款、赃物追缴等情形的处理作出了说明,即"贪污案件中赃款赃物全部或者大部分追缴的,一般应当考虑从轻处罚。犯罪分子及其亲友主动退赃或者在办案机关追缴赃款赃物过程中积极配合的,在量刑时应当与办案机关查办案件过程中依职权追缴赃款赃物的有所区别"。

本案中的三名被告人整体贪污的数额并不大,情节较轻,同时他们除具有自首这一法定从宽处罚情节外,还具有退赃、悔罪这两项酌定从宽处罚情节。根据上述《意见》,退赃的一般应考虑从轻处罚,而本案中的三名被告人在2009年7月,即向临武县纪委退清赃款。当时该案并未进入到刑事追诉程序,这就表明行为人在案发前即对自己的行为有清醒的认识,并希望尽早减轻行为带来的危害,悔罪态度较为积极。因此,对案件查处前的这一主动退赃情节考虑从轻处罚是必要的。另外,三名被告人的自首也都是主动及时的,对其适用"减轻或免除处罚"是合适的。

我国《刑法》第383条规定:"个人贪污数额在五千元以上不满五万元的,处一年以上七年以下有期徒刑;情节严重的,处七年以上十年以下有期徒刑。个人贪污数额在五千元以上不满一万元,犯罪后有悔改表现、积极退赃的,可以减轻处罚或者免予刑事处罚,由其所在单位或者上级主管机关给予行政处分。"可见,数额是贪污罪量刑的重要依据。本案中的被告人陈某波、黄某普身为国家工作人员,伙同被告人唐某斌,利用职务便利,通过虚增工程量的方式,共同侵吞国家财产人民币3万元,各分得赃款人民币1万元,构成贪污罪。对共同犯罪数额的认定要以行为人参与的犯罪总额为准,即本案的共同贪污数额为 3 万元。按照上述条文,三名被告人的量刑幅度应为"处一年以上七年以下有期徒刑"。

根据最高人民法院 2010 年 10 月 1 日起试行的《人民法院量刑指导意见(试行)》的规定,"对于自首情节,综合考虑投案的动机、时间、方式、罪行轻重、如实供述罪行的程度以及悔罪表现等情况,可以减少基准刑的 40% 以下;犯罪较轻的,可以减少基准刑的 40% 以上或者依法免除处罚"。"对于退赃、退赔的,综合考虑犯罪性质,退赃、退赔行为对损害结果所能弥补的程度、退赃、退赔的数额及主动程度等情况,可以减少基准刑的 30% 以下"。

根据上述量刑指导意见,结合案发背景和每人分得的赃款数额,可以看出该案的整体情节并不严重,行为人又有自首和提前退赃的表现,而且在案发后对案件事实都予以承认,始终积极悔罪,认罪态度好,在上述综合因素的作用下,将三名被告人的行为定性为"情节轻微不需要判处刑罚的"是合适的,该"定罪免刑"方式已能剥夺犯罪人犯罪能力,起到罚当其罪的效果,体现了宽严相济刑事政策的要求。因此,二审法院的判决是合适的。

(撰稿人:焦　阳)

二、私分国有资产罪

案例44：范某昌私分国有资产案
——私分国有资产罪的溯及力问题

一、基本情况

案　由：私分国有资产

被告人：范某昌，男，1942年10月19日出生，汉族，出生地江苏省启东市，原中国人民保险公司启东市支公司经理。住启东市汇龙镇幸福二村某号楼某室，经取保候审。

二、诉辩主张

（一）人民检察院指控事实

江苏省启东市人民检察院指控：

被告人范某昌于1995年11月至1997年6月，任中国人民保险公司启东支公司经理期间，授意他人采用虚假理赔及扩大理赔数额的手段，套取国有资产315100元，用于发放奖金及职工福利。其中，被告人范某昌分得人民币8000余元。

《中华人民共和国刑法》第12条规定的从旧兼从轻的原则，也就是该法能不能溯及既往。但是，危害到国家利益的，该法就有溯及力。例如，1955年的《关于惩治反革命条例》是单行的刑事法律，它对中华人民共和国成立以前的反革命行为，同样按照该条例进行处罚。被告人范某昌私分国有资产的行为有较大的社会危害性，其犯罪是直接故意，以奖金、福利发放只是个手段和形式，故被告人范某昌犯私分国有资产罪。

（二）被告人辩解及辩护人辩护意见

被告人范某昌提出辩护意见：（1）公诉人指控被告人范某昌犯私分国有资产罪的罪名不能成立。一是1979年《中华人民共和国刑法》及全国人大常委会作出的有关规定，最高人民法院作出的有关司法解释，没有规定被告人范某昌的行为是犯罪。二是被告人范某昌的行为发生在《中华人民共和国刑法》生效以前，该法对以前的行为并无溯及力。（2）被告人范某昌的直接故意是为了提高职工的工作积极性，搞一些奖金和福利，而不是私分国有资产。

三、人民法院认定事实和证据

（一）认定犯罪事实

江苏省启东市人民法院经公开审理查明：被告人范某昌于1988年担任中国人民保险公司启东支公司经理。1995年年底，中国人民保险公司启东支公司分离出中国人寿保险公司启东支公司，被告人范某昌仍任中国人民保险公司启东支公司经理。从1995年12月至1997年10月，在被告人范某昌的授意下，该公司下属的江海办事处、海东办事处、吕四办事处、业务部及启西办事处，共办理了虚假理赔33起，理赔金额为1189919.59元，其中理赔款57950元，虚假理赔款1131969.59元。在1997年6月以前，被告人范某昌将虚假理赔所得款的235813元，作为考核全公司工作人员工作实绩的奖金进行发放，并以节假日发放职工的福利为名，支出58110元。其中被告人范某昌得奖金5805元；还支付职工旅游费21177元，以上合计315100元。其余的虚假理赔所得款，用于公司基建、扶贫、赞助购消防车及各办事处购办公设备和业务费用。案发后，315100元暂扣于启东市人民检察院。

（二）认定犯罪证据

上述事实，有下列证据证明：

1. 物证、书证

（1）有关账据，证明虚假理赔款的收入与支出情况。

（2）有关虚假理赔的案卷材料，经被告人范某昌辨认，这些案卷是经其同意而做的虚假理赔案。

2. 证人证言

（1）证人钱某、卞某德、包某兴、盛某、陈某礼、秦某春、王某新的证言证明，搞虚假理赔是经被告人范某昌授意的，从保户处拿到钱以后是经被告人范某昌同意后才处分的。

（2）证人徐某笋的证言证明，除留在各办事处作为办公费用的款以外，其作用于奖金发放等款,是由其保管,并按照公司有关文件,经被告人范某昌同意后才制表发放支出。

(3)证人李某华、陆某伟、周某康、彭某兵、张某东、许某红、顾某昌、季某飞、宋某兵、季某华的证言证明,在他们单位有些理赔案是虚假的,从虚假理赔所得到的款项是被启东保险公司的有关人员拿去的。

四、判案理由

江苏省启东市人民法院认为:启东市人民检察院起诉指控被告人范某昌授意他人,采用虚假理赔的手段套取保险金 315100 元的事实存在,但指控的罪名不能成立。1997 年 10 月 1 日生效的《中华人民共和国刑法》第 12 条明文规定:"中华人民共和国成立以后本法施行以前的行为,如果当时的法律不认为是犯罪的,适用当时的法律;如果当时的法律认为是犯罪的,依照本法总则第四章第八节的规定应当追诉的,按照当时的法律追究刑事责任,但如果本法不认为是犯罪或者处刑较轻的,适用本法。"全国人大常委会于 1995 年 6 月 30 日通过公布施行的《关于惩治破坏金融秩序犯罪的决定》第 17 条规定:"保险公司的工作人员利用职务上的便利,故意编造未曾发生的保险事故进行虚假理赔骗取保险金的,分别依照全国人民代表大会常务委员会《关于惩治贪污罪贿赂罪的补充规定》和《关于惩治违反公司法的犯罪的决定》有关规定处罚。"被告人范某昌虽授意他人骗取了保险金,但这部分的款项均属公司保管、使用,故被告人范某昌的行为不符合贪污罪构成要件。以刑法修改以后的新增罪名,惩治刑法生效以前的行为,是适用法律不当。被告人范某昌实施的起诉书所指控的行为,当时的法律虽不认为是犯罪,但也属严重的违纪行为,应由有关部分给予被告人范某昌有关纪律处分。

五、定案结论

江苏省启东市人民法院依照《中华人民共和国刑法》第 12 条及《中华人民共和国刑事诉讼法》第 162 条第 2 项的规定,作出如下判决:

1. 被告人范某昌无罪。
2. 暂扣于启东市人民检察院的 315100 元,发还中国人民保险公司启东支公司。

六、法理解说

在我国1979年刑法中,贪污罪被规定在"侵犯财产罪"一章中,当时还没有单列的"贪污贿赂罪"的章节。1997年刑法不仅将"贪污贿赂罪"专门作为刑法分则的一章,而且还将原来的贪污罪予以细化,分出了私分国有资产罪、私分罚没财物罪等罪名,其中后两罪属于单位犯罪。

设立私分国有资产罪,一方面是为了堵塞刑法漏洞,解决原有的贪污立法不完善的问题;另一方面是因为私分国有资产等行为与贪污相比,毕竟社会危害性较小,在实践中将其与贪污罪同等处罚,难以实现罚当其罪的原则。立法机关针对现实中出现的国有资产大量流失等新问题而采取了此项对策,增设该罪名是立法对现实的积极回应。

关于刑法的溯及力,我国《刑法》第12条作了明确规定:"中华人民共和国成立以后本法施行以前的行为,如果当时的法律不认为是犯罪的,适用当时的法律;如果当时的法律认为是犯罪的,依照本法总则第四章第八节的规定应当追诉的,按照当时的法律追究刑事责任,但是如果本法不认为是犯罪或者处罚较轻的,适用本法。"即我国刑法采从旧兼从轻原则。

本案中,被告人范某昌处理虚假理赔款的行为都发生在1995年12月至1997年6月之间,而1997年刑法是1997年10月1日起施行的,这就意味着被告人的行为均发生在1997年刑法施行之前。根据上述关于刑法溯及力的规定,首先要分析的是被告人范某昌的行为在当时算不算犯罪。

被告人的行为分为两大部分,办理虚假理赔和在单位处理理赔款项。被告人范某昌身为国有企业的工作人员,在近两年的时间里,共办理了虚假理赔33起,其中获虚假理赔款1131969.59元,可谓数额巨大。在此之后,他将虚假理赔所得款的235813元,作为考核全公司工作人员工作实绩的奖金进行发放,并以节假日发放职工的福利为名,支出58110元。其余的虚假理赔所得款,用于公司基建、扶贫、赞助购消防车及各办事处购办公设备和业务费用。可见,被告人身为保险公司的主要负责人,利用职务便利办理虚假理赔,然后将骗得的理赔款用于单位事务。1979年刑法中没有针对此行为的明确规定,当时规制该行为的法律是1995年6月30日通过公布施行的《关于惩治破坏金融秩序犯罪的决定》,该决定第17条规定:"保险公司的工作人员利用职务上的便利,故意编造未曾发生的保险事故进行虚假理赔骗取保险金的,分别依照全国人民代表大会常务委员会《关于惩治贪污罪贿赂罪的补充规定》和《关于惩治违反公司法的犯罪的决定》有关规定处罚。"根据《关于惩治贪污罪贿赂罪的补充规定》,成立贪污罪的要求是"国家工作人员、集体经济组织工作人员或者其他经手、管理公共财物的人员,利用职务上的便利,侵吞、盗窃、骗取或者以其他手段非法占有公共财物";另外,《关于惩治违反公司法的犯罪的决定》中,关于职务侵占的规定也是要求"利用职务或者工作上的便利,侵占本公司财物",由于被告人的行为是将骗取的保险金用于公司保管、使用,而非个人侵吞,而公司的性质又是国有,这就意味着行为人将骗取的国有资产用于国有公司和发放给单位职工,因此,该行为不符合上述贪污罪或职务侵占罪的要求。同时,被告人的行为更不符合上述两个规范性文件中关于受贿、挪用资金等规定,因此,按照当时的法律,被告人范某昌的行为没有明确的处罚依据。

同时需要注意的是,1979年刑法中并没有确定罪刑法定原则,相反,类推制度却被明文规定。该法第79条规定,本法分则没有明文规定的犯罪,可以比照本法分则最相类似的条文定罪判刑,但是应当报请最高人民法院核准。应该说,在法律规范粗疏、法制不健全的当时,该条规定还是有一定积极意义的。在1997年刑法修订过程中,是否应废除类推制度曾引起了广泛争论。1997年刑法第3条将罪刑法定作为我国刑法的基本原则之一,最终废除了类推制度。也就是说,在现实中,如果行为人,在1997年刑法生效之前实施的私分国有资产犯罪,按当时的法律部分情况是可以类推贪污罪定罪处罚的。

但是,尽管如此,1979年刑法对类推的适用也是非常慎重的,首先要求"比照分则最相类似的条文",然后还要求"报请最高人民法院核准"。本案中的行为虽然发生在1997年刑法施行之前,但是其案发已经是1997年刑法施行之后的事了。那么1997年之后就不能再适用类推了,最高人民法院也不可能再核准适用类推的案件了。

本案中,被告人范某昌授意他人,采用虚假理赔的手段套取保险金315100元。该行为违反了国家规定,欺骗了国有资产,但该部分资产又以单位名义,通过奖金、福利的形式集体私分给个人,其他资产用于单位事务。行为人作为国有公司、企业的直接负责的主管人员,其行为已经符合现行刑法中私分国有资产罪的构成要件。但由于私分国有资产罪是1997年刑法增加的新罪名,而该行为发生在1997年刑法施行以前,即当时的法律不认为其是犯罪。所以对该行为以1997年刑法的罪名来指控是不当的。

公诉人认为,现行刑法虽然不能溯及既往,但是危害到国家利益的,该法就有溯及力。例如1955年的《关于惩治反革命条例》是单行的刑事法律,它对中华人民共和国成立以前的反革命行为,同样按照该条例进行处罚。这种观点没有任何法律依据,破坏了罪刑法定原则,不应采纳。《关于惩治反革命条例》虽然能规制新中国成立以前的行为,但是那与新中国成立初期的特殊国情和当时的革命斗争形势有关,不能以当时的情况决定现在刑法的溯及力。

公诉人还认为,被告人范某昌私分国有资产的行为有较大的社会危害性,而且主观方面是直接故意,应当予以处罚。罪刑法定原则要求对犯罪的判断要坚持形式与实质的统一,就算行为有再大的社会危害性,如果刑法条文没有明确规定,也不能定罪处罚。即实质合理性必须受到形式合法性的制约。公诉人的上述观点倾向于实质判断,但没有考虑到形式限制,逾越了罪刑法定的界限,没有兼顾人权保障要求,是不正确的。最后,法院没有采纳公诉人的意见,认为被告人范某昌的行为虽符合私分国有资产罪的特征,但由于行为实施时,该罪名还没有确立,因此,不能对其以犯罪论处,而应当进行相关纪律处分。该判决明确了刑法新增罪名的适用问题,有较强的指导意义。

(撰稿人:焦　阳)

案例45：曹某平等私分国有资产案

——私分国有资产罪中"国有资产"的认定

一、基本情况

案　由：私分国有资产

被告人：易某，男，1965年7月21日出生于江西省萍乡市，汉族，高中文化，原系萍乡铝厂铝利贸易公司经理，户籍所在地本市湘东区峡山口街萍钢跃进村某号，现住江西萍乡经济开发区昌华西街某号。因涉嫌犯贪污罪，于2006年8月18日被刑事拘留，同年8月31日被逮捕，同年9月6日被萍乡市安源区人民检察院取保候审，安源区人民法院于2007年1月29日对其重新取保候审。

被告人：曹某平，男，1963年10月16日出生于江西省萍乡市，汉族，大学文化，中共党员，原系萍乡铝厂（留守处）工会主席兼纪委书记，户籍所在地本市安源区凤凰街河口下某号，现住江西萍乡经济开发区昌华西街某号。因涉嫌犯私分国有资产罪，于2006年12月4日被萍乡市安源区人民检察院取保候审，安源区人民法院于2007年1月29日对其重新取保候审。

被告人：陶某成，男，1947年6月1日出生于江西省吉安市，汉族，大学文化，中共党员，原系萍乡铝厂（留守处）厂长兼党委书记，户籍所在地本市安源区凤凰街花园街某号，现住本市富丽花园某栋某室。因涉嫌犯私分国有资产罪，于2006年12月4日被萍乡市安源区人民检察院取保候审，安源区人民法院于2007年1月29日对其重新取保候审。

被告人：兰某萍，女，1957年4月29日出生于江西省萍乡市，汉族，高中文化，原系萍乡铝厂铝利贸易公司会计，户籍所在地本市安源区东大街河街某号，现住江西萍乡经济开发区昌华西街某号。因涉嫌犯贪污罪，于2006年8月23日被萍乡市安源区人民检察院取保候审，安源区人民法院于2007年1月29日对其重新取保候审。

被告人：周某忠，男，1962年4月28日出生于江西省萍乡市，汉族，高中文化，原系萍乡铝厂铝利贸易公司司机，家住江西萍乡经济开发区昌华西街某号某室。因涉嫌犯贪污罪，于2006年8月23日被萍乡市安源区人民检察院取保候审，安源区人民法院于2007年1月29日对其重新取保候审。

二、诉辩主张

（一）人民检察院指控事实

江西省萍乡市安源区人民检察院指控被告人曹某平、陶某成、易某、兰某萍、周某忠犯私分国有资产罪。

（二）被告人辩解及辩护人辩护意见

被告人易某及其辩护人辩称：（1）萍乡铝厂在铝利公司没有投入过资金，认定铝利公司是国有企业理由不充分。（2）建房的土地是张某博的，铝利公司没有购买，因此仓库的产权不是铝利公司的，认定仓库属国有资产证据不足。（3）对仓库的估价过高。

三、人民法院认定事实和证据

（一）认定犯罪事实

江西省萍乡市安源区人民法院经公开审理查明：

1993年4月9日，萍乡铝厂下发《关于成立萍乡铝厂铝利贸易公司》的文件，决定成立萍乡铝厂铝利贸易公司（以下简称铝利公司），该公司属厂部领导，全民所有制性质，实行自主经营，自负盈亏，独立核算，对外享有民事权利，并承担民事义务。同日萍乡铝厂以萍铝政字〔1993〕17号"关于萍乡铝厂铝利贸易公司注册资金的报告"（报告中注明由厂部划拨给该公司流动资金100万元，其中铝锭50万元；铝型材30万元；铝合金20万元）要求萍乡市国有资产管理局验资注册。萍乡市国有资产管理局同意开办萍乡铝利公司并对该公司进行产权登记，登记铝利公司为国有公司，审定国有资产流动资金为100万元。同日，被告人易某被萍乡铝厂任命为该公司经理。4月10日萍乡市工商局发给铝利公司营业执照，经济性质为全民，法定代表人易某。铝利公司成立后，同年4月易某与萍乡铝厂签订承包经营合同，由易某承包铝利公司，萍乡铝厂按出厂价优先供应产品给铝利公司，铝利公司的经营利润在上交折旧大修及管理费后的剩余部分由厂部（即萍乡铝厂）与铝利公司5:5分成。

1997年铝利公司出资购买位于江西萍乡经济开发区昌华西街95号土地兴建公司的家属住宅,该建筑工程由铝利公司下属的铝友公司承建,铝利公司拨付了建房资金给铝友公司直至竣工。其中家属住宅的12所交纳的计22万元资金(其中2~5层10户各2万元,7层2户各1万元)作为建房资金一并由铝利公司支付给铝友公司。竣工后,房屋以福利分房的形式,分给被告人曹某平、易某、兰某萍、周某忠、张某敏、陶某松、刘某等12户居住。该住宅一层被铝利公司用作仓库。

2002年5月14日,易某被萍乡铝厂免去铝利公司经理职务,同年9月21日,铝利公司因未参加2001年度企业年检被萍乡市工商局吊销营业执照。易某被萍乡铝厂免职后,被告人曹某平等人负责处理铝利公司相关事宜。就一层仓库的处理问题,曹某平请示陶某成、张某敏(时任萍乡铝厂厂长)等人后,张某敏要曹某平具体找易某协商。曹某平在找了易某,并与陶某成、张某敏等人通气后,遂将一层仓库分给曹某平、易某、兰某萍、周某忠和张某敏(另案处理)、杨某祥6人。在办理仓库私有产权证过程中,因杨某祥放弃,杨所分得的一间仓库以转让形式转分给了陶某成。为将仓库办理成6人的房屋产权证、土地使用权证,由被告人兰某萍等人在原拟定的1999年10月21日的合伙建房协议(内容为2至6层归各住户所有,门市产权归易某所有,易某应付1500×252=378000元,但易某未付分文)基础上又拟造了两份,协议内容将一层仓库产权变更为被告人曹某平、易某、兰某萍、周某忠、张某敏、杨某祥所有。在未交纳钱款的情况下,2003年10月至11月间,6人相继取得所分得仓库产权证,属私有产权。经评估该6间仓库门面的市场价值为38.3万元,其中曹某平的仓库39.04平方米,价值7.3万元;陶某成的仓库44.71平方米,价值6.5万元;易某的仓库39.04平方米,价值5.7万元;兰某萍的仓库39.04平方米,价值6.6万元;周某忠的仓库39.04平方米,价值5.7万元。

(二) 认定犯罪证据

上述事实,有下列证据证明:

1. 物证、书证

(1) 萍乡铝厂关于成立"萍乡铝利贸易公司"的通知、萍乡铝厂铝利贸易公司章程、关于萍乡铝厂铝利贸易公司注册资金的报告、国有资产产权登记表、萍乡铝厂铝利贸易公司1993年、1997年、2000年的营业执照,证实铝利公司经济性质为全民所有制,具有法人资格。

(2) 1993年至1999年易某与萍乡铝厂签订的承包合同,证实易某自1993年至1999年承包铝利公司,约定利润5:5分成的有关情况。

(3) 萍乡铝厂对铝利公司1997年、1998年、1999年经营的审计报告,证实铝利公司从1997年获利到1998年、1999年开始严重亏损。

（4）萍乡铝厂、铝利公司财务往来账目及转账凭证，证实萍乡铝厂与铝利公司存在货款往来关系等。

（5）借款合同、保证合同、借款借据、催收贷款函，证实铝利公司向银行借款，萍乡铝厂做担保的有关情况。

（6）江西省冶金公司文件、萍乡铝厂文件及证明材料，证实五被告人系萍乡铝厂工作人员。

（7）转让土地凭证、江西省建设用地许可证、土地使用权审批表，证实现昌华西街95号楼的建设许可证是以建房个人名义办理。

（8）铝利公司财务往来、付款凭证、转账凭证，证实铝利公司拨付建房款给铝友公司。

（9）三份1999年10月21日的合伙建房协议，证实为办理产权证，将一层仓库分归曹某平、易某、兰某萍、周某忠、杨某祥、张某敏6人所有。

（10）杨某祥转让一层仓库一间给陶某成的协议书。

（11）土地使用证、房产证，证实2003年10月24日曹某平、兰某萍、周某忠、易某、陶某成取得了一层仓库的产权。

（12）萍科信估字（0608003）房屋评估报告，证实昌华西街95号一层门面价值38.3万元。

（13）江西省罚没现金专用收据证实，被告人曹某平退赃款7.3万元、陶某成退赃款6.5万元、易某退赃款5.7万元、兰某萍退赃款6.6万元、周某忠退赃款5.7万元。

2. 证人证言

（1）证人杨某武、周某慈的证词，证实铝利公司是全民制性质，是萍乡铝厂的下属企业，具有法人资格。

（2）证人姜某有的证词，证实铝友公司承建铝利公司的家属楼土建工程，工程款系铝利公司拨付。

（3）证人杨某祥的证词，证实为办理铝利公司家属楼产权，他拟了一份合伙协议，目的是将12户住户的住房办为私人产权。在易某免职后，一层仓库被分给了他、曹某平、兰某萍、周某忠、易某、张某敏6人。仓库产权证办理中，他放弃了，该仓库转分给了陶某成。

3. 被告人供述和辩解

五被告人的相关供述证实了上述事实。

四、判案理由

（一）一审法院判案理由

江西省萍乡市安源区人民法院一审认为：被告人曹某平、陶某成、易某、兰某萍、周某忠身为国有企业工作人员，违反国家规定，擅自决定以合伙建房的名义将属于铝利公司的国有资产私分给个人，数额较大，其行为构成私分国有资产罪。五被告人归案后，积极退赃，可酌情从轻处罚。

关于辩护人提出铝利公司性质为国有公司证据不足之意见，经查，铝利公司的工商登记、国资局的产权登记证明、萍乡铝厂铝利贸易公司章程等书证均证实铝利公司为国有公司。虽然铝利公司与萍乡铝厂的往来账目不能直接证实萍乡铝厂向铝利公司投资，但从铝利公司成立及经营方式等方面看，萍乡铝厂对铝利公司进行了人力、物力的管理，给予了政策和经济上的扶持，如人事的安排、以厂价甚至低于厂价提供原材料给铝利公司等。另铝利公司成立后无任何个人或机构对其进行投资，五被告人也未提供相关的投资证据；从承包约定的利润分成看，也是铝利公司与萍乡铝厂对半；铝利公司在被吊销营业执照后，其剩余资产由萍乡铝厂接管，人员的安排及相关事宜也由萍乡铝厂派人处理，由此可见上述证据及客观事实能够认定铝利公司的性质为国有公司。辩护人的上述意见不予采纳。

关于辩护人提出土地归属不清，仓库属国有资产证据不足之意见，经查，被告人易某、兰某萍在侦查阶段的供述证实土地是向张某博购买，是铝利公司支付的土地款，对此，五被告人从侦查到庭审一直也未提出该宗土地是他们及12户自己出钱购买；从合伙建房协议看，表面上是12户合伙建房，事实上是铝利公司出资兴建。理由是：被告人易某、兰某萍的供述证实由铝利公司出资兴建昌华西街95号楼，证人姜某有的证词证实是铝利公司建房，建房资金是由铝利公司财务上支付。虽然12户缴纳了集资款22万元，也是在铝利公司账上，由铝利公司统一支付建房款，但该一集资款显然是不能完全支付昌华西街95号楼建房款；客观上按照福利分房12户已取得了住房。虽然为办产权证方便有1999年10月21日的合伙协议约定一层门市归易某，但前提是易某出资35余万元购买，而易某对昌华西街95号楼仅缴纳2万元，据此其也分得了相应住房一套，除此之外易某个人未出资购买；从五被告人分取仓库的过程看，也充分说明五被告人都明知该仓库不是自己所有，相反一层仓库一直是由铝利公司使用。综上所述，昌华西街95号楼一层仓库应属铝利公司所有。按照法律规定，国有资产是指国家依法取得和认定的，或者国家拨款、国家对企业投资及其收益等形成的资产。本案中铝利公司作为国有公司投资兴建了昌华西街

95号楼,根据谁投资谁收益的原则,一直占有、使用的一层仓库应属国有资产。因此,辩护人该方面的辩护意见不予采纳。

关于被告人提出仓库估价过高之辩解意见,经查,该一评估是按照五被告人取得仓库产权的时间2003年10月24日结合其所处位置和其能发挥的最大经济效益,公正合法作出。相比1999年10月21日合伙协议上约定的门市价值也是相差不大,因此,该评估客观真实,被告人该方面的辩解意见不予采纳。

(二) 二审法院判案理由

一审宣判后,原审被告人易某不服,提起上诉。上诉人易某上诉提出:(1) 萍乡铝厂在铝利公司没有投入过资金,原判认定铝利公司是国有企业理由不充分。(2) 建房的土地是张某博的,铝利公司没有购买,因此仓库的产权不是铝利公司的。

江西省萍乡市中级人民法院经二审审理查明的基本事实和证据与一审相同。

关于上诉人易某上诉提出,萍乡铝厂在铝利公司没有投入过资金,原判认定铝利公司是国有企业理由不充分的意见。经查,铝利公司的工商登记、国资局的产权登记证明、萍乡铝厂铝利贸易公司章程等书证均证实铝利公司为国有公司。虽然铝利公司与萍乡铝厂的往来账目不能直接证实萍乡铝厂向铝利公司投资,但从铝利公司成立及经营方式等方面看,萍乡铝厂对铝利公司进行了人力、物力的管理,给予了政策和经济上的扶持,如人事的安排、以厂价甚至低于厂价提供原材料给铝利公司等。另铝利公司成立后无任何个人或机构对其进行投资,上诉人身为铝利公司的经理也未在铝利公司投资,从承包约定的利润分成看,也是铝利公司与萍乡铝厂对半分成,铝利公司在被吊销营业执照后,其剩余资产由萍乡铝厂接管,人员的安排及相关事宜也由萍乡铝厂派人处理,故上诉人上诉提出铝利公司是国有企业理由不充分的意见与本案事实、证据不符,不予采纳。

关于上诉人易某上诉提出,建房的土地是张某博的,铝利公司没有购买,因此仓库的产权不是铝利公司的意见。经查,被告人易某、兰某萍在侦查阶段均供述证实土地是铝利公司向张某博购买的,是铝利公司支付的土地款,各被告人及其他住户也没有出钱购买。昌华西街95号楼,除12户缴纳了集资款22万元之外,其他建房款均是由铝利公司支付,且客观上一层仓库一直是由铝利公司使用。故上诉人的上述意见与本案事实、证据不符,不予采纳。

五、定案结论

（一）一审法院定案结论

江西省萍乡市安源区人民法院一审依照《中华人民共和国刑法》第396条第1款、第25条第1款、第53条的规定，作出如下判决：

1. 被告人曹某平犯私分国有资产罪，单处罚金3万元。
2. 被告人陶某成犯私分国有资产罪，单处罚金3万元。
3. 被告人易某犯私分国有资产罪，单处罚金3万元。
4. 被告人兰某萍犯私分国有资产罪，单处罚金3万元。
5. 被告人周某忠犯私分国有资产罪，单处罚金1万元。

（二）二审法院定案结论

江西省萍乡市中级人民法院二审认为，上诉人易某及原审被告人曹某平、陶某成、兰某萍、周某忠身为国有企业工作人员，违反国家规定，擅自决定将属于铝利公司的国有资产私分给个人，数额较大，其行为构成私分国有资产罪。上诉人易某及原审被告人曹某平、陶某成、兰某萍、周某忠归案后，积极退赃，可酌情从轻处罚。原判认定基本事实清楚，证据确实、充分，审判程序合法，适用法律正确，根据上诉人及各原审被告人的犯罪事实、性质、情节及对社会的危害程度，量刑亦适当，应予维持。依照《中华人民共和国刑事诉讼法》第189条第1项的规定，裁定如下：驳回上诉，维持原判。

六、法理解说

私分国有资产罪的犯罪对象是"国有资产"，由于在我国经济体制改革过程中，各种所有制企业并存，国有资产、集体财产、私人财产等常常混在一起，因此在实践中如何判断国有资产的范围分歧颇多。本案即发生在公司成立过程中，对公司性质、涉案资产性质的判断是本案的主要争点。

（一）国有资产的范围界定

关于什么是国有资产，在我国法律中并没有明确的定义。2009年5月1日起施行的《中华人民共和国企业国有资产法》第2条规定："本法所称企业国有资产（以下简称国有资产），是指国家对企业各种形式的出资所形成的权益。"该规定比较笼统，相关司法解释对此问题也少有规定，能查到的相关解释只有1999年9月16日最高人民检察院《关于人民检察院直接受理立案侦查案件立案标准的规定（试行）》在附则部分规定："国有资产，是指国家依法取得和认定的，或者国家以各种形式对企业投资和投资收益、国家向行政事业单位拨款等形成的财产。"可见，对企业中国有资产的认定，主要包括国家对企业的投资，以及国家出资所形成的收益两大类。它们是国家作为出资人对其出资企业所享有的权益，而不是指国家出资企业的各项具体财产。如果已能确认企业的性质为国有企业，则该企业的投资属于国家投资，理应包含在国有资产的范围内。

在司法实践中，要严格区分私分国有资产罪和违反一般财政纪律，滥发福利、奖金等行为的界限。刑法并不禁止单位发放奖金、福利，判断该行为是否合法、正当，关键是看其发放的资金是否属于国有资产。对于国有公司、企业来说，关键是看所发放的资产是属于公司、企业可以自主支配的财物还是属于不能自主支配的财物。如果单位所发的财物是弥补公司、企业经营亏损、提取法定公益金、公积金后的税后利润，按照相关规定这部分税后利润应属于公司、企业可以自主支配的资金，单位将该部分款项用于发放奖金、福利，应认定为正当的。反之，如果所发放的财物是公司、企业不能自主支配的，或者是行为人非法截留应当上缴的资产，应认定该财物属于国有资产。① 从目前的司法实践情况看，私分国有资产的行为主要有以下三种：1. 将国家财政的专项拨款予以截留分配，由此影响、破坏国家财政支出的目的性和有效性。2. 将明文规定应当上交的收入予以隐匿、留存分配，从而影响国家财政的正常收入。3. 在没有经营效益甚至经营亏损的情况下，变卖分配国有财产，既严重背弃了对国有财产的经营管理职责，同时也破坏了国有公司、企业的正常生产、经营活动。因此，对这些严重危害行为予以刑法打击，应当讲符合私分国有资产罪的立法精神。② 在本案中，萍乡铝厂对铝利公司1997年、1998年、1999年经营的审计报告，证实铝利公司从1997年获利到1998年、1999年开始严重亏损。该报告表明，萍乡铝厂一直对铝利公司具有管理权，铝利公司在严重亏损的情况下，已不可能存在自主支配的税后利润。但它却还以"合伙建房"的名义投入资金，将仓库分给个人住户，该行为就无法被认定为是企业发放福利的行为，而属于对国有资产的侵占。

（二）本案中涉案财产的性质认定

在本案中，被告人在一审和二审中均提出，将铝利公司认定为国有企业的理由不充分。实际上，对企业所有制的判断要以在工商企业的登记注册资料、

---

① 参见王玉珹：《私分国有资产罪疑难问题探析》，华东政法大学2010年硕士学位论文，第26~27页。

② 参见刘大理：《私分国有资产罪中的国有资产探析》，载http：//www.dffy.com/faxuejieti/xs/201008/20100827161134.htm，访问日期：2012年5月10日。

营业执照、国有资产管理部门的登记为依据，而不能以行为人个人对公司的投资情况、经营管理现状的主观理解为主。在庭审中，萍乡铝厂关于成立"萍乡铝利贸易公司"的通知、萍乡铝厂铝利贸易公司章程、关于萍乡铝厂铝利贸易公司注册资金的报告、国有资产产权登记表、萍乡铝厂铝利贸易公司1993年、1997年、2000年的营业执照等书证，以及证人杨某武、周某慈的证词，均证实铝利公司经济性质为全民所有制，有法人资格，即为国有企业。铝利公司成立后，易某与萍乡铝厂签订承包经营合同，由易某承包铝利公司，但承包公司只意味着对公司的日常经营活动进行管理，并不意味着所有权性质的改变。此外，萍乡铝厂、铝利公司财务往来账目及转账凭证这些证据证实，萍乡铝厂与铝利公司存在货款往来关系等。虽然铝利公司与萍乡铝厂的往来账目不能直接证实萍乡铝厂向铝利公司投了资，但从铝利公司成立及经营方式等方面看，萍乡铝厂对铝利公司进行了人力、物力的管理，给予了政策和经济上的扶持，如人事的安排、以厂价甚至低于厂价提供原材料给铝利公司等，这些都有合同、文件等书证予以证实。可见，证明铝利公司为国有公司的证据充足完整，能够互相印证，对此事实的认定理由充分。

关于被告人及辩护人在一、二审中均提出的涉案仓库不属于国有资产的问题，法院的判决认定也是正确的。对此问题的分析要结合仓库兴建时的投资方和具体的合同进行，本仓库位于江西萍乡经济开发区昌华西街95号土地上的铝利公司的家属住宅一层，该家属住宅楼整体由铝利公司出资购买，该建筑工程资金由铝利公司拨付直至竣工。铝利公司财务往来、付款凭证、转账凭证，证人姜某有的证词，均证实铝利公司拨付建房款给铝友公司的事实。虽然家属住宅的12户交纳了共计22万元资金（其中2层至5层10户各2万元，7层2户各1万元）作为建房资金，但该笔资金仍不能买下整栋建筑，一楼的仓库资金并没有私人缴纳，且这22万元也是由铝利公司一并支付给建筑方的。同时，客观上一层仓库一直是由铝利公司使用的，这些都证实了该仓库的所有权属于铝利公司这一国有公司，仓库属于国有资产的事实。

在这里需注意的是，证人杨某祥的证词，证实为办理铝利公司家属楼产权，他拟了一份合伙协议；同时，经质证的证据中的确有三份1999年10月21日的合伙建房协议，该协议表明12户合伙建房，将一层仓库分归曹某平、易某、兰某萍、周某忠、杨某祥、张某敏六人所有。表面上看，上述证据似乎证实了该仓库和楼房是由12户合伙建的，即属于私人投资财产。但实际上，这些住户始终没有付仓库的购房款，而是由铝利公司这一国有公司付的款项；1999年10月21日的合伙协议虽约定一层门市归易某，但前提是易某出资35余万元购买，而易某对昌华西街95号楼仅缴纳2万元，据此其也分得了相应住房一套，除此之外易某个人未出资购买仓库。根据《中华人民共和国企业国有资产法》的规定，国家出资企业对其动产、不动产和其他财产依照法律、行政法规以及企业章程享有占有、使用、收益和处分的权利，即对国有资产采"谁出资谁所有"原则。铝利公司作为国有公司投资兴建了昌华西街95号楼，该楼房的一层仓库包括在内，属于国家对企业的投资带来的收益，且仓库始终归公司使用，可见，该仓库属国有资产确定无疑。在二审中，上诉人易某称建房的土地是张某博的，铝利公司没有购买，因此仓库的产权不是铝利公司的。该辩解与被告人的相关陈述、证人证言、铝利公司财务往来、付款凭证、转账凭证等书证的记载均不符，不能认定。

总体来说，实践中对国有资产的认定比较复杂，也相对困难。在办理私分国有资产案件时，不能仅根据国有企业的性质进行简单的推断，而要结合出资情况、使用情况等综合判断。本案中对铝利公司的性质、建房的投资和仓库的产权的认定，证据充分，分析清晰，是合适的。

（撰稿人：焦　阳）

案例46：陈某建等私分国有资产案
——私分国有资产罪客观方面的认定

一、基本情况

案　由：私分国有资产

被告人：陈某建，男，1961年7月17日出生，汉族，四川省南充市人，任嘉陵区供电局西兴供电所所长，曾任嘉陵区火花供电所所长。因本案于2005年5月26日被刑事拘留，同年6月9日被逮捕。

被告人：任某凤，女，1967年2月18日出生，汉族，四川省南充市人，任嘉陵供电局火花供电所出纳。因本案于2005年5月24日被羁押，同年6月9日被逮捕。

被告人：安某贵，男，1969年5月12日出生，汉族，四川省南充市人，任嘉陵区供电局文峰供电所副所长（主持全面工作），曾任火花供电所会计。因本案于2005年5月25日被羁押，同年5月26日被逮捕。

二、诉辩主张

（一）人民检察院指控事实

四川省南充市嘉隆区人民检察院指控：

2000年9月，南充市建筑机械公司一经营部的胡某到火花供电所来收10万元电器材料款。时任火花供电所所长的陈某建通过胡某多开7万多元，并将这两张发票共17.0595万元拿给出纳任某凤报账。陈某建对任某凤说，胡某实际只有10万元材料款，多开的7万多元用来处理自己手里3万多元开支，再给职工每人发6000元。任某凤给陈某建支了13.4595万元，剩下3.6万元给6位职工每人发了6000元，任某凤将17.0595万元开支在高速公路拆迁资金中入账。被告人陈某建、任某凤、安某贵各分得6000元（庭审中，公诉人撤销了对安某贵的该项指控）。

2001年1月，陈某建召集任某凤、安某贵、何某君开会决定以材料款的名义在高速公路拆迁款中虚报11.5万元发给职工，其中，陈某建2.5万元，任某凤、安某贵、何某君各2万元，谢某林、蒲某书各1.5万元。任某凤分两次将11.5万元发给了6个职工。之后任某凤、安某贵、陈某建3人将这笔11.5万元开支，加上陈某建单独经手开支的3万多元以及所里无法直接处理的青苗费、打电杆洞费的票据加在一起算了账，一共是19.6362万元。陈某建通过胡某找了3张空白发票交给安某贵，安某贵就将19.6362万元分解成6.162万元、5.6682万元、7.806万元填入这3张发票，在未经任何人签字的情况下将这3张发票共19.6362万元在高速公路拆迁资金中入了账。陈某建分得2.5万元，任某凤、安某贵各得2万元。案发后，三被告人退清了全部赃款。

公诉人认为，被告人陈某建、任某凤、安某贵的行为已触犯了《中华人民共和国刑法》第382条第2款的规定，构成了贪污罪，提请法院依法惩处。

（二）被告人辩解及辩护人辩护意见

被告人陈某建辩称：所发的钱是职工节假日加班该得的报酬，其用材料款冲抵只是违背了财务制度。

陈某建的辩护人认为：（1）陈某建不具有贪污罪主体身份；（2）陈某建等火花供电所全体职工所分劳务费和利润不是国有资产；（3）陈某建不具有犯罪的主观故意，所分劳务费和利润没有突破相关文件的分配比例。故被告人陈某建的行为不构成贪污罪。

被告人任某凤辩称：钱是自己所里挣的，每个职工都领了的，其行为不构成贪污罪。

任某凤的辩护人认为：（1）任某凤不具有贪污罪主体身份；（2）任某凤所获取的钱物不是公共财物；（3）任某凤发钱的行为系领导安排、履行出纳的职务行为，个人无贪污的主观犯意。故任某凤不构成贪污罪。

被告人安某贵辩称：发的钱所里职工均得了的，是作为加班的工时费，第一次所里发6000元因还没到火花供电所上班没有得到。

安某贵的辩护人认为：（1）起诉书指控的涉嫌犯罪金额不是国有财物，是陈某建组织全所职工开展多种经营所得；（2）指控金额中给职工发放的加班等费用，属正常劳务分配。被告人安某贵无罪。

三、人民法院认定事实和证据

（一）认定犯罪事实

四川省南充市嘉隆区人民法院经公开审理查明：1999 年下半年，原嘉陵区火花、木老电管站（农村用户管电的群众组织）受成南高速公路嘉陵段指挥部委托，对成南高速公路征地红线内的低压照明线路及附属设施进行拆迁、安装（工期紧未签书面协议）。2000 年 6 月 14 日，火花、木老电管站合并为火花供电所，被告人陈某建被聘用为火花供电所所长。2000 年 7 月 1 日，陈某建上任后又组织火花供电所完成拆迁、安装的扫尾工作，并以火花供电所的名义与成南高速公路嘉陵段指挥部补签了《成南高速公路嘉陵段低压照明线路拆迁安装协议》、《成南高速公路嘉陵段火花还房变压器安装协议》。这两份协议约定承包费用分别为 214.9463 万元、7 万元，签署时间为 2000 年 3 月 20 日，该协议属大包干性质（含施工作业中占用土地、损失青苗和林木的补偿费用）。成南高速公路嘉陵段指挥部依约陆续拨付了工程款。火花供电所除余有价值数万元的电器材料外，还有 70 余万元的施工收入。火花供电所用该收入给职工发放了 1 万余元差旅费等补贴，购买了一辆价值 15 万余元的工作用车。陈某建等人又虚开电器材料发票，冲抵了给供电所全体职工发放的 14.5 万元钱及一些白条开支。给职工发放的 14.5 万元钱中，陈某建分得 3.1 万元，任某凤、何某君各分得 2.6 万元，谢某林、蒲某书各分得 2.1 万元，安某贵分得 2 万元；白条系青苗赔偿、打电杆洞、临时工工资等支出。2001 年 7 月，陈某建被调到嘉陵区西兴供电所工作。工程节余的价值数万元的电器材料、余下工程利润 40 余万元和工作用车一辆，均留在火花供电所。

嘉陵供电局系南充电业局的下属单位，属国有经济组织，该局于 2000 年 6 月 14 日出文宣布南充电业局的会议决定：即日撤销火花电管站（任某凤在该站任出纳）、木老电管站（安某贵在该站任会计）、西兴电管站（陈某建在该站任站长）、文峰电管站、礼乐电管站，成立火花供电所、文峰供电所、礼乐供电所、西兴供电所（均系嘉陵供电局的分支机构），陈某建被聘用为火花供电所所长。同日，安某贵、任某凤被嘉陵供电局聘用为火花供电所人员。聘用期限均为短期聘用。

（二）认定犯罪证据

上述事实，有下列证据证明：

1. 书证、物证

（1）国发〔1999〕2 号文件即国务院批转国家经贸委《关于加快农村电力体制改革、加强农电管理的意见》；四川省电力工业局川农电〔1999〕15 号文件即《关于印发四川省电力工业局乡镇电管站管理体制改革实施办法（试行）的通知》；南充供电局嘉陵供电局《关于乡镇电管站体制改革实施细则》。

（2）嘉陵供电局嘉电发〔2000〕27号文件关于陈某建等任职的通知，证实陈某建于2000年6月14日被聘用为火花供电所所长；嘉陵供电局嘉电发〔2000〕29号文件关于聘用供电所人员的通知、嘉陵供电局嘉电发〔2004〕25号文件关于供电所人员调整的报告证实：任某凤、安某贵于2000年6月14日被聘用为火花供电所职工的事实。

（3）南充电业局关于嘉陵供电局成立、企业性质和营业执照的情况的说明，证明嘉陵供电局成立于1998年下半年，属南充电业局的下属单位，系国有经济。

（4）成南高速公路嘉陵段低压照明线拆迁安装协议、成南高速公路嘉陵段火花还房变压器安装协议，证实合同规定的拆迁安装时间，工程造价及范围。

（5）中国建设银行南充市分行火花分理处（原建行三支行）关于火花供电所26113796账户在成南高速公路资金账户明细账复印件、南充市建设银行26113796账号火花供电所高速公路拆迁资金账户的现金取款凭证（5张）；成南高速公路指挥部征拆补偿费明细账及记账凭证、原始票证复印件，证实成南高速公路指挥部的拨款情况及原审被告人陈某建、任某凤、安某贵及火花供电站职工分得款项的来源情况。

（6）嘉陵供电局火花供电所银行存款日记账及相关记账凭证、原始票证复印件，南充市人民检察院南检技鉴〔2005〕7号文件检验鉴定书鉴定安某贵填写了3张虚报的电器材料发票，证实陈某建、任某凤、安某贵用电器材料发票虚报支出套出现金的事实。

（7）火花供电所2000年9月及2001年5月费用支出会计凭证（火花供电所职工差旅费补贴账目），证实火花供电所的职工分得款项及支出其他费用情况。

（8）嘉陵区国有资产经营投资管理有限公司〔2005〕24号国有资金界定书证实：2000年3月嘉陵区供电局火花供电所承包嘉陵区高速公路指挥部因低压照明拆迁和还房变压器安装工程而从嘉陵区高速公路指挥部拨入的工程资金及所产生的盈利均属国有资金。

（9）嘉陵区人民检察院行政、刑事处罚罚没票据，证明原审被告人陈某建、任某凤、安某贵在检察机关退清了分得的钱款。

2. 证人证言

（1）南充电业局局长工作部副主任某明、嘉陵供电局局长明某强证言，证明嘉陵供电局成立于 1998 年下半年，属南充电业局的下属单位，系国有企业。

（2）证人何某君证言，证实其参与研究发钱，自己领了 2.6 万元，但不知道账务是怎样处理的情况。

（3）证人谢某林证言，证实其参与虚报的电器材料发票签字及领钱的事实。

（4）证人蒲某书证言，证实其领取了火花供电所发放的钱款的事实。

3. 被告人供述和辩解

陈某建、任某凤、安某贵在检察机关供述，证实由陈某建召集任某凤、安某贵商议欲用高速公路指挥部拨入的工程资金给所里的职工发点钱，现金用虚增材料款、增大发票金额的方法套出。由陈某建找的 3 张盖了章的空白发票交安某贵填写套出了现金，其中陈某建分得 3.1 万元，任某凤分得 2.6 万元、安某贵分得 2 万元；供电所职工何某君分得 2.6 万元，谢某林、蒲某书各分得 2.1 万元。

四、判案理由

（一）一审法院判案理由

四川省南充市嘉隆区人民法院认为：被告人陈某建、任某凤、安某贵的身份符合《中华人民共和国刑法》第 382 条第 2 款有关主体的规定。但公诉人指控三被告人贪污的款项属于国有财物，对公诉人的该项指控不予认定。因为该款项形成于 1999 年至 2000 年期间，系嘉陵区火花、木老电管站（后合为火花供电所）全体人员开展多种经营的收入，即完成成南高速公路嘉陵段低压照明线路、火花还房变压器安装工程大包干所得。南充电业局嘉陵供电局乡（镇）电管站体制改革实施细则关于财务管理的规定："供电所开展多种经营须报经供电局审批后实施，实行自主经营，独立核算，自负盈亏，其财务管理按有关财务制度执行。"四川省电力工业局川电用〔1990〕019 号文件规定："开展多种经营的净利润，应严格按照 3∶3∶4 的比例，分别转入电管站的奖励基金、福利基金、后备发展基金使用……一律不准私收、私分。"原火花、木老电管站及转制后成立的火花供电所均对其先后开展的多种经营收入应享有一定的占有、使用、分配的权利。国家国有资产管理局《国有资产产权界定和产权纠纷处理暂行办法》第 23 条第 1、2 项规定："对电力、邮电、铁路和城市市政公用事业等部门，按国家规定由行业统一经营管理，可由国有资产管理部门委托行业主管部门根据历史因素及其行业管理特点，对使用单位投入资金形成的资产,依下列办法处理:(1)使用单位投入资金形成的资产交付这些行业进行统一管理,凡已办理资产划转手续的,均作为管理单位法人资产;凡没有办理资产划转手续的,可根据使用单位与管理单位双方自愿的原则,协商办理资产划转手续或资产代管手续。(2)对使用单位投入资金形成的资产,未交付这些行业统一管理而归使用单位自己管理的,产权由使用单位拥有。"多种经营的收入是计人原火花、木老电管站或转制后的火花供电所账目的公共财物,不属于法律规定的"国有财物"。公诉人也未提供为该财产办理的国有资产登记或者上级部门嘉陵供电局关于供电所的清产核资记录,不能证明该财产属于国有财物。陈某建、任某凤、安某贵等人采用虚开电器材料发票方式冲销多种经营收入的行为,系处账方法违规,违反财经纪律,未构成对"国有财物"的所有权的侵害,故公诉人指控三被告人利用职务之便,侵占国有财物的事实不能成立。

(二)二审法院判案理由

四川省南充市嘉陵区人民检察院提出抗诉,其认为:(1)陈某建、任某凤、安某贵贪污的款项系国有财产,有国有资产界定书、嘉陵区供电局火花供电所的有关说明、嘉陵区供电局有关文件等书证予以证实。(2)陈某建、任某凤、安某贵利用职务之便,采取少支多报的手段,用虚开电器材料发票的方法平账,将国有财产15.1万元非法占为己有,属于典型的贪污手段,侵犯了公共财产的所有权。(3)火花供电所在完成成南高速公路嘉陵段低压照明线路、火花还房变压器安装工程中对差旅费、奖金、补贴均已发放,其佐证了用虚假发票侵占国有资产是贪污行为。(4)2001年7月陈某建调任西兴供电所所长时,该工程尚未结算,因此一审法院判决认定该工程节余价值数万元的电器材料、余下工程利润40余万元,没有证据证实。(5)陈某建、任某凤、安某贵是国有企业中从事公务的人员。因此,三原审被告人贪污国有财产的犯罪事实清楚、证据确实充分,嘉陵区人民法院的判决认定事实、适用法律错误。请求依法改判。

三名原审被告人的辩解意见及其辩护人的辩护意见与一审基本一致。

四川省南充市人民法院经审理,确认一审法院认定的事实和证据。

四川省南充市中级人民法院根据上述事实和证据认为:原审被告人陈某建、任某凤、安某贵身为在国有企业中从事公务的人员,无视国家法律和政策的规定,通过开会商议决定用电器材料发票虚报支出,私自将成南高速公路嘉陵段指挥部依约拨付的部分工程款共计14.5万元从火花供电所在银行的账户套出,按供电所每人的工作辛苦程度进行分发,且私分数额较大。陈某建系单位主管人员、任某凤、安某贵系单位的直接责任人员,三原审被告人的行为侵犯了国有资产的不可侵犯性和国家的廉政制度，已构成私分国有资产罪，应依法惩处。陈某建、任某凤、安某贵能如实供述自己的犯罪事实，退清所分全部赃款，可酌情从轻处罚。

五、定案结论

（一）一审法院定案结论

四川省南充市嘉陵区人民法院依照《中华人民共和国刑事诉讼法》第162条第2项的规定，作出如下判决：

被告人陈某建、任某凤、安某贵无罪。

（二）二审法院定案结论

四川省南充市人民法院依照《中华人民共和国刑事诉讼法》第189条第3项、第190条；《中华人民共和国刑法》第396条第1款，第64条；最高人民法院《关于执行〈中华人民共和国刑事诉讼法〉若干问题的解释》第176条第2项的规定，作出如下判决：

1. 撤销嘉陵区人民法院〔2005〕嘉刑初字第58号刑事判决，即被告人陈某建、任某凤、安某贵无罪。

2. 原审被告人陈某建犯私分国有资产罪，单处罚金人民币8000元。

3. 原审被告人任某凤犯私分国有资产罪，单处罚金人民币5000元。

4. 原审被告人安某贵犯私分国有资产罪，单处罚金人民币5000元。

5. 对原审被告人陈某建、任某凤、安某贵违法所得责令退赔给嘉陵供电局火花供电所。

六、法理解说

本案发生在乡镇电管站管理体制改革过程中，有着特殊的时代背景。值得注意的是，公诉人指控的罪名一直是贪污罪，而一审法院认定几名被告人无罪，二审法院终审判决3名被告人均犯私分国有资产罪，可见对案件事实的性质认定还存在较大争议。私分国有资产罪在实践中虽没有贪污受贿罪那么多见，但对其罪状的理解，尤其是对其客观方面要件的理解关系到罪与非罪、此罪与彼罪的界分，反映了对国有资产保护的力度与趋势，需要专门分析。

根据刑法第396条的规定，私分国有资产罪的客观方面有以下特征：违反了国家规定；以单位名义实施的；将国有资产集体私分给个人。同时，对该罪还有数额要求。从以上特征可以看出，作为单位犯罪的私分国有资产罪特别强调集体特征，这就表明构成本罪一般有一定的决策程序和步骤，参与人员应知晓，国有资产的私分范围也较大。由于前述案例已对"国家规定"的理解作了专门分析，在此主要分析私分国有资产罪客观方面的其他特征。

（一）本案中的供电所属于国有企业

电力体制改革的实质是改变所有制结构，优化资源配置，理顺各种关系，加强对农电的管理。从中央到地方的文件均表明，原先不规范的供电所应统一纳入国家电力的管理范围，统一成为国有企业。

案件的单位原系南充市嘉陵区火花、木老电管站，电管站属于农村用户管电的群众组织，后来被撤销，改为供电所。供电所属于嘉陵供电局的分支机构，嘉陵供电局系南充电业局的下属单位，属国有经济组织。也就是说，本案中的单位性质由群众组织变为国有经济组织，符合私分国有资产罪的主体要求。

受成南高速公路嘉陵段指挥部委托，火花供电所等对成南高速公路征地红线内的低压照明线路及附属设施进行拆迁、安装，工程款归供电所所有。与高速公路嘉陵段指挥部签订的协议也表明，供电所获得了工程款，即该款项属于国有经济组织所取得的收益。

一个企业无论是主业所获得的收益还是第三产业所获得的收益，其资金的性质应隶属于企业的性质，而不能独立于企业性质以外。因此，涉案款项的性质应与供电所的性质一致，即为国有资产。根据南充供电局嘉陵供电局《关于乡镇电管站体制改革实施细则》的规定：供电所可开展多种经营，实行自主经营、自负盈亏，其财务管理按有关财务制度执行。原乡镇电管站集体资产经清产核资后全部移交嘉陵供电局，并单独列账，由供电局管理和使用。案件中工程款的取得处于乡镇电管站体制改革过程中，随着电管站改为供电所，该项资产应该核算后全部移交供电局，划入国有资产的管理范畴。所以，涉案工程款14.5万元属于"国有资产"应无异议。

（二）本案中国有资产的分配采用了开会商议、集体私分的方式

案件的各种证据证明，被告人陈某建、任某凤、安某贵通过开会商议决定用电器材料发票虚报支出，私自将成南高速公路嘉陵段指挥部依约拨付的部分工程款共计14.5万元从火花供电所在银行的账户套出，按供电所每人的工作辛苦程度进行分发。

陈某建作为火花供电所所长，负责召集会议与决策；安某贵、任某凤曾分别任火花供电所的会计、出纳，是集体私分款项的主要参与人和实施人。从私分数额看，给职工发放的14.5万元钱中，陈某建分得3.1万元，任某

凤分得 2.6 万元，安某贵分得 2 万元，他们 3 人在私分的数额中所占的比例也较大。

可见，火花供电所私分工程款的行为是通过专门的会议方式决议的，对供电所全体职工来说，私分行为经过了相对"正式"的程序，大家都知晓情况，具有一定的"公开性"。参与私分的人除 3 名被告人外，还有何某君分得 2.6 万元，谢某林、蒲某书各分得 2.1 万元，因此单位职工都参与了私分，受益范围较广，不存在小团体性，属于"集体私分"。

此外，被告人陈某建作为火花供电所所长，是国有企业的主要负责人，也是私分的主要发起人，参与安排了用发票虚列支出的行为；他的组织决策以单位名义进行，为的是单位全体职工利益。其为职工打了一些白条开支也表明其代表了单位意志，被告人安某贵、任某凤作为单位财务工作的主要执行人，在决策后表现积极，负责实施，也体现了单位利益。因此，本案中三被告人的行为符合"以单位名义实施"的特征。

(三) 从受益范围看本案被告人不构成贪污罪

作为从贪污罪分立出来的犯罪，私分国有资产罪在表现形式上与贪污罪有诸多相似之处，而且两罪都可能造成国有资产损失的后果。但是，贪污罪、包括共同贪污，具有秘密性特征，参与贪污的行为人会想方设法掩盖侵吞国有财产的事实，无论是对内还是对外，都不愿告诉真实情况。一般来说，在国有单位中，共同贪污行为往往由主要的负责人和决策者参与，行为人具有管理、经手公共财产的职务便利，且他们会采用各种手段将国有资产转为私有，不让单位其他职工知晓。因此，在共同贪污中，凡是得到贪污款的，都应该追究刑事责任，行为人之间构成共同犯罪。而在私分国有资产罪中，国有资产的分配相对公开，特别从受益范围看，获得私分的对象往往不限于小范围的几个人，而是不少单位职工。作为单位犯罪的一种，私分国有资产罪要求以单位名义进行，该客观要件决定了本罪受益范围相对广泛的特点，因此，本罪采用单罚制，对于那些也接受了私分款项，但不是单位的直接负责的主管人员和其他直接责任人员的，就不承担刑事责任。

在本案中，分发的工程款是通过开会商议决定的，分发的依据是按供电所每人的工作辛苦程度进行，而且名义为"辛苦费"、"加班费"等。从接受这笔费用的人员看，供电所职工都接受了，根据辛苦程度的不同，每人的款项也不一样。可见，单位的职工都清楚款项的发放情况，3 名被告人没有刻意隐瞒款项，其行为体现出了受益范围的广泛性和在单位内部相对的公开性，因此，3 名被告人的行为不构成共同贪污罪，而构成私分国有资产罪。

综上所述，被告人陈某建、任某凤、安某贵作为在国有企业中从事公务的人员，是私分单位工程款的直接负责的主管人员和其他直接责任人员，其行为符合私分国有资产罪客观方面的特征，应以私分国有资产罪追究刑事责任。二审法院的改判是正确的。

（撰稿人：焦　阳）

案例47：于某东在企业改制前私分国有资产案

——私分国有资产罪客观方面的认定

一、基本情况

案　　由：私分国有资产

被告人：于某东，男，1957年8月23日出生于广东省佛山市三水区，汉族，中专文化，原系广东省佛山市三水区日进贸易有限公司董事长，住佛山市三水区西南街道办事处康华街。因涉嫌犯私分国有资产罪于2003年2月21日被刑事拘留，同年3月6日被逮捕。

二、诉辩主张

（一）人民检察院指控事实

广东省佛山市三水区人民检察院指控：

1999年原广东省三水食品进出口公司进行转制期间，被告人于某东与公司领导班子成员集体讨论后，隐瞒公司"小金库"资产，并从中支出354.6万多元用于职工的奖金和福利，于某东得款41万多元。公诉人认为，被告人于某东犯私分国有资产罪。

（二）被告人辩解及其辩护人辩护意见

被告人于某东对指控的私分国有资产的事实予以承认。

三、人民法院认定事实和证据

（一）认定犯罪事实

佛山市三水区人民法院一审审理查明：1999年4月5日，在原广东省三水食品进出口公司进行转制前，被告人于某东与公司领导班子成员许某亮、陆某大、陆某达、公司财务部经理林某熙、办公室主任钟某雄开会，经集体讨论后，决定隐瞒原广东省三水食品进出口公司通过虚增成本及利息、租金等收入形成的国有资产"小金库"人民币13046550.70元，留作解决转制职工入股资本、职工日后的生活及转制后公司的经营。转制期间，公司从"小金库"支出2478000元以发放职工补贴的形式向公司所有职工发放补贴。转制后，截留款项的余款转入"小金库"账上运转，并根据上述讨论的决议，将"小金库"资金以发奖金、奖励金等名义分给单位职工与其他支出，部分用于支借给公司生产经营。案发后，经佛山市三水区国有资产委员会办公室审查，确认"小金库"通过投资、自然孳息等收入，实现国有资产增值3894499.29元，支出款项中用于职工的奖金和福利的支出5668731.34元，结余资金4597124.56元。2002年7月9日，被告人于某东主动向有关领导反映情况，协助有关部门对公司的账目清查工作，归案后，如实供述了其犯罪的事实。

（二）认定犯罪证据

上述事实，有下列证据证明：

1. 书证

（1）会议记录及汇报材料，证实被告人于某东及公司主要领导讨论隐瞒"小金库"资金及"小金库"资金的组成和来源；

（2）广东省三水食品进出口公司企业法人营业执照，证实该公司在转制前是全民所有制企业，及被告人于某东的犯罪主体资格证明材料；

（3）广东省三水食品进出口有限公司转制的请示、资产评估材料、三国资〔1999〕06文件、三体改〔1999〕10号文件（批复）、三水区国有资产委员会办公室审查报告及证明材料、转让国有资产的合同、股东出资登记花名册、改制后企业营业执照，上列证据证实了广东省三水食品进出口公司从全民所有制企业转制为有限责任公司的过程，证实了"小金库"资金被隐瞒截留，没有上报的事实；

（4）佛山市三水区人民政府办公室"关于原市食品进出口公司经理于某东涉嫌截留私分国有资产一案的部分情况说明"和检察机关出具的关于案件揭发、破获的经过的证明材料，证实被告人于某东自动投案的情况；

（5）三公资〔2002〕73号通知及佛山市三水区国有资产委员会办公室"关于对原食品进出口公司私设小金库及截留国有资产的审查报告"，证实经上述部门依法审查，确认"小金库"资金的来源、去向等情况；

（6）"小金库"资金支出及发放给职工的账目凭证；

（7）三水区人民检察院出具的赃款、赃物收据，证实被告人于某东和陆某大、陆某达、许某亮、林某熙、钟某雄共退回私分所得款共412575元。

2. 证人证言

(1) 证人林某熙的证言,证实广东省三水食品进出口公司"小金库"的形成情况,以及在转制前决定隐瞒、私分"小金库"资金和转制后"小金库"资金运用的情况;

(2) 证人许某亮、陆某大、陆某达、钟某雄的证言,证实"小金库"资金来源系国有资产,在公司转制前集体讨论隐瞒、私分的事实;

(3) 证人陈某萍、李某传、褟某棠的证言,证实"小金库"的资金来源系国有资产,当时小金库在转制时没有上报有关部门及案发后被告人于某东主动配合调查的事实。

3. 被告人供述和辩解

被告人于某东的供述及辩解,证实广东省三水食品进出口公司"小金库"的形成情况;以及在其担任主管领导期间,公司转制时集体隐瞒、私分"小金库"国有资产的事实。

四、判案理由

(一) 一审法院判案理由

广东省佛山市三水区人民法院一审认为:被告人于某东的行为已构成私分国有资产罪,私分国有资产 6024159.92 元,数额巨大;其犯罪后自首,可从轻处罚。

(二) 二审法院判案理由

一审宣判后,被告人于某东不服,提起上诉。被告人于某东及其辩护人认为,公司转制后以发放职工的奖金和福利的形式私分国有资产的数额并非 3546159.92 元,事实不清,证据不足,应当认定私分国有资产的数额为 2478000 元。

广东省佛山市中级人民法院二审认定了一审判决中全民所有制企业广东省三水食品进出口公司转制前,隐瞒了该公司"小金库"的国有资产人民币 13046550.70 元;转制期间,公司从"小金库"支出人民币 2478000 元,以"职工补贴"的形式向公司所有职工发放的事实。又认定:经原三水市国资办审核确定该公司净资产后,依据原三水市体改办的三体改〔1999〕10 号文件的精神,该公司以全体员工共同参股,全资购买公司的公有资产的形式转制为有限责任公司,于 1999 年 9 月 8 日成立广东省三水市日进贸易有限公司。此后至本案被揭发,依据上诉人于某东等人上述集体讨论的决议,"小金库"的余款,部分以奖金、股份分红、补贴等形式分发给公司职工,部分用于公司生产经营、各项支出或购置资产。案发后,经佛山市三水区国有资产委员会办公室审查,确认"小金库"结余4597124.56元,其中应收款470万元,应付款89万元,实际现金结存人民币694207.89元、港币35130.63元、美元5830.21元。2002年7月9日,被告人于某东主动向有关领导反映情况,协助有关部门对公司的账目清查工作,在归案后如实供述了其犯罪的事实。

广东省佛山市中级人民法院二审认为,原广东省三水食品进出口公司是全民所有制的国有公司,违反国家法律、法规和有关规定,经公司领导成员集体讨论,以单位名义将部分国有资产集体私分给个人,上诉人于某东作为该公司转制前后直接负责的主管人员,其行为已构成私分国有资产罪,私分国有资产数额巨大。原广东省三水食品进出口公司是以全体员工共同参股,全资购买公司国有资产的形式进行转制,员工配股的股本金额取决于国有资产管理部门审核后确认的公司净资产数额。由于该公司隐瞒了"小金库"这项国有资产,致使确认的公司公有资产数额小于实际资产,因而得以使公司全体员工购买其个人配股时所支付的金额也相应减少,即各员工在转制出资购股时已因该隐瞒国有资产的行为均实际获取了相应的个人利益。转制为有限责任公司后,"小金库"的部分余款以发放奖金和福利的形式被私分;部分用于公司经营和资产购置,其收益与公司全体员工的奖金、股份分红等各项个人收入直接挂钩。综上所述,在国资办审核确认国有资产时,隐瞒、截留"小金库"人民币13046550.70元的国有资产项目,使国有资产所有权因公司转制发生变化,占有、使用、处分、收益权能发生转移。不管该部分国有资产是以现金形式私分给个人,还是以投资形式用于转制后的非公有经济企业,其实质均是国家完全失去了对该部分国有资产的控制。由于转制后的公司在性质上属于私有,故该部分资产最终是服务于转制后的公司所有股东的私人利益。因此,该案实质是公司全体员工按比例分配了该项国有资产,其行为符合私分国有资产罪的构成要件。原审判决认定的私分国有资产数额不当,应以该公司隐瞒、截留"小金库"的人民币13046550.70元全额认定;上诉人于某东及其辩护人认为只能认定私分国有资产2478000元的上诉理由和辩护意见不能成立,不予采纳。原审判决定罪准确,审判程序合法;但认定私分国有资产数额不当,且判决书引用《中华人民共和国刑法》第296条第1款是引用法律条文错误,应予纠正。原广东省三水食品进出口公司在转制时隐瞒、截留、集体私分国有资产,确已造成巨额国有资产流失,严重损害国家利益、妨害正常经济秩序。虽然法院认定的私分国有资产数额较原判认定的数额大,但上诉人于某东犯罪后自动投案,能如实供述自己的罪行,是自首,依法可从轻处罚;并考虑到其主动退还分得的赃款,且在投案后积极协助有关部门的核查工作,追回大量的其他被隐瞒的国有资产,可酌情从轻处罚。

五、定案结论

(一) 一审法院定案结论

广东省佛山市三水区人民法院一审依照《中华人民共和国刑法》第 296 条、第 67 条第 1 款、第 64 条的规定,作出如下判决:

1. 被告人于某东犯私分国有资产罪,判处有期徒刑 4 年,并处罚金 5 万元。

2. 退赃款 412575 元予以退还公有资产管理部门(由该款暂存机关佛山市三水区人民法院办理有关手续)。

(二) 二审法院定案结论

广东省佛山市中级人民法院依照《中华人民共和国刑事诉讼法》第 189 条第 1 项,《中华人民共和国刑法》第 396 条第 1 款、第 67 条第 1 款、第 64 条、第 52 条、第 53 条的规定,裁定如下:驳回上诉,维持原判。

六、法理解说

改革开放以来,我国经济体制改革不断深入,在全社会由计划经济走向社会主义市场经济的过程中,原先不符合市场经济规律要求的企业经营管理模式也要随之变动,国企改革一度成为我国从 20 世纪 90 年代中后期以来的一场大的变革活动。在这一过程中,一些国有企业出于小团体利益,借名义、钻空子,违反国家规定,采取奖金、提成、福利等形式将国有资产化公为私,致使国有资产大量流失,严重损害了国有资产的所有权。本案便是发生在这一领域的典型案件,对于案件中"国有资产"的数额该如何认定,这实际上涉及企业改制中一些行为的定位问题,值得深入研究。

(一) 企业改制过程中,私设"小金库"、隐瞒国有资产行为的定性争议

在企业改制中,私设"小金库"、隐瞒国有资产的行为该如何定性曾存在争论。有学者认为,该种行为可认定为国有公司、企业人员(徇私舞弊)滥用职权罪。主要理由是:第一,从立法上分析,刑法在妨害公司、企业管理秩序和渎职罪章中,分别设立了一些新型职务犯罪。这些犯罪均具有利用国家工作人员的职务便利化公为私的特点,即在不同程度上均侵害了国家的财产法益;但与贪污罪显著不同的是,这些新型职务犯罪的主客观方面不是单纯地、直接地

表现为个人非法占有国有财产的行为,而是在构成要件上显现出较多的概括性和包容性,使侵害国家财产法益的行为方式呈现出间接、变相或多样化的特点。立法者根据这些新型职务犯罪危害社会的新特点,从总体上平衡设置了比贪污罪明显趋轻的法定刑。相应的以上述新型职务犯罪论处,则既能体现罪刑法定框架下的刑法之社会保护功能,同时又能体现适应新形势新特点的刑法之人权保障功能,有效避免类推定罪的明显弊害,因而是符合立法精神的。第二,从构成要件方面考察,由于国有公司、企业人员滥用职权罪在构成要件上对行为方式、手段具有较强的概括性和包容性,且立法明确设定了"其中徇私舞弊的,应从重处罚"的规定,这些对于一些行为具有很强的针对性。第三,从法律效果方面评价,将国有财产转归非国有单位非法占有,确实在社会危害性程度上又有不同于单纯由个人非法占有的特点。国有企业转制过程本身的社会复杂性也可能包含着可恕的情由。① 还有学者认为,该行为应界定为妨害清算罪。其理由是我国刑法第 162 条规定的妨害清算罪的表现是"公司、企业进行清算时,隐匿财产,对资产负债表或者财产清单作虚伪记载或者在未清偿债务前分配公司、企业财产,严重损害债权人或者其他人利益的"行为,那么隐瞒国有资产的行为即是对公司财产的隐匿,在这种情况下,隐匿的资产进了股份公司,是股份公司的法人财产,而没有私分,职工得到的是股权,不能变现,② 因此,构成本罪。大部分学者认为,应当根据企业改制中存在的不同情况,分别将该行为按贪污罪或私分国有资产罪处理。

就上述几种观点来看,第一种观点将其定为国有公司、企业人员滥用职权罪是不准确的。不可否认,实践中有些国有资产的损失的确是由行为人超越职权、违规操作造成的,但大部分企业改制中的隐瞒"小金库"的行为的目的是侵吞国有资产,将国有资产通过各种途径变成非国有资产。国有公司、企业人员滥用职权罪的罪状表述是不能表现这类犯罪的本质的。在此罪名中,国有资产的损失往往数额巨大,而行为人所得的私利则比较小,这与贪污罪、私分国有资产罪的特点都不相同。第二种观点将这种行为定为妨害清算罪,混淆了本罪与妨害清算罪的界限。首先,妨害清算罪与私分国有资产罪的适用范围不同。根据我国《公司法》第 181 条、183 条、第 191 条的规定,公司清算适用于公司章程规定的营业期限届满或者公司章程规定的其

---

① 参见黄祥青:《略论贪污罪与近似职务犯罪的界限》,载《政治与法律》2004 年第 1 期,第 100~101 页。
② 参见林荫茂:《国资流失犯罪研究——兼谈私分国有资产罪的刑法适用问题》,载《政治与法律》2008 年第 4 期,第 51 页。

他解散事由出现、股东会或者股东大会决议解散、依法被吊销营业执照、责令关闭或者被撤销、人民法院经有股东表决权10%以上股东请求解散公司以及破产等情况；隐瞒国有资产的行为则发生在国有企业改制评估资产的过程中，与妨害清算罪的适用范围不符。其次，两罪的侵害对象不同。根据我国《公司法》第187条的规定，公司财产在分别支付清算费用、职工的工资、社会保险费用和法定补偿金，缴纳所欠税款，清偿公司债务后的剩余财产，有限责任公司才能"按照股东的出资比例分配"，股份有限公司才能"按照股东持有的股份比例分配"。据此，妨害清算罪中"严重损害债权人或者其他人利益"，是指严重影响债权人债权的清偿、清算费用、职工工资和社会保险费用的支付以及所欠税款的缴纳等情形。因此，它所损害的是债权人、清算组、企业职工以及国家等多方面的利益；企业改制中隐瞒国有资产行为所损害的却完全是国家的利益。最后，两罪的主观目的不同。妨害清算罪的目的是为了逃避公司、企业债务，而本类隐瞒国有资产行为的目的则是为了非法占有国有资产。可见，如果将上述情况按照妨害清算罪论处，也不能包含行为的本质特征，导致定位出现偏差。

2010年11月26日，最高人民法院、最高人民检察院印发了《关于办理国家出资企业中职务犯罪案件具体应用法律若干问题的意见》（以下简称《意见》），该意见专门对国有公司、企业在改制过程中隐匿公司、企业财产归职工集体持股的改制后公司、企业所有的行为的处理作出规定。《意见》指出"国有公司、企业违反国家规定，在改制过程中隐匿公司、企业财产，转为职工集体持股的改制后公司、企业所有的，对其直接负责的主管人员和其他直接责任人员，依照刑法第三百九十六条第一款的规定，以私分国有资产罪定罪处罚。改制后的公司、企业中只有改制前公司、企业的管理人员或者少数职工持股，改制前公司、企业的多数职工未持股的，依照本意见第一条的规定，以贪污罪定罪处罚"。上述规定明确了企业改制中职务犯罪的不同情况，根据持股的范围、人数界分私分国有资产罪与贪污罪的界限，观点明确，便于操作，是合适的。因此，在具体实践中，要分析案件的不同细节，对"集体私分"还是"少数人私分"进行全面区分。

从本案的特点看，广东省三水食品进出口公司在转制前是全民所有制企业，被告人于某东是该企业的主管人员、主要负责人，在该企业经营过程中，他们通过虚增成本及利息、租金等收入形成了国有资产"小金库"人民币13046550.70元，可谓数额巨大。这笔款项属于国有资产，任何个人和集体都没有权利决定参与私分，按规定应将该款项将由国资管理部门处理。然而被告人于某东与公司领导班子成员许某亮、陆某大、陆某达、公司财务部经理林某熙、办公室主任钟某雄开会，经集体讨论后，决定隐瞒这笔巨款，并在公司转制后将其部分私分给职工，另外的投入到公司运营等活动中。从这点看，被告人的行为改变了国有资产的权属，符合私分国有资产罪的主客观特征。

本案的犯罪主体是原广东省三水食品进出口公司，属于国有公司；公司中的主管人员和其他直接责任人员明知该款项属于国有资产应当报告上交，却通过开会讨论，集体商量决策的方式，隐瞒巨额国有资产的事实，决定将其以单位名义通过奖金、福利、股份等方式发给本单位员工，另外一部分用于公司生产经营等。该行为侵犯了国家对国有资产的控制权，违反了国家关于国有资产管理、保值增值的规定，侵犯了国家法益。因此，将此行为定为私分国有资产罪是正确的。

（二）本案中"私分"数额的认定

本案中的关键问题是，改制后的广东省佛山市三水区日进贸易有限公司属于有限责任公司，公司股份由全体职工参股购买，公司的性质也由国有转变为全体职工所有。在这种情况下，被告人隐瞒的"小金库"资产数额实际并没有都发到每位员工手中，那么对被告人私分国有资产的具体数额该如何认定。案发后，经佛山市三水区国有资产委员会办公室审查，确认"小金库"结余4597124.56元，其中应收款470万元，应付款89万元，实际现金结存人民币694207.89元、港币35130.63元、美元5830.21元。也就是说，在企业改制后到案发时，通过被告人的集体决议，以发放职工的奖金和福利的形式私分国有资产的数额并不是改制前隐瞒的"小金库"数额的全部。本案一审到二审，公诉人、辩方围绕着犯罪数额的认定进行了争论，因此，对"私分"的含义界定有助于此问题的解决。

私分国有资产罪的设立初衷是防止国有资产的流失，强化对国有资产的保护。企业改制的实质是依法改变企业原有的资本结构、组织形式、经营管理模式或体制等，使其在客观上适应企业发展的新的需要的过程。在我国，国企改革的实质是将以前单一的国家所有的企业变为多元投资主体的企业。由国有企业改制为全体职工参股的企业，企业的所有权性质就变成了私有。在本案中，虽然有一部分"小金库"的款项并没有私分给全体员工，部分款项用于企业生产经营、购买设备等，还有的部分成为"小金库"结余，甚至还实现了部分增值。但是由于改制后的企业性质的变化，将原先的国有资产投入到新企业运营，本质上是国家完全失去了对该部分国有资产的控制，该部分资产最终仍是服务于转制后的公司所有股东的私人利益的。随着企业性质的改变，资产的性质也由国有变成全体职工私有，可见，私人已完成了国有资金的控制。另外，在转制过程中，员工全资购买公司国有资产，员工配股的股本金额取决于国有资产管理部门审核后确认的公司净资产数额。由于该公司隐瞒了"小金库"中的国有资产，致使确认的公司公有资产数额小于实际资产，因而得以使公司全体员工购买其个人配股时所支付的金额也相应减少，即各员工在转制出资购股时已分得了相应的个人利益。根据"控制说"的既遂标准，本案中私分国有资产的行为已达到既遂程度，即公司对"小金库"的人民币13046550.70元全额的私分已经完成。综上所述，本案二审法院对案件的定性和犯罪数额的认定都是符合实际的，是正确的。

（撰稿人：焦　阳）

案例48：周某强、叶某英等贪污、私分国有资产案

——私分国有资产罪的主体的认定

一、基本情况

案　由：贪污、私分国有资产

被告人：周某强，男，1954年10月4日出生于广东省佛山市顺德区，汉族，中专文化，原系佛山市三水区住房基金管理中心主任助理，住佛山市三水区西南街道文锋西路。因涉嫌犯贪污罪、私分国有资产罪于2005年10月11日被刑事拘留，同月24日被逮捕，同年12月21日被佛山市三水区人民检察院取保候审，2006年2月13日被佛山市三水区人民法院取保候审，同年3月22日被佛山市三水区人民法院解除取保候审并被收押。

被告人：叶某英，女，1958年5月9日出生于广东省佛山市三水区，汉族，初中文化，原系佛山市三水区住房基金管理中心主任助理，住佛山市三水区西南街道海侨街。因涉嫌犯贪污罪、私分国有资产罪于2005年10月11日被刑事拘留，同月24日被逮捕，同年12月21日被佛山市三水区人民检察院取保候审，2006年2月13日被佛山市三水区人民法院取保候审，同年3月22日被佛山市三水区人民法院解除取保候审并被收押。

二、诉辩主张

（一）人民检察院指控事实

广东省佛山市三水区人民检察院指控被告人周某强、叶某英犯贪污罪、私分国有资产罪。

（二）被告人辩解及其辩护人辩护意见

被告人周某强辩称：在贪污共同犯罪中、在黎某任主任期间的私分国有资

产共同犯罪中,其本人是从犯,请求给予从轻处罚。

被告人叶某英及其辩护人辩护提出:(1)叶某英在贪污共同犯罪中是从犯;(2)叶某英不是单位的领导班子成员,没有权力共同决定私分公款,叶某英的行为不构成私分国有资产罪。

三、人民法院认定事实和证据

(一)认定犯罪事实

广东省佛山市三水区人民法院经公开审理查明:

贪污罪:

2001年至2002年,被告人周某强、叶某英分别以担任佛山市三水区住房基金管理中心(以下简称管理中心)副主任、主任助理的职务便利,伙同时任管理中心主任职务的黎某(已被判刑),分别于2001年1月4日、2月6日、5月9日、7月27日,2002年1、2月,2002年2月19日以"节日补贴"、"2000年旅游考察参观费"、"五一班子开支"、"领导职务津贴"、"旅游费用"、"工会元宵节活动费"的名义6次侵吞单位"小金库"账户资金共人民币23.79万元,其中黎某分占人民币8.78万元,被告人周某强分占7.63万元,被告人叶某英分占7.38万元。破案后,两被告人已退清赃款。

私分国有资产罪:

1. 2000年4月,原三水市政府正式对住房基金的管理实行"收支两条线"的财经制度,但被告人周某强、叶某英作为管理中心领导班子成员,在黎某的纠集下,违反国家规定截留应当上缴国家财政的各种款项非法设立管理中心"小金库",以用于集体私分。2000年4月至2001年12月,被告人周某强、叶某英在黎某的召集下多次开会,以岗位补贴、岗位职务计酬奖、生活福利补贴、年终奖等各种名义,按职务、级别分不同档次向管理中心的全体工作人员多次分发"小金库"的资金共人民币71.909万元。其中黎某分占人民币14.38万元、被告人周某强分占人民币12.42万元、被告人叶某英分占人民币11.485万元、林某分占人民币8.109万元、陆某贤分占人民币8.505万元、郑某红分占人民币8.505万元、龙某光分占人民币8.505万元。

2. 2000年11月至2001年12月,被告人周某强、叶某英在黎某的召集下多次开会,决定以"小金库"资金为管理中心职工购买商业保险作为职工福利。之后,被告人叶某英先后3次从单位"小金库"账户以转账和现金缴付的方式,共支取人民币71.8281万元,分别向中国人民保险公司三水支公司购买国寿养老年金保险14份、康宁定期保险7份、国寿团体人身保险及附加团体综合医疗险（99版）各一份；向中国太平洋保险公司佛山支公司南海办事处购买长泰安康（B）7份。其中，为被告人周某强缴付保险费人民币15.9786万元、为被告人叶某英缴付保险费人民币11.9954万元、为黎某缴付保险费人民币20.4609万元、为林某缴付保险费人民币5.6356万元、为陆某贤缴付保险费人民币5.7496万元、为郑某红缴付保险费人民币5.7496万元、为龙某光缴付保险费人民币6.2684万元。

3.2002年黎某离岗退养后，由被告人周某强主持管理中心全面工作，被告人周某强仍以上述违反国家规定截留应当上缴国家财政的各种款项的方式非法设立管理中心"小金库"，以用于集体私分。2002年5月至2004年4月，由被告人周某强决定，以岗位补贴、岗位职务计酬奖、生活福利补贴、年终奖等各种名义，按职务、级别分不同档次向管理中心的全体工作人员多次分发"小金库"资金共人民币47.984万元。其中，被告人周某强分占人民币6.865万元、被告人叶某英分占人民币6.765万元、林某分占人民币6.125万元、陆某贤分占人民币6.103万元、郑某红分占人民币5.76万元、龙某光分占人民币6.1155万元、曾某球分占人民币6.28万元、黎某分占人民币3.975万元。

破案后，两被告人已退清赃款。

（二）认定犯罪证据

上述事实，有下列证据证明：

1. 物证、书证

（1）原三水市人民政府的三府发［1997］33号和［1999］46号文件、原三水市财政局的三财综字［1998］04号文件、佛山市三水区财政局行政事业股出具的证明，证实管理中心是隶属于三水区人民政府办公室的、不以营利为目的的事业法人。2000年4月，住房基金正式执行收支两条线管理，并对管理中心工作人员纳入财政全额拨款。

（2）原中共三水市委组织部的三委组干发［1998］1号文件、干部任免审批表、事业单位法人变更登记申请书，户籍材料，证实被告人周某强的户籍情况及任职情况与前述一致，自2002年5月起，周某强任管理中心法人代表。

（3）原三水市住房制度改革办公室的三房改字［1998］27号任职决定、原三水市人事局的三人干发［1999］170号文件、聘用干部审批表、户籍材料，证实被告人叶某英的户籍及任职情况与前述一致。

（4）管理中心与中国建设银行三水支行房地产信贷部签订的有关基金管理的协议、中国建设银行三水支行有关文件、证人谢某的证言，证实住房基金业务的利息差按规定每年扣除20%～25%作为综合费用，银行与住房基金管理中心协议分成，将其中一部分拨入管理中心指定的账户。

(5) 管理中心"小金库"存折，证实管理中心违规保留"小金库"资金的事实。

(6) 黎某的记事本，证实黎某多次召集被告人周某强、叶某英开会，决定分发"小金库"资金的事实。

(7) 扣押物品清单、管理中心账目及各种补贴、奖金发放表，中国工商银行佛山三水支行储蓄明细查询报表，证实在两被告人贪污、私分国有资产的过程中，从银行提取现金及具体发放的情况。

(8) 中国人民保险公司、中国太平洋保险公司的保单、收据及其他相关单据，证明管理中心为单位职工购买商业保险的具体情况。

(9) 抓获经过，证实两被告人于2005年10月11日到佛山市三水区人民检察院自首的事实。

(10) 广东省佛山市中级人民法院〔2005〕佛刑二终字第85号刑事裁定书，证实黎某因伙同被告人周某强、叶某英贪污、私分国有资产被判刑的事实。

(11) 三水区人民检察院赃款、赃物收据，证实二被告人已退清所有赃款。

2. 证人证言

(1) 证人黎某的证言，证实管理中心"小金库"的资金来源是国有资产，在其任职期间，多次召集周某强和叶某英商议侵吞、私分"小金库"资金。当时管理中心的领导班子是由其和周、叶3人组成，每次发放奖金均由3人开会研究决定。

(2) 证人林某、陆某贤、龙某光、郑某红的证言，证实管理中心以各种职工福利名义分发款项的事实。

(3) 证人曾某球的证言，证实被告人周某强担任管理中心负责人以后，对"福利"的发放并没有事先经全体人员研究，都是周决定了以后再开会宣布。

(4) 证人谢某明、吴某玲的证言，证明黎某开具去澳洲和新西兰旅游的发票3份，每份金额2.08万元。

3. 被告人供述和辩解、辨认材料

被告人周某强的供述及对书证的辨认材料，被告人叶某英的供述及对书证的辨认材料，证实管理中心"小金库"的资金是国有资产；在黎某任管理中心主任期间，周某强任管理中心副主任并主管财务工作。黎某召集被告人周某强和叶某英3人集体开会决定侵吞、私分管理中心"小金库"资金；周某强担任管理中心负责人后，仍保留并多次集体私分"小金库"资金。

四、判案理由

（一）一审法院判案理由

广东省佛山市三水区人民法院一审认为：被告人周某强、叶某英作为国家工作人员，利用担任三水区住房基金管理中心副主任和主任助理的职务之便，以侵吞、骗取的手段，伙同他人共同侵吞公款23.79万元，其行为均已构成贪污罪。被告人周某强、叶某英作为事业单位的领导班子成员，主管和负责单位的财务工作，是该单位直接负责的主管人员和其他直接责任人员，违反国家对公有资产的管理规定，将国有资产以单位的名义集体私分给个人，其中被告人周某强参与决定私分国有资产共人民币143.7371万元、直接决定私分国有资产共人民币47.984万元；被告人叶某英参与决定私分国有资产共人民币143.7371万元，数额巨大，其行为均已构成私分国有资产罪。两被告人自动投案，并如实供述自己的犯罪行为是自首；且二人协助侦查机关查证相关事实，积极退赃，有较好的悔罪表现，对两被告人均予以减轻处罚。

（二）二审法院判案理由

一审宣判后，被告人周某强、叶某英不服，提起上诉。上诉人叶某英及其辩护人以叶某英不属于领导班子成员，不构成私分国有资产罪。上诉人周某强、叶某英及叶某英的辩护人均提出，自己是从犯。

广东省佛山市中级人民法院二审认定了与一审相同的事实和证据。

广东省佛山市中级人民法院经审理认为：上诉人叶某英自1998年12月8日被任命为管理中心主任助理，并兼任管理中心出纳一职。在黎某任管理中心主任期间，上诉人叶某英以领导班子成员的身份，与黎某、上诉人周某强共同召开管理中心领导班子会议，在黎某提议集体私分"小金库"的资金后，叶某英和周某强均表示同意。而且上诉人叶某英时任管理中心出纳，还具体负责管理"小金库"的资金。作为管理中心的领导班子成员，上诉人叶某英参与私分国有资产的决策，属于单位直接负责的主管人员之一；作为出纳，叶某英没有尽财务人员应当遵守国家法律、法规和财经制度，并向单位领导提供财务意见的义务和职责，反而具体经办了集体私分国有资产的制表、分发等工作，也属于其他直接责任人员，其行为已构成私分国有资产罪。上诉人叶某英及其辩护人以叶某英不属于领导班子成员，不是私分国有资产的单位直接负责的主管人员和其他直接责任人员，不构成私分国有资产罪的上诉理由和辩护意见不成立，不予采纳。

在上诉人周某强、叶某英和黎某贪污公款人民币23.79万元的共同犯罪中，在周某强、叶某英和黎某共同决定管理中心成员集体私分公款人民币

143.7371万元的共同犯罪中，虽然三人共同开会决定，且三人分占款项的数额差距不大，但每次均由当时任管理中心主任的黎某提议并起主要决定作用，当时作为副主任的周某强、主任助理的叶某英虽然参与了会议，起的只是同意"一把手"意见的次要作用，因此，应认定上诉人周某强、叶某英在贪污共同犯罪、在集体私分国有资产人民币143.7371万元的共同犯罪中均是从犯，应减轻处罚。上诉人周某强、叶某英的该项上诉理由及叶某英的辩护人的该项辩护意见有理据支持，予以采纳。原审判决没有认定主从犯，予以纠正。

五、定案结论

（一）一审法院定案结论

广东省佛山市三水区人民法院一审依照《中华人民共和国刑法》第382条第1款、第383条第1款第1项和第2款，第396条第1款、第67条第1款、第69条、第47条、第52条、第53条的规定，作出如下判决：

1. 被告人周某强犯贪污罪，判处有期徒刑3年；犯私分国有资产罪，判处有期徒刑3年，并处罚金人民币3万元；合共刑期6年，决定执行有期徒刑5年6个月，并处罚金人民币3万元。

2. 被告人叶某英犯贪污罪，判处有期徒刑3年；犯私分国有资产罪，判处有期徒刑2年，并处罚金人民币2万元；合共刑期5年，决定执行有期徒刑4年6个月，并处罚金人民币2万元。

（二）二审法院定案结论

广东省佛山市中级人民法院二审依照《中华人民共和国刑事诉讼法》第189条第2项，《中华人民共和国刑法》第382条第1款，第383条第1款第1项和第2款，第396条第1款，第67条第1款，第27条，第69条，第52条、第53条的规定，作出如下判决：

1. 维持佛山市三水区人民法院［2006］三法刑初字第149号刑事判决第一、二项对上诉人周某强、叶某英的定罪部分；

2. 撤销佛山市三水区人民法院［2006］三法刑初字第149号刑事判决第一、二项对上诉人周某强、叶某英的量刑部分。

3. 上诉人周某强犯贪污罪，判处有期徒刑2年；犯私分国有资产罪，判处有期徒刑2年，并处罚金人民币2000元，决定执行有期徒刑3年，并处罚金人民币2000元。

4. 被告人叶某英犯贪污罪，判处有期徒刑2年；犯私分国有资产罪，判处有期徒刑1年，并处罚金人民币1000元，决定执行有期徒刑2年，并处罚金人民币1000元。

六、法理解说

　　私分国有资产罪是单位犯罪，只有国家机关、国有公司、企业、事业单位、人民团体才能构成本罪。同时，本罪采单罚制，即只处罚单位中的直接负责的主管人员和其他直接责任人员。本案中，周某强、叶某英犯贪污罪、私分国有资产罪，两被告对公诉人所指控的事实基本没有异议，在庭审中争议较大的问题是：这两罪中如何划分主从犯；私分国有资产罪中的承担刑事责任的自然人的范围如何判断和确定。厘清私分国有资产罪的主体和承担刑事责任的人员的内涵，有助于上述问题的解决。

　　（一）私分国有资产罪中"直接负责的主管人员和其他直接责任人员"的认定

　　由于私分国有资产罪是1997年刑法典增加的新罪名，在该罪名适用之初，关于本罪的主体是什么，还存在一些争论。有观点认为，本罪是自然人犯罪。因为集体私分国有资产罪虽然是经集体研究决定或者负责人员决定实施的犯罪，但是这种犯罪并不是为本单位整体谋取非法利益，而是为本单位个体谋取非法利益。[1] 还有观点认为，私分国有资产罪的犯罪主体是特殊主体，它应当包括单位和自然人，而且自然人构成犯罪也以单位符合犯罪构成为前提。[2] 通说认为，私分国有资产罪是单位犯罪，而且是纯正的单位犯罪，单位中直接负责的主管人员和其他直接责任人员不是犯罪主体，只是由其来承担刑事责任。从目前刑法条文的表述看，通说观点是合适的。结合刑法总则第30条关于单位犯罪的一般规定可以看出，本罪特别强调"以单位名义"、"集体私分"的特征，只有符合要求的单位才能对国家资产有管理权、控制权，如果没有经过正常的单位决策程序，本罪是无法完成的，这也是本罪与贪污罪的重要区别。总体来看，本罪的犯罪主体有以下几个特征：首先，本罪是单位犯罪，自然人不是本罪的主体；其次，本罪是特殊主体，范围有明确的限制，强调单位的"国有"性；最后，对本罪的处罚采取单罚制，即只有单位的直接负责的主管人员和其他直接责任人员承担刑事责任。

　　根据本条的规定，承担私分国有资产罪刑事责任的自然人，是指对私分国

---

[1] 参见刘淑莲：《集体私分国有资产罪》，载《法学杂志》1997年第5期，第17页。
[2] 刘生荣、张相军、许道敏：《贪污贿赂罪》，中国人民公安大学出版社1999年版，第293页。

有资产直接负责的主管人员和其他直接责任人员。"对其直接负责的主管人员"指的是单位中对单位犯罪直接负责的主管人员，具体必须符合两个条件：首先，应当是在单位中掌有实际的领导权限的人员；其次，必须是和单位犯罪有直接关系。这两个条件缺一不可。[①] 具体来说，就是指在单位中具有实际领导权的人员组织、策划、商量、默许、纵容单位犯罪的发生。如果单位领导成员自己发起、组织的单位犯罪的，由于其一直掌控全局、筹划步骤，将其定为"对其直接负责的主管人员"是合适的。如果这些领导成员只是参与讨论、参与决策单位犯罪的，就要具体从他在决策中的地位和参与程度方面来进行判断，主要的负责人和发起人应定为"对其直接负责的主管人员"，其他多数共同参与人以不这样定性为宜。如果单位领导成员在事件发生后默许、纵容单位犯罪发生的，由于此行为违背了作为单位领导者的职责，相当于消极承认单位犯罪的事实，也应以单位犯罪追究责任。关于单位领导成员的范围，一般是单位的主管负责人，包括法定代表人。对此范围的界定一要看该成员的身份、地位，二要看其在单位犯罪中的作用，并且以其是否其组织、决策作用为主。根据不同单位组织机构的不同情况，主管人员的范围包括代表人、领导班子成员、决策机构负责人、执行机构负责人等。根据2001年1月21日《全国法院审理金融犯罪案件工作座谈会纪要》（以下简称《纪要》），"直接负责的主管人员，是在单位实施的犯罪中起决定、批准、授意、纵容、指挥等作用的人员"，这一界定为实践中的认定提供了明确依据。

在《纪要》中，"其他直接责任人员，是在单位犯罪中具体实施犯罪并起较大作用的人员，既可以是单位的经营管理人员，也可以是单位的职工，包括聘任、雇用的人员"。从以上规定可以看出，其他直接责任人员的范围应当指除了单位的直接负责的主管人员以外的，在单位犯罪中发挥较大作用的人员，就其是否有单位的职工正式身份，则在所不问。在这里，所谓"直接责任"，应当理解为两层含义：首先，直接责任者是单位犯罪直接实施者，具体实施单位犯罪的行为，主要表现为具体实施单位犯罪的构成要件的行为或行为的一部分，这就将单位犯罪帮助实施者排除出单位犯罪直接责任人员的范围。其次，该实施者是积极参加者，并在单位犯罪中发挥了较大作用。这些参加者的行为大多获得了领导的授意、允许，在参与中表现积极，是导致单位犯罪发生的重要原因。对于完全受指派、奉命从事一些单位犯罪行为的，由于行为人在犯罪中的主动性较小，作用不大，因此不宜以"其他直接责任人员"认定。同时，

---

① 黎宏：《论单位犯罪中"直接负责的主管人员和其他直接责任人员"》，载《法学评论》2000年第4期，第67页。

"其他直接责任人员"与上述"直接负责的主管人员"相对,因此,一般不把单位的主要领导者作为"其他直接责任人员"对待。

在本案二审中,被告人叶某英及其辩护人提出,叶某英不是单位的领导班子成员,没有权力共同决定私分公款,叶某英的行为不构成私分国有资产罪。事实上,叶某英自1998年12月8日被任命为管理中心主任助理,并兼任管理中心出纳一职。在黎某任管理中心主任期间,叶某英以领导班子成员的身份,与黎某、周某强共同召开管理中心领导班子会议,在黎某提议集体私分"小金库"的资金后,叶某英和周某强均表示同意。可以说,叶某英参与了当时的具体私分决策,而且叶某英时任管理中心出纳,还具体负责管理"小金库"的资金,是主要的管理者,符合上述"和单位犯罪有直接关系"的条件,属于单位直接负责的主管人员之一。作为出纳,叶某英没有履行财务人员应当遵守国家法律、法规和财经制度,并向单位领导提供财务意见的义务和职责,反而具体经办了集体私分国有资产的制表、分发等工作,在单位犯罪中表现积极、作用较大,也属于其他直接责任人员。因此,法院未认定叶某英及其辩护人的辩护理由符合法律规定。

(二) 私分国有资产罪中是否划分主从犯

关于私分国有资产罪是否有划分主从犯,在我国刑法理论中历来存在争议。因为私分国有资产罪本身是单位犯罪,而不是共同犯罪,对不是犯罪主体的责任人员划分主从关系,似乎违背了共同犯罪的原则。但是,主从犯的划分关系到量刑的适当,不区分个人在案件中的作用,就无法做到罚当其罪,甚至会侵犯被告人的实际权利。在审判实践中,对此问题的看法是逐渐深入的。2000年10月10日起施行的最高人民法院《关于审理单位犯罪案件对其直接负责的主管人员和其他直接责任人员是否区分主犯、从犯问题的批复》(以下简称《批复》)指出,在审理单位故意犯罪案件时,对其直接负责的主管人员和其他直接责任人员,可不区分主犯、从犯,按照其在单位犯罪中所起的作用判处刑罚。而全国法院2001年1月21日的《纪要》认为,"主管人员与其他直接责任人员,在个案中,并不是当然的主、从犯关系,有的案件,主管人员与其他直接责任人员在实施犯罪行为的主从关系不明显的,可不分主、从犯。但具体案件可以分清主、从犯,且不分清主、从犯,在同一法定刑档次、幅度内量刑无法做到罪刑相适应的,应当分清主、从犯,依法处罚"。

可见,上述两个文件的精神总体上一致。在《批复》中,对是否区分主从犯,用的是"可不区分"一词,表明如果实践中可以区分,也是合法的。而在后来的《纪要》中,这一观点更加明确,如果具体案件可以分清,且不分清的话会给量刑带来影响的,就应当区分。因此,就私分国有资产罪来说,这种单位犯罪只处罚自然人，为了让判处的刑罚更符合罪责刑相适应原则，促使各行为人受到合理、公正的处罚，区分不同参与者的主从犯关系是适当的。

在本案一审中，对被告人周某强、叶某英的贪污数额和私分的国有资产数额有明确界定，但却没有区分二人在共同犯罪和单位犯罪中的作用，致使量刑出现偏差，高于二人应负的刑事责任。在二审中，上诉人及其辩护人就此进行了辩解，判决书对这一情况也进行了具体的界定和说明。案发时，被告人周某强、叶某英分别以担任佛山市三水区住房基金管理中心这一事业单位的副主任、主任助理之职，其中叶某英还兼任管理中心出纳，管理财务工作。他们伙同时任管理中心主任职务的黎某分两次共同开会决定集体私分公款人民币143.7371万元。虽然这两次私分每次都是3人共同讨论决定的，且最后3人分占款项的数额差距不大，但每次开会均由当时任管理中心主任的黎某提议并起主要决定作用，可以说黎某是案件的发起人、主要决策人，当时作为副主任、主任助理的周某强、叶某英虽然参与了会议，仅起到同意"一把手"意见的次要作用。因此，在私分国有资产143.7371万元的共同犯罪案件中，黎某是主犯，而周某强、叶某英均是从犯。根据我国刑法第27条的规定，对于从犯，应当从轻、减轻处罚或者免除处罚。结合本案其他情节，二审法院对两名上诉人减轻处罚，是适当的。

（撰稿人：焦　阳）

案例49：须某俊等私分国有资产，贪污，隐匿、故意销毁会计凭证、会计账簿、财务会计报告案

——私分国有资产罪中客观行为与主观方面的认定问题

一、基本情况

案　　由：私分国有资产，贪污，隐匿、故意销毁会计凭证、会计账簿、财务会计报告

被告人：须某俊，男，1942年12月12日出生，汉族，出生地江苏省无锡市，文化程度大学本科，系广州化学试剂厂（以下简称试剂厂）厂长，住广州市越秀区大沙头三马路某号某房。因本案于2007年9月6日被刑事拘留，同月21日被逮捕。

被告人：陈某东，男，1959年4月10日出生，汉族，出生地辽宁省大连市，文化程度大学本科，系试剂厂副厂长兼办公室主任，住广州市海珠区杏坛大街某号某房。因本案于2007年8月15日被羁押，次日被刑事拘留，同月28日被逮捕。

被告人：雷某平，曾用名雷某萍，男，1951年6月26日出生，汉族，出生地广东省四会市，文化程度大专，系试剂厂副厂长，住广州市海珠区杏坛大街某号某房。因本案于2007年9月6日被刑事拘留，同月21日被逮捕，同年12月19日被取保候审。

被告人：苏某昭，男，1958年5月4日出生，汉族，出生地广东省佛山市顺德区，文化程度大学本科，系试剂厂财务科科长，住本市顺德区晓阳街某号某房。因本案于2007年9月6日被刑事拘留，2007年9月21日被逮捕。

二、诉辩主张

（一）人民检察院指控事实

广东省广州市越秀区人民检察院指控被告人须某俊、陈某东、雷某平、苏某昭犯私分国有资产，贪污，隐匿、故意销毁会计凭证、会计账簿、财务会计报告罪。

（二）被告人辩解及辩护人辩护意见

被告人须某俊、陈某东、苏某昭均辩称：指控的财产不属国有资产，且金额不对。

须某俊、陈某东、苏某昭的辩护人均提出：（1）其被告人主观上均不具有隐瞒资产不上报的故意；（2）被告人须某俊、陈某东、苏某昭隐瞒部分国有资产不上报的行为不构成私分国有资产罪。

须某俊、雷某平、陈某东的辩护人均提出：其被告人的行为不构成贪污罪。

三、人民法院认定事实和证据

（一）认定犯罪事实

广东省广州市越秀区人民法院经公开审理查明：

私分国有资产事实：

试剂厂于1965年4月成立，是隶属于广州市化工集团有限公司（以下简称化工集团公司）的全民所有制企业，注册资金669万元人民币。1998年，试剂厂作为化工集团公司转制的试点企业，将属于评估转制资产报请化工集团公司确认后，分别以1998年4月30日、1999年11月30日为评估基准日，经过先后委托广东南方资信评估公司和广东华粤会计师事务所分两次对国有资产进行股份合作转制评估，由全民所有制改制为股份合作制企业。1998年12月23日，广州市经济委员会、广州市经济体制改革委员会，同意试剂厂由全民所有制改制为股份合作制企业。1999年1月经工商登记机关核准后，正式成立由301名股东组成的股份合作制广州化学试剂厂。

1998年10月至2000年12月，试剂厂在改制期间，被告人须某俊（时任试剂厂厂长）、陈某东（时任试剂厂副厂长兼办公室主任）、苏某昭（时任试剂厂财务科科长）故意将部分国有资产隐瞒不上报，不纳入转制资产评估。以致将以下属于试剂厂国有资产的南环征地拆迁补偿款人民币7101655.47元、在香港特别行政区的房产（价值人民币1078058.64元）、直属投资企业利俊公司净资产（价值人民币1239936.43元）及账外资金人民币2825590.20元、直属投资企业（香港）西成国际商务有限公司（以下简称西成公司）的净资产（价值港币796365元，折合人民币850438.18元）、试剂厂深圳经营部净资产（价值人民币412497.45元）私分给转制后民营企业广州化学试剂厂（301名）全体股东。综上所述，试剂厂私分国有资产共计人民币13508176.37元。

案发后，侦查机关扣押了试剂厂账外账款人民币5778775元、利俊公司账外款人民币746226元。

贪污事实：

1995年1月至1996年6月，被告人须某俊（时任试剂厂厂长）、雷某平（时任试剂厂副厂长）、陈某东（时任试剂厂工会主席兼办公室主任）伙同同案人林某明（时任试剂厂副厂长，另案处理）利用职务便利，采取虚列工资、奖金的方法私设"小金库"，并共同从"小金库"中贪污试剂厂的公款合计363250元。其中被告人须某俊分得137500元、被告人雷某平分得80000元、被告人陈某东分得62000元、同案人林某明分得80000元。

案发后，被告人须某俊退赃137500元、被告人雷某平退赃80000元、被告人陈某东退赃62000元。

故意销毁会计凭证、会计账簿事实：

被告人须某俊于2005年10月任试剂厂厂长期间，为逃避税务机关的检查，指使同案人雷某平、符某（另案处理），将试剂厂的账外账账簿、有关会计凭证销毁。

（二）认定犯罪证据

上述事实，有下列证据证明：

认定私分国有资产罪的证据：

1. 书证

（1）企业登记注册资料及试剂厂转制前后出具的函及证明等书证证实：试剂厂原为全民所有制，1998年12月28日转制为股份合作制；利俊公司于1995年10月25日成立，是试剂厂直属投资企业，挂名股东为须某俊、陈某东；试剂厂深圳经营部是试剂厂的分支机构，于2000年12月12日经工商登记机关核准由全民所有制转制有限股份合作制。

（2）试剂厂转制领导小组成员名单证实：被告人须某俊、陈某东、苏某昭均为小组成员。

（3）被告人须某俊、陈某东、苏某昭的工作简历、干部履历表、干部任免呈报表等书证证实：案发时，须某俊、陈某东、苏某昭的国家工作人员身份情况。

（4）试剂厂涉案的相关书证材料，其中有试剂厂转制评估报告；南环补偿款800万元的书证材料；深圳经营部资会计表；利俊公司资产会计表、工资表、购买商品房的书证材料、利俊公司虚列奖金的书证材料、注册资金来源情况的书证材料、试剂厂投资西成公司情况的书证材料、香港新界屯门南风工业城3座12楼6A室的买卖合约（翻译件）的书证材料；试剂厂小钱柜流水账、奖金表的书证材料、试剂社工资表的书证材料等试剂厂转制时的文件，证实试剂厂的转制情况。

（5）化工集团出具的试剂厂转制时的证明文件两份，分别证实：试剂社、中南服务公司是集体性质，不属于转制范围的说明；试剂厂转制评估时，集团不掌握利俊公司、深圳经营部、西成公司及南环补偿款、账外账等情况。

（6）试剂厂的承诺函证实：试剂厂保证在广东华粤会计师事务所资产评估报告书提及账外账及投资已完全披露，均属于评估范围内。

（7）广州市经济委员会、广州市经济体制改革委员会穗经［1998］262号《关于广州化学试剂厂改组为股份合作制企业的批复》（以下简称市经委262号批复）证实：1998年12月23日，上述部门同意试剂厂由全民所有制改制为股份合作制企业。

（8）广州市国有资产监督管理委员会《关于对广州化学试剂厂转制有关事项的意见》（穗国资函2008-98号）（以下简称穗国资函2008-98号文），国资委认为经审计确认涉案的南环补偿款、西成公司、利俊公司、深圳经营部、香港物业均为国有资产；关于"应付工资"和"应付福利费"（即账外资金）有侵占国有资产的嫌疑。

（9）汇价证明证实：案发时港元与人民币的汇率情况。

2. 鉴定结论

广东诚安信司法会计鉴定所司法会计鉴定书，鉴定结论主要是：试剂厂转制时将属于国有资产的补偿款人民币7101655.47元、在香港特别行政区的房产（价值人民币1078058.64元）、直属投资企业利俊公司净资产（价值人民币1239936.43元）及账外资金人民币2825590.20元、直属投资企业（香港）西成国际商务有限公司（以下简称西成公司）的净资产（价值港币796365元，折合人民币850438.18元）、试剂厂深圳经营部净资产（价值人民币412497.45元）私分给转制后民营企业广州化学试剂厂（301名）全体股东。

3. 证人证言

（1）证人刘某（时任试剂厂财务科长助理）证言证实：厂长须某俊全面负责处理评估等转制事宜，苏某昭负责财务方面的工作，陈某东负责各部门的协调和接洽广东南方资信评估公司的工作。填制报表时没有将中兴公司、试剂社、深圳门市部纳入评估范畴，市道扩办综合性一次补偿款800万元人民币也没有被纳入资产评估范畴。

(2) 证人林某花（时任试剂厂会计）证言：1998 年，试剂厂启动了转制程序。转制工作小组组长须某俊，小组成员包括须某俊、陈某东、雷某平、苏某昭等人。试剂厂相关领导在转制过程中隐瞒上述 800 万元补偿款，试剂厂在转制之前投资设立的利俊公司（属国有资产）在 1998 年转制的时候也没有纳入资产评估范围。当时是厂领导班子开会讨论决定的。

(3) 证人曾某（时任试剂厂会计）的证言：试剂厂原系全资国有企业。1999 年 1 月份试剂厂转制成为股份合作制企业，注册资本 648 万元，其中集体股 348 万元，约占股本 54%，职工认购股 300 万元，约占股本 46%，按照当时文件精神，集体股的终极所有权属于国家所有。试剂厂有利俊公司、香港西成公司、深圳经营部、试剂社的下属企业均未纳入试剂厂转制评估。

(4) 证人罗某贞（时任试剂厂出纳）的证言：改制时，须某俊负总责，陈某东、苏某昭负责资产评估的具体工作，雷某平负责稳定生产、宣传、动员工作。转制时，没有提及过利俊公司、西成公司、深圳经营部、南环补偿款的问题。

(5) 证人梁某玲、赵某丽、应某亚、李某（均是试剂厂财务人员）的证言分别证实：试剂厂工会账及发放工资的情况；利俊公司情况及虚列工资的情况。

(6) 证人黄某才、卢某言、凌某兰（均是试剂社员工）的证言分别证实：按试剂厂领导要求试剂社虚列工资形成账外账，并提取现款交给陈某东的情况。

(7) 证人冯某庆、陆某华、范某鹏（系试剂厂董事、销售员车间主任）的证言分别证实：转制时，没有提及过利俊公司、西成公司、深圳经营部、南环补偿款的问题。雷某平在案发前组织部分工人向有关部门举报了须某俊等人的犯罪行为，以及证实利俊公司按须某俊要求虚列工资形成账外账的情况。

(8) 证人关某民（时任化工集团公司职员）的证言证实：化学试剂厂的转制范围是试剂厂所拥有的全部资产，包括分支机构和下属企业。化学社是集体企业，所以没有纳入转制范围。其不清楚化学试剂厂属下还有利俊公司、西成公司、深圳经营部。

(9) 证人谷某（时任广州道扩办动迁员）的证言：其当时负责与试剂厂征收其在工业大道的建筑物动迁，补偿款为 800 万元人民币。当时签订协议后不久，陈某东要求补偿款不用这么快支付过来。直到 1999 年下半年，陈某东才告诉我可以支付补偿款了。

(10) 证人须某（时任化学试剂厂副厂长）的证言证实：其为须某俊的儿子，认为西成公司是试剂厂合作企业。

(11) 证人黄某航、董某设的证言证实：证实深圳经营部是试剂厂的下属部门，属于国有资产，黄某航也是转制后的股东。

（12）证人廖风（时任广东南方资信评估公司评估师）的证言证实：应该对涉案资产进行评估，但由于试剂厂没有申报涉案的资产，所以没有对涉案资产进行评估。

4. 被告人供述和辩解

（1）被告人须某俊的供述证实：1998年年底试剂厂转制期间，其作为试剂厂厂长，在转制资产评估时，与试剂厂其他领导班子成员一起没有将属于国有资产的南环高速路补偿款人民币7101655.47元；广州市利俊精细化工有限公司净资产（价值人民币1239936.43元）；试剂厂深圳经营部净资产（价值人民币412497.45元）；（香港）西成国际商务有限公司的净资产（价值港币796365元）；试剂厂在香港以其个人名义购买的房产（价值人民币1078058.64元）；试剂厂账外资金人民币2825590.20元纳入资产评估。但其不认为他们暂不纳入评估的行为导致国有资产被私分。

（2）被告人陈某东、苏某昭的供述均证实：1998年年底试剂厂转制期间，其分别作为试剂厂副厂长、财务科长，在转制资产评估时，与试剂厂其他领导班子成员一起没有将属于国有资产的南环高速路补偿款、广州市利俊精细化工有限公司净资产、试剂厂深圳经营部净资产、（香港）西成国际商务有限公司的净资产、试剂厂在香港以须某俊个人名义购买的房产、利俊公司账外资金纳入资产评估。

认定贪污罪的证据：

1. 书证

广州化学试剂厂的试剂社虚列奖金情况的书证材料。

2. 鉴定结论

广东诚安信司法会计鉴定所司法会计鉴定书证实：经鉴定确认在鉴定书2.3项中"账外账"流水账页反映1995年1月至1996年6月期间收部门奖等2876165.96元，支奖金等共计1173441.00元，其中只支付给厂级领导奖金（包括须某俊、雷某平、林某明和陈某东）363250元。

3. 证人证言

（1）证人罗某贞（时任试剂厂劳资员）证言，证实1994年，当时厂长须某俊、厂办公室主任陈某东、财务科长苏某昭要求从试剂厂虚列一些员工的工资奖金补贴方面提一些现金，后虚列工资提款的金额共计人民币7747886元。其中，在转制前从1994年8月至1997年12月，共虚列了人民币3999440元。

（2）证人黄某才、凌某兰、卢某言（均是原试剂社职工）的证言分别证实：经对1995年5月至1996年6月试剂厂工资表（14份52页）后证实以上表是其根据试剂厂的要求而吩咐出纳员凌某兰虚列工资，当时须某俊或陈某东吩咐其虚列试剂社工资的情况。

（3）同案人林某明（原试剂厂副厂长）证言：证实了试剂厂虚列工资形成"小金库"为领导班子和中层发放奖金的情况。

4. 被告人供述和辩解

（1）被告人须某俊供述，证实"小金库"的资金部分用于领导班子、试剂厂中层等奖金发放。发放程序是先由领导班子开会决定发放的对象、比例、金额，陈某东便在会后按会议的精神直接支付现金，并承认了7笔只发放给厂级领导的奖金的情况。

（2）被告人雷某平、陈某东供述，均证实动用"小金库"的款项发放厂级领导及中层领导奖金，是经当时领导班子会议（须某俊、雷某平、林某明和陈某东）讨论决定的，并供述了7笔给厂级领导发放奖金的情况。

认定故意销毁会计凭证、会计账簿的证据：

1. 同案人符某（试剂厂副厂长）的供述证实：须某俊安排其将账外账的账册全部烧毁的事实。后来，其到雷某平处，发现账外账里面的总额是400多万元，然后将其逐张烧掉。

2. 同案人雷某平的供述证实：2005年10月24日，在须某俊授意下，符某将账外账的账册和凭证都烧毁的事实。

3. 被告人须某俊的供述证实：承认2005年10月因税务机关要到试剂厂检查，当时其担心厂的账外账的情况被税务机关查获，于是吩咐符某、雷某平将账外账的账册、凭证烧掉。

综合书证：

1. 中共广州市纪律检查委员会移送函4份，证实4被告人到市纪委自首。市纪委分别将被告人须某俊、雷某平、苏某昭于2007年9月6日和9月15日将被告人陈某东移送广州市荔湾区人民检察院立案侦查。

2. 广州市公安局海珠区分局《关于犯罪嫌疑人须某俊涉嫌经济犯罪的复函》该局将须某俊涉嫌隐匿、故意销毁会计凭证、会计账簿、财务会计报告行为交由荔湾区人民检察院一并处理。

3. 扣押清单，扣押的化学试剂厂账外账款5778775元、利俊公司账外账款746226元、须某俊退赃137500元、雷某平退赃80000元、陈某东退赃62000元。

四、判案理由

（一）一审法院判案理由

关于被告人须某俊、陈某东、苏某昭隐瞒部分国有资产不上报纳入评估的行为是否构成私分国有资产罪的相关问题，分析评判如下：

1. 关于指控的财产金额及是否属国有资产的认定问题

（1）试剂厂南环征地拆迁补偿款人民币7101655.47元。经查该800万元补偿款收入按权责发生制原则发生在1998年10月，即同意广州化学试剂厂由全民所有制改制为股份合作制企业的市经委262号批复文件发布之前，应属国有资产，未纳入评估范围，扣除后续与此项目有关的补偿支出898344.53元，即转制时有7101655.47元属于国有资产，但未纳入转制资产。且经过1998年和1999年两次转制均未纳入资产评估范围。根据穗国资函2008－98号文中也明确该拆迁厂房的补偿的净收益为国有资产收益，根据市政府对广州市化工集团有限公司的资产授权，折迁厂房的补偿的收益应上交广州市化工集团有限公司。即该款属于国有资产。

（2）试剂厂在香港特别行政区的房产（价值人民币1078058.64元）和其直属投资企业（香港）西成公司的净资产（价值港币796365元）。经查，西成公司的启动资金是由试剂厂提供的。截至1997年，试剂厂1995年7月至1996年5月期间支付西成发展公司往来款等2925232.00元，已全部收回，其中收回货币资金1847173.36元，以房屋抵账1078058.64元，未见收回相关利息。根据试剂厂1996年11月转108JHJ会计凭证及所附固定资产记录表和抵账协议，用于抵账的房屋购买价及费用合计971224港元，按1.11汇率折算成人民币1078058.64元，该房产位于香港南丰工业城，购买者须某俊，但未见广东南方资信评估公司出具的粤南资评字〔1998〕0113号《关于广州化学试剂厂股份合作制改组资产评估报告》反映此资产，也未见账册上反映处置此项资产的记录。另外，据试剂厂给须某俊的《关于香港新界屯门天后路18号南丰工业城3座12字楼6A室的授权书》，试剂厂赋予须某俊作为受托人而持有的该厂在香港的该房产的授权是要求须某俊将该房产抵押给南洋商业银行（以下简称贷款方），作为贷款方提供给西成国际商务有限公司银行服务的担保。根据规定，国有资产"谁投资，谁拥有产权"的原则，西成公司的净资产应属国有资产，但未见纳入改组资产评估范围；用于抵试剂厂借款的房产（香港新界屯门天后路18号南丰工业城3座12字楼6A室）也未见纳入评估范围。

（3）试剂厂直属投资企业利俊公司净资产（价值人民币1239936.43元）

及账外资金人民币2825590.20元。经查，利俊公司的注册资金来源于试剂厂，须某俊、陈某东只是试剂厂的股东代表，并非真正的出资人，本着实质重于形式和国有资产"谁投资，谁拥有产权"的原则，利俊公司应属国有资金注册形成的企业，其净资产应属国有资产，根据利俊公司资产、负债情况1998年12月31日止净资产金额1239936.43元属国有资产。另外，根据利俊公司的会计凭证、会计账册和工资发放表，经汇总计算，1996年6月至1998年12月期间虚列工资2825590.20元，应属国有资产。

（4）试剂厂深圳经营部净资产（价值人民币412497.45元）。经查，试剂厂深圳经营部成立于1995年12月，经济性质全民，其注册资金50万元，非独立法人单位，从"实收资本"账页来看，来源于西成发展公司122038.16元，由试剂厂投入79793.30元，由试剂厂转入固定资产和铺位租金等298168.54元，资金均来源于国有企业，其净资产应属国有资产（1998年12月31日净资产为412497.45元），但未见纳入广东南方资信评估公司出具的粤南资评字[1998]0113号《关于广州化学试剂厂股份合作制改组资产评估报告》的评估范围。

（5）试剂厂的账外资金1207160.61元。经查该款主要来源于1995年至1999年间试剂厂虚列的工资奖金及试剂社的工资款，包含有属于国有和职工集体所有性质的财产，鉴于目前的证据未能区分两种所有性质财产的具体数额。根据公平原则，作出有利于被告人的认定，即目前认定该数额属于国有资产的证据不足，不予以认定，对辩护人该节辩护意见予以支持。

综上所述，广东诚安信司法会计鉴定所受侦查机关的委托，对试剂厂转制有关资产进行审计，作出的粤诚司会鉴字[2007]016号司法会计鉴定书程序合法、内容真实，符合法律的规定，法院予以采信。结合司法会计鉴定书和相关的证人证言财务报表资料表等证据，以及根据穗国资函2008-98号文中明确上述5项资产属于国有资产。因此，确认试剂厂转制时为了不纳入评估资产，隐瞒部分国有资产不上报财产共计金额是13508176.37元。

2. 关于被告人须某俊、陈某东、苏某昭隐瞒部分资产不上报主观上是否故意及其客观方面是否属于私分国有资产罪所要制裁的范围等问题的认定

（1）三被告人主观上是否故意隐瞒。被告人须某俊、陈某东、苏某昭均是试剂厂转制领导小组的成员，须某俊任厂长全面负责处理评估等转制的工作，陈某东任副厂长兼办公室主任负责各部门的协调和接洽评估公司，苏某昭任财务科长负责财产上报具体工作，3人均负有领导责任，职务方面决定了他们应该知道试剂厂资产状况和必须履行将转制的试剂厂的资产完全披露给评估机构的注意义务。但证据显示财务人员上报评估的资料及填制报表先后经苏某

昭审核、陈某东、须某俊审批后才提供给评估机构,而恰恰这些资料中有隐瞒资产不上报的情况,三被告人完全违背了要将试剂厂的资产完全披露给评估机构的承诺。另据谷某证言证实拆迁单位道路扩建办公室(以下简称道扩办)应在 1998 年 10 月支付 300 万元的补偿款给试剂厂,全部交出场地后,再支付 500 万元,但陈某东要求道扩办在试剂厂转制后再支付 800 万元。试剂厂分别在 1999 年 11 月 10 日已收到了全部补偿款,而试剂厂在 2000 年 1 月以 1999 年 11 月 30 日为评估基准日作第二次转制评估,但三被告人再次隐瞒不上报。以上均能证明三被告人故意隐瞒国有资产不上报评估的行为。故对辩护人认为被告人主观上不具有故意隐瞒的辩护意见不予采纳。

(2) 被告人须某俊、陈某东、苏某昭隐瞒部分国有资产不上报的行为是否构成私分国有资产罪。经查,本案私分国有资产行为有两种形式:一种是以虚构工资形式从正账提取资金后设立账外账即"小金库",将"小金库"内资金及直属投资企业利俊公司的"小金库"内资金以发放奖金和福利的形式私分给全体员工。该行为符合违反国家法律、法规和有关规定,以单位名义将部分国有资产集体私分给个人的本罪构成要件,控辩双方对此无争议。另一种是隐瞒部分国有资产不上报的行为法律应如何界定,这也是本案争议最大的焦点。原判认为:试剂厂是以全体员工共同参股,全资购买试剂厂国有资产的形式进行转制,员工购买国有资产的对价取决于国有资产管理部门审核后确认的试剂厂净资产数额。由于隐瞒了试剂厂的南环补偿款、西成公司、利俊公司、深圳经营部、香港物业的等国有资产,并不纳入转制资产内,致使确认的试剂厂国有资产数额小于实际资产,全体员工购买其个人配股时所支付对价也相应减少,即各员工在转制出资购股时因有隐瞒国有资产的行为使其无须支付对价而实际获取了尚未评估的国有资产。使被隐瞒试剂厂国有资产所有权因转制发生转移,使国家完全失去了对该部分国有资产的控制。而转制后的试剂厂在性质上属于私有,故该部分资产所有权最终属于转制后的试剂厂所有股东私人拥有。因此,隐瞒资产不纳入评估实质是试剂厂全体员工按比例分配了国有资产。这是私分国有资产的行为,也符合私分国有资产罪的构成要件。故对辩护人认为不能作为私分国有资产的事实认定的辩护意见不予以采纳。

对于各辩护人均认为其被告人不构成贪污的意见。原判认为,现有证人证言及司法会计鉴定结论均证实被告人须某俊、雷某平、陈某东伙同同案人采取虚列工资、奖金的方法私设"小金库",并从中提出相关款项进行私分。公款 363250 元只分给了三被告人与同案人林某明,是在小范围内私分,这就是少数的几个人共同侵吞公款行为。被告人须某俊、雷某平、陈某东与同案人林某明都是原国有单位的主要领导,都明知被侵吞的国有企业私设"小金库"的款项是属于公共财产,但都是利用职务便利侵吞公款,是共同贪污。其行为符合贪污罪的构成要件。故对辩护人的该节辩护不予采纳。

广东省广州市越秀区人民法院一审认为:原广州化学试剂厂是全民所有制的国有企业,违反国家法律、法规和有关规定,以单位名义将国有资产13508176.37元集体私分给个人,数额巨大,被告人须某俊作为直接负责的主管人员、被告人陈某东、苏某昭作为其他直接责任人员,其行为侵犯了公共财产的所有权和国家的廉政建设制度,均构成私分国有资产罪;被告人须某俊、雷某平、陈某东身为国家工作人员,利用职务上的便利,侵吞公共财物,其行为侵犯了公共财产的所有权和国家的廉政建设制度,均构成贪污罪;被告人须某俊指使他人故意销毁依法应当保存的会计凭证、会计账簿,情节严重,其行为侵犯了国家会计管理制度,构成故意销毁会计凭证、会计账簿罪。雷某平是本案的揭发人,并协助案件的侦破、在被调查过程中能积极配合,对侦破此案件起了关键作用,虽不构成立功,但对其可以酌情予以从轻处罚。须某俊、陈某东犯数罪,依法应数罪并罚。须某俊、雷某平、陈某东、苏某昭犯罪后能自动投案,如实供述自己的罪行并退出赃款,是自首,依法可以从轻或者减轻处罚。结合各被告人的犯罪情节和悔罪表现,决定对雷某平、苏某昭适用缓刑。

(二)二审法院判案理由

一审宣判后,被告人须某俊提起上诉。须某俊及其辩护人辩称:

1. 关于私分国有资产罪

(1)原判在没有权威部门合法鉴定结论的情况下,认定指控的财产属国有资产缺乏依据。具体而论,试剂厂的补偿款根据1998年10月5日的《补偿协议》产生,而改组资产评估基准日为1998年4月3日,故不存在故意隐瞒的可能,且该款属于债权,不具有国有资产的性质;试剂厂的账外资金在广州化工集团批复的工效挂钩工资总额范围内,属集体所有,不属国有资产;试剂厂在香港的房产是西成公司的经营场所,而西成公司涉及国家某部门,该房产又抵押给了银行,故不可能被私分;利俊公司和西成公司是由试剂厂工会出资或由工会借款所成立,故利俊公司属工会的集体企业,西成公司与试剂厂及其工会并无投资关系,故两个企业的净资产和账外资金均不属国有资产;深圳经营部属西成公司与试剂厂的合资企业,不能认定为国有资产。原判认定的6项资产均应由国有资产管理部门牵头会同企业改制相关部门进行审核界定后,才能认定为国有资产。

(2)主观上,被告人没有故意隐瞒部分国有资产不纳入评估的动机。

(3)客观上,本案也不存在私分的具体行为,该6项财产均独立存在至今。

2. 关于贪污罪

原判认定其和同案人所贪污的账外账资金来源于广州化工集体有限公司批复的工效挂钩工资总额范围内，是企业可以自主支配运用的资金，须某俊等人分配上述款项经厂领导集体研究决定，分配面包括其他广大中层干部，充其量只是违反财经纪律的滥发奖金福利行为，不构成犯罪。

3. 关于故意销毁会计凭证、会计账簿罪

本案中所销毁的是账外账，不是法定应保存的会计凭证、账簿及报告，客观上也不影响试剂厂的会计档案管理，造成的后果极其轻微，且认定须某俊指使他人销毁的证据不足。综上所述，须某俊的行为不构成犯罪，请求二审作出无罪判决。

对于上诉人须某俊提出的上诉辩解及辩护人的相关辩护意见，二审法院综合评判如下：

1. 关于私分国有资产罪的认定

所争议的焦点问题有三：其一是试剂厂在未纳入转制资产评估的6项资产是否属国有资产；其二是上诉人须某俊等人是否故意隐瞒不上报；其三是须某俊等人转移正账资金及未上报部分资产的行为是否符合私分国有资产罪"私分"的客观方面特征。经查：（1）原判对涉案试剂厂南环征地拆迁补偿款、试剂厂在香港特别行政区的房产、西成公司净资产、深圳经营部净资产、利俊公司净资产及其账外资金等6项资产是否属国有资产，已作充分分析论证，根据补偿款的发生根据及关联企业投资资金的来源、相关证人证言及国资部门的意见，原判认定该六项资产属国有资产并无不当，须某俊以系列资产未经国有资产管理部门会同与企业改制相关的部门共同进行审核认定等为由否定相关资产的性质，据理不足，不予采纳。（2）试剂厂在转制时未纳入资产评估的南环征地拆迁补偿款，其发生根据为1998年10月5日的相关《补偿协议》，虽在广东南方资信评估公司作出资产评估的基准日即1998年4月30日之后，但协议签订之时评估报告尚未作出，试剂厂并未向资产评估小组作出如实汇报该项重大资产变动情况，且2000年间以1999年11月30日为基准日对试剂厂净资产进行再次评估时亦予以隐瞒，可见须某俊等人对该项国有资产明显有故意隐瞒的故意；香港特别行政区房产的实际所有权属试剂厂，该房产是否为西成公司使用或设定了抵押、西成公司是否涉及国家某部门等事实，均不影响须某俊等人在试剂厂改制时应将该笔资产纳入评估的义务；此外，须某俊等人对试剂厂投资设立的西成公司、深圳经营部及利俊公司的净资产及账外资金，根据其职务及职责，均有如实向上级汇报及向资产评估机构披露的义务，但同样被隐瞒不报。（3）上述6项资产由于未被纳入转制资产且上级并不知情，以致试剂厂在转制时国有资产净值低于其实际价值，低估部分转为转制后新试剂厂即职工持股企业所掌控的资产，在性质上已转为试剂厂的全体员工所有，国家对其失去控制，即使尚未在试剂厂员工中进行具体分配，亦已构成集体"私分"。综上所述，须某俊等人的行为构成私分国有资产罪，相关辩解、辩护意见与查明事实不符，不予采纳。

2. 关于贪污罪的认定

争议问题涉及须某俊等人领取的款项是否属企业可自主支配运用的绩效奖金、发放款项的方式及范围等关键事实。经查，须某俊和同案人雷某平、陈某东、林某明4人所分取的363250元，以虚列员工工资、奖励及补贴的名义从试剂厂公款中提取，未经合法审批，不属按照企业内部工资奖金分配办法应付给职工的工资奖金范畴，仅由上述涉案人员商议决定并套取后，在上述4人中秘密发放，可见所发放的款项与企业经营者可按规定获取的绩效奖金无关，该行为与"以单位名义将国有资产集体私分"行为有本质上的不同，在性质上属少数人的合伙贪污行为而非集体私分国有资产行为，因此，须某俊等人的行为构成贪污罪，相关辩解、辩护意见与事实不符，不予采纳。

3. 关于故意销毁会计凭证、会计账簿罪的认定

争议的关键问题是须某俊授意同案人销毁的账册、凭证是否符合本罪客观方面行为所指的对象，相关行为是否已达法定"情节严重"的程度。经查，须某俊授意同案人所销毁的试剂厂账外账及相关凭证，记载内容为该厂以虚列方式从正账提取资金，私设"小金库"的运作情况，为全面查明试剂厂经营情况所必须，故属依法应当保存的会计凭证及会计账簿，须某俊等人故意销毁账外账凭证、账簿，试图掩盖严重侵吞国有资产的罪行，侵犯了国家会计管理制度，情节严重，依法构成故意销毁会计凭证、会计账簿罪。相关辩解、辩护意见据理不足，不予采纳。

综上所述，原审判决认定的事实清楚，证据确实、充分，定性和适用法律正确，量刑适当，审判程序合法。须某俊所提上诉辩解及辩护人的相关辩护意见与查明事实不符，否认控罪据理不足，不予采纳。

广东省广州市中级人民法院二审认定了与一审相同的事实和证据。

广东省广州市中级人民法院二审认为，原广州化学试剂厂系全民所有制国有企业，违反国家法律法规和相关规定，以单位名义将国有资产13508176.37元集体私分给个人，数额巨大，上诉人须某俊作为单位直接负责的主管人员、原审被告人陈某东、苏某昭作为其他直接责任人员，其行为均构成私分国有资产罪；须某俊、雷某平、陈某东身为国家工作人员，利用职务上的便利，以虚列开支、套取公款秘密私分的方式侵吞公共财物，其行为均构成贪污罪；须某

俊指使他人故意销毁依法应当保存的会计凭证、会计账簿，情节严重，其行为还构成故意销毁会计凭证、会计账簿罪。须某俊、陈某东均一人犯有数罪，依法应当数罪并罚。须某俊、雷某平、陈某东、苏某昭犯罪后能自动投案，如实供述自己的罪行并退出赃款，是自首，依法可以从轻或者减轻处罚。雷某平是本案的揭发人，其在到案前的检举对案件的侦破有积极意义，到案后亦能积极配合调查，虽由于检举发生于到案前以及其为同案犯而不认定为立功，但依法可对其酌情从轻处罚。结合各上诉人及原审被告人的犯罪情节和悔罪表现，可对雷某平、苏某昭减轻处罚并适用缓刑。

五、定案结论

（一）一审法院定案结论

广东省广州市越秀区人民法院一审依照《中华人民共和国刑法》第 396 条、第 382 条、第 383 条第 1 款第 1、2 项、第 162 条之一、第 69 条、第 67 条第 1 款、第 64 条、第 59 条第 1 款、第 53 条及最高人民法院《关于处理自首和立功具体应用法律若干问题的解释》第 1 条、第 6 条的规定，判决如下：

1. 被告人须某俊犯私分国有资产罪，判处有期徒刑 5 年，并处罚金 10 万元；犯贪污罪，判处有期徒刑 2 年，并处没收财产 4 万元；犯故意销毁会计凭证、会计账簿罪，判处有期徒刑 6 个月，并处罚金人民币 2 万元。决定执行有期徒刑 6 年，并处罚金人民币 12 万元，没收财产人民币 4 万元。

2. 被告人陈某东犯私分国有资产罪，判处有期徒刑 1 年，并处罚金 2 万元；犯贪污罪，判处有期徒刑 1 年，并处没收财产 2 万元。决定执行有期徒刑 1 年 8 个月，并处罚金人民币 2 万元，没收财产人民币 2 万元。

3. 被告人雷某平犯贪污罪，判处有期徒刑 2 年，缓刑 3 年，并处没收财产人民币 3 万元。

4. 被告人苏某昭犯私分国有资产罪，判处有期徒刑 1 年 8 个月，缓刑 2 年，并处罚金人民币 2 万元。

5. 扣押在案的财物，其中广州化学试剂厂赃款 5778775 元、广州市利俊精细化工有限公司赃款 746226 元、被告人须某俊退赃 137500 元、被告人雷某平退赃 80000 元、被告人陈某东退赃 62000 元以没收上缴国库。继续追缴国有资产 6983175.37 元［包括广州化学试剂厂资产 1322880.47 元、广州化学试剂厂位于香港特别行政区新界屯门天后路 18 号南丰工业城 3 座 12 字楼 6A 室的房产、广州市利俊精细化工有限公司资产 3319300.63 元、广州化学试剂厂深圳经营部资产 412497.45 元、（香港）西成国际商务有限公司资产价值港币

796365元（折合人民币850438.18元）]予以没收上缴国库。

（二）二审法院定案结论

广东省广州市中级人民法院依照《中华人民共和国刑事诉讼法》第189条第1项之规定，裁定如下：驳回上诉，维持原判。

六、法理解说

本案发生在企业改制过程中，时间跨度从20世纪后期到2007年，而且涉及多项罪名，案件事实繁杂。被告人须某俊等身为国家工作人员，同意私分国有资产，并侵吞公共财物，造成大量国有资产流失，危害严重。本案中，从一审到二审，控辩双方的争论焦点主要围绕在私分国有资产罪中的"私分"的具体表现形式、如何认定几名被告人是否具有私分国有资产罪的主观心态等问题，下文就此进行专门分析。

（一）"私分"的认定

私分国有资产罪的客观表现形式要求"以单位名义将国有资产集体私分给个人"，私分是否只能将资产如数发放存在争议。

本案中的被告人须某俊、陈某东、苏某昭实施了隐瞒部分国有资产不上报的行为。在1998年，试剂厂作为全民所有制企业化工集团公司转制的试点企业，将属于评估转制资产报请化工集团公司确认后，分别以1998年4月30日、1999年11月30日为评估基准日，先后委托广东南方资信评估公司和广东华粤会计师事务所分两次对国有资产进行股份合作转制评估，改制为股份合作制企业。资产评估的目的是为了明确国有资产的价值和范围，以保护国有资产在企业转制后也不发生流失。可见，在这一过程中，试剂厂的性质由国有企业变为了股东私人拥有的企业。然而，被告人须某俊等却将试剂厂南环征地拆迁补偿款6项资产予以隐瞒，不将其纳入资产评估范围。该行为的性质即让该部分巨额的国有资产不为人所知，以便企业改制后将其控制在股份合作制企业手中，即该行为已使国家失去了对该部分国有资产的控制。

试剂厂的改制方式是以全体员工共同参股，全资购买试剂厂国有资产的形式进行的，而员工购买国有资产的对价取决于国有资产管理部门审核后确认的试剂厂净资产数额。在几名被告人的决策下，试剂厂的南环征地拆迁补偿款、西成公司、利俊公司、深圳经营部、香港物业等国有资产被隐瞒，致使管理部门确认的试剂厂国有资产数额小于实际资产，因而全体员工购买其个人配股时所支付对价也少于本应支付的数额，即一些尚未被纳入评估范围的被隐瞒的国有资产是全体股东无偿取得的，国家已完全丧失了对这部分国有资产的所有权。转制后，试剂厂在性质上属于私有，故该部分资产所有权最终相当于转制后的企业 301 名股东私人所有。从国家所有到私人所有，从国家失去控制到股东私人控制，隐瞒资产不纳入评估的行为实质就是试剂厂全体员工按比例分配了这些国有资产。尽管这些资产并没有都转化为资金分到每个员工的手上，但是由于企业的股份合作制性质，该行为完全符合"将国有资产集体私分给个人"的特征，根据"控制说"，该行为已属于私分国有资产罪的既遂。综上所述，私分国有资产罪中的"私分"并不一定要求将国有资产实物或现金发到职工手上，而是达到实际控制状态即可，一、二审法院的定性都是正确的。

（二）私分国有资产罪主观故意的判断

私分国有资产罪的主观方面是故意，即私分国有资产罪中，国家机关、国有公司、企业、事业单位、人民团体的主管人员或者直接责任人员，明知以单位名义私分国有资产将会危害国家对国有资产的所有权，仍然主张私分或者出于某种目的，放任私分国有资产的行为发生。

我国刑法坚持主客观相统一原则，由于主观反映客观、客观行为表现主观心态，因此，对行为人主观方面的判断要结合具体的客观事实、状态进行。有学者将故意分为现实故意与推定故意两种类型，现实故意是指有证据证明的故意，而推定故意是指没有证据能够直接证明，但根据一定的证据可以推定行为人具有某种故意，行为人如果否认自己具有某种故意，必须提出反证。① 司法推定是一项司法技术，如果能够确定推定依据的基础事实，通过一定的方法能够确定行为人的主观心态。

具体而言，对主观心态的证明既要依赖客观的环境、物品、行为表现，又离不开以社会一般人或具有相同常识的一般人的认识为参照。作为一项重要方法的司法中的推定有如下几个要素：一是推定是在一定基础上进行的，即具备一定的事态、情况、迹象、状态；二是推定者迫切需要得出一些结论，坚持或否定某些主张，采取某种行动或摆脱某种状态；三是凭借经验常识，人们知道或者相信一与二之间存在某种关联；四是人们知道不会再有比一更多、更确实的，可以作为证据的东西了；五是如果有相反的事实，可以反驳所推出的结论，但反驳的力度不能小于推定本身。② 推定的关键是建立基础事实和推定结论之间的关联性，并用相关材料证明。主客观相统一原则具有相互限定范围作用，即以客观的行为事实表象推定主观心态的存在。如入室盗窃获得大量财物的行为人，盗窃行为的整个过程就已经可以表明行为人以非法占有为目的的故

---

① 陈兴良：《教义刑法学》，中国人民大学出版社 2010 年版，第 447 页。
② 邓子滨：《刑事法中的推定》，中国人民公安大学出版社 2003 年版，第 17 页。

意心态，无须单独证明。同时由于我国刑法排除严格责任，在司法推定中，被告人可以对已有的推定进行反驳。

社会一般人的认识是判断时重要的参考依据。虽然主观心态属于行为人自身，千差万别，不同人的认识、反映内容与自己的生理、心理、性格等多种因素相关，但社会一般人即平均人的标准对于一个理智正常的人的认识领域有范围上的界限作用。作为一种实践技术，如果社会一般人有认识，行为人各方面的反映表明其认识能力超出一般人水平，则行为人也应确定为有认识；此种情况下，如果行为人的认识能力难以判定，可能低于一般人水平，则需要行为人一方提供证据证明。①

具体来说，对私分国有资产罪的主观心态的判断，主要应从行为人对涉案资产性质、数额的认知、对私分的态度、在私分过程中的表现、行为目的等方面综合进行，结合行为人的地位、职责要求，通过客观行为的限定，确定主观的范围；在必要时，可以根据行为人的反驳予以修正。

在本案中，被告人须某俊、陈某东、苏某昭均是试剂厂转制领导小组的成员，须某俊任厂长全面负责处理评估等转制的工作，陈某东任副厂长兼办公室主任负责各部门的协调和接洽评估公司，苏某昭任财务科长负责财产上报具体工作，3人均负有领导责任，职务方面决定了他们应该知道试剂厂资产状况和必须履行将转制的试剂厂的资产完全披露给评估机构的注意义务。但证据显示提供给评估机构的资料及填制报表是由财务人员上报并先后经苏某昭审核、陈某东、须某俊审批的，而恰恰这些资料中有隐瞒资产不上报的情况，这充分说明三被告人未履行诚实披露信息的承诺，违背了自己的职责，他们对隐瞒资产的情况是完全清楚的。既然转制前的试剂厂的资产属于国有资产，那么3名被告人作为主管人员，对隐瞒资产会造成国有资产流失，危害国家对该部分资产的所有权的事实是完全知情的，但他们还纵容这种情况出现，并积极促使将这些资产转变所有权性质。可见，行为人对私分国有资产主观上是故意的。

另外，谷某证言证实拆迁单位道路扩建办公室应在1998年10月支付300万元的补偿款给试剂厂，全部交出场地后，再支付500万元，但陈某东要求道扩办在试剂厂转制后再支付800万元。试剂厂分别在1999年11月10日已收到了全部补偿款，而试剂厂在2000年1月以1999年11月30日为评估基准日作第二次转制评估，但三被告人再次隐瞒不上报。可见，三被告人一直知道试剂厂转制会造成所有权性质变更，如果转制后再收取补偿款，该笔资金就属于

---

① 以上参见焦阳：《为主客观相统一原则辩护——以定罪中的运用为视角》，北京师范大学2011年硕士学位论文，第29~30页。

私有，不再属于国有。三被告人的"如意算盘"可谓精打细算，他们对隐瞒国有资产不上报评估的行为的主观故意是明确的。因此，辩护人认为被告人主观上不具有故意隐瞒的辩护意见是没有依据的。

南环征地拆迁补偿款在试剂厂转制时也未纳入资产评估范围，其发生根据为1998年10月5日的相关《补偿协议》，虽然广东南方资信评估公司作出资产评估的基准日是1998年4月30日，即该拆迁款是在作资产评估之后才发生的，但协议签订之时评估报告尚未作出，试剂厂有向资产评估小组作出如实汇报该项重大资产变动情况报告的义务，且后来以1999年11月30日为基准日对试剂厂净资产进行再次评估时他们亦予以隐瞒，可见被告人须某俊等人对该项国有资产明显属于故意隐瞒。他们知道该项资产的价值，也知道资产评估正在进行，但他们还是"隐瞒不评"，可见其"明知故犯"的基本心态。经认定，涉案的香港特别行政区房产等都属于国有资产，在转制中隐瞒不报即是想转变该资产的所有权性质，至于该房产是否为西成公司使用或设定了抵押、西成公司是否涉及国家某部门等事实，均不影响须某俊等人行为的性质，更无法否认几名被告人的故意心态；此外，被告人须某俊等人对试剂厂投资设立的西成公司、深圳经营部及利俊公司的净资产及账外资金，根据其职务及职责，均有如实向上级汇报及向资产评估机构披露的义务，但同样被隐瞒不报。以上事实充分说明，被告人须某俊等将属于试剂厂国有资产的南环征地拆迁补偿款人民币7101655.47元、在香港特别行政区的房产、直属投资企业利俊公司净资产及账外资金人民币2825590.20元、直属投资企业西成公司的净资产、试剂厂深圳经营部净资产隐瞒私分，数额巨大，几名被告人对此事实有充分的认知，并主张、放任国有资产流失的后果，主观上是故意心态。

综上所述，法院一、二审判决对本案中"私分"的事实和被告人的故意心态的认定均正确。

（撰稿人：焦　阳）

案例50：张某康等私分国有资产案
——私分国有资产罪主观心态的认定与量刑

一、基本情况

案　由： 私分国有资产

被告人： 张某康，男，1953年1月15日出生于上海市，汉族，大专文化程度，原系上海市医疗保险事务管理中心主任。因涉嫌犯私分国有资产罪，于2003年7月17日被依法取保候审。

被告人： 夏某，女，1959年10月23日出生于上海市，汉族，大专文化程度，原系上海市医疗保险事务管理中心办公室主任。因涉嫌犯单位受贿罪，于2003年7月17日被刑事拘留，同年7月29日因涉嫌犯私分国有资产罪被逮捕。

二、诉辩主张

（一）人民检察院指控事实

上海市静安区人民检察院指控：

2001年12月至2002年12月间，两被告人经事先共谋，张某康决定，夏某具体操办，9次将总计32万余元人民币（以下均同）邮寄费从上海市医疗保险事务管理中心（以下简称医保管理中心）划出，转账至上海市邮政局静安电信服务处、上海宝山泗塘邮电支局，用于购买邮政电子消费卡或套取现金购买超市代币券，以快递费、速递费、邮费、邮寄费等名义开具的相应发票入账。随后，其中价值24.3万余元的邮政电子消费卡和超市代币券以单位名义分发给医保管理中心员工，其中张某康及夏某各分得面值1.4万余元及1万余元。另外，夏某用邮政电子消费卡为张某康支付移动电话通信费5000余元。

2002年2月，由张某康决定，夏某具体操办，以会务费名义从本市申康宾馆套现1.5万元，以"2001年度特别奖励"的名义发放给医保管理中心部分人员，其中张某康分得1000元，夏某分得5000元。

2003年7月,被告人张某康、夏某向上海市卫生局纪委如实交代了上述犯罪事实。

上海市静安区人民检察院认为被告人张某康、夏某的行为构成私分国有资产罪;两被告人均有自首情节,向上海市静安区人民法院提起公诉。

(二)被告人辩解及辩护人辩护意见

被告人张某康及其辩护人、被告人夏某对本案事实和定性均无异议。

被告人夏某的辩护人提出:(1)张某康的移动电话主要用于工作,故夏为其支付移动电话通信费的行为不属于私分国有资产;(2)张某康、夏某两人发放"2001年度特别奖励"的行为系违反财经纪律的行为,也不应定性为私分国有资产;(3)夏某参与私分的出发点是为了提高员工福利,且私分金额仅20余万元,犯罪情节显著轻微,不应追究其刑事责任。

三、人民法院认定事实和证据

(一)认定犯罪事实

上海市静安区人民法院经公开审理查明:

2001年12月至2003年4月,由医保管理中心领导班子讨论,张某康决定,夏某具体操办,将国家财政专项拨款的邮电通信费和资料速递费结余部分以快递费、速递费、邮费、邮寄费等名义从上海市邮政局静安电信服务处、上海宝山泗塘邮电支局套购邮政电子消费卡价值人民币21.3万元,套取9.756万元现金用于购买超市代币券,并以上述相应发票入账。随后,其中价值24.38万元的邮政电子消费卡和超市代币券以单位给员工福利的名义,定期分发给医保管理中心全体员工,其中张某康及夏某各分得面值1.41万元、1.05万元的消费卡和代币券。另外,张某康在已经享受单位每月给予180元通信费的前提下,让夏某用邮政电子消费卡为其支付移动电话通信费5800余元。

2002年2月,由张某康决定,夏某具体操办,将国家财政专项拨款的业务招待费以会务费名义从本市申康宾馆套现1.5万元,以"2001年度特别奖励"的名义发放给医保管理中心部分人员,其中张某康分得1000元,夏某分得5000元。

2003年7月,被告人张某康、夏某向上海市卫生局纪委如实交代了上述犯罪事实,并退缴全部赃款。

(二)认定犯罪证据

上述事实,有下列证据证明:

书证、物证:

(1)医保管理中心的事业单位法人证书、经费申请报告、经费预算核定表和批复等证据证明，医保管理中心系国有事业单位，经费来源于国家全额拨款，且专款专用。

（2）张某康、夏某的任职通知、职务证明、干部履历表等证明两被告人的身份。

（3）会计师事务所的审计报告及其附件，证人刘某勤、陈某、龚某琴、曹某驹、周某骏等人的证言，证明案件中上述钱款流动、私分等情况。

（4）检察机关提供的材料证明，两被告人向上海市卫生局供述犯罪事实及退赃情况。

四、判案理由

上海市静安区人民法院认为：医保管理中心作为国有事业单位，违反国家财政经费必须专项使用的规定，以虚假名义套取专项经费后以单位名义予以变相分发，分发数额达20余万元，被告人张某康、夏某作为该中心的主管人员和直接责任人员，应承担私分国有资产罪的刑事责任。张某康在已经领取单位通信费且没有向上级领导申请并获得批准的情况下，决定由夏某具体操作，用已套购的邮政电子消费卡报销移动电话通信费，该行为亦属私分国有资产。张某康、夏某以"2001年度特别奖励"的名义把从专项经费中套取的现金分发给部分员工，不论出于何种目的，同样属于私分国有资产的性质，而不仅仅是违反财经纪律，故被告人夏某的辩护人的辩护意见不予采纳。鉴于张某康、夏某均有自首情节，且退赔了全部赃款，犯罪情节较轻，均可依法从轻处罚。

五、定案结论

上海市静安区人民法院依照《中华人民共和国刑法》第396条第1款、第67条第1款、第64条的规定，作出如下判决：

1. 被告人张某康犯私分国有资产罪，判处罚金人民币2万元。
2. 被告人夏某犯私分国有资产罪，判处罚金人民币1.5万元。
3. 被告人张某康退缴的人民币20913.32元，被告人夏某退缴的人民币1.55万元，均发还上海市医疗保险事务管理中心。

六、法理解说

随着经济改革的深入，一些国有单位、事业单位也可能拥有一些可自主支配的财产，这些财产的管理、使用可以调动职工工作积极性，改善职工待遇，具有一定的好处。但是也有一些国有单位假借发放奖金、福利、加班费等名义，侵占国有资产，造成国有资产大量流失的后果。在 1997 年刑法实施前，对该种行为的规制主要依靠 1979 年刑法中贪污罪的规定。但是该种行为的本质和表现方式毕竟与贪污不同，二者所造成的社会危害也有较大差别，为了使罪责刑相适应，有些私分国有资产的行为在实践中只能以违反财政纪律的行为论处，即给予单位内部处分或行政处罚，这便在一定程度上放纵了犯罪。

1997 年刑法将私分国有资产罪明确规定，不仅犯罪构成更为具体明确，而且配置了较合理的法定刑。该罪名的通过施行便于实践操作，有利于对国有资产的保护。但是对于实践中一些"为了职工利益"私分国有资产的行为以及普通的滥发奖金、福利的行为该如何认定处理，仍需要专门分析。

（一）主观目的、动机好坏不影响私分国有资产罪的认定

根据刑法第 396 条的规定可知，私分国有资产罪的主观方面是故意，而且是直接故意。即明知国有资产不能私分，仍故意违反国家规定，以单位名义将国有资产集体私分给个人，体现的是单位意志。也就是说，本罪只能由直接故意构成，认识因素是认识到私分的是国有资产，该种行为是违反国家规定的，而且是以单位名义私分给个人的，意志因素是希望这种私分国有资产的行为能够完成。

本罪不是目的犯，特定的目的不是本罪的构成要件要素。这就意味着，行为人不一定具有非法谋取私利的目的。因而在行为人主观心态支配下，其个人分到的款项多少也不影响本罪的认定。同时，动机好坏不影响本罪的认定。即使出于为单位全体职工或单位、部门谋福利的动机或者出于解决单位自身财政困难的动机等都不影响本罪的认定。更何况，在实践中，私分国有资产罪的行为人就是为了体现单位整体意志，为了谋取单位的整体利益。这些都说明，私分国有资产的动机以及私分后的用途，无论于公于私，都不影响本罪的认定。

在本案中，由上海市医保管理中心领导班子讨论，被告人张某康决定，夏某具体操办，将国家财政专项拨款的邮电通信费和资料速递费结余部分以各种名义套购邮政电子消费卡价值人民币 21.3 万元，套取的现金一部分用于购买超市代币券，大部分邮政电子消费卡和超市代币券以单位给员工福利的名义，定期分发给医保管理中心全体员工。后来，他们还把套取的其他国有资产以"2001 年度特别奖励"的名义发放给了医保管理中心部分人员。被告人作为国家工作人员，对上述款项的性质和适用都是明知的，单位的财政规章纪律对此也都有明确规定。但是他们仍以领导班子讨论等形式让"私分"行为相对公开化，公然违反国家规定，表明了被告人希望私分国有资产的态度，这些行为

都为足以证明被告人的故意心态。

在本案的审理过程中,夏某的辩护人提出,张某康的移动电话主要用于工作,故夏为其支付移动电话通信费的行为不属于私分国有资产;夏某参与私分的出发点是为了提高员工福利等辩护意见。正如上述,私分国有资产的目的和动机不影响本罪的认定。即使行为人私分国有资产的确是为了工作,但私分行为也破坏了国有资产的所有权,"国有资产"以各种名义变成了私人财产和单位小集体的财产,国家已经蒙受了损失,行为已经达到既遂。同样,为了提高员工福利更不是私分国有资产的理由,该种动机不能阻却犯罪的成立。综上所述,本案的两名被告人的主观心态体现出了一定的主观恶性,完全符合私分国有资产罪的主观方面的要求。

(二)对本案两名被告人单处罚金刑是合适的

本案中的两名被告人私分的并非本单位能够自主决定、使用的款项,整体分发程序也没有经过上级的批准,且款项的性质属于国有资产,所以是违反法律规定的私分行为,应当追究其刑事责任。

从案件的具体决策程序和过程看,两名被告人私分的第一笔电子消费卡及超市代币券,系由医保管理中心领导班子讨论,张某康决定,夏某具体操办,分发给医保管理中心全体员工;私分的第二笔"2001年度特别奖励"数额总体较小,由张某康决定,夏某具体操办,奖励给医保管理中心部分员工。总体来看,两名被告人私分国有资产的金额为20余万元,数额较大。

根据刑法第396条的规定,私分国有资产数额较大的,对其直接负责的主管人员和其他直接责任人员,处3年以下有期徒刑或者拘役,并处或者单处罚金。本案的被告人张某康时任上海市医疗保险事务管理中心主任,被告人夏某时任上海市医疗保险事务管理中心办公室主任,均属于本案直接负责的主管人员和其他直接责任人员。根据上述规定,对他们应处3年以下有期徒刑或者拘役,并处或者单处罚金。但结合全案情节,二人私分的款项不算特别巨大,且张某康个人实际分得的数额为2万余元,夏某个人实际分得1万余元,在经济发展迅速的当下属犯罪情节较轻,且两人均有自首情节,并退出了全部赃款,这些足以表明被告人认罪悔罪的态度,对其单处罚金的判决符合罪刑法定的要求,也有利于罪责刑相适应原则的实现。

(撰稿人:焦 阳)

案例51：普某荣提款、截留资金用于单位职工建房案

——私分国有资产罪的罪与非罪的认定

一、基本情况

案　由：私分国有资产

被告人：普某荣，男，1953年3月24日出生，彝族，生于云南省新平县，中专文化，系云南省新平县漠沙灌区管理所所长。

二、诉辩主张

（一）人民检察院指控事实

云南省新平彝族傣族自治县人民检察院指控：

1997年至1999年，被告人普某荣违反国家规定，指使、参与他人以单位的名义，擅自虚增工程量，提取工程款46.1312万元；采用收入不记账的方法，截留新平县电力公司支付的水费、水资源费20万元，共计66.1312万元。分批汇入新平县水利局工程管理账户，用于本单位职工在新平县城马家箐住宅小区的集资建房。被告人普某荣，无视国法，违反国家法律规定，以单位名义擅自私分国有资产，数额较大，其行为已构成私分国有资产罪。

（二）被告人辩解及辩护人辩护意见

被告人普某荣对起诉书所指控的事实未提出异议，但辩称其未私分国有资产。

被告人普某荣的辩护人辩称：新平县漠沙灌区管理所职工参加集资建房是经过有关部门批准的，并办理了相关的合法手续，他们已交清了自己私人应出资款项，是一种合法的行为，不存在私分国有资产的事实，至于新平县漠沙灌区管理所在筹集建房资金的过程中，采用违规手法，挪用专项基金，是一种违纪行为，与私分国有资产无任何必然联系，公诉人的指控无任何事实根据和法

律依据，不足以认定。

三、人民法院认定事实和证据

（一）认定犯罪事实

云南省新平彝族傣族自治县人民法院经公开审理查明：

1997年至1999年，被告人普某荣违反国家规定，指使、参与他人以单位的名义，擅自虚增工程量，提取工程款46.1312万元；采用收入不记账的方法，截留新平县电力公司支付的水费、水资源费20万元，共计66.1312万元。分批汇入新平县水利局工程管理账户，用于本单位职工在新平县城马家箐住宅小区的集资建房。

（二）认定犯罪证据

上述事实，有下列证据证明：

1. 书证

（1）现金出纳账证实，新平县漠沙灌区管理所将虚增工程量提取的46.1312万元工程款及新平电力公司支付的水费、水资源费20万元存入本单位"小金库"账户的事实。

（2）新平县机构编制委员会文件、新平县人民政府办公室文件，新平县委组织部证明，证实漠沙灌区管理所的成立及被告人普某荣任漠沙灌区管理所所长。

（3）集资建房的相关文件、职工集资建房合同书、城镇住房制度改革职工集资建房购买剩余产权协议书及个人集资建房花名册证实，县水利局集资建房的情况及参与集资建房的职工已办理了相关的手续。

2. 证人证言

（1）证人刀某能的证言证实，出纳赵某从管理所的银行存款中汇了20万元到县水利局搞职工集资房的事实。

（2）证人赵某有的证言证实，其参与被告人普某荣商量虚增工程量提取一部分资金作为集资建房的工程款，以此手段虚增工程量提取的工程款46万余元，将收取的20万元水费汇入县水利局工程管理账户作为单位盖房子的费用。

（3）证人鲁某财的证言及收据证实，其为漠沙灌区管理所工程施工方，在工程验收时被告人普某荣虚增工程款的事实。

（4）证人李某贵的证言证实，收取的水费由灌区管理所全部上交到县水利局。

（5）证人李某升的证言证实，县水利局进行集资建房的事实。

（6）证人王某的证言证实，新平县漠沙灌区管理所汇入新平县水利局工程管理账户的款已全部用于建房。

3. 被告人的供述和辩解

被告人普某荣的陈述，证实其指使他人以单位名义擅自决定虚增工程量提取国有资金46.1312万元及将新平电力公司支付的水费、水资源费20万元，采用收入不记账的方法，用于本单位职工集资建房。

四、判案理由

云南省新平彝族傣族自治县人民法院认为：被告人普某荣指使、参与他人以单位的名义，采用虚增工程量的手段，套取工程款46.1312万元，采用收入不记账的方法，截留水费、水资源费20万元，共计66.1312万元，用于本单位职工集资建房中的国家出资部分。被告人普某荣的这一行为，法律没有明文规定为犯罪行为，故被告人普某荣的行为不构成犯罪。起诉书指控被告人普某荣虚增工程量套取工程款和截留水费、水资源费共计66.1312万元的事实清楚，证据确实充分，但这一指控事实不符合私分国有资产罪的犯罪特征，所指控的罪名不成立，不予支持。被告人普某荣及其辩护人提出不构成私分国有资产罪的辩解和辩护意见成立，予以采纳。

五、定案结论

云南省新平彝族傣族自治县人民法院依照《中华人民共和国刑事诉讼法》第162条第2项的规定，作出如下判决：普某荣无罪。

六、法理解说

我国刑法第396条第1款规定了私分国有资产罪。由于本罪刑法规定的比较抽象，在实践中与违反单位的财务制度的行为有交叉，因此对此类案件的处理存在一些障碍。近年来，随着经济的快速发展，国有资产的流失问题愈加严重，对此类犯罪的处理逐渐受到重视，实务中查处了一批此类案件，犯罪行为得到应有的惩罚。但是，需要明确的是，惩罚犯罪应当建立在准确认定犯罪行为的基础上，只有这样，才能有效的适用法律，惩罚预防犯罪。

（一）私分国有资产罪的基本构成特征

认定本罪的构成，主要包括以下几个方面：

首先，私分国有资产罪侵犯的客体是国有资产的所有权和国家的廉政制度，系复杂客体。经营国有资产的工作人员利用手中的职权，行使了本应由国家享有的对国有资产的所有权权能。并且工作人员肩负管理国有资产的重任，本应合理利用职权，克己奉公，使国有资产实现最大限度的效用。因此，私分国有资产的行为不仅侵害了国家对国有资产的所有权，也侵害了国家的廉政建设制度，致使国有资产严重流失，必须严厉打击。

私分国有资产罪的犯罪对象是国有资产。我国刑法典中并未对"国有资产"下明确的定义。1999年最高人民检察院制定的《关于人民检察院直接受理立案侦查案件标准的规定（试行）》附则第6款规定，国有资产"是指国家依法取得和认定的，或者国家以各种形式对企业投资和投资收益、国家向行政事业单位拨款等形成的资产"。本规定主要强调了国有资产的来源，即国有资产需具有合法来源，包括但不限于国家用各种方式在个国民领域的投资所形成的经营性、非经营性资产或者财产性利益。

其次，私分国有资产罪的客观方面为违反国家规定，将国有资产以单位名义私分给个人，数额较大的行为。如何认定私分国有资产罪的客观方面，是界定罪与非罪的核心。这里需要明确几个问题。一是"国家规定"的范围。所谓违反国家规定，是指违反全国人民代表大会及其常务委员会和国务院有关国有资产使用、管理和保护、处理等的法律、行政法规。除地方性法规、自治条例、单行条例和地方政府的规章以外，其他文件不能纳入"国家规定"的范围。二是"以单位名义私分给个人"的行为界定。以单位名义，是指经单位领导、负责人或者单位决策机构等能够代表单位意志的个人或者机构，利用职务便利，违背职责要求，集体研究决定由单位统一组织私分国有资产。当然，也不排除在主要领导的决策下集体私分国有资产。私分给个人，则是指将国有资产给本单位的职工，"私分"的行为具有一定的公开性，不是在单位内部小范围地秘密发放，而是分得资产的人员具备一定的广泛性，应当包括单位的全体成员或者大多数成员。如果获利的仅仅是单位的少数负责人或者个人员工，则并不属于"私分给个人"，而可能构成贪污罪。

再次，本罪属于单位犯罪，犯罪主体是国家机关、国有公司、企业、事业单位和人民团体。值得注意的是，本罪与一般的单位犯罪有所不同。其一，一般的单位犯罪中，起重要作用的主管人员和负有直接责任的人员的行为代表了单位的意志，以单位名义实施，利益的最终获得者也是单位。私分国有资产罪的犯罪行为虽然是以单位名义实施，但是私分资产所获得利益却属于单位成员个人。其二，一般的单位犯罪采取双罚制，本罪的处罚是单罚制，仅处罚位直接负责的主管人员和其他直接责任人员。

最后，本罪的主观方面是故意，行为人明知私分国有资产的行为可能发生国有资产流失的结果,仍然希望或者放任这种结果的发生,过失不能构成本罪。具体言之,主观方面可以表现为明知私分的是国有资产,行为会造成国有资产流失,仍然积极私分;或者表现为行为人对行为可能造成国有资产流失的后果采取听之任之的态度,放任结果的发生。故而单位的直接负责的主管人员和直接责任人员的主观故意可以是直接故意或者间接故意。分得资产的普通员工,即非决策人员是否需要具备过错,在所不问。只要求本罪的主体知道自己的行为违法,其他多数分得者并不要求明知所获得利益的违法性。

(二) 本案具体构成要素的认定

本案争议的焦点集中在如何认定被告人普某荣以单位名义对66.1312万元的使用是否属于"私分国有资产"的行为。在本案的审理中,控辩双方对被告的犯罪行为事实并无争议,争论的焦点在被告的行为是属于应当由刑法评价的行为,还是属于违纪行为不应由刑法评价。法院认可了检察院指控的犯罪行为,但是认为被告人普某荣的行为并不符合私分国有资产罪的犯罪构成要件,最后作出了无罪判决。法院的判决符合法律规定,定性准确。下面从私分国有资产罪的具体构成要件要素处罚,对本案涉及的问题予以分析。

第一,本案中套取工程款和截留水费、水资源费属于"国有资产"的范围。被告人普某荣采用虚增工程量的手段,套取的工程款46.1312万元的行为属于虚报支出,骗取了本应属于国家的财产。这部分财产虽然属于被告采取违法手段获得违法所得,但是因为工程款本应属于国家所有的财产,财产性质本就是国有,当然要认定为国有资产。被告人采用收入不计账的方法,截留水费、水资源费20万元的行为,系将本应划归财政管理的正常行政收费予以隐瞒。水费、水资源费性质上属于正规行政收费,应当在本单位财务会计部门列收列支,因此这部分资金也属于国有资产的范围。

值得注意的是,本案中单位钱款的来源涉及实践中存在的国有单位私设"小金库"的情况。所谓"小金库",是指违反国家财经法规及其他有关规定,不列入本单位法定财务账册,不受财务监控,私存私放的各项资金。这些资金游离在法律和财政监管之外,绝大多数管理不规范,使得国有资产的管理混乱,极易成为滋生腐败和其他职务犯罪的温床。依据中共中央纪委、监察部、财政部以及审计署4部门2009年4月联合发布的《关于在党政机关和事业单位开展"小金库"专项治理工作的实施办法》中,规定了"小金库"的主要表现形式:(1)违规收费、罚款及摊派设立"小金库";(2)用资产处置、出租收入设立"小金库";(3)以会议费、劳务费、培训费和咨询费等名义套取资金设立"小金库";(4)经营收入未纳入规定账簿核算设立"小金库";(5)虚列支出转出资金设立"小金库";(6)以假发票等非法票据骗取资金设立"小金库";(7) 上下级单位之间相互转移资金设立"小金库"。从规定上看,"小金库"中的财产来源较为复杂,如果存在私分"小金库"财务的行为时,不可一概按照私分国有资产罪处罚,而应当区分具体情况。如果"小金库"中财产的来源是截留国有资产设立的,或者是将单位的其他收入予以转移私分的,一般可以认定为私分国有资产罪。如果财物属于违法收入,并且取得方式与国有资产并无直接联系,则不宜认定为私分国有资产罪的犯罪对象,而可能触犯其他罪名。

第二,被告人将单位钱款用于本单位职工集资建房中的国家出资部分的行为,不属于国有资产"集体私分给个人"的行为。如前所述,集体私分指在集体意志的决策下,将财物分给单位的全体成员或者比较广泛的人员,私分后获利的人员是具体的个人,而不是作为整体的单位。私分国有资产罪中集体私分给个人,一般来说带有单位一定范围人员利益共享的特征,在私分时采取同一标准进行分配,私分的形式也多种多样,例如按照职工的职级或贡献给予奖励,按照单位人员的加班费的形式分配,以发奖金、津贴的方式分配等。这些方式都有一个共同的特点,就是将国有资产分配给个人。而在本案中,66.1312万元并未直接分配给职工个人,而是将这部分钱款作为国家出资用于职工建房使用,实质上,这部分钱款仍由国家支配。按照国务院《关于解决城市低收入家庭住房困难的若干意见》的规定,单位集资合作建房按照经济适用房的有关规定进行,而经济适用房个人拥有有限产权。集资建房后,职工并不直接拥有房屋的产权,而是需要履行一定的手续,向单位缴纳一定的钱款后才能完全拥有房屋产权。换言之,单位因为集体出资对房地产拥有部分产权。结合本案案情,被告人普某荣将66.1312万元作为集体建房中的单位出资,并不属于私分给个人的情况,仍属于国有资产的所有权权能的实现。

综上所述,被告人普某荣将国有资产用于本单位职工集资建房中的国家出资部分,违反有关财务规定和纪律,但是并不符合私分国有资产罪的犯罪构成,因此不应当承担刑事责任,法院的判决定性准确。

(撰稿人:焦 阳)

案例52：陈某生受贿、私分国有资产案
——私分国有资产罪中的罪与非罪的认定

一、基本情况

案　由：受贿、私分国有资产

被告人：陈某生，男，1962年11月1日出生于山东省汶上县，汉族，大学文化，1994年5月至2008年5月任汶上县交通局稽查大队大队长，住汶上县生产资料公司家属楼。因涉嫌犯受贿罪于2008年6月25日被刑事拘留，同年7月9日被逮捕。

二、诉辩主张

（一）人民检察院指控事实

山东省汶上县人民检察院指控：

1. 2006年至2008年，被告人陈某生利用担任汶上县交通局稽查大队大队长的职务之便，非法收受个体运输户陈某元、刘某义等人所送现金共计5.2万元，并在对上述人员的违章车辆处理时予以照顾。

2. 2006年春天，被告人陈某生伙同王某峰（汶上县交通局稽查大队副大队长，另案处理）、邵某华（稽查大队办公室主任，另案处理）利用职务之便，以稽查大队工作人员外出旅游的名义向个体运输户崔某华、张某海等人索取现金3.2万元，由邵某华进行保管。陈某生用其中的1.29万元为自己购买诺基亚手机两部，其余款项经三人商议后花掉。

3. 2005年至2007年，被告人陈某生担任汶上县交通局交通稽查大队大队长期间，汶上县交通局稽查大队经集体研究，将汶上县交通局下拨到稽查大队的办公经费96.2005万元，以办案补助费的名义私自分配给稽查大队工作人员。

公诉人认为，被告人陈某生的行为应当以受贿罪、私分国有资产罪追究其

刑事责任。

（二）被告人辩解及辩护人辩护意见

被告人陈某生对上述部分事实予以供述，但辩称：送钱人与其有亲戚关系，是为了照顾其生活才给的钱，其没有占有3.2万元；将返还提成发给个人是延续了原来领导的做法，经过了局领导的认可，其行为不构成私分国有资产罪；其主动交代问题，应属于自首。

被告人陈某生的辩护人的辩护意见是：（1）对公诉人指控被告人陈某生涉嫌受贿的部分事实没有异议，且认为该部分行为构成受贿罪，但认为公诉人将赵某福、王某红、林某军、崔某华等人在被告人的父亲去世、女儿上学时送的礼金也认定为被告人的受贿行为不能成立。（2）2006年春天，被告人陈某生与王某峰、邵某华以稽查大队外出旅游的名义向崔某华、张某海等人索取现金的行为，不能认定为被告人陈某生的个人受贿行为，也不能认定为被告人陈某生与王某峰、邵某华等人的共同犯罪，从性质上来讲应当按单位犯罪处理。但由于尚不够单位犯罪的立案标准（最高人民检察院立案标准是单位受贿数额在10万元以上），不应据此追究被告人陈某生的刑事责任。（3）被告人陈某生任稽查大队大队长之后，稽查大队将交通局拨付到本单位的办公费，以办案补助费的名义发到稽查大队工作人员手中的行为，一直延续了原来的做法，没有违反汶上县交通局的规定，且均经过了交通局的审计监督，不符合私分国有资产罪的构成要件，公诉人指控被告人陈某生犯私分国有资产罪不能成立。（4）被告人陈某生涉嫌受贿，系初次犯罪，归案后如实供述了自己涉嫌受贿的事实，具有自首情节，对受贿部分自愿认罪，积极退赃，有积极的悔改表现，依法应予从轻处罚。

三、人民法院认定犯罪事实和证据

（一）认定犯罪事实

山东省汶上县人民法院经公开审理查明：

2006年至2008年，被告人陈某生利用担任汶上县交通局交通稽查大队大队长的职务之便，非法收受个体运输户陈某元所送现金1.15万元、孙某宽现金1.4万元、刘某义现金4000元、崔某华2000元、林某军2000元、王某红4000元、苏某华3000元、赵某福7000元，共计4.75万元，并在上述人员（刘某义除外）的车辆违章或者请托其处理他人车辆违章时予以照顾。

2006年春天，被告人陈某生与王某峰（汶上县交通局稽查大队副大队长，另案处理）、邵某华（稽查大队办公室主任，另案处理）利用职务之便，以稽查大队工作人员外出旅游的名义向个体运输户崔某华、孙某宽等人索取现金3.2万元，由邵某华进行保管。后陈某生用其中的1.29万元为自己购买诺基亚手机两部。

2005年至2007年，汶上县交通局拨给稽查大队办公经费108万余元。该大队留大队办公费12.5579万元，另以办案补助费的名义分给大队工作人员陈某生、王某峰、邵某华、展某梅、沈某莲（以上5人2005年至2007年）、曹某龙（仅2005年）共计20.269万元（陈某生个人分得3.7932万元）。其余款项由各中队统一领取。各中队领取后，将一部分用于中队办公费，余款平均分给中队工作人员。

（二）认定犯罪证据

上述事实，有下列证据证实：

1. 书证、物证

（1）汶上县交通局汶交字［2003］1号文件《关于下达2003年度交通规费征收计划和办公经费奖惩使用办法的通知》规定：稽查大队不下达计划，办公费按收入的10%拨付，按月兑现。局里拨付的各项办公经费，各个单位要按照要求统一管理使用，建立账目，全部用于办公费、车辆、生活补助等支出，局里每年审计一次。

（2）汶上县交通局汶交字［2005］6号文件《汶上县交通局资金使用和管理办法》规定：各单位领取的办公费、油料费、修车费、提成款等资金，由会计到计财股办理。各单位要做到收入要进账，支出有手续，账务发生后，签字审批后方可报账处理。

（3）王某峰制作的"交通局稽查队返还款情况表"证实交通局返还稽查大队的款项的分配情况。其中陈某生、王某峰、邵某华、展某梅、沈某莲在2005年至2007年、与曹某龙（仅2005年）共领取了20.269万元（陈某生个人分得3.7932万元）。其余款项扣除大队办公费12.5579万元之后由各中队统一领取。

（4）有汶上县编制委员会文件（县交通稽查大队核定自收自支事业编制30名）、汶上县编制委员会文件（汶上县交通局交通稽查大队升格为副科级单位）、王某峰记录"提成"分配的记录本复印件、交通局计财股工作人员制作的交通局稽查大队办案补助费表、汶上县交通局公务费支出表、汶上县会计核算中心报账凭证、记账凭证附卷佐证。

（5）干部任免审批表、汶政发［2002］52号《关于徐某金等任免职的通知》、农行卡存取明细清单（陈某元于2007年4月26日办理，共计存入1.15万元）、借记卡查询材料、交通稽查日报表、证据登记保存清单附卷均证实，陈某生非法收受陈某元1.15万元的事实。

（6）交通行政处罚决定书、车辆放行通知单、山东省代收罚没款收据附卷佐证证实于某祥车被扣时的罚款放行情况。

2. 证人证言

（1）证人陈某元、徐某花（陈某生之妻）证实其用卡车拉沙，如果超载就要被罚款，后来找到陈某生帮忙，送给陈某生一张银行卡，内存有1.15万元。

（2）证人邵某玲证实陈某元告诉她说给稽查大队的队长陈某生送过一张银行卡。

（3）证人孙某宽证实，其从2006年7月开始，先后分几次给陈某生1.4万元，以希望陈某生在车被查时帮忙。

（4）证人王某红证实2007年中秋节之前其与孙某宽一块去原交通局家属院陈某生的家里，每人给了陈某生1000元现金。

（5）证人刘某义、证人崔某华、证人林某军、证人王某红、证人苏某华、证人赵某福的证言、被告人陈某生的供述分别证实陈某生非法收受刘某义现金4000元、崔某华2000元、林某军2000元、王某红4000元、苏某华3000元、赵某福7000元。

（6）证人陈某敏证实，陈某生女儿上学时陈某生请客，林某军让其垫了1000元钱。

（7）证人于某祥证言证实2007年4月其买了一辆自卸王（鲁HB5788）从宁阳、兖州向梁山拉沙。2007年9月车因超载被汶上县交通稽查大队查扣，其找王某红，王某红向其要了3000元去了稽查队。

（8）证人邵某华、崔某华、孙某宽、张某海、张某兵、赵某福的证言均证实，为稽查大队旅游，陈某生收受多笔赞助费的事实。

（9）证人田某华证实陈某生通过其共买了两部手机。

（10）证人王某峰、证人邵某华、证人沈某吾、李某、房某的证言均证实，交通局按稽查大队上交的各项规费、罚没款收入的10%返还，按办公经费拨付。按照局里的规定，局里拨付的各项办公经费，要统一管理使用，建立账目，全部用于办公费、车辆、生活补助等支出。领回后，其中7成发给各个中队，由各中队签字领取，余下的3成归大队支配，去除大队5个人应得的部分，余下的是大队的办公经费。其5个人应得的部分都是本人签字领取的，也没有提供发票，是按补助费领取的。具体的分配办法、分配比例是大队研究决定的。

（11）证人李某还证实，从大队领回返还款后，其中一部分用于加班吃饭。证人房某证实局里对拨付的这部分办公经费也没要求有账,其中一部分用于中队看病号、人情来往。

(12) 证人孙某英(汶上县交通局财务股会计)证实按照局里的规定,稽查大队的办公费按其上交的各项规费、罚没款收入的10%拨付,在局财务股账上是以付稽查大队办公费、水电邮电费、车辆燃油维修费的形式拨付的。一般都是由王某峰、邵某华签名领的,也不提供发票等支出凭证,多年来一直是这样办的。

(13) 证人李某贵(交通局副局长)证实局里有文件规定,但局里不管稽查大队内部的账目。稽查大队的经费使用情况其不清楚,大队也没给其具体汇报过,大队和各中队的经费使用分配比例都是由大队自己定的。

3. 被告人供述和辩解

(1) 被告人陈某生予以供述,证实上述将局里下拨的办案经费以办案补助费的名义分配的事实,以及收受陈某元的银行卡、收受孙某宽钱财的事实。

(2) 被告人陈某生供述,2005年春夏之交,其与王某峰、邵某华商量以外出旅游的名义向个体运输户收了二三万元赞助费,都由邵某华保管,后来用其中1.29万元钱买了两部手机。

四、判案理由

山东省汶上县人民法院认为:被告人陈某生非法收受陈某元现金1.15万元、孙某宽现金1.4万元、崔某华2000元、林某军2000元、王某红4000元、苏某华3000元、赵某福7000元,共计4.35万元,并在各送钱人的车辆的运营过程中给予照顾,或者在各送钱人因亲戚、朋友的车辆被查而出面协调时给予照顾。属于利用职务之便,非法收受他人财物,为他人谋取利益,其行为已构成受贿罪。

关于收受刘某义现金的事实,刘某义提供的3份证言中,前两份证言没有证实陈某生给其提供方便,第三份证言虽证实陈某生给过其一些照顾,但在签字时注明"记录与其说的不一样",公诉人就该事实指控被告人陈某生构成受贿罪证据不足。

关于2006年陈某生的父亲去世时刘某义上礼金2000元、林某军上礼金500元,2007年陈某生的女儿上大学时赵某福上礼金500元,2008年4月陈某生的女儿上学时林某军上礼金1000元,陈某生的侄子结婚赵某福上礼金500元的事实,属于人际交往,不应当以犯罪论处。故公诉人就上述事实指控被告人陈某生的行为构成受贿罪不能成立。辩护人关于公诉人将赵某福、王某红、林某军、崔某华等人在被告人的父亲去世、女儿上学时所送礼金也认定为被告人的受贿行为不能成立的辩护理由成立,可予采纳。

关于公诉人指控被告人陈某生等人以稽查大队工作人员外出旅游的名义向个体运输户崔某华、张某海等人索取现金3.2万元的事实,鉴于上述款项是以单位名义索取的,具有单位受贿的性质,但由于未达到单位受贿的定罪起点数额10万元,故被告人的行为不构成犯罪。辩护人关于上述行为从性质上来讲应当按单位犯罪处理,但由于尚不够单位犯罪的立案标准,不应据此追究被告人陈某生的刑事责任的辩护理由成立,可予采纳。

关于指控被告人陈某生参与研究决定将汶上县交通局下拨到稽查大队的办公经费96.2005万元,以办案补助费的名义私自分配给稽查大队工作人员的事实。汶上县交通局汶交字〔2003〕1号文件《关于下达2003年度交通规费征收计划和办公经费奖惩使用办法的通知》规定:局里拨付的各项办公经费,各单位要全部用于办公费、车辆、生活补助等支出,局里每年审计一次。结合交通局计财股工作人员制作的交通局稽查大队办案补助费表、汶上县会计核算中心报账凭证、证人孙某英、李某贵的证言来看,发放生活补助不是由稽查大队决定的。汶上县交通局汶交字〔2005〕6号文件《汶上县交通局资金使用和管理办法》规定:各单位领取的办公费、油料费、修车费、提成款等资金,由会计到计财股办理。结合王某峰记录"提成"分配的记录本复印件可以看出上述返还款具有"提成"的性质,这也不是由稽查大队确定的。从汶上县交通局公务费支出表来看,所拨款项包含办公费、水电邮电费、车辆燃油维修费,每月拨付总数额与10%返还款相当。说明10%返还款并非全部以办公经费的名义拨付。从被告人陈某生的供述、证人王某峰、邵某华、孙某英的证言可以看出,稽查大队分配返还款,多年来都是这样办的(包括陈某生任大队长前),局里也没有提出异议。这就说明这种做法不是陈某生任大队长后稽查大队决定的。其只是对具体的分配比例进行了调整。另外,证人沈某吾、李某、房某的证言证实局里对返还款的使用没有具体规定,领回返还款后,一部分作为办公经费,剩余部分就作为补助按人平均发了。沈某吾还证实大队从局里领回返还款按比例分配给各中队,也没具体说这个钱怎么用。故10%返还款并非全部以办公经费的名义拨付,具有提成的性质,用作办案补助费不是陈某生任大队长后稽查大队研究决定的,分到中队的款项如何使用也不是稽查大队决定的。分到中队的款项中有一部分用于中队办公费。至于有多少分配给了个人,没有证据证明。公诉人就上述事实指控被告人陈某生犯私分国有资产罪不能成立。辩护人关于被告人陈某生延续了原来的做法,没有违反汶上县交通局的规定,且经过了交通局的审计监督,不符合私分国有资产罪的构成要件,指控被告人陈某生犯私分国有资产罪不能成立的辩护理由成立,可予采纳。

综上所述,被告人陈某生利用职务之便,非法收受陈某元、孙某宽等人4.35万元的行为构成受贿罪。汶上县人民检察院指控其犯受贿罪罪名成立,指控其于其父亲去世、女儿上学、侄子结婚时收取礼金及以旅游为名索取赞助费的行为构成受贿罪不能成立,指控其犯私分国有资产罪亦不能成立。从现有证据看,被告人做出有罪供述的时间是在侦查机关立案前,也早于立案前的其他证据。公诉人未提供证据证明在陈某生供述前侦查机关掌握的事实证据情况,可以认定为被告人陈某生主动供述了纪检部门和司法机关尚未掌握的罪行,具有自首情节,且对受贿部分自愿认罪,于立案前退还赃款,可以予以从轻处罚。辩护人关于被告人陈某生系初次犯罪,具有自首情节,对受贿部分自愿认罪,积极退赃,应予从轻处罚的辩护理由成立,可予采纳。

五、定案结论

山东省汶上县人民法院依照《中华人民共和国刑法》第385条第1款、第386条、第383条、第67条的规定,作出如下判决:被告人陈某生犯受贿罪,判处有期徒刑2年6个月。

六、法理解说

本案中的被告人陈某生曾担任县交通局稽查大队大队长,身为国家机关工作人员,却利用职务便利,非法收受行政相对人的"好处",所收数额较大,为其违规违法办事,严重侵害了职务行为的不可收买性,构成受贿罪并没有异议。另外,本案中稽查大队以单位名义向几名个体户索取外出旅游赞助费的行为,由于未达到单位犯罪的定罪数额,因此不能认定。对上述行为的定性,法院的处理是正确的。在本案中,有争议的行为是检察机关指控被告人陈某生参与研究决定将汶上县交通局下拨到稽查大队的办公经费96.2005万元,以办案补助费的名义私自分配给稽查大队工作人员的事实,该行为能否认定为私分国有资产罪的问题。以下将着重就这一问题展开分析。

(一)私分国有资产罪罪与非罪的认定

私分国有资产罪的目的在于保护国有资产,堵塞处罚漏洞。关于私分国有资产罪的构成,在我国刑法典中有明确规定。因此,对于该罪罪与非罪的判断,必须严格按照刑法典的规定进行。从刑法第396条的规定看,私分国有资产罪有以下几个重要特征:犯罪主体是单位,为"国家机关、国有公司、企业、事业单位、人民团体"；违法性要件是"违反国家规定"；必须"以单位名义"，"集体私分"；对象是"国有资产"；必须具备定量要素，即"数额较大"。以上几个条件必须同时符合才能构成本罪，反之则不行。

从主体看，本罪的构成主体只能是国家机关、国有公司、企业、事业单位、人民团体，关于这些机关、团体的内设机构和分支结构是否能构成本罪，曾存在较大争议。由于我国单位犯罪的概念并不等同于西方国家的"法人"犯罪，且这些内设机构和分支机构往往也有自己的管理者、决策者，在财务事项上有独立的决策权，同时，它们完全有能力实施侵犯国有资产权益的行为，因此，将上述单位的内设与分支机构作为本罪的犯罪主体是合适的。除此以外，个人、外商独资企业、个人独资企业等都不能构成私分国有资产罪的主体。

对于何为"违反国家规定"，本书前文对此已有分析论证。需要注意的是，这个前提条件重在强调行为的违规性，即此行为被规范所反对、禁止。如果没有这样明确的规范，或者说单位的行为具有长期延续性，上级机关的管理规则一直以来对此采默许、鼓励的态度，则本单位的违法性程度就大大降低。在司法实践中，应正确考察单位是否存在明确的规范，正确区别正当发放奖金、津贴等与私分国有资产行为的界限。国家为调动国家工作人员的积极性，是允许国家机关、国有公司、企业、事业、人民团体根据有关规定发放奖金、津贴的。例如，根据《预算法》，国家机关可以将各种补贴支出、补助费列入国家预算支出；根据1996年7月6日国务院发布的《关于加强预算资金管理的决定》，财政部1996年11月18日的《预算外资金管理实施办法》规定：国家机关、事业单位、社会团体及其直属单位和企业主管部门（集团）可以用预算外资金发放奖金、津贴、补贴以及用于福利支出；根据《公司法》，公司提取的法定公益金应当按照国家有关规定用于本公司的集体福利等。如果资产的分配属于上述情形，则当然不属于"违反国家规定"。

"以单位的名义""集体私分"不仅是区分本罪罪与非罪的重要标准，也是区分本罪与贪污罪的关键。对单位行为还是个人行为的判断着重要看本决定是否经过了正规的决策程序，参与人是否有决策权。集体开会、讨论、研究，有专门的会议记录，让单位职工"公开地"知晓一般都能证明"以单位的名义""集体私分"。具体来说，首先，从程序上看，共同决策的人员是否履行了国家或者单位规定的应该履行的程序，比如，某单位对重大事项的决策规定需要单位班子会集体研究决定，而单位一把手私下决定的私分行为就不能够认定为"以单位名义"；其次，从实体来看，决策人员对所决策的事项是否有决策权,① 比如,单位科室中的几个没有奖金分配权的人决定将其经手的国有资产的私分,则对此不能认定为"以单位名义"进行的单位行为,而应该认定为是几个人的共同个人行为。可见,"单位集体研究或者主要负责人决定"这一特征可以反映出私分国有资产罪的单位犯罪意志。此外,本罪的"集体私分"的特点决定了私分行为具有一定的"公开性",这与"隐蔽"实施的贪污罪不同。当然,这个公开是相对的,主要表现在一般经过专门的决策程序,单位职工知晓,有明确的记录,发放资金有专门的名义,表面上看分得的这些国有资产是应该的,属于自己的劳动收入。在实践中,并不排除违反决策程序,几个负责人共同决定贪污的情况出现,而这种情况很可能也是"公开"的。因此,对案件的判断不能局限于形式,要具体分析。

对于国有资产的包含范围,在我国刑法中并没有明确规定。首先,国有资产并不是公共财产,后者的范围要大于前者。根据刑法第91条的规定,公共财产除国有资产外,还包括"劳动群众集体所有的财产"、"用于扶贫和其他公益事业的社会捐助或者专项基金的财产"以及"以公共财产论"的"在国家机关、国有公司、企业、集体企业和人民团体管理、使用或者运输中的私人财产"。如果私分的是后几项财产的,都不能定为国有资产。其次,国有资产并不等同于国有财产。国有资产除国有资金外,还包括国有的生产资料、国有的产品、商品等,因此私分国有资产罪私分的对象不限于国有财产的范畴。最后,国有资产主要指国家所有的及国家对各种形式的出资所形成的权益。在国有资产的管理法律法规还不健全,国有资产管理制度还不完善的当下,对国有资产的认定要有严格依据,谨慎进行。对似是而非、性质不明确的资金要把准其属性,不能轻易往国有资产上靠,对办案中发现的预算计划外单位可支配的资金、预算经费中虽超出范围开支但次数不多且数额不特别大的开支、超出工资总额的部分单位可分配收入等,都不宜作国有资产认定。

本罪是数额犯,私分国有资产必须达到一定数额才能立案追诉。按照目前司法解释的规定,私分国有资产在10万元以上的,应予以立案。也就是说私分国有资产在10万元以下的不按犯罪论处,以违纪处理或由主管部门依照国家或行业的有关规定处理。

除此以外,在我国经济转轨过程中,现实中遇到的以下几种情形通常不宜认定为犯罪:一是长期形成的工资、奖金、补贴分配,且经上级认可的,不宜作犯罪认定。在企、事业单位转制过程中,对国家原有的工资总额上限颇有争议,执行与否各持己见,工资构成种类繁多,工资标准各地区各单位突破限额

---

① 参见罗猛:《如何认定"以单位的名义"》,载《检察日报》2008年1月29日第4版。

并不少见,这样的现状下,除非国家对现有工资标准、奖金补助发放有一个可实行、可参照的标准,否则,这种长期、公开认可的分配形式,不宜认定为犯罪,应由各自上级单位行政管理部门予以规制。二是以是否经批准区分罪与非罪,对已经批准分配的资金不宜认定。任何本应属于上缴国库的收费,由于上级行政管理部门同意或默许,或者参照同行业、跨行业之间的做法,实行自收自支、以收养支的政策,用以发放补贴奖金,提高企业待遇留住人才的情况,这种行业间带有共性的问题,可视为市场经济发展过程中存在的不协调的问题,国家又未能及时对此类问题作出明确规范,这类社会涉及面广、普遍存在的现象不宜认定为犯罪。但是,上级违规批准或明示、默许私分国有资产的,应追究上级主管领导或直接责任人的责任。① 这些情况的归纳符合当前我国各单位财政收支情况的实际,有利于做到严格依法定罪,是坚持罪刑法定原则的具体体现。

在实践中,还要特别注意区分本罪与违反一般财经纪律分配收入的行为的界限。从形式上说,滥发奖金的行为和私分国有资产的行为在外部特征上具有相似性,即都是集体私分给个人,但二者本质上存在区别。首先,要看单位所分配的财产是否能够由单位自主支配。如果是单位能够自主支配的财产,则即使分配的手段存在违规之处,如超过了分配的标准或者分配人员的范围,也仅是滥发奖金的行为。如果所分配的财产是单位不能自主支配的财产,则可能构成私分国有资产罪。其次,要看单位分配财产是否有正当理由。如果分配财产有正当理由,即单位员工本来就应当分配奖金,因为资金来源紧张等原因而将不属于单位自主支配财产进行了分配,一般也以不认定为私分国有资产罪为宜。

(二) 本案中被告人的行为定性

在本案中,被告人陈某生担任县交通局交通稽查大队大队长,根据证据证实,该大队为副科级单位,属于国家机关,符合本罪的主体要件。就形式上来看,被告人陈某生参与研究决定将汶上县交通局下拨到稽查大队的办公经费96.2005万元,以办案补助费的名义私自分配给稽查大队工作人员,决策方式为大队集体研究决定,而且大队按照各中队收入的具体情况,计算出每个中队的应得份额和中队每个人的数额。大队成员5个人和4个中队都分得了相应"补助"。表面上看,该行为具有"集体私分"的特征,而且数额达到96万多元,远超过本罪的立案标准。但是,多人的证言、被告人的陈述和相关书证相

---

① 参见何元秀:《私分国有资产罪与非罪界定的探讨》,载http://china.findlaw.cn/bianhu/xingfalunwen/tanwulunwen/20110318/37114.html,访问日期:2012年5月13日。

互印证，都予以证明陈某生并不是此事的首先决策人，以前大队都是这样办的，前几任队长在任时，也会将局里返还款分给单位职工，上级局里也没有提出异议。结合王某峰记录"提成"分配的记录本复印件可以看出上述返还款具有"提成"的性质，这也不是由稽查大队确定的。另外，证人证言证实和汶上县交通局公务费支出表证实，所拨款项包含办公费、水电邮电费、车辆燃油维修费，每月拨付总数额与10%返还款相当。说明10%返还款并非全部以办公经费的名义拨付，具有提成的性质，即这笔款项并不都属于国有资产，不属于上级机关严格管理用途的范畴。所以，大队作为交通局的下属机构，并不是分配该款项的决策方，也不是分配款项的名义上的主体，不符合"以单位名义"的要求。更重要的是，该行为的对象并不都属于国有资产。因此，除非国家对现有工资标准、奖金补助发放有一个可实行、可参照的标准，否则，这种长期、公开认可的分配形式，不宜认定为私分国有资产的行为，如果有必要的话，应通过单位内部财政纪律进行调整。综上所述，被告人陈某生的行为只是延续了以前的做法，且通过决策该笔款项分给了中队和大队，上级机关对此是默许的，行为的整体性质难以符合私分国有资产罪的特征，还是不以犯罪论处为宜。

（撰稿人：焦　阳）

案例53：鹤壁煤业（集团）有限责任公司多种经营分公司私分国有资产案

——私分国有资产罪和单位发放福利、奖金行为的界限

一、基本情况

案　　由：私分国有资产

被告单位：鹤壁煤业（集团）有限责任公司多种经营分公司。

被告人：乔某刚，男，1961年9月6日出生。2003年12月1日因犯受贿罪被山城区人民法院判处有期徒刑1年，缓刑1年。因涉嫌贪污犯罪于2008年4月23日被鹤壁市公安局淇滨区分局刑事拘留，同年4月30日被鹤壁市淇滨区人民检察院取保候审。因涉嫌私分国有资产犯罪，2008年7月8日被鹤壁市公安局淇滨区分局逮捕。同年9月8日被鹤壁市淇滨区人民法院取保候审。

被告人：李某立，男，1949年3月15日出生。2003年11月26日，因犯受贿罪被山城区人民法院判处有期徒刑3年，缓刑3年。因涉嫌贪污犯罪，于2008年5月13日被鹤壁市淇滨区人民检察院取保候审。因涉嫌私分国有资产犯罪，2008年7月8日被鹤壁市公安局淇滨区分局逮捕。同年9月8日被鹤壁市淇滨区人民法院取保候审。

被告人：卜某甫，男，1964年9月8日出生。因涉嫌贪污犯罪于2008年4月23日被鹤壁市公安局淇滨区分局刑事拘留，同年4月30日被鹤壁市淇滨区人民检察院取保候审。同年7月23日被鹤壁市淇滨区人民法院取保候审。

二、诉辩主张

（一）人民检察院指控事实

河南省鹤壁市淇滨区人民检察院指控：

2001年至2003年10月，时任鹤壁煤业（集团）有限责任公司多种经营

分公司（以下简称多经公司）会计师的被告人乔某刚与当时分别任多经公司党委书记的被告人李某立、总经理田某某（另案处理）商议后，违反国家及鹤壁煤业（集团）包干工资的有关规定，安排卜某甫以奖金、津贴形式，以单位名义将该单位在"以路换地"工程中获取的利润多次私分给个人。经司法会计鉴定，共私分国有资产731506.15元。公诉人认为，被告单位多经公司，被告人乔某刚、李某立、卜某甫犯私分国有资产罪，根据刑法第396条、第30条、第31条的规定，追究被告人的刑事责任。

（二）被告人辩解及辩护人辩护意见

被告人乔某刚辩称：（1）国家没有投入任何资金，按规定谁投资谁受益，所产生的利润应定为多经公司可支配资金，不构成国有资产；（2）工程小组发的奖金在鹤煤集团所批的工资表内，没有超额发放；（3）关于责任分配，其只是总会计师，协助单位领导工作，没有权力决定奖金发放额度和标准。到工程小组任副组长后多年来没有休息一天，最后得的奖金和津贴13.8万元交到鹤煤集团纪委了。

被告人乔某刚的辩护人的辩护意见是：乔某刚参与发放奖金、津贴的行为没有违反国家规定，其行为不具有违法性特征，分配的资金不属国有资产，故不构成私分国有资产罪。

被告人李某立辩称：其是党委书记，对行政工作不能干预，不组织实施，没有在报销凭证上签字，没有在具体问题上表过态。

被告人李某立的辩护人的辩护意见是：（1）被告人李某立不属于直接负责的主管人员，不符合主体要件，不负责公司的经营；（2）公诉人认定的犯罪客体是错误的；（3）被告人李某立没有私分国有资产的主观故意；（4）被告人李某立所在单位发放奖金的行为不构成犯罪。综上，公诉人指控李某立的行为构成私分国有资产罪不能成立。

被告人卜某甫辩称："以路换地"工程资金不是国家投资，对工程小组奖励有规定。其在小组只是普通办事员，没有职务，奖金发放没有决策、决定、建议权，只是根据领导安排做工作，发放过奖金后到财务上冲账。认为私分国有资产罪不能成立。

被告人卜某甫的辩护人的辩护意见是：（1）被告单位发放奖金、津贴不是国有资产，发放奖金、津贴的行为没有违反国家规定，私分国有资产罪不能成立，被告人卜某甫构不成私分国有资产罪；（2）被告人卜某甫不是本案中的主管负责人，也不属于直接责任人，卜某甫不构成私分国有资产罪，不应该承担刑事责任。

三、人民法院认定事实和证据

（一）认定犯罪事实

鹤壁市淇滨区人民法院一审查明：2000年11月，鹤壁煤业（集团）有限责任公司多种经营总公司[原鹤壁矿务局多种经营总公司，后变更注册为鹤壁煤业（集团）有限责任公司多种经营分公司，以下简称多经公司]与鹤壁市淇滨经济开发区管理委员会签订了"以路换地"投资开发合同。后多经公司成立了以总经理田某某（另案处理）、党委书记李某立为组长，总会计师乔某刚为副组长，卜某甫等5人为成员的"以路换地"工程建设领导小组。2001年1月至2003年10月，多经公司总经理田某某和公司党委书记李某立、总会计师乔某刚商议后，违反国家规定及鹤壁煤业（集团）有限责任公司包干工资的有关规定，安排卜某甫以奖金、津贴形式，加大工程成本，以单位名义将该单位在"以路换地"工程中获取的利润多次私分给个人。经司法会计鉴定，共私分国有资产731506.15元。案发后，鹤壁煤业（集团）有限责任公司纪检监察处查处此事时，乔某刚等人将所得款项退出。2004年9月22日鹤壁煤业（集团）有限责任公司监察处返还卜某甫等5人加班补助款11.45万元。

（二）认定犯罪证据

上述事实，有下列证据证明：

1. 书证、物证

（1）被告人乔某刚、李某立、卜某甫的任职文件。

（2）中国信达资产管理公司营业执照、中国华融资产管理公司营业执照、鹤壁煤业（集团）有限责任公司企业法人营业执照、2002年鹤壁煤业（集团）章程、公司变更登记申请表、鹤壁煤业（集团）有限责任公司多种经营分公司营业执照、煤炭经营资格证书、年检报告书。证明鹤壁煤业（集团）有限责任公司企业类型属有限责任公司（国有独资）；鹤壁煤业（集团）有限责任公司多种经营分公司系该公司分支机构。

（3）鹤壁煤业（集团）有限责任公司文件及劳动工资部、财务资产部证明。证明鹤壁煤业（集团）有限责任公司及基层单位实行包干工资、工资实行总量控制，在不超过控制总额的情况下，灵活运用工资分配手段，不得在包干工资以外另设奖金、津贴等工资性支出。

（4）鹤壁煤业（集团）有限责任公司多种经营总公司鹤煤多总办[2001]第7号、鹤煤多经办[2003]27号、鹤煤多总纪监[2001]37号文件。证明乔某刚、李某立等人向工程小组成员发放奖金、津贴的依据及发放奖金的程序。

（5）鹤壁煤业（集团）有限责任公司账目情况及收据。证明鹤壁煤业（集团）有限责任公司监察处收到田某某退款13.97万元、乔某刚退款13.8万元、卜某甫退款7.875万元。后监察处返给卜某甫等5人款11.45万元。

（6）鹤壁煤业（集团）有限责任公司多种经营分公司2008年6月30日出具的证明。证实总账显示该公司自2001年至2003年每年都欠鹤煤集团上千万元资金的情况。

（7）记账凭证及经田某某、乔某刚批示关于发放补助及奖金的请示、报告。证明工程小组发放津贴、奖金的事实。

（8）鹤壁市山城区人民法院刑事判决书。证明乔某刚、李某立曾因犯受贿罪被判处刑罚的事实。

（9）鹤壁市淇滨区人民检察院反贪局证明被告人乔某刚、李某立、卜某甫的归案情况。

2. 鉴定结论

鹤壁众益司法鉴定中心对鹤壁煤业（集团）有限责任公司多种经营分公司开发区工程账发放奖金的鉴定意见。鹤壁煤业（集团）有限责任公司多种经营分公司开发区工程账资金来源于交住房集资款，其他单位及个人交地籍及配套设施款、收到货款、收银行存款利息、小账预售房款、往来款。多种经营分公司自2001年1月至2006年12月发放的基本工资、效益工资、奖金、销售提成及各种补助总额为4068363.99元，均包含了开发区工程小组人员的基本工资、效益工资、奖金、销售提成及各种补助。但不包含经田某某、乔某刚批准发放的2001年1月至2003年10月，开发区工程小组人员的各种奖金及补助731506.15元。

3. 证人证言

（1）证人田某某（原多种经营总公司总经理）证言：证实的工程小组发放的奖金、津贴的过程与上述相同，承认发放的钱没有列入包干工资，而是列入工程成本了。自己共得了11万元左右奖金、津贴。大概在2003年10月，矿务局纪委查处工程小组人员发放奖金的事时，把发的奖金、津贴的钱全退了。

（2）证人秦某某（原多种经营总公司财务部副部长）证言："以路换地"工程的资金多经公司没有出钱，是由住户交的住房集资款通过封闭运行来进行工程建设的。工程小组没有发放奖金的明细。从财务报表中无法显示出来奖金发放的支出项。

（3）证人田有某（多种经营分公司监审科科长）证言：其负责制定了鹤

煤多总经监［2001］37号文件，文件规定发放奖金首先要将奖金发放的依据，领导签批意见等相关资料报审核小组审核后，将奖金发放。而"以路换地"工程中发放的奖金、津贴并没有按文件执行。

（4）证人裴某某（多种经营分公司纪检书记）证言：工程小组的成员有田某某、李某立、乔某刚、卜某甫、郭某方等8人，工程小组发放奖金每次发多少，其事先事后均不知道。

（5）证人武某某［鹤壁煤业（集团）纪委监察室主任］证言：2003年多经公司在以路换地时，收了一部分预付房款（505万元）没有入多经公司财务大账，违规发奖金50多万元，后来被集团处理。

（6）证人黄某（原多种经营公司工会主席、纪检书记）证明：多经公司是否从"以路换地"工程利润中向全机关人员发放过奖金其不清楚。大约2001年至2003年期间，个人收到过两三次，共有4000元左右。

（7）证人曹某某（多种经营分公司劳资科科长）证言：当时开发区"以路换地"工程小组发放奖金不用经过劳资部门，只要工程小组发放奖金列入多经公司财务报表，劳资报表中就应该有。

（8）证人唐某某（多种经营分公司财务部部长）证言：多种经营分公司实行的是包干工资。如果公司经营效益好，利润超出年初的预算，经矿务局劳资处批准，按照效益工资管理可以追加盈利的那部分包干工资。除此之外，矿务局不允许发任何钱。

（9）证人曹建某［鹤壁煤业（集团）劳资部部长］证言：鹤煤集团实行的是效益工资，具体就是包干工资和绩效工资。效益工资包括基本工资、奖金、津贴等，除此之外，禁止发放任何形式的工资。

4. 被告人供述和辩解

（1）被告人乔某刚供述：2001年至2003年8月，其是多经公司开发区"以路换地"工程小组的成员。在单项工程决算以后，经其、李某立和田某某商量后，由田某某最终决定发放奖金的数额，只发给工程小组的8个成员。其共领奖金和津贴是13.8万元。2003年10月，矿务局纪委处理此事时，就把这钱全部退给纪委了。

（2）被告人李某立供述：多经公司成立工程小组对"以路换地"工程进行管理，组长是自己和公司经理田某某，副组长是公司总会计师乔某刚，成员有郭某方、卜某甫、杜某富、李某山、谢某晓。钱从工程账上列支，工程小组发放的奖金、津贴没有列入包干工资。2003年9、10月，矿务局纪委查处时，其妻陈某珍把自己发的奖金、津贴全部退给局纪委了。

（3）被告人卜某甫供述：证实"以路换地"工程小组的组成人员和发放

奖金、津贴的来源、范围、过程。承认自己分的奖金和津贴一共 7 万多元。2003 年 10 月份左右，鹤壁矿务局纪委处理此事时，其将钱退了，后来纪委的武某某把 2 万多元的补助钱退给其本人。

四、判案理由

（一）一审法院判案理由

鹤壁市淇滨区人民法院一审认为：被告单位鹤壁煤业（集团）有限责任公司多种经营分公司、被告人乔某刚、李某立、卜某甫违反国家规定，以单位名义将国有资产以奖金、津贴的形式发放给个人，数额巨大，其行为均已构成私分国有资产罪。但公诉人指控私分国有资产罪的数额有误，经鹤壁煤业（集团）有限责任公司监察处以加 5 补助返还给被告人卜某甫等 5 人款 11.45 万元，应在总额中减去为宜。经查，鹤壁煤业（集团）有限责任公司由河南煤炭工业局、中国信达资产管理公司、中国华融资产管理公司 3 家国有独资公司投资成立，该企业类型为有限责任公司（国有独资）。被告单位多经公司系鹤壁煤业（集团）有限责任公司的分支机构，其企业类型亦应为国有性质。该公司组织实施的"以路换地"土地开发项目工程，属于公司的经营活动，"以路换地"工程所得的利润，属于公司的利润，其性质应为国有资产。经公司主要负责人商议研究后，违反规定，以单位名义将工程利润以奖金、津贴的形式私分给个人，其行为构成单位犯罪。依照法律规定，对于私分国有资产罪，对其直接负责的主管人员和其他直接责任人员处以刑罚。因此，诉讼代理人多经公司不构成私分国有资产罪的意见不能成立，不予采纳。

被告人乔某刚提出"国家没有投入资金，工程所产生的利润应定为多经公司可支配资金，不构成国有资产"的辩解意见，不能成立。被告人乔某刚关于"工程小组发的奖金在鹤煤集团所批的工资表内，没有超额发放。我是总会计师，协助单位领导工作，没有权利决定奖金发放额度和标准"的辩解意见，经查，不仅有被告人供述，且有证人证言、书证工程小组发放奖金、补助申请鹤壁煤业（集团）有限责任公司文件及劳资部、财务部证明在案印证，其辩解意见不能成立。

被告人李某立关于"我是党委书记，对行政工作不能干预，不组织实施，没有在报销凭证上签字，没有在具体问题上表过态"的辩解意见，法院认为，作为企业的党委书记对于企业的经营活动负有监督保证党和国家方针政策正确贯彻落实的职责，对于不符合有关规定的经营行为的不干预和不作为，便没有起到保证和监督作用，对此行为产生的后果应承担法律责任。

被告人卜某甫关于"'以路换地'工程资金不是国家投资，对工程小组奖励有规定。我在小组只是普通办事员,没有职务,奖金发放没有决策、决定、建议权,只是根据领导安排做工作,发放过奖金后到财务上冲账。认为私分国有资产罪不能成立"的辩解,法院认为,鹤壁煤业(集团)有限责任公司多种经营分公司既已构成私分国有资产罪,那么卜某甫作为领导安排的具体经办实施人,属直接责任人员,应负相应的法律责任,因此该辩解意见不能成立。

被告人乔某刚、李某立、卜某甫的辩护人提出"被告人乔某刚、李某立、卜某甫的行为不构成私分国有资产罪"的辩护意见,法院认为,鹤壁煤业(集团)有限责任公司多种经营分公司系国有公司的分支机构,公司在经营活动中的利润属于国有资产的性质,经公司负责人商议后,以单位名义将工程利润私分给个人的行为中,乔某刚、李某立属直接负责的主管人员,卜某甫属直接责任人员,三被告人均已构成私分国有资产罪。上述辩护意见不能成立,不予采纳。

(二)二审法院判案理由

一审宣判后,被告单位不服,提出上诉。被告单位的辩解是:(1)被告单位的行为不构成私分国有资产罪;(2)判决追缴违法所得没有法律依据。

河南省鹤壁市中级人民法院二审认定了与一审相同的事实和证据。二审法院认为,鹤壁煤业(集团)有限责任公司多种经营分公司作为国有公司的分支机构,违反国有资产管理的法律规定,逃避上级主管部门的监管,以发放奖金、津贴形式加大工程成本,其实质是以单位名义将国有资产集体私分给个人,且数额巨大,多种经营公司的行为构成私分国有资产罪。但《中华人民共和国刑法》对私分国有资产罪未规定对单位进行处罚,故对被告单位不予处罚。原审被告人乔某刚作为多经公司的总会计师、原审被告人李某立作为多经公司的党委书记,参与奖金、津贴发放的决策、领取,原审被告人乔某刚、李某立系直接负责的主管人员;原审被告人卜某甫具体经办奖金、津贴的发放、领取,系其他直接责任人员。对多经公司单位犯罪中直接负责的主管人员和其他直接责任人员应依法判处刑罚。

关于被告单位多经公司"被告单位的行为不构成私分国有资产罪"的上诉理由,经查,2001年1月至2003年10月,多经公司系国有独资企业鹤壁煤业(集团)有限责任公司的分支机构,其在经营活动中的资金应为国有资产。多经公司在经营开发区工程中,违反国有资产管理的法律规定,逃避上级主管部门的监管,明知对该工程利润无擅自处分的权力,仍以单位集体研究决定的方法,以发放奖金、津贴的形式,加大工程成本,减少工程利润,以单位名义将国有资产私分给个人,造成国有资产流失的后果,且数额巨大,多经公司的行为构成私分国有资产罪。关于被告单位多经公司"一审判决追缴违法所得没有法律依据"的上诉理由,经查,根据《中华人民共和国刑法》第64条规定,犯罪分子违法所得的一切财物应当予以追缴或者责令退赔。故本案中乔某刚、李某立、卜某甫等人违法私分的国有资产,应当依法予以追缴。故被告单位多经公司的上诉理由不能成立,不予采纳。

五、定案结论

（一）一审法院定案结论

河南省鹤壁市淇滨区人民法院一审依照《中华人民共和国刑法》第396条、第30条、第31条、第52条、第53条、第64条、第72条、第73条第2、3款的规定,作出如下判决:

1. 被告人乔某刚犯私分国有资产罪,判处有期徒刑3年,缓刑4年,并处罚金3万元。

2. 被告人李某立犯私分国有资产罪,判处有期徒刑3年,缓刑4年,并处罚金3万元。

3. 被告人卜某甫犯私分国有资产罪,判处有期徒刑3年,缓刑3年,并处罚金2万元。

4. 违法所得617006.15元,予以追缴。

（二）二审法院定案结论

河南省鹤壁市中级人民法院认为:原审判决认定事实清楚,证据确实充分,定罪准确,量刑适当,审判程序合法。上诉人多经公司的上诉理由不能成立,不予采纳。案经合议庭评议,并报法院审判委员会讨论决定,依照《中华人民共和国刑事诉讼法》第189条第1项的规定,裁定如下:驳回上诉,维持原判。

六、法理解说

改革开放以来,特别是我国建立社会主义市场经济体制以来,各类企业以市场为导向,开展多种经营,通过各种方式调动工作人员的积极性。同时,由于各类企业的经营管理模式存在差异,对本企业内部的财政管理方式也各有特色,发放奖金、福利和各种补贴便成为不少企业灵活运用的权力。部分国有企业也拥有正当的预算外资金、利润等可自主支配的财产,将这些财产通过各种途径发给大多数职工可以有效提升生产效能,促进企业良性运营。在实践中,如何区分企业正常的发放奖金、福利的行为、违反财政纪律的一般违规发放行为与私分没有决定权限的国有财产的犯罪行为的界限便成为难点。

首先,区分二者要先找准合理发放奖金、福利的依据。国有公司、企业发放奖金、津贴等的依据有：2007年1月1日起施行的《企业财务通则》，其第42条规定："经营者可以在工资计划中安排一定数额，对企业技术研发、降低能源消耗、治理'三废'、促进安全生产、开拓市场等做出突出贡献的职工给予奖励。"《企业会计准则》第9号第2条规定："职工薪酬包括：（一）职工工资、奖金、津贴和补贴；（二）职工福利费；（三）医疗保险费、养老保险费、失业保险费、工伤保险费和生育保险费等社会保险费；（四）住房公积金；（五）工会经费和职工教育经费；（六）非货币性福利。"发放工资、奖金的标准应根据上级为其核定的工资总额确定。根据国务院《关于工资总额组成的规定》第4条的规定，工资总额由下列6个部分组成：（一）计时工资；（二）计件工资；（三）奖金；（四）津贴和补贴；（五）加班加点工资；（六）特殊情况下支付的工资。从以上规定可以看出，企业发放奖金、福利等额外收入需要在国家规定的范围内进行，且工资总额标准必须由上级核定。

其次，要看国有单位发放的这部分资金来源是否属于"国有资产"。关于什么是国有资产，本书前面的案例中对此已经有所说明。同时，实践中国有资产的范围表现多样，就国有独资公司来说，其全部资本由国家投入，公司的财产权源于国家对投资财产的所有权。国有独资公司是属于一种国有企业。国家出资企业对其动产、不动产和其他财产依照法律、行政法规以及企业章程享有占有、使用、收益和处分的权利。根据《中华人民共和国企业国有资产法》第59条的规定，国家取得的下列国有资本收入，以及下列收入的支出，应当编制国有资本经营预算：（一）从国家出资企业分得的利润；（二）国有资产转让收入；（三）从国家出资企业取得的清算收入；（四）其他国有资本收入。因此，国有独资公司经营活动中所取得的利润属于公司所有，即属于国有资产。

最后，看发放的资金是否在企业能够自主支配的范围内。国有独资公司是指国家单独出资、由国务院或者地方人民政府授权本级人民政府国有资产监督管理机构履行出资人职责的有限责任公司。国有独资公司符合有限责任公司的一般特征：股东以其出资额为限对公司承担责任，公司以其全部法人财产对公司的债务承担责任。但同时国有独资公司是一种特殊的有限责任公司，其特殊表现为该有限责任公司的股东只有一个——国家。根据《中华人民共和国公司法》第47条规定，公司董事会有权决定公司的利润分配方案。上述条文为企业自主分配一定的奖金、福利提供了依据。但是国有企业的特殊性决定了国家对其财产具有支配权，国有资产的管理、维护关系到全民的利益，因此，企业能够"自主支配"的关键在于上级主管部门、国有资产管理部门对企业授予的权限，在实践中主要通过是否经过批准，是否有明确的文件、超过批准的工资总额数额的大小等内容综合判断。

如果国有企事业单位按照国家规定提取应当用于职工工资、奖金、福利等分配给个人消费的基金，以单位名义集中用于改善职工生产生活条件或投资三产的资金，这类资金由于符合国家规定，本属于职工所有或者属于三产所得，不属于国家投资，当然是合法行为。根据目前的司法实践，通常把以下4种情形当作私分国有资产看待：（1）将国家财政的专项拨款予以截留分配。这种行为直接影响、破坏国家财政支出的目的性和有效性。（2）将应当上缴的收入予以隐匿、留存分配，从而影响国家财政的正常收入。（3）超标准分发奖金的总额，超过了职工年平均工资的一定倍数。（4）没有经营效益，甚至亏损的情况下，变卖国有资产进行分配。①

从以上三方面基本可以区分开企业在自主经营权限内分发奖金、福利行为与违规违法私分国有资产行为的界限。现在的关键问题是如何区分一般的违规财政纪律的行为与私分国有资产的犯罪行为的界限。刑法的基本特性之一是最后手段性，我国刑法关于犯罪的规定又通过定量要素体现出了行为的严重社会危害性。如果行为只具有一般的社会危害性，还是采用单位纪律、行政手段处理为好。因此，认定私分国有资产罪，除必须掌握本罪的形式特点外，还必须考察单位违规的严重程度、超标私分的数额大小。也就是说，如果是单位把能够自主支配的钱款违规分配给了单位职工，其社会危害性相对较小，因其不当之处主要在于超标准、超范围分发奖金的财政违纪方面，可以作为财政违纪行为处理。相反，如果是单位把不能自主支配的钱款通过巧立名目、违规做账等手段予以截留分配的，其社会危害性就相对严重，导致了国有资产大量流失的后果，应当以犯罪论处。

本案中，鹤壁煤业（集团）有限责任公司由河南煤炭工业局、中国信达资产管理公司、中国华融资产管理公司3家国有独资公司投资成立，该企业类型为有限责任公司（国有独资）。被告单位多经公司系鹤壁煤业（集团）有限责任公司的分支机构，亦应为国有性质。因此，公司的性质决定了该公司开展经营活动得到的利润属于国有资产。

此外，根据被告人李某立的供述和证人曹建某的证言，鹤煤集团实行的是效益工资，工程小组发放的奖金、津贴没有列入包干工资，它是工程上发生的费用，是从工程成本中支出，但矿务局不允许在包干工资之外再发放奖金和津贴。证人田某某的证言证实，工程小组人员发放奖金、津贴的钱，从工程账上

---

① 参见喜双庆：《正确区分私分国有资产罪与滥发奖金行为》，载 http：//www.jcrb.com/n1/jcrb688/ca336224.htm，访问日期：2012年5月20日。

列支。矿务局实行包干工资政策，工程小组发放的奖金、津贴没有列入包干工资，而是列入工程成本了，这违反了矿务局的包干工资规定。证人唐某某的证言也证实：多种经营分公司实行的是包干工资。如果公司经营效益好，利润超出年初的预算，经矿务局劳资处批准，按照效益工资管理可以追加盈利的那部分包干工资。包干工资和效益工资包括基本工资、奖金、各种津贴、工龄补助、误餐补助等。除此之外，矿务局不允许从包干工资和效益工资之外发任何钱。在其任财务部长期间，矿务局没有对多经公司追加过效益工资。鹤壁煤业（集团）有限责任公司文件及劳动工资部、财务资产部证明，证明鹤壁煤业（集团）有限责任公司及基层单位实行包干工资、工资实行总量控制，在不超过控制总额的情况下，灵活运用工资分配手段，不得在包干工资以外另设奖金、津贴等工资性支出。

可见，本案中，在多经公司总经理田某某和公司党委书记李某立、总会计师乔某刚这些公司主要负责人商议后，便违反规定，以单位名义将属于国有资产的工程利润以奖金、津贴的形式私分给个人，其行为构成单位犯罪。从以上的证据都可以看出，这些私分的款项采取了加大工程成本的隐瞒方式，未经上级部门的核准，还公然违背上级公司关于不得在包干工资以外另设奖金、津贴的支出规定，属于将不属于企业自主支配的国有资产私分的行为，构成私分国有资产罪。从私分数额看，几名直接负责的主管人员和其他直接责任人员共商议进行私分的国有资产达到731506.15元，可谓数额巨大。综合以上事实和情节，可以认定几名被告人的行为不属于在单位自主经营权限内，合法发放奖金、福利的行为，二审法院的定性是正确的。

根据我国刑法第64条的规定，犯罪分子违法所得的一切财物应当予以追缴或者责令退赔。行为人私分的国有资产属于违法所得，应当予以追缴，上交国库。法院依法追缴的判决有明确的法律依据。

（撰稿人：焦　阳）

案例54：李某清、刘某梅、张某军私分国有资产案

——私分国有资产罪与贪污罪的共同犯罪之间的界限

一、基本情况

案　由：贪污

被告人：李某清，男，1955年11月14日出生，汉族，湖北省大悟县人，大学文化，原任大悟县教育局人事科科长，住大悟县教育局家属院。因涉嫌犯贪污罪于2004年4月7日被刑事拘留，同年4月16日被逮捕。

被告人：刘某梅，女，1965年10月5日出生，汉族，湖北省广水市人，大专文化，原任大悟县教育局人事科副科长，住大悟县城关镇治安巷1号公安局家属院。因涉嫌犯贪污罪于2004年4月7日被大悟县人民检察院取保候审。

被告人：张某军，男，1969年10月16日出生，汉族，湖北省大悟县人，大学文化，原任大悟县教育局人事科副科长，住大悟县城关镇西岳小区29号。因涉嫌犯贪污罪于2004年4月7日被刑事拘留，同年4月16日被逮捕，已取保候审。

二、诉辩主张

（一）人民检察院指控事实

湖北省大悟县人民检察院指控被告人李某清、刘某梅、张某军犯贪污罪。

（二）被告人辩解及辩护人辩护意见

被告人李某清及其辩护人辩称：

1. 李某清没有采取贪污的手段，也没有贪污的故意。（1）涉案财产不是公共财产。根据刑法第91条的规定，本案大悟县教育局人事科在代收费过程中留存的款项显然不是劳动群众集体所有的财产，不是用于扶贫和其他公益事

业的社会捐助或者专项基金的财产,也不是在国家机关、国有公司、企业、集体企业和人民团体管理,使用或者运输中的私人财产,根据现有法律规定,该款项也不应属于国有财产。(2)人事科在收费过程中确实有超标准收费和搭车收费的情况,但这都是为了完成教育局下达的任务和上级主管部门(如市教育局)和职能部门(如县人事局)的要求,上诉人收费的目的不是贪污,虽然采取了超标准收费和搭车收费的方式,但不是为了贪污而采取的手段。(3)人事科因为人手少,任务重,工作忙,费用大,经常加班加点,科里的部分结余作为加班费、奖金、电话费、下乡补助分发给了个人是事实,但每次分配都是经张、刘提议后充分讨论分发的,在此以前和以后只要是人事科的人都是平均发放,在人事科是公开讨论,公开发放,人人有份,上诉人也认为心安理得。虽然违反了财经纪律,但上诉人在主观上没有贪污的直接故意,在客观上也没有采取任何手段贪污公款。

2. 侦查机关程序违法。侦查机关在讯问三被告人时,采取逼供的手段,车轮战的方式,不让三被告人睡觉,且全部超过 24 小时。

3. 李某清不是主犯,三被告人不存在主、从之分。

被告人刘某梅及其辩护人辩称:本案事实不清,证据不足,被告人刘某梅没有贪污的主观故意和客观行为,刘某梅无罪。(1)主要证据笔记本上很多记录模糊不清,存有瑕疵;(2)笔记本只能算是口供的一种,仅凭两个笔记本就认定上述事实,显然说服力不足,证据不足;(3)认定在收费时就有贪污的故意是不符合事实的;(4)没有相关的共同贪污故意的证据;(5)不能将这样取得的财产视为公共财产。

被告人张某军在庭审中提出,这个钱有几笔是领的,但属于什么性质,自己不清楚。

三、人民法院认定事实和证据

(一)认定犯罪事实

湖北省大悟县人民法院经公开审理查明:

1. 1998 年 12 月至 2003 年 5 月,大悟县教育局人事科利用办理全县教师职称评审、教师年度考核、公务员年度考评、职称聘书、教师资格换证等业务代收费之机,采取抬高收费标准、搭车收费、截留应缴资金的手段,筹集资金,设立小金库。小金库资金除用于科里公务开支外,每年春节前后,由科长李某清组织科里人员将小金库账目进行对账后,以科室补助、年终福利等名义 6 次私分给人事科工作人员,并记录入账,私分款总额为 12.03 万元,原审被告人李某清、张某军、刘某梅各分得4.01万元。分述如下：1998年12月30日，人事科1998年中、高级职称评审材料费余款9000元，被告人李某清、张某军、刘某梅以下乡补助、节假日加班补助的名义，每人分得3000元。

2.1999年2月11日，人事科1997年度公务员考核工本费余款6000元，被告人李某清、张某军、刘某梅以春节补助的名义，每人分得2000元。

3.2000年1月27日，被告人李某清在人事科购置档案柜报账时，从教育局计财科虚报4340元，其中3300元被李某清、张某军、刘某梅以年终福利的名义每人分得1100元。

4.2001年1月10日，人事科1999年教师年度考核、教师资格证书、聘书、教师资格换证、教师考核收费余款5.1万元，被告人李某清、张某军、刘某梅以春节补助名义，每人分得1.7万元。

5.2002年2月1日，人事科2000年教师考核、2001年教师考核、聘书等收费余款4.2万元，被告人李某清、张某军、刘某梅以2001年年终福利名义，每人分得1.4万元。

6.2003年5月8日，人事科教师资格认定收费余款1.2万元，被告人李某清、张某军、刘某梅各分得3000元，雷吉力分得3000元。

（二）认定犯罪证据

上述事实，有下列证据证明：

1. 书证

（1）被告人李某清本人记的流水账页记载1998年12月30日付节假日加班费9000元；1999年2月11日付春节补助3人（李、张、刘）6000元。

（2）侦查第二卷第211页的领款条有被告人张某军、刘某梅领取3000元的领款签名。

（3）被告人李某清、刘某梅各自的收支记录本上对认定的第3、4、5、6笔事实有详细记载。

（4）对认定的第4、5、6笔均有被告人李某清、张某军、刘某梅领款的签名条。

（5）干部任免审批表。

2. 被告人供述和辩解

（1）被告人李某清、张某军、刘某梅的当庭陈述，证实上述几笔款项私分的事实，所述情节与上述证据相吻合。

（2）被告人张某军、刘某梅在检察院的陈述证明，每次分钱都是科长李某清安排的。

四、判案理由

（一）一审法院判案理由

湖北省大悟县人民法院一审认为：被告人李某清、张某军、刘某梅身为国家工作人员，利用教育局、人事科的职权和职务上的便利，在代收费过程中，每人贪污公款4.01万元，其行为已构成贪污罪。被告人李某清作为人事科主要负责人在共同犯罪中属主犯地位，被告人张某军、刘某梅属从犯地位。公诉人在起诉书中第1、2、3、4、7、8、12、13笔的指控，因证据不足，不予认定。

（二）二审法院判案理由

一审宣判后，原公诉人大悟县人民检察院提出抗诉，被告人李某清、刘某梅不服，提出上诉。

大悟县人民检察院抗诉提出：

1. 起诉书指控的14笔犯罪事实，除第9笔和第12笔外，其余12笔相互关联，在时间上具有连续性，在构成上上一笔的结余款又进入下一笔，承上启下，环环相扣，最终达到收支平衡，而这些内容都清楚而详细地反映在被告人李某清和刘某梅的笔记本上，一审判决违反证据规则，人为地将同一证据加以割裂，一方面认定"被告人李某清、张某军、刘某梅身为国家工作人员，利用教育局、人事科的职权和职务上的便利，在代收费的过程中，每人贪污公款4.01万元"；另一方面又认为"公诉人在起诉书中第1、2、3、4、7、8、12、13笔的指控，因证据不足，不予认定"，自相矛盾。

2. 本案被告人张某军、刘某梅在庭审中，拒不认罪，二被告人的辩护人亦作无罪辩护，不符合适用缓刑的条件，故一审法院对二人适用缓刑不当。

出庭检察员提出：

1. 本案事实清楚，证据确实充分，被告人李某清、张某军、刘某梅的行为构成贪污罪。（1）被告人李某清、张某军、刘某梅原在侦查机关所做的有罪供述，证实了三被告人贪污公款的事实；（2）被告人李某清、刘某梅二人的笔记本及被告人李某清的现金账上的记载，能客观真实的反映三被告人贪污公款的时间、款项来源及具体数额；（3）被告人李某清、张某军、刘某梅分钱时的领款单能证实三被告人贪污公款的具体数额；（4）证人雷吉力、徐贵鹏的证言也能证实人事科分钱的事实；（5）被告人李某清、张某军、刘某梅的身份证明能证实三被告人系国家工作人员；（6）县教育局、人事局、物价局的文件能证实人事科代收费项目的范围及标准；（7）大悟县教育局的有关文件能证实该局人事科都是以文件下发的形式向县直各学校及各乡镇学区下达代收费项目，属于一种公职行为；（8）各乡镇学区、县直各学校负责人的证言能证实大悟县教育局人事科所收款项的来源，该款项属于公款。被告人李某清、张某军、刘某梅身为大悟县教育局人事科的工作人员，在办理该科代收费业务过程中，抬高收费标准，搭车收费，截留代收费，私设小金库，采取侵吞的手段，非法占有了该公款。故被告人李某清、张某军、刘某梅的行为构成贪污罪。

2. 一审判决片面采信证据，认定事实错误，导致量刑明显不当。被告人李某清、张某军各贪污公款 7.1848 万元，被告人刘某梅贪污公款 6.5795 万元。一审法院仅认定被告人李某清、张某军、刘某梅各贪污公款 4.01 万元，与事实及证据是不相符的。我国刑法第 383 条规定："个人贪污数额在五万元以上不满十万元的，处五年以上有期徒刑。"一审法院却判处三被告人 5 年以下有期徒刑，量刑明显不当。

上诉人李某清、刘某梅及其辩护人提出原判认定的事实不清，证据不足的上诉理由和辩护意见。

湖北省孝感市中级人民法院二审经审理查明，1998 年 12 月至 2003 年 5 月，大悟县教育局人事科利用办理全县教师职称评审、教师年度考核、公务员年度考评、职称聘书、教师资格换证等业务代收费之机，采取抬高收费标准、搭车收费、截留应缴资金的手段，筹集资金，设立"小金库"。"小金库"资金除用于科里公务开支外，每年春节前后，由科长李某清组织科里人员将"小金库"账目进行对账后，以科室补助、年终福利等名义 6 次私分给人事科工作人员，并记录入账，私分款总额为 12.03 万元，原审被告人李某清、张某军、刘某梅各分得 4.01 万元。二审法院认定的具体每笔款项事实和证据与一审相同。

二审法院认为，对于原判没有认定的 7 笔指控事实，抗诉机关认为证据充分，应当认定，并当庭出示了证据。对此，经审理查明，原起诉指控的第 1、2、3 笔事实的主要证据是原审被告人李某清的笔记本记载，第 4、7、8、13 笔事实的主要证据是原审被告人李某清的笔记本记载和原审被告人刘某梅的笔记本记载，以及原审被告人在侦查机关的供述。从上述证据看，存在记录内容比较模糊，笔记本之间不能相互吻合，口供不稳定、证明力低等问题，没有达到刑事诉讼法规定的"案件事实清楚，证据确实、充分"的定案标准。抗诉机关的第 1 项抗诉意见不能成立，不予支持。

湖北省孝感市中级人民法院二审认为，刑法第 396 条第 1 款规定："国家机关、国有公司、企业、事业单位、人民团体，违反国家规定，以单位名义将国有资产集体私分给个人，数额较大的，对其直接负责的主管人员和其他直接责任人员处三年以下有期徒刑或者拘役,并处或者单处罚金,数额巨大的,处三年以上七年以下有期徒刑,并处罚金。"其在犯罪构成上有如下特征:一是犯罪对象仅限于国有资产。二是客观上表现为违反国家规定,以单位名义将国有资产私分给个人。"违反国家规定",是指违反国家有关国有资产管理方面的法律、法规。"以单位名义",是指由单位的决策机构按照单位的决策程序实施,即以"合法"的方式进行,如单位领导集体决定,或者由单位负责人决定的,以"发奖金"、"发红包"的方式发放。"集体私分",是指参与私分的是单位所有人或者大部分人,或者是一个部门的所有人或大多数人。三是私分国有资产罪是单位犯罪,依法只处罚私分国有资产直接负责的主管人员和其他直接责任人员。尽管私分国有资产罪与共同贪污罪有许多相同之处,如都侵犯了国有资产的所有权,损害了公务人员公务活动的廉洁性,都是利用职务上的便利实施的犯罪,但二者仍有重大的区别:(1)犯罪对象不同。私分国有资产罪的犯罪对象仅限于国有资产,而贪污罪的犯罪对象则是公共财产,因此,贪污罪的犯罪对象要比私分国有资产罪的范围广泛。(2)行为方式不同。共同贪污通常表现是非法占有公共财物的人共同利用职务上的便利,共同实施,一般是秘密进行的,并且想方设法将有关账目抹平,以掩盖非法占有公共财物的事实。而私分国有资产行为则表现为在单位意志的支配下,集体共同私分,而大多数分得财产的人对是否私分没有决定权,并且在单位内部往往是公开的,有的还做了详细的财务记录。(3)犯罪的主观方面不同。贪污罪中的共同贪污要求每个成员均有非法占有公共财物的贪污故意,且犯罪动机主要是以权谋私。而私分国有资产罪的主观故意则表现为单位的主管人员明知私分国有资产违反国家规定,但为了达到占有国有资产的目的,而抱着法不责众的侥幸心理,以单位集体的名义实施私分行为。其动机实际上是假公济私,表面上是为了提高单位工作人员的工作积极性,改善福利待遇,其实也是为了自己获取私利找借口。(4)处罚范围和处刑轻重不同。

从本案来看,第一,从资金的来源和性质看,大悟县教育局人事科"小金库"中绝大部分款项都是该科违反国家规定,超标准、超范围收取的,其性质属于违法收入,此类违法收入国家按规定不仅要予以收缴,而且负责清退和赔偿。因此,国家实际上已享有这类资金的占有、使用、处分权,其所有权属于国家无疑。因此,原审被告人李某清的辩护人提出本案所涉资金不是公共财物的意见不能成立。第二,从行为方式看,原审三被告人所得的款项都是人事科负责人李某清决定或经商量,并以补助、年终福利等名义发放的,原审被告人李某清、刘某梅在笔记本上做了详细记录,且有领款签名条和李某清保留的现金账页,在单位内部完全是公开的。第三,从主观方面看,原审三被告人不具有共同利用职务便利，采取盗窃、欺骗等手段贪污公款的意思联络和主观故意，而是一种相对公开的私分故意。第四，从参与主体看，人事科的所有人都参与了，而且都是以科里名义平均分发，应视为单位集体行为。按照最高人民法院印发的《全国法院审理金融犯罪案件工作座谈会纪要》第2条第1项的规定精神，本案符合单位犯罪的特征。

综上所述，原审被告人李某清、张某军、刘某梅主观上不具有贪污的共同故意，客观方面不符合共同贪污的行为特征，不构成贪污罪。原审被告人李某清作为大悟县教育局人事科的负责人，违反国家规定，擅自决定将单位违规收费的部分资金以单位补助、年终福利等名义私分给个人，数额较大，其行为构成私分国有资产罪。原审被告人张某军、刘某梅积极参与私分，起较大作用，属于单位犯罪的直接责任人，其行为亦构成私分国有资产罪，原判对原审三被告人定罪不当，应予纠正。上诉人李某清、刘某梅的辩护人提出被告人李某清、刘某梅不构成贪污罪的意见成立，但其要求改判被告人李某清、刘某梅无罪的意见，不能成立，不予采纳。对于上诉人李某清及其辩护人提出"侦查机关程序违法"、"起诉书指控1~5笔事实超过追诉期限"的意见，经查，均不能成立，不予采纳。鉴于原审三被告人在二审开庭审理时能如实供述自己的犯罪事实，积极配合检察机关查清案件，且退出全部赃款，依法可对其适用缓刑。抗诉机关的第（二）项抗诉意见，与法律规定不符，不能成立。

五、定案结论

（一）一审法院定案结论

湖北省大悟县人民法院一审依照《中华人民共和国刑法》第382条、第383条、第25条、第26条、第27条、第72条、第73条的规定，作出如下判决：

1. 被告人李某清犯贪污罪，判处有期徒刑3年。
2. 被告人张某军犯贪污罪，判处有期徒刑3年，缓刑5年。
3. 被告人刘某梅犯贪污罪，判处有期徒刑3年，缓刑5年。

（二）二审法院定案结论

湖北省孝感市中级人民法院，依照《中华人民共和国刑法》第396条第1款、第25条、第72条和《中华人民共和国刑事诉讼法》第189条第3项的规定，作出如下判决：

1. 撤销大悟县人民法院［2004］悟刑初字第21号刑事判决。
2. 原审被告人李某清犯私分国有资产罪，判处有期徒刑2年，缓刑2年，并处罚金2万元。

3. 原审被告人张某军犯私分国有资产罪，判处有期徒刑1年，缓刑1年，并处罚金1万元。

4. 原审被告人刘某梅犯私分国有资产罪，判处有期徒刑1年，缓刑1年，并处罚金1万元。

六、法理解说

私分国有资产罪是1997年刑法通过后增加的新罪名，其设置目的在于防止国有资产流失，严密刑事法网。由于私分国有资产罪与贪污罪同属于贪污贿赂罪的范畴，有不少相同的表现形式，二者的区分存在一些疑难问题。在实践中，关于这两个罪名的认定，常常被混淆，有必要进行分析。

（一）私分国有资产罪与贪污罪的界限

总体来看，二者在犯罪构成中存在以下区别：

首先，从形式上看，私分国有资产罪是单位犯罪，以单位名义实施的，对单位内部来说，其行为是"公开的"，有时甚至对外都是公开的，这可以通过集体大会、讨论决议、账目记录等证明；而贪污罪是自然人犯罪，主要表现为个人利用职务便利，将单位的财物非法占为己有，而采用的手段往往是秘密的，即使是多人的共同贪污行为，也采用非公开的方式进行，目的是不让单位其他人和外界任何人知晓。

其次，从行为方式看，私分国有资产罪是指违反国家规定，以单位名义集体私分国有资产，而贪污罪则表现为利用职务上的便利，侵吞、窃取、骗取或以其他手段非法占有公共财产。在这里，二者针对的对象也不同，国有财产和公共财产包含的范围大小存在差异。

再次，承担刑事责任的主体不同。私分国有资产罪的主体是国家机关、国有公司、企业、事业单位、人民团体，直接负责的主管人员和其他直接责任人员需承担责任，而单位中的其他成员，即使也分到了国有资产，并不以犯罪论处。而在贪污罪的共同犯罪中，只要参与了共同贪污行为的，都要承担刑事责任。

最后，从法律后果看，两罪的法定刑差异较大。刑法第396条规定的私分国有资产罪的法定刑明显轻于贪污罪的法定刑，原因在于两罪的行为所反映出的主观恶性有差别。虽然二罪都是由故意构成，但私分国有资产罪的故意是侥幸的、公开的故意，往往有"假公济私"的形式，在集体决定的形式下，达到了自己和单位职工共同占有国有资产的目的；而后者贪污罪有明显的非法占有的目的，通过各种手段，希望将公共财产装入"自己腰包"，主观恶性更大。对二罪配置不同的法定刑，符合罪责刑相适应原则的要求，能做到罚当其罪。

(二) 本案符合私分国有资产罪的特征

在本案的审理过程中，行为人构成贪污罪的共同犯罪还是私分国有资产罪是控辩双方的争论焦点。在一审中，检察机关指控的罪名是贪污罪，并且区分了主从犯，一审法院的判决也是这样认定的。在这之后，两名原审被告人提起了上诉，认为自己的行为不符合贪污罪的表现形式，也没有贪污罪的主观故意，因此不构成贪污罪。而检察院却认为犯罪数额认定存在问题，适用缓刑过轻，提起了抗诉。二审法院通过重新认定证据，查清了事实，作出了三名被告承担私分国有资产罪的刑事责任的判决，并且对其都适用了缓刑，可谓定性准确，量刑适当。下面将从私分国有资产罪的具体构成要件要素入手，分析本案的相关情节。

第一，李某清等擅自将本单位违规收费的资金分归个人所有的决策形式具有私分国有资产罪中的"集体私分""公开性"的特征。在这里，"公开性"作为与贪污罪表现形式的主要区分特征，要有明确的外在表现。在实践中，贪污罪采用窃取、骗取、侵吞等手段，将公共财产据为己有，隐蔽性较为明显。而私分国有资产罪则通常会表现为单位大多数成员商量决定，对行为予以认可。

在这里需要说明的是，参与私分的人数范围有没有限制。有观点认为，应以分得国有资产的人数的多寡为标准，将国有资产行为分给单位所有成员或大多数成员的行为，认定为私分国有资产罪；把国有资产分给单位少数成员甚至个别人的行为，就应当定贪污罪的共同犯罪。其实，该观点没有抓住私分国有资产罪的本质特征。首先，这里的"集体私分"，强调单位名义、集体意志，关键看决策者个人意志是否已上升为集体意志，跟参与私分的人数多少没有必然关系；其次，经查，作为国家机关的部门，大悟县教育局人事科当时就有李某清、张某军、刘某梅三名工作人员，这几次私分款项的行为三人全部参与。就本部门的私分事实来看，全体成员都参加了私分。最后，也是最重要的，就是本罪具有"公开性"的特征。"公开"与"秘密"是相对的概念，贪污罪所要求的秘密也并非必须做到除行为人外，别人都不知情。在现实中，参与私分国有资产行为的单位为了防止单位发现，有时会采用欺骗、隐瞒、虚报成本和开支等手段套取国有资产，这种行为对上级单位和主管部门来说也会具有隐蔽性。但是，私分国有资产罪总会有诸如详细账目、内部记录等公开表现，对单位内部人士来说，对此事是"心知肚明"的，而且还会认为这是单位集体创收的"福利"。在本案中，李某清、刘某梅的笔记本上明确记载了几笔私分的款项，每次私分时都留有签名条，形式完整。每次的私分活动都是以科里名义进行的,一般采"平分"形式,没有人私下里将大部分款项据为己有。从表现上看,该人事科违规收取资金,套取国有资产具有"隐蔽性",但他们每次收费都有"正当"的名义,私分也经过了大家的同意,形式公开,不存在个人隐瞒支配财产的情况,符合私分国有资产罪的客观要件要求。

第二,本案中私分的财产属于"国有资产"的范畴。根据财政部2006年5月30日《事业单位国有资产管理暂行办法》的规定,国有资产即国有(公共)财产,是指国有单位占有、使用的,依法确认为国家所有,能以货币计量的各种经济资源的总称,包括国家拨给国有单位的资产,国有单位按照国家规定运用国有资产组织收入形成的资产,以及接受捐赠和其他经法律确认为国家所有的资产,其表现形式为流动资产、固定资产、无形资产和对外投资等。国有财产的范围小于公共财产。根据刑法第91条的规定,公共财产除国有资产外,还包括"劳动群众集体所有的财产"、"用于扶贫和其他公益事业的社会捐助或者专项基金的财产"以及"以公共财产论"的"在国家机关、国有公司、企业、集体企业和人民团体管理、使用或者运输中的私人财产"。在本案中,教育局人事科在上级部门的要求下,办理全县教师职称评审、教师年度考核、公务员年度考评、职称聘书、教师资格换证等代收费业务。这些款项属于国家财政允许的收费项目,理应上缴国库。该部门在正当范围内的收费属于国有资产的范围,不得私自截留;对于行为人变相抬高收费、违规收费的部分,属于违法行为,款项应当追缴。可见,该部分违法收入也属于国家所有、支配的范围,不允许单位私分。因此,本案中的这12.03万元款项都属于国有资产。

第三,李某清等三人符合单位犯罪中承担刑事责任的主体要求。本案中的被告人的行为符合单位犯罪的特征,应以单位犯罪处罚。单位犯罪由我国刑法第30条和分则的明文规定为据,只有法律明文规定单位可以成为犯罪主体的犯罪,才存在单位犯罪问题。刑法中的单位的概念大于"法人"的概念,国家机关的内设机构可以构成单位犯罪的主体。根据2001年1月21日《全国法院审理金融犯罪案件工作座谈会纪要》,以单位的分支机构或者内设机构、部门的名义实施犯罪,违法所得亦归分支机构或者内设机构、部门所有的,应认定为单位犯罪。此外,单位犯罪具有整体性,它表现在经单位集体研究决定或者由负责人员决定,并由直接责任人员实施的,体现单位的整体犯罪意志。在本案中,大悟县教育局人事科属于国家机关的部门科室,在1998年12月至2003年5月,利用办理全县教师职称评审、教师年度考核、公务员年度考评、职称聘书、教师资格换证等业务代收费之机,采取抬高收费标准、搭车收费、截留应缴资金的手段,筹集资金,设立"小金库"。后来,在人事科科长李某清的组织或者与其商量下,先后六次将12.03万元代收费私分给人事科所有工作人员，并记录入账。整个过程由笔记本、签收条等予以证明，在此过程中，工作人员刘某梅、张某军积极参与实施，明知此款项的来源性质，却帮着记录，并虚构了福利、奖金的性质，参与私分，充分反映了该私分活动是由人事科名义实施的，由其集体决定的，贯彻的是本单位的整体意志的性质。可见，这三人的行为符合单位犯罪的特征。李某清作为国家机关工作人员，而且是科室负责人，自己也先后分得4.01万元，在本案中起着决定、批准、授意、纵容的作用，是本案的直接负责的主管人员。原审被告人张某军、刘某梅作为科室成员，积极参与私分，各分得4.01万元，在犯罪中起着较大作用，属于其他直接责任人员。由于私分国有资产罪只处罚直接负责的主管人员和其他直接责任人员，所以李某清等三人是承担本案刑事责任的正确主体。

第四，李某清等三人并不具有贪污的共同故意。共同贪污的故意和私分国有资产罪中的故意并不相同。共同贪污作为共同犯罪的一种，必须符合共同犯罪在主客观方面的一般要求。共同贪污中的主观故意不仅要求行为人对自己非法侵吞公共财产的行为明知且有希望的态度，还要求行为人和其他共同犯罪人具有非法占有公共财产的意思联络，认识到他人也有非法占有公共财产的目的，而且自己和他人在行动上相互配合，是共同完成犯罪的。而私分国有资产罪的故意是指明知私分国有资产是违反国家规定的，而仍然以单位名义私分给个人。在某些方面可以说，该罪的表现形式具有调动单位成员积极性，增加单位成员集体额外收入的目的，并不存在明显的"贪欲"。在本案中，三名被告人不具有共同利用职务便利的特点，不具有在贪污层面的相互意思联络。人事科科长李某清与大家共同讨论，经充分研究后才将本单位收取的多种款项进行相对公平的私分，整个活动是以科室名义进行的，并不存在三个人分别利用各自职务便利侵吞公款，并且各自知道、互相配合的情况。这种私分通过对单位中的每个成员增加"福利"的形式进行，不具有互相串通、以权谋私的目的。李某清及其辩护人也承认，本单位确实有超标准收费和搭车收费的情况，虽然此举违反了财经纪律，但对这些"补助"的发放是在人事科公开发放、人人有份的，因此，该行为心态完全符合私分国有资产罪主观方面的要求。

综上所述，李某清、张某军、刘某梅所在的单位构成私分国有资产罪，李某清等三人作为该单位的直接负责的主管人员和其他责任人员，应承担相应的刑事责任。与贪污罪相比，私分国有资产罪的法定刑较轻，主观恶性也较小，且三人私分的国有财产数额不是特别巨大，在庭审中又有如实供述案情，主动退赃的表现，因此，对三人适用缓刑的二审判决是适当的。

（撰稿人：焦　阳）

案例55：李某晋等私分国有资产、国有企业人员失职案

——私分国有资产罪与贪污罪的区分

一、基本情况

案　由：贪污、国有企业人员失职

被告人：李某晋，男，1974年3月27日出生，汉族，大学本科，原重庆锰都工贸有限公司副总经理，户籍所在地为黔江区城西所八段李家巷，捕前暂住于重庆市沙坪坝区杨公桥林泉雅舍。因涉嫌贪污罪于2008年4月17日被刑事拘留，同月30日被执行逮捕。

被告人：彭某山，男，1973年9月25日出生，汉族，大专文化，原重庆锰都工贸有限公司副总经理、财务负责人，户籍所在地为重庆市酉阳县城北所六段新民街，捕前暂住于重庆市渝中区一号桥鑫渝大厦。因涉嫌贪污罪于2008年4月17日被刑事拘留，同月30日被执行逮捕。

被告人：秦某品，男，1974年11月15日出生，汉族，大学本科，原重庆锰都工贸有限公司总经理，案发时任乌江实业（集团）有限公司董事局办公室副主任，户籍所在地为重庆市黔江区城西街道城西四路。因涉嫌贪污罪于2008年9月10日被取保候审。

被告人：凌某仁，男，1963年7月8日出生，汉族，大学本科，原重庆锰都工贸有限公司总经理，案发时任重庆武陵锰业有限公司总经理，户籍所在地重庆市南岸区铜元局所五段风临路。因涉嫌贪污罪于2008年9月10日被取保候审。

被告人：石某，男，1976年12月15日出生，汉族，大学本科，原重庆锰都工贸有限公司贸易部副部长、部长、副总经理，户籍所在地重庆市黔江区城西所八段新华大道西段，案发前暂住于重庆市渝北区鲁能新城。因涉嫌贪污罪于2008年5月31日被重庆市渝中区公安局抓获暂押于该局看守所，

同年 6 月 2 日被刑事拘留，同月 16 日被执行逮捕，同年 8 月 5 日变更为取保候审。

二、诉辩主张

（一）人民检察院指控事实

重庆市黔江区人民检察院指控被告人李某晋、彭某山、凌某仁、秦某品、石某犯贪污罪、被告人李某晋、彭某山犯国有企业人员失职罪。

公诉人指控：

贪污罪：

1. 被告人凌某仁任重庆锰都贸易有限公司总经理时贪污公款的犯罪事实：2005 年 3 月，重庆锰都工贸有限公司［原名重庆锰都贸易有限公司，以下简称锰都公司，系乌江实业（集团）有限公司的下级子公司，集团公司对下级子公司的高级管理人员实行委派制］总经理凌某仁与副总经理李某晋、财务负责人彭某山、贸易部部长石某等人商定，在开展正常电解锰销售业务的同时，做不开具增值税发票（以下简称不开票）的电解锰销售业务，并将不开票销售电解锰业务的经营利润不进入锰都公司财务账，这部分利润主要用于锰都公司一些不好处理的经费开支。2006 年年初总经理凌某仁与李某晋、彭某山、石某等人商量后，将公司 2005 年经营的不开票销售电解锰业务所赚的账外利润在知情人的范围内私分，被告人凌某仁、李某晋、彭某山、石某每人分 5 万元，给不知情的财务部副部长周某 2 万元、储运部杨某春 5000 元，共计分配了不开票销售电解锰业务的经营利润 22.5 万元。

2. 被告人秦某品任重庆锰都贸易有限公司总经理时贪污公款的犯罪事实：2006 年 3 月被告人秦某品受乌江实业（集团）有限公司委派，到锰都公司任总经理，其上任得知本公司在经营不开票销售电解锰业务且利润不上公司财务账的事情后，决定沿袭这一做法继续经营。2007 年 3 月，被告人秦某品、李某晋、彭某山、石某等人商量后将不开票销售电解锰业务的利润予以私分，其中秦某品、李某晋、彭某山、石某每人分 6 万元，给当时不知情的被告人凌某仁 3 万元、周某 2 万元、出纳冉某玲 1 万元、杨某春 5000 元，共计分配了不开票销售电解锰业务的经营利润 30.5 万元。

国有企业人员失职罪：

2007 年 3、4 月，锰都公司为扩大贸易范围，经研究决定与重庆市联飞机车有限公司（以下简称联飞公司）合作进行代理摩托车配件出口业务，于 2007 年 4 月 7 日与联飞公司签订了合作协议，并由时任副总经理的被告人李某晋直接管理领导这一业务，副总经理兼财务负责人即被告人彭某山从财务上予以配合支持。在履行双方签订的合同过程中，由于被告人李某晋、彭某山严重不负责任，不执行协议中关于支付货款的前提条件并在风险出现后不依照乌江实业（集团）有限公司的管理制度进行向上级公司进行专报，导致联飞公司以虚假出口的提单骗取锰都公司的预付货款。至2007年12月19日，经锰都公司与联飞公司对账，出现362.465144万元的直接经济损失。此后双方又继续签订协议进行合作，但在2008年的合作中，被告人李某晋、彭某山仍然不严格执行合同规定，致使联飞公司利用虚假提单骗取货款的行为继续进行，使锰都公司的损失进一步扩大，直至乌江实业（集团）有限公司介入才终止，到目前为止，重庆联飞机车有限公司法定代表人潜逃、公司停产，重庆锰都工贸有限公司至今共有515.92392万元货款不能追回。

案发后，5被告人对自己贪污及非法获取的公款均已清退。被告人李某晋、彭某山、凌某仁、秦某品在接到检察机关通知后，即按照要求到达指定地点并如实供述了自己参与和知道的犯罪事实。

（二）被告人辩解及辩护人辩护意见

被告人李某晋及其辩护人的辩护意见为：

关于贪污罪：（1）被告人李某晋不具备贪污的主观故意，因为被告人李某晋已给公司不知情的其他人员发放了此项不开票业务的收入；（2）涉案金额不准确，起诉指控被告人李某晋的犯罪金额为11万元，但是应当扣除按照公司统一规定的统销外业务应当计取30%～50%的奖金数额即3.4万元和2005年被告人李某晋应当按照公司副总经理级别分配的工资补差1.5567万元，故涉案金额应当为6.0433万元；（3）被告人李某晋不符合贪污罪的犯罪主体；（4）分配不开票业务的收入系公司领导班子集体讨论决定的，被告人李某晋的行为只是属于私分国有资产。

关于国有企业人员失职罪：（1）2007年9月前，被告人李某晋在锰都公司与联飞公司的合作中非直接管理的领导，无决定权，即使有过错也不应当负主要责任。2007年10月后，被告人李某晋没有担任职务，只系一名普通工作人员；（2）被告人李某晋在履行合同中不具有失职行为，因为合同中约定有押汇业务；（3）被告人李某晋的专业水平对联飞公司利用预借提单进行违规操作的形式无法预见，因为以被告人李某晋的国际贸易知识水平，其见到提单即可认为完备相关手续；（4）2007年12月19日后，被告人李某晋知道联飞公司在使用预借提单，但是其尽到了一名普通员工的义务；（5）涉案金额应当扣除2007年12月以前的3377.97万元应为137万元；（6）锰都公司的损失不确定，因为锰都公司已经对联飞公司提起民事诉讼，被提起诉讼的公司均具备一定偿还能力，故损失要待民事诉讼审理和执行完毕后才可确定；（7）锰都公司未出现严重亏损，其仍旧在良好运转，故未达到该罪规定的结果状态。总体上，被告人李某晋具有自首情节，已经退还所有赃款，认罪态度较好。

被告人彭某山及其辩护人的辩护意见为：

关于贪污罪，被告人彭某山及其辩护人提出不构成此罪。具体理由如下：（1）被告人彭某山不符合贪污罪的犯罪主体资格，2005年至2006年锰都公司不属于国有企业，因为当时国有企业的武陵锰业公司控股只有70%，另外30%的股份系民营企业重庆鑫辉公司控制。被告人彭某山在子公司锰都公司的任职不应当认定为其母公司乌江电力集团（国有公司）的委派，而是子公司锰都公司的选举产生；（2）本案中被侵占的财产不属于公共财产，因为锰都公司的财产中有30%的股份系民营企业重庆鑫辉公司控制；（3）本案中被告人彭某山所分得的钱系经营班子开会决定的，而非被告人彭某山的主观贪污行为；（4）指控被告人彭某山犯贪污的数额不清，不应当将未得到的2.8587万元认为犯罪（未遂），而且应当将分得的款项扣除按照公司统一规定的统销外业务应当计取的奖金数额。

关于国有企业人员失职罪，被告人彭某山及其辩护人提出不构成此罪。具体理由如下：（1）被告人彭某山的犯罪主体不符，理由同上罪意见；（2）锰都公司已经对联飞等公司提起民事诉讼，故损失尚不确定；（3）未造成锰都公司严重损失，因为该公司没有破产和运行一切正常；（4）被告人彭某山没有失职行为，其在锰都公司与联飞公司的合同中，没有决策权，只是履行程序性职责。全案中被告人彭某山具有自首情节，已经退还所有赃款，归案后认罪态度好。

被告人秦某品及其辩护人的辩护意见为：被告人秦某品的行为系私分国有资产而非贪污行为，具体理由如下：（1）被告人秦某品不具备贪污罪的主观故意，本案的本质系单位为职工"谋利"的行为；（2）本案不具备贪污罪的秘密性；（3）涉案金额不准确，不应当为6万元，应当将分得的款项中扣除按照公司统一规定的统销外业务应当计取的奖金数额，而且还应当扣除民营企业占的30%的份额。全案中，被告人秦某品具有自首情节，已经退还所有赃款，归案后认罪态度好。

被告人凌某仁及其辩护人的辩护意见与被告人秦某品及其辩护人的辩护意见基本一致。

被告人石某及其辩护人的辩护意见为：被告人石某的行为系私分国有资产而非贪污行为，具体理由如下：（1）本案各被告人的分得款项不是个人行为，而是锰都公司总经理办公会研究决定的，故应当属于单位行为；（2）被告人石某在 2006 年分得的 5 万元时,其系贸易部部长,无权左右单位领导的决策,该部分应当认定为不当得利;(3)涉案金额应当将分得的款项扣除按照公司统一规定的统销外业务应当计取的奖金数额;(4)被告人石某的对案件的发生作用较小;(5)被告人石某协助侦查机关到浙江等地对账破案,具有立功表现;(6)已经退还所有赃款,归案后认罪态度好。

三、人民法院认定事实和证据

（一）认定犯罪事实

重庆市黔江区人民法院经公开审理查明：乌江实业（集团）有限公司系国有企业。2004 年 6 月,乌江实业（集团）有限公司的子公司重庆武陵锰业有限公司持 70% 股份与鑫辉建筑工程有限公司持 30% 股份投资成立重庆锰都贸易有限公司（以下简称锰都公司）。2007 年 12 月 19 日进行股权转让,由重庆鑫辉建筑工程有限公司将持有的 30% 股份转让给武陵有限公司。这样该公司从此成为武陵锰业有限公司的全资子公司。2008 年 3 月 12 日该公司名称变更为重庆锰都工贸有限公司。乌江实业集团公司对下级子公司的高级管理人员实行委派后由子公司按照相关法定程序任免。期间,2004 年 9 月委派凌某仁担任副总经理、2004 年 9 月委派李某晋担任副总经理、2005 年 5 月委派彭某山担任财务负责人并于 2007 年 3 月起担任副总经理兼任财务负责人,2006 年 4 月委派秦某品担任总经理、2006 年 4 月委派石某担任副总经理。

具体犯罪事实：

各被告人占有不开票业务款项部分：

1. 被告人凌某仁任重庆锰都贸易有限公司总经理时的占有不开票业务款项事实：2005 年 3 月,重庆锰都工贸有限公司总经理凌某仁与副总经理李某晋、财务负责人彭某山、贸易部部长石某等人商定,在开展正常电解锰销售业务的同时,做不开具增值税发票（以下简称不开票）的电解锰销售业务,并将不开票销售电解锰业务的经营利润不进入锰都公司财务账,这部分利润主要用于锰都公司一些不好处理的经费开支。2006 年年初总经理凌某仁与李某晋、彭某山、石某等人商量后,将公司 2005 年经营的不开票销售电解锰业务所赚的账外利润予以私分,被告人凌某仁、李某晋、彭某山、石某每人分 5 万元,给不知情的财务部副部长周某 2 万元、储运部杨某春 5000 元,共计分配了不开票销售电解锰业务的经营利润 22.5 万元。当时锰都公司共有员工 11 人。

2. 被告人秦某品任重庆锰都贸易有限公司总经理时占有不开票业务款项的事实：2006 年 3 月被告人秦某品受乌江实业（集团）有限公司委派,到锰都公司任总经理,其上任得知本公司在经营不开票销售电解锰业务且利润不上公司财务账的事情后,决定沿袭这一做法继续经营。2007年3月,被告人秦某品、李某晋、彭某山、石某等人商量后将不开票销售电解锰业务的利润予以私分,其中秦某品、李某晋、彭某山、石某每人分6万元,给当时不知情的被告人凌某仁3万元、周某2万元、出纳冉某玲1万元、杨某春5000元,共计分配了不开票销售电解锰业务的经营利润30.5万元。当时锰都公司共有员工13人。

另查明,锰都公司2006年经营班子年薪及员工工资方案规定,效益年薪中包括统销内效益薪金加上统销外利润总额的30%作为基数予以考核发放,统销内利润指销售武陵锰业和三角滩所生产的电解锰产品,统销外利润总额指销售其他电解锰产品或者开展其他业务及费用节约产生的利润总额。案发后,5被告人对自己贪污及非法获取的公款均已清退。被告人李某晋、彭某山、凌某仁、秦某品在检察机关通知后,即按照要求到达指定地点并如实供述了自己参与和知道的犯罪事实。被告人石某归案后积极配合侦查机关寻找相关证人。

国有企业人员失职罪部分:

2007年3、4月,锰都公司为扩大贸易范围,经研究决定与重庆市联飞机车有限公司(以下简称联飞公司)合作进行代理摩托车配件出口业务。2007年4月7日锰都公司与联飞公司签订了合作协议,并由时任副总经理的被告人李某晋直接管理、领导这一业务,副总经理兼财务负责人即被告人彭某山从财务上予以配合支持。在履行双方签订的合同过程中,由于被告人李某晋、彭某山严重不负责任,具体失职行为:(1)违反合同中约定的锰都公司向联飞公司付款需要联飞公司提供等值的增值税发票而在没有增值税发票的情况下予以付款;(2)在风险出现后不依照乌江实业(集团)有限公司的管理制度向上级公司进行专报;(3)将监督联飞公司发货的方式由现场监督变为QQ照片的方式。于是导致联飞公司以虚假出口的提单骗取锰都公司的预付货款,至2007年12月19日,经锰都公司与联飞公司对账,出现362.465144万元的直接经济损失,此后双方又继续签订协议进行合作。但是在2008年的合作中,被告人李某晋、彭某山仍然不严格执行合同规定的不允许使用预押汇的方式交易,致使联飞公司继续使用虚假提单骗取货款,使锰都公司的损失进一步扩大,直至乌江实业(集团)有限公司介入才终止,到目前为止,重庆联飞机车有限公司法定代表人潜逃、公司停产,重庆锰都工贸有限公司至今共有515.92392万元货款未能追回。2008年1月,乌江实业(集团)有限公司发现该损失,停止李某晋其他职权,责成李某晋专门收回已押汇出现的风险款。2008年10月锰都公司已向重庆市第五中级人民法院对联飞公司、航都(厦门）国际货运代理有限公司及其重庆分公司、天津航都长兴国际货运代理有限公司提起民事诉讼，现未审结。

（二）认定犯罪证据

关于涉案公司和人员的基本情况、各被告人占有不开票业务款项的事实，有下列证据证明：

1. 书证、物证

（1）乌江实业集团公司关于5被告人的任职情况的说明，证实：乌江实业集团公司对下级子公司锰都公司的高级管理人员实行委派后再按照相关法定程序任免和任命本案五被告人的情况。

（2）重庆锰都贸易公司工资表，证实：5被告人2005年度12月、2006年度、2007年度均从该公司领取工资，进而证明5被告人系公司正式职工。

（3）重庆乌江实业集团有限公司关于各级子公司高管人员任命程序的说明，证实：各一级子公司高级管理人员的任命由集团公司总裁办公会负责审核推荐人员，各公司按照程序完善任命程序。二级子公司高级管理人员的任命采用集团公司统一推荐任命和子公司自主推荐报集团公司总裁办公会审定的方式进行。

（4）企业法人营业执照、股权结构说明书，证实：一是乌江实业集团有限公司是由3个国有企业投资设立的有限责任公司，属于国有公司；二是集团公司的各一级子公司的高级管理人员的任命由集团公司总裁办公会推荐，然后按公司章程完善任命程序，二级子公司高管人员采用集团公司统一任命和子公司推荐报集团研究方式进行，各级子公司高管人员任命文件要报集团公司统一备案。

（5）乌江实业集团公司关于财务管理制度，证实：各子公司财务负责人实行委派制。

（6）锰都公司法选举任职的会议决议、聘任文件、通知、议案等书证，证实：各被告人被乌江实业集团总裁委派后，到相应子公司任职，子公司按照公司法选举任职。

（7）本案涉及公司在工商局登记注册的设立申请书、公司章程及变更登记等书证，证实：重庆乌江实业集团有限公司由3家股东组成，3家股东均为国有股东。

（8）重庆武陵锰业公司设立登记及公司章程等书证，证实：重庆武陵锰业公司系由重庆乌江电力集团有限公司（9500万元）和重庆安黔实业开发有限公司（500万元）出资共同设立。从2006年3月开始安黔公司将持有的500万元股权全部转让给乌江有限公司。

（9）重庆锰都贸易有限公司设立登记书及公司章程等书证，证实：该公司为武陵锰业有限公司持70%股份和重庆鑫辉建筑工程有限公司持30%组成。2007年12月19日股权进行转让,从此成为武陵锰业有限公司的全资子公司。2008年3月12日该公司名称变更为重庆锰都工贸有限公司。

(10) 重庆锰都工贸有限公司关于公司内部管理及乌江实业集团对下级公司财务和人员管理的制度、关于审议公司统销外业务奖励方案的议案、重庆武陵锰业有限公司2006年、2007年重点工作目标考核责任书、重庆武陵锰业有限公司年重点工作目标考核责任书、重庆锰都公司关于统销外业务奖励的说明及3张凭证、外购外销业务分成奖金计提情况说明、电解锰产品外购外销经营业绩明细表、外购外销统计表及2006年167号凭证、2006年4月25日银行进账单、2005年度外销业务分成奖金发放表、2006年4月30日第276号凭证、乌江实业集团关于重庆锰都贸易有限公司2005年度经营目标责任审计报告、重庆锰都公司2006年第一次股东会议决议及相关附件、武陵锰业公司关于2007年度锰都公司兑现效益薪金的通知、乌江电力集团公司关于锰都公司财务收支审计报告、乌江实业集团公司关于重庆武陵日晟工贸有限公司2006年度薪金管理办法、未开票统计及付款明细表、个人经营利润分红奖、交通银行卡及销户资料、运费结算表及宁波方的收货证明、未开票业务统计表、不开槽商品销售明细表、不开票销售电解锰的相关进账单、委托书、收款记录、不开票商品采购明细表、金星特种锰业公司与锰都公司做不含税业务的明细账、秀山磊鑫电化厂明细账、三润矿业公司记账明细、记账凭证、发货单、付款委托书、锰都公司工资发放表等均证实各被告人占有不开票业务款项的事实。

2. 鉴定结论

重庆银河会计师事务所关于本案的财务资料鉴定报告书证实了各被告人占有不开票业务款项的事实。

3. 证人证言

(1) 证人曹某文(乌江实业集团公司总裁)、秦某(乌江实业集团公司董事局主席)、邓某(锰都公司总经理)、张某(原武陵锰业有限公司总经理)的证言,证实:锰都公司是乌江实业(集团)的子公司。被告人凌某仁、秦某品、李某晋、彭某山、石某这5个人都是乌江实业(集团)有限责任公司的正式员工,都是由集团公司总裁办公会研究决定后,委派到锰都公司担任领导职务的,锰都公司董事会根据集团公司总裁办公会的决定,依据《公司法》完善相应手续。

(2) 证人但某军、陈某友、吴某财、周某槐、曹某亿、龙某伟(该6个证人均系与锰都公司开展不开票业务的对象)、秦某、曹某文、邓某、张某、张某、陈某、刘某、张某文、黄某、雷某、周某、田某槐、冉某玲、杨某春、岳某的证言均证实了各被告人占有不开票业务款项的事实。

4. 被告人供述和辩解

被告人李某晋、彭某山、凌某仁、秦某品、石某在侦查阶段的供述和辩解等证据证实了上述事实。

关于国有企业人员失职罪部分的事实,有下列证据证明:

1. 书证、物证

(1) 协议二份证实:在第二份协议中,对第一次合作期间的欠款进行了确认。其中第一份协议中约定联飞公司提取款项必须有增值税发票,第一份协议中约定联飞公司不得使用押汇方式。

(2) 虚假提单及银行退回提单的说明,证实:联飞公司使用了虚假提单的事实。

(3) 财务划款凭证,证实:锰都公司对联飞公司的虚假提单在银行提现后予以划款。

(4) 失职行为过程中发生在2007年的真实业务及虚假业务提单内容证实:在2007年联飞公司真实出口业务共有14笔和对应于14笔真实出口业务的重庆锰都公司支付货款的银行及内部划款情况的相关依据、2007年15份虚假出口押汇及对应划款情况。这些虚假押汇的内容,重庆锰都公司全部在银行支付货款给联飞公司,联飞公司部分货款偿还。如此形成2007年年未收回货款。

(5) 失职行为过程中发生的2008年真实业务及虚假业务提单内容证实:9份2008年虚假出口业务提单复印件和7笔真实出口业务的报关单及核销单。

(6) 重庆海关统计的锰都公司出口业务汇总表、复制于重庆市公安局经侦总队的出口业务相关的报关单、进出仓库通知书、出口货物借支委托单、出口许可证、商业发票、装箱单、担保函、报关单等资料,证实:真实业务的程序。

(7) 锰都公司会议纪要:研究锰都公司发展战略调整和确定让被告人李某晋负责联飞公司欠款的追收。

(8) 锰都公司于2008年1月17日、20日、21日和2月1日分别向联飞机车公司支付货款60万元、20万元、30万元和75万元的凭证和在集团公司每月18日开会后,决定停止押汇后支付。但是集团开会后仍然支付了125万元的凭证。

(9) 锰业板块往来款项清理报告,证实:在锰都公司的往来款项清理报告中指出存在问题:截至2007年10月31日,多预付联飞公司款230.3万元,存在很大风险。

(10) 重庆联飞公司目前状态的现场照片一组,证实:联飞公司已经是人去楼空。

(11) 岳某提供的在业务进行过程中的由联飞公司发给其的照片，证实：其不通过现场监督来实施监督的行为存在。

(12) 重庆乌江实业集团公司关于请求对 5 名犯罪嫌疑人从轻处罚的函。

(13) 重庆银行及光大银行重庆分行出具的证明，证实：锰都公司向这两家银行押汇的共 9 份提单和 18 份提单，证实这些提单的虚假性存在。

(14) 重庆锰都工贸有限公司关于联飞机车业务损失说明。此案至 2008 年 9 月 21 日共造成直接经济损失 515.92392 万元。

(15) 账页 5 份，证实立案侦查期间，联飞公司归还了锰都公司 108.095066 万元的事实。

(16) 2007 年至 2008 年联飞公司收汇统计明细表证明，锰都公司共收回联飞公司货款 961.909534 万元，尚有 616 万余元未能在案发时收回。

2. 证人证言

(1) 证人秦某品的证言证实：2007 年 3 月，李某晋给其汇报，准备与联飞公司做代理摩托车配件出口的业务。其 2007 年 5 月调离锰都公司，在任时没有同意要给联飞公司垫付货款或者押汇，李某晋汇报时也没有说这个情况。

(2) 证人周某的证言证实：锰都公司换了多家银行办理摩托车配件出口押汇业务。换银行的原因是押汇业务的货款不能按时打入锰都公司在各银行的押汇专户，中信银行和光大银行给锰都公司作出过风险提示。事后都到锰都公司给李某晋和彭某山作了风险提示。

(3) 证人曹某文的证言证实：锰都公司与联飞公司做摩托车代理出口业务通过银行押汇的做法，没有向其和集团公司以及集团公司董事局主席秦某请示过，按集团公司规定，子公司没有融资的权利。后来通过查账发现风险增大到 600 多万元。

(4) 证人邓某的证言证实：锰都公司与联飞合作做进出口贸易业务，后来回款的渠道不正常。在中信银行和光大银行押汇，这两个银行后来发现有风险后，不做这个押汇业务了，后来就只有重庆银行一家做这个业务。

(5) 冉某军［乌江实业（集团）有限公司审计监察部部长］的证言证实：锰都公司与联飞公司做摩托车配件代理出口业务出现风险后没有收到正式的风险报告。被告人彭某山在《锰都公司往来款清理表》提到该风险，但是没有发现。

(6) 殷某菊（中国光大银行重庆分行客户经理）的证言证实：在 2007 年 5、6 月份，锰都公司拿了一些摩托车出口业务的单子到分行押汇。后来发现锰都公司押汇的专用账户到期后货款没及时回笼，便把情况向李某晋、彭某山和周某说明，后来又出现了几次相同情况。在李某晋的阻止下也没有向重庆乌江实业（集团）有限公司反映过该情况。

（7）证人岳某的证言证实：最初锰都公司与联飞公司所做的几单业务还比较顺利，到 2007 年 9 月，十几单业务全部没有回款，公司发现问题后就停止了给联飞公司押汇。2008 年 1 月，为了能够收回联飞公司欠款，决定继续与其合作，之后，联飞公司又在 10 天左右的时间里连续押了 10 单货，价值 200 多万元。

（8）证人明某国（联飞公司的法定代表人）的证言证实：其公司在交给锰都公司的提单有虚假的，具体有多少虚假的提单我不知道。

（9）证人苏某春（厦门航都国际货运有限公司的工作人员）的证言证实：在与联飞公司合作的过程中，其公司存在未接到联飞公司的货物或者装船的情况下，就开具了提单给联飞公司。但是联飞公司给我公司开具了保函。

（10）证人魏某章的证言证实：厦门航都国际货运公司与联飞公司之间有业务关系，24 张提单是厦门航都国际货运公司开具的，但这些业务都没有发生过。

（11）证人张某维的证言证实：联飞公司存在未实际出口之前从厦门航都公司取得提单，而后将提单交给锰都公司，骗取锰都公司的预付款的情况。2008 年 4、5 月份联飞公司已经停止生产活动了，现在老板明某国联系不上。

（12）证人杨某华的证言证实：联飞公司自 2008 年 4 月起，就因为债务纠纷而不能正常生产经营，期间发生过多次债权人堵门拉财物的事件，如今也是人去楼空。

（13）证人汪某的证言证实：重庆乌江实业集团有限公司的内部的财务管理，包括集团内部财务管理，集团对下级子公司的财务管理，在其公司的财务管理制度中基本展现清楚。

（14）证人王某军的证言证实：我是 2007 年 7 月进入航都厦门国际货运代理有限公司重庆分公司工作。这种没有货物出口发生的业务的提单因为无货可提，只能说明是虚假的提单。

3. 被告人供述和辩解

（1）被告人李某晋的供述证实：2005 年开始其主要负责锰都公司的国际贸易，联飞公司与锰都公司合作后，多笔款项没能及时回款，造成公司损失，直至公安机关介入。他承认没有将与联飞公司合作代理摩托车业务存在的风险及时、全面的给实业集团的领导汇报。

(2) 被告人彭某山的供述证实：公司副总经理李某晋负责与联飞公司的合作，一直到 2008 年的 1 月 18 日，联飞公司承诺的回款一直没有到位，这时候集团公司开会，确定由李某晋专门负责处理这些问题。最后，集团公司介入后直接终止了与联飞公司的合作。其承认对可能造成的损失，没有及时向集团公司汇报，负有责任。

四、判案理由

重庆市黔江区人民法院认为：关于本案犯罪主体要件的评判，本案中乌江实业（集团）有限公司系国有企业，2004 年 6 月，乌江实业（集团）有限公司的子公司重庆武陵锰业有限公司持 70% 股份与鑫辉建筑工程有限公司（民营企业）持 30% 股份投资成立重庆锰都公司，锰都公司系乌江实业（集团）有限公司的子公司，5 被告人的任职均系委派制，有乌江实业（集团）有限公司对下级子公司人事任命说明、锰都公司前任和现任总经理对任职程序的证言及各被告人对自己任职程序的供述等证据佐证，虽然乌江实业（集团）有限公司没有书面委派文件，但现有证据足已证明 5 被告人的任职均系委派制的事实，故 5 被告人符合国有企业工作人员的主体身份。

关于本案涉及金额的评判：（1）是否应扣除按照公司统一规定的统销外业务应当计取的奖金数额，本案各被告人开展的不开票业务本身具有逃税的违法性，锰都公司规定的统销外业务虽然是概括的，但是应具备合法性的收入和可以进入公司账务的鼓励性业务，不开票业务显然不在此之内，各被告人在当初计发奖金时亦未敢计入。故不开票业务的利润不应当属于可以计取的奖金数额的基数。（2）被告人秦某品的辩护人提出还应当扣除民营股东占的 30% 的份额，于法无据。（3）各被告人是否有其余奖金未计发而用不开票业务所得予以冲抵，从锰都公司的工资计发表和该公司的证明看，各被告人的奖金已全部计发，即使未全部计发，各被告人在分得不开票业务利润时，本身主观不具有冲抵之意思，奖金是否全部计发与犯罪本身无关联。（4）关于被告人彭某山案发时未取得的 2.8587 万元的认定，该款项在其参与的研究会中已确定分属被告人彭某山，被告人彭某山已着手实施犯罪，只是案发后未将该款项实际使用，故应当认定该款项为犯罪未遂数额。（5）关于被告人石某及其辩护人提出在 2006 年分得的 5 万元不开票业务利润不应当认定为犯罪金额的意见，证据显示，被告人石某参与了最初开展不开票业务的商议和分此业务利润的会议商议，其已积极参与了不开票业务的工作，其行为系明知自己不应当取得的财物，而予以取得，故该辩护意见不予以采信；被告人石某及其辩护人提出被告人石某具体立功情节，被告人石某的行为属于协助公安机关侦破本案，不属于立功行为，故该辩护意见不予以采信。

关于本案犯罪性质的评判，本案各被告人及其辩护人提出私分不开票业务利润的行为不构成贪污罪的辩护意见，经查，本案中分取不开票业务利润虽然没有进入公司正规财务账，但是该利润应当推定为公司财产，私分不开票业务利润的行为是锰都公司主要领导商议决定，在公司较大范围内将上述财产予以私分，具有一定的公开性、普遍性，应当认定为锰都公司的单位行为，本案中的各被告人系直接负责的主管人员和直接责任人员，均构成私分国有资产罪，故公诉人指控的犯罪性质不准，予以纠正。

关于被告人李某晋的辩护人提出的被告人李某晋不是主要领导，不具有决策权的辩护意见，经查，被告人李某晋系与联飞公司合作的主要负责人，对于其是否具有决策权不是本罪的构成要件，故该辩护意见法院不予以采信。

关于被告人李某晋的辩护人提出的被告人李某晋的国际贸易专业知识的欠缺，无法预见损失出现的辩护意见，被告人李某晋是否具备国际贸易专业，不影响其犯罪的构成，故该辩护意见法院不予以采信。

关于被告人李某晋的辩护人提出涉案金额应当认定为137万元的辩护意见，经查，被告人李某晋在第一期合同中就具有严重失职行为，应当对第一期的损失承担责任，故该辩护意见法院不予以采信。

关于被告人李某晋、彭某山及各自的辩护人提出的本案损失不确定的辩护意见，锰都公司现在已经有500余万元的损失，2008年10月锰都公司虽然已提起民事诉讼，但是不可抵消犯罪行为的存在。故该辩护意见法院不予以采信。

关于被告人彭某山的辩护人提出的被告人彭某山只是履行程序，没有任何决定权，不存在失职的辩护意见，经查，被告人彭某山作为财务负责人，在手续不齐备的情况下付款和不按照乌江实业集团的管理制度向上级公司汇报，同样具有失职行为。故该辩护意见法院不予以采信。

关于被告人李某晋的辩护人与彭某山的辩护人提出的锰都公司仍旧在经营，并没有破产的辩护意见，本罪不需要公司破产为构成要件，故该辩护意见法院不予以采信。

重庆锰都工贸有限公司违反国家规定，将国有资产集体私分给单位职工，数额较大。被告人凌某仁、秦某品系直接负责的主管人员，被告人彭某山、李某晋、石某系直接责任人员，5名被告人的行为均构成私分国有资产罪。被告人彭某山、李某晋严重不负责任，造成国有企业严重损失，致使国家利益遭受重大损失，被告人彭某山、李某晋的行为构成国有企业人员失职罪，公诉人指控被告人彭某山、李某晋犯国有企业人员失职罪的事实清楚，证据确实、充分,其指控罪名成立。依照《中华人民共和国刑法》第 69 条的规定,应当对被告人彭某山、李某晋实行数罪并罚。案发后,被告人凌某仁、秦某品、彭某山、李某晋主动投案,并如实供述其犯罪事实,均系自首,予以从轻处罚;被告人石某归案后协助侦破案件,予以酌情从轻处罚。5 被告人归案后,认罪态度好,具有一定的悔罪诚意,结合各被告人已将全部赃款予以退还,将各被告人置于社会上改造,不致再危害社会,故对各被告人予以宣告缓刑。

五、定案结论

重庆市黔江区人民法院依照《中华人民共和国刑法》第 168 条、第 396 条、第 52 条、第 67 条、第 69 条、第 72 条、第 73 条的规定,作出如下判决:

1. 被告人李某晋犯私分国有资产罪,判处有期徒刑 2 年,并处罚金 22 万元;犯国有企业人员失职罪,判处有期徒刑 2 年。决定合并执行有期徒刑 3 年,缓刑 5 年,并处罚金 22 万元。

2. 被告人彭某山犯私分国有资产罪,判处有期徒刑 2 年,并处罚金 22 万元;犯国有企业人员失职罪,判处有期徒刑 2 年。决定合并执行有期徒刑 3 年,缓刑 5 年,并处罚金 22 万元。

3. 被告人秦某品犯私分国有资产罪,判处有期徒刑 2 年 6 个月,缓刑 3 年,并处罚金 18 万元。

4. 被告人凌某仁犯私分国有资产罪,判处有期徒刑 2 年 6 个月,缓刑 3 年,并处罚金 15 万元。

5. 被告人石某犯私分国有资产罪,判处有期徒刑 1 年 6 个月,缓刑 2 年,并处罚金 18 万元。

六、法理解说

本案共有五名被告人,涉及的案情复杂,证据众多。5 名被告人具有国有企业工作人员身份,检察机关指控被告人犯贪污罪、国有企业人员失职罪,在庭审中,5 名被告人及其辩护人均辩称,5 人不构成贪污罪,应认定为私分国有资产罪,且认定的犯罪数额不对。最后法院判决的结果也将 5 人的行为定性为私分国有资产罪,支持了辩护人的意见。在实践中,由于贪污罪和私分国有资产罪有许多相同的外在表现形式,在具体构成上很容易混淆,有必要予以专门研究。下文将就这一问题进行详细论述,对本案涉及的争议不大的国有企业人员失职罪的部分不再分析。

就表现形式看，贪污罪和私分国有资产罪都属于我国刑法分则第八章"贪污贿赂罪"，侵犯的都是国家工作人员的职务廉洁性和公共财产的所有权；都有可能通过多名行为人共同决策的方式将国有资产占为己有；都可能发生在国家机关、国有公司、企业、事业单位、人民团体中；主观心态都是故意。但在本质上，两罪还是存在明显的差别。

第一，从犯罪主体的范围来看，贪污罪是自然人犯罪，它可以由所有的国家工作人员构成，还可以由受国家机关、国有公司、企业、事业单位、人民团体委托管理、经营国有财产的人员构成。我国刑法第93条对国家工作人员的含义进行了明确说明，即"本法所称国家工作人员，是指国家机关中从事公务的人员。国有公司、企业、事业单位、人民团体中从事公务的人员和国家机关、国有公司、企业、事业单位委派到非国有公司、企业、事业单位、社会团体从事公务的人员，以及其他依照法律从事公务的人员，以国家工作人员论"。根据这条的规定，以上主体都可以构成贪污罪。而对于私分国有资产罪的主体是什么，在学界还有争论。通说认为，本罪是单位犯罪，但对该罪的处罚采单罚制，即只能由国家机关、国有公司、企业、事业单位、人民团体中的直接负责的主管人员和其他直接责任人员承担刑事责任。也就是说，以上各机构中的直接负责的主管人员和其他直接责任人员既可能构成贪污罪，也可能构成私分国有资产罪，而这些机构中的其他从事公务的人员则只能构成贪污罪。

第二，从犯罪目的看，贪污罪有明确的非法占有的目的，行为人希望通过各种手段，非法将公共财物占为己有，以满足一己私欲；而私分国有资产罪则是为了单位利益，以单位成员共同非法分得国有财产为目的。我国刑法中规定的单位犯罪的特征包含"为了单位利益"的要求，私分国有资产罪也必须有这一目的，至于私分的人数多少则在所不问。

第三，从犯罪对象看，贪污罪的犯罪对象是"公共财物"，而私分国有资产罪中私分的必须是"国有资产"。公共财物的范围大于国有资产，后者除了国有资产以外，还包括集体所有的财产、用于扶贫和其他公益事业的社会捐助或者专项基金的财产，根据刑法的规定，"以公共财产论"的私人财产也属于公共财产的范围。

第四，从客观行为表现看，贪污罪主要是行为人利用职务便利，采用侵吞、窃取、骗取或者以其他手段非法占有公共财物，具有隐蔽性和秘密性；而私分国有资产罪则是违反国家规定，以单位名义集体私分国有资产的行为，体现的是单位的意志，具有一定的公开性。

第五，受益者范围不同。贪污罪中，受益人是实际参与贪污犯罪的人，范围较明确；而在私分国有资产罪中，由于集体参与私分，分到国有资产的人并不一定都是决策者，但也会从中受益，即私分国有资产罪的受益范围更广。

从本案的情况看，乌江实业集团有限公司是由3个国有企业投资设立的有限责任公司，公司性质属于国有。

从犯罪对象看，本案中不开票业务利润虽然没有进入公司正规财务账，但是该利润属于公司财产，结合上述对该公司性质的认定，这些款项属于国有资产的范围。私分不开票业务利润的行为是锰都公司主要领导商议决定，在公司较大范围内将上述财产予以私分，具有一定的公开性、普遍性，而且参与私分的人员占全体职工的比例较大，应当认定为锰都公司的单位行为。证人证言和相关书证都证实了两次私分的情况，且每次私分都是由公司经理、财务负责人等主要人员决定的，每次决定都经过商量，是集体行为。证人证言和书证等可以证实，2005年3月，被告人凌某仁与李某晋、彭某山、石某等人商定，在开展正常电解锰销售业务的同时，做不开具增值税发票的电解锰销售业务，并将不开票的经营利润主要用于锰都公司一些不好处理的经费开支。可见，这些都能反映出几名被告人处理单位经费开支、"为了单位利益"的主观心态，"集体私分"的表现与单位的整体意志之间是相对应的。

综上所述，本案中的各被告人属于国家工作人员，参与侵占的属于公共财产，但由于其整个行为的表现形式和受益范围具有一定的广泛性、公开性，决策也是为了单位利益，体现的单位意志，所以整体不符合贪污罪的客观行为、主观目的，不构成贪污罪。几名被告人系直接负责的主管人员和直接责任人员，应承担私分国有资产罪的刑事责任。

关于本案中的私分国有资产的数额认定，是否应扣除按照公司统一规定的统销外业务应当计取的奖金数额的问题。虽然锰都公司规定的统销外业务是概括的，但是应具备合法性的收入和可以进入公司账务的鼓励性业务，即这种统销外业务是公开、合法的，是对经营的一种鼓励，符合市场规律。本案各被告人开展的不开票业务本身具有逃税的违法性，不开票业务的性质与上述精神不符，各被告人在当初计发奖金时亦未敢计入，这些都说明其跟统销外业务无关。故不开票业务的利润不应当属于可以计取的奖金数额的基数。另外，关于被告人秦某品的辩护人提出还应当扣除民营股东占的30%的份额，于法无据，该说法不能表明上述私分国有资产的事实的合法性，因此不应在犯罪数额中扣除。

综上所述，法院认定的私分不开票销售电解锰业务的经营利润总数额达到53万元是正确的，本案定性准确。

（撰稿人：焦　阳）

案例56：钱某彪私分国有资产、挪用公款案

——私分国有资产罪中犯罪停止形态的认定

一、基本情况

案　由：私分国有资产、挪用公款

被告人：钱某彪，男，1967年8月25日生，汉族，大专文化，原系嘉善县物资汽车回收有限公司执行董事、法定代表人。因涉嫌贪污、挪用公款罪于2007年5月15日被刑事拘留，同月25日被逮捕，同年6月1日变更为取保候审。

二、诉辩主张

（一）人民检察院指控事实

浙江省嘉善县人民检察院指控：

被告人钱某彪于2003年1月至2006年5月，在担任嘉善县物资汽车回收有限公司回收科长、负责人、执行董事、法定代表人期间，经与本公司人员钱某强、金某、何某、李某坚等人商议，违反国家规定，将公司销售收入入在公司私设的"小金库"内，再以公司名义集体私分给公司员工，共计私分公款14.46万元，被告人钱某彪分得2.49万元。同时指控被告人钱某彪利用担任嘉善县物资汽车回收有限公司回收科科长、负责人的职务便利，于2004年6月1日将其保管的"小金库"中助动车改挂活动的销售收入计人民币10万元挪用给其姐用于购买住宅。至2004年11月1日，其姐姐将此款归还。公诉人认为，被告人钱某彪作为嘉善县物资汽车回收有限公司直接负责的主管人员，违反国家规定，以单位名义将国有资产共计14.46万元集体私分给个人，数额较大，其行为已构成私分国有资产罪；又利用职务之便，挪用公款计10万元归个人使用，数额较大，其行为已构成挪用公款罪。同时认为，被告人钱某彪一人犯二罪，应予两罪并罚。

（二）被告人辩解及辩护人辩护意见

被告人钱某彪辩称：起诉书指控其犯私分国有资产罪的犯罪事实中，这5000元一直在账上，其没有拿到手。

被告人钱某彪的辩护人的辩护意见是：（1）起诉书指控被告人钱某彪犯私分国有资产罪的犯罪事实中认定的6万元应当认定为犯罪未遂；（2）起诉书指控被告人钱某彪犯挪用公款罪无异议，但从挪用的数额和时间来看，情节轻微，根据有关司法解释，可以适用免予刑事处罚，且挪用公款一节应认定其自首。建议对其适用缓刑。

三、人民法院认定事实和证据

（一）认定犯罪事实

浙江省嘉善县人民法院经公开审理查明：

2003年1月至2006年5月，被告人钱某彪在担任嘉善县物资汽车回收有限公司回收科长、负责人、执行董事、法定代表人期间，经与本公司人员钱某强、金某、何某、李某坚等人商议，违反国家规定，将公司销售收入入在公司私设的"小金库"内，再以公司名义集体私分给公司员工，共计私分公款14.46万元，被告人钱某彪分得2.49万元。其中：

1. 2003年1月至2005年9月，被告人钱某彪先后17次与本公司钱某强、金某、何某、李某坚、倪某达6人以工资补贴、拖车费等名义将"小金库"中的回收废旧汽车废钢销售收入2.39万元予以集体私分，被告人钱某彪分得5350元。

2. 2004年1月至3月，被告人钱某彪先后4次与本公司钱某强、金某、李某坚、何某、倪某达、张某其7人以元旦劳务费、加班劳务费、补发工资等名义将小金库中的助动车改挂活动销售收入2.75万元予以集体私分，被告人钱某彪分得5800元。

3. 2006年1月，被告人钱某彪与本公司钱某强、金某、李某坚、何某5人以补发工资的名义将"小金库"中的助动车改挂活动销售收入2.52万元予以集体私分，被告人钱某彪分得6750元。

4. 2005年上半年，被告人钱某彪先后4次与本公司钱某强、金某、何某4人以拖车费名义将"小金库"中8000元予以集体私分，被告人钱某彪分得2000元。

5. 2003年2月至2006年5月，被告人钱某彪与本公司钱某强、金某、何某4人将"小金库"中的共计6万元以个人借款给公司的名义转到公司财务账上，其中被告人钱某彪5000元。

2004年6月1日，被告人钱某彪利用担任嘉善县物资汽车回收有限公司回收科科长、负责人的职务便利，将其保管的小金库中助动车改挂活动的销售收入计人民币10万元挪用给其姐钱某薇用于购买住宅。至2004年11月1日，钱某薇将此款归还。

另查明，案发后，被告人钱某彪家属退款5万元。

（二）认定犯罪证据

上述事实，有下列证据证明：

1. 书证

（1）扣押物品清单；

（2）记账凭证、现金交款单、支票存根、发放单、嘉兴诚州联合会计事务所关于嘉善县物资汽车回收公司涉案有关情况司法会计鉴证的审计报告、关于嘉善县物资汽车回收公司财务收支情况的审计报告、企业询证函、交易信息查询记录等；

（3）县计经委文件、特种行业许可证、县物资汽车回收公司及县中阳投资公司工商登记材料、股东会决议、变更登记材料、县府会议纪要、商管委文件、关于钱某彪的任职情况说明、案件移送登记表、案发经过、户籍证明等。

2. 证人证言

证人何某、金某、钱某强、李某坚、沈某源、赵某怀、倪某达、张某其、董某根、朱某明、钱某薇的证言。

3. 被告人的供述和辩解

被告人钱某彪的供述承认了上述事实。

四、判案理由

浙江省嘉善县人民法院认为：被告人钱某彪作为嘉善县物资汽车回收有限公司直接负责的主管人员，违反国家规定，以单位名义将国有资产共计14.46万元集体私分给个人，数额较大；又利用职务之便，挪用公款计10万元归个人使用，数额较大，其行为分别已构成私分国有资产罪、挪用公款罪，公诉人指控其罪名均成立，依法应予支持。被告人钱某彪一人犯二罪，应予二罪并罚。

关于被告人钱某彪及其辩护人在庭审中提出的关于5000元一直在账上，没有拿到手，6万元应认定为犯罪未遂的辩解及辩护意见，经审理认为，被告人钱某彪作为嘉善县物资汽车回收有限公司直接负责的主管人员，将公司收入存入"小金库",又以个人借款名义从"小金库"转入公司财务账上,形成了个人与公司之间的债权、债务关系,同时也实现了对国有资产的私分,应当认定为犯罪既遂。对被告人及其辩护人就此提出的辩解及辩护意见,不予采纳。关于辩护人提出的挪用公款一节应认定为自首的辩护意见,经审理认为,被告人钱某彪在中共嘉善县纪律检查委员会已经掌握其挪用公款事实的情况下,在该委找其谈话间,供述了挪用公款的事实,故不应认定为自首。辩护人就此提出的辩护意见不予采纳。

被告人钱某彪挪用公款10万元,在案发前全部归还,依法可以从轻处罚,但根据被告人挪用公款的数额,不宜对其免除处罚。辩护人就此提出的辩护意见不予采纳。被告人钱某彪案发后,认罪态度较好,退清赃款,可酌情从轻处罚。根据被告人钱某彪的犯罪情节和悔罪表现,可以对其适用缓刑,辩护人就此提出的辩护意见予以采纳。

五、定案结论

浙江省嘉善县人民法院依照《中华人民共和国刑法》第396条、第384条、第69条、第72条、第64条及最高人民法院《关于审理挪用公款案件具体应用法律若干问题的解释》第2条第1款第1项的规定,作出如下判决:

1. 被告人钱某彪犯私分国有资产罪,判处有期徒刑8个月,并处罚金人民币1万元;犯挪用公款罪,判处有期徒刑2年;两罪并罚,决定执行有期徒刑2年6个月,缓刑3年,并处罚金人民币1万元。

2. 退款5万元,其中1.99万元上缴国库,余款3.01万元由扣押机关嘉善县人民检察院依法处理。

六、法理解说

私分国有资产罪与挪用公款罪都是实践中的多发案例,都属于职务犯罪的范畴。这类犯罪的行为人往往利用各单位对国有资产的管理漏洞,向公款伸出"黑手",想方设法把自己经手、管理的国家财产控制到自己手中,为自己所用。因此,这两类犯罪都侵犯了国家工作人员的职务廉洁性,违背了其工作职责,在社会上影响恶劣,历来为民众所痛恨。钱某彪私分国有资产、挪用公款案在当地曾引起较大反响,案件中涉及私分国有资产罪未遂与既遂的界定问题、挪用公款罪的量刑问题等,值得深入研究。本文就着重对上述第一个问题进行分析。

(一) 私分国有资产罪未遂的特征

私分国有资产罪在我国刑法中是指国家机关、国有公司、企业、事业单位、人民团体，违反国家规定，以单位名义将国有财产集体私分给个人，数额较大的行为。本罪是单位犯罪，只处罚直接负责的主管人员和其他直接责任人员。作为数额结果犯，同时也是直接故意构成的犯罪，本罪存在预备、中止、未遂等停止形态。对该罪未遂的判断要结合刑法总则第 23 条关于未遂的一般规定和本罪的具体犯罪构成进行。

犯罪未遂的条件有三个：着手实行犯罪；由于犯罪分子意志以外的原因；犯罪未得逞。"着手"作为犯罪实行行为开始的标志，对其判断历来有客观说、主观说、折中说等多种学说。客观说是古典学派的观点。这种观点主张从客观事实出发来确定着手的概念，认为是否属于实行行为的着手，不应以行为人的主观意思为标准，而应以行为自身的客观性质为依据。该学说又包含形式的客观说与实质的客观说之分。前者是指，实行的着手以实施一部分符合构成要件的行为（显示构成要件特征的行为）为必要，而且以此为已足。而后者认为，应以实质标准认定着手。实质的客观说又分为实质的行为说与实质的结果说。实质的行为说认为，开始实施具有实现犯罪的现实危险性的行为时就是实行的着手。实质的结果说认为，当行为发生了作为未遂犯的结果的危险性时，即法益的危险性达到了一定程度时，才是实行行为的着手。[①] 主观说来自新派的立场，该观点认为，行为人意思的危险性或者说犯罪意义被发现时被认定为实行行为的着手。折中说将上述两种观点加以调和，认为应该从行为人的全部计划观察其侵害法益的危险性是否迫切并以此作为认定犯罪实行行为着手的标准。以上几种观点有各自的进步意义，但也不可避免地存在片面性的弊端。只有将主客观两方面有机统一起来，以犯罪构成要件为指导，才能对"着手"进行科学的判断。通说认为，着手必须同时具备主客观两方面的特征。从客观上看，行为人已开始直接实施具体犯罪构成客观方面的行为；主观上，行为人实行犯罪的意志已通过客观实行行为的开始充分表现出来。只有主客观特征相结合，才能从整体上反映行为的性质，作出科学的判断。

同样，私分国有资产罪的未遂首先要满足着手实行私分国有资产的犯罪行为的要求。这是指犯罪单位已经开始实行刑法分则所规定的私分国有资产犯罪的客观构成要件的行为，同时该行为已能反映出犯罪单位希望追求集体私分的犯罪意志。由于国有资产的种类不同，因此，着手的表现形式也不尽相同。对

---

① 以上观点转引自赵秉志：《论犯罪实行行为着手的含义》，载《东方法学》2008 年第 1 期，第 15~16 页。

于有形的国有资产,往往表现为单位主管人员进行决策,开始对国有资产的直接控制;而对于无形的国有资产,如专利权、商标权等,则表现为开始非法使用。私分国有资产犯罪的着手标志着私分国有资产犯罪已经进入实行阶段和私分国有资产实行行为的开始,同时也标志着私分国有资产犯罪的预备阶段和预备行为的结束。在这里要注意的是,为了将本罪的未遂和既遂区分开来,要以本罪所保护的法益为指导,对实行行为的限度进行符合法益的保护要求的解释。本罪的法益是国家工作人员的职务廉洁性和国有资产的所有权,如果单位直接负责的主管人员和其他直接责任人员已经决策并进行了私分,则对本罪法益的威胁便已上升到危害,行为便已既遂。

构成犯罪未遂的第二个条件是意志以外的原因。根据我国刑法通说,意志以外的原因的标准应当是"足以阻止犯罪意志的原因"。可见对该原因的要求既有"质"还有"量"方面的因素,这也是区分犯罪未遂与犯罪中止的最重要条件。对于私分国有资产罪来说,在司法实践中,属于"意志以外的原因"多种多样,如认识错误、将集体所有的财产误认为国有资产予以私分、审计机关或监察机关的及时介入以及客观自然条件的阻碍等都可以被认定为"意志以外的原因"。在认定"意志以外的原因"时原则上应当以"足以阻止犯罪意志"作为认定标准,"意志以外的原因"包括各种各样对于完成犯罪具有不利影响的因素,但无论哪种不利因素,都必须达到足以阻止犯罪意志的程度,才能被认定作为私分国有资产犯罪未遂的"意志以外的原因"。对于"意志以外的原因"的判断更多的是从行为人主观上进行的,而并非客观上,该因素一定要达到阻止行为人犯罪的程度。如私分国有资产罪中的行为人由于认识错误,认为上级机关查账等行为已经发现了本单位有私分国有资产的事实,而不得不停止进一步的私分活动的,可以认定为"意志以外的原因"。

构成犯罪未遂的第三个条件是犯罪未得逞,这也是犯罪未遂与既遂的最主要的区分标准。关于如何判断"得逞",要结合犯罪既遂的概念进行。在中外刑法理论中,关于什么是犯罪既遂,有以下三种观点:

第一,结果说。该说主张犯罪既遂是故意实施犯罪行为并且造成了法定犯罪结果的情况。苏联刑法学家特拉伊宁就是这种主张的较早的代表人物。

第二,既遂的目的说。该说认为犯罪既遂就是行为人故意实行犯罪行为并且达到了其犯罪目的。该说立足于行为人的主观方面,部分国家的立法例也认可了这种观点。

第三,既遂的实际损害说。该说认为必须是犯罪行为对刑法所意图维护的法益造成了实际损害,才能认定为犯罪既遂。①

第四,构成要件齐备说。该说立足于我国刑法中的犯罪构成要件,认为行为必须齐备了具体犯罪构成的主客观全部构成要件才能认定为既遂,其他标准都不适宜。这也是我国刑法学的通说。

总体来看,我国刑法分则规定的犯罪既遂类型有结果犯、行为犯、危险犯、举动犯 4 大类,不同的犯罪既遂类型所要求的行为内容有较大差别。比如说,除结果犯外,其他几种类型并不存在构成要件的结果,采结果说无法涵盖所有的犯罪类型;实际损害说也是如此,行为犯等并不存在实际损害,采该说不具有通行性;对于既遂的目的说,目的实现才能构成既遂,使"犯罪得逞"的标准靠后,不利于法益保护,更何况不少犯罪并不存在明确的犯罪目的,采该说也无法贯彻到底。综合来看,通说的观点较为合理,以上 4 种犯罪既遂类型都可以采此说。当然,对于第四种学说,把其名称修订为"犯罪构成要件全部要素齐备说"或许更为合理。

私分国有资产罪究竟是否存在未遂形态,在理论中还有一些争议,而争议的焦点就在于未遂的第三个条件"犯罪未得逞"在本罪中该如何认定。本罪属于结果数额犯,对其是否得逞的判断要结合其构成要件要素,并针对结果犯的性质进行。我国刑法第 396 条把私分国有资产行为对国有资产造成侵害的数额大小,作为处罚档次的主要依据,"数额较大"是特定的危害结果,属于构成要件要素。因此,实际数额的大小——结果的严重程度成了私分国有资产罪既遂状态的必备要件,只有私分国有资产行为但没有国有资产被侵害的实际结果的,就不具备第 396 条规定的全部要件。② 私分国有资产罪的法益是国家工作人员的职务廉洁性和国有资产所有权,从这点来看,犯罪单位非法控制了国有资产所有权,便造成了法益损害的结果,同时考察其主观方面,便可认定其充足了构成要件要素。结合诈骗罪、盗窃罪既遂的认定标准,"控制说"是我国的通说,而私分国有资产罪的既遂标准也采用"控制说"是合理的。

由于本罪侵犯的并非是单一法益,所以有观点认为,只要一开始着手实施本罪的行为,对国家工作人员职务廉洁性的侵犯便已完成,行为便达到既遂。这种观点没有完全贯彻"犯罪构成要件要素齐备说"的观点,而只是片面采用法益说,况且该观点没有考虑本罪是结果犯的事实,把本罪当行为犯看待,因此得出了错误结论,不符合刑法的立法精神。总之,笔者认为,对私分国有

---

① 参见刘之雄:《关于故意犯罪既遂标准的再思考》,载《法商研究》1998 年第 6 期,第 89 页。
② 参见陈雯菁:《论私分国有资产罪》,郑州大学 2004 年硕士学位论文,第 22 页。

资产罪的既未遂的考察，不能脱离本罪的全部构成要件要素，在具体区分标准问题上，"控制说"更为合理，而且于法有据，便于实践操作。

(二) 本案既未遂的认定

在本案中，被告人钱某彪作为嘉善县物资汽车回收有限公司直接负责的主管人员，将公司收入存入"小金库"，又以个人借款名义从"小金库"转入公司财务账上，形成了个人与公司之间的债权、债务关系，由于该层关系的存在，就算相关行为人并没有实际获得这笔款项，且该款项还在账上，但公司已经附上了债务，相当于个人将这笔款项的所有权从国家所有转变为个人所有，完成了对国有资产的控制。将公司收入存入"小金库"的行为已表现出对国有资产的直接控制，反映出了犯罪单位追求集体私分该笔款项的意志，根据"控制说"，此行为已符合"犯罪得逞"的条件，应将此数额计入被告人整体私分国有资产的数额当中。从其他几次私分国有资产的行为上看，每次私分都是经过与本公司人员商议的，且国有资产存入"小金库"后都以各种名义私分给个人，款项都已到达个人手中，都属于犯罪既遂。因此，本案中，被告人钱某彪违反国家规定，以单位名义私分国有资产的数额应认定为14.46万元，均属既遂。故法院的判决是正确的。

(撰稿人：焦　阳)

案例57：袁某文等私分国有资产、贪污案
——私分国有资产罪中的量刑问题

一、基本情况

案　　由： 贪污、私分国有资产

被告人： 袁某文，男，1961年4月15日出生，汉族，出生地广西壮族自治区玉林市，户籍所在地广州市越秀区永福路，大学本科，原系广州市人防项目开发中心主任。因本案于2009年12月29日被刑事拘留，2010年1月11日被逮捕。

被告人： 肖某卫，女，1960年1月14日出生，汉族，出生地新疆维吾尔自治区乌鲁木齐市，户籍所在地广州市越秀区先烈中路97号大院，大专文化，原系广州市人防项目开发中心副主任。因本案于2009年12月29日被刑事拘留，2010年1月11日被逮捕。

被告人： 张某山，男，1951年8月30日出生，汉族，出生地河南省确山县，户籍所在地广州市越秀区流花路，大专文化，原系广州市人防通信站调研员，曾任广州市人防项目开发中心党支部书记。因本案于2009年12月29日被刑事拘留，2010年1月11日被逮捕。

被告人： 苗某霞，女，1967年11月12日出生，汉族，出生地河南省固始县，户籍所在地广州市荔湾区沙面大街，初中文化，原系广州市人防项目开发中心办公室主任。因本案于2009年12月29日被广州市南沙区人民检察院取保候审，2010年12月29日由法院取保候审。

二、诉辩主张

（一）人民检察院指控事实

广东省广州市人民检察院指控：

私分国有资产罪：

2004年初，广州火车站人防工程管理所（2008年1月改为广州市人防项

目开发中心）经时任所长的被告人袁某文与时任副所长的被告人肖某卫、时任党支部书记的被告人张某山决定，对国家"平战结合"专项资金采用虚开发票冲账套现的方法，按照所领导、中层干部、普通职工三个标准以"过节费"名义进行发放，并安排时任该所行政人事部副部长的被告人苗某霞负责具体操办。从2004年年初至2009年3月，广州火车站人防工程管理所发放现金人民币84.87万元、发放购物卡价值人民币38.12万元，共私分国有资产人民币122.99万元。

贪污罪：

2005年12月，被告人袁某文、肖某卫、张某山利用职务上的便利，决定使用公款购买个人商业保险，被告人苗某霞具体办理相关套取公款交保的事宜。从2005年12月至2009年3月，被告人袁某文、肖某卫、张某山和苗某霞共同贪污公款人民币72.89万元用于购买个人商业保险，其中被告人袁某文个人实际分得22.57万元，被告人肖某卫个人实际分得22.97万元，被告人张某山个人实际分得22.47万元，被告人苗某霞个人实际分得4.88万元。

2004年年初至2009年3月，被告人袁某文利用职务上的便利，将自己在广州友谊商店购买的个人生活用品的发票在单位账上报销，共计侵吞公款人民币634469.82元。

2005年年初，被告人袁某文利用职务上的便利，在单位账上借支现金人民币2.4万元，兑换成约3000美元用于出国期间的个人消费，并另找发票以购买食品、花木等名义将该借支款平账。

2009年1月5日，被告人袁某文利用职务上的便利，在单位账上借支现金兑换成2000欧元（折合人民币19076.4元）用于出国期间的个人消费，并另找发票以办公用品等名义将该借支款平账。

2004年年初至2009年3月，被告人肖某卫利用职务上的便利，将自己在广州友谊商店购买的个人生活用品的发票在单位账上报销，共计贪污公款人民币110811.8元。

2004年年初至2009年3月，被告人肖某卫利用职务上的便利，购买大量的假餐饮发票并以接待费的名义在单位账上报销，共计贪污公款68.4038万元。

公诉人认为被告人袁某文、肖某卫、张某山、苗某霞的行为均已构成私分国有资产罪、贪污罪。被告人袁某文、肖某卫、张某山、苗某霞犯罪以后自动投案，如实供述自己的罪行，是自首，依法可以从轻或者减轻处罚。

（二）被告人辩解及辩护人辩护意见

被告人袁某文对起诉书认定的事实基本不持异议，但辩解其出国期间向单位借支的款项并非用于个人消费，而是用于集体餐饮和购买纪念品，请求从轻处罚。

被告人袁某文的辩护人认为：（1）广州市人防项目开发中心发放的"过节费"属于民防公司正常企业运作成本部分，不属于扣除企业经营成本的经营收益，也非国家投资人防办工程所形成的收益，且该资金开支均报市人防办审核通过，公诉人指控被告人犯私分国有资产罪的证据不足、定性错误；（2）被告人袁某文在案发前主动、有效地停止用公款购买商业保险的行为，应认定有主动中止犯罪的法定减轻情节；（3）袁某文领取出国费解决出访过程中一些额外费用的支出，其庭审所称费用开支去向有一定的合理性，不宜认定为犯罪；（4）袁某文主动投案自首，认罪态度较好，积极退赃，有悔罪表现，恳请法庭对其减轻处罚。辩护人还提供了相关书证证实其辩护意见。

被告人肖某卫对起诉书认定其犯罪的事实不持异议，请求从轻处罚。

被告人肖某卫的辩护人认为：（1）广州市人防项目开发中心发放过节费的资金不属于国有资产，被告人在决定发放过节费时依照规定不必专门向"人防办"提出申请，而在账目中不直接列明的做法只是违反了财务管理的相关规定，属一般行政违法行为，不构成私分国有资产罪；（2）被告人肖某卫有决定退保、停缴保费、交还保单、取消保险账户的行为应当认定为犯罪中止；（3）肖某卫有自首、退赃情节，认罪态度较好，建议法庭从轻处理。

被告人张某山对起诉书认定其犯罪的事实基本不持异议，请求考虑其能主动投案自首并退赃的情节对其从轻处罚。

被告人张某山的辩护人认为：（1）广州市人防项目开发中心发放的"过节费"不属于国有资产的范畴，被告人张某山负责党务、治安和消防工作，对财务问题无权决定，其不应当为单位发放"过节费"的行为承担责任；（2）张某山在集体开始决定买保险的时候提出过反对意见，其个人犯意不强烈、主观恶性轻微，在共同犯罪中不起什么作用，是从犯；（3）张某山于2008年4月调离广州市人防项目开发中心，故不应对之后购买的保险费67200元承担责任；（4）张某山在纪委"双规"之前于2009年12月19日主动到上级部门说明情况，写出检讨并全部退出保费。综上所述，被告人张某山犯罪情节显著轻微，影响和危害不大，建议法庭对其免予刑事处罚。

被告人苗某霞对起诉书认定其犯罪的事实不持异议，请求考虑其是受领导安排参与犯罪，有自首、退赃情节对其从轻处罚。

被告人苗某霞的辩护人认为：（1）现有证据不能确定人防工程的平战结合收入属于国有资产，被告人苗某霞执行领导决策，没有私分国有资产的直接故意，不构成私分国有资产罪；（2）苗某霞无权决定购买保险，只是执行领导决定，在共同犯罪中起次要和辅助作用，是从犯；（3）苗某霞犯罪数额较小,且能积极退赃,检举揭发他人犯罪行为,提供破案线索,有立功表现。综上,请求法庭对其免除处罚。

三、人民法院认定事实和证据

(一) 认定犯罪事实

广东省广州市中级人民法院经公开审理查明:

1992年12月,广州市民防经贸发展公司(以下简称民防公司)成立,为独立核算、自负盈亏的全民所有制企业,归广州市人民防空办公室(以下简称人防办)管理。1996年2月,广州火车站人防工程管理所(以下简称火车站管理所)成立,人员经费自筹解决,为人防办属下的事业单位。同年6月,民防公司的行政权和经营管理权完全与人防办脱钩,转由火车站管理所接管。2002年12月,被告人袁某文任火车站管理所所长、被告人肖某卫任副所长、被告人张某山任党支部书记。从2003年5月起,被告人苗某霞担任火车站管理所行政人事部负责人。2007年12月,广州市人防项目开发中心(以下简称开发中心)成立,负责市一级直属人防工程项目的筹建、维护、经营管理以及平时开发利用工作,同时撤销火车站管理所。被告人袁某文、肖某卫、张某山、苗某霞的职务相应地变更为开发中心主任、副主任、党支部书记、办公室主任。2008年5月,被告人张某山调入人防通信站工作。

2004年年初,被告人袁某文、肖某卫、张某山未经上级部门批准,擅自决定对单位管理的火车站公用人防工程开发利用所收取的平战结合收入用于发放"过节费",并安排被告人苗某霞先从财务借支现金按照所领导、中层干部、普通职工三个标准进行发放,再安排苗某霞用发票虚列开支冲账。至2009年3月,火车站管理所及开发中心先后发放现金84.87万元、发放购物卡价值38.12万元,共私分国有资产122.99万元。其中,被告人袁某文、肖某卫个人分得现金、购物卡合计约14.72万元,被告人张某山个人分得现金、购物卡合计约12.8万元,被告人苗某霞个人分得现金、购物卡合计约8.98万元。

2005年12月,被告人袁某文、肖某卫、张某山利用职务上的便利,决定使用公款购买个人商业保险,并安排被告人苗某霞用发票虚列开支套取公款缴纳保费。从2005年12月至2009年3月,4名被告人一共套取公款72.89万元用于分期缴纳保费,其中被告人袁某文共贪污公款22.57万元用于缴纳保费;被告人肖某卫共贪污公款22.97万元用于缴纳保费;被告人张某山共贪污公款22.47万元用于缴纳保费;被告人苗某霞共贪污公款4.88万元用于缴纳保费。

2004年初至2009年3月，被告人袁某文利用职务上的便利，将自己个人消费的发票在单位账上报销，共计贪污公款677546.22元。

2004年年初至2009年3月，被告人肖某卫利用职务上的便利，将自己个人消费的发票以及购买的假发票在单位账上报销，共计贪污公款794849.8元。

案发后，被告人袁某文、肖某卫、张某山、苗某霞向司法机关投案自首，被告人袁某文退赃50万元、被告人肖某卫退赃72.3万元、被告人张某山退赃22.47万元、被告人苗某霞退赃4.88万元。

（二）认定犯罪证据

综合证据：

书证

（1）《关于成立广州市民防经贸发展公司的批复》、《关于成立广州火车站管理所的批复》、《关于组建广州市人防项目开发中心等问题的批复》，证实民防公司、火车站管理所、开发中心成立的时间、性质。

（2）《人防办会议纪要》、《关于移交民防公司产权及管理权的协议》，证实人防办将其投资组建的民防公司移交给火车站管理所的主管，公司领导由管理所领导兼任，一套班子两个牌子，其职能与管理业务不变。

（3）《人防办党组会议纪要》，证实2008年2月1日，人防办决定将原广州火车站人防工程管理所的职能、资产、债权债务全部转入广州市人防项目开发中心，民防经贸发展公司转入开发中心名下。

（4）《关于市人防办项目开发中心单位性质、资金来源性质及资金使用规定情况说明的函》及4份附件，证实市人防项目开发中心是人防办下属经费自筹解决的事业单位。市人防项目开发中心资金来源主要是广州火车站人防工程平战结合收入。市人防项目开发中心收取的平战结合收入一部分上缴市人防办，由市人防办上缴市财政按收支两条线管理，一部分作为该中心日常的经营成本性支出，按照《人民防空财务管理规定》开展成本核算。

（5）《关于下达火车站管理所2004年度经济指标的通知》、《关于直属事业单位2004—2006年度经济指标完成情况检查的通报》、《火车站管理所2004—2006年度经济指标完成情况》，证实火车站管理所2004—2006年度经济指标完成的情况。

（6）《市人防办直属事业单位分配试行办法》、《关于事业单位领导人员兼职、取酬问题的暂行规定》，证实市人防办直属事业单位的具体分配方案要上报人防办机关秘书处、计划财务处审核，报主管领导批准后方可执行。事业单位领导人员在下属公司兼职的，不准报销与兼职单位业务工作无关的任何费用。

（7）《广州市人民防空办公室下级单位财务咨询报告》，证实2008年民防公司有部分租金及管理费未上交人防办，存在截留财政收入的问题。

（8）《广州市审计局审计报告》、《关于少缴部分平战结合收入问题意见的函》，证实2004年至2008年，由于市人防办对民防公司利用人防工程取得的部分平战结合收入未按收支两条线规定进行管理和核算，造成少缴平战结合收入2498.47万元。民防公司坐支了应当上缴的上述平战结合收入，其中以饮食发票、办公用品等名义列支费用金额达912.1万元。

（9）《关于广州市人防项目开发中心领导班子成员工作分工情况的通知》，证实被告人袁某文任开发中心主任，主持全面工作；被告人张某山任开发中心党支部书记，分管保安消防工作；被告人肖某卫任开发中心副主任，分管行政、文秘和各项后勤保障等工作。

（10）《关于广州市人防项目开发中心及民防公司人员有关情况的说明》、《党组会议纪要》、《关于广州市人防项目开发中心领导班子成员工作分工调整的通知》、《苗某霞同志的基本情况》，证实2003年至2009年，被告人袁某文先后担任火车站管理所所长、开发中心主任兼党支部书记，被告人张某山担任火车站管理所党支部书记，被告人肖某卫先后担任火车站管理所副所长、开发中心副主任，被告人苗某霞先后担任火车站管理所行政人事部副部长、部长、开发中心办公室主任。

（11）破案报告，证实被告人袁某文、张某山、肖某卫、苗某霞均有自首情节。

（12）《广东省暂时扣留财务收据》、《广东省人民法院案款收据》，证实被告人袁某文及其家属退赃50万元、被告人肖某卫及其家属退赃72.3万元、被告人张某山退赃22.47万元、被告人苗某霞退赃4.88万元。

（13）广州市民防办《关于请依法对袁某文、肖某卫、张某山、苗某霞等四人从轻处罚的函》，证实袁某文、肖某卫、张某山、苗某霞在开发中心工作期间能够积极工作，努力创收增效，请求法院依法对4人从轻处罚。

私分国有资产罪部分的证据：

1. 书证

借支冲账用于私自发放过节费的发票明细表、费用报销单、发票，经被告人苗某霞签认，证实凭证号为2004年1月5日到2009年2月24日的527张单据经被告人袁某文、肖某卫审批同意，由苗某霞经手报销冲账，用于单位私自发放过节费。

2. 鉴定结论

诚安信司法鉴定所［2010］会鉴字第024号司法鉴定检验报告书，证实苗某霞确认由其本人报销冲账以过节费名义发给员工的单据527张、金额

149.3065 万元。

3. 证人证言

（1）证人区某兰的证言，证实 2004 年至 2009 年，其单位工资人员除了领取工资外，还领取过节费等额外收入。上述违规支出的资金因为是苗某霞通过虚开发票套取现金出来发放的，所以在账上没有真实反映。

（2）证人钟某华的证言，其单位以前是以节日费名义直接做发放表签名发放钱物，但 2004 年人防办开会后，袁某文、张某山和肖某卫决定以虚列开支虚假入账的方式套取单位资金来发放过节费。

（3）证人赵某、李某婷、蒋某英、李某娜、陈某勇、伍某群、江某云、黄某敏的证言，证实从 2004 年至 2009 年，开发中心（前身火车站管理所）违规发放过节费的情况。

（4）证人欧某、周某的证言，证实项目开发中心的资金来源主要是广州火车站人防工程的停车费和商铺租金，都是平战结合收入。2007 年、2008 年，开发中心都没有完成上缴任务，人防办曾经发现开发中心费用成本过高，要求降低费用。

4. 被告人供述和辩解

（1）被告人袁某文的供述，证实其单位的资金来源全部为公用人防工程场地出租的收益，均属平战结合收入。2004 年，经与张某山、肖某卫商量后其决定另找发票冲账套取现金发放过节费，这种做法一直延续到 2009 年，没有向上级机关报告。

（2）被告人肖某卫、张某山的供述，均证实其与袁某文等商量并由袁某文决定对单位管理的火车站公用人防工程开发利用所收取的平战结合收入用于发放"过节费"。

（3）被告人苗某霞的供述，袁某文、张某山、肖某卫开会商量由袁某文决定采取另找发票充账套取现金发放过节费等，会后，肖某卫指示其具体执行。从 2004 年至 2009 年其经手先后发放现金人民币 84.87 万元、发放购物卡价值人民币 38.12 万元，共计人民币 122.99 万元。上述资金的来源都属于平战结合收入。

贪污罪部分的证据：

1. 书证、物证

（1）被告人袁某文、肖某卫、张某山、苗某霞的保险账户开户资料、流水明细账、销户明细账，证实袁某文、肖某卫、张某山、苗某霞在银行分期缴纳保费的情况。

（2）中国人寿广州分公司出具的保单状态表，证实被告人袁某文、肖某卫、张某山、苗某霞在案发期间的保单状态。

（3）借支冲账用于购买个人商业保险的发票明细表、费用报销单、发票，经被告人苗某霞签认，证实凭证号为 2006 年 3 月 16 日到 2009 年 3 月 19 日的 147 张单据经被告人袁某文、肖某卫审批同意，由苗某霞经手报销冲账，金额共计 75.575 万元，用于购买四被告人的个人商业保险。

（4）袁某文报销的广州友谊商店发票辨认表、消费明细表、费用报销单、发票、友谊商店会员信息，经被告人袁某文、苗某霞签认，证实凭证号为 2004 年 1 月 4 日到 2009 年 3 月 19 日的 556 张发票经袁某文、肖某卫审批同意，由苗某霞经手报销，金额共计 634469.82 元，用于袁某文个人消费。

（5）肖某卫报销的广州友谊商店发票辨认表、消费明细表、费用报销单、发票，经被告人肖某卫、苗某霞签认，证实凭证号为 2004 年 1 月 5 日到 2009 年 2 月 19 日的 96 张发票经袁某文、肖某卫审批同意，由苗某霞经手报销，金额共计 110811.8 元，用于肖某卫个人消费。

（6）被告人肖某卫虚报的餐饮发票表、费用报销单、发票，经被告人肖某卫、苗某霞签认，证实凭证号为 2004 年 3 月 1 日到 2009 年 2 月 18 日的 1453 张发票经被告人袁某文、肖某卫审批同意，由苗某霞经手报销，金额共计 70.4356 万元交给了肖某卫。

2. 鉴定结论

诚安信司法鉴定所［2010］会鉴字第 024 号司法鉴定检验报告书，证实苗某霞确认由其本人报销冲账用于购买个人商业保险的金额 75.575 万元。广州友谊商店发票与袁某文贵宾卡消费清单相对应的金额 634469.82 元，经袁某文、苗某霞确认，该款项是袁某文让苗某霞报销其在广州友谊商店的个人消费。广州友谊商店发票与肖某卫贵宾卡消费清单相对应的金额 110811.8 元，经肖某卫、苗某霞确认，该款项是肖某卫让苗某霞报销其在广州友谊商店的个人消费。经肖某卫确认，由其本人购买假发票交给苗某霞报销的金额为 68.4038 万元。

3. 证人证言

（1）证人朱某珍的证言，证实 2005 年年底，其向袁某文、肖某卫、张某山推销养老保险，他们说也要给苗某霞买一份，并且要求开办公用品类的发票。到 2009 年 3 月，他们 4 人通过其购买的保险费总共约有 70 多万元。

（2）证人区某兰的证言，证实其曾按照袁某文、肖某卫、苗某霞的要求找发票回来冲账，苗某霞报销了很多发票，大部分是餐饮及友谊商店的发票。

（3）证人钟某华的证言，证实苗某霞每个月都会以接待费和办公用品的名义报销很多发票，也为袁某文、肖卫红借支或者报销，苗某霞经手单位正常支出的费用没有那么多,这些款项的来源都是平战结合收入。

4. 被告人供述和辩解

(1) 被告人袁某文、肖某卫的供述,均证实其对利用职务上的便利,使用公款购买个人商业保险以及将其个人消费的发票在单位账上报销的贪污犯罪事实。

(2) 被告人的张某山、苗某霞的供述,均证实其对利用职务上的便利,参与使用公款购买个人商业保险的贪污犯罪事实供认不讳,能与上述证据证明的事实相吻合。

四、判案理由

广东省广州市中级人民法院认为:广州火车站人防工程管理所(后为广州市人防项目开发中心)违反国家规定,以单位名义将国有资产集体私分给个人,数额较大,被告人袁某文、肖某卫、张某山作为直接负责的主管人员,被告人苗某霞作为直接责任人员,其行为均已构成私分国有资产罪。被告人袁某文、肖某卫、张某山、苗某霞身为国家工作人员,利用职务上的便利,非法占有公共财物,其行为均已构成贪污罪,依法应当数罪并罚。公诉人起诉指控四被告人犯罪的事实清楚、证据确实充分、罪名成立,法院予以支持。被告人袁某文、肖某卫、张某山、苗某霞犯罪以后自动投案,如实供述自己的罪行,是自首,可以从轻或者减轻处罚。被告人袁某文、肖某卫、张某山、苗某霞归案后认罪态度较好,且能全部或者部分退赃,可以酌情从轻处罚。被告人苗某霞在共同犯罪中起辅助作用,是从犯,应当从轻、减轻处罚或者免除处罚。

关于四被告人的辩护人所提火车站管理所及开发中心私分的"过节费"不属于国有资产,4名被告人均不构成私分国有资产罪的意见。经查:

(1) 广州火车站人防工程是由广州市人防办管理的人防国有资产,根据《人民防空国有资产管理规定》以及《人民防空财务管理规定》,人防办及其直属事业单位利用人防国有资产,开展平战结合,为社会服务所取得的收入及经营部门缴纳的人防国有资产占用费即平战结合收入均属于人防国有资产;

(2) 虽然2004年至2006年,火车站管理所完成了市人防办下达的经济指标,其发放的"过节费"也没有超过《市人防办直属事业单位分配试行办法》(以下简称《分配试行办法》)规定的"全年自主经营收入的40%",但根据该《分配试行办法》的实施要求,其分配方案必须报上级主管部门审核才能执行,而上述期间,"过节费"的发放方案并未经上级部门审批同意。另2007年至2009年,火车站管理所及开发中心未完成经济指标,依照《分配试行办法》是不能发放奖励金的。因此，火车站管理所及开发中心发放过节费的行为属于违反规定擅自决定的私分国有资产行为；（3）根据广州市审计局对人防办的审计报告，认定市人防办对民防公司利用人防工程取得的停车场经营收入未按收支两条线规定进行管理，造成2004年至2008年间，少缴平战结合收入高达2498.47万元，因此，上述《分配试行办法》不符合《人民防空财务管理规定》。综上所述，辩护人提出"过节费"不属于国有资产的意见不予采纳，火车站管理所及开发中心违反国家规定，未经上级部门批准擅自私分平战结合收入，数额较大，4名被告人依法构成私分国有资产罪。

关于被告人张某山的辩护人提出张某山不构成私分国有资产罪的意见。经查，虽然张某山不是主管财务的单位领导，但其参与了被告人袁某文、肖某卫私分国有资产的合谋，并对袁某文私分国有资产的决定表示同意，其作为3名单位主要领导之一，对国有资产的流失负有不可推卸的责任，依法应当构成私分国有资产罪。

关于被告人苗某霞的辩护人提出苗某霞不构成私分国有资产罪的意见。经查，虽然苗某霞不是单位主要领导，也未参与决策，但其作为财务部门负责人，明知单位私分的平战结合收入属于国有资产且违反了相关规定，仍然积极参与制作分配方案、收集发票冲账报销，对国有资产的流失也起了重要作用，属于私分国有资产罪中的"其他直接责任人员"，依法应当构成私分国有资产罪。

关于4被告人的辩护人所提4被告人用公款购买个人商业保险的行为应当认定犯罪中止的意见。经查，4被告人用公款购买的是个人商业保险，用于缴纳保费的也是个人账户，4被告人利用职务上的便利，将公款存入个人账户，就已经完成了非法占有公共财物的行为，侵犯了公共财产的所有权和国家的廉政制度，属于犯罪既遂；而4被告人的保险合同缴费是否到期不影响犯罪形态的完成，况且，只要被告人按时缴纳保费，保险合同就立即生效，是否缴费期满不影响被告人部分保险权益的实现，因而不构成犯罪中止。

关于辩护人提出被告人袁某文用于公务出国开支费用不宜构成贪污罪的意见。经查，袁某文在侦查阶段稳定供述该部分公款用于其出国期间的个人消费，案件审理中，袁某文及其辩护人提出该款用于公务开支，但不能举证支持，故对上述意见不予采信。

五、定案结论

广东省广州市中级人民法院依照《中华人民共和国刑法》第26条、第27

条、第 37 条、第 52 条、第 53 条、第 59 条、第 64 条、第 67 条、第 69 条、第 396 条第 1 款、第 382 条第 1 款、第 383 条的规定，判决如下：

1. 被告人袁某文犯私分国有资产罪，判处有期徒刑 1 年，并处罚金 1 万元；犯贪污罪，判处有期徒刑 4 年 6 个月，并处没收财产 5 万元。决定执行有期徒刑 5 年，并处没收财产 5 万元、罚金 1 万元。

2. 被告人肖某卫犯私分国有资产罪，判处有期徒刑 9 个月，并处罚金 1 万元；犯贪污罪，判处有期徒刑 4 年 6 个月，并处没收财产 5 万元。决定执行有期徒刑 4 年 9 个月，并处没收财产 5 万元、罚金 1 万元。

3. 被告人张某山犯私分国有资产罪，判处有期徒刑 9 个月，并处罚金 1 万元；犯贪污罪，判处有期徒刑 1 年 6 个月，并处没收财产 2 万元。决定执行有期徒刑 1 年 9 个月，并处没收财产 2 万元、罚金 1 万元。

4. 被告人苗某霞犯私分国有资产罪，免予刑事处罚；犯贪污罪，免予刑事处罚。决定执行免予刑事处罚。

5. 扣押被告人袁某文的 50 万元、被告人肖某卫的 72.3 万元、被告人张某山的 22.47 万元、被告人苗某霞的 4.88 万元发还给被害单位广州市民防办公室（由各赃款扣押机关执行）。

6. 继续追缴被告人袁某文、肖某卫、张某山、苗某霞私分国有资产未退缴的违法所得以及被告人袁某文、肖某卫贪污未退缴的违法所得发还给被害单位广州市民防办公室（由广州市人民检察院执行）。

六、法理解说

本案中袁某文等四名被告人身为国家工作人员，利用职务便利侵吞公共财产；同时他们作为事业单位的直接负责的主管人员和其他直接责任人员，违反国家规定，擅自私分国有资产发放"过节费"，未尽到其管理、保护国有资产的职责，构成贪污罪和私分国有资产罪。在庭审中，几名被告人对检察机关所指控的事实均基本不持异议，但同时都请求法院考虑全案具体的事实情节，予以从宽处罚。甚至连广州市民防办也发出了《关于请依法对袁某文、肖某卫、张某山、苗某霞等四人从轻处罚的函》，要求对四名被告人从轻处罚。下面笔者将着重对本案中涉及的量刑问题予以分析。

根据刑法第 396 条的规定，私分国有资产罪系数额犯。但对于具体数额标准，法律没有明确规定，只是规定"数额较大"、"数额巨大"两档量刑原则标准。最高人民检察院 1999 年 9 月 16 日发布的《关于人民检察机关直接受理立案侦查案件立案标准的规定（试行）》中规定："涉嫌私分国有资产，累计数额在 10 万元以上的,应予立案。"司法实践中普遍参照此司法解释,以 10 万元作为构成私分国有资产罪的起点标准。私分国有资产的立法条文设计明确希望通过私分的数额来反映本罪的社会危害性,从而确定不同档次的法定刑,以做到罪责刑相适应。遗憾的是,迄今为止,关于本罪数额界定的司法解释也只有上述一个,10 万元如果作为"数额较大"的标准的话,"数额巨大"的标准则不明确,在实践中的做法也各异。刑法的明确性是罪刑法定主义的要求,为了促进法律的公平实施,限制审判中不当的自由裁量权,最高司法机关应尽快制定相关司法解释,对私分国有资产罪的定量要素予以说明。同时,在实践中,要结合单位决策私分的程序、国有资产的损失数、私分的次数等综合因素判断行为的不同社会危害性。

结合刑法对其他罪名数额的规定,将本罪的"数额巨大"的起点定为 50 万~100 万元是合适的。4 名被告人共私分国有资产达到 122.99 万元,3 名被告人的个人分赃数额都在 10 万元以上了,情节比较严重,因此可适用本罪的第二档针对"数额巨大"的法定刑。

在本案中,被告人袁某文、肖某卫、张某山、苗某霞犯罪以后自动投案,如实供述自己的罪行,是自首。自首是我国刑法中重要的法定从宽处罚情节,根据刑法第 67 条的规定,"对于自首的犯罪分子,可以从轻或者减轻处罚。其中,犯罪较轻的,可以免除处罚"。根据最高人民法院印发的《人民法院量刑指导意见(试行)》(以下简称《意见》)的规定,"对于自首情节,综合考虑投案的动机、时间、方式、罪行轻重、如实供述罪行的程度以及悔罪表现等情况,可以减少基准刑的 40% 以下;犯罪较轻的,可以减少基准刑的 40% 以上或者依法免除处罚"。本案中的 4 名被告人在案发后即主动自首,符合自首的条件,应考虑对其减少基准刑的 40% 以下。

宽严相济的刑事政策是我国的基本刑事政策,在最高人民法院、最高人民检察院《关于办理国家出资企业中职务犯罪案件具体应用法律若干问题的意见》第 8 条中,就对宽严相济刑事政策在这类案件中的贯彻作了说明:"办理国家出资企业中的职务犯罪案件时,要综合考虑历史条件、企业发展、职工就业、社会稳定等因素,注意具体情况具体分析,严格把握犯罪与一般违规行为的区分界限……不能退赃的,在决定刑罚时,应当作为重要情节予以考虑。"

对于法定量刑情节和酌定量刑情节的关系,在实践中必须准确把握。总体来说,对于法定量刑情节,在量刑时必须严格运用,这是贯彻罪刑法定原则的要求。对于法定可以型情节,审判人员也不能随心所欲地想运用于量刑之中就运用,不想运用于量刑之中就不运用。立法者规定犯罪人具有某种事实情况时,可以从宽处罚或者从严处罚,其立法倾向是在一般情况下,都要从宽处罚或从严处罚，只有在特殊情况下，才不予以从宽处罚或者从严处罚。① 对自首的规定就是如此，要明确原则与例外的关系。同时，对于酌定量刑情节，也必须重视，要体现在司法审判中。一个案件中往往可能存在着多个从宽情节或者多个从严情节，有时还会既存在从宽情节，也存在从严情节，这时就要恰当运用多个情节进行量刑。

在本案中，4名被告人都具有自首这一法定从宽情节，同时具有积极退赃等酌定从宽情节，这些都反映出被告人积极悔罪的主观态度，表明了行为人的主观恶性和人身危险性较低。因此，对于这多个从宽情节应当综合考虑。同时，罪刑法定原则要求就算存在多个从轻情节，也必须在法定刑幅度内选择较轻的刑种和较短的刑期，而不能任意减轻处罚、免除处罚。自首情节属于法定的可以从轻或者减轻处罚的情节，退赃和归案后态度好属于酌定的从宽情节。根据上述《意见》，对于退赃、退赔的，综合考虑犯罪性质，退赃、退赔行为对损害结果所能弥补的程度，退赃、退赔的数额及主动程度等情况，可以减少基准刑的30%以下。就本案来看，4名被告人虽然共私分国有资产达到122.99万元，可谓数额巨大，但这些行为人都在案发后投案自首，并且及时退赃。这不仅反映出被告人的悔罪态度，也及时避免了损失扩大，减少了办案机关不必要的投入。根据上述《意见》的要求，当行为人具有多种量刑情节的，根据各个量刑情节的调节比例，采用同向相加、逆向相减的方法确定全部量刑情节的调节比例，再对基准刑进行调节。结合行为发生地广州市的经济发展实际，考察行为人每人的分赃数额可以看出，对本案4名被告人私分国有资产行为的认定，可以适用减轻处罚的规定，即在刑法第396条规定的法定刑的第一个量刑幅度内判处刑罚，即"处三年以下有期徒刑或者拘役，并处或者单处罚金"。本案审理法院对袁某文、肖某卫、张某山判处的刑罚都是合适的。

我国刑法第27条规定："对于从犯，应当从轻、减轻或者免除处罚。"可见，从犯的情节属于"应当从宽型情节"，在司法审判中如果予以认定，就必须适用从宽处罚。上述《意见》规定，对于从犯，应当综合考虑其在共同犯罪中的地位、作用，以及是否实施犯罪实行行为等情况，予以从宽处罚，可以减少基准刑的20%～50%；犯罪较轻的，可以减少基准刑的50%以上或者依法免除处罚。本案中的被告人苗某霞原系广州市人防项目开发中心办公室主任，在私分国有资产的事件中，并未起到主要的决策作用，而是按照领导的指

---

① 参见高铭暄、马克昌主编：《刑法学》（第5版），北京大学出版社、高等教育出版社2011年版，第265页。

示行事。她作为财务部门负责人，明知单位私分的平战结合收入属于国有资产且违反了相关规定，仍然积极参与制作分配方案、收集发票冲账报销，对国有资产的流失也起了重要作用，属于私分国有资产罪中的"其他直接责任人员"。但相对于另三位被告人来说，苗某霞在私分国有资产的行为中作用较小，主要起辅助作用，因此应认定为属于犯罪较轻的从犯。根据上述从犯"应当"从宽处罚的规定，结合其有自首情节，案发后主动退赃，悔罪态度好等，综合对其适用"免除处罚"是合适的。该量刑充分贯彻了区别对待的原则，灵活综合运用了多种刑罚裁量情节，有助于实现罚当其罪。

（撰稿人：焦 阳）

第三部分

办案依据

刑法及相关司法解释类编

○ **刑法第二十五条** 【共同犯罪】共同犯罪是指二人以上共同故意犯罪。

二人以上共同过失犯罪，不以共同犯罪论处；应当负刑事责任的，按照他们所犯的罪分别处罚。

○ **刑法第二十六条** 【主犯】组织、领导犯罪集团进行犯罪活动的或者在共同犯罪中起主要作用的，是主犯。

【犯罪集团】三人以上为共同实施犯罪而组成的较为固定的犯罪组织，是犯罪集团。

【犯罪集团的主犯的处罚】对组织、领导犯罪集团的首要分子，按照集团所犯的全部罪行处罚。

【犯罪集团其他主犯的处罚】对于第三款规定以外的主犯，应当按照其所参与的或者组织、指挥的全部犯罪处罚。

1. 最高人民法院、最高人民检察院、公安部《关于当前办理集团犯罪案件中具体应用法律的若干问题的解答》(1984年6月15日)

一、怎样办理团伙犯罪的案件？

办理团伙犯罪的重大案件，应当在党的方针政策指导下，依照刑法和《全国人民代表大会常务委员会关于严惩严重危害社会治安的犯罪分子的决定》的有关规定执行。鉴于在刑法和全国人大常委会的有关决定中，只有共同犯罪和犯罪集团的规定，在法律文书中，应当统一使用法律规定的提法。即：

办理团伙犯罪案件，凡其中符合刑事犯罪集团基本特征的，应按犯罪集团处理；不符合犯罪集团基本特征的，就按一般共同犯罪处理，并根据其共同犯罪的事实和情节，该重判的重判，该轻判的轻判。

对犯罪团伙既要坚决打击，又必须打准。不要把三人以上共同犯罪，但罪行较轻、危害较小的案件当作犯罪团伙，进而当作"犯罪集团"来严厉打击。

二、在办案实践中怎样认定刑事犯罪集团？

刑事犯罪集团一般应具备下列基本特征：(1)人数较多（三人以上），重要成员固定或基本固定。(2)经常纠集一起进行一种或数种严重的刑事犯罪活动。(3)有明显的首要分子。有的首要分子是在纠集过程中形成的，有的首要分子在纠集开始时就是组织者和领导者。(4)有预谋地实施犯罪活动。(5)不论作案次数多少，对社会造成的危害或其具有的危险性都很严重。

刑事犯罪集团的首要分子，是指在该集团中起组织、策划、指挥作用的犯罪分子（见刑法①第二十三条、第八十六条）。首要分子可以是一名，也可以不只一名。首要分子应对该集团经过预谋、有共同故意的全部罪行负责。集团的其他成员，应按其地位和作用，分别对其参与实施的具体罪行负责。如果某个成员实施了该集团共同故意犯罪范围以外的其他犯罪，则应由他个人负责。

对单一的犯罪集团，应按其所犯的罪定性；对一个犯罪集团犯多种罪的，应按其主罪定性；犯罪集团成员或一般共同犯罪的共犯，犯数罪的，分别按数罪并罚的原则处罚。

三、为什么对共同犯罪的案件必须坚持全案审判？

办理共同犯罪案件特别是集团犯罪案件，除对其中已逃跑的成员可以另案处理外，一定要把全案的事实查清，然后对应当追究刑事责任的同案人，全案起诉，全案判处。切不要全案事实还没有查清，就急于杀掉首要分子或主犯，或者把案件拆散，分开处理。这样做，不仅可能造成定罪不准，量刑失当，而且会造成死无对证，很容易漏掉同案成员的罪行，甚至漏掉罪犯，难以做到依法"从重从快，一网打尽"。

四、办理犯罪集团和一般共同犯罪中的重大案件，怎样执行党的政策，做到区别对待？

办理上述两类案件，应根据犯罪分子在犯罪活动中的地位、作用及危害大小，依照党的政策和刑法、全国人大常委会有关决定的规定，实行区别对待。

对犯罪集团的首要分子和其他主犯，一般共同犯罪中的重大案件的主犯，应依法从重严惩，其中罪行特别严重、不杀不足以平民愤的，应依法判处死刑。

上述两类案件的从犯，应根据其不同的犯罪情节，比照主犯依法从轻、减轻或者免除刑罚。对于胁从犯，应比照从犯依法减轻处罚或免除处罚。犯罪情节轻微，不需要追究刑事责任的，可以免予起诉或由公安部门作其他处理。

对于同犯罪集团成员有一般来往，而无犯罪行为的人，不要株连。

五、有些犯罪分子参加几起共同犯罪活动，应如何办理这些案件？

对这类案件，应分案判处，不能凑合成一案处理。某罪犯主要参加哪个案件的共同犯罪活动，就列入哪个案件去处理（在该犯参加的其他案件中可注明该犯已另案处理）。

2. 公安部、最高人民法院、最高人民检察院、司法部《关于办理流窜犯罪案件中一些问题的意见的通知》(1989年12月13日)（节录）

一、关于流窜犯的认定

流窜犯是指跨市、县管辖范围作案的犯罪分子。

凡构成犯罪且符合下列条件之一的，属于流窜犯罪分子：

1. 跨市、县管辖范围连续作案的；
2. 在居住地作案后，逃跑到外省、市、县继续作案的。

有下列情形之一的，不视为流窜犯罪分子：

1. 确属到外市、县旅游、经商、做工等，在当地偶尔犯罪的；
2. 在其居住地与外市、县的交界处边沿结合部进行犯罪的。

---

① 指79刑法。——编者注

二、关于流窜犯罪团伙案件的认定和处理

凡三人以上经常纠集在一起进行流窜犯罪活动的，为流窜犯罪团伙。对流窜犯罪团伙案件，只要符合犯罪集团基本特征的按犯罪集团处理，不符合犯罪集团特征的按共同犯罪处理，对于只抓获了流窜犯罪团伙的一部分案犯，短期内不能将全部案犯抓获归案的案件，可根据已查清的犯罪事实、证据，分清罪责，对已抓获的该逮捕、起诉、判刑的案犯，要先行批捕、起诉、审判。对在逃的案犯，待抓获后再依法另行处理。

三、关于流窜犯罪案件的定案处理

1. 对流窜犯罪事实和证据材料，公安机关要认真调查核实，对其主要犯罪事实应做到证据充分、确凿。在人民检察院批捕、起诉，人民法院审判以及律师辩护过程中，均应考虑到流窜犯罪分子异地作案，查证十分困难的实际情况，只有基本事实清楚和基本证据确凿，应及时批捕、起诉、审判。对抓获的案犯，如有个别犯罪事实一时难以查清的，可暂不认定，就已经查证核实的事实，依法及时作出处理。对于共同犯罪案件，原则上应一案处理。如果有的案犯在短期内不能追捕归案的，可对已抓获的案犯就已查清的犯罪事实依法处理，不能久拖不决。

2. 涉及刑事责任年龄界限的案件，必须查清核实被告人的出生年月日。经调查，确实无法查清的，可先按被告人交代的年龄收审、批捕，但是需要定罪量刑的，必须查证清楚。

3. 流窜犯因盗窃或扒窃被抓获后，赃款赃物虽未查获，但其供述的事实、情节与被害人的陈述（包括报案登记）、同案人的供述相一致的，或者其供述与被害人的陈述（包括报案登记）和其他间接证据相一致的，应予认定。

4. 被查获的流窜犯供述的盗窃或扒窃事实、情节与缴获的赃款赃物、同案人的供述相一致，或者被告人的供述与缴获的赃款赃物和其他间接证据相一致，如果找不到被害人和报案登记的，也应予以认定。

5. 流窜犯在盗窃或扒窃时被当场抓获，除缴获当次作案的赃款赃物外，还从其身上或其临时落脚点搜获的其他数额较大的款物，被告人否认系作案所得，但不能说明其合法来源的，只要这些款物在名称、品种、特征、数量等方面均与被害人的陈述或报案登记、同案人的供述相吻合，亦应认定为赃款赃物。

6. 流窜犯作案虽未被当场抓获，但同案人的供述，被害人的陈述、其他间接证据能相互吻合，确能证实其作案的时间、地点、情节、手段、次数和作案所得的赃款赃物数额的，也应予以认定。

7. 对于需要判处死刑的罪犯，在查证核实时，应当特别慎重，务必把事实和证据搞清、搞准、搞扎实。

四、关于认定流窜犯罪赃款赃物的数额起点

在办理流窜盗窃或者扒窃案件时，既要看其作案所得的数额，又应看其作案的手段、情节及社会危害程度。对那些抓获时作案所得的款物数额虽略低于当地非流窜犯罪的同类案件的数额标准，但情节恶劣、构成犯罪的，也要依法定罪判刑；对多次作案，属惯犯、累犯的，亦应依法从重惩处。

五、关于流窜犯罪案件的管辖范围

根据《中华人民共和国刑事诉讼法》①有关规定,对罪该逮捕、判刑的流窜犯罪分子,原则上由抓获地处理。流出地和其他犯罪地公安机关应负责向抓获地公安机关提供有关违法犯罪证据材料。在逃劳改犯、劳教人员流窜多处进行犯罪被抓获后,可由主罪地公安、司法机关处理,处理后原则上仍送回原劳改、劳教单位执行。抓获的在逃未决犯、通缉案犯,已批准逮捕、刑事拘留和收容审查潜逃的案犯,除重新犯罪罪行特别严重者由抓获地处理外,原则上由原办案单位公安机关提回处理。案件管辖不明的,由最先发现的公安机关或上级指定的公安机关办理。

◐ **刑法第六十七条** 【自首】犯罪以后自动投案,如实供述自己的罪行的,是自首。对于自首的犯罪分子,可以从轻或者减轻处罚。其中,犯罪较轻的,可以免除处罚。

【准自首】被采取强制措施的犯罪嫌疑人、被告人和正在服刑的罪犯,如实供述司法机关还未掌握的本人其他罪行的,以自首论。

【坦白从宽】犯罪嫌疑人虽不具有前两款规定的自首情节,但是如实供述自己罪行的,可以从轻处罚;因其如实供述自己罪行,避免特别严重后果发生的,可以减轻处罚。

1. 最高人民法院《关于适用刑法时间效力规定若干问题的解释》(1997年10月1日)(节录)

第四条 1997年9月30日以前被采取强制措施的犯罪嫌疑人、被告人或者1997年9月30日以前犯罪,1997年10月1日以后仍在服刑的罪犯,如实供述司法机关还未掌握的本人其他罪行的,适用刑法第六十七条第二款的规定。

2. 最高人民法院《关于处理自首和立功具体应用法律若干问题的解释》(1998年5月9日)(节录)

第一条 根据刑法第六十七条第一款的规定,犯罪以后自动投案,如实供述自己的罪行的,是自首。

(一)自动投案,是指犯罪事实或者犯罪嫌疑人未被司法机关发觉,或者虽被发觉,但犯罪嫌疑人尚未受到讯问、未被采取强制措施时,主动、直接向公安机关、人民检察院或者人民法院投案。

犯罪嫌疑人向其所在单位、城乡基层组织或者其他有关负责人员投案的;犯罪嫌疑人因病、伤或者为了减轻犯罪后果,委托他人先代为投案,或者先以信电投案的;罪行未被司法机关发觉,仅因形迹可疑,被有关组织或者司法机关盘问、教育后,主动交代自己的罪行的;犯罪后逃跑,在被通缉、追捕过程中,主动投案的;经查实确已准备去投案,或者正在投案途中,被公安机关捕获的,应当视为自动投案。

并非出于犯罪嫌疑人主动,而是经亲友规劝、陪同投案的;公安机关通知犯罪嫌疑人

---

① 指79刑事诉讼法。——编者注

的亲友，或者亲友主动报案后，将犯罪嫌疑人送去投案的，也应当视为自动投案。

犯罪嫌疑人自动投案后又逃跑的，不能认定为自首。

（二）如实供述自己的罪行，是指犯罪嫌疑人自动投案后，如实交代自己的主要犯罪事实。

犯有数罪的犯罪嫌疑人仅如实供述所犯数罪中部分犯罪的，只对如实供述部分犯罪的行为，认定为自首。

共同犯罪案件中的犯罪嫌疑人，除如实供述自己的罪行，还应当供述所知的同案犯，主犯则应当供述所知其他同案犯的共同犯罪事实，才能认定为自首。

犯罪嫌疑人自动投案并如实供述自己的罪行后又翻供的，不能认定为自首；但在一审判决前又能如实供述的，应当认定为自首。

第二条 根据刑法第六十七条第二款的规定，被采取强制措施的犯罪嫌疑人、被告人和已宣判的罪犯，如实供述司法机关尚未掌握的罪行，与司法机关已掌握的或者判决确定的罪行属不同种罪行的，以自首论。

第三条 根据刑法第六十七条第一款的规定，对于自首的犯罪分子，可以从轻或者减轻处罚；对于犯罪较轻的，可以免除处罚。具体确定从轻、减轻还是免除处罚，应当根据犯罪轻重，并考虑自首的具体情节。

第四条 被采取强制措施的犯罪嫌疑人、被告人和已宣判的罪犯，如实供述司法机关尚未掌握的罪行，与司法机关已掌握的或者判决确定的罪行属同种罪行的，可以酌情从轻处罚；如实供述的同种罪行较重的，一般应当从轻处罚。

3. 最高人民法院《关于被告人对行为性质的辩解是否影响自首成立问题的批复》（2004年4月1日）广西壮族自治区高级人民法院：

你院2003年6月10日《关于被告人对事实性质的辩解是否影响投案自首的成立的请示》收悉。经研究，答复如下：

根据刑法第六十七条第一款和最高人民法院《关于处理自首和立功具体应用法律若干问题的解释》第一条的规定，犯罪以后自动投案，如实供述自己的罪行的，是自首。被告人对行为性质的辩解不影响自首的成立。

4. 最高人民法院《关于〈中华人民共和国刑法修正案（八）〉时间效力问题的解释》（2011年5月1日）（节录）

第四条 2011年4月30日以前犯罪，虽不具有自首情节，但是如实供述自己罪行的，适用修正后刑法第六十七条第三款的规定。

5. 最高人民法院研究室《关于如何理解犯罪嫌疑人自动投案的有关问题的答复》（2003年8月27日）

河北省高级人民法院：

根据《刑法》第六十七条第一款和最高人民法院《关于处理自首和立功具体应用法律若干问题的解释》第一条的规定，对于犯罪嫌疑人犯罪以后潜逃至异地，其罪行尚未被异地司法机关发觉，仅因形迹可疑，被异地司法机关盘问、教育后，主动交代自己的罪行的，应当视为自动投案。

6. 最高人民法院、最高人民检察院《关于办理职务犯罪案件认定自首、立功等量刑情节若干问题的意见》（2009年3月20日）（节录）

为依法惩处贪污贿赂、渎职等职务犯罪，根据刑法和相关司法解释的规定，结合办案工作实际，现就办理职务犯罪案件有关自首、立功等量刑情节的认定和处理问题，提出如下意见：

一、关于自首的认定和处理

根据刑法第六十七条第一款的规定，成立自首需同时具备自动投案和如实供述自己的罪行两个要件。犯罪事实或者犯罪分子未被办案机关掌握，或者虽被掌握，但犯罪分子尚未受到调查谈话、讯问，或者未被宣布采取调查措施或者强制措施时，向办案机关投案的，是自动投案。在此期间如实交代自己的主要犯罪事实的，应当认定为自首。

犯罪分子向所在单位等办案机关以外的单位、组织或者有关负责人员投案的，应当视为自动投案。

没有自动投案，在办案机关调查谈话、讯问、采取调查措施或者强制措施期间，犯罪分子如实交代办案机关掌握的线索所针对的事实的，不能认定为自首。

没有自动投案，但具有以下情形之一的，以自首论：（1）犯罪分子如实交代办案机关未掌握的罪行，与办案机关已掌握的罪行属不同种罪行的；（2）办案机关所掌握线索针对的犯罪事实不成立，在此范围外犯罪分子交代同种罪行的。

单位犯罪案件中，单位集体决定或者单位负责人决定而自动投案，如实交代单位犯罪事实的，或者单位直接负责的主管人员自动投案，如实交代单位犯罪事实的，应当认定为单位自首。单位自首的，直接负责的主管人员和直接责任人员未自动投案，但如实交代自己知道的犯罪事实的，可以视为自首；拒不交代自己知道的犯罪事实或者逃避法律追究的，不应当认定为自首。单位没有自首，直接责任人员自动投案并如实交代自己知道的犯罪事实的，对该直接责任人员应当认定为自首。

对于具有自首情节的犯罪分子，办案机关移送案件时应当予以说明并移交相关证据材料。

对于具有自首情节的犯罪分子，应当根据犯罪的事实、性质、情节和对于社会的危害程度，结合自动投案的动机、阶段、客观环境，交代犯罪事实的完整性、稳定性以及悔罪表现等具体情节，依法决定是否从轻、减轻或者免除处罚以及从轻、减轻处罚的幅度。

三、关于如实交代犯罪事实的认定和处理

犯罪分子依法不成立自首，但如实交代犯罪事实，有下列情形之一的，可以酌情从轻处罚：（1）办案机关掌握部分犯罪事实，犯罪分子交代了同种其他犯罪事实的；（2）办案机关掌握的证据不充分，犯罪分子如实交代有助于收集定案证据的。

犯罪分子如实交代犯罪事实，有下列情形之一的，一般应当从轻处罚：（1）办案机关仅掌握小部分犯罪事实，犯罪分子交代了大部分未被掌握的同种犯罪事实的；（2）如实交代对于定案证据的收集有重要作用的。

7. 最高人民法院《关于处理自首和立功若干具体问题的意见》（2010 年 12 月 22 日）（节录）

为规范司法实践中对自首和立功制度的运用，更好地贯彻落实宽严相济刑事政策，根据刑法、刑事诉讼法和《最高人民法院关于处理自首和立功具体应用法律若干问题的解释》（以下简称《解释》）等规定，对自首和立功若干具体问题提出如下处理意见：

一、关于"自动投案"的具体认定

《解释》第一条第（一）项规定七种应当视为自动投案的情形，体现了犯罪嫌疑人投案的主动性和自愿性。根据《解释》第一条第（一）项的规定，犯罪嫌疑人具有以下情形之一的，也应当视为自动投案：（1）犯罪后主动报案，虽未表明自己是作案人，但没有逃离现场，在司法机关询问时交代自己罪行的；（2）明知他人报案而在现场等待，抓捕时无拒捕行为，供认犯罪事实的；（3）在司法机关未确定犯罪嫌疑人，尚在一般性排查询问时主动交代自己罪行的；（4）因特定违法行为被采取劳动教养、行政拘留、司法拘留、强制隔离戒毒等行政、司法强制措施期间，主动向执行机关交代尚未被掌握的犯罪行为的；（5）其他符合立法本意，应当视为自动投案的情形。

罪行未被有关部门、司法机关发觉，仅因形迹可疑被盘问、教育后，主动交代了犯罪事实的，应当视为自动投案，但有关部门、司法机关在其身上、随身携带的物品、驾乘的交通工具等处发现与犯罪有关的物品的，不能认定为自动投案。

交通肇事后保护现场、抢救伤者，并向公安机关报告的，应认定为自动投案，构成自首的，因上述行为同时系犯罪嫌疑人的法定义务，对其是否从宽、从宽幅度要适当从严掌握。交通肇事逃逸后自动投案，如实供述自己罪行的，应认定为自首，但应依法以较重法定刑为基准，视情决定对其是否从宽处罚以及从宽处罚的幅度。

犯罪嫌疑人被亲友采用捆绑等手段送到司法机关，或者在亲友带领侦查人员前来抓捕时无拒捕行为，并如实供认犯罪事实的，虽然不能认定为自动投案，但可以参照法律对自首的有关规定酌情从轻处罚。

二、关于"如实供述自己的罪行"的具体认定

《解释》第一条第（二）项规定如实供述自己的罪行，除供述自己的主要犯罪事实外，还应包括姓名、年龄、职业、住址、前科等情况。犯罪嫌疑人供述的身份等情况与真实情况虽有差别，但不影响定罪量刑的，应认定为如实供述自己的罪行。犯罪嫌疑人自动投案后隐瞒自己的真实身份等情况，影响对其定罪量刑的，不能认定为如实供述自己的罪行。

犯罪嫌疑人多次实施同种罪行的，应当综合考虑已交代的犯罪事实与未交代的犯罪事实的危害程度，决定是否认定为如实供述主要犯罪事实。虽然投案后没有交代全部犯罪事实，但如实交代的犯罪情节重于未交代的犯罪情节，或者如实交代的犯罪数额多于未交代的犯罪数额，一般应认定为如实供述自己的主要犯罪事实。无法区分已交代的与未交代的犯罪情节的严重程度，或者已交代的犯罪数额与未交代的犯罪数额相当，一般不认定为如实供述自己的主要犯罪事实。

犯罪嫌疑人自动投案时虽然没有交代自己的主要犯罪事实，但在司法机关掌握其主要

犯罪事实之前主动交代的,应认定为如实供述自己的罪行。

▶ **刑法第六十八条**　【立功】犯罪分子有揭发他人犯罪行为,查证属实的,或者提供重要线索,从而得以侦破其他案件等立功表现的,可以从轻或者减轻处罚;有重大立功表现的,可以减轻或者免除处罚。

1. 最高人民法院《关于适用刑法时间效力规定若干问题的解释》(1997年10月1日)(节录)

第五条　1997年9月30日以前犯罪的犯罪分子,有揭发他人犯罪行为,或者提供重要线索,从而得以侦破其他案件等立功表现的,适用刑法第六十八条的规定。

2. 最高人民法院《关于处理自首和立功具体应用法律若干问题的解释》(1998年5月9日)(节录)

第五条　根据刑法第六十八条第一款的规定,犯罪分子到案后有检举、揭发他人犯罪行为,包括共同犯罪案件中的犯罪分子揭发同案犯共同犯罪以外的其他犯罪,经查证属实;提供侦破其他案件的重要线索,经查证属实;阻止他人犯罪活动;协助司法机关抓捕其他犯罪嫌疑人(包括同案犯);具有其他有利于国家和社会的突出表现的,应当认定为有立功表现。

第六条　共同犯罪案件的犯罪分子到案后,揭发同案犯共同犯罪事实的,可以酌情予以从轻处罚。

第七条　根据刑法第六十八条第一款的规定,犯罪分子有检举、揭发他人重大犯罪行为,经查证属实;提供侦破其他重大案件的重要线索,经查证属实;阻止他人重大犯罪活动;协助司法机关抓捕其他重大犯罪嫌疑人(包括同案犯);对国家和社会有其他重大贡献等表现的,应当认定为有重大立功表现。

前款所称"重大犯罪"、"重大案件"、"重大犯罪嫌疑人"的标准,一般是指犯罪嫌疑人、被告人可能被判处无期徒刑以上刑罚或者案件在本省、自治区、直辖市或者全国范围内有较大影响等情形。

3. 最高人民法院《关于〈中华人民共和国刑法修正案(八)〉时间效力问题的解释》(2011年5月1日)(节录)

第五条　2011年4月30日以前犯罪,犯罪后自首又有重大立功表现的,适用修正前刑法第六十八条第二款的规定。

4. 最高人民法院、最高人民检察院《关于办理职务犯罪案件认定自首、立功等量刑情节若干问题的意见》(2009年3月20日)(节录)

为依法惩处贪污贿赂、渎职等职务犯罪,根据刑法和相关司法解释的规定,结合办案工作实际,现就办理职务犯罪案件有关自首、立功等量刑情节的认定和处理问题,提出如下意见:

二、关于立功的认定和处理

立功必须是犯罪分子本人实施的行为。为使犯罪分子得到从轻处理,犯罪分子的亲友直接向有关机关揭发他人犯罪行为,提供侦破其他案件的重要线索,或者协助司法机关抓捕其他犯罪嫌疑人的,不应当认定为犯罪分子的立功表现。

据以立功的他人罪行材料应当指明具体犯罪事实；据以立功的线索或者协助行为对于侦破案件或者抓捕犯罪嫌疑人要有实际作用。犯罪分子揭发他人犯罪行为时没有指明具体犯罪事实的；揭发的犯罪事实与查实的犯罪事实不具有关联性的；提供的线索或者协助行为对于其他案件的侦破或者其他犯罪嫌疑人的抓捕不具有实际作用的，不能认定为立功表现。

犯罪分子揭发他人犯罪行为，提供侦破其他案件重要线索的，必须经查证属实，才能认定为立功。审查是否构成立功，不仅要审查办案机关的说明材料，还要审查有关事实和证据以及与案件定性处罚相关的法律文书，如立案决定书、逮捕决定书、侦查终结报告、起诉意见书、起诉书或者判决书等。

据以立功的线索、材料来源有下列情形之一的，不能认定为立功：（1）本人通过非法手段或者非法途径获取的；（2）本人因原担任的查禁犯罪等职务获取的；（3）他人违反监管规定向犯罪分子提供的；（4）负有查禁犯罪活动职责的国家机关工作人员或者其他国家工作人员利用职务便利提供的。

犯罪分子检举、揭发的他人犯罪，提供侦破其他案件的重要线索，阻止他人的犯罪活动，或者协助司法机关抓捕的其他犯罪嫌疑人，犯罪嫌疑人、被告人依法可能被判处无期徒刑以上刑罚的，应当认定为有重大立功表现。其中，可能被判处无期徒刑以上刑罚，是指根据犯罪行为的事实、情节可能判处无期徒刑以上刑罚。案件已经判决的，以实际判处的刑罚为准。但是，根据犯罪行为的事实、情节应当判处无期徒刑以上刑罚，因被判刑人有法定情节经依法从轻、减轻处罚后判处有期徒刑的，应当认定为重大立功。

对于具有立功情节的犯罪分子，应当根据犯罪的事实、性质、情节和对于社会的危害程度，结合立功表现所起作用的大小、所破获案件的罪行轻重、所抓获犯罪嫌疑人可能判处的法定刑以及立功的时机等具体情节，依法决定是否从轻、减轻或者免除处罚以及从轻、减轻处罚的幅度。

5. 最高人民法院《关于处理自首和立功若干具体问题的意见》（2010年12月22日）（节录）

三、关于"司法机关还未掌握的本人其他罪行"和"不同种罪行"的具体认定

犯罪嫌疑人、被告人在被采取强制措施期间，向司法机关主动如实供述本人的其他罪行，该罪行能否认定为司法机关已掌握，应根据不同情形区别对待。如果该罪行已被通缉，一般应以该司法机关是否在通缉令发布范围内作出判断，不在通缉令发布范围内的，应认定为还未掌握，在通缉令发布范围内的，应视为已掌握；如果该罪行已录入全国公安信息网络在逃人员信息数据库，应视为已掌握。如果该罪行未被通缉、也未录入全国公安信息网络在逃人员信息数据库，应以该司法机关是否已实际掌握该罪行为标准。

犯罪嫌疑人、被告人在被采取强制措施期间如实供述本人其他罪行，该罪行与司法机关已掌握的罪行属同种罪行还是不同种罪行，一般应以罪名区分。虽然如实供述的其他罪行的罪名与司法机关已掌握犯罪的罪名不同，但如实供述的其他犯罪与司法机关已掌握的犯罪属选择性罪名或者在法律、事实上密切关联，如因受贿被采取强制措施后，又交代因受贿为他人谋取利益行为，构成滥用职权罪的，应认定为同种罪行。

四、关于立功线索来源的具体认定

犯罪分子通过贿买、暴力、胁迫等非法手段,或者被羁押后与律师、亲友会见过程中违反监管规定,获取他人犯罪线索并"检举揭发"的,不能认定为有立功表现。

犯罪分子将本人以往查办犯罪职务活动中掌握的,或者从负有查办犯罪、监管职责的国家工作人员处获取的他人犯罪线索予以检举揭发的,不能认定为有立功表现。

犯罪分子亲友为使犯罪分子"立功",向司法机关提供他人犯罪线索、协助抓捕犯罪嫌疑人的,不能认定为犯罪分子有立功表现。

五、关于"协助抓捕其他犯罪嫌疑人"的具体认定

犯罪分子具有下列行为之一,使司法机关抓获其他犯罪嫌疑人的,属于《解释》第五条规定的"协助司法机关抓捕其他犯罪嫌疑人":(1)按照司法机关的安排,以打电话、发信息等方式将其他犯罪嫌疑人(包括同案犯)约至指定地点的;(2)按照司法机关的安排,当场指认、辨认其他犯罪嫌疑人(包括同案犯)的;(3)带领侦查人员抓获其他犯罪嫌疑人(包括同案犯)的;(4)提供司法机关尚未掌握的其他案件犯罪嫌疑人的联络方式、藏匿地址的,等等。

犯罪分子提供同案犯姓名、住址、体貌特征等基本情况,或者提供犯罪前、犯罪中掌握、使用的同案犯联络方式、藏匿地址,司法机关据此抓捕同案犯的,不能认定为协助司法机关抓捕同案犯。

六、关于立功线索的查证程序和具体认定

被告人在一、二审审理期间检举揭发他人犯罪行为或者提供侦破其他案件的重要线索,人民法院经审查认为该线索内容具体、指向明确的,应及时移交有关人民检察院或者公安机关依法处理。

侦查机关出具材料,表明在三个月内还不能查证并抓获被检举揭发的人,或者不能查实的,人民法院审理案件可不再等待查证结果。

被告人检举揭发他人犯罪行为或者提供侦破其他案件的重要线索经查证不属实,又重复提供同一线索,且没有提出新的证据材料的,可以不再查证。

根据被告人检举揭发破获的他人犯罪案件,如果已有审判结果,应当依据判决确认的事实认定是否查证属实;如果被检举揭发的他人犯罪案件尚未进入审判程序,可以依据侦查机关提供的书面查证情况认定是否查证属实。检举揭发的线索经查确有犯罪发生,或者确定了犯罪嫌疑人,可能构成重大立功,只是未能将犯罪嫌疑人抓获归案的,对可能判处死刑的被告人一般要留有余地,对其他被告人原则上应酌情从轻处罚。

被告人检举揭发或者协助抓获的人的行为构成犯罪,但因法定事由不追究刑事责任、不起诉、终止审理的,不影响对被告人立功表现的认定;被告人检举揭发或者协助抓获的人的行为应处无期徒刑以上刑罚,但因具有法定、酌定从宽情节,宣告刑为有期徒刑或者更轻刑罚的,不影响对被告人重大立功表现的认定。

七、关于自首、立功证据材料的审查

人民法院审查的自首证据材料,应当包括被告人投案经过、有罪供述以及能够证明其投案情况的其他材料。投案经过的内容一般应包括被告人投案时间、地点、方式等。证据

材料应加盖接受被告人投案的单位的印章,并有接受人员签名。

人民法院审查的立功证据材料,一般应包括被告人检举揭发材料及证明其来源的材料、司法机关的调查核实材料、被检举揭发人的供述等。被检举揭发案件已立案、侦破,被检举揭发人被采取强制措施、公诉或者审判的,还应审查相关的法律文书。证据材料应加盖接收被告人检举揭发材料的单位的印章,并有接收人员签名。

人民法院经审查认为证明被告人自首、立功的材料不规范、不全面的,应当由检察机关、侦查机关予以完善或者提供补充材料。

上述证据材料在被告人被指控的犯罪一、二审审理时已形成的,应当经庭审质证。

八、关于对自首、立功的被告人的处罚

对具有自首、立功情节的被告人是否从宽处罚、从宽处罚的幅度,应当考虑其犯罪事实、犯罪性质、犯罪情节、危害后果、社会影响、被告人的主观恶性和人身危险性等。自首的还应考虑投案的主动性、供述的及时性和稳定性等。立功的还应考虑检举揭发罪行的轻重、被检举揭发的人可能或者已经被判处的刑罚、提供的线索对侦破案件或者协助抓捕其他犯罪嫌疑人所起作用的大小等。

具有自首或者立功情节的,一般应依法从轻、减轻处罚;犯罪情节较轻的,可以免除处罚。类似情况下,对具有自首情节的被告人的从宽幅度要适当宽于具有立功情节的被告人。

虽然具有自首或者立功情节,但犯罪情节特别恶劣、犯罪后果特别严重、被告人主观恶性深、人身危险性大,或者在犯罪前即为规避法律、逃避处罚而准备自首、立功的,可以不从宽处罚。

对于被告人具有自首、立功情节,同时又有累犯、毒品再犯等法定从重处罚情节的,既要考虑自首、立功的具体情节,又要考虑被告人的主观恶性、人身危险性等因素,综合分析判断,确定从宽或者从严处罚。累犯的前罪为非暴力犯罪的,一般可以从宽处罚,前罪为暴力犯罪或者前、后罪为同类犯罪的,可以不从宽处罚。

在共同犯罪案件中,对具有自首、立功情节的被告人的处罚,应注意共同犯罪人以及首要分子、主犯、从犯之间的量刑平衡。犯罪集团的首要分子、共同犯罪的主犯检举揭发或者协助司法机关抓捕同案地位、作用较次的犯罪分子的,从宽处罚与否应当从严掌握,如果从轻处罚可能导致全案量刑失衡的,一般不从轻处罚;如果检举揭发或者协助司法机关抓捕的是其他案件中罪行同样严重的犯罪分子,一般应依法从宽处罚。对于犯罪集团的一般成员、共同犯罪的从犯立功的,特别是协助抓捕首要分子、主犯的,应当充分体现政策,依法从宽处罚。

▷ **刑法第七十二条** 【缓刑的适用条件】对于被判处拘役、三年以下有期徒刑的犯罪分子,同时符合下列条件的,可以宣告缓刑,对其中不满十八周岁的人、怀孕的妇女和已满七十五周岁的人,应当宣告缓刑:

(一)犯罪情节较轻;

(二)有悔罪表现;

(三)没有再犯罪的危险;

(四)宣告缓刑对所居住社区没有重大不良影响。

【禁止令的适用】 宣告缓刑，可以根据犯罪情况，同时禁止犯罪分子在缓刑考验期限内从事特定活动，进入特定区域、场所，接触特定的人。

【附加刑的执行】 被宣告缓刑的犯罪分子，如果被判处附加刑，附加刑仍须执行。

1. 最高人民法院《关于审理未成年人刑事案件具体应用法律若干问题的解释》（2006年1月23日）（节录）

第十六条 对未成年罪犯符合刑法第七十二条第一款规定的，可以宣告缓刑。如果同时具有下列情形之一，对其适用缓刑确实不致再危害社会的，应当宣告缓刑：

（一）初次犯罪；

（二）积极退赃或赔偿被害人经济损失；

（三）具备监护、帮教条件。

2. 最高人民法院《关于〈中华人民共和国刑法修正案（八）〉时间效力问题的解释》（2011年5月1日）（节录）

第一条 （第一款）对于2011年4月30日以前犯罪，依法应当判处管制或者宣告缓刑的，人民法院根据犯罪情况，认为确有必要同时禁止犯罪分子在管制期间或者缓刑考验期内从事特定活动，进入特定区域、场所，接触特定人的，适用修正后刑法第三十八条第二款或者第七十二条第二款的规定。

3. 最高人民检察院法律政策研究室《关于对数罪并罚决定执行刑期为三年以下有期徒刑的犯罪分子能否适用缓刑问题的复函》（1998年9月17日〔1998〕高检研发第16号）

山东省人民检察院研究室：

你院鲁检法研字〔1998〕第10号《关于对数罪并罚决定执行刑期三年以下的犯罪分子能否适用缓刑的请示》收悉。经研究，答复如下：

根据刑法第七十二条的规定，可以适用缓刑的对象是被判处拘役、三年以下有期徒刑的犯罪分子；条件是根据犯罪分子的犯罪情节和悔罪表现，适用缓刑确实不致再危害社会。对于判决宣告以前数罪的犯罪分子，只要判决执行的刑罚为拘役、三年以下有期徒刑，且符合根据犯罪分子的犯罪情节和悔罪表现，适用缓刑确实不致再危害社会的案件，依法可以适用缓刑。

4. 最高人民法院《全国法院维护农村稳定刑事审判工作座谈会纪要》（1999年10月27日）（节录）

（二）关于对农民被告人依法判处缓刑、管制、免予刑事处罚问题

对农民被告人适用刑罚，既要严格遵循罪刑相适应的原则，又要充分考虑到农民犯罪主体的特殊性。要依靠当地党委做好相关部门的工作，依法适当多适用非监禁刑罚。对于已经构成犯罪，但不需要判处刑罚的，或者法律规定有管制刑的，应当依法免予刑事处罚或判处管制刑。对于罪行较轻且认罪态度好，符合宣告缓刑条件的，应当依法适用缓刑。

要努力配合有关部门落实非监禁刑的监管措施。在监管措施落实问题上可以探索多种有效的方式，如在城市应加强与适用缓刑的犯罪人原籍的政府和基层组织联系落实帮教措施；在农村应通过基层组织和被告人亲属、家属、好友做好帮教工作等等。

◐ **刑法第七十三条** 【缓刑的考验期限】拘役的缓刑考验期限为原判刑期以上一年以下，但是不能少于二个月。

有期徒刑的缓刑考验期限为原判刑期以上五年以下，但是不能少于一年。

【缓刑考验期限的起算】缓刑考验期限，从判决确定之日起计算。

◐ **刑法第九十三条** 【国家工作人员之界定】本法所称国家工作人员，是指国家机关中从事公务的人员。

【准国家工作人员之界定】国有公司、企业、事业单位、人民团体中从事公务的人员和国家机关、国有公司、企业、事业单位委派到非国有公司、企业、事业单位、社会团体从事公务的人员，以及其他依照法律从事公务的人员，以国家工作人员论。

1. 全国人大常委会《关于〈中华人民共和国刑法〉第九十三条第二款的解释（2009年修正）》（2000年4月29日）

全国人民代表大会常务委员会讨论了村民委员会等村基层组织人员在从事哪些工作时属于刑法第九十三条第二款规定的"其他依照法律从事公务的人员"，解释如下：

村民委员会等村基层组织人员协助人民政府从事下列行政管理工作，属于刑法第九十三条第二款规定的"其他依照法律从事公务的人员"：

（一）救灾、抢险、防汛、优抚、移民、救济款物的管理；

（二）社会捐助公益事业款物的管理；

（三）国有土地的经营和管理；

（四）土地征收、征用①补偿费用的管理；

（五）代征、代缴税款；

（六）有关计划生育、户籍、征兵工作；

（七）协助人民政府从事的其他行政管理工作。

村民委员会等村基层组织人员在从事前款规定的公务，利用职务上的便利，非法占有公共财物、挪用公款、索取他人财物或者非法收受他人财物，构成犯罪的，适用刑法第三百八十二条和第三百八十三条贪污罪、第三百八十四条挪用公款罪、第三百八十五条和第三百八十六条受贿罪的规定。

2. 最高人民检察院《关于镇财政所所长是否适用国家机关工作人员的批复》（2000年5月4日）

上海市人民检察院：

你院沪检发〔2000〕30号文收悉。经研究，批复如下：

对于属行政执法事业单位的镇财政所中按国家机关在编干部管理的工作人员，在履行

---

① 该项原文为"（四）土地征用补偿费用的管理"，2009年8月27日第十一届全国人大常委会第十次会议通过、同日公布施行的《关于修改部分法律的决定》将其中的"征用"改为"征收、征用"。——编者注

政府行政公务活动中，滥用职权或玩忽职守构成犯罪的，应以国家机关工作人员论。

3. 最高人民检察院《关于〈全国人民代表大会常务委员会关于〈中华人民共和国刑法〉第九十三条第二款的解释〉的时间效力的批复》（2000年6月29日）

天津市人民检察院：

你院"关于《全国人民代表大会常务委员会关于〈中华人民共和国刑法〉第九十三条第二款的解释》的实施时间问题的请示"收悉。经研究，批复如下：

《全国人民代表大会常务委员会关于〈中华人民共和国刑法〉第九十三条第二款的解释》是对刑法第九十三条第二款关于"其他依照法律从事公务的人员"规定的进一步明确，并不是对刑法的修改。因此，该《解释》的效力适用于修订刑法的施行日期，其溯及力适用修订刑法第十二条的规定。

4. 最高人民检察院《对〈关于中国证监会主体认定的请示〉的答复函》（2000年4月30日）

北京市人民检察院：

你院京检字〔2000〕41号《关于中国证监会主体认定的请示》收悉，经我院发函向中央机构编制委员会办公室查询核定，中央机构编制委员会办公室已作出正式复函，答复如下："中国证券监督管理委员会为国务院直属事业单位，是全国证券期货市场的主管部门。其主要职责是统一管理证券期货市场，按规定对证券期货监管机构实行垂直领导，所以，它是具有行政职责的事业单位。据此，北京证券监督管理委员会干部应视同为国家机关工作人员。"请你们按中编办答复意见办。

附：中央机构编制委员会办公室《关于中国证券监督管理委员会机构性质问题的复函》（2000年4月14日）

最高人民检察院：

《关于中国证券监督管理委员会是否属于国家机关的函》（高检发法字〔2000〕5号）收悉，现答复如下：

根据国办发〔1998〕131号文件的规定，中国证券监督管理委员会为国务院直属事业单位，是全国证券期货市场的主管部门。其主要职责是统一管理证券期货市场，按规定对证券期货监管机构实行垂直领导，所以，它是具有行政职责的事业单位。据此，北京证券监督管理委员会干部应视同为国家机关工作人员。

5. 最高人民检察院《关于贯彻执行〈全国人民代表大会常务委员会关于〈中华人民共和国刑法〉第九十三条第二款的解释〉的通知》（2000年6月5日）（节录）

二、根据《解释》①，检察机关对村民委员会等村基层组织人员协助人民政府从事《解释》所规定的行政管理工作中发生的利用职务上的便利，非法占有公共财物，挪用公款，索取他人财物或者非法收受他人财物，构成犯罪的案件，应直接受理，分别适用刑法

---

① 指全国人大常委会《关于〈中华人民共和国刑法〉第九十三条第二款的解释》，下同。——编者注

第三百八十二条、第三百八十三条、第三百八十四条和第三百八十五条、第三百八十六条的规定，以涉嫌贪污罪、挪用公款罪、受贿罪立案侦查。

三、各级检察机关在依法查处村民委员会等村基层组织人员贪污、受贿、挪用公款犯罪案件过程中，要根据《解释》和其他有关法律的规定，严格把握界限，准确认定村民委员会等村基层组织人员的职务活动是否属于协助人民政府从事《解释》所规定的行政管理工作，并正确把握刑法第三百八十二条、第三百八十三条贪污罪、第三百八十四条挪用公款罪和第三百八十五条、第三百八十六条受贿罪的构成要件。对村民委员会等村基层组织人员从事属于村民自治范围的经营、管理活动不能适用《解释》的规定。

6. 最高人民法院研究室《关于国家工作人员在农村合作基金会兼职从事管理工作如何认定身份问题的答复》（2000年6月29日）

四川省高级人民法院：

国家工作人员自行到农村合作基金会兼职从事管理工作的，因其兼职工作与国家工作人员身份无关，应认定为农村合作基金会一般从业人员；国家机关、国有公司、企业、事业单位委派到农村合作基金会兼职从事管理工作的人员，以国家工作人员论。

7. 最高人民检察院法律政策研究室《关于国家机关、国有公司、企业委派到非国有公司、企业从事公务但尚未依照规定程序获取该单位职务的人员是否适用刑法第九十三条第二款问题的答复》（2004年11月3日）

重庆市人民检察院法律政策研究室：

你院《关于受委派的国家工作人员未按法定程序取得非国有公司职务是否适用刑法第九十三条第二款以国家工作人员论的请示》（渝检（研）〔2003〕6号）收悉。经研究，答复如下：

对于国家机关、国有公司、企业委派到非国有公司、企业从事公务但尚未依照规定程序获取该单位职务的人员，涉嫌职务犯罪的，可以依照刑法第九十三条第二款关于"国家机关、国有公司、企业委派到非国有公司、企业、事业单位、社会团体从事公务的人员"，"以国家工作人员论"的规定追究刑事责任。

8. 最高人民法院、最高人民检察院《关于办理国家出资企业中职务犯罪案件具体应用法律若干问题的意见》（2010年11月26日）（节录）

六、关于国家出资企业中国家工作人员的认定

经国家机关、国有公司、企业、事业单位提名、推荐、任命、批准等，在国有控股、参股公司及其分支机构中从事公务的人员，应当认定为国家工作人员。具体的任命机构和程序，不影响国家工作人员的认定。

经国家出资企业中负有管理、监督国有资产职责的组织批准或者研究决定，代表其在国有控股、参股公司及其分支机构中从事组织、领导、监督、经营、管理工作的人员，应当认定为国家工作人员。

国家出资企业中的国家工作人员，在国家出资企业中持有个人股份或者同时接受非国有股东委托的，不影响其国家工作人员身份的认定。

七、关于国家出资企业的界定

本意见所称"国家出资企业"，包括国家出资的国有独资公司、国有独资企业，以及

国有资本控股公司、国有资本参股公司。

是否属于国家出资企业不清楚的,应遵循"谁投资、谁拥有产权"的原则进行界定。企业注册登记中的资金来源与实际出资不符的,应根据实际出资情况确定企业的性质。企业实际出资情况不清楚的,可以综合工商注册、分配形式、经营管理等因素确定企业的性质。

9. 最高人民法院《全国法院审理经济犯罪案件工作座谈会纪要》(2003年11月13日)(节录)

一、关于贪污贿赂犯罪和渎职犯罪的主体

(一)国家机关工作人员的认定

刑法中所称的国家机关工作人员,是指在国家机关中从事公务的人员,包括在各级国家权力机关、行政机关、司法机关和军事机关中从事公务的人员。

根据有关立法解释的规定,在依照法律、法规规定行使国家行政管理职权的组织中从事公务的人员,或者在受国家机关委托代表国家行使职权的组织中从事公务的人员,或者虽未列入国家机关人员编制但在国家机关中从事公务的人员,视为国家机关工作人员。在乡(镇)以上中国共产党机关、人民政协机关中从事公务的人员,司法实践中也应当视为国家机关工作人员。

(二)国家机关、国有公司、企业、事业单位委派到非国有公司、企业、事业单位、社会团体从事公务的人员的认定

所谓委派,即委任、派遣,其形式多种多样,如任命、指派、提名、批准等。不论被委派的人身份如何,只要是接受国家机关、国有公司、企业、事业单位委派,代表国家机关、国有公司、企业、事业单位在非国有公司、企业、事业单位、社会团体中从事组织、领导、监督、管理等工作,都可以认定为国家机关、国有公司、企业、事业单位委派到非国有公司、企业、事业单位、社会团体从事公务的人员。如国家机关、国有公司、企业、事业单位委派在国有控股或者参股的股份有限公司从事组织、领导、监督、管理等工作的人员,应当以国家工作人员论。国有公司、企业改制为股份有限公司后,原国有公司、企业的工作人员和股份有限公司新任命的人员中,除代表国有投资主体行使监督、管理职权的人外,不以国家工作人员论。

(三)"其他依照法律从事公务的人员"的认定

刑法第九十三条第二款规定的"其他依照法律从事公务的人员"应当具有两个特征:一是在特定条件下行使国家管理职能;二是依照法律规定从事公务。具体包括:(1)依法履行职责的各级人民代表大会代表;(2)依法履行审判职责的人民陪审员;(3)协助乡镇人民政府、街道办事处从事行政管理工作的村民委员会、居民委员会等农村和城市基层组织人员;(4)其他由法律授权从事公务的人员。

(四)关于"从事公务"的理解

从事公务,是指代表国家机关、国有公司、企业、事业单位、人民团体等履行组织、领导、监督、管理等职责。公务主要表现为与职权相联系的公共事务以及监督、管理国有财产的职务活动。如国家机关工作人员依法履行职责,国有公司的董事、经理、监事、会

计、出纳人员等管理、监督国有财产等活动,属于从事公务。那些不具备职权内容的劳务活动、技术服务工作,如售货员、售票员等所从事的工作,一般不认为是公务。

▶ **刑法第三百八十二条** 【贪污罪】国家工作人员利用职务上的便利,侵吞、窃取、骗取或者以其他手段非法占有公共财物的,是贪污罪。

【贪污罪】受国家机关、国有公司、企业、事业单位、人民团体委托管理、经营国有财产的人员,利用职务上的便利,侵吞、窃取、骗取或者以其他手段非法占有国有财物的,以贪污论。

与前两款所列人员勾结,伙同贪污的,以共犯论处。

1. 最高人民检察院《关于人民检察院直接受理立案侦查案件立案标准的规定(试行)》(1999 年 9 月 16 日)(节录)

一、贪污贿赂犯罪案件

(一)贪污案(第 382 条,第 383 条,第 183 条第 2 款,第 271 条第 2 款,第 394 条)

贪污罪是指国家工作人员利用职务上的便利,侵吞、窃取、骗取或者以其他手段非法占有公共财物的行为。

"利用职务上的便利"是指利用职务上主管、管理、经手公共财物的权力及方便条件。

受国家机关、国有公司、企业、事业单位、人民团体委托管理、经营国有财产的人员,利用职务上的便利,侵吞、窃取、骗取或者以其他手段非法占有国有财物的,以贪污罪追究其刑事责任。

"受委托管理、经营国有财产"是指因承包、租赁、聘用等而管理、经营国有财产。

国有保险公司的工作人员和国有保险公司委派到非国有保险公司从事公务的人员利用职务上的便利,故意编造未曾发生的保险事故进行虚假理赔,骗取保险金归自己所有的,以贪污罪追究刑事责任。

国有公司、企业或者其他国有单位中从事公务的人员和国有公司、企业或者其他国有单位委派到非国有公司、企业以及其他非国有单位从事公务的人员,利用职务上的便利,将本单位财物非法占为己有的,以贪污罪追究刑事责任。

国家工作人员在国内公务活动或者对外交往中接受礼物,依照国家规定应当交公而不交公,数额较大的,以贪污罪追究刑事责任。

涉嫌下列情形之一的,应予立案:

1. 个人贪污数额在 5 千元以上的;

2. 个人贪污数额不满 5 千元,但具有贪污救灾、抢险、防汛、防疫、优抚、扶贫、移民、救济款物及募捐款物、赃款赃物、罚没款物、暂扣款物,以及贪污手段恶劣、毁灭证据、转移赃物等情节的。

四、附则

(一)本规定中每个罪案名称后所注明的法律条款系《中华人民共和国刑法》的有关条款。

(二)本规定中有关犯罪数额"不满",是指接近该数额且已达到该数额的百分之八十以上。

2. 最高人民法院《关于贪污、挪用公款所生利息应否计入贪污挪用公款犯罪数额问题的批复》（1993年12月15日）

四川省高级人民法院：

你院川高法明传〔93〕112号《关于贪污挪用银行库存款其所生利息是否计入贪污挪用公款犯罪数额的请示》收悉。经研究，答复如下：

贪污、挪用公款（包括银行库存款）后至案发前，被贪污、挪用公款所生利息是贪污、挪用公款行为给被害单位造成实际经济损失的一部分，应作为被告人的非法所得，连同其贪污、挪用的公款一并依法追缴，但不作为贪污、挪用公款的犯罪数额计算。

3. 最高人民法院《关于对贪污、受贿、挪用公款犯罪分子依法正确适用缓刑的若干规定》（1996年6月26日）

根据刑法的有关规定，结合当前审判工作实际，现对审理贪污、受贿、挪用公款案件适用缓刑问题，作如下规定：①

一、国家工作人员贪污、受贿数额在二千元以上不满一万元，犯罪情节较轻，能主动坦白，积极退赃，确有悔改表现的，可以适用缓刑。

二、国家工作人员贪污、受贿一万元以上，除具有投案自首或者立功表现等法定减轻情节之外，一般不适用缓刑。

国家工作人员贪污、受贿数额一万元以上不满五万元，根据案件具体情况，适用刑法第五十九条②第二款减轻处罚在有期徒刑三年以下量刑的，一般不适用缓刑。对其中犯罪情节较轻，积极退赃的，且在重大生产、科研项目中起关键性作用，有特殊需要，或者有其他特殊情况的，可以适用缓刑，但必须从严掌握。

三、对下列贪污、受贿、挪用公款犯罪分子不适用缓刑：

（一）犯罪行为使国家、集体和人民利益遭受重大损失的；

（二）没有退赃，无悔改表现的；

（三）犯罪动机、手段等情节恶劣，或者将赃款用于投机倒把、走私、赌博等非法活动的；

（四）属于共同犯罪中情节严重的主犯，或者犯有数罪的；

（五）曾因经济违法犯罪行为受过行政处分或刑事处罚的；

（六）犯罪涉及的财物属于国家救灾、抢险、防汛、优抚、救济款项和物资，情节严重的。

4. 最高人民法院《关于审理挪用公款案件具体应用法律若干问题的解释》（1998年5月9日）（节录）

第六条　携带挪用的公款潜逃的，依照刑法第三百八十二条、第三百八十三条的规定定罪处罚。

---

①　该《规定》中关于受贿数额的规定已失效，但其中关于是否适用缓刑的精神依然具有参考意义。——编者注

②　指79刑法条文。——编者注

5. 最高人民法院《关于审理贪污、职务侵占案件如何认定共同犯罪几个问题的解释》（2000年7月8日）（节录）

第一条 行为人与国家工作人员勾结，利用国家工作人员的职务便利，共同侵吞、窃取、骗取或者以其他手段非法占有公共财物的，以贪污罪共犯论处。

第三条 公司、企业或者其他单位中，不具有国家工作人员身份的人与国家工作人员勾结，分别利用各自的职务便利，共同将本单位财物非法占为己有的，按照主犯的犯罪性质定罪。

6. 最高人民法院、最高人民检察院《关于办理妨害预防、控制突发传染病疫情等灾害的刑事案件具体应用法律若干问题的解释》（2003年5月15日）（节录）

第十四条 （第一款）贪污、侵占用于预防、控制突发传染病疫情等灾害的款物或者挪用归个人使用，构成犯罪的，分别依照刑法第三百八十二条、第三百八十三条、第二百七十一条、第三百八十四条、第二百七十二条的规定，以贪污罪，侵占罪①，挪用公款罪，挪用资金罪定罪，依法从重处罚。

7. 最高人民法院、最高人民检察院《关于办理赌博刑事案件具体应用法律若干问题的解释》（2005年5月13日）（节录）

第七条 通过赌博或者为国家工作人员赌博提供资金的形式实施行贿、受贿行为，构成犯罪的，依照刑法关于贿赂犯罪的规定定罪处罚。

8. 最高人民法院研究室《关于对行为人通过伪造国家机关公文、证件担任国家工作人员职务并利用职务上的便利侵占本单位财物、收受贿赂、挪用本单位资金等行为如何适用法律问题的答复》（2004年3月30日）

北京市高级人民法院：

你院〔2004〕15号《关于通过伪造国家机关公文、证件担任国家工作人员职务后利用职务便利侵占本单位财物、收受贿赂、挪用本单位资金的行为如何定性的请示》收悉。经研究，答复如下：

行为人通过伪造国家机关公文、证件担任国家工作人员职务以后，又利用职务上的便利实施侵占本单位财物、收受贿赂、挪用本单位资金等行为，构成犯罪的，应当分别以伪造国家机关公文、证件罪和相应的贪污罪、受贿罪、挪用公款罪等追究刑事责任，实行数罪并罚。

9. 最高人民法院、最高人民检察院《关于办理国家出资企业中职务犯罪案件具体应用法律若干问题的意见》（2010年11月26日）

随着企业改制的不断推进，人民法院、人民检察院在办理国家出资企业中的贪污、受贿等职务犯罪案件时遇到了一些新情况、新问题。这些新情况、新问题具有一定的特殊性和复杂性，需要结合企业改制的特定历史条件，依法妥善地进行处理。现根据刑法规定和相关政策精神，就办理此类刑事案件具体应用法律的若干问题，提出以下意见：

---

① 应为职务侵占罪，这是该司法解释出现的一个技术性错误。——编者注

一、关于国家出资企业工作人员在改制过程中隐匿公司、企业财产归个人持股的改制后公司、企业所有的行为的处理

国家工作人员或者受国家机关、国有公司、企业、事业单位、人民团体委托管理、经营国有财产的人员利用职务上的便利,在国家出资企业改制过程中故意通过低估资产、隐瞒债权、虚设债务、虚构产权交易等方式隐匿公司、企业财产,转为本人持有股份的改制后公司、企业所有,应当依法追究刑事责任的,依照刑法第三百八十二条、第三百八十三条的规定,以贪污罪定罪处罚。贪污数额一般应当以所隐匿财产全额计算;改制后公司、企业仍有国有股份的,按股份比例扣除归于国有的部分。

所隐匿财产在改制过程中已为行为人实际控制,或者国家出资企业改制已经完成的,以犯罪既遂处理。

第一款规定以外的人员实施该款行为的,依照刑法第二百七十一条的规定,以职务侵占罪定罪处罚;第一款规定以外的人员与第一款规定的人员共同实施该款行为的,以贪污罪的共犯论处。

在企业改制过程中未采取低估资产、隐瞒债权、虚设债务、虚构产权交易等方式故意隐匿公司、企业财产的,一般不应当认定为贪污;造成国有资产重大损失,依法构成刑法第一百六十八条或者第一百六十九条规定的犯罪的,依照该规定定罪处罚。

二、关于国有公司、企业在改制过程中隐匿公司、企业财产归职工集体持股的改制后公司、企业所有的行为的处理

国有公司、企业违反国家规定,在改制过程中隐匿公司、企业财产,转为职工集体持股的改制后公司、企业所有的,对其直接负责的主管人员和其他直接责任人员,依照刑法第三百九十六条第一款的规定,以私分国有资产罪定罪处罚。

改制后的公司、企业中只有改制前公司、企业的管理人员或者少数职工持股,改制前公司、企业的多数职工未持股的,依照本意见第一条的规定,以贪污罪定罪处罚。

三、关于国家出资企业工作人员使用改制公司、企业的资金担保个人贷款,用于购买改制公司、企业股份的行为的处理

国家出资企业的工作人员在公司、企业改制过程中为购买公司、企业股份,利用职务上的便利,将公司、企业的资金或者金融凭证、有价证券等用于个人贷款担保的,依照刑法第二百七十二条或者第三百八十四条的规定,以挪用资金罪或者挪用公款罪定罪处罚。

行为人在改制前的国家出资企业持有股份的,不影响挪用数额的认定,但量刑时应当酌情考虑。

经有关主管部门批准或者按照有关政策规定,国家出资企业的工作人员为购买改制公司、企业股份实施前款行为的,可以视具体情况不作为犯罪处理。

四、关于国家工作人员在企业改制过程中的渎职行为的处理

国家出资企业中的国家工作人员在公司、企业改制或国有资产处置过程中严重不负责任或者滥用职权,致使国家利益遭受重大损失的,依照刑法第一百六十八条的规定,以国有公司、企业人员失职罪或者国有公司、企业人员滥用职权罪定罪处罚。

国家出资企业中的国家工作人员在公司、企业改制或国有资产处置过程中徇私舞弊,

将国有资产低价折股或者低价出售给其本人未持有股份的公司、企业或者其他个人，致使国家利益遭受重大损失的，依照刑法第一百六十九条的规定，以徇私舞弊低价折股、出售国有资产罪定罪处罚。

国家出资企业中的国家工作人员在公司、企业改制或者国有资产处置过程中徇私舞弊，将国有资产低价折股或者低价出售给特定关系人持有股份或者本人实际控制的公司、企业，致使国家利益遭受重大损失的，依照刑法第三百八十二条、第三百八十三条的规定，以贪污罪定罪处罚。贪污数额以国有资产的损失数额计算。

国家出资企业中的国家工作人员因实施第一款、第二款行为收受贿赂，同时又构成刑法第三百八十五条规定之罪的，依照处罚较重的规定定罪处罚。

五、关于改制前后主体身份发生变化的犯罪的处理

国家工作人员在国家出资企业改制前利用职务上的便利实施犯罪，在其不再具有国家工作人员身份后又实施同种行为，依法构成不同犯罪的，应当分别定罪，实行数罪并罚。

国家工作人员利用职务上的便利，在国家出资企业改制过程中隐匿公司、企业财产，在其不再具有国家工作人员身份后将所隐匿财产据为己有的，依照刑法第三百八十二条、第三百八十三条的规定，以贪污罪定罪处罚。

国家工作人员在国家出资企业改制过程中利用职务上的便利为请托人谋取利益，事先约定在其不再具有国家工作人员身份后收受请托人财物，或者在身份变化前后连续收受请托人财物的，依照刑法第三百八十五条、第三百八十六条的规定，以受贿罪定罪处罚。

六、关于国家出资企业中国家工作人员的认定

经国家机关、国有公司、企业、事业单位提名、推荐、任命、批准等，在国有控股、参股公司及其分支机构中从事公务的人员，应当认定为国家工作人员。具体的任命机构和程序，不影响国家工作人员的认定。

经国家出资企业中负有管理、监督国有资产职责的组织批准或者研究决定，代表其在国有控股、参股公司及其分支机构中从事组织、领导、监督、经营、管理工作的人员，应当认定为国家工作人员。

国家出资企业中的国家工作人员，在国家出资企业中持有个人股份或者同时接受非国有股东委托的，不影响其国家工作人员身份的认定。

七、关于国家出资企业的界定

本意见所称"国家出资企业"，包括国家出资的国有独资公司、国有独资企业，以及国有资本控股公司、国有资本参股公司。

是否属于国家出资企业不清楚的，应遵循"谁投资、谁拥有产权"的原则进行界定。企业注册登记中的资金来源与实际出资不符的，应根据实际出资情况确定企业的性质。企业实际出资情况不清楚的，可以综合工商注册、分配形式、经营管理等因素确定企业的性质。

八、关于宽严相济刑事政策的具体贯彻

办理国家出资企业中的职务犯罪案件时，要综合考虑历史条件、企业发展、职工就业、社会稳定等因素，注意具体情况具体分析，严格把握犯罪与一般违规行为的区分界限。对

于主观恶意明显、社会危害严重、群众反映强烈的严重犯罪，要坚决依法从严惩处；对于特定历史条件下、为了顺利完成企业改制而实施的违反国家政策法律规定的行为，行为人无主观恶意或者主观恶意不明显，情节较轻，危害不大的，可以不作为犯罪处理。

对于国家出资企业中的职务犯罪，要加大经济上的惩罚力度，充分重视财产刑的适用和执行，最大限度地挽回国家和人民利益遭受的损失。不能退赃的，在决定刑罚时，应当作为重要情节予以考虑。

10. 最高人民法院《全国法院审理经济犯罪案件工作座谈会纪要》（2003 年 11 月 13 日）（节录）

二、关于贪污罪

（一）贪污罪既遂与未遂的认定

贪污罪是一种以非法占有为目的的财产性职务犯罪，与盗窃、诈骗、抢夺等侵犯财产罪一样，应当以行为人是否实际控制财物作为区分贪污罪既遂与未遂的标准。对于行为人利用职务上的便利，实施了虚假平账等贪污行为，但公共财物尚未实际转移，或者尚未被行为人控制就被查获的，应当认定为贪污未遂。行为人控制公共财物后，是否将财物据为己有，不影响贪污既遂的认定。

（二）"受委托管理、经营国有财产"的认定

刑法第三百八十二条第二款规定的"受委托管理、经营国有财产"，是指因承包、租赁、临时聘用等管理、经营国有财产。

（三）国家工作人员与非国家工作人员勾结共同非法占有单位财物行为的认定

对于国家工作人员与他人勾结，共同非法占有单位财物的行为，应当按照《最高人民法院关于审理贪污、职务侵占案件如何认定共同犯罪几个问题的解释》的规定定罪处罚。对于在公司、企业或者其他单位中，非国家工作人员与国家工作人员勾结，分别利用各自的职务便利，共同将本单位财物非法占有的，应当尽量区分主从犯，按照主犯的犯罪性质定罪。司法实践中，如果根据案件的实际情况，各共同犯罪人在共同犯罪中的地位、作用相当，难以区分主从犯的，可以贪污罪定罪处罚。

（四）共同贪污犯罪中"个人贪污数额"的认定

刑法第三百八十三条第一款规定的"个人贪污数额"，在共同贪污犯罪案件中应理解为个人所参与或者组织、指挥共同贪污的数额，不能只按个人实际分得的赃款数额来认定。对共同贪污犯罪中的从犯，应当按照其所参与的共同贪污的数额确定量刑幅度，并依照刑法第二十七条第二款的规定，从轻、减轻处罚或者免除处罚。

▶ **刑法第三百八十三条**　【贪污罪】对犯贪污罪的，根据情节轻重，分别依照下列规定处罚：

（一）个人贪污数额在十万元以上的，处十年以上有期徒刑或者无期徒刑，可以并处没收财产；情节特别严重的，处死刑，并处没收财产。

（二）个人贪污数额在五万元以上不满十万元的，处五年以上有期徒刑，可以并处没收财产；情节特别严重的，处无期徒刑，并处没收财产。

（三）个人贪污数额在五千元以上不满五万元的，处一年以上七年以下有

期徒刑；情节严重的，处七年以上十年以下有期徒刑。个人贪污数额在五千元以上不满一万元，犯罪后有悔改表现、积极退赃的，可以减轻处罚或者免予刑事处罚，由其所在单位或者上级主管机关给予行政处分。

（四）个人贪污数额不满五千元，情节较重的，处二年以下有期徒刑或者拘役；情节较轻的，由其所在单位或者上级主管机关酌情给予行政处分。

对多次贪污未经处理的，按照累计贪污数额处罚。

最高人民法院、最高人民检察院《关于办理职务犯罪案件认定自首、立功等量刑情节若干问题的意见》（2009年3月20日）（节录）

四、关于赃款赃物追缴等情形的处理

贪污案件中赃款赃物全部或者大部分追缴的，一般应当考虑从轻处罚。

受贿案件中赃款赃物全部或者大部分追缴的，视具体情况可以酌定从轻处罚。

犯罪分子及其亲友主动退赃或者在办案机关追缴赃款赃物过程中积极配合的，在量刑时应当与办案机关办案件过程中依职权追缴赃款赃物的有所区别。

职务犯罪案件立案后，犯罪分子及其亲友自行挽回的经济损失，司法机关或者犯罪分子所在单位及其上级主管部门挽回的经济损失，或者因客观原因减少的经济损失，不予扣减，但可以作为酌情从轻处罚的情节。

● **刑法第三百九十六条　【私分国有资产罪】** 国家机关、国有公司、企业、事业单位、人民团体，违反国家规定，以单位名义将国有资产集体私分给个人，数额较大的，对其直接负责的主管人员和其他直接责任人员，处三年以下有期徒刑或者拘役，并处或者单处罚金；数额巨大的，处三年以上七年以下有期徒刑，并处罚金。

【私分罚没财物罪】 司法机关、行政执法机关违反国家规定，将应当上缴国家的罚没财物，以单位名义集体私分给个人的，依照前款的规定处罚。

1. 最高人民检察院《关于人民检察院直接受理立案侦查案件立案标准的规定（试行）》（1999年9月16日）（节录）

（十一）私分国有资产案（第396条第1款）

私分国有资产罪是指国家机关、国有公司、企业、事业单位、人民团体，违反国家规定，以单位名义将国有资产集体私分给个人，数额较大的行为。

涉嫌私分国有资产，累计数额在10万元以上的，应予立案。

（十二）私分罚没财物案（第396条第2款）

私分罚没财物罪是指司法机关、行政执法机关违反国家规定，将应当上缴国家的罚没财物，以单位名义集体私分给个人的行为。

涉嫌私分罚没财物，累计数额在10万元以上，应予立案。

四、附则

（六）本规定中有关私分国有资产罪案中的"国有资产"，是指国家依法取得和认定的，或者国家以各种形式对企业投资和投资收益、国家向行政事业单位拨款等形成的资产。

2. 最高人民法院、最高人民检察院《关于办理国家出资企业中职务犯罪案件具体应用法律若干问题的意见》（2010 年 11 月 26 日）（节录）

二、关于国有公司、企业在改制过程中隐匿公司、企业财产归职工集体持股的改制后公司、企业所有的行为的处理

国有公司、企业违反国家规定，在改制过程中隐匿公司、企业财产，转为职工集体持股的改制后公司、企业所有的，对其直接负责的主管人员和其他直接责任人员，依照刑法第三百九十六条第一款的规定，以私分国有资产罪定罪处罚。

图书在版编目（CIP）数据

刑事案例诉辩审评. 贪污罪　私分国有资产罪/李文峰，王俊平主编. —北京：中国检察出版社，2014.2
ISBN 978-7-5102-0799-0

Ⅰ.①刑…　Ⅱ.①李…②王…　Ⅲ.①刑事犯罪-案例-中国②贪污罪-案例-中国　Ⅳ.①D924.305

中国版本图书馆CIP数据核字（2012）第289353号

刑事案例诉辩审评
——贪污罪　私分国有资产罪

主编/李文峰　王俊平

出版发行：	中国检察出版社
社　　址：	北京市石景山区香山南路111号（100144）
网　　址：	中国检察出版社（www.zgjccbs.com）
电　　话：	（010）68658769（编辑）　68650015（发行）　68636518（门市）
经　　销：	新华书店
印　　刷：	三河市西华印务有限公司
开　　本：	720 mm×960 mm　16开
印　　张：	37印张
字　　数：	679千字
版　　次：	2014年2月第二版　2014年2月第二次印刷
书　　号：	ISBN 978-7-5102-0799-0
定　　价：	79.00元

检察版图书，版权所有，侵权必究
如遇图书印装质量问题本社负责调换